국제난민법
The Refugee in International Law

GUY S. GOODWIN-GILL 및 JANE McADAM 그리고 EMMA DUNLOP
옥스포드 출판사

The Refugee in International Law

Copyright © Guy S. Goodwin-Gill and Jane McAdam 2021

The Refugee in International Law, Fourth Edition was originally published in English in 2021. This translation is published by arrangement with Oxford University Press. Kyung-In Publishing is solely responsible for this translation from the original work and Oxford University Press shall have no liability for any errors, omissions or inaccuracies or ambiguities in such translation or for any losses caused by reliance thereon.

국제법상 난민(The Refugee in International Law), 제4판은 2021년 영어로 최초 출판되었습니다. 본 번역본은 옥스퍼드 대학 출판부와의 협의를 통해 출판됩니다. 경인출판사는 원작에서 본 번역본으로의 번역에 대한 전적인 책임을 지며, 옥스퍼드 대학 출판부는 해당 번역본의 오류, 누락, 부정확성 또는 모호함 또는 이에 의존하여 발생한 어떠한 손실에 대해서도 책임을 지지 않습니다.

유민총서
28-2

국제난민법

The Refugee in International Law

가이 S. 굿윈길 및 제인 맥아담 지음 | **이일** 옮김
Guy S. Goodwin-Gill and Jane McAdam

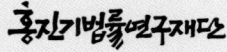

서문

오늘날 국제난민법과 기구의 역사는 100년이 넘었다. 국제 연맹의 제1대 난민최고대표인 프리드쇼프 난센(Fridtjof Nansen)은 오늘날 국제사회가 직면한 문제와 별반 다르지 않은 문제들인 전쟁과 분쟁, 사회 재건과 국가 건설, 기근과 전염병과 같은 난민 발생의 원인을 다뤄야만 했다. 그는 국제연맹의 원칙은 물론 자신의 고유한 인간애의 영향으로 강제송환금지원칙을 실천으로 옮겼는데, 이 단어가 난민보호를 뜻하는 용어로 널리 사용되기 10년도 전의 일이었다.

1951년에 채택되어 올해로 70주년을 맞은 난민의 지위에 관한 협약은 유엔난민기구 규정과 함께 오늘날 국제적인 난민 보호 체계의 근간을 이루고 있다. 그러나 1951년 이후 축적된 경험은 난민협약이 세계에서 소송으로 가장 많이 다뤄진 국제협약인 것에서 볼 수 있듯 복잡성을 잉태했다. 협약 조항의 문구들에 대한 이러한 면밀한 분석에 협약 초안 작성자들은 놀랐을 것이 분명하지만, 한편으로 난민협약은 보호를 요청하는 사람들의 변화하는 요구에 대응할 수 있는 능력을 갖춘 일종의 진화하는 도구이기도 한 것이다. 더욱이 오늘날 국제난민법은 다른 영역의 분야가 수렴하고, 잠시 멈췄다가 다시 이동해 가는, 새로운 질문의 지평을 열거나 절실히 요청되는 새로운 관점들을 구성하기도 하는 장소다.

이번 제4판에서 더 많은 내용을 담은 이유는 자명하다. 국가는 특히 피난처를 찾는 사람들을 국경에서 멀리 떨어뜨리려 하고, 이를 위한 조치는 종종 '논쟁의 여지가 있는' 지역에서 발생하거나 효력을 발휘하기 때문에 초국경적 차원으로 다뤄지고, 결국 소송으로 이어진다. 시민 사회는 대부분

난민인정의 박해 사유에 젠더, 성, 장애가 확실하게 포함되도록 하는 것에 노력을 기울이고 있고, 각국 법원들은 해석을 통해 난민의 정의에 이러한 사유가 포함될 수 있다는 점을 조금씩 인정하고 있다. 동시에 각국 정부들은 난민 지위에 대해 주장 또는 주요 사실관계가 부당하다고 판단하면 적극적으로 다투기도 하고, 때로는 자신들이 보호를 제공해야 한다는 것 자체에 이의를 제기하기도 한다.

유엔과 유엔에 속한 난민보호기구인 유엔난민기구(UNHCR) 사이에도 각국이 요청하는 무국적자, 국내실향민, 기후변화의 영향과 같은 '새롭게 발생하는' 보호 과제들, 그리고 메커니즘, 해결책 마련을 위한 자금 마련, 끊임없이 제기되는 의무라는 문제에 관해 분명한 단절이 존재한다. 2003년 이후로는 '난민의 문제가 해결될 때까지'의 유엔난민기구의 존립에는 의문이 제기되지 않게 되었지만, 그렇다고 그 이후로 문제들이 크게 해결된 것은 아니다. 실향민의 수가 계속 증가하고 보호 및 일부 지원을 위한 예산 역시 늘어나면서 1951년 난민협약과 마찬가지로 유엔난민기구 규정의 역할과 최고대표의 보호 임무는 선례를 천천히 만들어가며 계속 늘어나고 있다. 한편 국가들은 제한적인 일부 협정들을 제외하고는 어느 국가가 난민보호의 책임을 져야하는지에 대해 아직 합의하지 못했고, 사람들의 이주에 대한 보다 장기적이고 공평한 접근 방식에 참여하지도 못하고 있다. 국가들은 비호 신청자(asylum seekers)들을 안전하지 않은 곳으로 송환하고, 바다에서 조난당한 경우에도 무시하고, 무기한 구금하고, 그들에 대한 어떠한 해결책이나 고용, 교육의 기회를 거부하고 있다.

2007년 제3판에서 우리는 유럽 연합의 조율에 관한 노력이 실제로 전반적인 긍정적 효과를 만들어 낼 것인지를 지켜봐야 한다고 말했었다. 그 결과는 복잡하다. 오늘날 이런 노력들은 계속 논의 중이고, 유럽의 반응에 대해서는 정치적 입장의 차이들이 생겼고, 난민협약과 의정서에 기초한 보편적이고 국제적인 보호라는 이상과 '유럽이 부여하는 난민 지위'의 효과 사이에는 법적인 차이가 나타나게 되었다. 이와 대조적으로 미주와 아프리카에서는 지역 협약의 감독 메커니즘들이 효과적인 보호 원칙의 발전에 상당한 영향을 미치기 시작했지만 이에 대한 국가들의 이행은 여전히 미흡한 경우가 많다. 아시아와 태평양에서는 진전이 확실하진 않으나 코로나19가 확산되기 전에 일부 긍정적인 지표가 나타났다.

팬데믹이 난민의 접근을 막는 국경의 차단, 국내의 이동, 의료 및 예방접종에 대한 제한, 그리고 일반적인 차별, 재정착과 다른 해결책들에 대한 거부까지 난민들이 겪는 모든 종류의 경험에 부정적인 영향을 미쳤다는 사실은 더 부연할 필요가 없을 것이다. 많은 경우 코로나19는 핑계에 불과했기에, 팬데믹을 근거로 든 많은 보호에 대한 제한들은 국제난민법과 국제인권법의 원칙들에 의해 도전받게 될 것이다. 피난처를 찾는 사람들이 표적이 되어야 할 아무런 합리적 이유가 없지만, 오히려 '합리적 이유 없음'이 근본적 이슈에서 관심을 돌리려는 사람들에게는 오히려 충분한 핑계가 되곤 한다는 것을 우리는 잘 알고 있다.

이번 제4판에서 우리는 이러한 복잡성을 일부라도 포착하고, 2021년 5월 31일 시점까지의 법률을 설명하고, 토론과 논쟁을 촉발하려 했다. 우리는 초판의 논지를 유지하면서 난민 자체, 난민의 비호, 난민의 보호라는 세 가지 일반 주제에 관한 초점을 맞춰 본문을 상당 부분 수정했다. 제1장에서 오늘날의 국제적인 법, 정치의 맥락에 위치한 난민 문제를 간략히 소개하고, 제2장에서는 난민이 어떻게 규정되어 왔고 또 어떻게 규정되어 있는지를 살펴본다. 제3장에서는 1951년 난민협약 제1조를 근거로 난민 정의를 구성하는 요소들을 면밀히 검토하고, 제4장에서는 어떻게 난민의 지위가 정지, 거부 또는 상실될 수 있는지 살펴본다.

2부에서는 강제송환금지원칙을 두 장(제5장, 제6장)에 걸쳐서 다루고, 이후의 두 장에서는 국제인권법과 일반 국제법 하에서의 보호와 비호(ASYLUM)의 개념에 대해서 살펴본다(제7장, 제8장에서 각각). 3부에서는

'보호'의 의미를 보다 자세히 살펴보는데 제9장에서는 관련된 국제 기구에 초점을 맞춘다. 제10장에서는 협력의 원칙에 의해 제기된 특정한 과제와 해결책들에 대해서 살펴보고, 제11장에서는 특히 난민지위 결정에 관해 국내법에서의 국제적 기준의 이행에 대해 살펴본다. 마지막으로 우리는 완전히 새로운 두 장으로 끝을 맺는데, 제12장에서는 재난과 기후변화의 영향이 실향에 관하여 주는 법적 의미를 살펴보고, 제13장에서는 국적과 무국적에 관한 법률의 발전을 검토한다.

안타깝게도 지면의 문제로 부록을 모두 포함시킬 수는 없었고, 온라인 버전에서만 일부를 볼 수 있다. 관련 국제협약들의 당사국이자 유엔난민기구 집행위원회(107개국, 집필 시기 기준)의 회원국 또는 유럽 연합의 회원국(28개국)을 열거한 '국가 목록'은 포함시켰다.

우리는 독자들에게 이 책이 피난처를 찾는 모든 사람의 고유한 존엄성을, 그리고 박해나 기타 심각한 위해로부터 피난하는 것이 범죄가 아니라는 사실을 다시 한번 상기시키는 계기가 되길 바란다. 우리는 국제 보호 체계의 중요성과 회복력, 발전할 수 있는 역량을 다시 한번 강조하려고 시도했다. 우리는 국제법에서의 난민에 대한 권위 있는 설명을 제공하여 현재와 미래의 논쟁에 관한 시사점을 제공하는 것, 실제로 피난의 필요성이 줄어들 수 있는 미래를 희망하는 것을 목표로 삼았다.

가이 S. 굿윈길(Guy S. Goodwin-Gill)
올 소울즈 컬리지(옥스포드) All Souls College Oxford
칼도르 국제난민법 센터(Kaldor Centre for International Refugee Law)
법학부(Faculty of Law & Justice)
뉴사우스 웨일즈 대학(University of New South Wales)
시드니(Sydney)

제인 맥아담(Jane McAdam)
칼도르 국제난민법 센터(Kaldor Centre for International Refugee Law)
법학부(Faculty of Law & Justice)
뉴사우스 웨일즈 대학(University of New South Wales)
시드니(Sydney)

엠마 던롭(Emma Dunlop)
법학부(Faculty of Law & Justice)
뉴사우스 웨일즈 대학(University of New South Wales)
시드니(Sydney)

감사의 말

수년 동안 특정한 주제에 대한 논평, 책 본문에 반영된 관련 프로젝트들의 지원, 또는 이주라는 주제에 관해 거의 매일 이뤄진 토론을 통해 이번 제4판을 위해 많은 분들이 기여해주셨다.

가이 굿윈길은 이 책에 등장하는 많은 아이디어를 발전시킬 수 있는 공간과 기회를 제공하고, 사고와 설득력 있는 비판을 일으켜준 환경을 조성해준 옥스퍼드 올소울즈 컬리지의 학장과 동료들에게 특히 감사를 표한다. 그는 런던 블랙스톤 챔버스의 친구들과 동료들, 그리고 계속해서 질문을 던져준 라자 후사인과 크리스토퍼 제이콥스에게도 감사를 표한다.

우리는 호주 역사상 매우 중요한 시기에 칼도르 국제난민법센터를 지혜롭게 설립한 앤드류 칼도르와 레나타 칼도르의 지속적인 노력에 특히 감사를 드리고, 데이비드 딕슨, 조지 윌리엄스, 앤드류 린치 학장 아래에서 풍부한 상상력과 생산성을 가진 팀이 모일 수 있도록 지원을 아끼지 않은 뉴사우스 웨일스 대학교(UNSW) 법학부와 그러한 팀이었던 조이스 치아, 마델린 글리슨, 클레어 히긴스, 로렌 마틴, 켈리 뉴웰, 프란세스 놀란, 상지타 필라이, 프란시스 분에게 특히 감사를 드린다. 우리는 칼도르 센터의 자문 및 운영위원회 그리고 우리와 함께 일한 여러 박사과정 학생들(뉴사우스 웨일스 대학과 옥스퍼드에서)을 포함한 센터 동료들에게도 감사의 인사를 전한다. 엠마 던롭은 호주 정부의 연구 훈련 프로그램 장학금에 감사를, 제인 맥아담은 이 책에 반영된 여러 내용들을 산출한 프로젝트들을 지원해준 호주 연구 위원회에 감사를 표한다. 특히 우리는 수 년 동안 이 책의 여러 부분들의 연구에 주력해온 연구진 피아나 총, 소피 덕슨, 나오미 하트, 레

지나 제프리스에게 감사를 표한다.

　국제난민법을 연구하려면 전 세계의 동료들과 함께 모여 의견과 논문을 교환하는 것이 필수적이다(이제는 대면 보다는 비대면으로 만나는 경우가 더 많지만). 옥스퍼드의 난민연구센터, 런던의 난민법 이니셔티브, 그리고 샌프란시스코의 캘리포니아 헤이스팅스 법과대학 젠더 및 난민 연구소는 모두 항상 협력에 준비되어 있고, 기꺼이 응해주었다. 게다가 브루스 버슨, 데이비드 캔터, 캐서린 코스텔로, 벤 도허티, 미셸 포스터, 매튜 기브니, 마리아-테레사 길-바조, 제프 길버트, 아그네스 허비츠, 케이트 야스트람, 월터 켈린, 헬레네 램버트, 오드리 매클린, 비올레타 모레노-락스, 스테판 세들레이, 매튜 스캇, 타마라 우드와 같은 친구와 동료들은 이 책을 위한 질문들에 응답해주거나 저자들과의 공동 연구 프로젝트를 통해 도움과 지원을 아끼지 않았다.

　유엔난민기구는 오랫동안 소중한 파트너였다. 캔버라의 지역 사무소와 대표 토마스 알브레히트, 루이스 오빈은 특히 난민의 권리의 국제적 측면과 어려운 환경에 놓인 정부들에 대한 국가의 의무에 대해 꾸준한 설명을 제공하며 저명하고 영감을 주는 대담자가 되어 주었다. 제네바의 유엔난민기구 역시 매들린 갈릭, 볼커 터크, 키스 바우터스를 통해 우리의 사고에 격려와 도전을 계속해서 제공했다.

　이 명단은 더 추가될 수 있고 사실 그래야 한다. 지난 14년 동안 공동 작업자, 동료, 친구, 박사과정 학생들은 어떤 식으로든 이 책의 일부가 되어주었고, 이러한 지원과, 활기찬 토론, 영감에 감사를 드린다. 우리는 앞으로도 여러분들과 그리고 이 분야에 활기를 불어넣고 풍요롭게 해줄 신진 학자들과 대화를 계속 이어갈 수 있길 기대한다.

　우리는 다시 한번 옥스퍼드 대학 출판부에게 특히 메렐 알스타인, 잭 맥니콜, 존 루스에게 함께 작업할 수 있었음에 감사를 표한다. 그리고 우리의 따뜻한 감사는 아로키아 안투반 라니와 뉴젠 지식 작업 출판 팀에게도 전하고 싶다.

    마지막으로, 우리는 이 제4판을 가까이 또는 멀리 있는 가족들의 지속적인 지원이 없었다면 완성할 수 없었을 것이고, 가족들에게 아주 특별한 빚을 지고 있음을 말하고자 한다.

역자 서문

이 책은 호주 뉴사우스 웨일즈 대학 및 칼도르 난민센터의 교수이자, 옥스퍼드 올소울즈 컬리지 펠로우 및 옥스퍼드 난민연구센터의 국제 난민법 교수로 재직 중인 Guy S. Goodwin-Gill 교수가 1984년에 최초로 펴냈던 국제난민법 제1판을 이후 Jane McAdam 교수와 함께 개정증보해 온 책의 2021년 제4편입니다. 저자는 영국의 저명한 변호사로, 각국 대학에서의 교수로, 유엔 난민최고대표의 자문으로, 영국의 난민과 이주민의 정의 단체의 대표로 근무하며 수많은 저작과 논문, 판결, 학술적 성과를 만들어냈고, 핵심저서인 대상도서는 국제난민법에 대한 세계에서 가장 권위있는 학술서 중 하나로 꼽힙니다.

전반부에는 인용, 연구에서 활용할 수 있는 각종 용어, 판례, 규범의 목록이 정리되어 있고, 1부에서는 난민이 누구인지에 대한 정의(Definition)에 대한 풍부한 논의를 역사적 맥락과 해석론을 통해 전개되며, 2부에서는 비호(Asylum)에 대해 난민의 피난과 각국의 규범이 교차할 때의 핵심적인 기준인 강제송환금지원칙에 대한 20년간의 세계적인 발전 경과, 그리고 난민법 외의 국제인권법에 의한 보충적 보호에 대한 설명, 국경에서의 거부, 역외 적용과 같은 최신 쟁점이 담겨 있고, 3부에서는 난민으로 '보호'되는 것의 의미와 난민의 협약상, 국제인권법상 권리가 무엇인지에 대한 상세한 논의 및 현재적인 쟁점인 무국적, 기후 난민 재난 이주민에 관한 규범과 판결들에 대한 설명이 조약법상 준비문서를 포함한 역사적 배경, 해석론과, 각국의 판례 및 결정, 국가 실행들을 통해 상세하게 정리되어 있습니다.

대한민국은 난민협약을 비준하여 1994년부터 난민제도가 시행된 이래,

2013년 7월부터 아시아 최초의 독립된 난민협약 이행법률인 난민법을 제정하여 시행하였고, 난민의 강제송환금지의무 및 기타 권리와 연계된 대부분의 국제인권협약에 가입하였습니다. 제정 초기와 비교해보면 난민신청의 수와 국가는 대폭 증가하고, 법무부도 난민심사관의 수를 증원했고, 난민위원회를 고도화하고 있고, 법무부장관이 난민인정결정의 권한을 각급 청장에게 위임하여 불인정결정을 다투는 항고 소송도 전국 법원에 계류되고 있습니다. 가장 많은 사건이 서울행정법원에서 심리되며, 국경에서의 거부 쟁점과 연계된 공항 사건들은 인천지방법원에서 주로 선례적인 쟁점이 심리되고 있고, 역사적으로 해외에서 다투어졌던 첨예한 법적 쟁점들도 점차 등장하고 있습니다.

한편, 국민의 인식도 과거 일부 난민들에 대한 언론의 조명을 넘어 제주도 예멘 난민 피난 사건 이후 난민은 국민적인 주제가 되었고, 이후 현재는 시리아, 이란, 우크라이나, 러시아, 가자 지구 등에서의 상황과 같은 굵직한 국제적 이슈가 한국으로의 피난을 낳고 있습니다. 그러나, 수많은 사건들이 심리되고 동아시아 내에서도 가장 많은 판결들이 축적되고 있고 제도적 발전을 선도해야하는 한국임에도, 한국은 일본과 함께 전세계에서 가장 낮은 난민인정율을 보이는 국가로 인식되고 있으며, 법원단계의 형식적 제도 완비와 달리, 1차 심사와 특별행정심판은 난민의 보호라는 관점에서 여러 문제점이 노정되어 있고, 실질적으로는 난민협약 및 기타 국제법상 난민의 정의, 보충적 제도에 관한 쟁점으로 인한 사법적 판단의 어려움 등으로 인해 실질적으로 난민이 제도 안에서 정당하게 확인되기가 어려운 상황입니다. 여기에 더해, 이런 상황을 타개하게 할 난민법에 대해 참고할 수 있는 권위 있는 국문 학술서적 자체가 부족합니다. 난민법의 경우 여러 교차적인 학제적 논의가 필요할 뿐 아니라 형성 자체가 해외에서 주로 논의가 축적되어 왔기에, 해외의 논의를 딛고 국내에서 학술적 논의들을 축적해야 할 필요가 있는데도 그러했습니다.

이 책이 난민의 보호에 관해 동아시아에서 중요한 위치와 위상을 점유한 한국에서 특히 난민의 정의 뿐 아니라 강제송환금지(규범), 난민인정절차(보충적 보호지위, 국외에서의 난민신청, 국경 및 해상에서의 비호신청, 난민재정착제도), 난민의 권리(난민협약이 보장한 체류권, 영주와 귀화, 정착 과정 속 난민의 권리들)에 대한 입법적, 사법적 발전이 이루어져야할 상황에 이 번역서가 작지만 단단한 디딤돌의 역할을, 후에 더 많은 탄탄한 작업들이 이후로 쌓여올려질 역할을 할 수 있기를 겸손히 희망합니다.

역자가 10여년의 한국에서의 난민법률옹호 활동 이후 매우 소진된 상태에서 짐을 기꺼이 나눠지며 어서 쉬라고 등을 떠밀어 준 동료들의 지지 속 가진 안식년 기간 동안, 소중하게 주어진 시간을 한국사회에 기여할 수 있는 부분을 찾아 활용하자는 생각에 번역 작업에 이를 수 있었습니다. 실제로 이러한 작업이 학술서 발간 지원사업을 통해 출판되도록 기회를 준 홍진기법률연구재단과 홍석조 이사장님과 관계자분들, 한국 내 난민법의 발전을 위해 함께 출판 일부를 지원해 준 유엔난민기구 한국대표부, 그리고 경인문화사의 직원분들과 여러 관계자분들에게 진심으로 감사를 드립니다. 더불어 끊임없는 성장과 발전을 위한 상상력과 활동의 디딜 곳을 선물해 주신 정경선님, 임예슬님, 이스린 펠로우들에게도 진심으로 깊은 감사를 드립니다. 한국에서의 난민법과 이민법 분야의 정밀한 학술적 지평을 열어주신 최계영 지도교수님, 함께 오랫동안 땀을 흘리며 난민들을 만나고 곁에 서며, 부당함과 싸우는 난민인권네트워크 모든 단체 활동가들, 난민법률조력에 뛰어들며 목소리가 되어 주고 있는 모든 변호사들, 난민법률조력의 틀과 장을 만들고 현재까지 싸워오신 김종철 변호사님, 그리고 어필을 오고간 모든 크루들과 인턴들, 그리고 오늘도 어필에서 함께 몸을 이루며 난민을 향한 한국의 법적 경계의 벽을 조금씩 무너뜨리고 있는 동료 김민지, 김주광, 윤이나, 이종찬, 전수연, 정신영님께, 그리고 교정 중 색인 작업에 땀과 시간을 내어준 손연우, 안가영, 이상준, 김희진, 이다이님께, 안식년이란 소중한 시간 동안 번역 작업에 시간을 할애할 수 있게 응원해준 사랑하는 아내와 네 자녀들에게, 그리고 10여년의 활동 속 상담 속에서, 구금시설에서, 재판과정에서, 일상에서, 공항이란 국경에서, 거리에서, 함께 나누는 식사와 우정속에서 만나왔던, 한국에서 벽을 맞닥뜨리지만 희망을 잃지 않아 용기를 저에게 주었던 모든 난민들, 친구가 된 난민들, 만나지 못하게 된 난민들 모두에게 이 자리를 빌어 책이 이렇게 나올 수 있게 된 것에 대한 겸손한 감사를 표하고 싶습니다.

그렇게 짧지만은 않은 시간동안의 난민분야 실무경험과 활동을 축적해 왔음에도 상당한 분량의 번역 작업은, 그리고, 주의깊게 번역어를 새롭게 선정하거나, 약간 의미가 다르더라도 기존에 굳어진 번역어를 택하는 것, 전문분야가 아닌 인접분야에서의 역어를 찾고 오해없이 옮기는 작업은 단지 방대한 분량의 문제뿐만이 아니라, 그 자체로 매우 어려운 일들이었기에 역자의 역량 부족을 지속적으로 절감하게 되었습니다. 역자 서문에 항상 붙게 되는 모든 오역의 책임은 역자에게 있다는 말을 볼 때 마다 이게 무슨 뜻인가 하였는데, 번역을 마치고 나니 명확히 알게 되었습니다. 모든 오역과 오류, 전문성과 엄밀성의 부족이란 책임은 오롯이 역자인 저에 있습니다. 눈에 띄는 오역과 문제가 있다면 이메일 주소(il.lee@apil.or.kr)로 알려주시면 감사히 배우고 추후 작업에 반영하겠습니다.

2025. 5. 18.
우리 모두 어디선가 이방인인 것을 기억하며,
공익법센터 어필 사무실에서
역자 이일

목차

서문
감사의 말
역자 서문

3부 보 호

9장 국제적 보호 ·· 985
　1절 국제 기구들 ··· 985
　　1.1절 유엔난민기구(UNHCR) ·· 995
　　　1.1.1절 유엔총회와 유엔난민기구의 관계 및 일반 국제법에서의
　　　　　　유엔난민기구의 위상 ··· 999
　　　1.1.2절 유엔난민기구 집행위원회 ································ 1001
　　1.2절 유엔 팔레스타인 난민구호기구(UNRWA) ················ 1014
　　1.3절 유엔 인권최고대표 사무소(OHCHR) ······················ 1020
　　1.4절 유엔 인도주의업무조정국(OCHA) ·························· 1025
　　　1.4.1절 협업 강화 ··· 1025
　　　1.4.2절 유엔 기관의 상호 보완적 역할 ························ 1031
　　1.5절 기타 조직 및 기관 ·· 1033
　　　1.5.1절 국제이주기구(IOM, International Organization for
　　　　　　Migration) ··· 1033
　　　1.5.2절 국제 적십자사/적신월사 운동 ·························· 1038
　　　1.5.3절 지역 기구 ··· 1041
　　　1.5.4절 비정부기구(NGOs) ··· 1042
　　　1.5.5절 인도주의 활동가 ·· 1043

2절 국제법에서의 난민 보호 ··· 1045
　　　　2.1절 일반 국제법 ·· 1047
　　　　2.2절 조약 및 국내법 ·· 1051
　　　　　　2.2.1절 신의성실의 원칙 ·· 1060
　　3절 특정 난민 집단의 보호 ·· 1063
　　　　3.1절 난민 여성 ·· 1064
　　　　3.2절 난민 아동 ·· 1069
　　　　3.3절 장애인 난민 ·· 1085

10장 국제협력, 보호 및 해결책 ··· 1089
　　1절 난민의 권리 : 난민 캠프, 정착촌, 그리고 사회 전반 ··········· 1090
　　2절 해결책 ··· 1104
　　　　2.1절 지역사회 통합 ·· 1107
　　　　2.2절 자발적 본국 귀환 Voluntary repatriation ················· 1110
　　　　　　2.2.1절 실현 및 촉진 Facilitating and promoting ······ 1115
　　　　　　2.2.2 안전한 귀환 Safe return ··································· 1119
　　　　2.3절 재정착 Resettlement ·· 1121
　　　　2.4절 보충적 수용경로 Complementary pathways to admission ····· 1128
　　　　2.5절 지원 및 개발 ·· 1136
　　3절 국제협력 ·· 1139
　　　　3.1절 뉴욕 선언과 글로벌 콤팩트 ······································· 1145
　　　　　　3.1.1절 글로벌 난민 콤팩트(GCR) ····························· 1146
　　　　　　3.1.2절 글로벌 이주 콤팩트(GCM) ····························· 1149

11장 협약의 기준과 국내법에서의 이행 ··· 1153
　　1절 난민의 지위에 관한 1951년 난민협약과 1967년 의정서 ····· 1154
　　　　1.1절 요청되는 처우의 기준 ·· 1157
　　　　　　1.1.1 처우, 고용 및 사회적 혜택의 평등 ···················· 1159
　　　　1.2절 난민이란 지위에 근거하여 난민들에게 적용되는 기준 ········ 1164
　　　　　　1.2.1절 행정적 원조: 제25조 ······································· 1168

  1.2.2절 신분증명서: 제27조 ······································· 1172
  1.2.3절 협약상 여행증명서: 제28조 ····························· 1173
  1.2.4절 불법으로 입국한 난민의 처우: 제31조 ················ 1183
  1.2.5절 난민의 추방: 제32조 ······································ 1192
  1.2.6절 강제송환금지: 제33조 ···································· 1197
 1.3절 협약상 처우를 받을 수 있는 자격의 범주 ······················ 1197
  1.3.1절 단순한 현존 Simple presence ·························· 1198
  1.3.2절 합법적 현존 Lawful presence ·························· 1199
  1.3.3절 합법적 거주 Lawful residence ·························· 1201
  1.3.4절 상시적 거주 Habitual residence ······················· 1203
 1.4절 지역적 적용 범위 ··· 1206
2절 국내법상 보호: 난민지위심사절차 ·· 1208
 2.1절 난민지위심사를 위한 일반적인 기준 ····························· 1210
 2.2절 국가의 난민지위심사 절차에서 유엔난민기구의 역할 ········ 1214
 2.3절 난민지위심사절차의 적법절차 및 절차적 공정성 ············· 1216
3절 2013년 유럽 연합 절차 지침 ··· 1221
4절 난민지위심사 과정: '인정'으로 결정되기까지,
  '기각'으로 결정되기까지 ··· 1234
 4.1절 면접, 조사 또는 심문기일 ·· 1240
 4.2절 국가정황정보 및 기타 정보의 사용 및 남용 ··················· 1243
 4.3절 결정의 일관성 ·· 1247
 4.4절 신빙성 평가 및 증거에 기반한 추론 ····························· 1251
  4.4.1절 신빙성에 대한 추론: 일관성 및 비일관성 ············· 1254
 4.5절 이의제기 또는 재검토 ··· 1261
5절 국내법상 난민의 지위 및 난민 지위의 종료 ······························· 1265
 5.1절 난민 지위와 결정의 '대항력' ······································· 1267
 5.2절 기득권의 원칙 ·· 1273

12장 재난 및 기후변화의 영향과 관련된 실향 ······················· 1274
1절 서문 ·· 1274
1.1절 용어 및 개념 ·· 1279
2절 국내실향민 ·· 1283
3절 국제 난민법의 적용 ·· 1287
4절 국제 인권법의 적용 ·· 1296
4.1절 자의적인 생명 박탈로부터 보호 ·· 1299
4.2절 비인도적인 또는 굴욕적인 대우로부터의 보호 ······························ 1303
4.2.1절 아동 ··· 1314
4.2.2절 대안적 국내피신 ··· 1315
5절 국가의 '소실' ·· 1317
6절 국제적 프로세스 및 발전 ·· 1322
6.1절 난센 이니셔티브와 재난 실향 플랫폼 ·· 1323
6.2절 기타 국제 절차 ·· 1326
7절 실향의 방지 및 영구적 해결책 모색하기 ·· 1329

13장 국적, 무국적과 보호 ·· 1339
1절 국가 간 관계에서 국적의 역할 ·· 1339
1.1절 국제법상 국적에 대한 권리 ·· 1348
1.2절 시민권 박탈 ·· 1354
1.2.1절 시민권 박탈과 1961년 무국적자의 감소에 관한 협약 ············· 1358
1.2.2절 후속 실행의 모습 ··· 1362
1.2.3절 시민권 박탈과 국제법에서의 그 의미 ·································· 1368
2절 국제법과 실행에서의 무국적자 ·· 1371
2.1절 국제 연맹 ··· 1373
2.2절 유엔 ·· 1379
2.2.1절 1949년 유엔 무국적자 연구 ·· 1379
2.3절 1954년 무국적자의 지위에 관한 협약 ·· 1383

3절 무국적 근절과 발생 방지 ·· 1386
   3.1절 국제법 위원회 ·· 1387
      3.1.1절 무국적의 근절 및 감소 ···································· 1387
      3.1.2절 1961년 무국적자 감소에 관한 협약 ················· 1391
4절 무국적자 보호하기 ·· 1393
   4.1절 지위 심사를 통해 무국적 난민 보호하기 ················ 1397
   4.2절 지위 심사를 통해 무국적자 보호하기 ···················· 1398

참고문헌 ·· 1407
색인 INDEX ·· 1556

3부
보 호

9장 국제적 보호

보호의 부재 또는 거부는 난민의 본질적인 주요 특징이며, 따라서 출신국이 제공할 수 없거나 제공할 의사가 없는 보호를 자신의 보호로 대체하는 것이 국제법의 역할이다. 국제적 보호의 초석은 강제송환금지이며, 이 장과 다음 두 장에서는 국제기구, 조약, 해결책, 국제 기준의 국내법 반영에 특히 주의를 기울이면서 이러한 보호의 내용을 보다 자세히 살펴본다.

1절 국제 기구들

난민을 위한 최초의 정부 간 협정들은 그 이행을 담당하는 다양한 기구들의 설립과 동시에 이루어졌다.[1] 국제연맹 규약은 1919년 4월 29일 베르사유 조약의 제1부로 채택되었으며, 국제연맹은 평화 조약이 발효된 후인 1920년 1월 10일에 출범했다.[2] 언뜻 보기에 이 규약이 인도주의적인 문제

---

1) 전쟁 사이 *inter-war* 시기에 대한 일반론으로는 다음을 보라, Simpson, J. H., *The Refugee Problem* (1939); Reale, E., 'Le problème des passeports' (1934-IV) 50 *Hague Recueil* 89; United Nations, *A Study of Statelessness* (1949): UN doc. E/1112 and Add. 1, 34–8; Sjöberg, T., *The Powers and the Persecuted: The Refugee Problem and the Intergovernmental Committee on Refugees* (1991) Ch. 1; Goodwin-Gill, G. S., 'International Refugee Law in the Early Years', in Costello, C., Foster, M., & McAdam J., eds., *The Oxford Handbook of International Refugee Law* (2021).
2) 1 *League of Nations Official Journal* (*LNOJ*) 3; [1919] UKTS 4 (Cmd. 153). 평화 조약을 비준한 원 회원국은 벨기에, 볼리비아, 브라질, 대영 제국(캐나다, 호주, 남아

에 관여할 수 있는 여지는 거의 없는 것처럼 보였지만, 행동하기 위한 경로를 열어줄 사회 정의와 '국제적 관심 사안의 규율'에 대한 충분한 정도의 언급이 있었다.3) 출신국이나 국적국의 보호를 받지 못하는 난민들, 특히 러시아인들이 처한 비정상적인 상황은 정치적인 문제와 맞물려 빠르게 주목을 끌었다. 많은 국가들이 소련을 인정하거나 소련과 거래하기를 꺼렸고, 볼셰비키 혁명은 문명화된 정부에 대한 모욕으로 여겨졌으며, 구 체제의 외교관 및 영사관 직원들이 계속해서 직무를 수행한 사례들도 있었지만, 국제 문제는 여전히 해결책을 필요로 했다.4)

또한 러시아는 다른 전선, 즉 전쟁 포로 본국귀환 조치의 필요, 러시아와 동유럽의 전염병 확산에 맞서는 조치의 필요라는 전선에서 요청되는 행동들의 기폭제였다. 규약 제25조는 '인도주의 활동'에 대한 명시적인 언급을 하지 않았음에도 활동 참여를 위한 유용한 근거로 입증되었다.5) 국제연맹

프리카공화국, 뉴질랜드, 인도), 프랑스, 과테말라, 이탈리아, 일본, 폴란드, 페루, 시암, 체코슬로바키아, 우루과이였으며 아르헨티나 공화국, 칠레, 파라과이, 페르시아, 스페인은 1919년 말에 가입했다: 1 *LNOJ* 12.
3) Ibid., 제23조: '연맹 회원국은 (a) 남성, 여성 및 아동을 위한 공정하고 인도적인 노동 조건을 확보하고 유지하기 위해 노력할 것이다 … . (f) 질병의 예방과 통제를 위한 국제적 관심사들에 대한 조치를 취하기 위해 노력할 것이다'. 또한 제25조의 '전 세계의 건강 증진, 질병 예방 및 고통의 완화'에 대한 언급도 보라. 참조, 제11조(2): '또한 국제 평화 또는 평화를 좌우하는 국가 간의 좋은 이해를 방해할 수 있게 위협하여 국제 관계에 영향을 미치는 모든 상황을 총회 또는 이사회에 알리는 것은 각 연맹 회원국의 우호적 권리로 선언된다.'
4) Hsu Fu-yung, *La protection des réfugiés par la Société des Nations* (1935) 94–8; Nathan-Chapotot, R., *Les Nations Unies et les réfugiés* (1949) 5–11 (이데올로기가 때때로 맡는 병리적 역할); Goodwin-Gill, G. S., 'The Politics of Refugee Protection' (2008) 27(1) *RSQ* 8.
5) 제25조: '국제연맹 회원국들은 전 세계의 보건 향상, 질병 예방 및 고통 완화를 목적으로 하는 정식으로 승인된 자발적인 국가 적십자 조직의 설립과 협력을 장려하고 촉진하는 데 동의한다.' 참조, Holborn, L. W., 'The League of Nations and the Refugee Problem' (1939) 203 *Annals of the American Academy of Political and Social Science* 124.

이사회는 1920년 4월 이 조항을 근거로 삼아 프리드쇼프 난센에게 전쟁 포로 POWs 귀환에 대한 책임을 맡기기로 결정했다.6) 기근 역시 국제적으로 분명한 영향을 미쳤다. 1918~20년 러시아에서 기근과 질병으로 인한 사망자 수는 시민 인구에 평균적으로 발생했던 것보다 약 400만 명 많았고, 1921년 10월부터 1922년 6월까지 약 500만 명이 사망한 것으로 추산된다.7) 여기서 규약 제23조(f)는 국제연맹이 국제보건국을 설립하고 여러 가지 관련 조치를 취할 수 있는 명확한 근거를 제공했다.8)

국제적십자위원회(ICRC)와 적십자 운동은 이미 이러한 문제에 대해 국제연맹과 협력해 왔으며, 1921년 국제적십자위원회 회장 구스타브 아도르는 여태까지의 성공사례들과 파리에서 열린 국제연맹 이사회 회의를 계기로 러시아 난민에 초점을 맞춘 '새로운 제안'을 제출했다.9) 그는 국제연맹이 '인도주의 단체들의 능력을 넘어서는 문제를 해결할 수 있는 유일한 초국가적 정치 기관'이기 때문에 '국제 정의라는 관점의 의무'로서 최고대표를 임명할 것을 촉구했다.10) 국제적십자위원회는 러시아 난민들이 '국제법이 승인한 어떠한 법적 기관으로부터도 보호받지 못하는' 일이 없도록 러

---

6) 'Procès-Verbal of the Fourth Session of the Council of the League of Nations' (1920) 1 *LNOJ* 80, 83–4 (Count Bonin Lingare의 보고서, 이탈리아): 국제연맹이 수행할 수 있는 업무 중에 포로의 본국귀환보다 '더 인도적인 임무란, 제25조에 따라 수행할 수 있는 다른 한가지를 제외하곤 없다'. 제5차 회의에서 확인된 바와 같이, 이사회는 이미 난센을 전쟁포로 최고대표로 염두에 두고 있었다: (1920) 1 *LNOJ* 115, 123-4.
7) 다음에서 직접 인용함, Wheatcroft, S. G., 'Famine and Epidemic Crises in Russia, 1918–1922: The Case of Saratov' (1983) *Annales de démographie historique. Mères et nourissons* 329.
8) 제23조: (주 3). 참조, 'Procès-Verbal of the Second Session of the Council of the League of Nations' (1920) 1 *LNOJ* 43–4: '보건 조치들은 본질적으로 국제적인 조치들이다.'
9) Gustave Ador to the President of the Council of the League of Nations confirming an earlier telegram of 20 February 1921: (1921) 2 LNOJ 225, 227-9 및 첨부된 각서.
10) Ibid.

시아 난민들의 법적 지위를 정의하기 위해,[11] 그들의 고용과 귀환을 조직하기 위해,[12] 민간 단체들의 노력을 조정하기 위해 최고대표를 임명할 것을 제안했다. 첨부된 각서에는 난민들이 '법적 보호를 받지 못하고 있으며, 명확하게 정의된 법적 지위도 없다'고 언급되어 있었다.[13]

국제연맹 사무총장 에릭 드러먼드 경은 각국 정부를 설득했고, 1921년 8월 23일부터 24일까지 제네바에서 열린 '문의 컨퍼런스 Conference of Enquiry에서 프리드쇼프 난센이 러시아 난민 최고대표로 임명되었다.[14] 최고대표의 임무에는 난민의 법적 지위를 정의하고, 난민을 잠재적 재정착 국가로 송환하거나 '할당'하고, 민간 단체와 협력하여 구호를 제공하는 것이 포함되었다.[15] 이 시기에 국제연맹은 다른 집단들을 위해서도 활동했는

---

11) Ibid. (이탤릭체는 원문에 있었음).
12) 언급되었던 귀환은 러시아의 여건들과 안전 보장의 필요성에 비추어 곧 자격을 갖추게 되었다. 다음을 보라, Gustave Ador, Letter of 15 June 1921 to the President of the Council: LoN doc. C.132.M.73.1921.
13) Ibid., 228-9. 이 각서에는 약 80만 명의 러시아 난민이 언급되었지만, 실제로는 적어도 그 두 배 이상이었을 것이며, 보호와 지원이 필요한 난민은 러시아 난민만이 아니었을 것이다.
14) 'Conference on the Question of the Russian Refugees', resolutions adopted on 24 August 1921: (1921) 2 *LNOJ* 899. 컨퍼런스 마지막 날, Fridtjof Nansen은 전보를 통해 러시아 난민 최고대표를 맡아달라는 요청을 받았고, 1921년 9월 1일 이를 수락했다: (1921) 2 *LNOJ* 1006, 1027. 난센은 이듬해에도 포로를 돕는 활동을 계속했으며, 제네바 최고대표 사무소에서 운영하던 국제연맹의 러시아 구호 국제위원회에도 참여했다. 다음을 보라, 'Relief Work in Russia', Letter and Note from the Norwegian Minister of Foreign Affairs to the President of the Council of the League and Memorandum by Dr Nansen (29 March 1922): (1922) 3 *LN* OJ 447-9; LoN doc. C.173.M.92.1922 (29 March 1922). 당시 그는 '기근을 멈춰야만 기근으로 인한 이주를 멈출 수 있고 … 이주를 멈춰야만 현재의 전염병 상황에 만족스럽고 적절하게 대처할 수 있다'고 발언했다(1922) 3 *LNOJ* 449.
15) Annexe 224, Minutes of the 13th Session of the Council of the League of Nations, Geneva (17-28 Jun. 1921), 다음에서 인용됨, Weis, P., 'The International Protection of Refugees' (1958) 48 *AJIL* 193, 207-8. 1920년대에는 제1차 세계대전과 그 여파로 인해 실향한 수많은 사람들을 위해 민간단체들이 대규모 구호 활동을 벌였다: Marrus,

데, 여기에는 1915년에 터키에서 여러 주변 국가로 이주하기 시작했다가, 1921년에 다시 이주하기 시작한 아르메니아인,16) 아시리아인과 아시리아-칼데아인, 그리고 1923년 7월 24일자 로잔 의정서에 따라 명시적으로 출신국으로 돌아가는 것이 금지된 터키 출신 150명으로 구성된 집단이 포함되었다.17) 또한 1920년대부터 파시즘으로부터의 피난이 처음에는 이탈리아에서, 그 다음에는 스페인에서, 마지막으로 1930년대에는 독일과 독일이 정복하거나 편입한 영토에서 시작되었다.

1928년 협정18)은 영사 공무원들이 재외 국민에게 일반적으로 제공하는 서비스를 최고대표의 담당자들이 난민을 위해 제공할 것을 권고했다. 각국 공권력의 배타적 권한에 속하지 않는 한, 권고된 서비스들에는 다음이 포함되어야 했다: 난민의 신원 및 지위 증명; 난민의 출신국에서 발급된 문서 또는 취해진 조치에 근거할 것을 전제로, 난민의 가족 지위 및 시민 지위 증명; 해당 국가에서 발급된 문서의 정상성, 유효성 및 출신국의 과거 법률과의 적합성에 대한 증언; 난민의 서명 및 자국어로 작성된 문서의 사본 및 번역본 증명; 해당 국가 당국 앞에 개별 난민의 선량한 인격과 행동, 난민들의 과거 기록, 전문 자격, 대학 또는 학업 상태에 관한 증언; 개별 난민들이 사증, 거주 허가, 학교 및 도서관 입학 등을 얻을 수 있도록, 이들을 관

M., *The Unwanted-European Refugees in the Twentieth Century* (1st edn., 1985) 82-6. 같은 시기에 발칸 반도에서의 자발적, 강제적, 합의에 의한 인구집단간 교환, 그리스와 터키, 그리스와 불가리아 간의 인구집단간 교환에도 상당한 국제적 관심과 지원이 집중되었다.: Marrus, ibid., 96-109; Meindersma, C., 'Population Exchanges: International Law and State Practice-Part I' (1997) 9 *IJRL* 335; 'Part 2' (1997) 9 *IJRL* 613.

16) Marrus (주 15) 74-81, 119-21. 1926 Arrangement relating to the Issue of Identity Certificates to Russian and Armenian Refugees: 84 LNTS 47 No. 2004.
17) 1928 Arrangement concerning the Extension to other Categories of Refugees of certain Measures taken in Favour of Russian and Armenian Refugees: 89 LNTS 63 No. 2006.
18) 1928 Arrangement relating to the Legal Status of Russian and Armenian refugees: 89 LNTS 53 No. 2005. 이 협정은 10개국 사이에서 발효되었다.

할 당국에 추천하는 행위.[19] 이러한 권고에 법적 효력을 부여하기 위해 프랑스와 벨기에 두 국가는 최고대표의 담당자들에게 해당 문서들의 발급 권한을 부여하는 협정을 체결했다.[20]

1923~29년에는 주로 지원과 관련된 특정 '기술적인 서비스'들이 국제노동기구에 맡겨지면서, 최고대표는 난민에 대한 정치적, 법적 보호를 책임지게 되었다. 1930년 난센이 사망하자 국제연맹 총회는 난민을 대신하여 인도주의 활동을 수행하기 위해 난센 사무소 Nansen Office 를 설립하고 사무총장에게 난민 보호를 맡겼다.[21] 이어서 1933년 독일에서 온 난민을 위한

---

[19] Ibid., Res. (1). 다른 결의들은 특히 결혼 및 이혼 문제에서 준거법 선택에 관하여 난민들이 상호주의의 결여를 이유로 특정 권리와 특권을 거부당하지 않을 것; 난민들이 법적 절차에서 소송비용 보증(cautio judicatum solvi)을 면제받을 것; 과세 문제에서 내국민 대우를 받을 것을 권고했고, 러시아 및 아르메니아 난민들에게 거주국의 노동시장 접근 제한을 엄격하게 적용하지 않을 것을 권고했다. 자세한 내용은 이 책 제11장, 1.1.1절을 보라.

[20] 1928 Agreement concerning the Functions of the Representatives of the League of Nations High Commissioner for Refugees: 93 LNTS 377 No. 2126. 프랑스에서는 이 직무가 국제난민기구(IRO)에 의해 인수되었고(Weis, P., 'Legal Aspects of the Convention of 28 Jul. 1951 relating to the Status of Refugees' (1953) 30 BYIL 478, 484에서 협정이 인용됨), 그 후 프랑스 난민 및 무국적자 보호사무소(OFPRA, Office français de protection des réfugiés et apatrides)가 이 직무를 이어받았다: loi no. 52-893 du 25 juillet 1952, art. 4, décret no. 53-377 du 2 mai 1953, art. 5. See now Loi n° 2015-925 du 29 juillet 2015 relative à la réforme du droit d'asile: JORF n°0174 du 30 juillet 2015 page 12977.

[21] 'Russian, Armenian, Assyrian, Assyro-Chaldean and Turkish Refugees', Report by the Inter-Governmental Advisory Commission attached to the High Commissioner for Refugees (9 Sep. 1930): (1930) 11 LNOJ 1462 (난센은 1930년 5월 13일 사망했고, 새 사무소의 이 이름은 그를 기리기 위해 제안되었다); Sixth Committee, Eleventh Ordinary Session (18 Sep. 1930): (1930) 90 LNOJ Spec. Supp., 7, 8-15; M. François-Poncet (보고관) 8-9; Mrs Hamilton (대영제국) 10: 사무총장은 '난민들의 정치적, 법적 지위에 대한 최대한의 책임을 맡아 … 난민들의 정치적 존재에 관련된 문제들에는 연맹의 보호가 그들 뒤에 있다는 것을 실천을 통해 공식적으로 보장해야 한다'고 말했다. 그녀는 또한 정치적, 법적 보호는 무기한 지속될 수 있지만 인도적 지원에는

최고대표 사무소가 설립되었고,22) 1938년에는 모든 난민을 위한 최고대표 사무소가 설립되었는데, 정치적 및 법적 보호를 제공하고, 관련 협약들의 발효를 감독하며, 인도적 지원을 조정하고, 이민 emigration 과 영구적인 정착을 촉진하기 위한 정부와 민간 단체의 활동을 지원하는 임무를 맡게 되었다.23) 같은 해, '비자발적 이민 문제'를 다루기 위해 미국의 주도로 32개국이 모인 에비앙 컨퍼런스에 이어 정부간 난민위원회(IGCR)가 창설되었다.24) 독일과 오스트리아에서 난민 유입이 계속되었던 이 시기의 해답은 보호나 근본 원인에 대한 대처가 아니라 비자발적 이민을 기존 이민법 및 실행과 조화시키고, 출신국과 협력하는 데 있다고 생각했다.25)

어느 정도 한계가 있어야 한다고도 언급했다.
22) 이 사무소는 독일 정부의 반대로 인해 처음에는 연맹 외부에 설치되었다; 다음을 보라, 'Proposal for the Organisation of an International Basis of Assistance for Refugees (Jewish and Other) coming from Germany'. Report of the Second Committee to the Assembly: (1933) 117 *LNOJ* Spec. Supp. 47, Annex 4. 2년 후, 최고대표 James G. McDonald는 1935년 12월 27일 국제연맹 사무총장에게 보낸 서한에서 민간 및 국제 기구들은 점차 더 심각하고 복잡해지는 상황을 단지 완화할 수 있을 뿐이라고 지적하며 사임했다. 세계 경제 상황을 고려할 때 재정착 기회는 거의 없었으며 이 문제는 근원적인 해결이 필요한 성격의 문제였다. 서한에 첨부된 부록에서는 독일 내의 인권 상황, 소수자들에 대한 독일의 국제적 의무, 그리고 강제 이주, 국적박탈, 보호 철회로 인해 발생한 다른 국가의 권리 및 영토 주권 침해에 대해 관심을 가져줄 것을 촉구했다: 'Letter of Resignation, with Annex containing an analysis of the measures in Germany against "Non-Aryans", and of their effects in creating refugees' (27 Dec. 1935): LoN doc. C.13.M.12.1936.XII (7 Jan. 1936).
23) League of Nations, OJ Spec. Supp., no. 189 (1938) 86; 다음도 함께 보라, 1936 Provisional Arrangement concerning the Status of Refugees coming from Germany: 171 LNTS 76 No. 3952.
24) 위원회의 기능은 1938년 7월 14일 채택된 결의에 정의되어 있다; 전문은 *A Study of Statelessness* (주 1)116-18. 자세한 내용은 다음을 보라, Sjöberg (주 1); 이후 전개 과정은 Salomon, K., *Refugees in the Cold War: Toward a New International Refugee Regime in the Early Postwar Era* (1991).
25) 다음도 함께 보라,, Jennings, R. Y., 'Some International Law Aspects of the Refugee Question' (1939) 20 *BYIL* 98.

정부간 난민위원회는 1943년 4월 버뮤다에서 열린 영미 회담 이후 실질적으로 재편되고 임무가 연장되긴 했지만, 사실상 이미 1939년 10월부터 기능을 하지 못했다.26) 그해 11월 연합국은 또한 유엔구호및재활기구(UNRRA)를을 설립했는데, 이름과 시기에서 알 수 있듯이 이 기관의 역할은 2차 세계대전으로 인한 수백만 명의 실향민을 구호하고 특히 본국귀환을 희망하는 사람들을 지원하는 것이었다.27) 유엔구호및재활기구는 한시적인 기관으로 구상되었으며, 기구가 난민에 대해 가진 유일한 관심은 기구가 지고 있는 구호 책임에서 비롯되었을 뿐이었다. 기구가 실향민의 귀환 이동을 감독하는 데 괄목할 성공을 거두었음에도 불구하고,28) 1947년 6월까지 약 65만 명이 여전히 해결책을 찾지 못한 채 남아있었고, 이들 대부분은 동유럽 출신이었으며, 전후 사건들로 인해 발생한 난민들도 많았다. 그러나 1946년 유엔은 만장일치로 출신국으로의 송환에 대해 난민의 정당한 반대가 있는 경우 이를 강제해서는 안 된다는 기본 원칙을 승인했다.29) 경제사회이사회(ECOSOC)의 권고에 따라 유엔은 국제난민기구(IRO)를 설립하고30) 이 기구의 임무에 속하는 난민을 정의했다.31) 나치, 파시스트 및 유

---

26) Sjöberg (주 1) 제4장. 논의된 사안 중에는 난민들에게 '현재 그들이 있는 지역과 최대한 가깝고 적대행위가 종식될 때 가장 신속하게 고국으로 돌아갈 수 있는 지역'에서 임시 비호를 제공하자는 영국의 제안도 포함되어 있다: ibid., 135.
27) 일반적으로는 다음을 보라, Woodbridge, G., *UNRRA: The History of the United Nations Relief and Rehabilitation Administration*, 3 vols. (1950); Salomon (주 24) 46-54, 57-61 및 일반적으로; Salomon, K., 'UNRRA and the IRO as Predecessors of UNHCR', in Rystad, G., ed., *The Uprooted: Forced Migration as an International Problem in the Post-War Era* (1990) 157; Reinisch, J., 'Internationalism in Relief: The Birth (and Death) of UNRRA' (2011) 210 *Past and Present* 258; Hathaway, J., 'The Evolution of Refugee Status in International Law: 1920-1950' (1984) 33 *ICLQ* 348.
28) 1946년 초까지 유럽에서 약 4분의 3의 실향민이 고향으로 돌려보내졌다: Marrus (주 15) 320.
29) UNGA res. 8(I) (12 Feb. 1946).
30) 국제난민기구 헌장은 찬성 30, 반대 5, 기권18표로 채택되었다; 다음을 보라, UNGA res. 62(I) (15 Dec. 1946): 18 UNTS 3. 유엔구호및재활기구(UNRRA) 및 정부간난민

사한 정권들의 피해자를 지원해야 한다는 필요성에 대해서는 대체로 동의하면서도, 많은 국가들이 소위 정치적 반체제 인사들에 국제적 보호를 제공하는 것에 대해서는 완강하게 반대했다. 정치가 다시 한번 개입한 것이다.32) 이렇게 반대했던 국가들은 난민 수용소들에서 적대적인 선전활동이 중단되고 전범 등의 활동이 억제되면 '본국귀환이 금지되는 사람들'의 수가 상당히 줄어들 것이라고 주장했다. 이러한 반대는 대규모 재정착 활동에 대한 자금 지원 거부로까지 확대되었다.33)

국제난민기구는 1952년 2월 28일까지 운영되었는데,34) 헌장에 명시된 기구의 직무에는 본국귀환, 신원 확인, 등록 및 분류, 치료 및 지원, 법적 및 정치적 보호, 기구의 보호 대상자(PoCs)의 이송, 재정착 및 재활 등이 포함되었다.35) 국제난민기구는 활동 기간 내내 유엔에서 직간접적으로 많

위원회(IGCR) (둘 다 1947년 6월 30일에 해산됨)와 헌장 발효까지 충분한 국가들의 비준을 기다리는 국제난민기구 사이의 연속성을 보장하기 위해 준비위원회(PCIRO)가 설립되었다. 국제난민기구 헌장은 1948년 8월 20일에 발효되었다.

31) 일반적으로는 다음을 보라, UNGAOR, 1st Sess., 2nd Part, Supplement No. 2, Report of ECOSOC to the General Assembly, 53-62; 'Refugees and Displaced Persons. *Report* of the Third Committee': UN doc. A/265 (13 Dec. 1946); 'Financial and Budgetary Questions relating to the International Refugee Organization. Report of the Fifth Committee': UN doc. A/275 (13 Dec. 1946).
32) 1946년 Eleanor Roosevelt와 Andrei Gromyko 사이에 이루어진 의견교환을 보라: UNGAOR, 66th and 67th Plenary Meetings (14, 15 Dec. 1946) 1420-29; 또한, First Report of the High Commissioner for Refugees to the General Assembly: UNGAOR, Sixth Sess., Supp. No. 9 (A2011) (1952) para. 11; draft report of the Third Committee, UN doc. A/2084 (26 Jan. 1952) paras. 34-57 (Vernant, J., *The Refugee in the Post-War World* (1953)에 대한 위탁과 출판에 관하여); 또한, Loescher, G., Beyond Charity (1993) 57-9.
33) 제5위원회에서 개정된 국제난민기구 헌장 제10조에 따르면 대규모 재정착 활동들에 대한 자금공여는 자발적으로 이루어져야 한다: UN doc. A/275 (주 31) para. 7 and Annex I.
34) 일반적으로는 다음을 보라, Holborn, L., *The International Refugee Organization* (1956).

은 공격을 받았는데, 특히 재정착 업무에 공격이 집중되었다.36) 직접적인 공격은 재정착 활동이 노동 수요 충족, 그리고 음모를 획책하고 세계 평화를 위협하는 국외로 추방된 조직에 은신처를 제공하기 위해 고안된 것이며, 국제난민기구가 이에 '공모'하고 있다는 것이었다.37) 대응은 대체로 소극적이었으며, 귀환의 자유 또는 귀환하지 않을 자유와 같은 원칙에 대한 성명에 더 많이 의존했으며 동유럽 국가들에게 탈출을 야기한 직접적인 책임을 묻는 경우는 드물었다.38) 동서 간 긴장이 고조되던 시기에도 국제난민기구의 활동은 계속되었다. 당시 유엔 회원국 54개국 중 18개국만이 이 기구에 자금을 지원했고, 이 기구의 정책이 당시의 정치 상황에 휘말리게 된 것이나 이른바 '이민국 immigration bureau' 비난 뒤에 어떤 진실도 없었을 수도 있다는 것은 그리 놀라운 일이 아니다.39)

수만 명의 난민과 실향민이 국제난민기구의 지원을 받아 재정착했다.40) 여기엔 각국의 이익 추구가 작용했고 난민 재정착 정책은 더 광범위한 정치적 이해관계에도 부합했다.41) 그러나 동시에 당시 개별 국가와 국제사회가 직면한 인도주의적 문제는 매우 방대했다. 난민 상황은 불안정성을 초래할 수 있으며, 이를 해결하지 않고 방치할 경우 난민들의 불만족을 야기하여 국지적, 지역적 또는 세계적 수준에서 정치적 긴장을 초래할 수 있다.

---

35) 국제난민기구 헌장, 제2조 (주 30).
36) 다음을 보라, UNGAOR, 2nd Sess. (1947) Plenary, Summary Records, 1025-31; Annex 12, 257-66. Also, UNGAOR, 4th Sess. (1949) Third Committee, Summary Records, 72-89; Plenary, Summary Records, 212-25.
37) 예를 들어 다음을 보라, UNGAOR, 3rd Sess., 2nd Part, Third Committee, Summary Records, 434 (폴란드); 446 (유고슬라비아); 451 (우크라이나 소비에트 사회주의 공화국); 또한, UNGAOR, 3rd Sess., 2nd Part, Plenary, Summary Records, 504-18.
38) 이에 대한 예외로, 소련에서의 강제 이주 및 강제 퇴거 사례를 언급한 영국 대표의 발언은 다음을 보라, UNGAOR, 4th Sess., Third Committee, Summary Records, 82-3
39) 자세한 내용은 다음을 보라, Goodwin-Gill (주 4).
40) Holborn, L., Refugees: *A Problem of our Time* (1975) 31.
41) Loescher, G. & Scanlan, J., *Calculated Kindness* (1986) 15-24.

반드시 해결책을 찾아야만 했으며, 당시 동서 간의 관계, 인권과 선택의 자유에 대한 서구의 대중적 지지, 유럽 대부분 지역이 받았던 인구 압박을 고려할 때 제3국 재정착은 문제 해결에 전념하는 국가들이 선택할 수 있는 가장 매력적인 선택지였다.

국제난민기구는 제2차 세계대전의 여파와 정치적 변화의 즉각적인 결과에 대처하기 위해 설립되었다. 그러나 존속하는 동안에도 총회는 후속 기구의 필요성을 인정했고, 국제난민기구가 사라진 후에도 국제 행동의 혜택을 누가 받아야 하는가라는 정의 definitional 문제와 난민을 위해 무엇을 해야 하고, 누가 해야 하며, 누가 비용을 부담해야 하는가라는 기능 functional 문제가 주요 쟁점이었다. 동유럽 국가들은 계속해서 의혹을 제기했고, 주요 공여국이었던 미국의 정책에도 큰 변화가 있었다. 국제난민기구의 유지엔 비용이 많이 들었고, 미국 당국은 점점 더 자체 난민 제도(예: 탈출자 프로그램 escapee programm), 양자 및 지역 협정, 1951년에 유엔 체계 밖에서 창설된 유럽 이주를 위한 정부간위원회(ICEM)에 의존하게 되었다.42) 이러한 발전이 아직 다 이루어지지 않은 시점인 1949년 총회는 유엔난민기구를 설립하기로 결정했다.43)

1.1절 유엔난민기구(UNHCR)

1950년 회기에 유엔 총회는 공식적으로 유엔난민기구 규정44)을 결의 제

---

42) 자세한 내용은 1.5.1절을 보라.
43) UNGA res. 319(IV) (3 Dec. 1949). 완전한 설명을 위해서는, UNGA res. 302(IV) (8 Dec. 1949)에 의해 설립된 유엔 팔레스타인 난민구호기구(UNRWA)에 대해서(이에 대한 자세한 내용은 1.2절을 보라); 그리고 UNGA res. 401A and B(V) (1 Dec. 1950)에 의해 설립된 유엔한국재건단(United Nations Korean Reconstruction Agency)에 대해서도 언급해야 하는데, 후자는 구호 및 경제 재건을 담당했으며, 1958년 활동을 종료했다.
44) 유엔난민기구의 활동에 대한 포괄적인 검토는 다음을 보라, Loescher, G., Betts, A.,

428(V)호의 부속서로 채택하면서,45) 이를 통해 각국 정부에 유엔난민기구와의 협력을 촉구했다. 유엔난민기구의 기능은 난민 문제에 대한 '국제적 보호 제공'과 자발적 귀환 또는 새로운 국가 공동체로의 동화를 통한 '영구적 해결책 모색'을 포괄한다.46) 이 규정은 '최고대표의 임무는 전적으로 비정치적 성격을 가진다. 그 임무는 인도적, 사회적 성격을 가지며, 일반적으로 난민집단 및 범주에 속하는 자들과 관계된다'고 명시적으로 규정하고 있다.47) 두 가지 기능 중 국제적 보호 제공이 최우선적으로 중요한데, 난민의 입국을 보장하고 강제송환을 금지하는 개입과 같은 보호를 논외로 하고서는 지속적인 해결책을 찾을 가능성이 없기 때문이다.48)

& Milner, J., eds., *The United Nations High Commissioner for Refugees (UNHCR): The Politics and Practice of Refugee Protection into the Twenty-first Century* (2nd edn., 2011); Loescher, G.,. 'UNHCR and Forced Migration', in Fiddian-Qasmiyeh, E. and others, eds., *The Oxford Handbook of Refugee and Forced Migration Studies* (2014); Loescher, G., *The UNHCR and World Politics: A Perilous Path* (2001). 국제 보호 체제에 대한 보다 일반적인 비판과 진화를 위한 제안은 다음을 보라, Helton, A. C., *The Price of Indifference: Refugees and Humanitarian Action in the New Century* (2002).

45) 이 결의와 규정에 대해서는 다음을 보라, UNGA res. 428 (V) (14 Dec. 1950) (36-5-11). 영국은 기권했는데, 주로 유엔난민기구 규정의 난민 정의에 대한 우려(너무 제한적이라는 점…), 그리고 놀랍도록 선견지명이 있는 평가로서, 향후 최고대표가 보호할 권한이 있는 사람을 실무상 결정하는 데 어려움을 겪을 가능성이 있다는 점 등이 그 이유였다: UNGAOR, 5th Sess., Plenary, Summary records, 669-80, paras. 66-8 (14 Dec. 1950). 다음을 보라, Milner, J. & Ramasubramanyam, J., 'The Office of the United Nations High Commissioner for Refugees', in Costello, Foster, & McAdam (주 1).
46) 규정, para. 1.
47) Ibid., para. 2. '비정치적' 성격은 유고슬라비아의 제안에 따라 도입되었다. 그러나 Para. 3은 최고대표에게 총회와 경제사회이사회의 정책 지침을 따를 것을 의무화하고 있다; 다음을 보라, UNGA res. 60/129 (16 Dec. 2005) para. 13.
48) 난민 보호는 기원을 인권이란 맥락에 두고 있고, 계속 그 안에 자리잡아 왔으며, 총회는 적어도 1974년부터는 국제적 보호를 유엔난민기구의 주요 기능으로 재확인했다: UNGA res. 3272(XXIX) (10 Dec. 1974). 최근 결의들도 '난민 보호는 일차적으로 국

유엔난민기구 규정은 난민을 정의하는 것 외에도 최고대표와 유엔총회 및 경제사회이사회 사이의 관계를 규정하고, 조직과 재정, 최고대표가 보호를 제공할 수 있는 방법을 식별하고 있다.49) 이들은 종전의 기구가 수행했던 기능을 발전시키면서 다음을 포함한다: (1) 난민 보호를 위한 국제협약들의 체결 촉진, 협약의 적용 감독 및 개정 제안, (2) 정부와의 특별한 협정들을 통해 난민 상황을 개선하고 보호가 필요한 난민 수를 줄이기 위해 계획된 모든 조치들의 실행 촉진, (3) 난민의 입국 촉진.50)

유엔난민기구의 업무는 원칙적으로 난민 집단들 및 범주들과 관련되어야 한다는 규정의 명령에도 불구하고, 유엔난민기구의 보호 업무의 주요 부분은 이전 기구와 마찬가지로 오랫동안 개별 사례와 관련이 있었다. 어떤 국가도 유엔난민기구가 개별 사건을 맡는 것에 반대하지 않았으며,51) 국가들은 개인이 실제로 난민인지 여부에 대해 의문을 제기할 수 있고 실

가들의 책임이며, 유엔난민기구가 위임된 기능을 수행하기 위해서는 국가들의 완전하고 효과적인 협력, 조치 및 정치적 결단이 필요하다'고 강조하고 있다: UNGA res. 75/163 (16 Dec. 2020) para. 6.
49) 규정, para. 8.
50) 이렇게 선언된 기능들 외에도 유엔난민기구의 간접적 활동 또는 홍보 활동은 난민에게 혜택을 부여하는 국내법 및 규정의 적용, 적절한 국내법과 규정 및 절차의 개발 및 채택, 국제협약 가입 촉진, 새로운 법적 수단의 개발 및 전반적인 이론의 발전까지 포괄한다; Goodwin-Gill, G. S., 'The Office of the United Nations High Commissioner for Refugees and the Sources of International Refugee Law' (2020) 69 *ICLQ* 1; Lewis, C., 'UNHCR's Contribution to the Development of International Refugee Law: Its Foundations and Evolution' (2005) 17 *IJRL* 67; Türk, V., 'The Role of UNHCR in the Development of International Refugee Law', in Nicholson, F. & Twomey, P., *Refugee Rights and Realities* (1999) 153. 집행위원회는 또한 난민법, 교육 및 정보의 보급과 홍보도 승인했다; 예를 들어 다음을 보라, *Report* of the 31st Session (1980): UN doc. A/AC.96/588, para. 48(1)(k).
51) Aga Khan, S., 'Legal problems relating to refugees and displaced persons' (1976-I) *Hague Recueil* 331-2; Schnyder, F., 'Les aspects juridiques actuels du problème des réfugiés' (1965-I) *Hague Recueil* 319, 416.

제로 그렇게 하고 있다.52) 그럼에도 불구하고 보호 기능에 대한 개별적 차원은 국제협약의 적용을 감독하는 선언된 과제의 자연스러운 귀결이다. 이러한 협약들은 본질적으로 개인주의적 관점에서 난민을 정의하며, 특정한 의미로만 이해될 수 있는 난민들을 위한 권리를 제공한다. 그러나 유엔난민기구의 개인 보호 기능에 대한 국가들의 묵인은 유엔난민기구의 권한과 국제법상 난민 개인의 지위의 윤곽을 그려준다.

오늘날 대부분의 국가들은 다양한 이유로 자국을 떠나야 하는 광범위한 범주의 사람들에 대해 유엔이 책임을 지기를 분명히 원한다.53) 유엔총회는 인도주의적 이유로 유엔난민기구의 활동을 지지해 왔지만, 근본적으로는 보호의 부족이 일종의 공백을 창출하기 때문이기도 했다.54) 또한, 무국적

---

52) 이 책 제2장, 3.2절을 보라.
53) 예를 들어, 1980년 유엔난민기구 집행위원회는 '… 유엔난민기구의 규정 또는 총회 결의 1388(XIV) 및 그 후속 결의들의 의미에서 난민들과 관련된 긴급 상황에서 (유엔난민기구의) 주도적 책임을 강조했다': Report of the 31st Session (1980): UN doc. A/AC.96/588, paras. 29.A(c), 29.B(c)(e)(f)). 이러한 '후속 결의들'은 유엔난민기구의 권한 바깥에 있는 난민 지원을 위한 공여금의 확보, 기구의 활동에 보호 및 지원 활동이 포함되도록 한 발전, 궁극적으로 어디서 발생하든지와 무관하게 기구가 우려하는 난민 및 실향민 문제에 대한 해결책을 모색할 기구의 일반적인 책임에 대한 승인에 있어서 유엔난민기구가 수행한 주선 활동을 추적했다. 1990년대 초부터 유엔난민기구는 진행 중인 분쟁 지역(보스니아 헤르체고비나, 이라크, 아프가니스탄)에서의 인도적 지원 제공, 국내실향민에 대한 보호 및 지원, 특히 다른 유엔 기구 및 비정부기구와의 협력, 무국적자 보호, 무국적 철폐 조치 추진 등 난민 보호라는 일반적인 임무 외에 다양한 활동을 수행해왔다. 또한 기후변화 및 재난 관련 실향에서의 보호 차원과 혼합 이주 mixed migration 의 복잡한 시나리오들에 대해서도 책임을 다하고 있으며, 국내실향민에 대한 보다 적극적인 지원 및 보호 역할을 수행해야 한다는 압박을 자주 받아왔다; 자세한 내용은 이 책 제2장, 3.3절을 보라.
54) 이 규정에 대한 토론에서 한 대표는 보호 부족이 유엔난민기구의 권한에 해당하는지를 판단하는 유일한 기준이 되어야 한다고 제안했다: UNGAOR, 5th Session, Third Committee, Summary Records, 324th Meeting (22 Nov. 1950) para. 40 f. (영국); 다음도 함께 보라, ibid., 325th Meeting (24 Nov. 1950) para. 36 (칠레 - 자신이 통제할 수 없는 이유로 더 이상 출생국에 거주할 수 없는 사람에게도 보호가 확대되어야 한다고 주장함); 329th Meeting (29 Nov. 1950) paras. 3, 8 f. (터키 - 보호가 필요한

상태가 초래하는 법적 결과 때문일 수도 있고55) 또는 박해에 대한 충분한 근거가 있는 두려움이나 다양한 원인으로 발생하는 폭력 등 인위재난으로 인해 개인이 자국 정부의 보호를 받을 수 없거나 원하지 않는다는 사실 때문일 수도 있다.56)

따라서 국제적 보호의 근본적인 근거는 강제 또는 강박이란 요소를 수반하는 정당한 사유들에서 비롯된 인도주의적 필요성이다. 비록 현재의 의무와 협력에 관한 체계가 주권 국가들에 영구적인 해결책을 요구하기에 부족하더라도, 박해를 피해 피난한 난민과 '인위재난' 속 폭력을 피해 도망친 난민은 모두 유엔의 책임하에 있다는 점에서 동일하다. 총회 결의들은 유엔난민기구와 그 산하 기관의 기능적 책임을 확장할 수 있지만, 그렇다고 해서 국가들에 직접 의무를 부과하는 것은 아니다.

1.1.1절 유엔총회와 유엔난민기구의 관계 및 일반 국제법에서의 유엔난민기구의 위상

유엔난민기구는 유엔 헌장 제22조에 따라 유엔총회에 의해 보조 기관으로 설립되었으며,57) 총회는 기구의 임무를 확장시키거나, 연장을 승인하는

사람에는 전쟁이나 박해로부터의 도주자 또는 정치적 사유로 인한 도주자가 포함된다고 주장함). 자세한 내용은 이 책 제13장을 보라.
55) 무국적과 무국적자의 보호에 대한 자세한 내용은 이 책 제13장을 보라.
56) 인위재난 *man-made disasters* 에 대한 정확한 정의는 아직 없지만, 유엔총회 결의들에는 종종 분쟁이 '인위' 이주의 원인으로 포함되었다; 유사한 결의들 중에서 다음을 보라, UNGA resolutions 1286(XIII) (5 Dec. 1958); 1389(XIV) (20 Nov. 1959); 1500(XV) (5 Dec. 1960); and 1672(XVI) (18 Dec. 1961) (알제리 출신 난민들). 그러나 다른 관점으로는 다음을 주목하라, note United Nations Office for Disaster Risk Reduction (UNISDR) [현재는 UNDRR], 'Words into Action Guidelines Implementation Guide for Man-made and Technological Hazards' (2018): https://www.undrr.org/.
57) '필요하다고 인정되는 보조기관은 다음 헌장에 따라 설치될 수 있다.' 유엔난민기구는 원래 3년의 동안만 활동하는 것으로 설립되었으나, 현재는 '난민 문제가 해결될 때까지' 어떠한 기한 제한도 없이 활동하게 되었다: UNGA res. 58/153, 'Implementing

역할을 계속 수행해 왔다.[58] 두 기관의 관계는 규정에 명시되어 있는데, 유엔난민기구는 유엔 사무총장의 지시가 아닌 '총회의 권한 하에' 활동하며,[59] '총회 또는 경제사회이사회가 그에게 부여하는 정책 지시에 따른다',[60] 그리고 '총회의 결정에 따라 난민의 자발적인 본국귀환과 재정착을 포함한 추가적인 활동을 한다.'[61] 또한 최고대표는 경제사회이사회를 통하여 유엔총회에 연차 보고를 하며 이 보고서는 유엔총회 의제의 독립항목으로 취급된다.[62]

---

actions proposed by the United Nations High Commissioner for Refugees to strengthen the capacity of his Office to carry out its mandate' (22 Dec. 2003), para. 9. 자세한 내용은 다음을 보라, Goodwin-Gill (주 50) 2-6.

[58] 유엔총회는 처음부터 난민들에 대한 책임이 국제적 책임이며, 유엔난민기구의 권한을 새로운 난민 집단들과 새로운 활동 분야를 향해서도 수정하고 확장하는 것이 필요하고 바람직하다는 점을 인정했다: 다음을 보라, UNGA res. 319(IV), 'Refugees and stateless persons' (3 Dec. 1949) Annex, para. 3.

[59] 규정, para. 3. 최고대표는 사무총장의 지명에 따라 총회에서 선출된다 : ibid. para. 13. 이 (절충안)은 최고대표를 유엔 사무국의 고도로 정치적인 업무로부터 보호하고 유엔난민기구가 인도주의 업무를 수행하는 데 필요한 독립성, 권한, 공정성을 보장하기 위해 채택된 것이다. 그 배경과 기존 협의 절차를 선점하려했던 한 사무총장의 시도에 대해서는 다음을 보라, 'Sadako Ogata elected as UN High Commissioner for Refugees' (1991) 3 *IJRL* 120.

[60] 규정, para. 4.

[61] Ibid., para. 9. 적어도 1972년 이래로 이러한 추가적인 활동의 목록에는 본국귀환을 하려는 난민과 국내실향민에 대한 지원 및 사실상의 보호, 또는 난민 유입으로 영향을 받은 지역 주민들에 대한 지원도 포함되었다. 이러한 구체적 또는 묵시적 임무 책임에는 이제 유엔난민기구에 위임된 다양한 특별한 인도적 임무들도 추가되어야 한다; 주 53을 보라.

[62] Ibid., para. 11. 이러한 결과로, 같은 조항은 최고대표에게 총회와 경제사회이사회 및 그 보조기구들에 자신의 견해를 제시할 수 있는 권한을 부여한다. 1969년 이래로 한 명 이상의 경제사회이사회 위원 또는 최고대표가 달리 요청하지 않는 한, 보고서는 토론 없이 총회에 제출되는 것이 관례였다: Decision on Item 9, ECOSOC, *OR*, Resumed 47th Session: UN doc. E/4735/Add.1.

1.1.2절 유엔난민기구 집행위원회

마지막으로, 이 규정은 최고대표에게 특히 어려운 상황이 발생할 때는 '난민 문제의 해결책에 대한 관심과 헌신을 입증한 유엔 회원국 및 비회원국 대표로 구성되며, 이사회가 선정'하는 난민에 관한 자문위원회가 구성되었다면, 이곳에 의견을 문의할 것을 요청하고 있다.[63] 경제사회이사회는 1951년 9월에 이러한 위원회를 정식으로 설립했고,[64] 이 위원회는 1955년 유엔 난민기금 집행위원회로 재출범했다.[65] 현재 형태의 유엔난민기구 집행위원회[66]는 또다시 1958년 총회의 요청에 따라 경제사회이사회에 의해 설립되었다.[67]

경제사회이사회는 유엔 회원국 또는 모든 전문 기관들(따라서 스위스 등 당시 유엔 회원국이 아니었던 국가에도 자격을 개방한 것임)에서 20~25명의 위원을 임명하도록 지시받았으며, 위원은 유엔난민기구 규정에 명시된 기준에 따라 선출된다.[68] 집행위원회의 설립규정 terms of reference 에는 특정 난민 문제 해결을 위해 제공되는 지원의 적절성에 대해 최고대표의 요청에 따라 규정에 따른 기능을 행사할 때 조언하고, 이를 위해 최고대표

---

63) 규정, para. 4. 이 절은 Goodwin-Gill (주 50) 6-9면을 활용한다.
64) ECOSOC res. 393B (XIII) (10 Sep. 1951).
65) ECOSOC res. 565 (XIX) (31 Mar. 1955)는 총회의 UNGA res. 832 (IX) (21 Oct. 1954) para. 4의 요청에 따라 추가로 채택되었다.
66) 'The Executive Committee of the Programme of the United Nations High Commissioner for Refugees'
67) ECOSOC res. 672 (XXV) (30 Apr. 1958), 다음 결의로 인해 추가로 채택됨, UNGA res. 1166 (XII) 'International assistance to refugees within the mandate of the United Nations High Commissioner for Refugees' (26 Nov. 1957) para. 5. *Repertory of Practice of United Nations Organs. Charter of the United Nations*. Ch. X, 'The Economic and Social Council, Article 68, Supp. No. 1, vol. 2 (1954-55) 121, para. 5; 123, para. 11; Supp. No. 2, vol. 3 (1955-59) 141, para. 3; 144, para. 15; 152, para. 47; Supp. No. 3, vol. 2 (1959-66) 435, note 46; 439, note 111: https://legal.un.org/repertory/art68.shtml.
68) UNGA res. 1166 (XII) (n 67) para. 5.

가 자금을 요청할 수 있도록 권한을 부여하며, 그에 따라 지원 프로젝트를 승인하는 것이 포함된다.69) 총회는 또한 때때로 최고대표에게 난민 상황과 관련하여 집행위원회가 줄 수 있는 '지침을 준수 할 것'을 요청했다.70) 다음으로, 경제사회이사회는 최고대표가 총회에 제출하는 연차 보고서에 집행위원회의 보고서도 첨부하도록 요청했으며,71) 총회의 요청에 따라 집행위원회 구성원을 확대하는 정기 선거에 대한 책임을 계속 맡고 있다.72)

1975년 집행위원회는 '난민 보호의 보다 기술적인 측면을 연구하고 … 그 결과를 위원회에 보고'하기 위해 국제 보호의 전반에 관한 소위원회 Sub-Committee of the Whole on International Protection를 구성했다.73) 특히

---

69) Ibid., para. 5(b).
70) UNGA res. 1673 (XVI), 'Report of the United Nations High Commissioner for Refugees' (18 Dec. 1961) para. 1; UNGA res. 1783 (XVII), 'Continuation of the Office of the United Nations High Commissioner for Refugees' (7 Dec. 1962) para. 2.
71) ECOSOC res. 672 (XXV) para. 5. 최고대표 보고서의 형식과 내용에 대해서는 다음을 보라, UNGA res. 58/153, 'Implementing actions proposed by the United Nations High Commissioner for Refugees to strengthen the capacity of his Office to carry out its mandate' (22 Dec. 2003), para. 10.
72) 원래 24명의 위원으로 구성되었던 집행위원회는 점진적으로 확대되어 현재(2021년) 107명의 위원으로 구성된다; 다음을 보라, UNGA res. 75/162, 'Enlargement of the Executive Committee of the Programme of the United Nations High Commissioner for Refugees' (16 Dec. 2020); 자세한 내용은 다음을 보라, https://www.unhcr.org/executive-committee.html. 순전히 학술적인 문제로서 실제 조직과 관련된 문제는 아니지만, 집행위원회는 아마도 경제사회이사회와 총회 사이 어디엔가 위치하는 혼성적인 보조기구의 위치를 차지할 것이다: *Repertory of Practice, Repertory of Practice of United Nations Organs. Charter of the United Nations.* Ch. X, 'The Economic and Social Council, Article 68, Supp. No. 3, vol. 2 (1959–66)은 집행위원회를 '이사회의 산하 기관이 아닌' 이사회에 보고하고 그 보고서를 총회에 전달하는 기관으로 지칭하고 있다: 439, 주 111.
73) *Report* of the 26th Session (1975): UN doc. A/AC.96/521, para. 69(h), in 'Addendum to the Report of the United Nations High Commissioner for Refugees', UNGAOR, 30th Sess., Suppl. No. 12A (A/10012/Add.1); *Report* of the 27th Session (1976): UN doc. A/AC.96/534 (20 Oct. 1976) paras. 51–87.

1977-1994년 사이에 이 활동을 기반으로 채택된 결정들이 많았는데,74) 그러나 소위원회는 1995년에 집행위원회가 보호, 프로그램 및 재정에 대한 일반적인 권한을 가진 새로운 전체 상임위원회의 연례 전체 회의와, 몇 차례의 - 일반적으로 세 번의 - 회기 간 회의를 중심으로 조직을 재편하기로 결정하면서 폐지되었다.75) 구체적인 보호 주제에 대한 결정을 채택하는 관행은 다소 사라졌다가 2016-17년에 약간 회복되었고 2018년에는 그러한 결정이 채택되지는 않았지만 총회는 그럼에도 불구하고 관행의 '타당성'을 강조하고 집행위원회에 이러한 절차를 계속하도록 장려했다.76)

집행위원회의 결정 conclusions은 컨센서스 방식에 의해 본회의에서 채택되는데, 이는 공식적인 구속력은 없지만, 그럼에도 불구하고 난민 보호의 법적 배경에 매우 밀접한 관련이 있을 수 있다.77) 이제 보호 결정이란 정

---

74) 결정들의 실질적인 내용은 세기가 바뀌면서 약화되었다; 다음을 보라, UNHCR, *Conclusions on International Protection 1975-2017*, Geneva: UNHCR (2017) HCR/IP/3/Eng/REV. 2017) UNHCR, *A Thematic Compilation of Executive Committee Conclusions*, Geneva: UNHCR (7th edn. 2014) 또한 Sztucki, J., 'The Conclusions on the International Protection of Refugees adopted by the Executive Committee of the UNHCR Programme' (1989) 1 *IJRL* 285; Hurwitz, A., *The Collective Responsibility of States to Protect Refugees*(2009) 252-64.
75) 다음을 보라, *Report* of the 46th Session: UN doc. A/AC.96/860 (23 Oct. 1995) para. 32.
76) UNGA res. 75/163, 'Office of the United Nations High Commissioner for Refugees' (16 Dec. 2020) para. 3; 다음도 함께 보라, UNGA resolutions 74/130 (18 Dec. 2019) para. 3; 73/151 (17 Dec. 2018) para. 3; 71/172 (19 Dec. 2016) para. 3.
77) Lauterpacht와 Bethlehem은 2001년에 집행위원회의 결정이 특히 중요하다는 의견을 피력했는데, 유엔난민기구 규정 para. 4에 명시된 바와 같이 집행위원회의 회원국은 '난민문제 해결에 대한 관심표명과 헌신적 노력이 입증된 국가', 즉 '이해관계가 특별히 영향을 받는 국가'로 구성되기 때문이다. 이러한 상황에서는 '국제사회의 견해를 광범위하게 대표하는 견해의 표명으로 받아들여질 수 있다' : Lauterpacht, E. & Bethlehem, D., 'The Scope and Content of the Principle of *Non-refoulement*: Opinion', in Feller, E., Türk, V., & Nicholson, F., eds., *Refugee Protection in International Law: UNHCR's Global Consultations on International Protection* (2003) 87, 148 (para.

기적인 '결과물'은 다소 감소했지만,78) 2001년 이후 회원국이 대폭 증가한 사실은, 특정한 비호신청자 집단의 보호 필요성을 강조하거나, 처우에 대한 기준을 확인 또는 개선하거나, 국가 간 또는 국가와 유엔난민기구 간의 이견을 해결하여 일관된 해석을 촉진하는 것과 같은 집행위원회의 결정들이 법적 확신 opinio juris 의 증거가 될 수 있다는 견해를 더욱 뒷받침하고 있다.79)

따라서 국가들은 난민 보호와 관련된 주요 국제기구의 운영과 거버넌스에 여러 수준에서 밀접하게 관여하고 있고, 유엔난민기구의 실행은 유엔난민기구의 지위와 그 임무를 수행할 때 개발된 규칙 및 실행의 법적 지위 모두와 관련되어 있다. 유엔난민기구는 단지 국가들의 견해를 표시할 수 있는 일종의 토론장일 뿐만 아니라 스스로가 국제법의 주체로서 법 형성 과정에서 중요한 역할을 하는 현장의 행위자이기도 하다.80)

1951년 협약/1967년 의정서 당사국들은 유엔난민기구가 보호에 직접 관

---

214); 이 글을 쓴 이후 회원국 수가 거의 두 배로 증가했다. 다음도 함께 보라, Heller, K. J., 'Specially-Affected States and the Formation of Custom' (2018) 112 *AJIL* 191; Lewis (주 50).

78) Feller와 Klug는 일상적인 관리 및 정책 업무에 대한 집행위원회의 '영향력 증가'를 지적하며, 일부에서는 이를 독립성에 대한 위협으로 보고 있으며, 현재 보호 결정을 도출하는 데 있어 유엔난민기구의 역할에 가해지는 긴장감, 회원국 확대에 따른 합의 도출의 어려움에 대해 언급한다: Feller, E. & Klug, A., 'Refugees, United Nations High Commissioner for (UNHCR)', in *Max Planck Encyclopedia of Public International Law* (Jan. 2013) paras. 23, 27, 28: http://opil.ouplaw.com/view/10.1093/law:epil/9780199231690/law-9780199231690-e530; 참조, Fresia, M., 'Building Consensus within UNHCR's Executive Committee: Global Refugee Norms in the Making' (2014) 27 *JRS* 514.

79) Higgins, R. and others, *Oppenheim's International Law: United Nations* (2017) Ch. 23, 'Office of the United Nations High Commissioner for Refugees', 879, 884–5; Feller & Klug (주 78) para. 25. 참조, *Whaling in the Antarctic (Australia v Japan; New Zealand intervening)* [2014] ICJ Rep. 226, 247, para. 46 (국제포경규제협약 (IWC)의 체계 내에서, 국제포경위원회가 합의 또는 만장일치로 채택한 결의들은 '협약 또는 그 조항의 해석과 관련된 중요성을 가질 수 있다').

80) 자세한 내용은 다음을 보라, Goodwin-Gill (주 50) 9-13 및 *passim*.

여할 수 있는 구체적인 권한을 인정하고 있으며, 예를 들어 협약 제35조는 다음과 같이 규정하고 있다: '체약국은 국제연합 난민고등판무관 사무국 … 과 협력할 것을 약속하고, 특히 이들 기관이 이 협약의 규정을 적용하는 것을 감독하는 책무의 수행에 있어서 이들 기관에게 편의를 제공한다.'[81] 1969년 아프리카단결기구 협약은 회원국들에 이와 유사하게 기구와 협력할 것을 요청하면서 스스로를 1951년 협약의 '아프리카에서 효과적인 지역적 보완'이라고 선언했다.[82] 그러나 유엔난민기구 자신은 1951 협약의 당사자가 아니며, 기구의 자리는 반드시 보다 일반적인 원칙과 관련 실행들 속에 위치되어야 하는데, 이것은 난민 문제에 대한 포괄적 접근 방식의 초안 작성 및 이행; 국가, 전문 기관 및 기타 기관과의 특정 협약 체결; 난민지위 심사에 기여하는 것; 해결책을 추구하고 촉진하는 것들에 기구가 공식적으로 참여하는 것이다.[83]

의도와 해석에 따라 유엔난민기구는 분명히 국제 법인격을 향유한다. 유엔총회의 보조 기관으로서 유엔난민기구의 '인격'(국제적 권리와 의무를 보유할 수 있는 능력)은 유엔 전체로까지 거슬러 올라갈 수 있다.[84] 더욱이, 그 규정은 총회가 기구로 하여금 국제적 차원에서 행동하도록 의도했음을 보여준다.[85] 보호와 관련하여 최고대표의 위상은 모든 국가에 비호

---

81) 1986년 의정서 제2조도 유사한 결과를 규정하고 있다. 다음을 보라, Kälin, W., 'Supervising the 1951 Convention Relating to the Status of Refugees: Article 35 and beyond', in Feller, Türk, & Nicholson (주 77) 613; Summary Conclusions on supervisory responsibility, ibid., 667.
82) 제8조; Cartagena Declaration on Refugees, Conclusion and Recommendations, II.
83) 한 학자의 표현에 따르면, 유엔난민기구는 대부분 자율적 또는 반자율적인 특별기구들의 집단에 속한다: Khan, D-E., 'The General Assembly, Procedure, Article 22', in Simma, B. and others, *The Charter of the United Nations: A Commentary* (3rd edn., 2012) 721, 729.
84) 일반적으로는 다음을 보라, *Reparations* case [1949] ICJ Rep. 174 at 178-9.
85) 예를 들어, 이 규정은 최고대표가 국제협약의 적용을 감독하고, 정부와의 특별 협정들을 통해 특정한 조치를 촉진하며, 국내 대표를 임명할 필요성에 대해 정부와 협의하

허가, 강제송환금지원칙 준수, 관련 국제 조약 가입 등을 통해 최고대표의 활동을 지원할 것을 촉구하는 연속적인 총회 결의들에 의해 더욱 강화되었다. 총회 결의가 법적 구속력이 없다는 것 자체는 진부한 사실이지만, 라우터파흐트 판사가 *Voting Procedure* 사건 판결에서 지적했듯이 '법적 구속력이 있든 없든, 결의에 전혀 효력이 없으며 따라서 어떤 의미에서든 법적 감독 체계의 일부를 형성하는 것으로 간주할 수 없다는 견해에 힘을 실어주는 것은 전혀 바람직하지 않다'이다.86) 이 사건에서 '감독을 위한 법체계'는 남아프리카공화국에 대해 부여된 임무였다. 라우터파흐트 판사는 별개의견에서 수임자는 감독 기관의 권고를 받아들이지 않을 권리가 있지만, 그럼에도 불구하고 신의 성실하게 이를 고려할 의무가 있으며, 이는 곧 권고를 불수용하게 될 경우 그 이유를 제시하는 것을 수반한다고 언급했다.

물론 난민과 유엔난민기구에 관한 총회 결의는 특정 임무 행사 administration of a mandate 와 관련된 권고와 같은 정도의 특수성을 가지고 있지는 않다. 그렇지만 유엔 헌장과 일반 국제법이란 배경에 비추어 볼 때 난민에 대한 국제적 보호 제공을 주요 기능으로 하는 유엔난민기구는 유사한 법적 감독 체계에서 중심적인 역할을 하는 것으로 볼 수 있다. 실제로 난민을 다루는 특정한 사안들에서 재량권은 여전히 국가에 유리하게 작용하지만, 강제송환금지원칙의 근본적인 성격은 라우터파흐트 판사가 *Voting Procedure* 사건에서 인정한 것처럼, 감독 기관의 권고는 신의 성실하게 고려해야 한다는 '실체가 없고 거의 명목적인' 의무보다는 보다 더 높은 위상을 갖는다.87) 보편적 관할권에 기초해 보호를 행사할 수 있는 유엔난민기구의 권

는 것을 언급하고 있다: para. 8(a), (b), 16.
86) 일반적으로는 다음을 보라, *South West Africa, Voting Procedure,* Advisory Opinion [1955] ICJ Rep. 67, at 120-2- Lauterpacht 판사의 별개의견은 총회 결의가 '유엔으로 대표되는 국가들의 공동체의 집단적 의지와 판단을 형성하는 주요 수단 중 하나'임을 지적한다.
87) *Voting Procedure* case [1955] ICJ Rep. 67, at 119. Lauterpacht 판사의 재량권 행사에

리는 국제사법재판소의 *Reparations* 사건 판결에서 추가적인 지지를 받았
다. 이 사건에서 재판소는 유엔기구의 권리와 의무에는 기구가 주체들을
위해 기능적 보호 조치를 행사할 수 있는 능력이 포함된다는 것이 '필연적
인 해석'이라고 판시했다.88) 이 사건에 비추어보면 유엔난민기구는 난민에
대한 국제적 보호를 제공하는 기능을 명시적으로 부여받고 있으며, 국가
실행도 보편적인, 조약의 비준과 무관한 형태의 '그러한 관할권에 대한 가
정을 인정하거나 묵인'하고 있음을 반영하고 있다.89) 이 기능의 '효과적인
수행'90)을 위해서는 기구의 권한에 속하는 개인과 집단을 위해 기구가 국
제적 권리행사를 할 수 있는 능력이 필요하다.

　난민에 대한 국가의 의무를 고려할 때, 난민은 누구에게 의무를 부담하
는가? 1951년 난민협약은 처음에는 난민의 지위와 처우에 관한 국가 간의
협약으로 체결되었지만, 그럼에도 불구하고 난민의 권리들에 관한 이론과
실행에서도 전적으로 타당한 언어가 사용되도록 영감을 주었다. 하지만, 난
민은 여전히 국제법상 자신의 권리를 행사할 수 있는 국제법의 주체로 간
주되지 않는다.91) 더욱이 난민이 직면하는 문제(공해상에서의 차단, 자의적

　　있어서의 신의성실에 관한 일반적인 설명도 보라: ibid., 120.
88) *Reparations* case (주 84) 184.
89) 참조, Schwarzenberger, G. & Brown, E., *A Manual of International Law* (6th edn., 1976) 115는 암묵적으로 합의된 권리 또는 기능적 보호권의 행사가, 동의에 기초한 권리의 근거로부터 '점점 더 절대적인 유효성'의 획득으로 이동하고 있는 것에 대해 언급한다.
90) *Reparations* case (주 84) 180.
91) Schwarzenberger & Brown (주 89) 64는 전통적인 견해를 다음과 같이 설명했다: '[개인이] 국제관습법 또는 합의된 국제법 규칙의 혜택을 받을 자격이 있는지 여부는 국제적 차원에서 다른 국제법상 주체에 대하여 단독으로 자신의 권리를 주장할 수 있는 국제법 주체와 자신과의 유대 *link* (주로 국적을 통한)에 달려 있다'. 나중에 저자들은 '협약들을 통해 난민과 무국적자의 지위를 강화하려는 시도가 이루어졌다. 그러나 그들은 국제법상 주체들이 그들에게 국제적으로 책임을 지지 않는 국제법상 객체 즉, 무주물 res nullius 이라는 20세기 국제법이 주목할 만하게 공헌한 범주에 해당할 뿐이다'라고 언급했다: 114-15. 이 주장에 대해서는 이미 1976년에도 의문이 제기되었

이고 장기적인 구금 또는 기타 인권 침해 등)는 국적국의 외교적 보호권 행사를 촉발할 만한 사안이 아니다. 1951년 협약 및 1967년 의정서 당사국의 경우, 특히 당사국 간의 *inter se* 의무가 존재하며, 이는 난민을 보호할 의향이 있는 국가를 배후에 두고 있는 난민에게 이론적으로 유리한 측면이 있다. 협약/의정서에 따라 인정된 난민은 모든 체약국에서 특정한 권리들을 행사할 자격이 있으며, 각 당사국은 다른 모든 당사국에 대해 이행 의무를 부담한다. 예를 들어, 제16조는 '난민은 모든 체약국의 영역에서 자유로이 재판을 받을 권리를 가진다'고 규정하고 있으며, 이러한 혜택은 난민의 거주지에 관계없이 모든 난민과 모든 체약국에 적용된다. 따라서 난민으로 인정된 사람에게 재판청구권을 허용하지 않는 것은 조약 의무 위반을 설명하는 가장 간단한 예다.[92]

다자 조약 참여의 법적 효과는 간단하고 직관적인 방식으로 설명될 수 있다. 첫째, 각 당사국은 다른 모든 당사국에 대해 조약을 신의 성실하게 이행할 의무를 부담한다.[93] 둘째, 각 당사국이 다른 모든 당사국에 대하여 조약을 성실히 이행할 일반적인 의무뿐만 아니라 조약의 특정 조항의 형태로 된 일련의 구체적인 의무를 모든 당사국을 향해 부담한다는 점에서 각 당사국의 책임은 양자적 수준에서 발생한다. 따라서 이러한 예에서 국가는 인정된 난민이 일반적으로 자국 법원에 접근할 수 있도록 보장할 의무가 있을 뿐만 아니라, 다른 당사국이 지위를 인정한 후 현재 자국 영토 또는

다. 자세한 내용은 다음을 보라, 이 책 제11장; 또한 Jennings, R. Y. & Watts, A., eds., *Oppenheim's International Law* (9th edn., 1992) vol.1, paras. 150, 411, 511-15.
92) 그러나 다음을 보라, Ziegler, R., 'Protecting Recognized Geneva Convention Refugees outside their States of Asylum' (2013) 25 *IJRL* 235; 그리고 자세한 내용은 이 책 제11장을 보라.
93) 다음을 보라, 제26조, 1969년 조약법에 관한 비엔나 협약 (1155 UNTS 331): "발효 중인 모든 조약은 당사자를 구속하며, 당사자에 의하여 신의에 좇아 성실하게 이행되어야 한다.'

관할권 내에 있는 어떤 난민에 대해서도 그 당사국에 대해 구체적으로 같은 의무를 부담하게 되는 것이다.

따라서 한 국가에서 인정된 난민이 다른 당사국에서 협약상 권리를 거부당한 경우, 난민인정국은 해당 국가에 그 국가의 책임을 청구할 수 있다. 난민인정국은 첫째, 해당 조항의 위반으로 인해 직접적인 국가 간 차원에서 피해를 입은 것인데[94] 이때 국제법상 국가에 귀속되는 행위 또는 부작위가 해당 국가의 국제적 의무 위반을 명백히 구성하기 때문에 굳이 대세적 *erga omnes partes* 의무에 의존할 필요가 없다.[95] 또한, 이 사례에서 의무 위반은 국제법위원회의 국가 책임에 관한 조항 제42조에 명시된 범주에 해당하는데, 이는 해당 의무가 개별적으로 국가에 대한 의무일 뿐만 아니라 협약의 모든 당사국에 대한 의무이기도 하므로, 위반된 의무는 '난민인정국'이 인정한 난민 중 한 명에게 피해를 입힘으로써 해당 국가에 '구체적으로 영향을 미치는' 의무에 해당하기 때문이다.[96] 국제법위원회는 이를 더 자세히 검토했다:

> [다자조약은 특징적으로 모든 당사국에 적용되는 규칙의 틀을 설정하지만, 특정한 상황에 다자조약의 이행은 두 당사자 간의 양자적 성격의 관계를 수반하는

---

94) Kälin은 1951년 협약/1967년 의정서의 조항을 이행할 의무는 '모든 당사국에 대한 대세적 의무, 즉 전체로서의 다른 당사국 모두에 대한 의무다. 이는 1951년 협약 제38조와 1967년 의정서 제4조를 통해 명확히 입증되며, 이 조항들은 협약 또는 의정서의 각 당사국은 중대한 피해를 입지 않았더라도 "협약의 해석 또는 적용과 관한" 다른 국가와의 분쟁을 국제사법재판소에 회부할 수 있는 권한을 부여하고 있다'고 주장한다. Kälin (주 77) 613, 632; 다음도 함께 보라, 636.
95) 다음을 보라 제2조, International Law Commission, Articles on the Responsibility States for Internationally Wrongful Acts; 다음 문서에 부속서로 첨부됨, UNGA res. 56/83, 'Responsibility of States for internationally wrongful acts' (12 Dec. 2001).
96) Ibid., 제42조. 다음도 함께 보라, Crawford, J., *The International Law Commission's Articles on State Responsibility* (2002) Introduction, 38-42; ILC Commentary, ibid., 254-60.

경우도 있다. 이러한 종류의 다자 조약은 종종 '양자 관계의 묶음'을 발생시키는 것으로 언급된다.97)]

1951년 협약에 명시된 의무도 이러한 성격을 띠고 있다. 협약 조항의 위반은 모든 당사국에 영향을 미칠 수 있지만 반드시 같은 방식으로 영향을 미치는 것은 아니다. 주관적 권리를 침해당한 국가가 청구할 권한이 있는 피해국이며, 이 사례의 맥락에서 피해국은 직접 또는 개별적으로 영향을 받지 않지만 제48조의 조건에 해당할 경우 잠재적으로 청구할 권한이 있는 협약/의정서의 다른 당사국을 뜻하는 것이 아니라 '자국이 인정한' 난민에 대한 재판 청구권 거부를 통해 직접 또는 개별적으로 영향을 받는 국가를 뜻한다.

한 국가로부터 난민 지위를 인정받고, 다른 국가에서는 협약상 권리를 거부하는 사안은 난민에게 이론적으로는 유리할 수도 있지만, 난민인정국으로 하여금 '보호를 행사'하도록 설득하는 현실적인 어려움은 극복하기 어려운 과제다. 국가 차원에서도 인정된 난민(자국민의 경우와 마찬가지로)에 대한 주장은 특히 외교 문제와 관련된 사안에서 행정부의 재량권과 맞닥뜨릴 때 사법적 자제라는 절차적, 실체적 방해물에 직면할 수 있다.98) 협

---

97) Crawford (주 96) 'Commentary', para. 8, 258; 집단적 의무 위반으로 발생한 피해에 대한 259면에 있는 para. 11도 함께 보라. 따라서 이 상황은 제48조(피해를 입은 국가 외의 국가에 의한 책임 추궁)에서 설명하는 상황과는 구별된다; 이 조항은 '대세적' 의무의 범주 즉, 예를 들어 지역 인권협약과 같이 어떤 특정한 법적 체제의 모든 당사국이 부담하는 의무의 범주를 다루고 있다. '대세적'이라는 문구는 일반적으로 국제 국가 공동체 전체에 대한 보다 광범위한 범위의 의무를 묘사한다. 특히 인권 분야에서는 이 두 가지가 중복될 가능성이 높다. 다음을 보라, Sicilianos, L.-A., 'The Classification of Obligations and the Multilateral Dimension of the Relations of International Responsibility' (2002) 13 *EJIL* 1125, 1136.

98) 이 책 제11장, 1.2.3절에서 자세히 논의될 다음 사건을 보라, *R (on the application of Al Rawi) v Secretary of State for Foreign and Commonwealth Affairs* [2006] EWCA Civ 1279; 또한, *R (Abassi) v Secretary of State for Foreign and Commonwealth Affairs* [2002] EWCA Civ 1598.

약과 의정서는 모두 그 해석 또는 적용과 관련된 분쟁을 해결하고, 다른 해결 수단이 실패할 경우 분쟁 당사자의 요청에 따라 국제사법재판소에 회부할 수 있도록 명시적으로 규정하고 있다.99) 그러나 국가의 중대한 이해관계에 직접적인 영향을 미치는 사안 이외의 사안에 대해서도 국가의 법적 주장을 지지하는 것으로 보이는 판례들이 있음에도 불구하고 소송이 제기된 사례는 없다.100)

반면 유럽인권협약 제24조에 따라 모든 체약국은 다른 당사국의 협약 위반 혐의를 유럽연합 집행위원회에 회부할 수 있다. 따라서 유럽인권협약은 모든 당사국이 유럽인권협약 조항의 준수에 대해 충분한 이해관계를 가지고 있어 누구나 청구를 제기할 수 있는 '유럽의 공공질서'를 규정하고 있다. 유럽인권협약과 난민협약의 목적이 유사하지만(둘 다 특정 집단에 대해 일정한 기준에 따른 대우를 부여할 것을 요구한다), 난민협약에는 효과적인 조사, 판정 및 집행 절차가 부족하기에 사법적 또는 준사법적 해결을 위한 동일한 기회를 제공한다고 보기는 어렵다. 그럼에도 불구하고 관련 권리들의 중요성을 고려할 때 모든 국가들은 난민 보호에 대한 이해관계가 있으며101) 유엔난민기구는 일부 국가의 명시적 동의와 다른 국가의 묵인에 따라 이러한 문제에서 '국제적 공공질서'를 대표할 자격이 있다. 그러나 이

---

99) 1951년 협약, 제38조; 1969년 의정서, 제4조. 협약이 아닌 의정서에 따라 국가들은 분쟁 해결에 관한 조항에 대해 유보할 수 있으며, 2021년 4월 30일 현재 9개국이 유보를 하였다; 이 책 제11장, 1절을 보라.

100) 다음을 보라, *South West Africa* cases, preliminary objections [1962] ICJ Rep. 319, at 424-33 (Jessup 판사의 별개 의견). 그러나 참조, *South West Africa cases,* second phase [1966] ICJ Rep. 6 at 32-3, 47(개별 국가는 남서아프리카에 대한 남아프리카공화국의 임무 이행을 요구할 법적 권리가 없다고 판시함).

101) *Barcelona Traction* case [1970] ICJ Rep. 3 at 32; 또한 1967년 영토적 비호에 관한 선언, 제2조(1). 국가 간 절차는 1969년 미주인권협약(제45조, 제62조), 1981년 인간과 인민의 권리에 관한 아프리카 헌장(제47조), 1966년 시민적 및 정치적 권리에 관한 국제 규약(제41조)과 같은 다른 지역 협약에도 존재한다; 시민적 정치적 권리에 관한 국제규약 제41조는 지금까지 사용되지 않았다.

러한 상황을 다루기 위한 하나의 정합적인 책임 이론은 아직 개발되지 않았으며, 해당 국제 의무 위반으로 인해 발생할 수 있는 법적 결과가 무엇인지는 아직 불분명하다.102)

국제적 권리행사는 항의, 조사 요청, 협상, 또는 중재기관이나 국제사법재판소에 요청을 제출하는 형태로 이루어질 수 있다. 난민에게 영향을 미치는 의무 위반의 성격과 보호 기관의 성격에 따라 중재와 같은 특정 유형의 청구가 제외될 수 있으며, 엄격한 법적 고려사항에 따라 국제사법재판소 제소 등이 배제될 수도 있다.103) 그러나 국제사법재판소 규정 제41조에 따라 재판소가 명령하는 잠정조치 interim measures 의 가능성을 무시해서는 안 된다.104) *United States Diplomatic and Consular Staff in Tehran*

---

102) 예를 들어, 1951년 협약과 1967년 의정서가 중요한 역할을 하는 유럽공동비호체계를 구축하고, 난민과 비호 신청자의 특정 이동을 유럽연합의 원칙에 따라 공평하게 '관리'하려는 유럽연합의 노력에도 '지역적 공공질서'라는 개념이 적용될 수 있다. 다음을 보라, *European Commission v Hungary, Republic of Poland, and Czech Republic*, Joined Cases C.715/17, C.718/17 and C.719/17, CJEU, Third Chamber (2 Apr. 2020 (유럽연합 기능조약 제258조에 따른 의무 불이행에 대한 조치); Joined Cases C-924/19 PPU and C-925/19 PPU *FMS, FNZ (C-924/19 PPU) SA, SA junior (C-925/19 PPU) v Országos Idegenrendészeti Főigazgatóság Dél-alföldi Regionális Igazgatóság, Országos Idegenrendészeti Főigazgatóság*(CJEU, Grand Chamber, 14 May 2020): C-808/18 *Commission v Hungary (Accueil des demandeurs de protection internationale)* (CJEU, Grand Chamber, 17 Dec. 2020).
103) 예를 들어, 총회 또는 안전보장이사회만이 자문 의견을 요청할 수 있으며, 유엔의 '기타 기관들 *other organs*'과 전문 기구들 *specialized agencies*은 총회로부터 '활동 범위 내에서 발생하는 법적 문제에 대해서만' 그러한 의견을 요청할 수 있는 권한을 부여받을 수 있다: 유엔 헌장, 제96조; 국제사법재판소 헌장, 제65조. 그러나 다음도 함께 보라, *Legal Consequences of the Construction of a Wall in the Occupied Palestinian Territory*, Advisory Opinion [2004] ICJ Rep. 136.
104) 제41조는 다음과 같이 규정한다: '재판소는 사정에 의하여 필요하다고 인정하는 때에는 각 당사자의 각각의 권리를 보전하기 위하여 취하여져야 할 잠정조치를 제시할 권한을 가진다.' 다음을 보라, Akande, D., 'Recent Developments with Regard to ICJ Provisional Measures' *EJIL-Talk!* (21 Jul. 2011) Miles, C. A., *Provisional Measures before International Courts and Tribunals* (2017); Thirlway, H., 'Peace, Justice, and

(*Request for the Indication of Provisional Measures*) 사건에서105) 국제사법재판소는 이러한 조치를 명령할 수 있도록 자신이 가진 권한의 목적은 재판소의 결정이 있을 때까지 당사자들의 각 권리를 보전하는 것이며, 사법 절차에서 분쟁의 대상이 되는 권리에 돌이킬 수 없는 침해가 발생해서는 안 된다는 점을 전제로 한다고 언급했다. 국제사법재판소가 언급한 미국의 권리에는 생명, 자유, 보호 및 안전에 대한 자국민의 권리가 포함되었다. 재판소는 이러한 상황이 지속되면 당해 개인들이 박탈, 고난, 고통, 심지어 건강과 생명에 대한 위험에 노출되어 돌이킬 수 없는 위해를 입을 심각한 가능성에 노출된다고 판시했다. 이란 이슬람 공화국 정부는 무엇보다도 구금된 사람들을 즉시 석방하라는 명령을 받았다.106) 재판소는 본안 판결에서 '인간의 자유를 부당하게 박탈하고 고난을 받는 상황에서 신체적 제약을 가하는 것은 그 자체로 세계인권선언에 명시된 기본 원칙은 물론 유엔 헌장의 원칙과도 명백히 양립할 수 없다'고 지적했다.107)

최근 판례들은 국제사법재판소가 보유한 일종의 보호 권한의 근거로서 잠정조치에 상당한 잠재력이 있음을 강력히 시사한다. 재판소는 *Georgia v Russia* 사건에서, 1965년 모든 형태의 인종차별 철폐에 관한 국제협약에 근거한 신청에 대해 특히 해당 권리들에 대한 돌이킬 수 없는 침해가 발생할 가능성이 있다는 이유로 잠정 조치를 명령했다.108) 재판소는 신체의 안전

Provisional Measures', in Gaja, G. & Grote Stoutenburg, J., eds., *Enhancing the Rule of Law through the International Court of Justice* (2014) 75; Rosenne, S., *Provisional Measures in International Law: The International Court of Justice and the International Tribunal for the Law of the Sea* (2004); Merrills, J. G., 'Interim Measures of Protection in the Recent Jurisprudence of the International Court of Justice' (1995) 44 *ICLQ* 90.
105) [1979] ICJ Rep. 7.
106) Ibid., paras. 36, 37, 42, 91.
107) [1980] ICJ Rep. 3 at 42 (para. 91).
108) *Application of the International Convention on the Elimination of All Forms of*

에 대한 권리, 잠재적인 생명 손실 또는 신체적 상해를 포함한 폭력이나 신체에 대한 위해로부터 국가에 의해 보호받을 권리, 국가의 국경 내에서 이동 및 거주의 자유에 대한 권리의 침해에 대해 구체적으로 언급했다. 또한 특정 상황에서 강제로 추방되어 귀환할 권리를 박탈당한 사람들이 돌이킬 수 없는 피해를 받을 심각한 위험에 처할 수 있다는 사실도 고려했다. 조지아의 주장은 나중에 협약의 협상 요건을 충족하지 못했다는 재판소의 판단에 따라 기각되었다.[109]

최근 국제사법재판소는 미얀마 정부에 로힝야족 무슬림들을 제노사이드로부터 보호하기 위해 '모든 조치를 취하라'고 명령했으며, 미얀마에 남아 있는 60만 명의 로힝야족이 군대의 폭력에 '매우 취약'하다는 점을 인정했다.[110]

1.2절 유엔 팔레스타인 난민구호기구(UNRWA)

1947년 11월 29일, 유엔총회는 팔레스타인을 아랍과 유대 두 국가로 분할하는 계획에 찬성표를 던졌고[111] 두 공동체 간의 전투는 거의 동시에 시

Racial Discrimination (Georgia v Russian Federation), Provisional Measures [2008] ICJ Rep. 353, paras. 142, 149.

109) Application of the International Convention on the Elimination of All Forms of Racial Discrimination (Georgia v. Russian Federation), Preliminary Objections [2011] ICJ Rep. 70, 120–40; Szewczyk, B. M. J., Georgia v. Russian Federation (2011) 105 AJIL 747; Okowa, P., 'The International Court of Justice and the Georgia/Russia Dispute'(2011) 11 Human Rights Law Review 739. 다음도 함께 보라, Georgia v. Russia (I), App. No. 13255/07, European Court of Human Rights, Grand Chamber (3 Jul. 2014).

110) Application of the Convention on the Prevention and Punishment of the Crime of Genocide (The Gambia v Myanmar), Order (23 Jan. 2020) ICJ Rep. (2020), 3.

111) UNGA res. 181(II) A (29 Nov. 1947), 찬성 33표, 반대 13표(레바논, 사우디아라비아, 시리아, 예멘 포함), 기권 10표로 채택되었다.

작되었다. 1948년 5월 14일 영국의 위임령이 종료되고 다음 날 유대인 공동체는 이스라엘 국가를 선포했다. 이후 최초의 아랍-이스라엘 전쟁이 발발했고, 수천 명의 팔레스타인계 아랍인들이 이웃 국가로 피난을 떠났다. 1년여 후 마침내 공식적인 휴전이 선언되자 신생 이스라엘 국가는 각각 요르단과 이집트의 지배하에 있던 서안과 가자 지구를 제외한 옛 팔레스타인 위임통치령 대부분을 장악하게 되었다. 약 75만 명의 팔레스타인인이 강제로 자신들의 고향을 떠나거나 추방당해 가자지구, 서안, 요르단, 레바논, 시리아의 난민 캠프에 살고 있는 것으로 추정된다.112)

1948년 12월 11일, 총회는 최종 합의를 달성하게 할 조치를 취하는 임무를 맡은 팔레스타인 조정위원회(UNCCP)를 설립했다.113) 1년 후인 1949년 12월, 분쟁으로 인해 팔레스타인을 떠난 사람들을 지원하기 위해 유엔 근동 팔레스타인 난민구호기구(UNRWA)가 총회 산하 기관으로 설립되었는데,114) 지원은 주로 구호, 보건 및 교육 분야에 대한 것이었다. 협약 제1조 D의 해석과 관련하여 이미 제4장에서 설명한 바와 같이, 팔레스타인 난민에 대한 구호를 제공하거나 그러한 구호 제공을 위한 기구를 설립하는 총회 결의 중 어느 것도 수혜 대상자를 정의하지 않고 있다. 따라서 유엔 팔레스타인 난민 구호기구는 수년에 걸쳐 실무상의 개념 정의를 직접 개발하고 수정하여 이를 총회에 전달해왔지만 한번도 반대를 맞닥뜨린 적이 없다. 여태까지 유엔 팔레스타인 난민 구호기구에 등록되는 것이 구호 제공

---

112) 일반적으로는 다음을 보라, Morris, B., *The Birth of the Palestinian Refugee Problem, 1947–1949* (1987); *The Birth of the Palestinian Refugee Problem Revisited* (2nd edn., 2004); Schlaim, A., *Israel and Palestine: Reappraisals, Revisions, Refutations* (2009); *The Iron Wall: Israel and the Arab World*(new edn., 2014); Rogan, E. & Shlaim, A., eds., *The War for Palestine: Rewriting the History of 1948* (2nd edn., 2008).
113) UNGA res. 194(III) (11 Dec. 1948).
114) 유엔 팔레스타인 난민구호기구는 UNGA res. 212(III) (19 Nov. 1948)에 의해 설립된 팔레스타인 난민 구호 특별 기금을 승계했다.

의 기준이 되었기에 자금조달의 제약은 자격의 제한과 1948년 분쟁의 결과로 난민이 된 수많은 팔레스타인 사람들로 하여금 기구의 명단에서 제외되게 하는 결과를 낳았다. 1993년에 발표된 규칙은 기구의 목적상 '팔레스타인 난민'을 '1946년 6월 1일부터 1948년 5월 15일까지 통상적인 거주지가 팔레스타인이었던 사람으로서 1948년 분쟁으로 인해 집과 생계 수단을 모두 잃은 사람'으로 정의했다. 또한 남성 혈통을 통해서만 후손의 등록 자격이 주어지며 현재 구호를 받고 있지 않은 팔레스타인인도 등록을 신청할 수 있도록 규정하고 있다.115)

이 정의는 이러한 난민의 자녀들에게까지 확대되었으며, 1967년 전쟁 이후 유엔총회는 '최근의 적대 행위로 인해 현재 실향하여 즉각적인 지원이 절실히 필요한 해당 지역의 다른 사람들에게 긴급하고 임시적인 조치로서' 유엔 팔레스타인 난민 구호기구의 인도적 지원 제공을 승인했다. 이 조치의 '임시적'이고 '긴급한' 측면에도 불구하고 이 조치는 이후 총회 결의들에서도 승인되었으며 '후속 적대 행위'로 인한 실향민에게까지 확장되었다.116) 기구의 지원은 레바논, 시리아, 요르단, 가자지구, 그리고 1967년 실향 이후에는 이집트까지로 지역적으로 제한되어 왔으며, 해당 수용국에 등록되어 실제 거주하는 난민에 대해서도 제한적으로 이루어졌다. 등록은 처음에 식량 배급을 용이하게 하려는 취지였는데, 등록 자체가 피난국에서 점점 더 난민으로 인정되는 것과, 일응의 체류 자격과 동일시되면서 더 큰 의미를 갖게 되었지만, 이는 원래의 목적이 아니었기 때문에 오해하지 않아야 한다.117)

---

115) UNRWA, 'Consolidated Registration Instructions' (1 Jan. 2009): http://www.unrwa.org/sites/default/files/2010011995652.pdf.
116) UNGA resolution 2252 (ES-V) (4 Jul. 1967) (confirmed by UNGA res. 2341 B(XXII) (19 Dec. 1967)); and UNGA res. 56/54 (10 Dec. 2001).
117) 그러나 '체류 자격 *entitlement to remain*'은 정착 지위와 고용 등에서 내국인과 동등한 대우를 받는 것과 반드시 같은 것은 아니다; 다음을 보라, UNRWA, 'Written

위에서 언급했듯이 팔레스타인 난민은 유엔난민기구의 권한에서 제외되었고, 이후 1951년 협약에서도 제외되었다.[118] 정치적 이유도 부분적으로 영향을 미쳤으며, 유엔난민기구, 유엔 팔레스타인 난민구호기구, 유엔 팔레스타인 조정위원회의 임무를 공식적으로 구분해야 할 필요성도 있었다.[119] 당시 팔레스타인 난민에 대한 보호와 지원은 모두 유엔 팔레스타인 조정위원회와 유엔 팔레스타인 난민구호기구를 포함한 제도적 장치에 속해 있었다. 해결책, 본국귀환 또는 보상도 예상되었는데, 예를 들어 총회는 유엔 팔레스타인 조정위원회가 '현 상황에서 필요하다고 판단되는 한, 결의 제186(S-2)호에 의해 팔레스타인에 관한 유엔 중재자에게 부여 된 기능을 수행할 것'을 원했다.[120] 이어서, 이러한 기능은 다음과 같은 내용을 포함하도록 정의되었다:

Contribution of the United Nations Relief and Works Agency for Palestine Refugees in the Near East on the Global Compact on Refugees' (Feb. 2018): https://www.unhcr.org/5a86d1967.pdf; League of Arab States, 1965 Protocol for the Treatment of Palestinians in Arab States ('Casablanca Protocol') (11 Sep. 1965): https://www.refworld.org/docid/460a2b252.html.

118) 또한 자세한 내용은 다음을 보라, Akram, S., 'UNRWA and Palestine Refugees', in Costello, Foster, & McAdam (주 1); Bocco, R., 'UNRWA and the Palestinian Refugees: A History within History' (2009) 28(2-3) *RSQ* 229.

119) 규정, 제7조(1); 협약, 제1조D; 이 책 제4장, 4.2절을 보라. 유엔 팔레스타인 난민 구호기구의 활동 영역 바깥의 팔레스타인 사람들에 대한 책임에 관해서는 다음을 보라, UNHCR, 'Aide-Mémoire. Protecting Palestinians in Iraq and Seeking Humanitarian Solutions for those who Fled the Country' (Dec. 2006); UNRWA, 'Letter to UNHCR explaining UNRWA's Role and Responsibility vis-à-vis Palestinian Refugees in Syria' (6 Nov. 2019); Goddard, B., 'UNHCR and the International Protection of Palestinian Refugees' (2009) 28(2-3) *RSQ* 475; also, *Report* of the 29th Meeting of the Standing Committee, UN doc. A/AC.96/988 (7 Jul. 2004) para. 30; *Report* of the 20th Meeting of the Standing Committee, UN doc. A/AC.96/945 (2 Jul. 2001) para. 22.

120) UNGA res. 194(III) (11 Dec. 1948).

[팔레스타인의 지역 및 공동체 당국과 주선 활동을 통해 (i) 팔레스타인 주민의 안전과 복지에 필요한 공동 서비스 운영을 마련하고 … (iii) 팔레스타인의 미래 상황에 대한 평화적 조정을 촉진하는 것[121]]

유엔 팔레스타인 조정위원회는 '본국귀환, 재정착 및 경제적, 사회적 재활과 보상금 지급을 촉진'하고 1950년 12월 14일 결의 제394(V)호에 따라 '난민의 권리, 재산 및 이익 보호를 위한 조치에 관해 관련 당사국들과 협의를 계속'하라는 지시를 받았다. 그러나 이미 관련 당사국들의 협력과 정치적 의지에 따라 달라지는 조정위원회의 실효성은 의문이었고, 총회 토론의 요약문을 보면 난민 문제의 모든 해결책을 결정하게 되는 당사국들 간의 근본적인 차이가 얼마나 큰지를 쉽고 분명히 이해할 수 있다. 한쪽은 평화적 해결을 위해서 직접 협상을 지지했고, 다른 쪽은 팔레스타인과 자신의 고향에 대한 아랍인의 권리를 완전히 인정하는 것을 전제로 할 때만 직접 협상이 가능했다.[122] 세월이 흐르면서 조정위원회에 대한 총회의 거듭된 요청은 점점 더 형식적이고 거의 의례적으로 변해갔다. 본국귀환, 재정착, 재활 및 보상에 대한 전망은 약화되었고, 조정위원회는 팔레스타인 난

---

121) Ibid., para. 11: '고향으로 돌아가 이웃과 평화롭게 살기를 원하는 난민들은 예측이 가능한 한 빠른 시일 내에 그렇게 할 수 있도록 허용되어야 하며, 그리고 … 귀환하지 않기로 선택한 사람들의 재산에 대한 보상, 국제법 원칙이나 형평에 따라 책임 있는 정부 또는 당국이 보상해야 하는 재산의 손실 또는 손해에 대한 보상이 지급되어야 한다'. Brynen, R., 'Compensation for Palestinian Refugees: Law, Politics and Praxis' (2018) 51 *Israel Law Review* 29; Al Husseini, J. & Bocco, R., 'The Status of the Palestinian Refugees in the Near East: The Right of Return and UNRWA in Perspective' (2009) 28(2–3) *RSQ* 260; Lawand, K., 'The Right to Return of Palestinians in International Law' (1996) 8 *IJRL* 532.
122) 참조, UNGAOR, 5th Sess., Plenary, Summary Records, 325th Meeting (14 Dec. 1950) paras. 170-211. 1948년 총회에 제출한 보고서에서 팔레스타인 중재자 Bernadotte 백작은 팔레스타인 난민 귀환에 대한 이스라엘 임시정부의 우려를 언급했는데, 이는 경제적, 정치적 상황뿐만 아니라 안보 문제에서 비롯된 것이었다. 당시 중재자는 안보에 대한 이 우려에 실제로 근거가 있는지 의문을 품었다.

민들의 보호 요구와 무관해졌으며, 유엔의 제도적 메커니즘들은 그 격차를 해소할 수 없었다.123) 팔레스타인 난민에 대한 국제적 지원 제공자로서의 유엔 팔레스타인 난민 구호기구의 역할은 계속되었지만 1989년 인티파다 운동이 시작되면서 점령국에 대항하는 팔레스타인 사람들을 위한 중요한 보호 역할도 수행하게 되었다.124)

1951년에 팔레스타인 난민 문제는 일시적인 현상으로 여겨졌지만, 시간이 지남에 따라 팔레스타인 사람들의 자결권과 국가 수립에 대한 열망으로 인해 난민 문제는 난민 차원을 넘어서게 되었다.125) 정치적 해결책이 멀기 때문에 일부 사람들은 유엔 팔레스타인 난민 구호기구의 가치에 의문을 제기하고 구호기구가 '난민' 문제를 영속화시키는 한, 구호기구 자체도 문제의 일부라고 주장하기도 했다. 일부 학자들은 또한 난민 측면은 유엔난민기구가 더 잘 다룰 수 있을 것이라고 제안했으며, 역사에 대한 고려를 거의 하지 않은 채 왜 구호기구의 '난민 정의'가 유엔난민기구의 정의와 일치하지 않아야 하는지 의문을 제기하기도 했다.126) 이러한 입장에선, 정의를 일

---

123) Heian-Engdal, M., *Palestinian Refugees after 1948: The Failure of International Diplomacy* (2020); Erakat, N., *Justice for Some: Law and the Question of Palestine* (2019); reviewed Gunneflo, M. (2019) 24 *Journal of Conflict & Security Law* 631.
124) 다음을 보라, Albanese, F. P. & Takkenberg, L., *Palestinian Refugees in International Law* (2nd edn., 2020); Khouri, R. G., 'Sixty Years of UNRWA: From Service Provision to Refugee Protection' (2009) 28(2–3) *RSQ* 438; Kagan, M., 'Is There Really a Protection Gap? UNRWA's Role vis-à-vis Palestinian Refugees' (2009) 28(2–3) *RSQ* 511. Takkenberg, L., 'The Protection of Palestine Refugees in the Territories Occupied by Israel' (1991) 3 *IJRL* 414.
125) 예를 들어 다음을 보라, Qafisheh, M. M., ed., *Palestine Membership in the United Nations: Legal and Practical Implications* (2013).
126) 다음을 보라, '1948 Refugees: Proceedings of an International Workshop' Hebrew University of Jerusalem Faculty of Law (14-15 Dec. 2016): (2018) 51 *Israel Law Review* 47 (다음 학자들이 공헌하였음, Rex Brynen, Guy S. Goodwin-Gill, Manal Hazzan, Hassan Jabareen, Eugene Kontorovich, Alaa Mahajna, Benny Morris, Israela Oron, Adi Schwartz, Yuval Shany, Daphna Shraga, Lex Takkenberg, Einat Wilf,

치시킬 경우 유엔난민기구(및 1951년 협약)가 다음 세대로의 난민 지위 이전을 인정하지 않기 때문에 난민의 수가 줄어들 것으로 여긴다. 또한 유엔난민기구가 재정착 및 지역 통합과 같은 해결책을 더 빨리 그리고 더 잘 추진할 수 있다고 주장한다. 그러나 기본적으로 이것은 정치적 문제이지 법적, 정의적 문제가 아니며, 팔레스타인 문제를 구별짓는 중요한 차원, 즉 팔레스타인 난민은 유엔난민기구 규정이나 1951년 협약에 대한 논의가 시작되기도 전에 난민으로 인정되었다는 사실, 팔레스타인 국가의 윤곽에 여전히 논쟁의 여지가 있다는 사실, 현재 팔레스타인 난민을 수용하고 있는 국가들의 이해관계가 일치될 필요가 있다는 사실 등이 종종 무시되는 경향이 있다. 팔레스타인인들과 이 지역과 그 밖의 많은 행위자들에게 어떤 합의안이 제안되고 채택되더라도 역대 총회 결의들의 요구 사항을 충족해야 하는데, 이것은 아직 여전히 먼 전망이며, 결국 자금 조달의 어려움에도 불구하고 유엔 팔레스타인 난민 구호기구는 보호와 지원을 제공하는 중요한 행위자로 남아있게 될 것이다.[127]

1.3절 유엔 인권최고대표 사무소(OHCHR)

유엔의 주요 업적은 사회 정의와 인권을 안정적인 국제 질서의 토대로

Mahmoud Yazbak, and Yaffa Zilbershats); Peters J. & Gal, O., 'Israel, UNRWA, and the Palestinian Refugee Issue' (2009) 28(2-3) *RSQ* 588.

127) Fiddian-Qasmiyeh, E, 'The Changing Faces of UNRWA' (2019) 1(1) *Journal of Humanitarian Affairs* 28; Lindsay, J. G., 'Fixing UNRWA: Repairing the UN's Troubled System of Aid to Palestinian Refugees', Washington Institute for Near East Policy, Focus #91 (26 Jan. 2009); Hilal, L., 'Peace Prospects and Implications for UNRWA's Future: An International Law Perspective' (2009) 28(2-3) *RSQ* 607; 'Palestine Refugee Agency Faces Greatest Financial Crisis in Its History Following 2018 Funding Cuts, Commissioner General Tells Fourth Committee', GA/SPD/684 (9 Nov. 2018): https://www.un.org/press/en/2018/gaspd684.doc.htm.

확립하는 것이었다. 1946년부터 2006년까지 경제사회이사회가 설립한 인권위원회는 소위원회 Sub-Commissions 및 여성 지위위원회와 함께 인권활동을 담당했다. 인권위원회는 2006년에 인권이사회 Human Rights Council로 대체되었고,128) 그사이 1993년에 총회는 이를 국제사회의 정당한 관심사로 인식하여 '모든 인권의 증진 및 보호를 위한 최고대표'를 임명하기로 결정했다.129) 정부와의 대화에 참여하고 협력을 강화해야 하는 인권최고대표는 '모든 시민적, 문화적, 경제적, 정치적, 사회적 권리의 효과적인 향유'를 촉진하고, 현재의 방해물을 제거하고, 완전한 실현을 위한 도전에 대처하며, 전 세계에서 인권 침해가 지속되는 것을 방지하는 데 적극적인 역할을 할 책임이 있다.130)

모든 인권의 '보편적이고 불가분하며 상호의존적이고 상호연관된' 특성을 고려할 때, 국가 사이를 이동하는 사람들에게도 인권 규범이 적용될 수 있다는 것은 논란의 여지가 없다. 그러나 인권최고대표가 '사무총장의 지시와 권한 하에 … 인권 활동을 위한 유엔의 주요 권한'으로 지정되었다는 것은 유엔총회의 전반적인 권한이라는 '틀 안에서', 따라서 다른 구체적인 임무들과 관련하여 읽혀야 한다. 그렇지 않으면 이주의 맥락에서 인권최고대표가 하는 일이 난민최고대표, 유니세프, 국제노동기구(ILO), 국제이주기

---

128) UNGA res. 60/251, 'Human Rights Council' (15 Mar. 2006) (170-4-3); 'Report of the Secretary-General. In larger freedom: towards development, security and human rights for all': UN doc. A/59/2005 (21 Mar. 2005) paras. 181-3; UNGA res. 60/1, '2005 World Summit Outcome' (6 Sep. 2005 투표 없이 채택됨) paras. 157-60.
129) UNGA res. 48/141 (20 Dec. 1993) (투표 없이 채택됨). 인권최고대표는 사무총장이 지명하고 총회의 승인을 받아 임명되며, 4년의 고정된 임기로 한 차례 연임할 수 있다: ibid., para 2(b). 다음도 함께 보라,, Clapham, A., 'Creating the High Commissioner for Human Rights: The Outside Story' (1994) 5 *EJIL* 556; Van Boven, T., 'The United Nations High Commissioner for Human Rights: The History of a Contested Project' (2007) 20 *Leiden Journal of International Law* 767.
130) UNGA res. 48/141 (주 129) para. 4.

구(IOM)의 권한과 책임에 영향을 미칠 수 있으며, 상호 보완과 조정은 제도적 긴장으로 이어질 위험에 처할 수 있다.

예를 들어, 1999년에 인권위원회는 이주민의 권리에 관한 특별보고관을 임명하기로 결정했는데, 이 움직임은 경제사회이사회가 지지하고 총회가 환영한 조치였다.131) 특별보고관은 첫 번째 보고서에서 다른 임무와 권한과의 중복 가능성을 지적하면서, '국제법에서 공통적으로 인정되는 이주민에 대한 포괄적인 또는 일반적인 법적 개념'이 없다는 점을 언급했다,

> [난민의 경우처럼 출신국을 떠나는 이유와 관련된 정의는 수용국에서 이들이 법적 보호와 지위에 접근하게 하는 경우를 제외하고는 가장 적합하지 않은 정의일 수 있다. 많은 국가의 정치적, 사회적, 경제적, 환경적 상황에 비추어 볼 때, 정치적 박해, 분쟁, 경제적 문제, 환경 파괴의 이유로 또는 이러한 이유가 복합되어 고국을 떠나는 이주민과 출신국에 존재하지 않는 생존 또는 복지 여건을 찾아 떠나는 이주민을 명확하게 구분하는 것은 불가능하지는 않더라도 점점 더 어려워지고 있다.132)]

따라서 그녀는 자신의 맡은 인권 임무의 견지에서, 스스로의 지위와 무관하게 특별한 필요와 취약성으로 인해 이주했거나 이주했어야 하는 사람들을 이주민으로 간주하자고 제안하며,133) 비정규 또는 미등록 이주민은

---

131) Commission on Human Rights res. 1999/44 (27 Apr. 1999); ECOSOC decision 1999/239 (27 Jul. 1999); UNGA res. 54/166, 'Protection of migrants' (17 Dec. 1999 (투표 없이 채택됨). 처음 3년 동안은 인권이사회에서 특별보고관의 임무를 계속 수행했으며, 첫 번째 임명자인, Gabriela Rodríguez Pizarro(1999-2005)에 이어 Jorge A. Bustamante (2005-11), François Crépeau(2011-17), Felipe González Morales (2017-)가 그 뒤를 이어 특별보고관으로 임명되었다.
132) 'First Report by the Special Rapporteur on the human rights of migrants': UN doc. E/CN.4/2000/82 (6 Jan. 2000) paras. 28, 30.
133) Ibid., para. 36. 다음의 하위 범주들도 제안되었다: '(a) 국민 또는 시민권자인 국가의 영토 밖에 있고 그 법적 보호의 대상이 아니며 다른 국가의 영토에 있는 사람, (b)

그중에서도 특별히 주의를 기울여야 한다고 했다.134) 그 이후로 이 주제는 이주민 보호에 관한 정기적인 결의를 채택해 온, 그리고 2018년에는 '이주 주기의 모든 단계에서 이주 지위에 관계없이 모든 이주민의 인권을 효과적으로 존중하고 보호하며 이행하는 것'을 전제로 하는 안전하고 질서 있고 정기적인 이주를 위한 글로벌 콤팩트(Global Compact for Safe, Orderly and Regular Migration)를 승인한 유엔총회의 의제로 남았다.135)

유엔 인권최고대표사무소는 특별보고관의 업무 외에도 이주민에 대한 일반적이고 구체적인 보호를 증진하기 위해 몇 가지 중요한 이니셔티브를 채택해 왔다. 예를 들어, 2014년에는 '국제적 국경에서의 인권에 관한 권고 원칙 및 지침'을 개발했으며,136) 이주, 인권 및 젠더에 관한 글로벌 이주 그룹 실무 그룹(Global Migration Group Working Group on Migration, Human Rights and Gender)의 공동 의장으로서 취약한 상황에 처한 이주민의 인권 보호에 관한 추가 지침에도 기여했다.137) 이 지침은 명목상으로는 '난민 자격을 충족하지 못하는 이주민'에 초점을 맞추고 있지만, '취약한 상황'이라는 개념은 학술 용어가 아니며 결코 자명하게 적용될 수 있는 것이 아니다.

수용국이 부여하는 난민, 영주권자 또는 귀화자 또는 이와 유사한 지위에 내재하는 권리에 대한 일반적인 법적 인정을 누리지 못하는 사람, 그리고 (c) 외교적 협정, 사증 또는 기타 협정에 의해 기본권에 대한 일반적인 법적 보호를 누리지 못하는 사람': ibid.

134) Ibid., paras. 37, 40-2.
135) UNGA res. 73/195 (19 Dec. 2018) (152-5-12) para. 15(f).
136) 'Promotion and protection of human rights, including ways and means to promote the human rights of migrants': UN doc. A/69/277 (7 Aug. 2014) paras. 72-4; UN doc. A/69/CRP.1 (23 Jul. 2014); OHCHR, 'Recommended Principles and Guidelines on Human Rights at International Borders': https://www.ohchr.org/Documents/Issues/Migration/OHCHR_Recommended_Principles_Guidelines.pdf
137) 'Principles and practical guidance on the protection of the human rights of migrants in vulnerable situations': UN doc. A/HRC/37/34 (3 Jan. 2018); and A/HRC/37/34/Add.1 (7 Feb. 2018). 글로벌 이주 그룹에 대해서는 다음을 보라, https://globalmi_grationgroup.org/.

이 지침은 취약한 상황이란 개념을 '기존 법적 규범'과 국제 인권 체계에서 도출되는 보호 필요성을 참조하여 정의된 상황들과 연결짓는데, 비호 신청자 및 특정 조약 체제에 따라 보호받을 수 있는 사람들과 필연적으로 '겹침'이 생길 수 있지만, 체제의 공백을 피하기 위해서는 그와 같은 겹침도 부득이한 것으로 보인다.138)

인권최고대표사무소는 특정 국가의 인권 상황에 초점을 맞춘 임무도 수행했고,139) 여러 가지 연구도 수행했는데 예를 들어, 대규모 이동이란 맥락 속에서의 이주민 보호,140) 기후변화가 국경을 넘는 이주민의 인권 보호에 천천히 미치는 영향,141) 이동 중인 이주민의 상황,142) 그리고 국회의원을 위한 이주 거버넌스에 대한 연구143)가 여기에 포함된다. 이러한 보고서들은 국가 사이를 이동하는 이주민들에 대한 보호의 부족 현상을 더 잘 파악하고 방해물을 제거하며 해결책을 찾는데 기여할 수 있다.144) 이는 결국

---

138) UN doc. A/HRC/37/34/Add.1 (주 137) paras. 1, 9. 이러한 상황은 출신국을 떠난 이유, 여행 중 또는 도착 시 발생한 사건 또는 개인의 신원, 상태 또는 상황과 관련될 수 있다: ibid., paras. 12-16. 다음도 함께 보라, UNGA res. 74/148, 'Protection of migrants' (18 Dec. 2019) para. 6 (취약한 상황).
139) 예를 들어 다음을 보라, OHCHR, 'In Search of Dignity: Report on the Human Rights of Migrants at Europe's Borders' (2017); 'Report of mission to Austria focusing on the human rights of migrants, particularly in the context of return' (15-18 Oct. 2018).
140) 'Report on the promotion and protection of the human rights of migrants in the context of large movements': UN doc. A/HRC/33/67 (13 Sep. 2016).
141) OHCHR & Platform on Disaster Displacement, 'The slow onset effects of Climate Change and Human Rights Protection for cross-border migrants' (2018).
142) OHCHR, 'Situation of migrants in transit' (2016): UN doc. A/HRC/31/35.
143) OHCHR, International Labour Organization, & Inter-Parliamentary Union, 'Migration, human rights and governance', Handbook for Parliamentarians No. 24 (2015).
144) 보호 개선을 위한 제도적 변화 제안에 대해서는 다음을 보라, Goodwin-Gill, G. S., 'The Movements of People between States in the 21st Century: An Agenda for Urgent Institutional Change' (2016) 28 IJRL 679; 또한, Crépeau, F., 'Refugees as Migrants' in Costello, Foster, & McAdam (주 1); Chetail, V., 'Moving towards an Integrated Approach of Refugee Law and Human Rights Law', in Costello, Foster,

보호를 적극적으로 구하는 사람들의 입지를 강화할 수 있는데, 그들 중 다수는 종종 림보 상태에 있거나 장기 구금 상태에 있거나 점점 더 복잡해지는 국가 절차들의 틈새에 끼어 있다.

1.4절 유엔 인도주의업무조정국(OCHA)

1.4.1절 협업 강화

새로운 난민 유입을 막기 위한 조치에 관한 1986년 정부 전문가 그룹의 보고서는 사무총장에게 유엔헌장이 제공하는 권한을 최대한 활용할 것을 권고했다. 특히, 보고서는 사무국이 관련성 있고 시기적절하며 완전한 정보를 이용할 수 있도록 할 것, 이 정보를 발생 가능한 난민 유입에 대한 조기 평가를 제공하기 위해 효과적으로 분석할 것, 그리고 직접 연관된 국가와 협의하여 이 정보를 관할 유엔 기관에 전파할 것을 권고했다.[145] 많은 국가들이 이에 반대했음에도 불구하고, 1987년에 연구와 정보수집사무소(ORCI, Office for Research and the Collection of Information)가 설립되었지만 결국 오래가지 못했다.[146] 이러한 첫 번째 조치의 효과에 대한 불만은

& McAdam (주 1).

[145] Note by the Secretary-General, 'International Co-operation to Avert New Flows of Refugees': UN doc. A/41/324 (13 May 1986) para. 70.

[146] Bellamy, A. J., *Global Politics and the Responsibility to Protect: From Words to Deeds* (2011) Ch. 6 'Early Warning', at 130-3; Ramcharan, B. G., 'Early Warning at the United Nations: The First Experiment' (1989) 1 *IJRL* 379; Beyer, G. A., 'Human Rights Monitoring and the Failure of Early Warning: A Practitioner's View' (1990) 2 *IJRL* 56 - 정부 전문가 그룹의 관련 권고와 ORCI의 기능과 조직을 설명하는 유엔 *기구 매뉴얼*의 발췌문은 75-81면; Beyer, G. A., 'Monitoring Root Causes of Refugee Flows and Early Warning: The Need for Substance' (1990) 2 *IJRL Special Issue* 71; Rusu, S., 'The Role of the Collector in Early Warning'(1990) 2 *IJRL Special Issue* 65; Ruiz, H. A., 'Early Warning Is Not Enough: The Failure to Prevent Starvation in Ethiopia, 1990' (1990) 2 *IJRL Special Issue* 83; Dimitrichev,

유엔 사무총장이 고위 관리를 긴급구호조정관으로 지정할 것을 제안하게 했다. 기술 발전과 비정부기구 및 시민 사회의 정보 수집과 전파의 확대를 고려할 때 수집 및 분석을 전담하는 유엔 사무소가 필요하지 않다고 생각할 수도 있다. 그러나 최근의 이주 위기는 국제 인도주의 체계가 계속 사후 대응적인 태도로 일관해서는 안 되며, 보다 포괄적인 접근이 반드시 요청된다는 점을 다시 한 번 강조하고 있다.147)

1991년 12월 19일, 유엔총회는 유엔 인도적 긴급 지원의 조정 강화에 관한 결의 제46/182호를 채택했다.148) 이 결의에는 인도적 지원 제공의 필수적인 기반인 인도주의, 중립성, 공평성 기준을 포함한 일련의 지침, 원칙, 제안이 첨부되었을 뿐만 아니라,149) '국가들의 주권, 영토 보전 및 국민 통합'에 대한 존중과 '자국 영토에서 발생하는 자연재해 및 기타 비상사태의 피해자를 최우선적으로 돌봐야 할' 각 국가의 책임에 대한 인식도 포함되었다.150) 인도적 지원이 필요한 인구가 있는 국가들에는 적절한 정부간기구 및 비정부기구의 활동을 촉진하며, 이웃 국가에는 피해 국가와 긴밀히

T. F., 'Conceptual Approaches to Early Warning: Mechanisms and Methods—A View from the United Nations' (1991) 3 *IJRL* 264.

147) 안전하고 질서 있고 정규적인 이주를 위한 글로벌 컴팩트 *Global Compact for Safe, Orderly and Regular Migration* 는 UNGA res. 73/195 (주 135) paras. 18(c), (j), 부속서에 명시되어 있다. 국가들은 자연재해, 기후변화의 악영향, 환경 파괴와 관련하여 '이주민의 이동을 유발하거나 영향을 미칠 수 있는 위험과 위협의 발생을 모니터링하고 예측하는 메커니즘'을 구축 또는 강화하고, '조기경보를 준비하기 위해 이웃 및 기타 관련 국가와의 협력을 증진'할 것을 약속하고 있다.

148) 다음을 보라, UN doc. A/46/L.55 (17 Dec. 1991) (스웨덴); *Report* of the Secretary-General on the review of the capacity, experience and coordination arrangements in the United Nations system for humanitarian assistance: UN doc. A/46/568.

149) 인도적 지원 제공에 있어 이러한 원칙은 국제적십자위원회의 원칙에서 직접 도출된 것이다. 다음을 보라, *Report* of the Third Committee, Draft resolution I, Promotion of international cooperation in the humanitarian field: UN doc. A/45/751 (21 Nov. 1990).

150) UNGA res. 46/182 (19 Dec. 1991) Annex, paras. 2-4.

협력할 것을 촉구했다. 재난 예방 및 대비, 경제 성장 및 지속 가능한 개발 사이의 연관성도 인정했다.151)

결의 제46/182호에 의해 신설된 긴급구호조정관(ERC, Emergency Relief Coordinator)이라는 고위 직책은 이전에 사무총장의 여러 대리인들이 수행하던 주요하고 복잡한 긴급 상황과 유엔 재난구호조정관(UNDRO, UN Disaster Relief Coordinator)에게 맡겨져 있던 자연재해에 대한 책임을 한데 모아 통합했다. 이 결의는 또한 '모든 운영 중인 기관들이 참여하고, 국제적십자위원회(ICRC), 국제 적십자사 및 적신월사 연맹(IFRC), 국제 이주기구(IOM)는 상임지위로 초청된 기관 간 상임위원회(IASC, Inter-Agency Standing Committee)를 설립'했다.152)

1998년 인도주의 업무부는 인도주의 업무 조정 사무소(OCHA, Office for the Coordination of Humanitarian Affairs)로 개편되었으며,153) 유엔의 인도주의적 대응 프로그램 조정에 대한 임무가 확대되었다. 조정은 긴급구호조정관이 의장을 맡는 기관 간 상임위원회를 통해 추진된다.154)

원칙적으로 인도주의업무조정국과 긴급구호조정관의 역할은 지금까지보다 훨씬 더 높은 수준의 국가 간 및 기관 간 협력을 촉진 할 수있을만큼

---

151) Ibid., para. 10; 다음도 함께 보라, paras. 13-17(예방), 18-20(조기경보를 포함한 대비), 35(h)(구호에서 재활 및 재건으로의 전환을 촉진하기 위한 조정관), 40-2(구호에서 재활 및 개발로의 연속성). 재난 대비 및 대응과 재난 발생 시 보호에 있어 법의 역할에 대한 관심도 높아지고 있다; 자세한 내용은 1.5.2절을 보라.
152) UNGA res. 46/182, Annex, para. 38-비정부 기관들은 임시적인 지위로 초청될 수 있다. 조정을 더욱 개선하기 위해 통합 이의 절차(CAP, Consolidated Appeal Process)와 중앙 긴급 회전 기금 (CERF, Central Emergency Revolving Fund)이 추가되었다.
153) 자세한 내용은 다음을 보라, OCHA, https://www.unocha.org/.
154) 다음을 보라, *Report* of the Secretary-General, 'Strengthening of the coordination of emergency humanitarian assistance of the United Nations', UN doc. A/60/87 (23 Jun. 2005); UNGA res. 60/124 (15 Dec. 2005); 자세한 내용은 다음을 보라, 'OCHA Leadership': https://www.unocha.org/about-ocha/ocha-leadership.

충분히 광범위하다.155) 긴급구호조정관은 각국의 긴급 지원 요청을 처리할 뿐만 아니라 '조기-경보 정보의 체계적인 수집 및 분석'을 통해 모든 긴급 상황을 살펴볼 책임이 있다.156) 조정관은 '피해국 정부와 협의하여' 수요 평가 임무를 조직해야 하지만, 예컨대 내부 분쟁 상황이나 효과적인 정부 당국이 존재하지 않는 상황에서는 '모든 당사국의 동의를 얻을 경우' 긴급 지원 제공을 촉진할 권한이 있다.157) 또한 조정관은 유엔 긴급 구호 활동의 중심적인 구심점 역할을 하며,158) 유엔 체계 내의 기구들뿐만 아니라 국제적십자위원회, 국제적십자사 및 적신월사연맹, 국제이주기구, '관련 비정부기관'들과도 긴밀히 협력할 것으로 기대된다.

그러나 1990년대에는 다른 메커니즘, 특히 주도적 기구 lead agency 모델을 통해 기관 간 조정이 추구되었지만 결과가 썩 좋지는 않았다.159) 유엔의 긴급 인도적 지원 조정 강화에 관한 사무총장의 보고서에 따라 2005년에 '클러스터'라는 새로운 접근 방식이 도입되었다.160) 이를 통해 대피소 및 캠프 관리 및 보호 분야에 '상당한 역량 격차'가 있음이 식별되었다. 이 보고서는 민간인 보호는 일차적으로 국가의 책임이지만 '인도주의 체계 역시 보호 공백을 메우기 위해 노력해야 한다'는 점,161) '단일한 기관의 리더

---

155) UNGA res. 46/182 (19 Dec. 1991) Annex, paras. 33-9 (사무총장의 리더십, 조정관의 역할과 책임, 기관 간 상임위원회 설립 및 국가 차원의 조정)
156) Ibid., para. 20: '조기-경보 정보는 모든 이해관계가 있는 정부 및 관련 당국, 특히 피해국 또는 재난 취약국에 제한 없이 적시에 제공되어야 한다. 재난에 취약한 국가가 이러한 정보를 수신, 활용 및 전파할 수 있는 역량을 강화해야 한다'. 또한 para. 35(g)는 조정관의 책임에 '모든 이해관계가 있는 정부 및 관계 당국에 비상사태에 대한 조기경보를 포함한 통합 정보 제공'이 포함됨을 명시하고 있다.
157) Ibid., para. 35(d).
158) UN res. 46/182, Annex, para. 36. 다음을 보라, *Report* of the Secretary-General (주 154).
159) 다음을 보라, Pugh, M. & Cunliffe, S. A., 'The Lead Agency Concept in Humanitarian Assistance: The Case of the UNHCR' (1997) 28 *Security Dialogue* 17.
160) *Report* of the Secretary-General (주 154).

십을 기대하기 어려운 국내실향민과 관련된 상황에서의 보호 및 캠프 관리와 같은 지원의 공백을 극복하기 위해 체계 내 파트너십이 필요할 수 있다'는 점을 인정했다.162) 이 보고서는 역량 기반 확대, 가용 자원의 효율적 활용, 재정 메커니즘 강화, 통합된 임무에서 '인도주의적 공간'의 보존을 통해 인도주의적 대응 역량을 강화할 것을 권고했다.163)

긴급구호조정관이 의뢰한 '인도주의적 대응 검토' 보고서는 두 달 후인 2005년 8월에 발표되었다.164) 이 보고서는 복잡한 (인위) 긴급사태와 자연재해, 대비와 대응 역량, 그리고 후자와의 관계 속에 있는 보호에 대해 검토했다. 그 결과 '일반적으로 받아들여지는 보호의 의미와 요건에 대한 정의에 대한 인식이 심각하게 부족하다'는 사실을 발견했다.165) 이 보고서는 보호에 '물리적 현존, 양자협상, 다자외교, 훈련, 교육, 데이터 수집, 전파, 옹호, 피해자에 대한 접근권 확보 등 광범위한 활동'이 포함된다고 보고 이를 넓게 이해하는 관점을 택했다. 그러나 일반적으로 보호의 개념은 모호하게만 이해되고 있었으며, 보호는 '모든 대응 부문에 걸쳐 있는 문제'로 특별하고 긴급한 관심이 필요함에도 불구하고 대응 역량은 심각하게 부족했다.166)

---

161) Ibid., para. 28.
162) Ibid., para. 37; 다음도 함께 보라, paras. 53-8.
163) Ibid., paras. 78-82.
164) 다음을 보라, OCHA, *Humanitarian Response Review*, an independent report commissioned by the United Nations Emergency Relief Coordinator and Under-Secretary-General for Humanitarian Affairs, Office for the Coordination of Humanitarian Affairs, New York, Geneva (Aug. 2005).
165) Ibid., s. 4.2, at 30-1.
166) Ibid., 31. 참조, Davies, K., 'Continuity, change and contest. Meanings of "humanitarian" from the 'Religion of Humanity' to the Kosovo war', Humanitarian Policy Group, Overseas Development Institute, Working Paper (Aug. 2012); 또한, Goodwin-Gill, G. S., 'International Protection and Assistance for Refugees and the Displaced: Institutional Challenges and United Nations Reform', Refugee Studies

여러 조정 요소가 마련되어 있음에도 이 보고서는 보다 포괄적인 메커니즘이 필요한 시기가 도래했다는 감각에 주목했다. 1990년대에 유엔난민기구가 적용했던 '주도적 기구' 접근 방식은 많은 지지를 얻지 못했으나,[167] 지금은 '파트너 기관과의 강력한 협의 의무와 파트너 기관에 대한 책임(재정적 책임 포함)이 포함된 적절하고 투명한 업무 지침서'가 있다면 그렇게 할 수 있다.[168] '클러스터 접근법'은 인도주의적 활동을 개선하고 주도기구 접근법의 약점을 피하기 위해 채택되었다. 인도주의적 긴급 상황에서 활동하는 클러스터란 기관 간 상임위원회가 지정한 기관들의 집단으로서, 유엔 및 비유엔 기관을 모두 포함하며, 기관은 물, 보건, 물류, 쉼터 또는 보호와 같은 특정 활동 부문을 각각 책임진다.[169]

Centre, Oxford (May 2006).
167) 이에 대해서는 다른 문헌보다 다음을 보라, Pugh & Cunliffe (주 159); Lautze, S., Jones, B., & Duffield, M., 'Strategic Humanitarian Co-ordination in the Great Lakes Region, 1996-1997: An Independent Assessment', United Nations (Mar. 1998); Mooney, E. D., 'Presence, ergo Protection? UNPROFOR, UNHCR and the ICRC in Croatia and Bosnia and Herzegovina' (1995) 7 *IJRL* 407; Mendiluce, J. M., 'War and disaster in the former Yugoslavia: The limits of humanitarian action', in *World Refugee Survey*—1994, 16.
168) 다음을 보라, OCHA (주 164) Ch. III, s. 2.2, 47.
169) 클러스터 접근법의 초기 경험에 대한 건설적인 비판(뿐 아니라 이 접근법의 조정 및 정보 공유에 관한 잠재력의 평가)은 다음을 보라, Action Aid, 'The Evolving UN Cluster Approach in the Aftermath of the Pakistan Earthquake: an NGO perspective' (24 Apr. 2006). 자세한 내용은 다음을 보라, UNHCR Evaluation Service, 'Evaluation of UNHCR's Leadership of the Global Protection Cluster and Field Protection Clusters: 2014-2016', doc. ES/2017/04 (Oct. 2017); UNHCR, 'Questions and answers on UNHCR's Protection Cluster coordination role in natural disasters', doc. EC/62/SC/INF.1 (23 Feb. 2011); 'What is the Cluster Approach?': https://www.humanitarianresponse.info/en/about-clusters/what-is-the-cluster-approach; 'Who are we: The Global Protection Cluster': https://www.globalprotectioncluster.org/about-us/who-we-are/; UNHCR, Emergency Handbook, 'Cluster Approach (IASC): https://emergency.unhcr.org/entry/61190/cluster-approach-iasc; Russell, S. & Tennant, V., 'Humanitarian Reform: From Coordination to Clusters', in Fiddian-Qasmiyeh and

1.4.2절 유엔 기관의 상호 보완적 역할

강제 실향이란 위기들에 대처하는 과정에는 많은 유엔 기관이 관여하게 된다. 예를 들어, 국제노동기구(ILO)는 1920년대 러시아 난민에 대한 대응 과정에서 프리드쇼프 난센과 초기 파트너였으며, 이후 고용 촉진에 대한 최고대표의 책임을 맡게 되었다. 2016년에 국제노동기구 3자 기술 회의는 난민과 실향민의 노동 시장 접근에 관한 지침 원칙을 채택했으며, 회복력과 해결책의 핵심 측면에 대해 유엔난민기구와 적극적으로 협력하고 있다.170)

1946년에 설립된 유니세프(UNICEF, United Nations Children's Fund)의 원래 임무는 침략의 피해를 받은 국가의 어린이들에게 도움을 제공하는 것이었지만, 지금은 전 세계의 도움이 필요한 어머니와 어린이들에게 긴급 지원과 장기 지원을 모두 제공하고 있다. 유니세프의 아동 지원 활동은 종종 난민 상황까지 확장되어 보호자가 미동반 아동을 돕거나 안전한 식수 공급 및 치료식 급식소를 설치하는 등 다양한 활동을 펼치고 있다.171)

식량농업기구(FAO, Food and Agriculture Organization)도 오랫동안 재난

---

others (주 44) 302.

170) ILO, 'Guiding Principles on the Access of Refugees and other forcibly displaced persons to the labour market' (2016); 다음도 함께 보라, ILO-UNHCR Partnership—Joint action for decent work and long-term solutions for refugees and other forcibly displaced persons' (2020); Joint letter from ILO and UNHCR on enhancing collaboration (14 Nov. 2019): https://www.refworld.org/docid/5ddbcbcf7.html; ILO, UNHCR, *Guide to market-based livelihood interventions for refugees* (2017); Goodwin-Gill, G. S., 'Migrant Rights and "Managed Migration"', in Chetail, V., ed., *Mondialisation, migration et droits de l'homme: le droit international en question' Globalization, Migration and Human Rights: International Law under Review*, vol. II (2007) 161 (난민, 그리고 국제노동기구의 노동이주에 관한 다자간 프레임워크에 대해 설명하는 제3절).

171) 다음을 보라, UNICEF, 'Humanitarian Action for Children 2021' https://www.unicef.org/topics/annual-report; 'The State of the World's Children 2019': https://www.unicef.org/reports/state-of-worlds-children-2019.

지원에 관여해 왔으며, 1960년대에 세계식량계획(WFP)이 설립되면서 유엔의 대응 역량은 더욱 강화되었다.172) 세계식량계획은 잉여 식량을 처리하고 만성 영양실조로 인해 발생하는 식량 수요와 긴급 상황을 해결하기 위해 원조를 전달하는 역할을 담당한다.173) 세계식량계획은 여러 국가에 자체 직원을 두고 있으며, 유엔개발계획(UNDP) 상주 대표도 세계식량계획을 대신하여 활동한다.

세계보건기구(WHO) 헌장 제2조(d)는 각국 정부의 요청 또는 수락에 따라 적절한 기술 지원과 긴급 상황 시 필요한 원조를 제공할 수 있는 권한을 부여하고 있다. 세계보건기구는 거의 모든 국가에서 프로그램 조정관 또는 국가 프로그램 조정관을 통해 전 세계에서 강력하게 활동하고 있다. 국경을 넘는 대규모 실향은 질병의 발생과 확산을 가져올 수 있으며, 특히 위생 상태가 열악한 임시 캠프에 많은 사람들이 밀집하게 되는 경우 더욱 그렇다. 긴급 상황에서 세계보건기구는 전문가들의 조언과 서비스를 제공할 뿐만 아니라 제네바와 각 지역의 비축품을 통해 긴급하게 필요한 의약품을 공급할 수 있다.174)

---

172) UNGA res. 1714 (XVI) (19 Dec. 1961); 자세한 내용은 다음을 보라, Food and Agriculture Organization: http://www.fao.org and World Food Programme: http://www.wfp.org.
173) 세계식량계획의 긴급 상황 정의에는 '인명 피해나 가축 손실을 초래하는 사건이 발생했다는 명백한 증거가 있고 관련 정부가 이를 해결할 수단이 없는 급박한 상황, 그리고 예외적인 규모로 지역사회 인구의 이탈을 초래한 명백히 비정상적인 사건'이 포함된다(https://www.wfp.org/emergency-relief).
174) 다음을 보라, WHO: http://www.who.int.

1.5절 기타 조직 및 기관

1.5.1절 국제이주기구(IOM, International Organization for Migration)

국제이주기구의 미국 외교 정책 속에서의 기원은 다른 저자들이 설명했다.[175] 1951년 이후 오랜 시간이 지났음에도 국제이주기구는 공식적으로는 유엔 산하기관이 아닌 유엔 외부의 기구로 남아 있었지만, 2016년 7월 유엔 총회가 결의 제70/296호를 채택하면서 '긴밀한 관계'로 전환되고 있다.[176] 2019년 예산이 16억 달러를 넘어섰고, 직원 수는 약 11,000명이며, 전 세계 100개 이상의 사무소를 통해 운영되고 있는 국제이주기구는 오늘날 이주 정책과 실무에서 확실한 역할을 담당하고 있다.[177] 유엔 기구들과의 협력은 계속되고 있으며, 현재 국제이주기구는 유엔 이주네트워크 UN Network on Migration을 조정하며 사무국으로 기능하고 있다.[178]

---

175) Geiger, M. & Pécoud, A., eds., *The International Organization for Migration* (2020); Goodwin-Gill, G. S., 'A Brief and Somewhat Sceptical Perspective on the International Organization for Migration' (7 Apr. 2019): https://www.kaldorcentre.unsw.edu.au/publication/brief-and-somewhat-sceptical-perspective-international-organization-migration

176) 한 학자에 따르면, '국제이주기구는 단지 유관 *related* 기구일 뿐이며… 프로젝트 및 현장 사무소가 느슨하게 연결된 네트워크로, 불규칙한 넓은 문제를 다루고 기회와 상황에 따라 빠르게 한 곳에서 다른 곳으로 이동한다'고 한다: Pécoud, A., 'What do we know about the International Organization for Migration' (2018) 44 *Journal of Ethnic and Migration Studies* 1621, 1622.

177) Bradley, M., *The International Organization for Migration: Challenges, Commitments, Complexities* (2020); Bradley, M., 'The International Organization for Migration (IOM): Gaining Power in the Forced Migration Regime'(2017) 33(1) *Refuge* 97; Chetail, V., *International Migration Law* (2019) 344-5, 360-97.

178) IOM, Standing Committee on Programmes and Finance, Twenty-fourth Session, Statement by the Director General: Doc. S/24/10 (18 Jun. 2019) para. 18; 다음도 함께 보라, https://migrationnetwork.un.org/.

국제이주기구의 헌장은 단지 자신이 하나의 서비스 기관이며 '특정 서비스에 대한 요청에 대응한다'고 선언하는 것 외에는 기구의 활동에 대한 힌트를 거의 제공하지 않는다.179) 2018년 보고서에는 재정착과 '이동 관리', '자발적 귀환 지원', 국경 및 신원 관리, 인신매매 방지, 심지어 이주민 보호 및 지원에까지 기구가 관여하고 있음을 보여주는 더 자세한 내용이 나와 있다.180) 헌장에 특정한 일련의 원칙들이나 국제 기준이 반영되어 있지는 않지만, 2018년 보고서는 이전 보고서와 마찬가지로 국제 기준의 준수와 이주민의 권리 충족을 위해 일하고 있음을 강조하고 있다.181) 그러나 국제이주기구의 일부 실행들은 최소한 분명한 책임성의 결여라는 이유만으로도 비판을 받아왔다.182) 이제 국제이주기구는 2016년 유엔과의 협정에

---

179) 전문 및 제1조: International Organization for Migration, *Constitution and Basic Texts* (2nd edn., 2017); 2021년 4월 30일 현재 국제이주기구의 회원국은 173개국이다. 기구가 제공하는 서비스의 예로는 다음을 보라, Citizenship and Immigration Canada, 'Evaluation of Canada's membership in the International Organization for Migration', Evaluation Division (Feb. 2011) 2, 5, 13. Geiger, M., 'Ideal partnership or marriage of convenience? Canada's ambivalent relationship with the International Organization for Migration' (2018) 44 *Journal of Ethnic and Migration Studies* 1639.

180) IOM, Council, 110th Session, Annual Report for 2018: Doc. C/110/4, paras. 35, 128-34, 203-7, 213-17, 223-5.

181) Ibid., paras. 2-12. 전반적인 상황은 국제이주기구를 '비규범적 *non-normative* 기관' 으로 선언한 국제이주기구 이사회 결의 제1309호(2015년 11월 24일)에도 거의 명확하게 드러나지는 않는다.

182) 예를 들어 다음을 보라, Hirsch, A. L. & Doig, C., 'Outsourcing Control: The International Organization for Migration in Indonesia' (2018) 22 *International Journal of Human Rights* 681; Hirsch, A. L., 'The Borders Beyond the Border: Australia's Extraterritorial Migration Controls' (2017) 36(3) *RSQ* 48, 71-2; Nethery, A., Rafferty-Brown, B., & Taylor, S., 'Exporting Detention: Australia-funded Immigration Detention in Indonesia' (2012) 26 *JRS* 88; Migreurop, 'L'OIM, Une Organisation au Service des Frontières ... fermées' *Les notes de migreurop*, no. 9 (May 2019): http://www.migreurop.org/. 또한, 영국이 퇴거시키고자 하는 비호 신청자 집단에 대한 국제이주기구의 관여에 관한 2000년 영국 귀원원의 토론을 함께 보라: Hansard, HL Deb. (1 Mar. 2000) cols. 557, 563-5; 그리고 국제이주기구 사무소

따라 '유엔 헌장의 목적과 원칙에 따라, 그리고 이러한 목적과 원칙을 증진하는 유엔의 정책과 국제 이주, 난민 및 인권 분야의 기타 관련 협약을 고려하여 활동을 수행'할 것을 수락하였다.183) 이러한 약속이 중요하긴 하지만, '관련 기구 related organization'으로서의 국제이주기구와 유엔전문기구 사이에는 여전히 간극이 존재한다. 이 협정의 어떤 조항도 국제이주기구가 유엔 헌장 제57조 및 제63조의 의미에서 총회 권고에 대한 후속 조치 또는 기타 관계의 강화를 요구하지 않으며, 총회에 대한 보고는 전적으로 국제이주기구 사무총장의 재량으로 남아 있다.184) 항상 유엔난민기구에 기대되는 개인들의 권리를 옹호하는 역할은 국제이주기구의 경우 때때로 부족한데, 그 부재는 눈에 띄게 드러난다.185)

국제이주기구의 역사가 반드시 미래를 좌우하는 것은 아니지만, 이 역사는 1951년부터 가장 최근의 헌장과 그 이후까지 발전해 온 국가들의 목표

장이 기구는 인권 의무에 구속되지 않는다고 영국 귀족원 유럽 연합 위원회에 발언한 내용: House of Lords, European Union Committee, 11th Report of Session 2003-04, 'Handling EU asylum claims: new approaches examined' HL Paper 74 (30 Apr. 2004) paras. 121-4.

183) UNGA res. 70/296, 'Agreement concerning the Relationship between the United Nations and the International Organization for Migration' (25 Jul. 2016) Annex, art. 2(5); UNGAOR, Seventy-first session, 3rd plenary meeting (19 Sep. 2016) 'High-level plenary meeting on addressing large movements of refugees and migrants': UN doc. A/71/PV.3, 5; 당시 국제이주기구 사무총장이었던 William Swing이 6면에서 설명한 1951년의 '역사'는 정치적인 배경이 생략되어 있다. 유엔의 우려와, 사람들의 이동을 더 잘 관리하고자 하는 열망의 배경에 대해서는 다음을 보라, United Nations, 'Report of the Special Representative of the Secretary-General on Migration', UN doc. A/71/728 (3 Feb. 2017); United Nations, 'In safety and dignity: addressing large movements of refugees and migrants', UN doc. A/70/59 (21 Apr. 2016).
184) UN-IOM Agreement (주 183) art. 4.
185) Ashutosh, I. & Mountz, A., 'Migration management for the benefit of whom? Interrogating the work of the International Organization for Migration' (2011) 15 *Citizenship Studies* 21.

와 이해관계를 이해하는 데 도움이 될 수 있다.186) 공산주의는 더 이상 표적이 아니지만, 새로운 형태의 안보화가 빠르게 자리를 잡으면서 많은 정부들이 사람들의 이동을 관리할 수 있는 새롭고 때로는 법적으로는 의문이 있는 방법과 수단을 찾고 있다. 국제이주기구는 자신의 헌장에 따른 이주 서비스를 제공하는데 풍부한 경험을 가지고 있지만, 안전하고 질서 있고 정규적인 이주를 위한 글로벌 컴팩트 Global Compact for Safe, Orderly and Regular Migration 는 비록 새로운 의무를 창출하지는 않음에도 강력한 권리 지향성을 가지고 있기에, 이 글을 쓰는 시점에서 이 조직의 전통적인 역할과 업무 방식이 유엔과의 '긴밀한 관계'로 통합될 수 있는지 여부는 전혀 분명치 않다. 예를 들어, 총회는 이주민 보호가 매우 광범위한 분야의 관련 이슈들과 결부되어 있다는 점을 지속적으로 지적해 왔다.187)

물론 국제기구로서 국제이주기구는 국제법에 구속되며, 기구의 제도적 책임이나 직원의 개인적 책임을 선험적으로 방해하는 것은 없다.188) 다른 곳과 마찬가지로 여기에서도 책임성을 어떻게 현실화하느냐가 과제인데,

---

186) 2018년 6월 António Vitorino(포르투갈)가 국제이주기구 사무총장으로 선출되기 전까지는 1961년부터 1969년까지 재임한 네덜란드의 Bastiaan W. Haveman 이후 미국인이 아닌 사람은 단 한 명뿐이었다. 1951년 브뤼셀 컨퍼런스는 임시위원회 설립에 대한 자신의 관심과 계획이 미국이 사무총장직을 맡게 되는데 영향을 미쳤다고 밝혔다: Warren, G. L., 'Europe's Problem of Excess Population. Conference at Brussels on Migration and Committee for Movement of Migrants from Europe', Department of State, *Bulletin* (4 Feb. 1952) 169, 173. 다음도 함께 보라, Elie, J., 'The Historical Roots of Cooperation Between the UN High Commissioner for Refugees and the International Organization for Migration' (2010) 16 *Global Governance* 345.
187) 예를 들어 다음을 보라, UNGA res. 74/148, 'Protection of migrants' (18 Dec. 2019); see also Cullen, M., 'The IOM's New Status and its Role under the Global Compact for Safe, Orderly and Regular Migration: Pause for Thought' *EJIL-Talk!* (29 Mar. 2019).
188) Goodwin-Gill, G. S., 'The Extra-Territorial Processing of Claims to Asylum or Protection: The Legal Responsibilities of States and International Organisations' (2007) 9 *UTS Law Review* 26.

국제이주기구가 국경 관리의 '외부화', 구금, 원해 처리 또는 '자발적 귀환'과 같은 주권적 권한 영역에 대한 책임을 맡기 위해 하나 이상의 정부와 계약을 맺은 상황에서 책임성은 더 중요하다.189) 확실히 국제이주기구는 스스로를 '원칙적이고 책임성 있고 투명한 조직'으로 이해하고 있지만,190) 현재로서는 그 책임이 프로젝트에 자금을 지원하는 국가를 넘어 어디까지 확장되는지 알기 어렵다. 한편으로는 회원국들의 대리인으로서 회원국의 국제법적 의무를 신의 성실하게 이행할 공동 책임이 있을 수 있다. 다른 한편으로는 더 넓은 관점에서 볼 때, 더 광범위한 국제사회와 긴밀히 협력하고 유엔의 목적과 원칙에 전념하는 기관으로서,191) 이주 노동자 보호에 있어서는 국제노동기구, 난민과 실향민 보호에 있어서는 유엔난민기구, 아동 보호에 있어서는 유니세프, 광범위한 인권분야에 걸쳐서는 인권최고대표사무소 등 특정 임무에 대한 권한을 가진 기관들의 보호 감독을 아마도 받아야 할 것이다.

한편, 인도주의 활동에서 보호는 여전히 가장 중요한 원칙으로 남아있다. 이를 위해서는 실향하여 국가 사이를 이동하는 사람들에 대한 책임이 있는 기구들 사이의 조정과 협력이 필요할 뿐 아니라, 관련 국제 기준에 반하는 사안에 대해 감사를 받을 책임도 필요하다. 이 과정에서 임무, 실행 및 선례에 기반을 둔 확립된 어떤 권한의 위계질서는 배제될 수 없다.192)

---

189) 참조, Hirsch & Doig (주 182).
190) IOM Annual Report for 2018 (주 180) para. 221 (referring back to paras. 2-29). 불투명성과 무책임성을 보여주는 특히 눈에 띄는 지표 중 하나는 국제이주기구의 웹사이트다. 예를 들어, 국제이주기구와 유엔 사이의 관계 발전에 관심을 가진 연구자는 웹사이트가 암호로 보호되어 접근이 차단되어 있음을 알 수 있다(다음을 보라, https://governingbodies.iom.int/iom-un-relations-and-related-issues).
191) UN-IOM Agreement (주 183) Annex, 제2조(5).
192) 일반적으로는 다음을 보라, IASC Principal's Statement, 'The Centrality of Protection in Humanitarian Action' (17 Dec. 2013): https://interagencystandingcommittee.org/. 하지만 다음을 보라, IOM-UNHCR, Joint Letter on collaboration and the 'distinctive

1.5.2절 국제 적십자사/적신월사 운동

앞서 언급했듯이 국제적십자위원회(ICRC)와 국제적십자사/적신월사 연맹(IFRC, International Federation of Red Cross and Red Crescent Societies)은 오랫동안 난민과 분쟁 및 재난으로 실향한 사람들을 대상으로 한 구호 활동의 핵심 파트너였으며, 국제적십자위원회는 난민이 국제적 의제에 포함되도록 하는 중요한 촉매 역할을 했다.193) 또한 두 기관은 스스로의 운영 및 활동 관리에 관한 표준적인 보호기준의 수립에도 기여했다.194) 국제적십자위원회도 유엔난민기구와 비슷한 보호 책임을 지고 있지만, 위원회는 1949년 제네바 제협약과 1977년 추가 의정서에 의해 통합된 체계 하에서 활동한다. 처음 세 개의 제네바 협약에 공통으로 적용되는 제8조와 제4협약 제9조는 각각 '충돌 당사국의 이익의 보호를 그 임무로 하는 이익 보호국의 협력에 의하여 또한 그 보호하에 적용'되도록 규정하고 있다. 각 협약은 마찬가지로 '국제적십자위원회 또는 기타의 공평한 인도적 단체가… 민간인의 보호 및 그 구제를 위하여 행하는 인도적 활동'을 인정하고 있다.195) 또한, 협약은 '공정성과 효율성을 모두 보장하는 조직'과 같은 보호 권한을 대신할 수 있는 기관을 임명할 수 있도록 규정하고 있다.196)

인도주의적 목표와 국제적십자위원회의 역할은 4개 제네바 제협약의 공

---

roles and responsibilities' of IOM and UNHCR (25 Jan. 2019): https://www.refworld.org/docid/5c519a614.html.

193) 1절을 보라.
194) IFRC, 'The Fundamental Principles of the International Red Cross and Red Crescent Movement' (Nov. 2015); ICRC, 'Protection Policy'(2008) 90 *International Review of the Red Cross* 751.
195) 제1, 2, 3협약의 제9조를 보라, 제1협약(부상자, 병자, 의무요원 및 종교요원), 제2협약(조난자도 포함), 제3협약(전쟁 포로); 그리고 제4협약의 제10조(민간인).
196) 제1, 2, 3협약의 제10조; 제4협약 제11조. 이 협약은 또한 분쟁 해결을 위해 '주선을 행하는' 이익 보호국에 대해 규정하고 있다. 제1, 2, 3협약 제11조, 제4협약 제12조. 일반적으로 1977년 제1추가의정서 제5조와 다음을 보라, Veuthey, M., *Guérilla et droit humanitaire* (1983) 329-32.

통 조항 제3조와 각 협약상의 보호 대상자 및 보호의 의미에 관한 각 조항에서 강조되고 있다.197) 제협약에 따른 활동 외에도 국제적십자위원회는 여러 조치들에 대한 주도권과 자유를 보유하는 것으로 인정받고 있는데,198) '모든 인도주의적 이니서티브, … 협약에 규정되어 있지 않지만 피해자 보호를 위해 필요한 모든 조치들'에 대한 주도권과 이에 개입할 자유다.199)

현장 단체까지 포함한 190개 회원 단체가 모인 국제적십자사/적신월사 연맹은 재난 발생 후 인도적 구호를 제공하고 재난위험 감소 및 대비에 정규적으로 참여하고 있다. 2016년에는 국제 재난 구호 및 초기 복구 지원의 국내 촉진 및 규제를 위한 지침('IDRL 가이드라인')의 채택을 추진했다.200) 또한 국제적십자사/적신월사 연맹과 기타 이해관계자들은 재난 상황에서의 보호에 관한 국제법위원회의 작업에 대한 의견을 제출했다.

2016년에 국제법위원회는 18개 조항으로 이루어진 초안과 해설을 채택했으며, 이를 총회에 회부하여 협약 제정을 권고했다.201) 재난은 '광범위한 인명 손실, 막대한 인명 피해와 고통, 대규모 실향 또는 대규모 물질적 또는 환경적 피해를 초래하여 사회의 기능을 심각하게 방해하는 재난적 사건 또는 일련의 사건들'로 정의된다.202) 초안은 피해국의 주권과 구호 제공에

---

197) 특히 다음을 보라, 1949 제네바 제협약 공통조항 제3조; 1977년 제1추가의정서 제81조; Veuthey (주 196) 332-4. 적국에 억류된 민간인 또는 기타 보호 대상자를 위한 국제적십자위원회의 기능에 관해서는, 1949년 제네바 제4협약, 제41조, 제78조, 제132 내지 134조; 제1추가 의정서, 제75조; 제2추가 의정서, 제4 내지 6조.
198) 제1, 2, 3협약, 제9조; 제4협약, 제10조.
199) Veuthey (주 196) 332-3.
200) 다음을 보라, IFRC, 'Fourth Progress Report on the Implementation of the Guidelines' (2019); IFRC, OCHA, IPU, 'Model Act for the Facilitation and Regulation of International Disaster Relief and Initial Recovery Assistance' (2013). 이 책 제12장도 함께 보라.
201) UNGA res. 71/141 (13 Dec. 2016); *Report* of the ILC, 68th Sess., UN doc. A/71/10 (19 Sep. 2016) Ch. IV, 12-73. 국제법위원회의 이 작업은 2008년에 Eduardo Valencia-Ospina 특별보고관에 의해 시작되었다.

대한 일차적 책임을 강조하는 데 주의를 기울이고 있다. 그러나 초안은 그 외 부분에서 전향적인 방향으로 강하게 나아가고 있는데, 그 중 특히 국가들의 다양한 의무가 명시된 부분이 국가들 사이에 우려를 불러일으키고 있다.203) 몇몇 국가는 '협력 의무',204) 재난 위험을 감소시킬 의무,205) 그리고 '인명 보호 및 재난 구호 지원 제공' 의무에 대해 의문을 제기했다.206) 이와 유사한 태도로, 다수의 국가들은 유엔을 포함한 다른 국가에 지원을 요청할 의무207)를 강력히 거부하고 있는데, 외부의 지원에는 피해국의 동의가 필요하지만 그러한 동의가 자의적으로 보류되어서는 안 된다는 주장도 마찬가지로 거부한다.208)

2018년 총회는 각국 정부의 추가 의견을 요청했고, 2020년에 이 주제를 다시 다루기로 결정했다.209) 그러나 재논의는 이루어지지 않았고, 그동안 국가, 국제기구 및 기타 행위자들의 실행은 떠오르고 있는 국제법의 통합에 점진적이긴 하더라도 계속 영향을 미칠 것이다210)

---

202) 초안 제3조(a).
203) 다음을 보라, 'Comments and observations received from Governments and international organizations': UN doc. A/CN.4/696 (14 Mar. 2016).
204) 초안 제7조.
205) 초안 제9조(1).
206) 초안 제10조(1).
207) 초안 제11조.
208) 초안 제13조; Thomsen, M., 'The obligation not to arbitrarily refuse international disaster relief: a question of sovereignty' (2015) 16 *Melbourne Journal of International Law* 1.
209) UNGA res. 73/209 (20 Dec. 2018); 제6차 위원회의 자세한 견해는 다음을 보라, Summary record of the 31st Mtg. (1 Nov. 2018): UN doc. A/C.6/73/SR.31, paras. 23-88; 35th Mtg. (13 Nov. 2018): UN doc. A/C.6/73/SR.35, paras. 29-32.
210) 일반적으로는, 그리고 미래를 향한 전망을 위해서 다음을 보라, O'Donnell, T., 'Vulnerability and the International Law Commission's Draft Articles on the Protection of Persons in the Event of Disasters' (2019) 68 *ICLQ* 573; Sivakumaran, S., 'Techniques in International Law-Making: Extrapolation, Analogy, Form and the Emergence of an International Law of Disaster Relief' (2017) 28 *EJIL* 1097;

1.5.3절 지역 기구

또한 난민 보호는 아프리카연합(종전의 아프리카 단결 기구)[211], 미주기구, 유럽평의회, 유럽연합과 같은 지역 기구들에 의해서도 직간접적으로 촉진될 수 있다. 그 결과 1969년 아프리카 난민 문제의 특정 측면에 관한 아프리카연합/아프리카단결기구 협약,[212] 1969년 미주 인권 협약, 1950년 유럽 인권 협약, 1959년 난민 사증 폐지에 관한 유럽 협약, 1967년 영사 기능에 관한 유럽 협약과 이 협약의 난민 보호에 관한 의정서, 1980년 난민에 대한 책임 이양에 관한 유럽 협약 등이 탄생했다. 이 작업 전반에 걸쳐 언급했듯이, 1997년 암스테르담 조약 채택 이후 유럽연합은 회원국 간의 비호 실행을 조화시키는 목표를 추구해 왔으며, 기본권 헌장에 뿌리를 둔 유럽연합의 기본권기구 Fundamental Rights Agency는 특히 난민 및 이주 관련 문제에 대한 감독과 기준 설정에 적극적으로 나서고 있다.[213]

Bartolini, G., 'A Universal Treaty for Disasters? Remarks on the International Law Commission's Draft Articles on the Protection of Persons in the Event of Disasters' (2017) 99 *International Review of the Red Cross* 1103; Giustiniani, F. Z. and others, eds., *Routledge Handbook of Human Rights and Disasters* (2018); Aronsson-Storrier, M. & da Costa, K., 'Regulating disasters? The role of international law in disaster prevention and management' (2017) 26 *Disaster Prevention and Management* 502; Caron, D., Kelly, M., & Telesetsky, A., eds., *The International Law of Disaster Relief* (2014).

211) 특히 다음을 보라, Part III, Regional Regimes, in Costello, Foster, & McAdam (주 1). 아프리카 단결기구에 대한 초창기 평가는 다음을 보라, Bakwesegha, C. J., 'The Role of the Organization of African Unity in Conflict Prevention, Management and Resolution' (1995) 7 *IJRL Special Issue* 207; Oloka-Onyango, J., 'The Place and Role of the OAU Bureau for Refugees in the African Refugee Crisis' (1994) 6 *IJRL* 34.

212) 자세한 내용은 다음을 보라, Sharpe, M., *The Regional Law of Refugee Protection in Africa* (2018); Sharpe, M., 'Organization of African Unity and African Union: Engagement with Refugee Protection, 1963-2011' (2013) 21 *African Journal of International and Comparative Law* 50.

213) European Union Agency for Fundamental Rights (FRA), 'Asylum, migration and

난민과 이주 문제에 대한 기구 간, 국가 간 협력의 필요성은 글로벌 콤팩트들을 개발하고 채택하기 위한 가장 최근의 이니셔티브 이전에도 이미 여러 포럼에서 우선순위로 논의되었다. 예를 들어, 유럽안보협력기구(구 유럽안보협력회의)는 1980년대 중반부터 특히 동서 관계를 개선하고 협력을 장려하기 위해 관련 문제에 집중할 것을 촉구했다.214)

1.5.4절 비정부기구(NGOs)

보호에 대한 우려들은 일종의 공통된 관심을 드러내며, 효과적인 보호를 위해서는 국가나 국제기구만으로 국한되지 않는 기구 간의 목적의식을 지닌 협력이 필요하다. 예를 들어, 1980년 경제사회이사회는 긴급 상황에서 인도적 필요를 충족하는 데 있어 '정부 간 기구, 국제적십자위원회 및 기타 비정부기구들의 필수적인 역할'을 인정했다.215) 수백 개의 국내 및 국제 비정부기구가 전 세계 난민과 비호 신청자를 지원하고 보호하는 데 참여하고 있다. 예를 들어, 국경없는 의사회 Médecins sans Frontières는 긴급 캠프와 정착촌에 있는 난민들에게 의료 및 보건 서비스를 전문적으로 제공하고 있고,216) 휴먼라이츠워치 Human Rights Watch는 국제앰네스티 Amnesty International 및 국제법학자위원회 International Commission of Jurists와 마찬가지로 전 세계 난민 상황에 대한 현장 방문 및 심층 조사를 수행하며 국제적 보호 기준의 준수를 강력하게 옹호한다.217) 유럽난민및망명자위원

---

borders': https://fra.europa.eu/en/themes/asylum-migration-and-borders.
214) 자세한 내용은 이 책 제3판, 445-6면을 보라; 그리고 관련된 유럽안보협력회의(CSCE)와 유럽안보협력기구(OSCE) 자료들은 다음을 보라, Brownlie, I. & Goodwin-Gill, G. S., eds., *Basic Documents on Human Rights* (5th edn., 2006) 817 ff.
215) ECOSOC res. 1980/43 (23 Jul. 1980). 인권 분야에서 비정부기구의 국제적 역할은 무엇보다도 경제사회이사회(유엔 헌장 71조에 근거함)와의 협의 지위 메커니즘을 통해 확인되고 발전되었으며, 이에 따라 이전 인권위원회(이후 인권이사회로 대체됨)와 같은 기구와도 협력하고 있다.
216) 자세한 내용은 다음을 보라, https://www.msf.org/.

회 European Council on Refugees and Exiles는 1973년 협력을 위해 설립된 포럼으로 현재 유럽 40개국에 걸쳐 105개의 비정부기구가 참여하고 있으며,218) 다양한 국가들의 난민 위원회 Refugee Councils는 법률 또는 기타 상담을 제공하거나 난민 및 비호 신청자에 대한 국가 정책에 영향을 미치기 위해 노력한다.219)

1.5.5절 인도주의 활동가

동전의 다른 한쪽 면인 구호 활동가 relief workers 들, 이들 중 많은 사람들은 국제기구, 비정부기구 및 정부가 고용되어 있는데, 이들에 의한 보호에 대한 언급 없이는 국제적 보호에 대한 검토는 완전할 수 없다. 구호 활동가들은 납치, 위협, 물리적 공격, 공중 폭격, 여러 파벌 간의 전투에 자주 노출되어 왔다.220) 유엔 안전보장이사회는 수십 년 동안 모든 당사국에 유엔 직원과 다른 사람들의 안전을 보장하기 위해 필요한 조치를 취할 것을 예를 들어, 구 유고슬라비아,221) 캄보디아,222) 및 모잠비크223)에서 반복적으로 요구해 왔다. 2017년 인도주의적 결과 보고서에 따르면 구호 활동가

---

217) 자세한 내용은 다음을 보라, https://www.hrw.org/; https://www.amnesty.org/en/; 및 https://www.icj.org/.
218) 자세한 내용은 다음을 보라, https://www.ecre.org/.
219) 다음도 함께 보라, the International Council of Voluntary Agencies: https://www.icvanetwork.org/.
220) 다음을 보라, UN Commission on Human Rights, *Report on the Situation of Human Rights in the Sudan:* UN doc. E/CN.4/1994/48, paras. 34, 116.
221) 유엔보호군(UNPROFOR)과 국제 인도주의 기구들을 위해서는 다음을 보라, SC resolutions 758 (8 Jun. 1992) para. 7; 761 (29 Jun. 1992) para. 8; 770 (13 Aug. 1992) para. 6-'UN and other personnel engaged in the delivery of humanitarian assistance'; 859 (24 Aug. 1993) para. 4.
222) SC res. 810 (8 Mar. 1993), para. 18 (Somalia); SC res. 897 (4 Feb. 1994) para. 8.
223) SC res. 912 (21 Apr. 1994) preamble-전문 - '평화 프로세스 이행과 인도적 구호물자 배급을 지원하는 비정부기구 인력의 안전과 보안'에 대한 우려를 표명함. 다음도 함께 보라, SC res. 966 (8 Dec. 1994) on Angola, para. 10.

들에 대한 대부분의 공격은 국가를 장악하려는 국가 차원의 비국가 무장 단체에 의해 자행되며, 이들은 구호 단체를 자신들의 권위에 대한 잠재적 위협이자 유용한 대리 표적으로 간주한다.224)

1992년 유엔 총회도 이에 대한 우려를 표명했으며, 이듬해에는 '유엔 및 협력 요원의 안전, 특히 (이들의) 안전을 강화하기 위한 새로운 조치의 고려'를 위한 이니셔티브에 대한 지원을 촉구했다.225) 해당 결의는 구체적으로 '인도주의적 활동을 수행하는 국제 및 현지 직원'을 언급하고 있으며, 이는 관할권과 책임에 명백한 함의가 있다. 집행위원회는 또한 구호 활동가들의 안전의 중요성을 확인했다.226)

1994년 국제연합 및 협력 요원의 안전에 관한 협약은 유엔요원을 유엔 활동의 군대, 경찰 또는 민간요원으로 유엔 사무총장이 고용 또는 배치한 인원, 공식 자격으로 활동하고 있는 유엔, 유엔 전문기구 직원 및 전문가로 정의한다.227) 유엔 작전과 직접적으로 관련된 활동을 수행하기 위해 정부

---

224) Stoddard, A., Harmer, A., & Czwarno, M., *Aid Worker Security Report 2017: Behind the Attacks: A Look at the Perpetrators of Violence against Aid Workers* (2017): https://aidworkersecurity.org/sites/default/files/AWSR2017.pdf. 그러나 사망자 수라는 관점에서 보면 대부분의 사망에 대한 책임은 국가에 있다; 다음을 보라, 'Summary of Key Findings', ibid. The Aid Worker Security Database records major violent incidents against aid workers from 1997 to the present: https://aidworkersecurity.org/.
225) UNGA res. 47/105 (16 Dec. 1992) para. 20-유엔난민기구 직원과 기타 구호 활동가들; 다음도 함께 보라, UNGA resolutions 48/116 (20 Dec. 1993) para. 22; 49/169 (23 Dec. 1994) para. 17.
226) 다음을 보라, 집행위원회 결정 제72호(1993); Executive Committee Conclusion on the Security of UNHCR Staff (1994), *Report* of the 45th Session (1994): UN doc. A/AC.96/839, para. 28; Conclusion on the Situation of Refugees, Returnees and Displaced Persons in Africa (1994): ibid., para. 29(m). 관련된 주제에 대해서는 다음을 보라, Wiseberg, L. S., 'Protecting Human Rights Activists and NGOs: What More Can Be Done?' (1991) 13 *HRQ* 525.
227) UNGA res. 49/59 (9 Dec. 1994)에 의해 채택됨; 1999년 1월 15일 발효: 2051 UNTS 363. 2021년 4월 30일 현재, 95개국이 협약을 비준했다.

또는 정부 간 기관에 의해 임명된 협력 요원까지 포함된다. 또한 사무총장 또는 전문 기구에 의해 고용되거나 사무총장 또는 전문 기관과의 합의에 따라 인도주의적 비정부기관 또는 기구에 의해 배치된 사람들도 포함된다. 그러나 이 협약은 유엔 헌장 제7장에 따라 안전보장이사회가 강제조치로 승인한 유엔 작전, 즉 조직화된 군대에 대항하여 전투원으로 참여하고 국제무력충돌법이 적용되는 작전에는 적용되지 않는다.[228] 그러나 1994년 협약은 당사국이 유엔 작전과 관련된 요원에 대해 범죄를 저지른 자에 대한 관할권을 확립하고, 요원의 안전과 보안을 보장하고 붙잡히거나 구금된 요원을 석방하거나 돌려보낼 국가의 의무를 정의하며, 유엔 작전 및 요원의 지위에 관한 협정을 체결할 것을 소재국과 유엔에 촉구하고 있다. 2005년에 채택된 선택의정서는 '평화 구축을 위한 인도적, 정치적 또는 개발 지원 제공'과 '긴급 인도적 지원 제공'을 포함하도록 협약의 범위를 확장한다.[229] 이러한 조치들의 영향이 무엇인지는 아직 불분명하다.

2절 국제법에서의 난민 보호

일상적인 보호 활동이 무엇인지는 난민과 비호 신청자의 필요에 따라 달라질 수밖에 없지만, 유엔난민기구 규정과 1951년 협약을 요약하면 이에 대한 대략적인 개요를 파악할 수 있다. 먼저 보호 기능에는 직접적 측면과 간접적 측면이 있는데, 후자는 이미 언급한 유엔난민기구의 교육 활동들로 구성된다. 개인이나 집단을 위한 개입을 포함한 직접적인 보호 활동에는

---

228) 참조, *DD v Secretary of State for the Home Department* [2012] UKSC 54, paras. 41-68.
229) 제2조; 2689 UNTS 59; Arsanjani, M. H., 'Introductory Note', UN Audio-Visual Library of International Law: https://legal.un.org/avl/ha/csunap/csunap.html.

차별금지, 자유, 안전 등 난민의 기본적 인권 보호가 수반된다.[230] 유엔난민기구는 특히 다음 사항들에도 관심을 갖고 있다: (1) 난민의 생명이나 자유가 위험에 처할 수 있는 국가나 지역으로의 송환 방지,[231] (2) 난민 지위 심사 절차에 대한 접근, (3) 비호 허가, (4) 추방 방지, (5) 구금으로부터의 석방, (6) 신분 및 여행 증명서 발급, (7) 자발적 귀환의 촉진, (8) 가족결합의 촉진, (9) 교육 기관에 대한 접근성 보장; (10) 일할 권리와 기타 경제적, 사회적 권리의 혜택 보장, (11) 유엔난민기구에 대한 접근 및 유엔난민기구의 접근, 물질적 지원 및 의료 지원 제공, 신변 안전 보장을 포함한 일반적으로 국제 기준에 따른 대우, (12) 귀화 촉진. 이 중 처음 네 가지가 일반적인 기능과 함께 전통적으로 가장 중요한 활동으로 간주되며, 강제송환금지 원칙은 영구적인 해결책을 찾는 데 있어서 필수적인 시작점으로 자리 잡고 있다. 그러나 난민들이 받는 조치와 그들이 살아가며 빈번하게 맞닥뜨리게 되는 환경으로 인해 개인의 안전, 가족 재결합, 지원 그리고, 해결책을 달성하기 위한 국제적 노력에 대한 요구도 점차 더 큰 비중을 차지하게 되었다.

---

230) 여러 측면에서 유엔난민기구는 한 국가의 영사와 유사한 역할을 수행하는데, 이 역할을 공식적으로 인정할 것인지가 1963년 유엔 영사 관계에 관한 컨퍼런스에서 의견 대립을 가져온 주제였고 이에 대한 조항이 결국 합의되지 않았음에도 그렇다; 유엔난민기구의 입장이 명시된 UN doc. A/CONF.25/L6을 보라. 1967년 영사 기능에 관한 유럽 협약은 난민의 출신국 국민인 영사의 영사기능 행사로*부터* 난민을 보호하기 위해 어느 정도 진전된 조치를 취했다: ETS No. 61, 제47조. 또한 같은 협약 의정서(ETS No. 61A) 제2조(2)는 난민의 상주국 영사가 '가능한 경우 유엔난민기구와 협의하여' 수행할 보호 역할을 명시적으로 인정하고 있다. 즉, 협약에는 5개 당사자가 있고 의정서에는 3개 당사자만 있는 것이다. 자세한 내용은 이 책 제11장을 보라.
231) 이는 다양한 활동을 포괄할 수 있다. 1980년대 엘살바도르 분쟁이 한창일 때 유엔난민기구 '순회 보호관들'은 온두라스 쪽 국경을 순찰하며 비호 신청자들을 난민 캠프로 인도하고 강제송환을 막기 위해 온두라스 군과 직접 중재에 나서기도 했다. 다른 경우에 보호는 공항과 환승 구역에 감시 요원을 배치하여 즉결 퇴거를 방지하거나, 일반적으로 신청한 내용이 실질적인 판단을 받을 수 있도록 법적 다툼을 중재하는 것을 의미할 수도 있다.

국제법상 난민에게 부여되는 정확한 처우 기준은 난민이 위치한 국가가 협약 및 의정서 또는 기타 관련 조약을 비준했는지 여부에 따라 달라질 수 있다. 또한 난민이 좁은 의미의 난민에 해당하는지 넓은 의미의 난민에 해당하는지, 합법적으로 또는 불법적으로 해당 국가의 영토 내에 있는지, 또는 공식적으로 난민으로 인정받았는지에 따라 달라질 수 있다.

2.1절 일반 국제법

1966년 시민적 및 정치적 권리에 관한 국제규약의 특정 조항들은 순전히 조약에 기반한 체제 presence를 넘어서는 기준을 가리키며, 기본적 인권에 관해서는 체제가 합법적인지 등의 여부는 국민과 비국민의 구분만큼이나 무의미하다.232) 예를 들어, 1966년 시민적 및 정치적 권리에 관한 국제규약 제2조(1)은 국가가 '자국의 영역 내에 있으며, 그 관할권 하에 있는 모든 개인'에게 선언된 권리들을 존중하고 보장할 의무를 부과한다. 같은 조항은 차별금지 사유 목록에서 민족적 또는 사회적 출신, 출생 또는 그밖의 신분을 포함한 광범위한 차별금지 원칙을 상세히 규정하고 있다. 물론, 제4조 1항은 특정 상황에서 이탈을 허용하는 것은 사실이며,233) 국가로 하여금 국민과 비국민을 구별하는 것을 허용하는 좁은 범위의 차별금지 원칙에 대한 내용을 담고 있긴 하다. 그럼에도 불구하고 모든 이탈 조치들은 국제법에 따른 국가들의 다른 의무와 부합해야 하며,234) 생명권을 보장하거나,

---

232) 이주에 관하여 적용가능한 기준들은 다음을 보라, Chetail (주 177); 다음도 함께 보라, Goodwin-Gill, G. S. & Weckel, P., eds., *Protection des migrants et des réfugiés au XXIe siècle: Aspects de droit international/Migration and Refugee Protection in the 21st Century: International Legal Aspects* (2015); Goodwin-Gill, G. S., *International Law and the Movement of Persons between States* (1978) Chs. IV and V.
233) '국가의 존립을 위협하는 공공비상사태가 공식으로 선포된 경우'에는 이탈이 허용된다.
234) 따라서 인종을 이유로 한 차별을 금지하는 규정의 강행 규범적 성격에 비추어 볼 때, 오로지 그 특성만을 참조하여 결정되는 특정 부류의 외국인들에 대한 조치는 정

고문 또는 비인도적인 대우, 노예제, 강제노동, 소급법에 따른 유죄 판결 또는 처벌을 금지하는 조항으로부터의 이탈은 허용되지 않는다. 법 앞에 인간으로 인정받을 권리와 양심, 사상 및 종교의 자유에 대한 권리도 절대적인 용어로 선언된다.[235)]

시민적 및 정치적 권리에 관한 국제 규약은 널리 비준되었고,[236)] 특정 권리들과 기준들은 일반 국제법에서도 긍정적인 기반을 두고 있다. 국제사법재판소는 자주 인용되는 판례 중 하나에서 '노예제 및 인종 차별로부터의 보호를 포함하여 인간의 기본적 인권에 관한 원칙과 규칙'을 언급하면서,[237)] 국가들이 전체로서의 국제사회에 대해 부담하는 대세적 *erga omnes* 의무의 범주에 속하는 것으로 설명했다. 이 개념에 어려움이 없는 것은 아니지만, 해당 권리들은 예외적인 상황에서도 그 이탈이 허용되지 않는 권리들로 여러 협약에 자주 등장한다. 생명권, 고문 및 잔혹한, 비인도적인 대우나 처벌로부터 보호받을 권리, 소급하여 형사처벌을 받지 않을 권리, 법 앞에 사람으로 인정받을 권리 등 유사한 기본적 성격의 다른 권리도 마찬가지로 모든 사람이 향유할 수 있어야 한다. 이러한 권리는 이주민, 단기 방문자, 난민, 비호 신청자 등 시민과 비시민을 구분하지 않으며, 합법적으로 또는 불법적으로 국가에 체류하는지 여부에 관계없이 명확하게 인정된다.[238)] 존중과 보호의 의무는 조약 비준과 관계없이 국가에 있으며, 난민들

당화될 수 없다. 다음도 함께 보라, Committee on the Elimination of Racial Discrimination, 'General Recommendation 30: Discrimination against Non-Citizens', UN doc. CERD/C/64/Misc.11/rev.3; *R (European Roma Rights Centre) v Immigration Officer at Prague Airport* [2005] 2 AC 1.

235) 제4조(2). 참조, annexe III, Elles, *International Provisions protecting the Human Rights of Non-Citizens*: UN doc. E/CN.4/Sub.2/392/Rev.1 (1980) 57.

236) 2021년 4월 30일 현재, 173개 국가가 1966년 시민적 및 정치적 권리에 관한 국제규약 당사국이다: *Multilateral Treaties Deposited with the Secretary-General*, Ch. IV: https://treaties.un.org/.

237) *Barcelona Traction* case (주 101) 32.

은 일시적, 무기한으로 또는 영구적으로 지위가 인정되는지 여부에 관계없이 원칙적으로 혜택을 받아야 한다. 그러나 실제로는 피난국이 필요한 조치를 취할 수 없거나 취할 의사가 없는 경우 이러한 목표는 달성되기 어려울 수 있다. 따라서 난민들은 외부의 무력 침략; 살인, 강간, 납치, 강도로 이어지는 해적의 공격; 해상에서 조난 시 유기; 준군사조직인 '살인부대 death squads'에 의한 생명과 안전 위협; 아동까지 대상이 되는 강제징집; 자의적 구금과 고문; 식량과 물 거부; 강간과 기타 성폭력의 희생자가 되고 있다.239) 이러한 경우의 보호의 행사는 유엔난민기구가 시도하든 관련 국가가 시도하든 어렵고 섬세한 작업이며, 공식적으로 어떤 국가의 관할권을 벗어난 지역에서 피해가 발생하는 경우 문제는 더욱 악화된다. 국제 연대는 구체적 행동 촉구로 나타날 수 있지만 실질적인 결과를 얻어내는 것은 훨씬 더 어려울 수 있다.

그러나 일단 안전하게 입국한 난민들의 곤경에 대해 어떤 지속적인 해결책을 마련하기 위해서는 이러한 목적에 부합하는 추가적인 처우에 관한 기준이 동반되어야 할 것이다. 1981년, 한 전문가 그룹은 임시 피난처 개념의 함의를 고려하며 임시로 입국한 사람들에 대한 처우에 적용되어야 할 16가

---

238) 참조, 1975년 국제노동기구 이주노동자 협약(보충 규정)(No. 143). 제1조는 '이 협약이 발효된 모든 회원국은 모든 이주노동자의 기본적 인권을 존중할 것을 약속한다'고 규정하고 있다. 국제노동기구 전문가위원회는 이러한 권리의 범주에 생명권, 고문, 잔혹한, 비인도적인 또는 굴욕적인 대우나 처벌로부터의 보호, 신체의 자유와 안전, 자의적 체포 및 구금으로부터의 보호, 공정한 재판을 받을 권리를 포함시킬 것을 제안했다: *Migrant Workers*, report of the Committee of Experts, International Labour Conference, 66th Session (1980) 68-9. 이 협약의 제9조(1)은 지위가 정규화될 수 없는 불법 이주노동자들과 그 가족은 임금, 사회보장 등 과거 고용으로 인해 발생하는 권리와 관련하여 '동등한 대우'를 받아야 한다고 규정하고 있다. 다음도 함께 보라, Goodwin-Gill (주 170).

239) 난민이 직면한 위험과 피해에 대한 요약 보고서는 유엔난민기구가 매년 집행위원회에 제출하는 국제 보호에 관한 연례 '노트'와 유엔난민기구가 총회에 제출하는 보고서에 포함되어 있다.

지 '기본적 인권 기준' 목록을 제안했으며, 이는 그해 말 유엔난민기구 집행위원회와 총회에서 정식으로 승인되었다.240) 일반적으로 부정적인 동남아시아의 실행들에 특히 주목한 이 이니셔티브의 목표는 규칙을 제정하는 것이 아니라 실질적으로 달성 가능한 특정한 기준들을 알리는 것이었다. 따라서 집행위원회는 차별금지 원칙을 포함한 기본적 권리들을 준수해야 할 필요성을 다시 한번 강조했다. 또한 비호신청자들은 피난국의 안보뿐 아니라 비호 신청자의 안전과 복지가 고려된 장소에 머물 수 있어야 하며,241) 기본적인 생활 필수품이 제공되어야 하고, 가족결합 원칙이 존중되며 친지에 대한 추적 tracing 지원이 있어야 하고, 미성년자 및 부모 미동반 아동이 적절히 보호되어야 하고, 우편물 송수신 및 친구로부터 물질적 지원을 수령할 수 있어야 하고, 가능한 경우 출생, 사망, 혼인 등록을 위한 적절한 조치가 취해져야 하며, 비호 신청자가 임시 피난처 국가로 가져온 모든 자산을 영구적인 해결책을 찾은 국가로 이전하는 것이 허용되어야 하고, 자발적 본국귀환을 포함하여 만족스러운 영구적인 해결책을 찾을 수 있도록 필요한 모든 시설이 제공되어야 한다고 권고했다.

이러한 권고들이 곧장 규범적인 성격을 갖지는 않지만, 기본적인 인권 원칙 속에서도 이들 중 많은 부분을 뒷받침할 규칙상의 근거를 찾을 수 있다.242) 이 권고들은 주로 인도차이나 난민에 대해 선 비호 후 제3국 재정착이란 해결책에 도달하도록 하는 과정에 적용하기 위해 만들어졌다. 그럼에도 불구하고, 이 원칙들은 특히 난민 이주의 첫 단계에서 적용될 수 있는 최소한의 기준을 명시하기 위해 정기적으로 원용되곤 한다.243)

---

240) 집행위원회 결정 제22호(1981), *Report* of the 32nd Session, UN doc. A/AC.96/601, para. 57(2); UNGA res. 36/125 (14 Dec. 1981). 임시 피난처에 대해서는 이 책 제5장, 7.1절을 보라.
241) 난민 캠프와 정착지에 대한 군사적 공격에 관해서는 이 책 제9장, 1.3절을 보라.
242) 그러나 집행위원회는 유엔난민기구와의 협력에 관한 성명서에서 다소 더 단호한 태도를 취했다: 집행위원회 결정 제22호 (1981) 3장.

2.2절 조약 및 국내법

  기본적 인권은 국제 관습법에서 그 효력이 도출되며, 또한 국민과 비국민에 대한 국가의 대우를 통제하고 구성하는 일반적인 의무의 내용이 무엇인지 알려준다. 난민에게 특별히 혜택을 주는 조약을 비준한 국가에선 요청되는 특정 기준이 무엇인지가 보다 쉽게 확정될 수 있어야 한다. 그러나 여기서 비준국이 해당 조약의 조항을 국내법에 통합하거나 다른 방식으로 이행해야 하는 의무가 있는 경우 문제가 발생한다. 1951년 협약에는 국내법 통합이나 기타 공식적인 이행 단계를 요구하는 조항이 없으며, 실제로 국가가 국내법에 대한 정보를 제공하도록 의무화한 제36조는 국가가 협약의 적용을 확보하기 위해 '제정할 수 있는 may' 법과 규정만을 언급하고 있을 뿐이다. 마찬가지로 난민지위심사절차의 수립 또는 협약의 실체적 조항의 혜택을 받을 사람을 확인하고 식별하기 위한 절차에 관해서는 아무런 언급이 없다.

  비록 이 점이 구체적 문제를 해결하는 데는 거의 도움을 주지 못하긴 하지만, 어떤 조약의 당사국에 자국의 국내법이 국제적 의무에 부합하도록 보장해야 하는 일반적인 의무가 있다는 것은 반박될 수 없는 사실이다.244) 그러나 국제법의 지도 원칙에 조약의 규정을 국내법에 편입시킬 구체적 의

---

243) '임시 보호'에 관해서는 이 책 제6장, 6절을 보라.
244) Lord McNair, *The Law of Treaties* (1961) 78-9; 다음도 함께 보라, Brownlie, I., *Principles of Public International Law* (7th edn., 2003) 34-5; Crawford, J., *Brownlie's Principles of Public International Law* (9th edn., 2019) 48-51; Brownlie, I., *System of the Law of Nations: State Responsibility (Part I)* (1983) 241-76; *Treatment of Polish Nationals in Danzig*, PCIJ ser. A/B no. 44 at 24; *Greco-Bulgarian Communities*, PCIJ, ser. B, no. 17, 32; *Free Zones*, PCIJ ser. A, no. 24, 12; ser. A/B, no. 46, 167; art. 27, 1969 Vienna Convention on the Law of Treaties; *Advisory Opinion, Applicability of the Obligation to Arbitrate under Section 21 of the United Nations Headquarters Agreement of 26 June 1947* [1988] ICJ Rep. 12.

무가 포함된 것은 아니다.245) 국제법 위원회의 국가 책임에 관한 최종 조항은 종전에 행위의무, 결과의무 및 특정 상황을 방지할 의무를 구분하려고 시도했던 것을 포기했다. 많은 학자들은 이러한 구분이 분석을 위해서나, 의무 위반이 언제 발생했는지를 판단하는데 유용할 수 있지만(항상 올바르게 사용된다는 전제 하에 ⋯), 책임 발생에 대한 구체적이거나 직접적인 결론이 여기서 도출되지는 않는다고 지적했다.246) 예를 들어, 듀푸이 등은 전 국가책임 보고관인 로베르토 아고가 처음 개발한 유형론에서 행위와 결과의 구분은 앞뒤가 뒤바뀌어 버렸다고 지적하면서, 프랑스 민법에서 행위의무는 '최선의 노력 의무 une obligation de s'efforcer', 즉 특정 목표를 실현하거나 특정 사태를 예방하기 위해 애쓰거나 노력할 의무를 의미한다고 하였다.247) 크로포드의 말을 빌리자면 결과의무는 '어느 정도는 결과에 대한 보장을 수반하는 의무지만, 행위의무는 결과를 달성하기 위해 최선을 다해야 하지만 궁극적인 약속은 없는 최선의 노력 의무의 성격을 띤다'고 정의할 수 있다.248) 결과의무의 경우에는 결과가 달성되지 않았다는 사실만으로 책임을 발생시키는 데 필요 충분하지만, 행위의무의 경우에 '중요한 것은 일반적으로 달성된 최종 결과가 아니라 최선의 노력 의무를 위반했는지 여부'다.249) 각 경우에서 이것이 관련 이행 기준을 정하는 최우선적

---

245) 물론, 국제사법재판소는 국제적 의무의 이행을 보장하는 데 필요한 법률을 제정하지 않는다고 해서 국가의 책임이 면제되는 것은 아니라고 강조했다; 다음을 보라, *Exchange of Greek and Turkish Populations*, PCIJ ser. B, no. 10, 20.
246) Crawford (주 96) art. 12, Commentary, paras. 11, 129-30.
247) Dupuy, P.-M., 'Reviewing the difficulties of codification: On Ago's classification of obligations of means and obligations of result in relation to State responsibility' (1999) 10 *EJIL* 371, 375; 따라서 의사의 의무는 의사에게 요구되는 기준에 따라 환자를 치료하는 것 뿐이지 치료의 결과를 가져올 특별한 의무는 아니다.
248) Crawford, J., 'Second Report on State Responsibility', UN doc. A/CN.4/498 (17 Mar. 1999) para. 57, 다음에서 인용됨 Dupuy (주 247) 378.
249) Dupuy (주 247) 379.

인 규칙이다:

> [한편, 행위 또는 수단 의무 중 일부는 궁극적인 사건(예: 보호 법익에 대한 피해)이 발생한 경우에만 위반될 수 있지만, 어떤 행위 또는 수단 의무는 결과적인 피해가 발생하지 않아도 단지 행동하지 않음으로써 위반될 수 있다. 국제법에는 이 두 종류 중 일방에 대한 추정이나 규칙은 없으며, 있을 필요도 없다. 이는 맥락과 조약의 해석 또는 관습의 명료화와 관련된 모든 요소에 따라 달라진다.250)]

그렇지만, 분석 차원에서 행위와 결과를 구분하는 것은 유용할 수 있으며, 적어도 절차(및 그 절차의 적절성, 실효성, 궁극적으로 적법성)도 중요한 역할을 하는 인권 분야에서는 더욱 그렇다. 고문, 부당한 대우, 자의적 생명 박탈, 강제송환은 모두 금지된 행위의 예시들인데, 이 행위들은 행위와 결과가 중첩된다. 적법절차와 책임 메커니즘은 '보호'가 가능한지, 실효적인지를 판단하는 데 있어 여전히 별개의 기준이지만, 필수적으로 서로 연결되어 있어야 한다.

일반적인 조약 그리고 무엇보다 개인 보호 및 인권 의무에 관한 조약들이 갖는 특수한 성격은 국가가 책임을 피하기 위해서는 얼마나 다양한 요구가 충족되어야 하는지를 잘 보여준다.251) 예를 들어, 1961년 외교관계에 관한 비엔나 협약 제22조(1)은 '공관지역은 불가침이다. 접수국의 관헌은 공관장의 동의없이는 공관지역에 들어가지 못한다'라고 명확한 결과 의무를 규정하고 있다.252) 이 경우 준수가 요구되는 국제적인 결과의무는 접수국 기관의 부작위인데, 다른 사안에서는 적극적인 작위도 요구될 수 있다. 예를 들어 1966년 모든 형태의 인종차별 철폐에 관한 국제협약의 당사국들은 무엇보다 '어디에 존재하든간에 인종차별을 야기시키거나 또는 영구화

---

250) Crawford (주 96) Introduction, 22.
251) 다음의 논의를 함께 보라, Crawford (주 248) paras. 69-76
252) 500 UNTS 95.

시키는 효과를 가진 법규를 개정, 폐기 또는 무효화'할 것에 동의하였다.253) 마찬가지로, 1966년 시민적 및 정치적 권리에 관한 국제규약 제20조는 '전쟁을 위한 어떠한 선전도 법률로 금지된다'라고 규정하는데 이를 위해 구체적인 입법행위가 요구될 수 있다.254) 이러한 종류의 모든 국제적 의무들은 구체적으로 결정되어 있는 어떤 결과를 요구하는데, 이 의무들이 잘 이행되었는지는 국가의 작위나 부작위가 국제적으로 요구되는 결과와 일치하는지 여부에 따라 간단히 확인할 수 있으며, 이를 분명히 침해한 경우 법적 의무 위반이 된다.255)

그 성격이나 구성된 방식에 따라 이행 수단을 선택하는데 있어서 국가의 완전한 자유가 인정되는 다른 종류의 국제적 의무들도 있다. 1961년 외교관계에 관한 비엔나 협약 제22조(2)은 '공관지역을 보호하기 위하여 모든 적절한 조치를 취할 특별한 의무'를 접수국에 선언하고 있지만, 이러한 조치의 내용에 대해서는 더 이상 정의하지 않고 있다. 1975년 국제노동기구 이주노동자(보충 규정) 협약(제143호) 제10조는 '이 협약이 발효 중인 각 회원국은 … 국가 여건과 실행에 적합한 방법으로 기회와 처우의 평등을 증진하고 보장하기 위한 국가 정책을 선언하고 추구할 의무가 있다'고 규정한다.256) 이러한 '행위 의무'는 특히 표준 설정 조약(예: 최혜국 대우를

---

253) 제2조(1)(c): 660 UNTS 195.
254) 999 UNTS 171 및 1057 UNTS 407. 일부 국가는 이 조항이 제19조가 규정한 표현의 자유와 부합하지 않는다는 이유로 이 조항에 대해 유보를 표명했다. 호주, 벨기에, 덴마크, 핀란드, 아이슬란드, 아일랜드, 룩셈부르크, 몰타, 네덜란드, 뉴질랜드, 노르웨이, 스웨덴, 스위스, 영국, 미국의 유보 및 프랑스, 리히텐슈타인, 태국의 선언을 기록한, *Multilateral Treaties deposited with the Secretary-General*, Ch. 4: https://treaties.un.org/.
255) *United States Diplomatic and Consular Staff in Tehran* (주 105) 30-1.
256) 모든 회원국은 '자기나라가 당사국으로 되어 있는 협약을 실효적으로 준수'할 의무가 있다고 규정한 국제노동기구 헌장 제24조도 함께 보라; 1949년 제네바 제협약, 공통조항 제1조: '체약국은 모든 경우에 있어서 본 협약을 존중할 것과 본협약의 존중을 보장할 것을 약속한다'.

보장하는 설립 조약)과 인권 조약에서 흔히 볼 수 있다. 조약 자체의 조항에 완전한 선택의 자유가 함축된 경우도 있지만, 입법 조치를 취할 것이 선호된다고 명시된 경우도 있다. 하지만, 국내법 입법이 적절하고, 심지어 필수적인 것으로 간주될 수 있다고 하더라도, 분명한 것은 입법은 단지 국제 의무를 이행하는 방법 중 하나일 뿐이라는 것이다. 중요한 것은 법률의 제정 여부 자체가 아니라 규범의 준수가 보장되는지 여부다. 1977년 국제법위원회가 지적한 바와 같이, '국가가 국제적 의무가 요구하는 결과를 구체적으로 in concreto 달성하지 못한 것이 아니라면, 그 목적에 특히 적합해 보이는 특정 조치를 취하지 않았다는 사실, 특히 법률을 제정하지 않았다는 사실 자체를 들어 그 의무를 위반한 것으로 간주할 수 없다.'[257]

1960년대에 체결된 두 개의 인권 조약에서 국가들은 '필요한 입법조치 또는 그밖의 조치'를 채택할 것을 요구 받는데,[258] 이것은 권리에 효력을 부여하기 위해, 그리고 '해당 사정에 따라 필요한 입법을 포함한 모든 적절한 수단을 통해' 특정 행위를 '금지하고 종결'시키기 위한 것이다.[259] '필요한' 및 '적절한'과 같은 단어는 국가가 이행 조치를 선택할 재량이 있다는 것을 나타내지만 국제적 기준은 여전히 준수해야 할 표준으로 남는다. 중요한 것은 실제로, 또한 의무의 실효성 원칙 principle of effectiveness 에 비

---

257) 국제법위원회는 폴란드와 스위스가 1930년 헤이그 국제법 성문화 컨퍼런스 준비위원회에 제출한 원칙에 대해 특히 명확하게 입장을 밝힐 것을 촉구했다; 다음에 인용됨, *Yearbook of the ILC* (1977) ii, 23.
258) 1966년 시민적 및 정치적 권리에 관한 국제규약, 제2조(2); 다음도 함께 보라, OAS Additional Protocol to the American Convention on Human Rights in the area of Economic, Social and Cultural (Protocol of San Salvador) (14 Nov. 1988), 제2조; '이 의정서에 명시된 권리의 행사가 법률 또는 기타 규정에 의해 이미 보장되고 있지 않은 경우, 당사국은 헌법 절차와 이 의정서의 규정에 따라 그러한 권리를 실현하는 데 필요한 입법조치 또는 그밖의 조치를 채택할 것을 약속한다': OAS Treaty Series, No. 69; (1989) 28 *ILM* 156.
259) 1966년 인종차별철폐협약, 제2조(1)(d).

추어 조약 조항이 효과적, 효율적으로 이행되는지 여부다.260) 이론적으로 가장 적절한 이행 조치를 취했다는 것만으로 국제적 의무를 완전히 이행했다고 볼 수는 없듯이, 그러한 조치를 취하지 않았다고 해서 결정적인 의무 위반으로 평가할 수 있는 것도 아니다.261) 이 점은 국가가 잠재적으로 방해가 될 수 있는 어떤 조치를 채택하는 경우에도 그러한 조치 자체가 조약이 요구하는 결과와 양립할 수 없는 어떤 특정한 상황을 초래하지 않는 한 마찬가지다. 중요한 것은 국내법 제정 및 공포가 아니라, 실제로 어떤 결과가 도출되는지라는 관점에서 본 적용 및 집행이다.262)

국제적 의무 이행에 대한 평가는, 요구되는 것과 실제로 달성된 것을 단순히 비교함으로써 이뤄질 수 있다는 주장도 가능하다. 그러나 현실에서는 표준 설정 협약에서 사용되는 용어의 상대적 부정확성, 국가 간 서로 다른 법체계 및 실행, 우선 처음에 이행 방법을 선택함에 있어서, 다음으로 경우

---

260) 일반적으로는 다음을 보라, Lauterpacht, H., *The Development of International Law by the International Court* (1958) 257, 282; 1969년 조약법에 관한 비엔나 협약, 제31조(1); McNair (주 244) 540-1.
261) 다음을 보라, *Tolls on the Panama Canal* (1911-12): Hackworth, *Digest*, vi, 59 (미국의 견해); *German Interests in Polish Upper Silesia* (Merits) PCIJ (1926) Ser. A, no. 7, 19. 상설국제사법재판소는 *German Settlers in Poland* 사건에서 '… 법률상 차별이 없다는 의미에서 외형적 법적 평등뿐만 아니라 실질적 평등'의 필요성에 대해 언급했다: PCIJ (1923) Ser. B, no. 6, 24도 이와 동일한 원칙에 기초하고 있다. 자세한 내용은 다음을 보라, *Yearbook of the ILC* (1977) ii, 23-7.
262) *Ireland v United Kingdom* (1978) 2 EHRR 25, paras. 236 ff. 1950년 유럽인권협약 제1조는 이렇게 규정한다: '체약국은 자신의 관할에 속하는 모든 자에 대하여 규정된 권리와 자유를 보장한다.' 참조, 유럽인권재판소는 성별을 이유로 일어난 차별이 유럽인권협약과 양립할 수 없는 규범이 낳은 결과였다고 판시한 *Abdulaziz, Cabales and Balkandali v United Kingdom* (1985) 7 EHRR 471 사건에서 무엇보다 협약 제13조(권리와 자유를 침해당한 모든 사람의 실효적인 구제를 받을 권리 보장)가 위반되었다고 판단했다. 당시에는 유럽인권협약이 영국 법으로 편입되지 않았기 때문에 '실효적인 구제 수단'이 존재할 수 없었다(paras. 92, 93); 이 점에 대해 Bernhardt 판사가 보충 의견을 통해 밝힌 유보적 입장도 함께 보라.

에 따라 국가가 제공하는 그러한 국내적 구제 수단을 거칠 것을 요구할 수 있는 국가의 특권에 있어서, 국가가 가진 재량의 역할로 인해 해석 및 평가에 중요한 문제들이 발생하게 된다. 표준 설정 협약의 맥락에서 국내적 구제 수단은 특히 중요한데[263] 그 가용성과 실효성은 종종 의무의 이행 또는 위반, 국제적 책임의 '성립' 및 이 책임의 이행 문제를 결정하기 때문이다.

 국내법 편입의 일반적인 문제에 수반되는 어려움들을 이해하기 위해서 영국의 이행에 대해 국제적 의무에 비추어 의문이 제기된 두 가지 사례를 참고할 수 있는데, 시간이 상당히 흘렀음에도 불구하고 이 사건들의 핵심 쟁점들은 여전히 시의성이 있다. 1979년, 영국은 시민적 및 정치적 권리에 관한 국제 규약 이행에 관한 보고서와 관련하여 자유권규약위원회의 심의를 받았다. 영국 대표는 국가들이 적극적인 조치를 취할 의무가 있다는 견해에 동의하지 않았는데,[264] 여기서 문제가 된 부분은 사람들이 받는 처우와 법이 실제로 작동하는 방식에 관한 것이었다.[265] 이 입장은 1979년 5월 하원에서 1951년 협약의 국내법 편입과 효과적인 이행에 대해 논의할 때에

---

263) 국내적 구제 *local remedies* 완료 원칙은 일반 국제법에 확고한 근거를 두고 있으며 인권 조약들에도 규정되어 있다; 예를 들어 다음을 보라, 1950년 유럽인권협약 제35조; 1966년 인종차별철폐협약 제11조(3), 제14조(7)(a); 1966년 시민적 및 정치적 자유에 관한 국제규약, 제41조(1)(c) 및 위 선택의정서 제5조(2)(b).
264) 소련의 전문가 Mr Movchan는 영국에는 성문 헌법이 없고 규약이 영국의 국내법 질서의 일부가 아니라고 지적하면서, 법이 없는데 위원회가 어떻게 규약 준수 정도를 판단할 수 있을지 의문이라고 말했다: UN doc. CCPR/C/SR.147, paras. 8, 9; 더 자세한 설명은 United Nations press releases HR/1792-4 (25-6 Apr. 1979)에 있다. 당시 소련은 집단살해죄의 방지와 처벌에 관한 협약 제5조의 명백한 요구에도 불구하고 특정한 국내법을 제정할 필요성을 느끼지 못한 국가 중 하나였다: *Ruhashyankiko, Study of the Question of the Prevention and Punishment of the Crime of Genocide* (1978): UN doc. E/CN.4/Sub. 2/416, para. 501. 요르단의 전문가 Mr Sadi는 제2조(2)는 구체적인 조치를 취할 것을 요구하고 있고, 기존 법률이 규약과 일치한다고 언급하는 것만으로는 충분하지 않다고 판단했다: UN doc. CCPR/C/SR.147, para. 13.
265) Mr Richard (영국): UN doc. CCPR/C/SR.147, para. 18 and SR.149, para. 18; 또한 Mr Cairncross (영국): ibid., SR.147, para. 32.

도 유지되었는데,266) 이것은 전년도에 귀족원에서 시작된 논의가 계속 이어진 것이었다.267) 국무장관은 난민협약의 어떤 조항도 국내법으로의 편입을 요구하지 않으며, 난민지위심사 절차에 대해 부과하는 의무도, 지침도 제공하지 않는다고 언급했다.268) '협약의 효과적인 이행을 위한 기본 요건들'을 포함하는 1977년 집행위원회의 권고를 수용하면서도,269) 그는 영국의 기존 절차로 이미 충분하다고 생각했다.

입법적 이행과 절차 수립에 관한 이런 주장들은 실제로 부과된 의무에 비추어 볼 때 형식적으로는 옳지만, 이행의 실효성이라는 문제의 핵심을 비껴간 것이다. 그동안 형성되어 온 협약과 양립할 수 없는 부분들이 있다는 사실은 특정한 실무상 개선 사항들의 발표를 통해 암묵적으로 인정되었다.270) 영국법은 다른 많은 국가들과 마찬가지로 난민에 대한 특별한 규정을 두지 않고 일반적으로 적용되는 법이었다. 따라서 일반법의 적용을 피하고 적절한 혜택을 보장하기 위해서는 행정적 재량을 신중하게 사용하여 제도를 보완할 필요가 있었다.271)

---

266) 967 HC Deb. cols. 1363-81 (25 May 1979).
267) 392 HL Deb. cols. 799-819 (22 May 1978). 이 논쟁은 특히 '현행법에 반영되어 있지 않은 1951년 협약과 1967년 의정서의 모든 조항'을 구체적으로 편입시키고, 유엔난민기구 집행위원회의 권고에 따라 '독립적인 기관에 의한 난민지위심사를 위한 공식 절차'를 창설해야 한다는 다양한 개혁을 제안한 유엔난민기구의 영국 정부에 대한 노트에서 시작되었다: ibid., cols. 815-6 (Lord Wells-Pestell).
268) 967 HC Deb. col. 1376 (25 May 1979) (Mr Raison). 전년도 집행위원회에서 영국 대표 Mr Gould는 '1951년 협약과 1967년 의정서의 당사국은 해당 조약을 준수할 의무가 있으나, 그 목적을 위해 해당 조약 문언의 조항들을 국내법에 편입시킬지 여부는 전적으로 당사국이 결정할 사항'이라고 언급하며 유사한 주장을 펼쳤다: UN doc. A/AC.96/SR.302, para. 17, commenting on UN doc. A/AC.96/555, para. 6; also UN doc. A/AC.96/553, paras. 517-18.
269) 집행위원회 결정 제8호 (1977).
270) 967 HC Deb. cols. 1379-80 (25 May 1979).
271) 영국 내 난민과 비호 신청자의 상황이 계속해서 만족스럽지 않았다는 것은 1993년 비호 및 이민 항소법 *Asylum and Immigration Appeal Act*이 제정된 것, 그리고 이

따라서 1951년 협약의 효과적인 이행을 위해서는 첫째로, 당사국이 (a) '난민'이라는 용어의 법적 정의, (b) 난민에 대한 차별 없는 협약 적용, (c) 난민에 대한 여행증명서 발급, (d) '불법으로' 입국한 난민의 대우, (e) 난민의 추방, (f) 난민의 강제송환금지에 관한 특히 중요한 의무들을 수락했다는 사실을 반드시 고려해야 한다. 이러한 주제는 모두 다소 느슨하게는 이민법 또는 외국인법의 영역에 속하는데, 이러한 법 자체는 대부분 일반적으로 적용되는 법들이기 때문에 난민을 구별하는 특별한 조치가 취해지지 않으면 협약과 의정서에 따른 권리와 혜택이 거부될 가능성이 높다.272) 둘째로, 협약은 법적 결과를 부여하는 어떤 지위를 정의하고는 있지만 그 대상이 될 사람을 식별하는 절차에 대해서는 언급하지 않는다. 다만 어떤 수단을 선택하느냐는 국가들에 맡겨져 있지만, 협약상 의무들의 효과적인 이행과 달성을 위해서는 식별을 위한 일부 절차는 필수적인 것이다. 이런 절차는 국경에서의 또는 입국 후의 비호 신청, 여행 증명서 신청, 사회보장 혜택 신청, 추방에 대한 이의와 같은 사안에서 난민 지위에 대한 신청을 다룰 때 사용될 수 있어야 한다.

위 사안들에 관한 특정한 입법적 조치는 난민을 일반법의 적용을 받지 않게 하는 충분한 수단이 될 수 있으며, 따라서 협약의 효과적인 이행을 위한 필수 조건으로 간주될 수 있다. 해당 조약들의 목적과 취지를 고려할 때 난민지위심사절차의 수립도 마찬가지로 추가적인 필수 조건으로 간주 될 수 있다. 어떤 상황에서 그러한 조치들이 함께 또는 단독으로 효과적인 이

조항 및 관련된 이민법 규정들을 이전에 적용되던 규정과 비교해보면 충분히 추론할 수 있다.
272) 유사한 고려사항이 비국적자에 대한 추방 또는 입국 거부에 대한 국가의 권한에 영향을 미치는 1984 고문방지협약 제3조나 1966년 시민적 및 정치적 권리에 관한 국제규약 제7조와 같은 다른 인권 조약에도 마찬가지로 적용될 수 있다. 현재 많은 국가가 이러한 조약들을 난민 지위 절차의 일부 또는 독립적인 보호의 근거로 편입시키고 있다.

행을 위한 충분한 조건이 될 수 있는지 여부는 국내법 체계 전체가 실제로 어떻게 작동하느냐에 비추어 판단해야 한다. 이어서, 이것은 국가들이 자체적으로 개발한 기준 및 모범적인 실행에 비추어 평가되거나, 유엔난민기구 집행위원회의 권고를 통해서 간접적으로, 또는 이와 분리된 관할 국제재판소 및 지역재판소의 판례를 통해 평가되어야 한다.

2.2.1절 신의성실의 원칙

자국의 국내법이 국제적 의무를 준수하도록 보장해야 하는 모든 국가의 의무와 밀접한 관계에 있는 신의성실의 원칙에 대해서는 이미 특정한 보호에 관한 맥락에서 언급하였다.[273] 국제사법재판소의 *Nuclear Tests* 사건 판결의 표현을 빌리자면 신의성실은 '그 연원이 무엇이든 간에 법적 의무의 발생과 이행을 규율하는 기본 원칙 중 하나'다.[274] 유엔 헌장 제2조(2)은 이 원칙을 회원국의 행동을 규율하는 원칙 중 가장 우선적인 원칙으로 인정하고 있다.[275] 신의성실 원칙은 윤리적 내용을 내포하고 있지만,[276] 본질

---

273) 이 책 제7장, 5.4절을 보라.
274) *Nuclear Tests (Australia v France) Case* [1974] ICJ Rep. 253, 268, para. 46; 다음도 함께 보라, *Case Concerning Border and Transborder Armed Actions* [1988] ICJ Rep. 69, para. 94; *Case Concerning Land and Maritime Boundary Between Cameroon and Nigeria (Cameroon v Nigeria)* Preliminary Objections [1998] ICJ Rep. 275, 296, para. 38. 배경은 다음을 보라, O'Connor, J. F., *Good Faith in International Law* (1991). O'Connor는 다음과 같이 지적한다: '로마법에서 신의성실 *bona fides*의 개념이 특정한 상황에서 품위 있고 공정하며 양심적인 사람에게 기대되는 행위에 대한 *법적* 의무를 포함하는 것으로 정교화된 것은 신의성실이 더 넓은 윤리적 의미에서 약속은 지켜져야 한다 *pacta sunt servanda*라는 원칙과 연결되는 데 매우 크게 기여했다. 약속과 합의를 준수하는 것과 관련하여 신의성실은 문자 그대로 주어진 약속을 준수해야 할 의무뿐만 아니라 당사자의 진정한 의도 또는 합의의 "정신"에 대한 언급이라는 의미를 갖게 되었다.' Ibid., 39.
275) 다음을 보라, Simma and others (주 83) 166-80; Kolb, R., *Good Faith in International Law* (2017); 다음도 함께 보라, 1970 Declaration on Principles of International Law Concerning Friendly Relations and Co-operation among States in

적으로 국제법상의 법적 성격도 인정받고 있다. *Norwegian Loans* 사건에서 라우터파흐트 판사는 '의심할 여지 없이 신의성실하게 행동할 의무는 법의 일반 원칙으로서 국제법의 일부이기도 하다'고 판시했다.277) 전 조약법 특별보고관이자 국제사법재판소 판사였던 피츠모리스는 이 원칙을 다음과 같이 정의했다:

> [이 원칙의 핵심은 국가가 특정한 방식으로 행동할 수 있는 확실한 권리를 가지고 있더라도, 이 권리를 남용하는 방식으로 행사해서는 안 되며, 권리를 신의성실하게 그리고 책임감을 가지고 행사해야 하고, 자의적이고 변덕스럽게 행동해서는 안 되며, 그 행동에 정당한 이유가 있어야 한다는 것이다.278)]

조약을 신의성실하게 이행하지 않는 것은 조약 자체의 위반과는 구별되어야 한다. 어떤 국가가 조약의 이행을 공개적으로 거부하는 경우뿐만 아니라, 더 정확하게는 국가가 수락한 의무를 회피하거나, '우회'하려고 하거나. 직접적인 조치가 허용되지 않은 것을 간접적인 방법으로 하려고 할 때에도 조약 적용에 있어서 신의성실이 결여된 것으로 간주된다.279) *Free*

---

accordance with the Charter of the United Nations, adopted by consensus in UNGA res. 2625 (XXV) (24 Oct. 1970) para. 3.

276) Virally, M., 'Review Essay: Good Faith in Public International Law' (1983) 77 *AJIL* 130, 133. 다음도 함께 보라, Rosenne, S., *Developments in the Law of Treaties 1945-1986* (1989) 135-6: '그 규범적 내용은 국제관계라는 더 넓은 배경에서의 신의성실의 역할과 구별되어야 하지만 … 신의성실이 개념으로서 공적 및 사적 도덕의 하나*이기도 하다*는 것을 부정하지 않으면서도, 그것이 *단지* 도덕적 또는 형이상학적 개념이라는 견해는 받아들일 수 없다'.
277) *Certain Norwegian Loans* [1957] ICJ Rep. 9. 다음도 함께 보라, Lauterpacht (주 260) 163; Rosenne (주 276) 139-40.
278) Fitzmaurice, G., 'The Law and Procedure of the International Court of Justice, 1951-54: General Principles and Sources of Law' (1950) 27 *BYIL* 1, 12-13.
279) McNair (주 244) 540, 550: '국가는 형식상 조약 위반은 아니지만 그 효과가 조약 위반과 동등한 특정 조치 또는 특정 부작위에 대해 책임을 질 수 있으며, 이러한

1062   3부 보호

Zones 사건에서 프랑스는 스위스와 특정 국경 지대에서 관세 장벽을 세우지 않을 조약상의 의무를 부담하고 있었다. 상설국제사법재판소는 프랑스가 교통 통제를 위해, 심지어 관세 의무 외의 재정적 세금을 부과하기 위해 정치적인 국경에 경찰 통제선을 설치할 주권과 의심할 여지가 없는 권리를 가지고 있음을 인정하면서도, '프랑스가 통제선을 가장하여 관세 장벽을 설치함으로써 해당 구역을 장벽 없이 유지할 의무를 회피해서는 안 된다는 것이 확실하므로 권리가 남용된 경우는 유보가 이루어져야 한다'고 판시했다.280) 마찬가지로 North Atlantic Coast Fisheries 사건(영국-미국)에서도 영국은 주권국으로서 어업 규제에 관한 입법을 할 권리와 의무를 가진다고 인정하면서도, '조약상 의무는 완전히 신의성실하게 이행되어야 하므로 조약이 다루는 주제에 관해 임의로 입법할 권리는 배제되며, 조약에 구속된 국가의 주권행사는 조약에 부합하는 행위들로 제한된다'고 판시했다.281)

문제는 신의성실의 원칙이 국가에 어떤 행위에 이르게 되는 특정한 과정에 대해 직접적으로 어느 정도까지 의무를 부과할 수 있는가 하는 것이다.282) 권리남용의 법리 자체는 오늘날 일반적으로 어떤 의무의 근거로 받아들여지지는 않지만, 합리성과 비례성의 개념은 특히 인권 분야에서 이와 상응하는 역할을 한다. 또한 신의성실의 원칙은 국가 자체의 (주관적인) 의

경우 재판소는 신의성실을 요구하고 외관이 아닌 실질을 판단한다'. 그는 다양한 예시 중 '당사자 일방이 실질적으로 상대방의 권리를 파괴하거나 좌절시키는 규정을 만드는 것은 신의성실 원칙 및 조약의 위반이 될 수 있다'고 제안한다.

280) *Free Zones case* (Merits) (1930) PCIJ Ser. A/B, 46, 167.
281) RIAA, vol. XI, 167, 188 (1910), 강조는 원문에 있음. 다음도 함께 보라, *Rights of US Nationals in Morocco* [1952] ICJ Rep. 176.
282) 예를 들어, *Roma Rights* 사건(주 234)에서 국제사법재판소는 신의성실의 원칙이 국제적 의무를 '창출'할 수는 없다고 보았으나, 그럼에도 불구하고 신의성실의 원칙이 달리 규제되지 않는 영역에서 재량권이나 국가 조치에 규범적 영향을 미치는 범위는 여전히 열려 있다. 참조, Byers, M., 'Abuse of Rights: An Old Principle, A New Principle, A New Age' (2002) 47 *McGill Law Journal* 389.

도나 동기보다는 국가의 작용이 가져오는 결과에 특히 주의를 기울인다.

조약상 의무 이행과의 관계에서 신의성실의 위상은 비교적 명확한데, 예컨대 입법 및 행정 조치가 적절하게 취해진 경우에만 난민들이 잘 식별되고, 강제송환으로부터 보호를 보장할 수 있게 된다. 보다 덜 명확하게 남아있는 부분은 특정 조약상 의무 바깥에서 일어나는 국가 조치의 적법성이다. 피난처를 찾는 사람들이 국가에 도착하여 비호를 신청하는 것을 막기 위해 영토 관할권을 넘어 적용되는 통제와 관련된 조치들이 그 예시다. 이 영역에는 회색지대가 많지만, 그럼에도 불구하고 무력 사용, 인종 차별, 어떤 조치의 합리성 및 비례성 등을 다루는 많은 '인접' 규칙들에 규정된 참조할 매개변수들이 있는 영역이기도 하다.[283]

3절 특정 난민 집단의 보호

많은 수의 다양한 난민 집단이 특별한 취약성을 직면하고 있는데, 이하의 절들에서는 그 중 일부만 살펴볼 것이다. 각 집단은 하나 이상의 특정 인권 조약에 의해 보호받으며, 이러한 조약에 따라 권리를 인정받지만, 해당 집단에 속한 구성원은 종종 차별을 받거나 소외되기도 한다.

---

[283] 다음을 보라, *Roma Rights* case (주 234); 추가로, Goodwin-Gill, G. S., 'State Responsibility and the "Good Faith" Obligation in International Law', in Fitzmaurice, M. & Sarooshi, D., eds., *Issues of State Responsibility before International Judicial Institutions* (2004) 75.

3.1절 난민 여성

난민의 이동 중 여성과 소녀들은[284] 추가적인 인권 침해의 위험에 노출되어 있으며, 강간과 납치의 대상이 되기도 한다.[285] 이들은 종종 성적 호의라는 대가의 지불을 통해서 안전한 곳으로 이동할 수 있게 되기도 하고, 난민 캠프나 정착촌의 상대적인 안전 속에서도 가장으로서 추가적인 책임을 지며, 식량 배분과 보건, 복지, 교육 서비스 이용에서 차별을 받는 등 난민으로서, 그리고 여성으로서 이중으로 불이익을 받는다.[286] 이러한 사실은 오래전부터 알려진 사실이었지만, 1970년대와 1980년대에 남중국해서

---

[284] Arbel, E., Dauvergne, C., & Millbank, J., eds., *Gender in Refugee Law: From the Margins to the Centre* (2014); Freedman, J., *Gendering the International Asylum and Refugee Debate* (2nd edn., 2015); Crawley, H., *Refugees and Gender: Law and Process* (2001); Dauvergne, C., 'Women in Refugee Jurisprudence', in Costello, Foster, & McAdam (주 1); Anderson, A. & Foster, M., 'A Feminist Appraisal of International Refugee Law', in Costello, Foster, & McAdam (주 1); Dauvergne, C. & Lindy, H., 'Excluding Women' (2019) 31 *IJRL* 1; Peroni, L., 'The Protection of Women Asylum Seekers under the European Convention on Human Rights: Unearthing the Gendered Roots of Harm' (2018) 18 *Human Rights Law Review* 347; Crawley, H., '[En]gendering International Refugee Protection: Are We There Yet?', in Burson, B. & Cantor, D. J., eds., *Human Rights and the Refugee Definition: Comparative Legal Practice and Theory* (2016); Firth, G. & Mauthe, B., 'Refugee Law, Gender and the Concept of Personhood' (2013) 25 *IJRL* 470; Bartolomei, L., Eckert, R., & Pittaway, E., '"What Happens There ... Follows Us Here": Resettled but Still at Risk: Refugee Women and Girls in Australia' (2014) 30(2) *Refuge* 45; Anker, D. E., 'Refugee Law, Gender, and the Human Rights Paradigm' (2002) 15 *Harvard Human Rights Journal* 133.

[285] 해적행위에 대해서는 이 책 제6장, 2.1절을 보라.

[286] 예를 들어 다음을 보라, Pittaway, E. & Bartolomei, L. A., 'Refugees, Race, and Gender: The Multiple Discrimination against Refugee Women' (2001) 19(6) *Refuge* 21. 최근의 설명으로는 다음을 보라, Dawson, J. & Gerber, P., 'Assessing the Refugee Claims of LGBTI People: Is the DSSH Model Useful for Determining Claims by Women for Asylum based on Sexual Orientation?' (2017) 29 *IJRL* 292.

일어난 해적의 공격 사건들의 경우를 제외하고, 여성 난민 보호는 1985년까지 유엔난민기구 집행위원회 의제로 다뤄지지 않았다. 당시에는 여성이 피난과정 및 피난처에서의 생활에서 직면하는 물리적 안전이나 체계적 차별의 문제보다 여성이 특정사회집단을 구성할 수 있는지, 그 구성원이 적절한 상황에서 박해에 대한 충분한 근거 있는 두려움을 유발할 수 있는지 여부가 주요 문제였다.[287]

에드워즈는 국제 난민법 및 정책에 대한 페미니스트의 참여 단계를 다섯 단계로 구했는데, 물론 이 단계들이 서로 배타적이지 않고 동시에 작동할 수 있다는 점도 인식했다.[288] 1950년부터 1985년까지 여성은 주요 난민법 초안 작성 과정에 참여하지 않았고, 난민 보호 범위에 특별히 포함되는 것으로 간주되지도 않았다. 1985년 이후에는 특정 집단으로서의 여성에 초점을 맞추기 시작했고, 1988년 이후에는 안전, 차별, 성적 착취 문제와 관련지어 여성이 정규 의제로 다루어지기 시작했다.[289] 다음 단계인 '젠더를 주류화하기'(1997~2004년 중반) 시기에 이어 '연령, 젠더, 다양성을 주류화

---

287) 다음을 보라, 'Refugee Women and International Protection': EC/SCP/39 (1985); *Report* of the Sub-Committee: UN doc. A/AC.96/671 (9 Oct. 1985) paras. 8-19; 집행위원회 결정 제39호(1985), *Report* of the 36th Session, UN doc. A/AC.96/673, para. 115(4); 또한, Bhabha, J., 'Demography and Rights: Women, Children and Access to Asylum' (2004) 16 *IJRL* 227. 박해와 사회 집단의 근거로서의 젠더에 관해서는 이 책 제3장, 4.2.4.4절을 보라.
288) Edwards, A., 'Transitioning Gender: Feminist Engagement with International Refugee Law and Policy 1950-2000' (2010) 29(2) *RSQ* 21, 22. 다음도 함께 보라, UNHCR, 'From 1975 to 2013: UNHCR's Gender Equality Chronology' (2013): https://www.refworld.org/docid/53a2a5f54.html
289) 다음을 보라, UNHCR, 'Note on International Protection', UN doc. A/AC.96/713 (15 Aug. 1988) para. 36; 'Note on International Protection', UN doc. A/AC.96/728 (2 Aug. 1989) paras. 30-6; 또한, Johnsson, A. B., 'The International Protection of Women Refugees' (1989) 1 IJRL 221; Kelley, N., 'Report on the International Consultation on Refugee Women, held in Geneva, 15-19 November 1988' (1989) 1 *IJRL* 233.

기'(2004년 이후)가 이어졌다.290) 마지막 단계에서는 남성과 소년 난민을 폭력의 가해자로만 보지 않고 '젠더 고정관념, 제약, 폭력의 피해자'(2009~현재)로도 이해하며 초점을 다시 조정했다.291)

1990년, 유엔난민기구는 여러 정부의 압력 속에 여성 난민에 대한 정책 개발의 가능성을 처음으로 제기하였는데,292) 특히 난민 심사 및 신체적 안전이란 맥락에서 그들의 구체적인 필요가 무엇인지도 살펴보았다.293) 후자와 관련하여 유엔난민기구는 여성, 특히 여성 가장과 독신 여성을 캠프와 정착촌에서 학대로부터 보호하기 위해 특별한 조치가 필요하다고 지적했다.294) 식량, 식수, 구호품 제공, 건강(재생산 건강 포함)에 대한 요구 충족, 교육 제공, 기술 훈련 및 경제 활동 촉진, 자발적 귀환과 같은 중요한 결정에 여성의 목소리가 반영될 수 있도록 하는 조치가 필요했다.295)

---

290) 다음을 보라, UNHCR, 'UNHCR Policy on Age, Gender and Diversity' (Mar. 2018). 때때로 이것은 여성-아동-성폭력-취약성을 뒤섞는 등 도움이 되지 않는 방식으로 여성의 경험을 본질화하는 결과를 초래하기도 했다: Edwards (주 288) 44. 자세한 내용은 다음을 보라, Kneebone, S., 'Women within the Refugee Construct: "Exclusionary Inclusion" in Policy and Practice-the Australian Experience' (2005) 17 *IJRL* 7; Firth & Mauthe (주 284).
291) 예를 들어 다음을 보라, the Global Compact on Refugees, UN doc. A/73/12 (Part II) (2 Aug. 2018) para. 74: '국가와 관련 이해당사자들은 난민 및 수용 지역사회 *host communities* 에서 여성과 소녀들의 역량을 증진시키고 그들의 인권의 완전한 향유와 서비스 및 기회에 대한 평등한 접근을 촉진하기 위한 정책과 프로그램을 - *남성과 소년의 특별한 필요와 상황도 함께 고려하면서* - 채택하고 실행하기 위해 노력할 것이다'(강조 추가됨).
292) UNHCR, 'Policy on Refugee Women': UN doc. A/AC.96/754 (20 Aug. 1990).
293) 'Note on Refugee Women and International Protection': EC/SCP/59 (28 Aug. 1990).
294) 이러한 조치에는 성폭력 피해자에 대한 상담 및 지원, 가해자에 대한 기소 및 처벌뿐만 아니라 캠프 내 적절한 조명, 여성 구역 주변에 가시덤불을 심는 등 기본적인 예방 조치도 포함되어야 한다.
295) UNHCR (주 292) paras. 29-60; *Report* of the Sub-Committee: UN doc. A/AC.96/758 (2 Oct. 1990); 집행위원회 결정 제64호 (1990), *Report* of the 41st Session, UN doc. A/AC.96/760, para. 23.

1991년 유엔난민기구 직원들을 위해 작성된 여성 난민 보호에 관한 지침은, 2008년 여성과 소녀 보호 편람으로 대체되었다.296) 1993년에는 여성에 대한 성폭력의 특정 측면에 대한 포괄적인 문서가 작성되었는데,297) 이 문서는 뒤이어 그만큼 포괄적이고 광범위한 결정들을 이끌어 냈다.298) 또한 1993년 유엔 총회는 여성에 대한 폭력 철폐 선언을 채택하면서,299) 여성 폭력이 국제적인 관심사이며 모든 국가가 이를 근절하기 위해 노력해야 할 의무가 있음을 인정했다.

그러나 2006년에야 집행위원회는 '보호가 요청되는 지역의 크기'와 '개인의 특수한 상황'(성폭력 및 젠더 기반 폭력 포함)으로 인해 실향은 '여성과 소녀들을 추가적인 권리 침해의 위험에 처하게 할 수 있는 다양한 요인에 노출시킬 수 있다'고 지적하며 위험에 처한 여성과 소녀들을 식별할 필요성을 강조하는 결정을 채택했다.300) 또한 여성과 소녀들이 직면한 위험

---

296) UNHCR, *Handbook for the Protection of Women and Girls* (2008).
297) 'Note on Certain Aspects of Sexual Violence against Women': UN doc. A/AC.96/822 (12 Oct. 1993). 원래는 '컨퍼런스 내 문서 *Conference room paper*'로 발행되었지만 집행위원회의 명시적인 요청에 따라 공식 회의문서 *session document* 로 재발행되었다: *Report* of the 44th Session: UN doc. A/AC.96/821, para. 21(m).
298) 난민보호와 성폭력에 관한 집행위원회 결정 제73호(1993). 1995년에 성안된 지침은 2003년에 개정되었다: UNHCR, 'Sexual and Gender-Based Violence Against Refugees, Returnees and Internally Displaced Persons. Guidelines for Prevention and Response' (May 2003): https://www.refworld.org/docid/3edcd0661.html
299) UNGA res. 48/104 (20 Dec. 1993); Charlesworth, H., 'The Declaration on the Elimination of All Forms of Violence against Women' (1994) *ASIL Insight*, No. 3. 이 선언은 여성 난민, 소수 집단에 속한 여성, 원주민 여성, 무력충돌 상황에 있는 여성과 같은 일부 집단들이 특히 취약하다는 점을 인정한다. 다음을 함께 보라. UNHCR, Guidelines on International Protection No. 7: 'The application of Article 1A(2) of the 1951 Convention/1967 Protocol relating to the Status of Refugees to victims of trafficking and persons at risk of being trafficked', HCR/GIP/06/07 (7 Apr. 2006).
300) 위험에 처한 여성과 소녀에 관한 집행위원회 결정 제105호 (2006) para. b.

을 식별, 평가, 모니터링하기 위한 예방 전략과 실향한 여성과 소녀들의 역량 강화를 위한 전략에도 초점을 맞췄다. 이 결정에 이어 2008년에는 관련 법적 기준과 원칙, 현장의 혁신적 실천들을 소개하는 유엔난민기구의 여성과 소녀 보호를 위한 편람이 발간되었다.301) 그럼에도 불구하고, 일반적으로 그리고 캠프와 정착촌과 같은 특정 상황에서 이러한 문서들을 이행하는 데는 여전히 어려움이 있다.302)

2018 난민에 관한 글로벌 콤팩트에는 여성과 소녀에 관한 두 개의 구체적인 단락이 포함되어 있다(문서 전체에서 젠더가 강조되고 있는 것 외에도). 글로벌 콤팩트는 여성과 소녀들은 '특정한 젠더 관련 장벽을 경험할 수 있으며, 따라서 대규모 난민 상황이란 맥락은 대응 방안의 변화를 요청한다'는 점에 주목하면서303) 각국이 여성과 소녀들에게 권한을 부여하고 그들의 인권의 완전한 향유와 서비스와 기회에 대한 동등한 접근을 촉진하는 정책을 채택하고 이행할 것을 약속한다. 또한 이들의 안전, 사법 및 기관에 대한 접근성을 개선하고 이들에 대한 모든 형태의 폭력을 해결하기 위해 더 많은 자원과 전문성을 확보할 것을 촉구한다.304)

안전하고 질서 있고 정규적인 이주를 위한 글로벌 콤팩트는 젠더-대응성 gender-responsiveness 을 기본 원칙에 포함시키고 있고,305) 젠더 평등과 여성과 소녀의 역량 강화를 촉진하며 여성과 소녀를 변화의 주체로 인정한다.306) 그러나 고타르도와 사이먼트는 '이주의 맥락에서 젠더 정의, 노동

---

301) UNHCR (주 296).
302) 다음을 보라, UNHCR, 'Report on the High Commissioner's Five Commitments to Refugee Women', EC/55/SC/CRP.17 (13 Jun. 2005); UNHCR, 'Operational Protection in Camps and Settlements: A reference guide of good practices in the protection of refugees and other persons of concern' (2006) 14 (연령, 젠더, 다양성을 주류화하기) 79 (성별 및 젠더 기반 폭력의 예방과 대응).
303) 난민 글로벌 콤팩트 (주 291) para. 74.
304) Ibid., para. 75.
305) 안전하고 질서 있고 정규적인 이주를 위한 글로벌 콤팩트 (주 135) para. 15(g).

권, 인권을 강화할 절호의 기회들을 놓쳤다'고 주장하며, 많은 국가들이 '인신매매와 성폭력뿐만 아니라 전통적으로 젠더 관련 문제로 간주되었던 것들을 넘어선 문제들 즉, 비정규 이주민을 위한 서비스 접근성, 송환 및 국경 외부화 정책 등에서 젠더에 기반한 시각을 적용하는 데 어려움을 겪고 있다'고 지적한다.307)

3.2절 난민 아동

모든 아동에 대한 특별한 관심과 보호의 필요성은 1924년 국제연맹의 아동 권리 선언에서 국제적으로 처음 인식되었다.308) 이후에도 유사한 관련 선언이 잇따라 발표되었고,309) 난민 아동의 특별한 필요를 인정한 조약들도 등장한다.310) 1951년 난민 협약 자체에는 아동에 대한 구체적인 조항이 포함되어 있지는 않다.311) 실제로 난민협약은 가족의 결속과 보호를 보

---

306) Gottardo, C. & Cyment, P., 'The Global Compact for Migration: What Could It Mean for Women and Gender Relations?' (2019) 27 *Gender and Development* 67, 72.
307) Ibid.
308) 1924 Geneva Declaration of the Rights of the Child, adopted 26 September 1924, League of Nations OJ Spec. Supp. 21, 43. 일반적으로는 다음을 보라, Pobjoy, J., 'Child Refugees', in Costello, Foster, & McAdam (주 1); Ressler, E., Boothby, N., & Steinbock, D., *Unaccompanied Children: Care and Protection in Wars, Natural Disasters and Refugee Movements* (1988).
309) 예를 들어 다음을 보라, the 1959 UN Declaration on the Rights of the Child and the 1974 UN Declaration on the Protection of Women and Children in Emergencies and Armed Conflicts, 및 유엔총회, 유엔아동권리위원회와 유엔난민기구의 많은 성명들, 다음에 인용됨, Pobjoy, J. M., *The Child in International Refugee Law* (2017) 13-14 fns 1-3.
310) 예를 들어 다음을 보라, 1949년 제네바 제협약 및 1977년 추가 의정서들.
311) 미동반 아동을 보호를 위해 열거된 범주에 포함시키자는 미국의 제안(현재 전권회의 최종문언 권고안 B에 참조됨)도 다루고 있는 Pobjoy (주 309) 16-22의 상세한 논의를 보라.

장하고, 최소한 초등교육에 대한 접근을 제공하는 조치를 권고할 뿐이다.312)

1989년이 되어서야 국제사회는 아동의 특별한 지위와, 국가들이 아동을 위한 조약을 체결할 가치를 모두 인정했다. 현재 196개국이 비준한 1989년 유엔 아동권리협약(CRC 89)은 일반적인 법적 보호에 있어 중요한 이정표가 되었다. 특히 이 협약은 난민 아동의 보호 필요성을 인정하고 있으며, 제22조는 국가가 난민 및 비호 신청 아동이 '적절한 보호와 인도적 지원을 받을 수 있도록' 보장할 것을 요구하고 있다. 포브조이가 지적한 바와 같이, 이 조항은 '국제 인권 조약 중 난민 아동과 난민 지위를 신청하는 아동의 상황을 명시적으로 다루는 유일한 조항'으로 남아 있다.313) 중요한 것은 (다른 많은 다른 인권 조약들과 달리) 긴급 상황에서도 이탈의 대상이 되지 않는다는 것인데, 이는 어떤 상황에서는 아동이 성인보다 더 잘 보호받을 수 있다는 것을 의미한다.314) 제22조는 기본적으로 조약 전체와 다른 국제

---

312) 자세한 내용은 아래를 보라.
313) Pobjoy (주 309) 21 (fn 생략됨). Crock은 '국제법상 아동 이주민은 소수자라는 점과 비시민권자라는 지위에서 비롯된 이중적인 제도적 흠결로 인해 고통을 받아왔다'고 지적한다. Crock, M. E., 'Justice for the Migrant Child: The Protective Force of the Convention on the Rights of the Child', in Mahmoudi, S. and others, eds., *Child-Friendly Justice: A Quarter of a Century of the UN Convention on the Rights of the Child* (2015) 222; 다음도 함께 보라, 'Joint General Comment No. 3 (2017) of the Committee on the Protection of the Rights of All Migrant Workers and Members of Their Families and No. 22 (2017) of the Committee on the Rights of the Child on the General Principles regarding the Human Rights of Children in the context of International Migration', UN doc. CMW-C/GC/3-CRC/C/GC/22, para. 3.
314) 다음을 보라, Cohn, I., 'The Convention on the Rights of the Child: What it Means for Children in War' (1991) 3 *IJRL* 291; 1989년 아동권리협약 하에서는 제37조 또는 제40조(고문, 자의적 구금, 사법적 보장)으로부터 이탈할 수 있는 가능성이 전혀 없다. McCallin, M., 'The Convention on the Rights of the Child: An Instrument to Address the Psychosocial Needs of Refugee Children' (1990) 2 *IJRL* Special Issue 82; Cohen, C. P., 'The Rights of the Child: Implications for Change in the Care and Protection of Refugee Children' (1991) 3 *IJRL* 675.

조약의 권리 조항들을 상호 참조하면서 추적 및 가족결합에 대한 협력을 강조하며,315) 1989년 아동권리협약의 당사국이 '관할권 내 각 아동'에게 선언된 '권리를 존중하고 보장'할 것을 약속한다.316) 따라서 어떤 당사국 영토에서 피난처를 찾은 아동은 해당 국가의 국민인 아동과 마찬가지로 해당 조항의 혜택을 받을 수 있다. 특히, 아동에 관한 모든 조치에서 아동의 최선의 이익을 최우선적으로 고려해야 한다는 1989년 아동권리협약 제3조의 의무는 '국제적 보호를 요청하는 아동을 위한 중요한 추가 보호 장치'로 작용한다.317)

그러나 포브조이가 주장하듯이 '위험에 처한 개인이 아동인 동시에 난민이라는 현실에 대응하기 위해 국제 난민법과 아동의 권리에 관한 국제법은 더 창의적으로 연계될 수 있다.'318) 또한 그는 1989년 아동권리협약이 다음과 같이 관여 할 수 있음을 지적한다.

> [첫째, 난민지위심사절차에 안전장치를 통합하는 하나의 절차적 보장으로서, 둘째, 협약상 난민 정의의 해석을 돕는 해석 보조 수단으로서, 셋째, 국제 난민 보호 체제 바깥의 독립적인 지위 부여 수단으로서다.319)]

---

315) 다음을 보라, UNHCR, 'Family Protection Issues': EC/49/SC/CRP.14 (4 Jun. 1999), in (1999) 11 *IJRL* 583.
316) 1989년 아동권리협약 제2조. 강제송환으로부터 아동을 보호할 이 협약의 역량에 대해서는 이 책 제7장, 5절을 보라.
317) Pobjoy (주 309) 31.
318) Ibid., 15. Crock은 호주 법에서 난민/비호 신청 아동의 권리는 비시민권자로서의 지위 보다 부차적인 것으로만 간주된다고 주장한다: Crock, M.E., 'Of Relative Rights and Putative Children: Rethinking the Critical Framework for the Protection of Refugee Children and Youth' (2013) 20 *Australian International Law Journal* 20.
319) Pobjoy (주 309) 16. 1989년 아동권리협약의 난민협약 해석 보조수단으로서의 역할에 대해서는 다음을 보라, Crock, M. & Yule, P., 'Children and the Convention relating to the Status of Refugees', in Crock, M. & Benson, L. B., eds., *Protecting Migrant Children: In Search of Best Practice* (2018). 난민 아동 보호에 관한 1989년 아동권리협약의 활용에 대해서는 다음을 보라, Bierwirth, C., 'The Protection of

아동을 특별한 보호를 받을 자격이 있는 사람으로 보는 관점은 부분적으로는 1949년 제네바 제협약과 국제인도법, 즉 전쟁법의 특수한 맥락에서 비롯된 것이다. 예를 들어, 국가는 15세 미만 아동과 임산부를 위한 지원의 자유통과를 허용하거나, 점령지에서 아동을 돌보는 기관들이 원활하게 기능하도록 할 의무가 있다.[320] 1977년 추가 의정서들은 한 걸음 더 나아가 아동에 대한 특별한 보호를 명시적으로 확인하고 있으며, 제1추가의정서 제77조 제1항은 다음과 같이 선언하고 있다. '아동은 특별한 보호의 대상이 되며 모든 형태의 저열한 폭행으로부터 보호된다. 충돌당사국은 그들의 연령 기타 어떠한 이유를 불문하고 그들이 필요로 하는 돌봄 및 원조를 제공한다.'[321] 제네바 제협약과 추가 의정서들 모두 아동의 보호와 가족생활의 유지를 반복적으로 연결짓고 있다.[322] 구금된 경우에도 가족은 함께 있어야 하며, 무력충돌로 인해 헤어진 가족의 재결합을 촉진하기 위해 모든 노력을 기울여야 한다. 여기서 일반적으로 의도한 것은 가족생활, 그리고 이를 통해 추론할 수 있는 자연스러운 아동 발달의 과정을 보존하려는 것이다. 인권법적 맥락에서도 가족은 '사회와 국가의 보호'를 받아야 하며, '모든 어린이와 연소자를 위해 특별한 보호와 원조의 조치가 취하여 진다'라고 하여 유사한 목표가 분명하게 드러난다.[323] 아동의 최선의 이익을 최

Refugee and Asylum-Seeking Children, the Convention on the Rights of the Child and the Work of the Committee on the Rights of the Child' (2005) 24(2) *RSQ* 98.
320) 무력충돌 상황에서 아동을 보호하기 위한 조항을 모두 설명하는 것은 본 저술의 범위를 벗어난다. 제네바 제협약과 추가 의정서의 약 25개 조항이 아동의 특별한 보호에 대해 다루고 있다.
321) 제2추가 의정서, 제4조도 함께 보라. 이 조항은 아동에게 필요한 보호와 지원을 제공할 의무를 확인하고 교육, 가족 재결합, 징집 제한, 임시 이동에 대해 명시적으로 언급하고 있다.
322) 다음을 보라, Singer, S., 'The Protection of Children during Armed Conflict Situations' (1986) 252 *International Review of the Red Cross* 133.
323) 1966년 시민적 및 정치적 권리에 관한 국제규약 제23조(1); 및 1966년 경제적, 사회적 및 문화적 권리에 관한 국제규약 제10조(3), 각각.

우선적으로 고려한다는 원칙과 함께,324) 이러한 원칙들은 아동을 실제 또는 잠재적으로 가족과 함께 살 환경으로부터 '공식적으로' 퇴거시키거나, 아동을 보호와 지원 없이 방치하는 효과를 가져올 수 있는 모든 종류의 난민 아동에 대한 해결책에 의문을 제기하는데, 가족을 찾지 못해 피난국에서의 임시조치들이 더 이상 실행 불가능할 때 출신국으로 돌려보내는 것이 그러한 예다.325)

전 세계 난민의 대다수가 아동임에도,326) 국제적 차원의 견고한 규범적 틀에도 불구하고327) 아동은 보호에 있어 많은 심각한 문제들을 직면하고 있다.328) 유엔난민기구는 1987년 집행위원회에 난민 아동의 상황을 보고하

---

324) 1989년 아동권리협약 제3조(1); 다음도 함께 보라, 1990 African Charter on the Rights and Welfare of the Child, 제4조. 유엔 아동권리위원회는 '최선의 이익'이 실체적 권리, 해석을 위한 근본적인 법원칙, 절차적 규칙을 포함하는 세 가지 개념임을 강조한다: Committee on the Rights of the Child, 'General Comment No. 14 (2013) on the Right of the Child to Have His or Her Best Interests Taken as a Primary Consideration(제3조 1항)': UN doc. CRC/C/GC/14 (29 May 2013) para. 6. 위험에 처한 아동에 대한 집행위원회 결정 제107호(2007)에 따라 유엔난민기구는 개별적으로나 집단적으로 모든 실행의 단계에서 아동 최선의 이익을 평가하는 것에 관한 세부 지침을 개발했다: *Guidelines on Assessing and Determining the Best Interests of the Child* (Nov. 2018):https://www.refworld.org/docid/5c18d7254.html (2008년 판을 대체함); 그리고 정책과 프로그램에서 아동 보호를 '주류화시키기' 위해 노력해 왔다: UNHCR, 'International Protection of Children of Concern': EC/61/SC/CRP.13 (31 May 2010). 자세한 내용은 UNHCR, *A Framework for the Protection of Children* (26 Jun. 2012): https://www.refworld.org/docid/4fe875682.html.
325) 아동권리위원회의 작업에 대해서는 다음을 보라, https://www.ohchr.org/en/hrbodies/crc/pages/crcindex.aspx.
326) 난민 글로벌 콤팩트 (주 291) para. 76.
327) 이동 중인 아동과 관련된 보호 원칙에 대한 요약은 다음을 보라, Bhabha, J. & Dottridge, M., 'Recommended Principles to Guide Actions concerning Children on the Move and Other Children affected by Migration' (Jun. 2016) https://www.ohchr.org/Documents/HRBodies/CMW/Recommended-principle_EN.pdf.
328) UNHCR, 'Children on the Move: Background Paper', High Commissioner's Dialogue on Protection Challenges (28 Nov. 2016) para. 23.

면서 '해당 국내법에서 성년 연령을 더 낮게 규정하지 않는 한 18세까지의 난민, 비호 신청자 및 유엔난민기구가 우려하는 실향민'을 보호 및 지원 활동에 포함시키겠다는 의사를 표명했다.[329] 같은 해 채택된 포괄적인 결정에서 집행위원회는 난민 아동이 종종 직면하는 폭력을 비난하고, '아동이 보호와 지원을 가장 먼저 받아야한다는 광범위한 지지를 받는 원칙'을 재진술하고 난민 아동의 상황이 '영구적 해결책 영역에 속한 문제뿐 아니라 종종 특별한 보호 및 지원 문제도 야기'한다는 것을 인정했다.[330] 1988년 유엔난민기구는 난민 아동에 관한 지침의 초판을 발행하여 '난민 아동의 안전과 자유를 보호하기 위해 각국 정부에 개입할 것'이라는 기구의 정책을 확인하면서 동시에 '많은 경우, 유엔난민기구가 직접 책임을 질 것'이라고 언급했다.[331] 1994년에 개정된 이 지침은 법적으로 요구되는 기준과 법적으로 정해진 목표를 제시하면서 1989년 아동권리협약의 중심성을 유엔난민기구의 활동을 위한 '규범적 기준들'로서 인정했다.[332] 이 지침 중 특히 취약한 아동 및 해결책에 관한 절은 이러한 내용을 반영한다.[333]

---

329) UNHCR, 'Note on Refugee Children': E/SCP/46 (9 Jul. 1987) para. 8.
330) 집행위원회 결정 제47호; 집행위원회 결정 제59호도 함께 보라. 집행위원회는 1991년 이후 매해 결정마다 아동을 언급해 왔지만 1987년에 채택된 결정만큼 포괄적이지는 않다(하지만, 여성과 소녀에 관한 집행위원회 결정 제105호(2006)를 주목하라). 다음도 함께 보라, 'UNHCR Policy on Refugee Children': EC/SCP/82 (6 Aug. 1993); 'Programming for the Benefit of Refugee Children': EC/SC.2/CRP.15 (25 Aug. 1993); 'Report of the Working Group on Refugee Women and Refugee Children': EC/SCP/85 (5 Jul. 1994).
331) UNHCR, 'Guidelines on Refugee Children' (1988) para. 25: https://www.refworld.org/docid/5a65bb9d4.html.
332) UNHCR, 'Refugee Children: Guidelines on Protection and Care' (1994) 19: https://www.refworld.org/docid/3ae6b3470.html. 또한, 'UNHCR Policy on Refugee Children': EC/SCP/82 (6 Aug. 1993)— 난민 아동의 보호와 건강한 발달의 보장, 즉각적이고 장기적인 발달 요구에 적합한 영구적 해결책을 주요 목표로 규정함(25항); 'Report of the Working Group on Refugee Women and Refugee Children': EC/SCP/85 (5 Jul. 1994).

이 지침은 아동에 대한 모든 작업은 세부 사항과 검증을 바탕으로 이루어져야 하며, 친척들을 추적하고 가족 재결합을 촉진하기 위한 조치가 가능한 한 신속하게 시작되어야 함을 강조한다.334) 아동은 여러 가지 이유로 가족과 분리될 수 있는데, 납치, 국적국에 남아 있는 부모에 의해 국외로 보내진 경우, 부모가 귀국하는 경우 등 다양하다. 미성년자의 군대징집,335) 부모의 구금 또는 억류, 구호 요원들의 활동의 결과로도 아동이 가족과 헤어지게 될 수 있다.336)

추적에 성공하더라도 출입국 규제 등의 이유로 가족 재결합이 지연될 수 있다.337) 몇몇 국가들은 사회의 기본 단위로서 가족의 중요성에도 불구하고 가족 재결합에 관한 1989년 아동권리협약의 조항을 유보하고 있다. 가

---

333) UNHCR Guidelines (주 332) 121-49; 다음도 함께 보라, UNHCR, 'Report on the High Commissioner's Five Global Priority Issues for Refugee Children', Standing Committee, 36th meeting, EC/57/SC/CRP.16 (6 Jun. 2006); 'Meeting the rights and protection needs of refugee children: An independent evaluation of the impact of UNHCR's activities', Valid International, Oxford, UK, EPAU/2002/02 (May 2002).
334) UNHCR Guidelines (주 332) 128-9; 국경을 초월한 긴밀한 협력도 필수적이지만, 정치적으로 첨예하게 대립하거나 분쟁이 있는 상황에서는 이를 조율해내기 어려울 수 있다. 현재는 전산화된 추적 시스템이 구축되어 있고 국제적십자위원회(ICRC)와 같은 다른 기관들은 분쟁으로 인해 헤어진 가족을 추적하는 데 상당히 장기간의 경험을 가지고 있으므로 이산가족을 찾을 가능성을 높이기 위해서는 이러한 기관과의 협력이 필수적이다. 다음을 보라, Restoring Family Links: https://familylinks.icrc.org/en/Pages/home.aspx; 또한, ICRC, *Inter-Agency Guiding Principles on Unaccompanied and Separated Children* (Jan. 2004): https://www.unicef.org/protection/IAG_UASCs.pdf; UNGA res. 56/136, 'Assistance to unaccompanied refugee minors' (16 Dec. 2001); UNHCR, 'Guidelines on Policies and Procedures in Dealing with Unaccompanied Children Seeking Asylum' (Feb. 1997): https://www.refworld.org/docid/3ae6b3360.html.
335) 다음을 보라, Cohn, I. & Goodwin-Gill, G.S., Child Soldiers (1994) 77-8, 152-3.
336) UNHCR Guidelines (주 332) 122.
337) Jastram, K. & Newland, K., 'Family unity and Refugee Protection', in Feller, Türk, & Nicholson (주 77) 555; Pobjoy (주 309) 231-2.

족 재결합에 대한 제한은 또한 예를 들어, 임시 보호와 같은 특정 유형의 지위에 부여되는 조건으로 인해 발생하기도 하는데, 이러한 조건은 피난처의 허가를 용이하게 하지만 가족과 관련된 기본권을 좌절시키고 아동의 최선의 이익을 심각하게 훼손할 수 있을 정도로 제한적일 수 있다.338)

난민 아동의 상황은 출생국에 거주하는 아동의 상황과 크게 다르다. 그들은 다른 나라에 친척이 있는 채로 여기서 고아가 되었을 수도 있고, 입양을 희망하는 연고가 없는 가족과 함께 살고 있을 수도 있다.339) 그러나 어떤 아동의 미래를 위한 조치를 취하거나, 확정할 수 있는 국가적인 의사 결정 기관이 없는 경우 가장 적절한 해결책에 도달하는 것은 더욱 어려워진다. 예를 들어, 유엔난민기구는 가족 재결합이 미동반 난민 아동의 주요 목표이지만, 재결합이 아동에게 최선의 이익이 되지 않거나 합리적인 시간(일반적으로 최대 2년) 내에 실현될 가능성이 없는 경우 입양을 고려할 수 있음을 인정하고 있다.340)

난민 아동은 피난으로 인해 교육이 중단된 지점, 그리고 과거에 교육을

---

338) 이러한 기본 전제를 인식하여 분쟁지역 아동 대피에 관한 유엔난민기구/유니세프 지침은 첫째, 가족이 스스로 돌보고 있는 아동의 필요를 직접 충족시킬 수 있도록 하는 것이 최우선이며, 둘째, 대피가 필요하다고 판단되는 경우 '아동이 가족 단위의 일원으로 대피하고 아동은 주 양육자와 함께 있어야 한다'고 강조한다: Inter-Agency (Ressler, E.), 'Evacuation of Children from Conflict Areas: Considerations and Guidelines', UNICEF & UNHCR (1992) 23. 부모 없이 대피해야 하는 경우, 가능한 한 빨리 가족 재결합이 이루어질 수 있도록 반드시 기록을 보관하고 활동을 면밀히 모니터링해야 한다.
339) 'Evacuation of Children' (주 338) 22.
340) UNHCR Guidelines (주 332) 130-1. 또한 입양은, 아동이나 부모의 명시적 의사에 반하는 경우, 또는 '안전과 존엄성이 보장되는 조건에서의 자발적 본국귀환이 가까운 장래에 가능해 보이고 아동이 출신국에서 가질 수 있는 선택지들이 비호국이나 제3국에서의 입양보다 아동의 심리적, 문화적 필요를 더 잘 충족시킬 수 있는 경우' 실시해서는 안 된다: ibid., 131. 다음도 함께 보라, McLeod, M., 'Legal Protection of Refugee Children separated from their Parents: Selected Issues' (1989) 27 *International Migration* 295.

받을 수 없었던 지점 양자 모두에서부터 학교에 접근할 수 있어야 한다.341) 1951년 협약은 난민에게 '초등교육에 대하여 자국민에게 부여하는 대우와 동일한 대우', 그리고 초등교육 이외의 교육과 관련하여 외국인이 일반적으로 받는 것과 동일한 대우를 보장하고 있다.342) 이는 국제인권법에 따라 교육을 제공해야 하는 국가들의 의무를 보완한다.343) 유엔난민기구는 4백만 명의 난민 아동이 학교에 다니지 못하는 것으로 추산하며,344) 난민 아

---

341) 그러나 아동들은 실향 이전에도 교육을 잘 받지 못했을 수도 있다: 다음을 보라 UNESCO, 'Migration, Displacement and Education: Building Bridges not Walls: Global Education Monitoring Report' (2nd edn., 2018) 58.
342) 1951년 난민협약 제22조. 또한 '초등교육 이외의 교육, 특히 수학의 기회, 학업에 관한 증명서, 자격증서 및 학위로서 외국에서 수여된 것의 승인, 수업료 기타 납부금의 감면 및 장학금의 급여에 관하여 가능한 한 유리한 대우를 부여하고, 어떠한 경우에 있어서도 동일한 사정하에서 일반적으로 외국인에게 부여하는 대우보다 불리하지 아니한 대우를 부여한다'고 규정한 제22조(2)도 함께 보라. Zimmermann과 Dörschner는 제22조(1)에서 사용된 '초등'이라는 용어는 1948년 세계인권선언, 1966년 경제적, 사회적, 문화적 권리에 관한 국제규약, 1989년 아동권리협약에서 사용된 "초등 *elementary*" 또는 "1차 *primary*" 교육의 개념과 동의어로 간주될 수 있으며, 이는 '아동의 교육만을 지칭하는 것'이라고 설명한다: Zimmermann, A., & Dörschner, J., 'Article 22', in Zimmermann, A., ed., *The 1951 Convention relating to the Status of Refugees and Its 1967 Protocol: A Commentary* (2011) 1036-7.
343) 예를 들어 다음을 보라, 초등교육은 '의무적이며, 모든 사람에게 무료로 제공되어야 한다'; 중등교육에 대해 '모든 아동의 이용 및 접근이 가능하도록' 해야하는데, 이를 위해 국가들은 '무료교육의 도입 및 필요한 경우 재정적 지원을 제공하는 등의 적절한 조치를 취하여야 한다'; 고등교육에 대해 '모든 사람에게 능력에 입각하여 개방될 수 있도록 모든 적절한 조치를 취하여야 한다'고 규정한 1989년 아동권리협약 제22조와 제28조; 1948년 세계인권선언 제26조; 1966년 경제적, 사회적 및 문화적 권리에 관한 국제규약 제13조; 1979년 여성차별철폐협약 제10조; 1966년 인종차별철폐협약 제5조(e)(v); 2006년 장애인권리협약 제24조.
344) UNHCR, 'Note on International Protection', UN doc. A/AC.96/1189 (1 Jul. 2019) para. 22. 다음도 함께 보라, UNHCR, Turn the Tide: Refugee Education in Crisis (2018) 8, 10: https://www.unhcr.org/turnthetide/; UNHCR, Left Behind: Refugee Education in Crisis (2017): https://www.unhcr.org/left-behind/. 집행위원회는 난민 아동이 초등 교육 이후의 교육을 받을 필요성을 인정하고 1987년 최고대표에게 일반

동의 교육권 실현을 그 자체가 목적일 뿐만 아니라 보호의 강화와 영구적 해결책의 전망을 증진시키는 수단으로 간주한다.345) 국가들은 난민과 이주민을 위한 뉴욕 선언에서 '모든 아동이 도착 후 단지 몇 개월 이내에 교육을 받을 수 있도록 보장'하겠다는 결의를 표명했으며,346) 난민에 관한 글로벌 콤팩트에서는 난민과 수용국 공동체 아동 모두를 위해 국가 교육 시스템에 대한 접근을 촉진하기 위한 조치를 취하고, 난민 아동이 교육을 받지 못하는 시간을 '이상적으로는 도착 후 최대 3개월'까지로 줄이기 위해 '보다 직접적인 재정 지원과 특별한 노력'을 기울일 것을 약속했다.347) 이는 난민을 국내 교육 체계에 포함시키는 것이 별도의 기관을 설립하는 것보다 바람직하다는 일반적인 인식과 일치한다.348)

지원 프로그램 내에서 이를 제공하는 것을 고려하라고 권고했다: 다음을 보라, 집행위원회 결정 제47호(1987) para.(p); 또한 집행위원회 결정 제100호(2004) para.(l)(viii).

345) 다음을 보라, New York Declaration for Refugees and Migrants, UNGA res. 71/1 (19 Sep. 2016) para. 81('수용국 공동체에서 받는 교육을 포함한 양질의 교육에 대한 접근은 특히 분쟁과 위기 상황에서 실향하게 된 아동과 청소년에게 근본적인 보호를 제공한다'). 교육에 대한 불충분한 접근은 '환경적인 위험 요인'으로 평가된다; 다음을 보라, 집행위원회 결정 제107호(2007. 10. 5.) para.(c); 또한, 집행위원회 결정 제59호(1989) para.(f) 및 제104호(2005) para.(n)(iii)('교육과 영구적 해결책 사이의 연관성'을 인정함), 집행위원회 결정 제77호(1995) para.(n)('난민 공동체의 교육이 국가의 화해에 기여할 수 있는 역할'을 인정함)

346) New York Declaration (주 345) para. 32 ('이를 촉진하기 위해 예산 제공의 우선순위를 정할 것을 약속'함). 또한 paras. 81-2도 함께 보라.

347) 난민 글로벌 콤팩트 (주 291) paras. 68-9, 75.

348) UNESCO (주 341) 54, 61. 국내 체계에 포함시키는 것에 대해서는 다음을 보라, UNHCR, 'Note on International Protection', UN doc. A/AC.96/1167 (7 Jul. 2017) para. 50; 'Note on International Protection', UN doc. A/AC.96/1178 (4 Jul. 2018) para. 36; UNHCR, 'Note on International Protection', UN doc. A/AC.96/1189 (1 Jul. 2019) para. 22; UNHCR, 'Note on International Protection' UN doc. A/AC.96/1200 (10 Jul. 2020) para. 35. 자세한 내용은 다음을 보라, 2017 Djibouti Declaration on Refugee Education에서 동아프리카정부간개발기구(IGAD) 국가들은 '난민을 국내 교육 정책, 전략, 프로그램 및 행동 계획에 통합'하고 2020년까지 난민 및 귀환자 교육

유엔난민기구는 비호국의 당국이 입양에 관한 결정을 내리는 데 필수적인 법적 책임이 있다고 생각하지만, 실무상 그러한 국가들은 자국 영토에 있는 난민 아동이 국제입양에 관한 헤이그 협약의 의미 내에서 '상주 habitually resident'하고 있다는 것을 항상 받아들이지는 않는다.349) '통상적인' 국제 입양에서는 출신국에도 아동의 입양 여부를 결정할 실질적인 책임이 있다는 사실로 인해 상황은 더욱 복잡해진다.350)

이러한 관할권 및 실무적인 우려는 국제 아동 납치에 관해서도 똑같이 유효한 것으로 보인다. 예를 들어 1980년 헤이그 협약351)은 한 당사자가 다른 당사자의 양육권에 개입하는 비교적 '통상적인' 상황을 전제로 한다. 이 협약은 '불법한 이동 removal 또는 유치 retention 에 의한 유해한 영향으로부터 아동을 국제적으로 보호하고, 아동의 상거소국으로의 신속한 송환을 보장하는 절차의 수립'을 목표로 한다. 아동들은 난민으로서 이동 과정에서 탈취되기도 하고, 일부는 강제로 비호국으로 끌려가기도 하며, 일부는 노동에 종사시키거나 군사 작전에 참여시키기 위해 난민 캠프나 정착촌

을 국가 교육 부문 계획에 통합하는 데 동의한다: paras. 18, 24. 다음도 함께 보라, 'Nairobi Declaration and Call for Action on Education: Bridging continental and global education frameworks for the Africa We Want' (Apr. 2018) para. 4(g); 그리고, 지속가능 발전목표(SDGs) 4('모두를 위한 포용적이고 공평한 양질의 교육을 보장 및 평생학습 기회 증진').

349) 1993년 국제입양에 관한 아동의 보호 및 협력에 관한 협약 제2조: http://www.hcch.net. 이 조약은 1989년 아동권리협약 제21조에 아동의 최선의 이익을 보장하기 위한 여러 가지 안전장치와 절차를 추가하는 형태로 영향을 미친다. 2021년 4월 30일 현재 103개국이 이 협약에 가입했다.

350) 예를 들어 다음을 보라, 1993년 협약(주 349) 제4조의 넓은 적용범위를 보라; 또한, UNGA res. 41/85, 'Declaration on Social and Legal Principles relating to the Protection and Welfare of Children, with Special Reference to Foster Placement and Adoption Nationally and Internationally' (3 Dec. 1986).

351) 1980년 국제적 아동탈취의 민사적 측면에 관한 협약: http://hcch.net; Pérez-Vera, E., 'Convention on the Civil Aspects of International Child Abduction, Explanatory Report' (1980).

에서 탈취되기도 하며, 또 다른 일부는 '불법' 입양의 대상이 되기도 한다. 일부 탈취 사례들은 1980년 헤이그 협약이 규제하는 퇴거를 수반하기도 하지만, 가장 시급한 필요는 보다 더 일반적인 유형의 탈취로부터 아동을 보호하기 위한 유사한 절차가 필요하다는 것이다.

규칙의 부재와 관할권과 권한을 가진 국내 및 국제기구의 부재로 인해 난민 아동은 스펙트럼의 양쪽에서 피해를 받는다. 한쪽에서는 관련 협약에 따라 국가들이 정한 절차와 기관이 제공하는 보호의 우산 밖에 위치한 경우가 많고, 다른 한쪽에서는 국가 당국이 아동을 위해 행동할 능력이 없거나 의지가 없다는 이유로 아동의 경우에 적절한 유일한 영구적 해결책이 될 수 있는 입양에 대한 적시 접근을 거부당할 수 있다.

1994년 10월, 1993년 입양에 관한 협약 이행에 관한 특별위원회는 필요를 충족하고 제도적 공백을 메우는 데 어느 정도 도움이 되는 권고안을 승인했다.[352] 첫째, 국가들은 난민 및 실향한 아동이 상주하고 있는지 여부를 결정할 때 이들을 차별해서는 안 되며, '출신국'은 '아동이 실향 후 거주하고 있는 국가'로 간주되어야 한다.[353] 해당 국가의 관할 당국은 국가간 입양이 제안된 경우, 가족을 추적하고 재결합을 이루기 위한 '모든 합리적인 조치'가 취해졌는지, 그리고 아동이 '만족스러운 보호'를 받거나 혜택을 받을 수 없기 때문에 재결합 목적의 본국귀환이 적절하지 않거나, 바람직하지 않은 것은 아닌지 특별히 유의해야 한다.[354] 또한 필수적으로 동의를 얻어야 하며, '그 상황이 허락하는 한' 아동에 관한 모든 관련 정보가 수집

---

352) Hague Conference on Private International Law, Special Commission on the Implementation of the Convention of 29 May 1993 (17-21 Oct. 1994) Working Doc. No. 39 (21 Oct. 1994).
353) Ibid., para. 1.
354) 추적 및 본국귀환과 관련하여 다른 국내 및 국제기구, 특히 유엔난민기구와의 협력이 권장된다: ibid., para. 4는 더 나아가 '국가들은 이 권고에 언급된 아동과 관련하여 유엔난민최고대표의 보호 임무 이행을 촉진해야 한다'고 제안한다.

되었는지 확인해야 한다.355) 이와 관련하여 행정청은 '아동의 국가 안에 있는 사람들의 복지가 침해되지 않도록' 특별한 주의를 기울여야 한다.356)

이러한 권고안이 시행되면 일부 문제가 해결될 수 있지만, 여전히 다양한 문제와 어려움이 남아 있어 탈취와 불법 입양을 방지하기 위한 보완적인 법적 수단이 필요할 수 있다. 여기에는 두 가지 다음과 같은 관련된 목표가 있을 수 있다. 첫째, 관할 기관은 아동에게 최선의 이익이 되는 해결책을 달성한다는 관점에서 적절하게 난민 아동의 출신국과 비호국 또는 잠재적 '수용국' 간의 의사소통과 지원을 시작하고 촉진할 수 있어야 하며, 둘째, 그러한 연계가 이루어질 수 없는 경우 해당 기관은 아동에 대해 '일반적 상황에서' 권한을 가진 중앙 기관이 존재할 경우, 관련 협약에 명시된 권한의 역할과 책임을 구체적인 실향 관련 상황에 맞게 조정하여 위 기관의 역할을 국제적으로 대체해서 수행해야 한다. 그 기관이 반드시 이미 난민에게 국제적 보호를 제공할 수 있는 역량을 갖추고 있고 정부들과의 협의 과정에서 난민을 대리할 자격이 있는 것으로 인정되는 유엔난민기구여야 하는지는 또 다른 문제다. 이러한 상황에서는 아동 복지 및 아동 권리에 관한 경험이 있는 기관이 이러한 특정 책임을 맡는 것이 더 적합할 수도 있기 때문이다.

유엔난민기구가 지난 10년간 개발한 일련의 집행위원회 결정, 지침, 일반 논평은 난민 아동의 보호를 강화하기 위한 노력의 산물이다. 예를 들어, 유엔난민기구의 아동 비호 신청에 관한 지침은 아동 민감성을 가진 난민 지위 심사를 수행하기 위한 실질적 및 절차적 지침을 제공하면서 아동에 특화된 박해 형태가 무엇인지 설명하고 있다.357) 이것들은 '아동의 고유한

---

355) Ibid., para. 2.
356) Ibid., para. 3.
357) UNHCR, Guidelines on International Protection No. 8: Child Asylum Claims under Articles 1(A)2 and 1(F) of the 1951 Convention and/or 1967 Protocol relating to the Status of Refugees, HCR/GIP/09/08 (22 Dec. 2009). 다음도 함께 보라, UNHCR,

박해 경험이 연령, 성숙도 및 발달 수준, 성인에 대한 의존성 등의 요인으로 인해 항상 잘 고려되지는 못했다'는 점과 '아동은 난민 지위에 대한 자신의 주장을 성인과 같은 방식으로 명확하게 표현하지 못할 수 있으며, 따라서 이를 위해 특별한 지원이 필요할 수 있다'는 점에 주목한다.358) 네 가지 집행위원회 결정들, 즉 위험에 처한 여성과 소녀,359) 위험에 처한 아동,360) 출생등록361) 및 청소년362)에 관한 결정은 아동의 최선의 이익을 보호하고 아동의 보호를 지키기 위한 권리 기반 접근 방식에 대한 국가들의 약속을 요약한다.363) 또한 2012년 유엔난민기구는 교육, 구금, 성폭력 및 젠더 기반 폭력, 무국적자 종식에 대한 글로벌 전략을 바탕으로 아동 보호 프레임워크를 개발했다.364)

유엔 아동권리위원회는 보호자 미동반 및 분리 아동의 처우에 관한 일반 논평,365) 아동의 청문권(비호 절차에서의 권리 포함),366) 아동 최선의 이익

'Children on the Move' (주 328) para. 15; Pobjoy (주 309) 79-100.
358) UNHCR, Guidelines on International Protection No. 8 (주 357) para. 2; Pobjoy (주 309) 101-56.
359) 집행위원회 결정 제105호(2006); 다음도 함께 보라, UNHCR (주 296).
360) 집행위원회 결정 제107호(2007).
361) 집행위원회 결정 제111호(2013).
362) 집행위원회 결정 제113호(2016).
363) 집행위원회 결정 제107호(2007), 전문. 다음도 함께 보라, UNHCR & UNICEF, *Safe and Sound: What States Can Do to Ensure Respect for the Best Interests of Unaccompanied and Separated Children in Europe* (Oct. 2014).
364) UNHCR, *A Framework for the Protection of Children* (2012); UNHCR, *Action against Sexual and Gender-Based Violence: An Updated Strategy* (Jun. 2011); UNHCR, *Education Strategy, 2012-2016* (2012); UNHCR, *Beyond Detention: A Global Strategy to Support Governments to End the Detention of Asylum-Seekers and Refugees 2014-2019* (2014); UNHCR, *Global Action Plan to End Statelessness, 2014-24* (Nov. 2014).
365) Committee on the Rights of the Child, 'General Comment No. 6 (2005): Treatment of Unaccompanied and Separated Children Outside their Country of Origin', UN doc. CRC/GC/2005/6 (2005). 다음도 함께 보라, Bhabha, J. & Crock, M., *Seeking Asylum*

을 고려받을 권리,367) 그리고 모든 이주 노동자와 그 가족 구성원의 권리 보호 위원회와 공동으로 발행한 국제 이주의 맥락에서 아동의 인권 보호368)에 관한 일반논평을 발표했다. 또한 2014년에 1989년 아동권리협약의 세 번째 선택의정서가 발효됨에 따라 아동 개인은 본 조약과 다른 두 개의 선택의정서가 규정한 특정한 권리 침해에 대해 위원회에 진정을 제기할 수 있게 되었는데,369) 여기에는 잠재적으로 비호 신청자 또는 난민 아동의 신청도 포함될 수 있다.

영국 대법원은 Re G (a child) 사건에서 헤이그 협약의 강조점 즉, 탈취 또는 이동된 아동의 귀환 신청은 6주 이내에 결정해야 하고, 수개월이상이 소요될 수 있는 비호에 관한 이의 절차 기간 동안 강제송환이 금지된다는 것을 고려했다.370) 대법원은 각 사례에서 의무들의 실효성이 중요하다는 점을 강조하면서 강제송환금지의 범위를 제한하자는 주장을 기각했다. 대법원은 비호신청에 대한 결과가 최종적으로 결정될 때까지 아동을 퇴거시

Alone: A Comparative Study (2007); UNHCR & UNICEF (주 363). 유럽연합 비호절차 지침 제25조의 미동반 미성년자들에 대한 보장도 주목하라.
366) Committee on the Rights of the Child, 'General Comment No. 12 (2009): The Right of the Child to be Heard': UN doc. CRC/C/GC/12 (20 Jul. 2009); Pobjoy (주 309) 16-22, 44-78.
367) Committee on the Rights of the Child, 'General Comment No. 14' (주 324); Pobjoy (주 309) 223-38.
368) Joint General Comment No. 3 (주 314); 'Joint General Comment No. 4 (2017) of the Committee on the Protection of the Rights of All Migrant Workers and Members of Their Families and No. 23 (2017) of the Committee on the Rights of the Child on State Obligations regarding the Human Rights of Children in the context of International Migration in Countries of Origin, Transit, Destination and Return': UN doc. CMW/C/GC/4-CRC/C/GC/23 (16 Nov. 2017).
369) Optional Protocol to the Convention on the Rights of the Child on a Communications Procedure, UNGA res. 66/138 (19 Dec. 2011)에 의해 채택됨, 2014년 4월 14일 발효됨. 2021년 4월 30일 현재, 47국가가 이 선택의정서의 당사국이다.
370) G v G sub nom Re G (a child) [2021] UKSC 9.

킬 수 없다고 판시하였으나,371) 이것이 헤이그 절차에 '파괴적인 영향'을 미칠 수 있음을 인정했다. 그러나 어떤 송환 명령이 집행되는 것의 어려움과 달리 송환 명령이 내려지는 것 자체에는 아무런 제한이 없었기에, 비호 신청이 유지되는 경우(국무장관이 심사할 문제) 법원은 위 명령을 검토하고 취소할 권한이 있었다. 법원은 헤이그 절차에 관한 정보의 조정 및 공개에 관한 지침을 내리면서, 비호에 관한 모든 사법적 결정에 대한 항소는 가사 재판부에 배당할 것을 권고했다.

2016년 난민과 이주민을 위한 뉴욕 선언에서 각국은 '신분에 관계없이 모든 난민 및 이주 아동의 인권과 기본적 자유를 보호하고 아동의 최선의 이익을 항상 최우선적으로 고려할 것'을 확인했다.372) 이러한 정서는 2018 글로벌 콤팩트에도 반영되어 있다: '아동의 최선의 이익 보장'은 난민에 관한 글로벌 콤팩트의 근간을 이루며,373) '아동에 민감한' 접근 방식은 안전하고, 질서 있고 정규적인 이주를 위한 글로벌 콤팩트의 기본 원칙이다(아동에 대한 언급이 포함된 여러 실체적 조항이 있다).374) 난민 글로벌 콤팩트는 '소녀와 소년, 장애 아동, 청소년, 미동반 및 분리된 아동, 성폭력 및 젠더 기반 폭력, 성적 착취 및 학대, 유해한 관행들로부터의 생존자, 기타

---

371) 영국 대법원은 어머니의 비호 신청서에 부양가족으로 명기된 자녀가 객관적으로 비호 신청을 하는 것으로 이해되었는지 또는 부양가족으로 명기되었는지 여부와 관계없이 자녀도 보호 신청을 하는 것으로 간주했다.
372) New York Declaration (주 345) para. 32. 국가들은 특히 1989년 아동권리협약에 따른 의무를 준수할 것을 다시 확인했다(para. 32). 또한 국가들은 이주민의 지위를 결정하기 위한 목적의 구금은 '설령 가능하다 하더라도, 아동에게 최선의 이익이 되는 경우는 거의 없으며', 자신들이 '이러한 실행의 종식을 위해 노력할 것'임을 인정했다(para. 33).
373) 난민 글로벌 콤팩트 (주 291) para. 13.
374) 안전하고, 질서 있고 정규적인 이주를 위한 글로벌 콤팩트 (주 135) para. 15(h): '아동의 권리와 관련하여 기존의 국제법적 의무를 증진하고, 미동반 및 분리된 아동이 수반된 국제 이주 맥락에서 아동과 관련된 모든 상황에서 아동의 최선의 이익 원칙을 항상 최우선적으로 고려해야 한다'.

위험에 처한 아동의 특정 취약성과 보호 요구를 고려한 정책과 프로그램'
의 중요성을 강조하는데, 여기에는 '관련 당국이 난민 아동과 관련된 결정
을 내릴 때, 최선의 이익 결정 및 평가를 수행하고 기타 아동 민감성을 가
진 절차 및 가족 추적을 위한 역량 개발'이 포함될 수 있다.375)

3.3절 장애인 난민

장애인 권리 협약의 장애인은 '다양한 장벽과의 상호 작용으로 인하여
다른 사람과 동등한 완전하고 효과적인 사회 참여를 저해하는 장기간의 신
체적, 정신적, 지적, 또는 감각적인 손상을 가진 사람'을 포괄한다.376)

장애를 가진 난민들은 종종 '심각한 집단적인 실향이라는 위기 상황에서
잊혀지거나 보이지 않는' 경우가 많으며 '다중적 불이익'을 겪는다.377) 수

---

375) 난민 글로벌 코맥트 (주 291) para. 76. 특히 이주 맥락에서 아동의 권리를 보호하고 아동의 최선의 이익이 최우선 고려사항이 되도록 보장하겠다는 각국의 헌신을 재확인하는 2019 ASEAN Declaration on the Rights of Children in the context of Migration도 함께 보라(para. 1).
376) 2006년 장애인 권리협약 제1조(2008년 5월 3일 발효됨): 2515 UNTS 3. 일반적으로는 다음을 보라, Motz, S., *The Refugee Status of Persons with Disabilities* (2021); Crock, M., 'Protecting Refugees with Disabilities', in Costello, Foster, & McAdam (주 1).
377) Crock, M. and others, *The Legal Protection of Refugees with Disabilities: Forgotten and Invisible?* (2017) 3. 다음도 함께 보라, Mitchell, D. & Karr, V., eds., *Crises, Conflict and Disability: Ensuring Equality* (2014); Mirza, M., 'Disability and Forced Migration', in Fiddian-Qasmiyeh and others (주 44). 유럽인권재판소의 *SHH v United Kingdom*, App. No. 60367/10 (29 Jan. 2013) 사건에서 신청인은 특히 아프가니스탄으로 송환될 경우 장애를 이유로 무차별적인 폭력의 위험에 더 많이 노출될 것이라고 주장했다. 유럽인권재판소는 이를 입증할 증거가 불충분하다고 판단했다 (para. 87). 이와 대조적으로 Ziemele, Björgvinsson, 및 De Gaetano 판사는 공동 반대 의견을 통해 '심각한 질병과 마찬가지로 장애 그 자체가 자동으로 유럽인권협약 제3조에 따른 문제를 제기하거나 발생시키지 않을 것이라는 데는 의심의 여지가 없지만… 재판소는 주어진 사건의 구체적인 사실의 맥락에서 장애의 특성을 살펴봐야

백만 명의 난민들이 일종의 장애를 가지고 있음에도 불구하고, 이들의 곤경이나 이들의 필요에 대응하기 위한 조율(만약 존재한다면)에 대해 알려진 바는 거의 없다.378) 일부 난민은 바로 장애를 이유로 박해를 받기도 하며,379) 또 다른 난민들은 장애가 아닌 이유로 박해를 받지만, 실향으로 인해 장애를 얻게 되는 경우도 있다. 장애인 난민에게 완전하고 효과적이며 평등한 사회 참여를 가로막는 장벽은 '태도적'인 장벽 또는 '환경적'인 장벽 일 수 있다.380) 예를 들어, 이동성, 이해력, 의사소통과 관련된 문제는 기회의 거부, 소외, 편견, 차별에 의해 더욱 악화될 수 있으며,381) 여성과 아동과 같이 이미 불이익이나 학대를 경험하고 있는 집단에서는 이러한 문제가 더욱 심화될 수 있다.382) 이러한 문제는 초기의 긴급 상황부터 영구적 해결책과 장기적인 통합 단계에 이르기까지 모든 실향의 단계에서 확연히 일어난다.383)

유엔난민기구의 2007년 '고령자 및 장애인 보호'에 관한 문서는 장애인

한다'(at para. 4)고 언급했다. 공동 반대의견은 국가 의사 결정권자들이 이러한 검토를 충분히 수행하지 않았다고 판단했다(para. 7).
378) Crock and others (주 375) 4, 5.
379) 난민 정의 및 난민지위심사 과정의 맥락에서 장애에 대한 분석은 다음을 보라, Motz (주 374); Crock, M., Ernst, C., & McCallum, R., 'Where Disability and Displacement Intersect: Asylum Seekers and Refugees with Disabilities' (2012) 24 *IJRL* 735.
380) 장애인 난민과 유엔난민기구에 의해 보호 또는 지원을 받는 장애를 가진 다른 사람들에 대한 집행위원회 결정 제110호, UN doc. A/AC.96/1095 (12 Oct. 2010) preamble.
381) UNHCR, 'The Protection of Older Persons and Persons with Disabilities', doc. EC/58/SC/CRP.14 (6 Jun. 2007) paras. 10-12.
382) 집행위원회 결정 제110호 (주 378); UNHCR, 'The Protection of Older Persons and Persons with Disabilities' (주 379) paras. 15, 18.
383) 재정착한 장애인 난민들이 맞닥뜨리는 어려움에 관해서는 예를 들어 다음을 보라, Refugee Council of Australia and others, *Barriers and Exclusions: The Support Needs of Newly Arrived Refugees with a Disability* (Feb. 2019); Mirza, M., 'Resettlement for Disabled Refugees' (2010) 35 FMR 30.

보호를 위해서는 '그들의 기술, 자원, 능력을 바탕으로' 보다 포용적이고 권한을 강화시키는 접근법이 필요하다고 밝혔다.[384] 이 문서는 더 나은 식별, 모니터링 및 지원은 물론 유엔난민기구 정책 지침 및 프로그램에 장애인이 가진 특정한 보호 요구를 체계적으로 통합해야 할 필요성을 언급했다. 또한 장애인을 특정한 권리와 필요를 가진 사람이 아니라 단지 '취약한 집단'으로만 개념화할 경우 보호에 관한 위험이 적절히 인식되지 않을 수 있음을 인정했다.[385] 따라서 장애인 권리협약의 권리 프레임워크는 보호를 실현하는 데 매우 중요하다.[386]

장애인 권리협약이 발효된 지 2년 후인 2010년에 집행위원회는 장애인 난민(및 유엔난민기구가 우려하는 기타 난민)에 관한 결정을 채택했다.[387] 이 결정은 국가와 유엔난민기구가 장애인을 차별 없이 보호하고 지원할 것, 그들의 필요를 해결하기 위해 지속 가능하고 적절한 지원을 제공할 것,

---

384) UNHCR, 'The Protection of Older Persons and Persons with Disabilities' (주 379) para. 2.
385) Ibid., para. 14.
386) Crock and others (주 375) 3; 다음도 함께 보라, Stein, M. A. & Lord, Janet E., 'Enabling Refugee and IDP Law and Policy: Implications of the UN Convention on the Rights of Persons with Disabilities' (2011) 28 *Arizona Journal of International and Comparative Law* 401; Peterson, V., 'Understanding Disability under the Convention on the Rights of Persons with Disabilities and Its Impact on International Refugee and Asylum Law' (2014) 42 *Georgia Journal of International and Comparative Law* 687; Hart, N. and others, 'Making Every Life Count: Ensuring Equality and Protection for Persons with Disabilities in Armed Conflicts' (2014) 40 *Monash University Law Review* 148.
387) 집행위원회 결정 제110호 (주 378). 또한 다음을 함께 보라, 세계 인도주의 정상회의에서 채택된 2016 Charter on Inclusion of Persons with Disabilities in Humanitarian Action(http://humanitariandisabilitycharter.org/). 이 헌장은 '위험 및 인도주의적 긴급 상황에서 … 이주민, 난민 또는 기타 실향민을 포함한 신분에 관계없이 모든 장애인의 배제를 더욱 악화시키는 다양하고 교차적인 형태의 차별'을 인정한다(para. 1.8). 더 자세한 내용은 다음을 보라, https://www.un.org/development/desa/disabilities/issues/whs.html.

장애에 대한 인식을 제고하고 장애인의 권리와 존엄성에 대한 존중을 증진할 것을 촉구한다. 또한 이 결정은 보다 구체적인 용어를 통해, 장애를 가진 난민과 다른 사람들을 신속하고 체계적으로 식별하고 등록할 것을 권고하고, 난민지위심사 과정을 포함한 절차들에서 접근 가능하고 이해하기 쉬운 정보 전달을 위한 조치를 장려하며, 장애인에게 영구적인 해결책을 위한 동등한 기회를 부여할 것을 권고한다.388) 그 이후로 유엔난민기구는 활동, 정책 문서 및 도구들에 장애를 주류화시키기 위해 노력해 왔다.389)

---

388) 장애 식별에 관한 보다 많은 내용은 다음을 보라, Smith-Khan, L. and others, 'To "Promote, Protect and Ensure": Overcoming Obstacles to Identifying Disability in Forced Migration' (2015) 28 *JRS* 38; Crock, M. & Smith-Khan, L., 'Swift and Systematic? Identifying and Recording Disability in Forced Migration', in Altman, B.M., ed., *International Measurement of Disability: Purpose, Method and Application* (2016).
389) 다음을 보라, UNHCR, *UNHCR Policy on Age, Gender and Diversity* (Mar. 2018) (주 291); 다음도 함께 보라, UNHCR, *Working with Persons with Disabilities in Forced Displacement* (2019).

10장 국제협력, 보호 및 해결책

'보호'는 일반 국제법과 국제 난민 및 인권법에서 파생된 복잡한 의무들을 설명하는 데 유용한 약어다. '보호'는 난민을 심각한 위해를 받을 위험으로 돌려보내지 않을 것을 보장하는 한 그 자체로 목적이 되기도 하지만, 그 이상의 목표 즉, 난민이 자의적인 추방이나 차별, 소외를 겪지 않고 안전하고 존엄하게 살 수 있는 영구적 해결책이란 목표도 가지고 있다. '해결책'은 인도적 문제 해결을 위한 국제협력을 전제로 하는 국제 난민 체제 자체의 가장 중요한 목표이며, 이는 유엔의 목적과 원칙 중 하나다. 평등, 차별금지, 안보와 같은 영구적인 해결책의 모든 특정한 요소들이 법에 명확히 근거를 두고 있음에도 불구하고 이 원칙을 구체적인 행동으로 옮기는 것은 국가들과 유엔난민기구와 같은 기관이 직면한 가장 큰 과제 중 하나였다. 이로 인해 발생하는 정치적 원칙과 법적 의무 사이의 긴장은, 이를 중재하는 것이 법의 분명한 목적임에도, 불확실성을 초래하는 원인이 되어 난민을 너무 자주 오랫동안 망명의 람보상태에 머물게 하기도 한다. 이 장에서는 실향한 사람들을 지지하는 배경이 되는 권리들을 살펴본 다음, 자발적 본국귀환, 지역사회 내 통합, 재정착이라는 전통적인 세 종류의 영구적 해결책과 함께 난민의 어떤 국가로의 입국 및 수용을 보장할 수 있는 노동이주 및 기타 보충적 경로 complementary pathways 들을 살펴본다.

1절 난민의 권리 : 난민 캠프, 정착촌, 그리고 사회 전반

난민 캠프, 정착촌, 쉼터들은 접근성이 중요한 요소지만, 동시에 난민들의 안전을 보장하는 안전한 장소여야 한다. 이는 국가의 영토 내에서든 외부에서든 무장 공격의 가능성을 고려해야 함을 의미한다.[1] 괴롭힘이나 강제 징집으로부터의 외부적인 보호뿐만 아니라[2], 내부적인 치안유지도 필요

---

1) 다음을 보라, Mtango, E.-E., 'Military and Armed Attacks on Refugee Camps', in Loescher, G. & Monahan, L., eds., *Refugees and International Relations* (1989) 87.
2) 유엔난민기구 집행위원회는 1982년 남부 아프리카에서 여러 차례의 습격이 일어난 후 처음으로 군사적 공격이라는 문제를 검토했다. 이 논쟁은 난민 캠프의 민간적, 인도주의적 성격을 유지해야 할 필요성을 다양하게 강조하는 과정에서 쉽게 해결되지 않았고, 의견의 일치를 보기 어려운 것으로 판명되었다. 배경에 대해서는 다음을 보라, UNHCR, 'Military Attacks on Refugee Camps and Settlements in Southern Africa and Elsewhere': EC/SCP/23 (Oct. 1982); *Report* of the Sub-Committee: UN doc. A/AC.96/613 (1982) paras. 12-21; *Report* of the 33rd Session (1982): UN doc. A/AC.96/614, paras. 42(i), 63, 70(3); *Report* of the Sub-Committee: UN doc. A/AC.96/629 (1983) paras. 13-16; *Report* of the 34th Session (1983): UN doc. A/AC.96/631, paras. 93-5, 97(4); *Report* by Ambassador Felix Schnyder, 'Military Attacks on Refugee Camps and Settlements in Southern Africa and Elsewhere': EC/SCP/26 (Mar. 1983); also EC/SCP/31 (Aug. 1983); EC/SCP/27 (Jun. 1983); 'Draft Principles on Military Attacks': EC/SCP/32 (Sep. 1983); EC/SCP/34 and Add.1 (July 1984); *Report*of the Sub-Committee: UN doc. A/AC.96/649 (1984) and Add.1, paras. 6-13; EC/SCP/38 (1977); *Report* of the Sub-Committee: UN doc. A/AC.96/671 (9 Oct. 1985) paras. 20-6; *Report* of the 37th Session (1986): UN doc. A/AC.96/688 and Corr.1 (1986) para. 129; 'Note'on Military and Armed Attacks on Refugee Camps and Settlements: EC/SCP/47 (10 Aug. 1987); *Report* of the Sub-Committee: UN doc. A/AC.96/700 (5 Oct. 1987) paras. 21-30; *Report* of the 38th Session: UN doc. A/AC.96/702 (22 Oct. 1987) para. 206: 난민 캠프 및 정착촌에 대한 군사적 및 무력 공격에 관한 집행위원회 결정 제48호(1987). 유엔난민기구는 1988년 'Note on International Protection': UN doc. A/AC.96/713, paras. 24-36에서 1987년 결정의 효과가 아직 체감되지 않고 있다고 설명하면서, 아프리카의 한 국가에서 발생한 공격의 통계를 제공하고(para. 28), 재배치 등 다양한 개선 방안을 제안했다(para. 31-4). 다음을 보라, Goodwin-Gill, G. S., 'Refugee identity and protection's fading prospect', in

할 수 있으며, 현재 난민의 대다수가 도시 지역에 거주하고 있기 때문에 안전과 차별금지에 대한 보다 광범위한 요구도 강조되어야 할 수 있다.3)

국제법상 난민의 권리를 보장하고 보호할 일차적 책임은 난민이 현재 체재하는 국가에 있다.4) 그 국가의 적절한 대우의 기준은 유보가 있을 수 있는 당해 국가의 조약상의 약속과 일반 국제법상의 의무를 참조하여 결정되어야 한다. 그러나 실제로 난민이 실제로 누리는 권리의 정도는 그 국가에 난민이 수용된 조건뿐만 아니라 유엔난민기구, 기타 국제기구 및 비정부기구를 통해 국가가 제공하는 국제적 지원 수준에 따라서도 크게 좌우될 수 있다. 또한 해당 난민의 이주가 결국 어떻게 마무리 될 것인지에 대한 인식과 그들이 비교적 빨리 귀환할 수 있을 것으로 예상되는지 또는 제3국에 재정착할 수 있을지에 대한 인식에 따라 실제 상황이 영향을 받을 수 있다. 그 기간동안 난민들이 이론적으로 정당한 권리를 실효적으로 행사할 자격은 실제로는 제한되는 경우가 많다.

오늘날 난민은 캠프보다 도시 지역에 더 많이 거주하고 있으며,5) 이에

Nicholson, F. & Twomey, P., *Refugee Rights and Realities* (1999) 220.
3) 한 예로, 2019년에는 남아공 내 적대감과 외국인 혐오 공격이 증가함에 따라 약 700명의 난민과 비호 신청자들이 재정착과 보호를 요청하며 프리토리아에 있는 유엔난민기구 사무소 밖에서 노숙 농성을 벌인 적도 있다: Krige, J. & Panchia, Y., 'South Africa: Monthlong UNHCR Sit-In Ends in Violent Eviction' *Al Jazeera* (17 Nov. 2019) https://www.aljazeera.com/news/2019/11/south-africa-month-long-unhcr-sit-ends-violent-eviction-191117082249020.html.
4) 이 기초적인 원칙은 오늘날 총회 결의에 정기적으로 등장한다; 예를 들어 다음을 보라, UNGA res. 75/163, 'Office of the United Nations High Commissioner for Refugees' (16 Dec. 2020) para. 6.
5) 2018년 도시 지역에 거주하는 난민의 비율은 61%로 추산되며, 터키가 가장 많은 도시 난민을 수용하고 있는 국가다: 다음을 보라, UNHCR, *Global Trends: Forced Displacement in 2018* (2019) 56; UNHCR, *Global Trends: Forced Displacement in 2019* (2020). 다음도 함께 보라, 난민들의 도시에서의 거주에 대한 적응에 초점을 맞춘 (2010) 34 *FMR*; Verdirame, G. & Pobjoy, J. M., 'The End of Refugee Camps', in Juss, S. S., ed., *The Ashgate Research Companion to Migration Law, Theory and*

따라 난민에 관한 글로벌 콤팩트는 인도적 지원의 전달을 조정할 필요성을 인식하고 있다.6) 유엔난민기구의 2009년 도시 난민에 대한 정책은 '난민의 권리와 난민에 대해 유엔난민기구에게 위임된 책임은 난민이 거주하는 지역, 도시 지역에 도달한 수단 또는 국내법상 지위(또는 지위의 결여)와 무관하다는 원칙에 기초한다'.7) 그러나 수용국 정부가 난민의 노동권을 거부하거나, 지위 서류 발급을 소홀히 하거나, 너무 비싼 수수료를 받아 취득하기 어렵게 하기도 하므로, 많은 것은 수용국 정부에 달려 있다.8) 도시 지역

Policy (2013); Kagan, M., 'Why Do We Still Have Refugee Camps?' UrbanRefugees.org (11 Aug. 2013) http://www.urban-refugees.org/debate/why-do-we-still-have-refugee-camps/; Verdirame, G. & Pobjoy, J. M., 'A Rejoinder' UrbanRefugees.org (29 Aug. 2013) http://www.urban-refugees.org/debate/rejoinder/; Betts, A. and others, 'Refugee Economies in Uganda: What Difference Does the Self-Reliance Model Make?' (Refugee Studies Centre, Oxford, 2019).

6) 다음을 보라, 난민 글로벌 콤팩트: UN doc. A/73/12 (Part II) (2 Aug. 2018) paras. 66, 78-9 (캠프 밖 농촌 지역 난민들의 필요도 다루고 있음). 수용 도시와 수용국은 유엔난민기구 및 기타 이해 관계자의 지원을 받아 '도시 환경에서의 대응에 대한 모범 사례와 혁신적인 접근 방식을 공유'하도록 요청된다: para. 38. 글로벌 콤팩트의 초안은 High Commissioner's Dialogue on Protection Challenges 2018, 'Protection and solutions in urban settings: engaging with cities' (18-19 Dec. 2018)을 강조했다: 다음 요약 보고서를 보라, https://www.unhcr.org/en-au/5c76a8964

7) UNHCR, 'UNHCR policy on refugee protection and solutions in urban areas' (Sep. 2009) 3 ('유엔난민기구 도시 난민 정책'). 이 정책의 주요 목표는 '도시가 난민이 거주하고 난민에게 부여된 권리를 행사할 수 있는 정당한 장소로 인정받도록 하는 것'과 '도시 난민과 이들을 지원하는 인도주의 단체가 이용할 수 있는 보호 공간을 최대한 확보하는 것'이다(5). 다음도 함께 보라, Morand, M. and others, 'The Implementation of UNHCR's Policy on Refugee Protection and Solutions in Urban Areas: Global Survey-2012' (UNHCR Policy Development and Evaluation Service, 2012); UNHCR, 'UNHCR Policy on Alternatives to Camps': UNHCR/HCP/2014/9 (22 Jul. 2014) 6 ('도시 난민 정책의 주요 목표들을 임무수행을 하는 모든 상황에 적용하도록 확장시킴'); 및 Crisp, J., 'Finding Space for Protection: An Inside Account of the Evolution of UNHCR's Urban Refugee Policy' (2017) 33(1) *Refuge* 87.

8) 다음을 보라, Buscher, D., 'New Approaches to Urban Refugee Livelihoods' (2011) 28 (2) *Refuge* 17, 19 (취업 및 거주 허가에 관하여); Morand and others (주 7) 20-3

에서 난민을 식별하고 지원해야 하는 특정한 과제들을 해결하기 위해서는 유엔난민기구와 개별 국가 간의 파트너십이 필요하다.[9] 또한 캠프나 정착촌에서 어떤 난민이 자신의 권리를 주장할 수 있는 역량은 그곳이 정부에 의해 관리되든, 유엔난민기구와 같은 유엔 기관에 의해 관리되든, 유엔 또는 지역기구 권한 하에 활동하는 평화유지군의 '보호'를 받든 똑같이 제한될 수 있다.

이러한 사례들에선 책임의 문제가 복잡해진다. 영토 주권을 보유한 국가에 일차적인 책임이 있을 수 있지만, 자신의 영토의 일부에 정착한 대규모 난민 공동체에 대해 단지 일시적일지라도 행동할 수 있는 국가의 능력이 자원의 부족으로 인해 제약될 수 있으며, 결과적으로 국가가 일상적인 관리 책임을 유엔난민기구에 위임하고 정착촌에서는 존재가 희미할 수도 있다. 이로 인해 몇 가지 중요한 법적 문제가 제기되지만 아직 이에 대한 적절한 해답은 없다. 그럼에도 불구하고 최근의 상세한 연구는 의제를 설정한 후, 특히 난민의 권리가 침해된 경우 국제기구의 법적 책임과 관련된 이 문제들을 유용하게 조명하고 있다.

앞에서 보여준 것 같이[10], 유엔난민기구의 국제적 인격은 유엔 자체의 성격에서 비롯되지만, 유엔난민기구의 규정과 국제적 활동에도 내재되어

(증명서에 관하여) 및 35-6 (난민의 취업을 허용하지 않거나 취업 허가를 받기 어렵게 하는 정책을 유지하는 국가들에 관하여). 유엔난민기구는 조사 대상 24개국 중 9개국에서 증명서를 제공하는 주요 기관이었으며, 이 증명서는 '여기서 약 절반의 국가'들로부터 인정받았다: Morand and others (주 7) 20.

9) Crisp, J., Morris, T., & Refstie, H., 'Displacement in Urban Areas: New Challenges, New Partnerships' (2012) 36(1) *Disasters* S23, S24-S25, S39. 다음도 함께 보라, Guterres, A., 'Protection Challenges for Persons of Concern in Urban Settings' (2010) 34 *FMR* 8; Morand and others (주 7). 유엔난민기구의 2009년 정책은 목표를 달성하기 위해서는 '적절한 자원 기반'과 '다양한 다른 행위자들, 특히 증가하는 도시 난민을 관대하게 수용하는 개발도상국 정부와 도시 행정청의 효과적인 협력과 지원'이 필요하다고 언급한다: UNHCR Urban Refugee Policy (주 7) 3.

10) 이 책 제9장, 1.1절을 보라.

있다. 따라서 원칙적으로 유엔난민기구는 인권 의무에 구속될 수 있고, 국가가 독자적인 책임을 지는 경우라 하더라도 마찬가지다.[11] 클래펌은 다음과 같이 설명했다:

> [국제기구도 인권에 관한 국제 의무를 위반할 수 있으며, 국제기구가 그러한 위반에 대해 책임을 지지 않는 경우 국가는 인권 존중을 보장할 국제적 의무를 보유한다. 따라서 국제기구의 행위와 부작위는 해당 국제기구는 물론 경우에 따라서는 관련 국가에게도 국제 인권 침해의 책임을 야기할 수 있다. '국제기구가 위법행위를 저지른 국가를 원조 또는 지원하거나 지시 또는 통제하는 경우'가 그러한 경우다.[12]]

클래펌은 또한 책임에 관한 일반적인 원칙이 유엔의 실행, 특히 평화유지 활동 과정에서 발생하는 개인적 private 성격의 청구를 해결하는데 있어서도 오랫동안 어떻게 인정되어 왔는지를 잘 설명해준다. 그렇지만 유엔은 '국가가 아니며 국제인도법에 규정된 많은 의무를 독립적으로 이행하는 데 필요한 사법적 judicial 및 행정적 권한을 갖고 있지 않다'.[13] 유엔군과 관련된 작전은 종종 국가들과의 세부 협정의 대상이 되지만, 유엔 기관이 특정 영토의 특정 인구집단에 대한 정부로서의 특정한 기능을 맡는 경우에는 상황이 그다지 간단하지 않을 수도 있다.

유엔난민기구가 캠프를 운영하는 상황에서 법적 책임을 진다는 것은 '국제적 영토 행정'의 오랜 역사에 의존하여, 강력하게 그리고 이를 유추하여 설명한 와일드를 비롯한 여러 분석에서 강조되어 왔다.[14] 기구의 제도적

---

11) Clapham, A., *Human Rights Obligations of Non-State Actors* (2006) 109, 유럽인권재판소의 다음 결정을 인용함, Waite and Kennedy v Germany (2000) 30 EHRR 261, para. 67. 다음도 함께 보라, *Report* of the International Law Commission, 58th Session (2006): UN doc. A/61/10, 284-6.
12) Clapham (주 11) 109-10.
13) Ibid., 119, quoting UN official Ralph Zacklin.

책임 메커니즘에 대한 초기의 비판은 임무를 잘 수행했는지의 일반적인 문제들에 초점을 맞춘 반면,15) 최근의 접근들은 매우 권리 기반적이며 권리를 보유한 주체로서의 난민 개인에 초점을 맞춘다. 이러한 분석은 난민 캠프와 정착촌에서의 직접적인 경험을 바탕으로 하고 있으며, 권리를 침해한 가해자가 난민 공동체, 비정부기구, 국제기구 어디에 속했든, 난민이 실효적인 구제 수단에 접근할 수 있어야 한다는 분명한 요청에 기반을 두고 있다.16)
와일드와 다른 학자들이 보여주었듯이, 원칙적으로 인권이 유엔이나 국

---

14) 다음을 보라, Wilde, R., 'Quis custodiet ipsos custodes? Why and How UNHCR Governance of "Development" Refugee Camps Should Be Subject to International Human Rights Law' (1998) 1 *Yale Human Rights and Development Law Journal* 107; Wilde, R., 'From Danzig to East Timor and Beyond: The Role of International Territorial Administration' (2001) 95 *AJIL* 583; Wilde, R., 'The Complex Role of the Legal Adviser When International Organizations Administer Territory' (2001) 95 *American Society of International Law Proceedings* 251; Wilde, R., *International Territorial Administration: How Trusteeship and the Civilizing Mission Never Went Away* (2008); Wilde, R., 'Representing International Territorial Administration: A Critique of some Approaches' (2004) 15 *EJIL* 71. 자세한 내용은 다음도 보라, Verdirame, G., *The UN and Human Rights: Who Guards the Guardians?* (2011); Janmyr, M., *Protecting Civilians in Refugee Camps: Unable and Unwilling States, UNHCR and International Responsibility* (2014); Kinchin, N., 'The Implied Human Rights Obligations of UNHCR' (2016) 28 *IJRL* 251; Verdirame, G. & Harrell-Bond, B., *Rights in Exile: Janus-Faced Humanitarianism* (2005); Gilbert, G., 'The Role, Rights and Responsibilities of UNHCR in Situations of Acute Crisis', in Dolgopol, U. & Gardam, J. G., eds., *The Challenge of Conflict: International Law Responds* (2006); Pallis, M., 'The Operation of UNHCR's Accountability Mechanisms' (2005) 37 *New York University Journal of International Law and Politics* 869; Stahn, C., 'International Territorial Administration in the former Yugoslavia: Origins, Development and Challenges Ahead' (2001) 61 *ZaöRV* 107.
15) 예를 들어, 유엔난민기구가 비호를 신청할 권리를 침해하거나, 난민을 안전하지 않은 환경으로 돌려보내는 것을 '조장'하는 것처럼 보이는, 임무 범위를 벗어난 활동에 관여한 경우다.
16) 예를 들어 다음을 보라, Hovell, D., 'Due Process in the United Nations' (2016) 110 *AJIL* 1.

제적 영토 관리 International administration of territory에 통합되지 못할 이유는 없다.17) 실제로 예를 들어, 이러한 일은 코소보에서 부분적으로 이뤄졌는데,18) 군인과 경찰 공무원에 대해서는 특정한 면책이 적용되었지만 말이다.19)

마찬가지로 국제법위원회(ILC)의 국제기구의 책임에 관한 작업은, 국가책임에 대해 이미 합의된 조항들에 긴밀하게 의존하고 있다.20) 2011년에 채택된 조항은 책임이란 전제를 당연한 것으로 간주하고 그 주체로서 '조

---

17) '국제적 영토관리는 그 자체가 목적이 아니라 - 영토관리를 위한 국제적 영토관리가 아니라 - "인민" 또는 "인구"의 안녕과 민주주의 사회에서 법치 아래 사는 주민들의 복지를 보장하기 위한 수단으로 나타난다': *Advisory Opinion, Accordance with International Law of the Unilateral Declaration of Independence in Respect of Kosovo* [2010] ICJ Rep. 403, Separate Opinion of Judge Cançado Trindade, 575.
18) 국제적으로 인정된 기준 준수에 관한 UNMIK(유엔코소보임무단) Regulation No. 1999/1 제2항(Regulation No. 2000/59에 의해 개정됨)을 보라. 코소보 미디어 심판위원회는 관련 판례들뿐 아니라, 1966년 시민적 및 정치적 권리를 위한 국제규약 및 1950년 유럽인권협약을 모두 명시적으로 고려했다. UNMIK Regulation No. 2006/12는 '… 유엔코소보임무단에 의한 인권 침해의 피해자라고 주장하는 개인 또는 집단의 진정을 검토'하기 위해 인권 자문 패널(HRAP)을 설립했다(s. 1.2). 이 패널의 조사 결과는 권고의 효력만 가졌다. 패널은 2016년에 최종 보고서를 발표하면서 '지금까지의 인권자문패널의 모든 경험이 보여준 가장 큰 한계는 유엔코소보임무단이 패널의 권고 사항을 전혀 따르지 않았다는 사실이다. 패널이 진정인들과 유엔코소보임무단로부터 정보를 수집하고 적격성 결정, 의견 및 권고를 내리는 긴 과정을 거쳤음에도 불구하고, 유엔코소보임무단이 패널의 권고와 관련하여 의미 있는 조치를 취하지 않았기 때문에 본질적으로 이 활동에서 가시적인 성과는 없었다 … 유엔코소보임무단이 패널의 권고 중 어느 것도 따르지 않았기 때문에 인권자문패널 절차는 진정인들을 위한 어떠한 구제도 도출하지 못했다. 따라서 그들은 원래의 인권 침해에 의해 그리고 이 절차를 통해 아무런 보상도 받지 못함으로써 유엔코소보임무단에 의해, 결국 두 번 피해를 당한 것이다'라고 하였다. : *The Human Rights Advisory Panel History and Legacy: Kosovo, 2007-2016, Final Report* (30 Jun. 2016) Executive Summary, 17.
19) Clapham (주 11) 130-1.
20) 국가 책임에 관해서는 다음을 보라, UNGA res. 56/83 (12 Dec. 2001) Annex. 이 원칙들을 난민 캠프 상황에 적용하는 것에 대한 상세한 분석은 다음을 보라, Janmyr (주 14).

약 또는 국제법의 적용을 받는 기타 협약에 의해 설립되고 [그들] 자신의 국제법인격을 소유한' 조직을 모두 포괄한다.21) 제6조부터 제9조까지는 '국제기구의 기관 또는 대리인이 그 기관 또는 대리인의 기능을 수행함에 있어 행한 행위는 그 기관 또는 대리인이 국제기구에 대해 어떠한 지위를 가지고 있든지 간에 국제법상 해당 기관의 행위로 간주한다'는 귀속 원칙을 익숙한 용어로 규정하고 있다.22) 행위가 '해당 기관 또는 대리인의 권한을 초과하거나 지침에 위배되더라도' 그 행위는 계속 마찬가지로 귀속된다.23) 이 조항은 국가(또는 다른 국제기구)의 행위와 관련된 책임을 지는 경우에 대해서도 다루고 있는데, 예를 들어 국제기구가 국제적인 위법행위를 저지르는 국가를 돕거나 지원하는 경우로서 만약, '국제적인 위법행위의 상황을 알면서 그렇게 하는 경우', '해당 국제기구가 저지른다면 국제적으로 위법행위가 될 수 있는 경우' 등이 이에 해당한다.24) 이 조항은 또한 어떤 국가가 국제기구의 행위에 대해 책임을 인정했거나 피해를 입은 당사자로 하여금 자신의 책임에 의존하도록 유도한 경우 국가가 책임을 질 수 있다는 원칙도 인정하고 있다.25)

국가 책임의 경우와 마찬가지로, 이 조항은 '저항할 수 없는 힘의 발생 또는 조직의 통제를 벗어난 예상하지 못한 사건의 발생으로 인해 의무를

---

21) UNGA res. 66/100, 'Responsibility of international organizations', Annex, art. 2; 이후의 발전은 다음을 보라, UNGA res. 72/122 (7 Dec. 2017). 일반적으로는 다음을 보라, Boon, K., 'New Directions in Responsibility: Assessing the International Law Commission's Draft Articles on the Responsibility of International Organizations' (Spring 2011) 37 *Yale JIL Online* 1.
22) ILC, Draft Articles on the Responsibility of International Organizations, with Commentaries, in *Report* of the International Law Commission, 63rd Session (2011) art. 6.
23) Ibid., art. 8.
24) Ibid., art. 14 및 주석.
25) Ibid., art. 58-62 및 주석.

이행하는 것이 현저히 불가능한 상황'인 불가항력과 같이 위법성을 조각시키는 사유들도 고려하고 있다.26) 초안 작성 과정에서 언급된 한 가지 예는 국가들이 분담금을 납부하지 않아 국제기구가 일반적인 의무 또는 임무에 관한 의무를 이행할 수 없게 된 경우다.27) 그러나 초안은 '일반 국제법의 강행규범에 따라 발생하는 의무에 부합하지 않는 국제기구 행위의 위법성을 조각시키는 것은 없다'고도 규정하고 있다.28) 이제 그러한 강행규범의 성격을 갖고 있음이 인정되는 인도에 반하는 죄와 고문(그리고 고문을 받을 위험으로의 직접적 송환도 포함됨)의 경우 유엔난민기구와 같은 기관이 위법성을 조각하는 근거를 통해 행위를 정당화 하려는 회피나 변명의 여지는 명백히 제한된다.

이는 국제기구에 책임성을 더하게 하는 진전으로서 환영할 만한 일이긴 하지만 해당 조항은 행동을 직접 규제하는 1차 의무가 아니라, 2차 또는 프레임워크 규칙의 일부로 고도로 이론적인 수준에서만 작성된 것에 불과하다. 이러한 조항들이 현장에서까지 어떻게 작동할지, 무엇보다도 위반에 대한 실효적인 구제책을 권리의 주체인 난민에게 보장할 수 있을지 정확히 파악하기는 어렵다. 와일드는 이러한 책임 문제가 소위 '개발도상국 난민 캠프', 즉 국제기구의 도움 없이는 보호책임을 이행할 능력이 없는 개발도상국에 위치한 난민 정착촌에서 가장 심각하게 발생한다고 지적한다.29) 그는 이러한 상황에서 유엔난민기구가 사실상 주권국가처럼 행동하며 조약이나 일반 규칙과는 거의 동떨어진 맥락에서 행동한다고 주장한다.30) 그는

---

26) Ibid., art. 23 및 주석. 다음도 함께 보라, Janmyr (주 14) 194-5.
27) 'Fourth Report on Responsibility of International Organizations', Giorgio Gaja, Special Rapporteur: UN doc. A/CN.4/564 (28 Feb. 2006) para. 31.
28) ILC draft articles (주 22) art. 26 및 주석.
29) Wilde (주 14) 109-10. Janmyr (주 14)는 이를 '능력이 없거나 의지가 없는' 국가라고 묘사한다.
30) Wilde (주 14) 111, 113. 다음도 함께 보라, Janmyr (주 14) Ch. 5; Slaughter, A. & Crisp, J., 'A Surrogate State? The Role of UNHCR in Protracted Refugee Situations'

유엔난민기구의 충분한 국제법인격을 출발점으로 삼아, 인권법이 단지 유엔난민기구의 임무와 합치해야할 뿐만 아니라 '실제적으로, 영구적 해결책 촉진 의무의 필수적인 요소'가 되어야 한다고 생각한다.31) 무엇보다도 이는 진정한 의미의 대표를 통한 협의 체계를 의미하는데, 이는 적어도 특히 긴급상황의 최초 단계에서는 공식적으로는 설치하기 어려울 수 있다. 파머가 기니에서의 경험을 통해 보여주듯이, 난민들은 자신들의 지위가 명확하게 정의되고 입증되지 않은 경우 현지에서 보호를 받기 어렵다.32) 그녀 역시 난민 여성들이 직면한 폭력과 인권 침해가 분명히 보여주듯이, '권리 기반 피난처 rights-based refuge' 개념은 아직 기본적인 책임 메커니즘과 사법 접근성을 통합하는 데 성공하지 못했다고 본다.33) 기니 정부, 유엔난민기구, 비정부기구들이 함께 '국가 유사 State-like' 기능을 수행했지만, 충분하지 못했고 자신들의 노력을 서로 조율하지도 않았다. 예를 들어, 유엔난민기구는 적절한 식량과 신분증을 제공하지 않았고, 정부는 여성의 권리를 반영하기 위한 조치를 취했지만 특히 많은 여성 난민들은 어떤 조치가 취해졌는지, 어떻게 사법체계에 접근할 수 있는지 알지 못했으며, 비정부기구 현장 사무소들은 본부에 비해 권리 기반 접근 방식에 대한 인식이 훨씬 낮은 것으로 보였다. 그녀는 모든 사례들은 '서로 비슷한 방식으로, 여성 보호를 위한 법과 정책의 집행 부족, 사법 접근의 제한, 비효율적인 책임 메커니즘으로 인해 여성 난민의 인권을 보호하는 데 실패했다'고 결론지었다.34) 그러나 난민 수용국 혼자서 난민의 인권을 책임질 수는 없기에, 영구

UNHCR *New Issues in Refugee Research*, Research Paper No. 168 (2009).
31) Wilde (주 14) 118-19.
32) Farmer, A., 'Refugee Responses, State-Like Behavior, and Accountability for Human Rights Violations: A Case Study of Sexual Violence in Guinea's Refugee Camps' (2006) 9 *Yale Human Rights and Development Law Journal* 44.
33) Ibid., 46.
34) Ibid., 72. Farmer는 또한 난민 캠프에서 사실상의 국가성을 목격한다: ibid., 72-81, 그녀는 국가 또는 국가와 유사한 기관의 힘을 판단하는 후쿠야마의 기준과 유사하게

적 해결책을 촉진할 의무가 있는 '다층적 책임 체계'가 필요하다.35) 파머가 보기에 유엔난민기구가 난민들에 대한 그 국가의 역할을 받아들이는 한, 수용국에 적용되는 법은 유엔난민기구에도 적용되어야 한다.36) 그러나 이 논문이 결함을 보이기 시작하는 것은 이행과 실효성의 지점이다. 이 논문은 영토 국가의 지속적인 권위를 거의 고려하지 않는데, 이 권위는 아마도 1996년 탄자니아에서 있는 르완다 난민들의 '귀환' 사건에서 가장 분명하게 드러났다.37) 또한 국제 인권 조약의 언어는 국제기구에 자명하고 자동적으로 적용되는 것은 아니며, 많은 의무들이 경찰 및 집행 권한이 있는 국가를 염두에 두고 명시적으로 구성되어 있다는 사실은 놀랄만한 일이 아니다. 또한 난민 캠프는 반드시 계획된 방식은 아니더라도 긴급 접수처, 쉼터, 지원 장소에서 어느 정도 영속성을 지닌 정착 공동체로 진화하는 것이 일반적이다. 국가들에게도 어느 단계에서든 '긴급'으로 분류될 수 있는 상황들에서는 보장되어야 할 인권이 정확히 어떤 것인지가 항상 명확한 것은 아니다.38)

'국제적인 영토 행정'에만 의존하지 않는다: Fukuyama, F., *State Building: Governance and World Order in the 21st Century* (2004).
35) Farmer (주 32) 119. 혹자는 유엔난민기구의 기관으로서 갖는 임무(유엔난민기구 규정, 제1조 참조)를 의무라는 언어로 번역하는 것에 대해 의구심을 가질 수 있지만, 정책적으로 이러한 접근법을 채택하는 것이 바람직하다는 것은 분명하다.
36) 적용 가능한 법에 대한 (확장된) 제안들은 다음을 보라, ibid., 120.
37) 이 책 제5장, 2.4.2절을 보라. 와일드의 후기 저술들에 자세히 설명된 국제적 영토 행정의 사례들과 대조적으로, 영토 국가는 언제든지 난민 캠프와 정착촌에 대한 통제를 재개할 수 있다. 또한, 영토 국가는 유엔난민기구가 특정 권리를 대가로라도 그곳에서의 현존을 확보하려고 노력하는 상황에서 유엔난민기구의 접근 조건을 결정할 수 있으며, 실제로 그렇게 하고 있다. Türk와 Eyster는 '유엔난민기구는 부적절한 수단만을 보유하고, 국가 권력 및 거버넌스 영역에 대한 통제권이 없음에도 불구하고 종종 국가를 대체하는 역할을 맡게 된다'고 말한다: Türk, V. & Eyster, E., 'Strengthening Accountability in UNHCR' (2010) 22 *IJRL* 159, 164. 유엔난민기구의 역할은 '*각국 정부들이* 자국 영토 내에 있거나 자국 영토로 입국하려는 난민을 보호하기 위해 필요한 조치를 취할 것을 보장하는 것'이다: 163 (강조 추가됨).

이것이 고유한 도전과 기능적 문제들을 제기한다. 현장에서 활동하는 국제기구의 인권을 보장하고 보호해야 하는 일반적인 의무 자체는 분명하기에, 이제 필요한 것은 유엔난민기구와 긴밀히 연계된 감독기구라는 형태로 보다 세밀하게 조정된 접근 방식이다.39) 난민들이 생활하는 실제적인 영역에서는 난민들의 권한 capacity 을 강화하고 국내 법원에 대한 접근성을 강화하기 위해 더 많은 노력을 기울여야 한다.40) 난민들은 불만을 제기할 수 있는 공론장이 필요하며, 유엔난민기구의 활동은 구별된, 독립적인 감사를 필요로 한다.41) 마찬가지로, 특히 수용국이 대규모 유입 상황에서 난민들의 권리를 제한하려고 할 때 국내 기관을 이용해서라도 유엔난민기구의 권한을 강화하여 난민을 보호함으로써 양자 모두 혜택을 볼 수 있다.

여러 측면에서 국제적 영토 행정 또는 국가 유사 활동과의 비유는 유엔난민기구와 다른 행위자들이 난민들의 일상, 특히 캠프와 정착촌에 얼마나

---

38) 심지어 Verdirame (주 14) 240-1는 난민 캠프는 항상 위법하다고 주장하는 데까지 나아간다.
39) Farmer (주 32) 82, 83. 다음도 함께 보라, Türk & Eyster (주 37).
40) 법적으로, 1951년 협약 제16조(1)은 난민이 '모든 체약국의 영역에서 자유로이 재판을 받을 권리를 가진다'고 규정하고 있으며, 제16조(2)은 상주하는 난민에게 '재판을 받을 권리에 관한 사항에 있어서 그 체약국의 국민에게 부여되는 대우와 동일한 대우'를 보장한다. 원칙적으로 난민의 국내에서 재판을 받을 권리를 강화하는 것은 영토국의 전반적인 책임을 강조하는 동시에 국제 인권법과 국가 이행 간의 연계를 강화하는 이론적 이점이 있다. 또한 책임성의 상실로 이어질 수 있는 난민과 수용 지역사회 host communities 사이의 분리를 줄일 수 있다. 그러나 현실적으로 수용국들은 국내 기관에 대한 접근을 용이하게 하는 것을 꺼릴 수 있다. 다음을 보라, da Costa, R., 'The Administration of Justice in Refugee Camps: A Study of Practice' UNHCR Legal and Protection Policy Research Series, PPLA/2006/01 (Mar. 2006) 6.
41) 2011년 6월 제51차 회의에서 유엔난민기구 상임위원회는 '최고대표와 집행위원회가 관련 모범 사례, 업계 표준, 유엔난민기구에 적용되는 재정 및 직원 규정과 규칙에 따라 감독 책임을 행사하는 데 도움을 주기 위해 전문적 자문 역할을 할 독립 감사 및 감독 위원회(IAOC)를 설립'했다: 'Establishment of an Independent Audit and Oversight Committee': EC/62/SC/CRP.24/Rev.2 (2011) para. 1.

깊숙이 관여하고 있는지를 이해하는 데 도움이 된다. 또한 캠프 환경이 인권 침해 및 법치를 벗어난 행정을 조장하기 쉽다는 점도 분명하다. 파머가 말한 것처럼, '국가 유사 기능 그리고 … 권리 기반이란 표현에는 반드시 난민이 주도권을 갖는 책임 메커니즘도 수반되어야 한다.'42) 의무의 근거를 좀 더 간단하게 설명할 수 있는데, 이는 첫째는 사실에, 둘째는 통제의 정도에 있다.43) 이러한 요소들의 본성상 법적 책임이 일방 당사자에게만 전적으로 귀속될 가능성은 낮다. 더욱이 경찰과 법원의 기능이나 징계 또는 처벌과 같은 특정 기능들은 국제기구나 비정부기구가 수행하기에 부적절하며, 난민 당사자의 손에 맡기는 것도 최선의 방법이 아닌데, 대표성 및 전반적인 책임을 필요로 하기 때문이다.44) 국제 인권 기준에 대한 책임을 보장하고 조직과 개인 모두에게 책임을 묻는 것에는 다각적인 노력이 필수적으로 요청된다. 그렇지만 경험은 우리에게 모든 유엔난민기구-국가 간 협정이나 양해각서에는 최소한 난민의 권리뿐만 아니라 기본적 인권이 언급되어야 함을 알려준다. 상황에 따라 구제 수단으로 국내 사법 메커니즘을 고려해야 하고, 필요한 경우 역량 강화를 위한 적절한 국제적 지원을 제공해야 한다. 유엔난민기구와 비정부기구 또는 국가와 비정부기구 간의 협정에도 책임의 기본 원칙을 상기하고 고충 처리 및 구제 방법을 명시할 필

---

42) Farmer (주 32) 84.
43) 예를 들어 다음을 보라, *R (Al-Skeini) v Secretary of State for Defence* [2006] 3 WLR 508, [2005] EWCA Civ 1609; *R (Al-Skeini and Others) v Secretary of State for Defence* [2007] UKHL 26; *Al-Skeini v United Kingdom*, App. No. 55721/07 (7 Jul. 2007) (신청인의 사망한 친척은 영국 관할권에 속하며, 1950년 유럽인권협약 제2조가 정하는 조사를 할 절차적 의무의 위반임).
44) 난민 캠프 사법권에 대한 일반적인 설명들로는 다음을 보라, McConnachie, K., *Governing Refugees: Justice, Order and Legal Pluralism* (2014); da Costa (주 40); Dunlop, E., *The Administration of Justice in Protracted Refugee Situations: A Study of UNHCR's International Obligations* (MSt thesis, University of Oxford, 2012); Griek, I., 'Traditional Systems of Justice in Refugee Camps: The Need for Alternatives' (2006) 27(2) *Refugee Reports* 1.

요가 있다.

    난민의 권리를 침해하는 결과를 낳는 프로그램, 정책 또는 행동에 대해 유엔난민기구 자체에 책임이 있는 것으로 의심되는 경우라 하더라도 대부분의 상황에서는 최후의 수단으로 남겨놓는 것을 제외하곤 법적 절차에 의존하는 것이 적절하지 않을 수 있다. 일반적으로는 해당 고충의 성격에 따라 상설 '난민 및 인권 대표' 또는 옴부즈맨을 통해 효율적이고 효과적인 구제책을 마련하는 것이 강조될 수 있다. 그러나 이 절차는 반드시 공개되고 접근이 가능해야 하며, 직무를 맡은 대표는 독립적이고 공정해야 하며, 이상적으로는 스스로 질문 및 조사에 참여할 수 있어야 한다.

    마지막으로, 최근 몇 년 동안 국가, 지역, 국제적으로 의사 결정 및 정책 과정에 난민의 목소리를 반영하는 것이 중요하다는 인식이 확산되고 있는데, 이는 환영할 만한 일이며 오랫동안 미뤄져 왔던 바로 그 변화다. 난민에 관한 글로벌 콤팩트는 4년마다 열리는 글로벌 난민 포럼에서 '난민의 관점을 진전 과정에 포함하도록 보장'하는 등 참여적인 접근을 명시적으로 장려하고 있다.[45] 6개 지역의 난민 주도 단체를 연결하는 글로벌 난민 주도 네트워크와 같이 새롭게 설립된 난민 주도 단체도 포용성을 강화하고 '난민들이 의사 결정 과정에 의미 있는 기여를 할 권한을 강화'하는 것을 목표로 하고 있다.[46]

---

45) 난민 글로벌 콤팩트 (주 6) para. 106; 다음도 함께 보라, paras. 13, 75, 77.
46) 개인과 단체는 자신에게 영향을 미치는 의사 결정에 난민 경험이 있는 사람들의 의미 있는 참여를 지원하겠다고 공약 *pledge* 할 수 있다. 공약은 Grand Bargain(2016)의 목표 6의 약속에 따라 이루어진다. 다음도 함께 보라, Harley, T. & Hobbs, H., 'The Meaningful Participation of Refugees in Decision-Making Processes: Questions of Law and Policy' (2020) 32 *IJRL* 200; Harley, T., 'Refugee Participation Revisited: The Contributions of Refugees to Early International Refugee Law and Policy' (2021) 40 *RSQ* 5; Betts, A., Pincock, K., & Easton-Calabria, E., 'Refugees as Providers of Protection and Assistance' (Refugee Studies Centre Research in Brief 10, Dec. 2018).

2절 해결책

난민의 이동은 필연적으로 국제적인 차원을 갖지만, 일반 국제법이나 조약은 모든 국가에 영구적 해결책 durable solutions 을 제공해야 할 의무를 부여하지는 않는다.47) 실제로 일부 사람들은 이러한 사태가 인권을 희생시키는 대가로 비호를 '제도화'하는 동시에 귀환을 허가할 조건을 설정할 출신국의 책임을 면제하는 경향이 있기 때문에 바람직하지 않다고 생각한다.48) 새로운 난민 발생을 막기 위한 협력에 관한 1986년 총회 이니셔티브는 '난민이 고국의 고향으로 돌아갈 권리'와 함께 귀환을 원하지 않는 난민의 적절한 보상을 받을 권리도 재확인했다.49) 전자가 해결책의 위계에서 여전히 선순위를 차지하고 있음에 반해, 난민의 보상에 대한 권리는 여전

---

47) 전통적인 세 가지 영구적인 해결책은 수용 사회 내 통합 local integration, 자발적 본국귀환 voluntary repatriation, 재정착 resettlement이다. 핵심적인 개관으로는 다음을 보라, Chimni, B. S., 'From Resettlement to Involuntary Repatriation: Towards a Critical History of Durable Solutions to Refugee Problems' (2004) 23(3) RSQ 55. 이주(또는 이동)는 네 번째 해결책으로 제시되었으며(아래 주 149의 본문을 보라), 난민에 관한 글로벌 콤팩트는 또 다른 영구적 해결책으로 '보충적 수용 경로 complementary pathways to admission'를 포함하며, 이는 현재 유엔난민기구 웹사이트에도 새로운 범주로 반영되어 있다: 난민에 관한 글로벌 콤팩트 (주 6) paras. 94-6; UNHCR, 'Solutions' https://www.unhcr.org/en-au/solutions.html; 아래 2.4절.
48) 새로운 난민 유입을 막기 위한 국제협력에 관한 독일연방공화국의 이니셔티브에 대해 1981년 호주가 표명한 견해를 보라: Report of Secretary-General: UN doc. A/36/582 (23 Oct. 1981) 5. 벨기에(9), 이집트(15), 카타르(36) 등 다른 국가들도 비슷한 의견을 표명했으나, 각 국가의 이니셔티브에 대한 인식에 따라 강조점은 달랐다. 참조, 집행위원회 결정 제67호(1991) para.(g)- '최후의 수단으로서만 활용되어야 할' 재정착; 제68호(1992) para. (s)- '선호되는 해결책'으로서의 자발적 본국귀환. 일부 쟁점들에 대한 이후의 논의는 다음을 보라, Anker, D., Fitzpatrick, J., & Shacknove, A., 'Crisis and Cure: A Reply to Hathaway/Neve and Schuck' (1998) 11 Harvard Human Rights Journal 295.
49) UNGA res. 35/124 (11 Dec. 1980); UNGA res. 36/148 (16 Dec. 1981). 팔레스타인의 맥락에서 '귀환'에 대해서는 이 책 제3장, 3.2절; 제6장, 1.2절을 보라.

히 국제법상 규범적 기반이 상당히 약하며, 해결책을 제공할 추정적 의무와 마찬가지로 이를 권고할 만한 근거도 거의 없다. 외국인 추방에 대한 손해배상이란 주제는 여러 가지 긍정적인 발전에도 불구하고 여전히 다퉈지고 있지만, 외교적 보호 제도의 맥락에서는 보다 확고한 기반이 마련되었다. 여기에 대해 논란의 여지가 있긴 하지만,50) 난민과 관련된 긍정적인 선례는 사실 거의 없다.51) 인권침해 피해자에 대한 보상 원칙은 높이 평가할 부분이 많지만, 국가와 공동체의 의무를 재정으로 대체하는 것은 인종적, 종교적, 이념적 청산에 대한 명분을 부여할 위험이 있다.52) 제닝스는 1939년에 이미 난민 발생국은 난민 수용국에 대한 법적, 재정적 책임이 있으며, '다른 국가에 난민이 넘쳐나게 하는' 행위는 위법하며, 이는 '난민들이 궁핍한 상태에서 피난국에 입국할 수밖에 없는' 상황으로 인해 더 악화된다는 결론을 내렸다.53) 법적 이론과 실무가 아직 충분히 발전하진 않았지만, 난민 수용국 또는 권한 있는 국제기구가 난민 발생국의 자산을 활용하여

---

50) Goodwin-Gill, G. S., *International Law and the Movement of Persons between States* (1978) 278-80. 최근 판례들에 대한 논의로는 다음을 보라, ILC, Draft Articles on the Expulsion of Aliens, with Commentaries (2014), 특히, *Ahmadou Sadio Diallo (Republic of Guinea v Democratic Republic of the Congo)* [2010] ICJ Rep. 639.
51) 독일연방공화국의 나치 박해 피해자에 대한 배상은 1972년 추방된 '국적 불명의 아시아인들'에 대한 우간다 정부의 보상금 지급과 마찬가지로 몇 안 되는 관련 판례 중 하나다; Goodwin-Gill (주 50) 216 fn.
52) 그러나 다음을 보라, Lee, L. T., 'The Declaration of Principles of International Law on Compensation to Refugees: Its Significance and Implications' (1993) 6 *JRS* 65; Lee, L. T., 'The Right to Compensation: Refugees and Countries of Asylum' (1986) 80 *AJIL* 532; Garry, H. R., 'The Right to Compensation and Refugee Flows: A "Preventative Mechanism" in International Law?' (1998) 10 *IJRL* 97; Cantor, D. J., 'Restitution, Compensation, Satisfaction: Transnational Reparations and Colombia's Victims' Law' UNHCR *New Issues in Refugee Research*, Research Paper No. 215 (2011).
53) Jennings, R. Y., 'Some International Law Aspects of the Refugee Question' (1939) 20 *BYIL* 98.

인도적 지원 프로그램에 자금을 지원하고 발생한 기타 손실을 상쇄할 수 있어야 한다는 주장은 많은 공감을 얻고 있다.54)

자국민을 재입국시켜야 하는 국가의 의무와는 달리, 해결책은 일반적으로 법적 의무의 영역 바깥에 위치한다는 사실은 특히 유엔난민기구 집행위원회의 발언 및 실무에서 드러난 바와 같이 각국의 정책과 입장에 면밀하게 주목해야만함을 알려준다. 유엔난민기구의 주요 책임은 난민에게 국제적 보호를 제공하고 '난민의 자발적인 본국귀환이나 새로운 국내공동체에서의 동화를 실현하기 위해 각국 정부를 지원함으로써, 또한 관련국 정부의 승인 하에 민간단체를 지원함으로써 난민문제의 영구적 해결'을 모색하는 것이다.55) 무엇보다도 '… 자발적 본국귀환 또는 … 동화를 촉진하기 위하여 … 지원'하고, '… 난민의 입국을 고취시키며, 극도의 곤경에 처한 자들이 이에 배제되지 아니'하게 함으로써 보호를 제공하는 것이며, 마지막으로 최고대표는 총회의 결정에 따라 '난민의 자발적인 본국귀환과 재정착을 포함한 추가적인 활동을 할 권한'이 있다.56) 후자의 '활동'에 대한 언급은 1960년대와 1970년대 초부터 본국귀환 난민과 국내실향민에 대한 지원과 사실상의 보호, 난민 유입으로 영향을 받은 지역 주민에 대한 지원을 제공해 온 유엔난민기구의 임무수행 차원을 전제하는 것이다.

규칙과 원칙의 중요성에도 불구하고 난민에 대한 보호와 비호를 확보하

---

54) Goodwin-Gill, G. S. & Can Sazak, S., 'Footing the Bill: Refugee-Creating States' Responsibility to Pay' *Foreign Affairs* (29 Jul. 2015) https://www.foreignaffairs.com/articles/africa/2015-07-29/footing-bill.
55) 규정, para. 1. UNGA res. 428(V) (14 Dec. 1950)는 또한 이 규정을 채택하면서 각국 정부에 '… 자발적 본국귀환을 촉진하기 위한 최고대표의 노력'을 지원할 것을 촉구하고 있다. 일반적으로 다음을 보라, Luca, D., 'La notion de "solution" au problème des réfugiés' (1987) 65 *Revue de droit international* 1; Fonteyne, J.-P., 'Burden-haring: An Analysis of the Nature and Function of International Solidarity in Cases of Mass Influx of Refugees' (1983) 8 *AustYBIL* 162.
56) 규정, paras. 8, 9 각각.

려는 유엔난민기구의 역량은 추진하는 해결책의 성공 여부와 밀접한 관련이 있는 경우가 많다.57) 해결책을 제공하지 않거나 제공하지 못하면 사람들에게 불안정이라는 영향을 미쳐 더 많은 실향을 발생하게 하거나 일부 국가에서는 비정규적 이동으로 이어질 가능성이 높다.58)

2.1절 지역사회 통합

지위를 인정받은 난민은 거주 허가라는 의미에서 '비호'를 정당하게 기대할 수 있다는 명제가 어느 정도의 권위를 갖긴 하지만,59) 한편 국가들의 실행은 특히 대규모 유입 상황에선 지역사회 통합을 꺼린다는 것을 보여준다. 실제로 이 때문에 일부에서는 지역사회 통합을 '잊혀진',60) '축소 보고

---

57) 참조, Executive Committee General Conclusions on International Protection (1990) para. 20(e); No. 50 (1988) para. 22(e)는 '국제적 보호와 해결책 사이의 밀접한 연관성'에 주목한다. 포괄적 난민 대응 프레임워크(CRRF, Comprehensive Refugee Response Framework) para. 9: Annex 1 to UNGA res. 71/1, '난민과 이주민을 위한 뉴욕 선언(New York Declaration for Refugees and Migrants)' (19 Sep. 2016): '우리는 현재 전 세계 수백만 명의 난민이 시의적절하고 영구적인 해결책에 접근하지 못하고 있으며, 이러한 난민을 보호하는 것이 국제적 보호의 주요 목표 중 하나임을 인식하고 있다. 해결책 모색의 성공 여부는 단호하고 지속적인 국제협력과 지원에 크게 좌우된다'.
58) 다음을 보라, 집행위원회 결정 제58호 (1989) para. (b)는 비정규적 이동은 주로 '교육 및 고용 가능성의 부재와 자발적 본국귀환, 지역사회 통합 및 재정착을 통한 장기적이고 영구적인 해결책의 부재'에 기인한다고 지적한다.
59) EU 자격 지침(최초본 및 개정본)의 가장 중요한 조항은 '회원국은 난민 자격을 갖춘 제3국 국민에게 반드시 난민 지위를 부여해야 한다'고 규정하는 제13조, '회원국은 반드시 강제송환금지원칙을 존중해야 한다'고 규정하는 제21조, 그리고 '국제적 보호가 부여된 후 가능한 한 빨리 회원국은 난민 인정자에게 반드시 거주 허가를 발급해야 한다'. 결과적으로, 유럽연합에서 인정된 난민은 이제 '비호의 권리'를 갖게 되는 것이다.
60) Jacobsen, K., 'The Forgotten Solution: Local Integration for Refugees in Developing Countries' UNHCR *New Issues in Refugee Research*, Working Paper No. 45 (2001).

되는',61) 또는 '회피되는'62) 해결책으로 묘사하기도 한다. 이는 본질적으로 난민에게 '비호 국가에 무기한 체류할 수 있고, 수용 지역사회의 사회, 경제, 문화 생활에 완전히 참여할 수 있는 일정한 형태의 영구적인 법적 지위'를 부여하는 것을 의미한다.63)

유엔난민기구 집행위원회는 2005년에 지역 사회 통합에 관한 결정을 채택하였으나, 동시에 전통적인 해결책들의 위계가 있다면서,

> [자발적 본국귀환, 지역 사회 통합 및 재정착이 전통적인 영구적 해결책이며, 이 모든 것이 난민 상황에 대한 실행 가능하고 중요한 대응책이라는 점을 재확인하고, 가능한 장소와 시점에 안전하고 존엄한 자발적 본국귀환이 대부분의 난민 상황에서 가장 선호되는 해결책이라는 점을 다시 한번 선언하며, 그리고 각 난민 상황의 특정 상황을 고려하여 해결책들을 결합하는 것이 영구적 해결책을 달성하는 데 도움이 될 수 있다는 점을 강조했다.64)]

집행위원회는 또한 관련 난민 협약 당사국이라 할지라도 지역 사회 통합을 통한 해결책만을 제공해야 할 의무는 없다고 강조했다. 지역 사회 통합은 '조약상 의무와 인권 원칙들에 따라 국가들이 행사할 수 있는 주권적

---

61) Fielden, A., 'Local Integration: An Under-reported Solution to Protracted Refugee Situations' UNHCR *New Issues in Refugee Research*, Research Paper No. 158 (2008).
62) Hovil, L., 'Local Integration', in Fiddian-Qasmiyeh, E. and others, eds., *The Oxford Handbook of Refugee and Forced Migration Studies* (2014) 488. 그러나 호빌은 정책 입안자들이 지역 사회 통합을 회피하고 있지만, '난민들 사이에서 지역 사회 통합은 매우 많이 기대되고 실현되고 있으며' 전통적인 세 가지 영구적 해결책 중 '가장 전망 있는' 해결책인 경우가 많다고 주장한다.
63) Hathaway, J. C., *The Rights of Refugees* (2nd edn., 2021) 1206 (fn 생략됨). 해써웨이는 '지역 사회 통합 해법의 특징이라고 하는 그 권리들은 본질적으로 난민 지위 자체가 유지되고 있는 동안 실제로 부여해야 하는 것과 동일한 권리'라고 주장한다(1207, fn 생략됨).
64) 지역 사회 통합에 관한 집행위원회 결정 제104호 (2005).

결정이자 하나의 선택지이며, 본 결정의 조항은 지역 사회 통합이 고려되었을 경우의 국가와 유엔난민기구를 위한 지침'이라는 점을 강조했다.

1951년 협약 제2조부터 제34조, 1969년 아프리카 단결기구 협약 제2조 및 제3조 등 많은 국가가 명시적으로 수락한 의무와 이 단호한 진술을 조화시키는 것은 어렵다. 물론 두 협약 모두 구체적인 해결책에 관한 의무를 포함하고 있지는 않다. 아프리카 단결기구 협약은 국가가 '난민을 수용하고 난민의 정착을 보장하기 위해 각국의 법률에 따라 최선의 노력을 다할 것'과 난민이 '어느 국가에서도 거주할 권리를 받지 못한 경우' 임시 거주를 제공할 것을 약속한다는 점에서 가장 근접한 협약이라고 할 수 있다.[65] 그러나 사실 강제송환금지와 해결책 사이의 지속적인 격차는 장기화된 상황에 처한 전 세계 1,570만 명의 난민들이 직면한 문제의 핵심이며, 이들에겐 즉각적이거나 심지어 중기적으로도 곤경에 처한 상황이 끝날 것이라는 전망이 없다.[66]

2005년 유엔난민기구에 대한 결의에서 유엔총회는 지역 사회 통합을 허용하는 것이 부담과 책임의 분담에 기여한다는 점을 인정하면서 '일종의 주권적 결정'이라는 용어로 지역 사회 통합에 대한 접근 방식을 지지하기도 했다.[67] 이러한 견해는 2018년 난민에 관한 글로벌 콤팩트에도 반영되

---

65) 제2조(1), (5).
66) UNHCR 2020 (주 5) 22. Khan과 Ziegler는 '지역 사회 통합보다는 효과적인 국가 보호와 결합된 귀화가 재정착 및 본국귀환과 동등한 "영구적 해결책"을 구성한다'고 주장하지만, 한편, 국가실행에서 '귀화에 대한 종전의 강조가 점차 희미해지는 중'이라는 점에 주목한다: Khan, F. & Ziegler, R., 'Refugee Naturalization and Integration', in Costello, C., Foster, M., & McAdam, J., eds., *The Oxford Handbook of International Refugee Law* (2021) 1047 (fns 생략됨), 1048 (각각). Hathaway 역시 '지역 사회 통합'이 난민협약의 진정한 기준인 '귀화'를 대체했다고 주장한다: Hathaway (주 63) 1129.
67) UNGA res. 60/129 (16 Dec. 2005) paras. 15, 16; Mangala Munuma, J., 'Le partage de la charge des réfugiés quand l'urgence s'impose' (2001) 113 *RDDE* 183; Noll, G., 'Prisoners' Dilemma in Fortress Europe: On the Prospects for Equitable Burden-

었다.68) 글로벌 콤팩트는 지역 사회 통합이 난민과 수용사회 간의 '역동적이고 쌍방적인 과정'이며, 저소득 및 중간 소득 국가에서는 국제사회의 추가적인 재정적, 기술적 지원이 요청된다고 지적한다.69)

2.2절 자발적 본국 귀환 Voluntary repatriation

유엔난민기구 규정은 최고대표에게 대부분의 난민 상황에서 '선호되는 해결책'으로 일관되게 묘사되는 자발적 본국귀환을 촉진하고 장려할 것을 요구한다.70) 유엔난민기구의 제도적 책임에 대한 해결되지 않은 이론적 난제 중 하나는 국제적 보호제공 의무가 난민 지위 정지 및 자발적 본국귀환 영역에 얼마나 광범위하게 미치는가 하는 점이다. 형식상의 분류는 난민들이 처한 현실을 부정확하게 설명하는 경우가 많으며, 실제로는 난민 지위가 공식적으로 인정된 적이 있는 경우에 난민 지위를 공식적으로 종료시켜야 할 정도로 상황이 변했는지 여부를 확신하기 어려운 경우가 많다.71) 본

Sharing in the European Union'(1997) 40 *German Yearbook of International Law* 405; Hilpold, P., 'Quotas as an Instrument of Burden-Sharing in International Refugee Law: The Many Facets of an Instrument Still in the Making' (2017) 15 *International Journal of Constitutional Law* 1188.

68) 난민 글로벌 콤팩트 (주 6) paras. 86, 97.
69) Ibid., paras. 98, 99.
70) Ibid., para. 87은 다음을 참조함, UNGA res. 72/150 (19 Dec. 2018) para. 39; 집행위원회 결정 제90호(2001) para. (j); 제101호(2004); 제40호(1985); Global Compact on Refugees (주 6) para. 87.
71) 안전한 귀환 개념에 대한 비판으로는 다음을 보라, Bradley, M., 'Is Return the Preferred Solution to Refugee Crises?', in Miller, D. & Straehle, C., eds., *The Political Philosophy of Refuge* (2019); Chimni, B. S., 'The Meaning of Words and the Role of the UNHCR in Voluntary Repatriation' (1993) 5 *IJRL* 442; Chimni, B. S., 'Perspectives on Voluntary Repatriation: A Critical Note'(1991) 3 *IJRL* 541; Chimni (주 47); Long, K., *The Point of No Return: Refugees, Rights and Repatriation* (2013). 해써웨이는 실제로 자발적 본국 귀환이 '난민 지위의 조기 상실을 정당화하는 경우가

국귀환 사실이 난민의 상황이나 지위를 종결시키는 필요충분 조건이 될 수 있다는 점의 연속선상에서, 변화를 평가할 때는 주관적인 평가 요소들이 포함되게 된다.72) 더욱이 대규모 피난은 불확실하고 유동적인 역동이란 특징을 갖는데, 자발적 귀환이라는 사실 자체는 상황을 변화시키는 요소가 될 수 있으며 국적국의 안정을 다시 출현시키거나 강화시킬수도 있고, 국가의 화해에 기여할 수 있기도 하다.73)

자발적 본국귀환은 제도적 차원과 인권적 차원을 모두 가지고 있으며, 그 목적은 개인이 실향하기 전에 출신국에서 가졌던 권리를 회복시키는 것이다.74) 자발적 본국귀환의 실현 facilitation과 촉진 promotion은 모두 유엔난민기구의 영역에 속하는데,75) 자국으로 돌아갈 권리는 이러한 노력들을

많으며, 위험천만한 것으로 입증되었다'고 주장한다: Hathaway (주 63) 112, 다음을 참조함, Zieck, M., *UNHCR and Voluntary Repatriation of Refugees: A Legal Analysis* (1997) 119. 해써웨이의 비판은 1150면을; 예시는 327-9면을 보라.

72) 자세한 내용은 이 책 제4장, 3절을 보라. Zieck는 '자발적 본국귀환은 난민이 정의상 송환될 수 없는 시기에, 그러므로 강제송환에 대한 보호를 받을 자격이 있는 시기에 시행된다. 난민은 실질적으로 본국귀환이 불가능한 상태에 있으므로, 귀환권을 행사하기로 한 결정은 자발적인 결정이어야만 함이 분명하다'고 지적한다. 다음을 보라, Zieck, M., 'Reimagining Voluntary Repatriation', in Costello, Foster, & McAdam (주 66) 1069 (fn 생략됨) 참조. 그러나 이러한 이론적 접근은 난민들이 처한 상황의 역학관계와 쉽게 들어맞지 않는다.

73) 일반적으로는 다음을 보라, Goodwin-Gill, G. S. 'Voluntary Repatriation: Legal and Policy Issues', in Loescher & Monahan (주 1) 255; Hofmann, R., 'Voluntary Repatriation and UNHCR' (1984) 44 *ZaöRV* 327; Barutciski, M., 'Involuntary Repatriation when Refugee Protection is no longer necessary: Moving forward after the 48th Session of the Executive Committee' (1998) 10 *IJRL* 236; Hathaway, J. C., 'The Meaning of Voluntary Repatriation' (1997) 9 *IJRL* 551; Chetail, V., 'Voluntary Repatriation in Public International Law: Concepts and Contents' (2004) 23(3) *RSQ* 1; Wolman, A., 'Chinese Pressure to Repatriate Asylum Seekers: An International Law Analysis' (2017) 29 *IJRL* 82; Zieck, M., 'Voluntary Repatriation: Paradigm, Pitfalls, Progress' (2004) 23(3) *RSQ* 33; Bradley, M., *Refugee Repatriation: Justice, Responsibility and Redress*(2013); Zieck (주 72).

74) Chetail (주 73) 31.

인권적 맥락 안에 위치시킨다.76) 이러한 차원과 국적 개념에서 비롯되는 법적 의미를 무시하는 것은 인권을 희생시키면서 유배상태를 묵인하는 것이다. 자발적 본국귀환은 또한 책임의 차원, 즉 개인과 공동체의 이익을 무시할 정도로 유배상태를 '제도화'시키지 않고 해결책을 찾아야 하는 국제사회의 책임도 수반한다.77)

---

75) 규정, paras. 1, 8(c); UNGA res. 428(V) (14 Dec. 1950) para. 2(d); Executive Committee General Conclusion on International Protection No. 65 (1991) para. 21(j).
76) 다음을 보라, 1948년 세계인권선언, 제9조, 제13조(2); 1965년 인종차별철폐협약, 제5조; 1966년 시민적 및 정치적 권리에 관한 국제규약, 제12조; Executive Committee General Conclusion on International Protection No. 74 (1994) para. 19(v); UNGA res. 49/169 (23 Dec. 1994) para. 9. Stavropoulou, M., 'Bosnia and Herzegovina and the Right to Return in International Law', in O'Flaherty, M. & Gisvold, G., eds., *Post-War Protection of Human Rights in Bosnia and Herzegovina* (1998) 123; Chetail (주 73) 40; Gilbert, G., 'The International Law of Voluntary Repatriation' (2018) https://www.unhcr.org/en-lk/5ae079557.pdf. 그러나 때때로 발생국들은 피난한 사람들의 귀환에 열성적이지 않기도 하다. 1975년 유엔난민기구의 귀환 지원이 요청되었을 때 남베트남 임시혁명정부는 귀환 승인은 자신의 주권적 권한에 속하며, 각각의 사례마다 검토를 거쳐야 한다고 강조했다: UN doc. A/AC.96/521 (1975) para. 105 (베트남 민주 공화국을 위한 옵저버). 1974년 칠레 정부는 국가 안보 등 다양한 이유로 칠레인들의 귀환을 금지하는 법안을 제정했으며, 1978년도의 사면에도 불구하고 귀환을 희망하는 칠레 비호자들의 법적 상황은 대체로 변하지 않았다: UN doc. A/33/331 (1978) para. 433; 또한 E/CN.4/1310, paras. 129-38 (칠레에서 보고된 인권 침해에 대한 연구, 1979년 2월). 다음도 함께 보라, *Report of the Independent International Fact-Finding Mission on Myanmar*: UN doc. A/HRC/42/50 (2019), esp. paras. 91-4는 로힝야 난민의 '대다수'가 '국제 인권에 대한 심각한 침해가 종식되고 미얀마 정부가 자신들의 시민권을 인정하거나 승인할 수 있는 효과적인 보장을 시행하기 전까지는 돌아가지 않을 것'이라고 언급하고 있다(at para. 92).
77) 국제법 원칙으로서의 '국제협력'에 대해서는 난민 글로벌 콤팩트(주 6) para. 88을 보라: '국제사회 전체는 난민의 요청에 따라 근본 원인을 해결하고, 귀환의 방해물을 제거하며, 자발적 본국귀환에 유리한 여건들을 조성하기 위해 출신국의 요청에 따라 출신국을 지원하기 위해 자원과 전문성을 제공할 것이다'. 또한 많은 국가들이 자발적 본국귀환과 재통합을 실현하기 위한 국제적 협력을 촉구했다(예를 들어 방글라데시는 '부담의 분담 원칙을 구체적인 재정적 조치와 본국귀환 실현 조치로 전환하는 것이 중요하다고 강조'했다): UN doc. A/AC.96/SR.689 (7 Oct. 2015) para. 20). 자세

1969년 아프리카 단결기구협약은 본국귀환시 보호를 위해 필요한 특별한 법적 배경을 규정하는데,[78] 즉 귀환자에 대한 지원의 중요성 뿐 아니라, 귀환의 본질적으로 자발적인 성격, 출신국과 피난국 간의 협력, 사면과 비처벌을 강조한다. 본국귀환 자체가 심각한 현실적 어려움을 야기할 수 있기 때문에 총회는 재활 및 재통합 프로그램에 대한 유엔난민기구의 개입을 승인했고,[79] 한때는 개발 도상국이 비용의 일부를 충당 할 수 있도록 지원하는 영구적 해결책을 위한 기금이 제안되기도 했다.[80] 1980년과 1985년에 채택된 집행위원회 결정에서는 잠재적으로 적극적인 유엔난민기구의 역할이 기대되었는데, 그 중 첫 번째 결정은 아프리카 단결기구협약을 모델로 한 것으로 귀환의 촉진보다는 실현에 초점을 맞추고 있다.[81] 이 결정들은 일반적으로 자발적 본국귀환이 가장 적절한 해결책임을 인정하는 한편, 개

한 사례로는 다음을 보라, Dowd, R. & McAdam, J., 'International Cooperation and Responsibility-Sharing to Protect Refugees: What, Why, and How?' (2017) 66 *ICLQ* 863, 878-9.

78) 아프리카 단결기구 협약, 제5조.
79) 예를 들어 다음을 보라, UNGA resolutions 2956(XXVII) (12 Dec. 1972); 3143 (XXVIII) (14 Dec. 1973); 3271(XXIX) (10 Dec. 1974); 3454(XXX) (9 Dec. 1975); 31/35 (30 Nov. 1976); 33/26 (29 Nov. 1978); 34/60 (29 Nov. 1979); 35/41 (25 Nov. 1980); 51/71 (12 Dec. 1996); 52/103 (12 Dec. 1997); 59/172 (20 Dec. 2004); 69/152 (18 Dec. 2014); 69/154 (18 Dec. 2014). See further UNHCR, *Policy Framework and Implementation Strategy: UNHCR's Role in Support of the Return and Reintegration of Displaced Populations* (Aug. 2008).
80) 다음을 보라, UN doc. A/AC.96/569 (1979) 및 집행위원회의 토론 요약: UN doc. A/AC.96/SR.312, paras. 48-9 (30th Session, 1979); A/AC.96/SR.322, paras. 66-73 and SR.323, paras. 14-36 (31st Session, 1980). 일부 국가들은 유엔난민기구가 다른 국제기구에 맡기는 것이 더 나은 개발 활동들에 관여할 수 있다고 우려했다; 다음을 보라, A/AC.96/SR.305, para. 16 and SR.319, para. 25 (1979년과 1980년 네덜란드 대표의 진술) 참조.
81) 다음을 보라, 집행위원회 결정 제18호 (1980); UNHCR, 'Note on Voluntary Repatriation': EC/SCP/13 (27 Aug. 1980); *Report* of the Sub-Committee: UN doc. A/AC.96/ 586 (8 Oct. 1980) paras. 17-29.

인의 이동에서나 대규모 이동에서나 자발성을 확립하기 위한 조치가 필요함을 강조한다. 난민 또는 난민 대표의 출신국 방문은 상황을 알리기 위한 목적으로 유용한 것으로 간주되며,[82] 귀환자의 안전에 대한 공식적인 보장과 함께 관련 정보의 전파를 보장하는 메커니즘도 요구된다.[83] 집행위원회는 '유엔난민기구가 관련 당사국들의 동의하에 귀환한 난민들의 상황을 모니터링하도록 적절히 요청할 수 있다'고 했다.[84]

집행위원회는 1985년[85]과 2004년[86]에 다시 자발적 본국귀환을 검토했다. 개인의 귀환할 권리가 근본적인 전제임이 인정되었지만, 이 권리는 모든 본국귀환 이동은 자유롭고 자발적이며 개인적이어야 한다는 원칙과 연결되었다. 이 주제는 2016년에 다시 한 번 강조되었다.[87] 유엔난민기구의 권한은 우호적인 여건들을 촉진할 수 있는 조치를 포함하여 이니서티브를

---

82) 참조, Executive Committee General Conclusion on International Protection No. 74 (1994) para. 19(v).
83) *Report* of the Sub-Committee: UN doc. A/AC.96/586 (1980) paras. 23-4. 1979년 아프리카 난민 상황에 관한 아루샤 컨퍼런스는 가능한 모든 수단을 통해 본국귀환에 대한 이의와 관련된 보장들에 대해 알릴 것을 권고했다: UN doc. A/AC.96/INF.158 (1979) paras. 3, 4. 적절한 정보의 중요성은 1946년 국제난민기구 헌장에서도 인정되었다. Definitions, Part I, Section C, para. 1.
84) 집행위원회 결정 제18호 (1980) para. (h).
85) 다음을 보라, 집행위원회 결정 제40호 (1985); UNHCR, 'Voluntary Repatriation': EC/SCP/41 (1 Aug. 1985); *Report* of the Sub-Committee: UN doc. A/AC.96/671 (9 Oct. 1985); *Report* of the Executive Committee: UN doc. A/AC.96/673 (22 Oct. 1985) paras. 100–6; 그리고 토론의 요약 기록에 대해서는 다음을 보라, UN docs. A/AC.96/SR.385-400.
86) 난민의 자발적 본국귀환의 맥락에서의 법적 안전성에 관한 집행위원회 결정 제101호 (2004).
87) 보호와 해결책 관점에서의 국제적 협력에 관한 집행위원회 결정 제112호 (2016) para. 6. 이 결정은 이렇게 규정한다: '자발적 본국귀환은 난민의 자국으로 돌아갈 권리의 행사를 방해하지 않기 위해 출신국에서의 정치적 해결책들의 성공을 필수적 조건으로 해서는 안 된다'(para.7). 시기적 측면에 대해서는 다음을 보라, Zieck (주 72) 1069-70; 1072-75.

스스로 취할 수 있을 만큼 충분히 광범위하다고 간주되었다. 실제로 일부 사람들은 유엔난민기구가 대화를 시작할 책임이 있다고 생각했지만, 다른 사람들은 유엔난민기구가 정치적 이슈에 얽매이게 될 것을 경계했다. 특히 사면 또는 이와 유사한 보장 하에 귀환이 이루어지는 경우, 귀환자에 대한 유엔난민기구의 개입은 출신국 정부와 법적 문제가 발생할 수 있음에도 정당한 활동으로 인정되었다.[88]

2.2.1절 실현 및 촉진 Facilitating and promoting

국제적 보호제공 의무는 실현과 촉진 사이의 신중한 구분을 정당화한다.[89] 전자는 개인의 정보에 입각한 자발적인 결정을 전제로 하는 반면, 후자는 외부 기관의 다양한 수준에서 이뤄지는 권유를 전제로 한다. 촉진이란 맥락에서 유엔난민기구가 중요하게 고려해야할 사항은 난민의 이익과 난민의 권리, 안전 및 복지의 보호여야 한다.[90] 개인의 돌아갈 권리는, 이미 취득한 다른 권리들과 함께 병존하며, 단순히 떠나야 할 의무로 해석되는 것이 아니다. 또한 기관이 후원하는 본국귀환 활동에는 궁극적으로 보호가 손상될 수 있다는 위험이 있다. 일부 비평가들은 유엔난민기구의 역할과 활동이 국가가 주도하는 '격리' 정책을 지지하게 되거나, 난민의 이익

---

88) 요약하면, 집행위원회 결정 제40호(1985)는 본국귀환의 자발적이고 개인적인 성격과 이것이 가급적 난민의 종전 거주지, 안전한 여건에서 이루어져야 할 필요성을 강조하고, 원인과 해결책이 분리될 수 없으며, 귀환에 도움이 되는 여건을 조성하는 것이 국가들의 주요 책임임을 강조하며, 유엔난민기구의 임무는 대화를 촉진하고, 중개자 역할을 하고, 의사소통을 매개하고, 적절한 상황에서 적극적으로 귀환을 추구할 수 있도록 충분히 광범위하다고 언급하고 있다.
89) 참조, Executive Committee General Conclusion on International Protection No. 74 (1994) para. (y)는 '자발적 본국귀환을 촉진, 실현 및 조정하는 데 있어 ⋯ 도움이 필요한 사람들이 안전하고 존엄하게 돌아올 수 있을 때까지 국제적 보호가 계속 확대되도록 보장하는 것을 포함한' 유엔난민기구의 역할을 강조한다.
90) Ibid., para. 19(ii)는 지뢰 위협을 줄이거나 제거하기 위한 최고대표의 노력을 지지한다.

을 보장하기보다는 입국을 줄이고 비용을 절감하는 데 더 중점을 둔 '예방적 보호'를 장려하는 것으로 보인다는 점을 문제 삼고 있다.[91] 각국 정부들의 (자발적) 본국귀환 촉진은 특히 개인의 자발적 선택에 근거한 것이 아니라 '안전한 귀환'의 맥락에서 제시될 때 의심스럽게 보인다.

유엔난민기구는 보호 책임을 다하기 위해 출신국의 상황에 관한 최상의 정보를 입수하고, 난민 유입의 원인이 어느 정도 변경 또는 중단되었는지에 대해 정확한 분석을 해야 한다. 이러한 정보는 난민들과 본국귀환 위원회 및 이행 파트너를 포함한 관련 정부 및 비정부 기관과 공유되어야 한다. 국제 보호를 제공해야 하는 유엔난민기구의 책임에 따르면 상황이 변하지 않았거나 불안정과 안보불안이 지속되는 경우 본국귀환의 촉진은 자제되어야 한다.[92] 마찬가지로 유엔난민기구는 귀환 과정에 필수적인 보장 또는 보증이 적용되는지를 감독해야 하며(현지에 상주하고, 귀환자 및 이행 기관과 긴밀히 접촉하고, 지역 정치 및 인권 메커니즘을 활성화함으로써), 또한 국가 공동체의 성공적인 재통합에 도덕적, 물질적으로 기여해야 한다.[93]

출신국과 비호국은 난민의 귀환을 실현하기 위해 유엔난민기구의 개입

---

91) Zieck는 또한 비호국에 있는 난민의 생명이나 신체적 완전성이 위협받는 경우 귀환이 더 안전한 선택이 될 수 있다는 개념은 보호와 해결책 사이에 용납할 수 없는 거래를 수반한다는 점을 근거로 비판한다: Zieck (주 73) 40, 다음에 대한 응답으로 UNHCR Global Consultations on International Protection, 'Voluntary Repatriation': EC/GC/02/5 (25 Apr. 2002) para. 29.

92) 1986년과 1987년 지부티에서 에티오피아로의 2차 본국귀환을 둘러싼 논란의 핵심이었던 귀환 강요와 압박의 문제는 면밀한 모니터링이 필요한 사안이다; 다음을 보라, Goodwin-Gill (주 73) 255, 277-80. 방글라데시와 미얀마에 대해서는 다음을 함께 보라, Médecins sans Frontières/Artsen zonder Grenzen, 'Awareness Survey: Rohingya Refugee Camps, Cox's Bazar District, Bangladesh, 15 March 1995' (1995); 국가들의 논평은: UN doc. A/AC.96/SR.473 (1992) para. 32 (호주); SR.476, paras. 45-51 (방글라데시); SR.477, paras. 12-15 (미얀마).

93) 참조, Executive Committee General Conclusion on International Protection No. 65 (1991) para. 21(j)는 각국이 자국민이 '괴롭힘, 자의적 구금 또는 신체적 위협 없이 안전하고 존엄하게 집으로 돌아갈 수 있도록' 허용할 것을 촉구한다.

여부와 관계없이 자체적으로 협력할 수 있다.94) 예를 들어, 물론 지속적인 분쟁에 휩싸이긴 했지만 1988년 아프가니스탄과 파키스탄 간의 협정은 모든 난민이 자유롭게 귀환할 기회, 거주지 선택의 자유, 이동의 자유, 일할 권리, 시민적 사안에 참여할 권리, 다른 시민과 동일한 권리와 특권을 가져야 한다는 것을 인정했다. 파키스탄은 '자발적이고, 질서 있고, 평화로운 본국귀환'을 실현하기로 합의했으며, 혼합 위원회들도 설치하기로 했다.95)

난민 스스로 내린 결정의 우선권을 인정하는 것은 종종 충족하기 어려운 실행계획 차원의 요구를 촉발할 수도 있지만, 객관적으로 볼 때 완벽하진 않은 상황에서도 본국귀환을 실현할 수 있다는 점에서 일반적으로 타당하다.96) 난민 스스로가 귀환을 선택한다면 외부자들이 매우 불안정하고 바람직하지 않다고 생각하는 상황에서도 귀환할 것이며, 이는 유엔난민기구, 비정부기구, 심지어 국가의 의중과는 별로 관련이 없는 경우가 많다. 자발성의 미덕은, 이것이 강제적인 귀환으로부터의 내재적 안전장치인 동시에 인권의 틀 안에서 행사되어야 하는 '귀환할 권리'의 한 표현이며, 엄격한 의미의 협약상 난민 해당성 여부와 무관하다는 사실에 있다. 다시 말하자면,

---

94) 물론 유엔난민기구는 때때로 출신국 및 비호국과 일종의 3자 본국귀환 협정을 체결할 수도 있다: 예를 들어 다음을 보라, 난민 글로벌 콤팩트 (주 6) para. 88; UNHCR, *Handbook: Voluntary Repatriation: International Protection* (1996).
95) 다음을 보라, Bilateral Agreement between the Republic of Afghanistan and the Islamic Republic of Pakistan on the Voluntary Return of Refugees (1988) 27 ILM 585; 또한, Bilateral Agreement between the Republic of Afghanistan and the Islamic Republic of Pakistan on the Voluntary Return of Refugees (1988) 27 *ILM* 585; 참조, US Committee for Refugees, 'Left out in the Cold: The perilous homecoming of Afghan refugees' (Dec. 1992). 난민 본국귀환에 관한 다른 협정 사례는 다음을 보라, India-Sri Lanka: Agreement to Establish Peace and Normalcy in Sri Lanka, Colombo (1987) 26 *ILM* 1175; South Africa-UNHCR, Memorandum of Understanding on the Voluntary Repatriation and Reintegration of South African Returnees (1992) 31 *ILM* 522.
96) 다음을 보라, 집행위원회 결정 제40호 (1985) para. (h)는 '자율적인 귀환'의 중요성을 인정한다.

자발성(개인의 선택)이 정당화되는 이유는 공식적으로 난민지위 정지가 이루어지지 않은 경우엔 언제, 어디로 돌아갈지 가장 잘 판단할 수 있는 주체는 난민 본인이고, 심각한 박해나 트라우마와 같은 개인의 특수한 경험이 선택에서 적절한 비중을 차지할 수 있게 되며, 마지막으로 개인의 선택에 고유한 가치가 있기 때문이다. 본국귀환의 자발적 성격은 피난을 유발한 주관적 두려움과 필수적인 상관관계에 있으며, 귀환 의사는 그러한 두려움을 무효화시키지만, 그럼에도 동등한 수준의 검증이 필요하다.97)

자발적 본국귀환은 원칙적으로도(시민으로서 가진 귀환할 권리를 반영한 것이기에), 그리고 자국의 이익을 이유로도(대부분의 피난국은 난민들에 대한 자신들의 의무를 축소시키는 것을 선호하기에) 난민 문제에 대한 선호되는 해결책으로 계속 유지될 것이다. 그러나 자발적 본국귀환의 성공 여부는 난민이 귀환해야 한다는 출신국의 명시적인 의사 표명, 난민 본인의 개인적 선택 등 정치적 요인들에 따라 달라질 수 있다. 미얀마에서 탈출한 로힝야 난민들의 상황은 안전하게 귀환할 수 있는 여건을 조성하기는커녕 책임을 지지 않으려는 미얀마 정부의 분명한 태도로 인해 오랫동안 악화되어 왔다.98) 독립, 성공적인 국가 승계, 사면 또는 기타 상황의 변화는

---

97) 다음을 보라, Goodwin-Gill (주 73) 255에서는 이러한 아이디어가 많은 본국귀환 프로그램의 예시들과 함께 더 자세히 설명되어 있다. 현실적인 관점에서 볼 때, 많은 난민들의 견해를 확인하는 것은 실행계획과 원칙상의 문제를 야기할 수 있으며, 정보의 문제, 또한 대표성이 있는(또는 대표성 없는) 의사 결정의 문제를 발생시킬 수 있다. 더 나아가, 여기에 제시된 이상적인 설명은 예를 들어 국가가 보호 프레임워크 외부의 기관에게 외주를 줄 수 있는 소위 자발적 귀환 지원 프로그램을 적절히 모니터링하지 못하고 검증에 실패하는 등의 이유들로 인해 실제로는 종종 문제를 맞닥뜨릴 수 있다. 예를 들어 다음을 보라, Gordon, M., 'The Boat that Changed it All' *Sydney Morning Herald* (20 Aug. 2011) https://www.smh.com.au/national/the-boat-that-changed-it-all-20110819-1j2o2.html; Holmes, O. & Doherty, B., 'Australia offers to pay Rohingya refugees to return to Myanmar' *Guardian* (18 Sep. 2017) https://www.theguardian.com/world/2017/sep/19/australia-offers-pay-rohingya-refugees-return-myanmar.

난민 지위를 신청할 근거가 사라졌음을 나타낼 수 있으며, 피난국은 이것이 개인이 자국 영토를 떠날 것을 요구하는 데 충분한 사유 또는 필요한 사유인지 여부를 결정해야 한다. 예를 들어, 피난 기간이 상대적으로 짧았거나, 엄청난 숫자로 인해 임시 보호만 제공될 수 있음을 의미했던 경우에는 이러한 결정이 정당화될 수 있다. 그러나 이런 경우가 아니라면 종전에 난민이었던 사람들은 장기 체류, 통합, 지역 연고, 사업체 설립, 결혼 등으로 인해 '취득한 거주권'에 대한 존중을 포함해, 거주할 권리가 있는 비시민권자에게 일반적으로 적용되는 기준의 혜택들을 누려야만 한다.[99]

2.2.2 안전한 귀환 Safe return

본국귀환의 바람직한 결과 또는 효과에 대한 설명으로 사용되어 온 '안전한 귀환'이라는 개념은 자발적으로 귀국을 결정한 난민과 국제적 보호를 요청하지 않고 강제퇴거에 직면하거나 다른 방법으로 출국해야만 하는 다른 비국민 사이의 중간 위치를 차지하게 되었다.[100] 1994년 집행위원회는 임시 보호(안전한 곳으로 입국, 기본적 인권에 대한 존중, 강제송환으로부터의 보호)를 '조건이 만족될 경우의 안전한 귀환'과 연계했다.[101] 이는 국가들이 보호가 필요한 중간 범주를 수용했다는 것을 반영하지만, 보호 의무와 보호 종료를 규율하는 방식 모두에 대한 의문을 제기한다. 전자는 앞

---

98) 다음도 함께 보라, the *Report of the Independent International Fact-Finding Mission on Myanmar* (주 76); Robertson, P., 'Two Years On: No Home for the Rohingya' Human Rights Watch (28 Aug. 2019) https://www.hrw.org/news/2019/08/28/two-years-no-home-rohingya; Beech, H., 'Massacred at Home, in Misery Abroad, 730,000 Rohingya Are Mired in Hopelessness' *New York Times* (22 Aug. 2019) https://www.nytimes.com/2019/08/22/world/asia/rohingya-myanmar-repatriation.html.
99) 자세한 내용은 이 책 제11장, 5.2절을 보라.
100) 위 주71도 함께 보라.
101) Executive Committee General Conclusion on International Protection No. 74 (1994) paras. 19(r), (u).

에서 살펴본 바와 같지만, 후자는 가장 바깥쪽 경계에서만 겨우 국제법의 통제를 받고 있다. 특히, 국가들은 고문 및 그 밖의 잔혹한, 비인도적인 또는 굴욕적인 대우를 금지하는 조항과 같은 규범들에 여전히 구속되긴 하지만, 국제법은 당연히 유엔난민기구와 같은 기관과 협력하거나 함께 행동하는 국가들이 안전을 증진하고 보장하기 위해 취해야 할 특정한 행동 방침이 무엇인지는 규정하고 있지 않다.102)

'안전한 귀환'이 각국 정부의 정책적 사고의 일부가 되어가고 있지만, 자발적 본국귀환과 안전한 귀환을 구분하는 데 있어 핵심 쟁점은 누가 이를 결정하느냐는 것이다.103) 국제법은 복잡한 위험 상황에서 피난 중인 대규모 이동과 관련된 상황에 대한 명확한 해답을 제시하지 않는다. 피난의 원인이 된 상황이 근본적으로 바뀌었다면 '난민'은 더 이상 '난민'이 아니며, 모든 상황이 동일하다면 다른 외국인과 마찬가지로 귀국이 요구될 수 있다. '난민'이 자발적으로 본국귀환을 할 수 있다는 것은 박해에 대한 충분한 근거가 있는 두려움이 계속 존재하는 상태에서도 귀환을 결정할 수 있다는 것을 의미하는 것으로 보인다. '안전한 귀환'을 지지하는 국가는 난민에 대한 주관적 평가를 '객관적'(상황의 변화) 상황으로 대체하여 난민/비난민의 경계를 넘나든다. 이러한 이유로 지크는 자발적 본국귀환은 '재구상'되어 '난민 정의의 의미에서 더 이상 귀환에 대한 타당한 문제 제기가 없는 경우에만 귀환을 선택할 수 있도록', 즉 '출신국의 상황 변화에 따른 난민 인정 정지 조항을 적용한 후 난민 지위가 종료되기 전에는 어떤 난민도 귀환할 수 없도록' 해야 한다고 주장한다.104)

---

102) 참조, '국내 피신'과 난민 지위에 관한 영국 귀족원 *Januzi v Secretary of State for the Home Department* [2006] UKHL 5, [2006] 2 WLR 397 판결의 판시 이유는 (문맥과는 무관하지만) '안전한 귀환' 주장에 대한 잠재적 함의를 가질 수 있다.

103) Durieux, J.-F. & Hurwitz, A., 'How Many is Too Many? African and European Legal Responses to Mass Influxes of Refugees' (2005) 47 *German Yearbook of International Law* 105, 154–5.

안전한 귀환이 정책 수립에 중요한 역할을 할 수 있는 한, 최소한의 조건에는 신뢰할 수 있는 정보에 기반한 투명한 절차가 포함되며, 여기에는 국제사회의 이익을 대변하는 대리인으로서 국가, 유엔난민기구가 참여해야 하며,105) 그리고 난민 또는 실향민들 중에서 대표성을 가진 사람들의 참여가 포함되어야 한다. 이러한 방법 또는 이에 상응하는 수단들은 위험 요소들이 적절히 평가될 수 있게 하여 국가들의 보호 의무를 위반가능성을 줄일 가능성이 가장 높다.

2.3절 재정착 Resettlement

재정착이란 난민이 최초 비호국 또는 경유국에서 다른 국가, 즉 '제3의 국가'로 이동하는 것을 말한다. 재정착 정책은 다양한 목표를 달성하는 것을 목표로 하는데, 첫 번째이자 가장 근본적인 목표는 집으로 돌아갈 수 없거나 즉각적인 피난국에 머물 수 없는 난민에게 영구적인 해결책을 제공하는 것이다.106) 또 다른 목표는 난민 수용국의 부담을 때로는 양적으로, 때로는 출신국과의 관계를 지원함으로써 정치적으로 덜어주는 것이다. 난민 글로벌 콤팩트는 재정착을 '부담의 분담과 책임의 분담을 위한 확실한 메커니즘이자 연대를 보여주는 것으로, 국가들이 서로의 부담을 나누고 대규

---

104) Zieck (주 72) 1078.
105) Executive Committee General Conclusion on International Protection No. 74 (1994) para. 19(u)는 유엔난민기구에 다른 무엇보다 '국제적 보호의 필요성이 없어진 후 … 안전한 귀환에 대한 조언을 포함한' 임시 보호의 이행에 관한 지침을 제공할 것을 촉구한다.
106) 일반적으로는 다음을 보라, 집행위원회 결정 제22호 (1981) paras. (3), (4); 제67호 (1991); 제79호 (1996) paras. (q)-(t); 제85호 (1998년) paras. (gg)-(jj); 제90호 (2001) paras. (j)-(n); 제99호 (2004) paras. (r), (v), (x); 제100호 (2004) para. (m); 제102호 (2005) para. (s); 제105호 (2006) paras. (p)(ii); 제107호 (2007) paras. (h)(xviii); 제108호 (2008) paras. (o)-(q); 제109호 (2009) paras. (g)(iii), (i); 제112호 (2016) para. 10; UNHCR, *UNHCR Resettlement Handbook* (2011).

모 난민 사태가 수용국에 미치는 영향을 줄이는 데 도움을 줄 수 있다'고 설명한다.107) 최근 몇 년 동안 일부 국가들은 추가로 재정착을 '보호를 받기 위해 사용되는 비정규적이고 위험한 경로를 줄이고, 이를 통해 이익을 얻는 밀입국 네트워크를 방지'하는 수단으로도 묘사하고 있다.108) 그러나 유엔난민기구 집행위원회가 분명히 밝힌 바와 같이, '재정착을 새로운 입국자를 계속 받아들이는 국가에게 걸맞는 보상으로 간주하지 않는 것이 중요하다. 비호를 제공해야 하는 국가의 의무 이행이 재정착에 대한 지원 제공에 의존해서는 안 된다'.109)

재정착의 2차적 이점은, 재정착 국가에서 이끌어 낼 수 있는 난민에 대한 대중의 지지,110) 난민들의 해당 국가에 사회적, 경제적, 재정적인 기

---

107) 난민 글로벌 콤팩트 (주 6) para. 90. 유엔난민기구의 관점에서 재정착 정책에 대한 특히 탄탄한 설명은 다음을 보라, Troeller, G. G., 'UNHCR Resettlement as an Instrument of International Protection' (1991) 3 *IJRL* 564; 또한, Bach, R. L., 'Third Country Resettlement', in Loescher & Monahan (주 1) 313; Salomon, K., *Refugees in the Cold War: Toward a New International Refugee Regime in the Early Postwar Era* (1991) Ch. 5; van Selm, J., 'Refugee Resettlement', in Fiddian-Qasmiyeh and others (주 62); Kneebone, S. & Macklin, A., 'Resettlement', in Costello, Foster, & McAdam (주 66).

108) Explanatory Memorandum to the Proposal for a Regulation of the European Parliament and of the Council establishing a Union Resettlement Framework and amending Regulation (EU) No. 516/2014 of the European Parliament and the Council, COM/2016/0468 final-2016/0225 (COD).

109) UNHCR, 'The Strategic Use of Resettlement (A Discussion Paper Prepared by the Working Group on Resettlement)': EC/53/SC/CRP.10/Add. 1 (3 Jun. 2003) para. 22. 난민 글로벌 콤팩트 (주 6) para. 91에 따라 유엔난민기구는 '재정착 및 보충적 경로에 관한 3개년(2019-2021) 전략' (2019년 6월)을 개발했다. 해써웨이는 '한 국가의 영토에 도착한 난민을 수용해야 할 의무를 회피하기 위한 수단으로 재정착을 사용하는 것, 즉 의무를 지키기보다는 재량권을 행사하는 것은 난민협약 초안 작성자들이 이해하고 옹호하는 재정착의 개념과는 매우, 매우 다르다'고 썼다: Hathaway (주 63) 1194 (fn 생략됨).

110) UNHCR, 'The Strategic Use of Resettlement' (n 109) para. 4; 다음도 함께 보라, UNHCR, *UNHCR Resettlement Handbook* (주 106) 4.

여111) 및 향후 본국귀환이 가능해질 때 전문적이고 숙련된 인력의 귀환을 통해 자원 기반을 발전시킬 수 있다는 중요한 잠재력이다.

전 세계에서 발생한 연이은 난민 위기는 국가들로 하여금 재정적 지원만이 아니라 재정착 기회를 제공해야 할 필요성도 강조했다. 이 '가장 선호되지 않는 선택지'112)는 최초로 입국한 국가가 받는 정치적, 경제적, 민족적 압력, 그리고 난민들 스스로의 안전에 대한 우려 등 다양한 요인에 의해 결정될 수 있다. 예를 들어, 태국 대표는 2007년 총회에서 '재정착이 아닌 자발적 본국귀환이 실향 문제 해결에 있어 선호되는 해결책이 되어야 하지만, 본국귀환이 불가능한 경우엔 제3국 재정착을 제공하는 책임을 국제사회가 분담해야 한다'고 말했다.113) 그러나 국가들은 다양한 해결책들이 바람직한지 여부에 대해 서로 매우 다른 인식을 가지고 있다. 대체로 보면, (가) 지역적 책임과 지역 사회 통합을 강조하거나, (나) 글로벌 책임을 강조하고 재정착 부담 분담을 확대하거나, (다) 지역 사회 통합에 반대하고 역외 재정착을 강조하는 것으로 나뉜다. 어떤 국가는 다른 국가들이 적절한 재정착 기회를 제공하여 자신의 부담을 경감시켜야 한다는 전제하에 비호신청자의 일정 비율에 대해 최초로 입국한 국가로서 지역 사회 통합을 통해 수용할 책임을 지겠다며 명시적으로 약속하기도 했다.114)

당연히 특정 국가들이 재정착에 반대하는 이유(예: 물리적, 인구통계적, 사회경제적 한계, 잠재적인 '문화 충격' 가능성 및 재정착 난민의 적응 문

---

111) UNHCR, 'The Strategic Use of Resettlement' (주 109).
112) '가장 선호되지 않는'다면 누구에 의해 그러한가?
113) UNGAOR, Third Committee, 70th session, 41st Meeting: UN doc. A/C.3/70/SR.41 (4 Nov. 2015) para. 58 (태국). 다른 사례들을 여기서 보라, Dowd & McAdam (주 77) 877-8.
114) 이 견해는 호주가 표명한 것인데, 해상에서 구조된 후 자국 해안에 상륙한 난민과 관련하여 채택한 견해다. 집행위원회에서 호주는 또한 '난민과 실향민을 재정착시키는 부담이 소수의 부유한 국가들에만 국한되어서는 안된다'고 진술했다: UN doc. A/AC.96/SR.680 (1 Oct. 2014) para. 6.

제)는 난민을 지역 사회 통합을 통해 수용하지 않으려는 다른 국가에서도 동일하게 주장될 수 있다.115) 개발 도상국과 선진국 모두에서 대규모 난민이 발생시키는 것으로 추정되는 경제 및 사회 문제,116) 정치 및 안보 요인도 마찬가지로 현지 수용을 꺼리는 원인이 될 수 있다.117)

---

115) 예를 들어 다음을 보라, 네덜란드가 표명한 견해: UN doc. A/AC.96/SR.295 (1978) para. 2 and by UNHCR: UN doc. A/AC.96/SR.299 (1978) para. 13; 다음도 함께 보라, UN doc. A/AC.96/SR.618 (2008) para. 46 (이란 이슬람 공화국); UN doc. A/C.3/66/SR.38 (2011) para. 21 (케냐). 재정착 난민들이 직면한 적응 문제에 대해서는 다음을 보라, Chan, K. B. & Indra, D. M., eds., *Uprooting, Loss and Adaptation: The Resettlement of Indo-Chinese Refugees in Canada* (1987); Beach, H. & Ragvald, L., *A New Wave on the Northern Shore: The Indochinese Refugees in Sweden* (1982); Bartolomei, L., Eckert, R., & Pittaway, E., ' "What Happens There ... Follows Us Here": Resettled but Still at Risk: Refugee Women and Girls in Australia' (2014) 30(2) *Refuge* 45; Fifth Seminar on Adaptation and Integration of Permanent Immigrants, Geneva (6–10 Apr. 1981) (1981) 19 *International Migration* 1; Rutledge, P. J., *The Vietnamese Experience in America* (1992).
116) 다음을 보라, 오스트리아의 발언: UN doc. A/AC.96/SR.296 (1978) para. 1, SR.300 (1979) para. 29, and SR.325 (1980) paras. 46-7; 및 이탈리아의 발언: SR.307 (1979) para. 48. 때때로 재정착에 대한 약속은 자발적인 비호 신청자의 수를 '상한'을 두어 제한하려는 시도와도 연관되어 있다(덴마크의 제안을 보라, UN doc. A/AC.96/SR. 432 (1988) paras. 7-16); 호주의 재정착 프로그램도 이러한 방식으로 운영되고 있습니다: McAdam, J. & Chong, F., *Refugee Rights and Policy Wrongs: A Frank, Up-to-Date Guide by Experts* (2019) 63-5.
117) 이러한 요소들은 최초 피난국들에 의해 반복적으로 강조되어 왔다; 다음 발언을 보라, 지부티: UN 문서. UN doc. A/AC.96/SR.307 (1979) para. 63 and SR.319 (1980) para. 54; 말레이시아: SR.306 (1979) para. 81; 인도네시아: SR.308 (1979) para. 42. 난민의 정착 문제는 가족의 흩어짐으로 인해 더욱 악화될 수 있다; 다음을 보라, 추적과 가족 재결합에 관한 집행위원회 결정 제24호(1981년) para. 7. 가족 결속과 가족 생활 존중 및 가족 보호에 대한 권리는 대부분의 인권 조약에서 인정되고 있다; 다음을 보라, 1948년 세계인권선언, 제16(3); 1966년 시민적 및 정치적 권리에 관한 국제규약, 제17조, 제23조; 1950년 유럽인권협약, 제8조; 다음도 함께 보라, 1951년 협약 Recommendation B, Final Act. 인도차이나 난민 문제는 전통적인 대가족 관계를 고려해야 할 필요성을 강조했다. 그러나 재정착 프로그램에 이러한 관계를 인정하는 것은 다른 이주민 집단이 상대적으로 불이익을 받는다고 인식하는 경우 문제를

그러나 난민 개인들에겐 재정착은 여전히 생사를 가르는 만큼의 중요한 의미를 가질 수 있다. 난민은 최초로 피난한 국가에서 기본적인 인권을 보장받지 못할 수 있으며, 인종적, 종교적, 정치적 이유로 인한 국내적 요소나 외부로부터의 공격 및 암살로 인해 생명과 자유가 위협받을 수 있다. 당국은 효과적인 보호를 제공할 수 없거나 제공하지 않을 수 있으며, 이러한 상황에서는 재정착이 최후 수단이 아니라, 우선되는 해결책이 될 수 있다.

재정착의 보호 기능과 글로벌 책임 공유에 대한 기여를 고려할 때, 유엔난민기구는 '전문 지식 및 기타 기술 지원, 자매결연 프로젝트, 역량 개발을 위한 인적 및 재정적 자원, 관련 이해 관계자의 참여'를 통해 전 세계적으로 재정착 장소를 늘리기 위해 지속적으로 노력한다.118) 2003년 유엔난민기구 집행위원회에 제출된 '재정착의 전략적 활용'이라는 제목의 토론문서는 '항상 자발적 귀환과 본국귀환이 바람직한 영구적 해결책으로 간주되어야 한다'는 점을 다시 한 번 강조했다. 이는 귀환이 '출신국의 상황에 긍정적인 변화가 있어 그곳을 떠나지 않은 난민들뿐만 아니라 그곳으로 돌아가는 난민들에게도 이익이 된다는 신호'일 뿐만 아니라 '전 세계 난민 중 극소수만이 제3국 재정착을 통해 영구적인 해결책을 확보할 수 있을 것으로 기대할 수 있기 때문'이었다.119) 국제협력에 관한 집행위원회의 2016년

야기할 수 있다.
118) 난민 글로벌 콤팩트 (주 6) para. 91. 유엔난민기구는 글로벌 콤팩트의 일환으로 이를 위한 3개년 전략(2019-21)을 수립했다. 또한 뉴욕 선언(주 57)에서 국가들은 난민들이 이용할 수 있는 법적 경로의 수와 범위를 확대하고, 재정착 프로그램이 없는 국가들에게 재정착 프로그램을 수립하도록 '촉구'하고 실행하는 다른 국가들이 이를 확대하도록 장려하며, 보충적인 수용 경로를 확대하는 것을 '고려'할 것이라고 언급하고 있다: paras. 77-9. 유사한 조항이 CRRF (주 57) paras. 14-16에 반영되어 있다. 14-16.
119) UNHCR, 'The Strategic Use of Resettlement' (주 109) para. 5. 다음도 함께 보라, 'Resettlement as an Instrument of Protection: Traditional Problems in achieving this Durable Solution and New Directions in the 1990s': EC/SCP/65 (9 Jul. 1991).

결정은 '글로벌 수준에서 보호 그리고 책임의 분담 및 부담의 분담의 중요한 수단으로서 재정착을 더욱 확대하고 전략적으로 활용할 것'을 다시 한 번 촉구했다.[120]

그러나 오직 소수의 국가만이 정기적으로 재정착 장소를 제공하고 있으며, 재정착을 연대와 협력의 수사를 구체화하는 중요하고 효과적인 수단으로 간주하고 있을 뿐이다.[121] 유엔난민기구는 '재정착이 필요한 난민의 숫자와 전 세계 국가가 제공하는 장소의 숫자 사이의 격차를 해소해야 할 필요성'을 지속적으로 강조해 왔다.[122] 2015-16년 시리아 사태와 같은 특정 인도주의적 위기에 대응하기 위한 긴급 또는 특별 재정착 제도는 중요한 추가 지원을 제공해 줄 수 있지만,[123] 이들이 강화된 정규 제도의 필요성

---

120) 집행위원회 결정 제112호 (2016) para. 10.
121) 다음을 보라, UNGA res. 73/151 (17 Dec. 2018) para. 53에서 '재정착 장소의 숫자와 정기적으로 재정착 프로그램을 운영하는 국가의 수를 더 늘려야 할 필요성'을 인정했다. 2018년에 유엔난민기구는 전 세계 29개 국가에 재정착 난민 사례들을 보냈다: UNHCR, 'UNHCR Projected Global Resettlement Needs 2020' (Jul. 2019) 12. 유엔난민기구의 3개년 전략은 부분적으로 더 많은 국가가 재정착에 참여하도록 장려하고 재정착 프로그램을 확대하는 것을 목표로 한다: UNHCR, 'The Three-Year Strategy' (주 109) 10. 미국의 연간 재정착 난민 수용은 2001년 9월 11일 사건의 여파로 심각하게 감소했으며, 2017년부터는 트럼프 행정부에 의해 역대 최저 수준으로 감소했다.
122) 예를 들어 다음을 보라, Volker Türk (Assistant High Commissioner for Protection), Statement to the 69th Session of the Executive Committee of the High Commissioner's Programme (4 Oct. 2018) (fn 생략됨). 매년 약 35개 국가만이 재정착 장소를 제공하고 있는데, 미국이 트럼프 행정부 하에서 제공하는 재정착 장소의 수를 줄임에 따라 전체 수가 크게 영향을 받았다: Hirschfeld Davis, J., 'Trump to Cap Refugees Allowed into U.S. at 30,000, a Record Low' *New York Times* (17 Sep. 2018) https://www.nytimes.com/2018/09/17/us/politics/trump-refugees-historic-cuts.html; 참조, The White House, 'Fact Sheet on the Leaders' Summit on Refugees' (20 Sep. 2016) https://obamawhitehouse.archives.gov/the-press-office/2016/09/20/fact-sheet-leaders-summit-refugees.
123) Wood, T. & Higgins, C., *Special Humanitarian Intakes: Enhancing Protection through Targeted Refugee Resettlement* (Kaldor Centre for International Refugee

을 대체할 수는 없다. 또한 유엔난민기구는 일부 국가들이 재정착을 이주 관리 도구로 사용하고 있으며, 이로 인해 가장 취약한 난민을 보호하는 유엔난민기구의 능력이 더욱 제한되고 있다는 우려를 표명했다.[124]

2014년 유럽연합 집행위원회는 아직 완료되지 않은 개혁의 일환으로 '공통의 표준 절차와 공통의 자격 기준 및 배제 사유, 재정착한 난민에게 부여할 공통의 보호 지위'를 도입하는 것을 내용으로 하여, 역내의 절차와 과정을 조화시키기 위한 재정착에 관한 규정을 제안했다.[125] 만약 이 규정이 채택된다면,[126] 국제적 보호가 필요한 제3국 국민과 무국적자가 회원국 영토에 합법적이고 안전하게 도착할 수 있게 되고, 난민과 비호 신청자의 대규모 비정규 이동 위험을 줄이는데 기여하며, 국제 재정착 이니셔티브에

Law, Policy Brief 7, Dec. 2018); 난민 글로벌 콤팩트 (주 6) para. 92; UNHCR, 'Resettlement and Other Admission Pathways for Syrian Refugees' (30 Apr. 2017) https://www.refworld.org/docid/59786cf14.html.

124) UNHCR, 'Note on International Protection': UN doc. A/AC.96/1178 (4 Jul. 2018) para. 51.

125) Proposal for a Regulation of the European Parliament and of the Council establishing a Union Resettlement Framework and amending Regulation (EU) No. 516/2014 of the European Parliament and the Council, COM/2016/0468 final-2016/0225 (COD) recital (11). 이 규정의 주요 목표인 '가장 취약한 사람들을 위한 인도주의적 경로 또는 이주 관리 도구'에 대해 '두 가지 상충되는 접근 방식'이라는 우려가 표명되어 왔다: Bamberg, K., 'The EU Resettlement Framework: From a Humanitarian Pathway to a Migration Management Tool?', Discussion Paper, European Migration and Diversity Programme (26 Jun. 2018) 3. 2003년 유엔난민기구 집행위원회는 '특히 지리적으로 인접한 국가들의 집합적 의사결정'이 반복적인 비호 신청과 포럼 쇼핑과 같은 제도 남용을 방지하는 데 도움이 될 것이라고 언급했다: UNHCR, 'The Strategic Use of Resettlement' (주 109) para. 28. 재정착은 일반적으로 개인을 위한 해결책으로 구상되지만, 집행위원회 결정 제109호(2009) (g)항은 장기화된 난민 상황에서 '집단 재정착 추천 방법'의 가능성도 언급하고 있다.

126) 2021년 5월 현재, 개혁은 지지부진한 상태다: European Parliament, 'Legislative Train: Towards a New Policy on Migration: EU Resettlement Framework' (05. 2021).

도움이 될 것으로 기대된다.127)

2.4절 보충적 수용경로 Complementary pathways to admission

보충적 수용경로는 정부가 기존의 세 가지 영구적 해결책 외에 난민을 위한 안전한 결과를 가져올 수 있는 다양한 방법을 의미한다. 2016년 유엔난민기구 집행위원회는 각국에 '보호 및 해결책에 대한 보충적이고 지속 가능한 경로를 창출, 확대 또는 실현하는 방안을 고려할 것'을 촉구했고,128) 난민 글로벌 콤팩트는 가족 재결합을 위한 효과적인 절차와 명확한 추천 경로, 정규 재정착 외에 민간 또는 지역사회 스폰서쉽 community sponsorship 프로그램, 인도주의 비자, 인도주의 통로 및 기타 인도주의적 수용 프로그램, 장학금 및 학생 비자를 통한 교육 기회, 특히 제3국에서 필요한 기술을 가진 난민을 위한 노동 이주 기회 등이 포함될 수 있다고 제안했다.129) 해써웨이는 이러한 조치 중 일부는 영구적인 조치이지만, 다른

---

127) Proposal (주 125) 제3조. 2017년에 유럽연합사법재판소는 이탈리아와 그리스에서 국제적 보호가 명백히 필요한 12만 명을 2년에 걸쳐 다른 유럽연합 회원국으로 이주시키기로 한 유럽연합 이사회의 결정을 지지했다(Council Decision (EU) 2015/1601 of 22 September 2015 Establishing Provisional Measures in the Area of International Protection for the Benefit of Italy and Greece, OJ L 248/80에 의거함): 다음을 보라, Joined Cases C-643/15 and C-647/15 *Slovakia and Hungary v Council* (CJEU, 6 Sep. 2017). 체코, 헝가리, 폴란드의 의무 위반에 대한 위법성 검토 절차가 시작되었다: European Commission, 'Relocation: Commission Launches Infringement Procedures against the Czech Republic, Hungary and Poland' Press release (14 Jun. 2017).
128) 집행위원회 결정 제112호 (2016) para. 11.
129) 난민 글로벌 콤팩트 (주 6) paras. 94, 95; 다음도 함께 보라, 뉴욕 선언 (주 57) para. 79. 다음도 함께 보라, OECD & UNHCR, 'Safe Pathways for Refugees: OECD-UNHCR Study on Third Country Solutions for Refugees: Family Reunification, Study Programmes and Labour Mobility' (2018); UNHCR, 'The Three-Year Strategy' (주 109): '이러한 새로운 접근 방식은 재정착을 대체하는 것이 아니라, 오히려 가장

조치들은 단기적인 이주 신분만을 제공한다는 점에서 '영구적 해결책의 모색을 실제로 해결하기보다는 단지 지연시킬 뿐'이라며 비판한다.130)

이 중 개인 또는 지역사회 스폰서쉽은 1978년부터 캐나다에서 정부가 제공하는 정착지 외에 개인, 집단, 기관(학교, 대학, 교회, 회사 등)이 난민의 정착을 위해 후원할 수 있도록 하는 제도다. 후원자는 난민이 캐나다에 정착한 첫해 또는 난민이 자립할 때까지(둘 중 먼저 도래하는 시점) 돌봄, 숙박, 정착 지원 및 후원 제공에 동의한다.131) 이 제도는 '후원자와 난민 간의 강력한 유대감을 형성하고, 수용 지역사회를 강화하며, 난민과 재정착에 대한 긍정적인 태도를 조성'하며, 또한 '난민이 후원자로부터 받는 사회적 지원 덕분에 비교적 조기에 긍정적인 통합 및 정착 결과를 얻을 수 있다'고 한다.132)

취약한 사람들을 보호하기 위한 중요한 도구로서 재정착을 보존해야 할 필요가 있기 때문에 해결책의 선택지 중 하나로 추가될 것이다': Assistant High Commissioner for Protection (주 122) Wood, T., *The Role of 'Complementary Pathways' in Refugee Protection*(Kaldor Centre for International Refugee Law, Nov. 2020); Wood & Higgins (주 123); Gilbert, G. & Rüsch, A. M., *Creating Safe Zones and Safe Corridors in Conflict* (Kaldor Centre for International Refugee Law, Policy Brief 5, Jun. 2017). 난민 신청자가 자국 내에서 보호를 신청할 수 있는 자국 내 절차 *in-country processing* 에 대해서는 다음을 보라, Higgins, C., 'Complementary Pathways: Protected Entry Procedures' (Kaldor Centre for International Refugee Law, Research Brief, last updated Mar. 2021); Higgins, C., *Safe Journeys and Sound Policy: Expanding Protected Entry for Refugees* (Kaldor Centre for International Refugee Law, Policy Brief 8, Nov. 2019).

130) Hathaway (주 63) 1129.
131) Government of Canada, 'Private Sponsorship of Refugees Program' https://www.canada.ca/en/immigration-refugees-citizenship/corporate/publications-manuals/guide-private-sponsorship-refugees-program/section-2.html.
132) Global Refugee Sponsorship Initiative, 'Community Sponsorship' http://refugeesponsorship.org/community-sponsorship. 2016년에 캐나다와 유엔난민기구는 다른 국가들이 유사한 프로그램을 고안하도록 장려하기 위해 글로벌 난민 스폰서쉽 이니셔티브를 만들었다: http://refugeesponsorship.org/. 최근 몇 년 동안 영국, 뉴질랜드, 호주에서

'보호 입국절차 Protected entry procedures'는 비호 신청자가 자국 내 또는 경유국에서 안전한 제3국의 보호를 신청할 수 있게 하는 절차다.133) '보호 입국 절차'는 개인이 외국의 외교공관에 접근하여 비호 또는 다른 형태의 국제적 보호를 신청할 수 있도록 하고, 국가들은 신청이 타당할 경우 입국 허가를 내릴 수 있도록 하는 모든 제도를 말한다. 과거에는 많은 유럽 국가들이 비호 신청자가 해외 대사관에 비호를 신청할 수 있도록 허용했으며, 이 경우 비호 신청은 국가의 수도로 회부되어 결정되거나 경우에 따라서는 현장에서 심사되었다.134) 이러한 실행은 필요한 자원, 난민 지위를 충

도 스폰서쉽 프로그램이 설립되었지만, 캐나다 모델과는 다른 방식으로 운영되고 있으며 그 규모도 훨씬 작다. 2018년에 유엔난민기구는 개발 파트너들과의 협력을 포함하여 해결책을 모색하는 데 있어 조직의 참여를 강화하기 위해 복원력 및 해결책 *Division of Resilience and Solutions* 부서를 신설했다: UNHCR, 'Note on International Protection': UN doc. A/AC.96/1178 (4 Jul. 2018) para. 43. 민간 스폰서쉽에 관한 특별판을 보라: (2019) 35(2) *Refuge*; 또한 Labman, S. & Pearlman, M., 'Blending, Bargaining, and Burden-Sharing: Canada's Resettlement Programs' (2018) 19 *Journal of International Migration and Integration* 439.

133) 이 책 제8장도 함께 보라.
134) 예를 들어, 때때로 오스트리아, 덴마크, 프랑스, 네덜란드, 스페인, 스위스, 영국은 1940년대의 보호 여권 *protective passports* 이란 유산을 바탕으로 공식적인 절차를 운용하곤 했다. 스위스는 이들 국가 중 마지막으로 보호 입국 절차를 폐지했지만 (2012년에), 여전히 자국 내에서 신체적 위해를 받을 즉각적이고 심각한 위험에 처한 사람들에게 제한된 수의 인도주의 사증을 제공한다: Swiss State Secretariat of Migration, 'FAQ: Frequently Asked Questions': https://www.sem.admin.ch/sem/en/home/themen/einreise/faq.html. 일반적으로는 다음을 보라, Noll, G., 'From "Protective Passports" to Protected Entry Procedures? The Legacy of Raoul Wallenberg in the Contemporary Asylum Debate', UNHCR *New Issues in Refugee Research*, Working Paper No. 99 (2003); Noll, G., 'Seeking Asylum at Embassies: A Right to Entry under International Law?' (2005) 17 *IJRL* 542; Noll, G., Fagerlund, J., & Liebaut, F., *Study on the Feasibility of Processing Asylum Claims Outside the EU Against the Background of the Common European Asylum System and the Goal of a Common Asylum Procedure* (2002); Gatrell, P., 'The Nansen Passport: The Innovative Response to the Refugee Crisis that Followed the Russian Revolution'

족하는 잠재적인 신청자들이 매우 많다는 점, 신청자가 정보, 법률 지원, 이의 절차 등에 대한 접근성이 떨어질 수 있다는 우려로 인해 선호도가 떨어졌다.135)

완전한 난민지위심사 절차에는 미치지 못하지만 덜 자원을 소비하는 조치들도 중요한 보호 수단이 될 수 있다. 예를 들어, 프랑스 영사관은 재량적이고 예외적인 조치로서 위기 지역의 비호 신청자들에게 사증을 발급하여 보호 신청을 위해 프랑스로 여행할 수 있게 했다.136) 2004년 유럽위원회는 즉각적이고 긴급한 보호 수요를 보호하기 위해 광범위한 재정착 프로그램의 '하나의 긴급선택지'로서 일종의 보호 입국 메커니즘이 유럽연합 차원에서 실현될 수 있다고 언급했다.137) 유엔난민기구는 '난민들이 밀입

The Conversation (6 Nov. 2017); European Council on Refugees and Exiles (ECRE), *Protection in Europe: Safe and Legal Access Channels* (Feb. 2017) https://www.ecre.org/wp-content/uploads/2017/04/Policy-Papers-01.pdf; Higgins (주 129). 인도주의 사증에 대해서는 다음을 보라, Iben Jensen, U., *Humanitarian Visas: Option or Obligation?* Study for the LIBE Committee, European Parliament Directorate General for Internal Policies (2014) http://www.europarl.europa.eu/Reg Data/etudes/STUD/2014/509986/IPOL_STU(2014)509986_EN.pdf.

135) Noll, Fagerlund, & Liebaut (주 134) 84; Gammeltoft-Hansen, T. & Gammeltoft-Hansen, H., 'The Right to Seek-Revisited. 'On the UN Human Rights Declaration Article 14 and Access to Asylum Procedures in the EU' (2008) 10 *EJML* 439, 456-7.

136) 이 메커니즘의 대상으로 아이티 지진 피해자, 이라크 기독교인, 시리아인 등이 포함되었다: European Union Agency for Fundamental Rights, *Legal Entry Channels to the EU for Persons in Need of International Protection: A Toolbox* (FRA Focus Document, Feb. 2015) 10 http://fra.europa.eu/sites/default/files/fra-focus_02-2015_legal-entry-to-the-eu.pdf. 또한 프랑스는 시리아인들이 비호 신청을 위해 프랑스로 여행할 수 있도록 허용했다: UNHCR, 'Finding Solutions for Syrian Refugees: Resettlement and Other Forms of Admission of Syrian Refugees' (27 Nov. 2014) 1 ANSA, 'Thousands of Migrants Arrived through Humanitarian Corridors' *InfoMigrants* (10 Jan. 2019).

137) Communication from the Commission to the Council and the European Parliament on the Managed Entry in the EU of Persons in Need of International Protection and the Enhancement of the Protection Capacity of the Regions of Origin: 'Improving

국업자나 인신매매업자에게 의존하지 않고도 안전을 모색할 수 있게 함으로써 보호를 강화하고 인신매매 방지 및 밀입국 방지 프로그램을 보완할 수 있다'면서 이를 환영했다.138) 유엔난민기구는 이러한 절차가 '특히 자격을 만족할 여지가 있거나, 긴급한 사례들에 대해 재정착이 너무 느리거나 부적절한 경우'에 유용할 수 있음을 인정했지만, 위원회의 제안은 실체적 및 절차적 측면 모두에 대해 추가적인 설명을 요구했다.139)

2015~2016년에 보호를 받기 위해 유럽으로 유입된 시리아 난민과 기타 집단으로 인해 보호 입국 절차는 비호 신청자들이 위험하고 비정규적인 여행을 할 필요성을 줄이기 위한 수단으로 다시 주목받게 되었다.140) 2015년

Access to Durable Solutions', COM(2004) 410 final (4 Jun. 2004) para. 35.
138) UNHCR, 'Note on International Protection': UN doc. A/AC.96/989 (7 Jul. 2004) para. 31. 다음도 함께 보라, UNHCR, 'Addressing Irregular Secondary Movements of Refugees and Asylum-Seekers, Convention Plus Issues Paper, FORUM/CG/SM/03 (11 Mar. 2004) para. 16. 2006년에 휴먼라이츠워치는 유럽연합 회원국들에게 '즉시 트리폴리 주재 대사관을 통해 "보호 입국 절차"를 시행하고 유엔난민기구가 재정착이 필요하다고 확인한 리비아 출신 난민들을 재정착시킬 것'을 권고하면서, 이는 비호 신청자들이 자발적으로 도착하여 유럽연합 영토와 비호 절차에 접근할 수 있도록 하는 대안이 아니라 '보조적 수단으로만' 이루어져야 한다고 지적한 바 있다: Human Rights Watch, *Stemming the Flow: Abuses against Migrants, Asylum Seekers and Refugees* (Sep. 2006) HRW Index No. E1805, section XI.
139) UNHCR, 'Observations on the European Commission Communication "On the Managed Entry in the EU of Persons in Need of International Protection and Enhancement of the Protection Capacity of the Regions of Origin: Improving Access to Durable Solutions" (COM(2004) 410 final, 4 June 2004)' (30 Aug. 2004) para. 11.
140) 예를 들어 다음을 보라, European Union Agency for Fundamental Rights (주 136); European Commission, Recommendation on legal pathways to protection in the EU: Promoting resettlement, humanitarian admission and other complementary pathways, C(2020) 6467 (23 Sept. 2020); European Parliament, Joint Motion for a Resolution on the Latest Tragedies in the Mediterranean and EU Migration and Asylum Policies 2015/2660(RSP) (28 Apr. 2015); Orchard, C. & Miller, A., 'Protection in Europe for Refugees from Syria' (Refugee Studies Centre, Forced Migration Policy Briefing 10,

한 종교 기반 단체들의 연합은 레바논, 모로코, 에티오피아 주재 이탈리아 영사관이 위험에 처한 사람들에게 소수의 인도주의 사증을 발급하여 안전하게 이탈리아로 여행하여 비호를 신청할 수 있도록 하는 이탈리아의 '인도주의 통로 humanitarian corridors' 이니셔티브를 설립했다.141) 프랑스, 벨기에, 안도라도 비슷한 제도를 만들었고,142) 다른 여러 지역의 국가들도 비슷한 제도를 만들었다. 예를 들어, 2013년 9월 브라질은 시리아 비호 신청자들이 브라질로 안전하게 여행하여 보호 신청 심사를 받을 수 있도록 허가하는 인도주의 사증을 도입했고,143) 아르헨티나도 시리아 시민과 그 가족, 그리고 유엔 팔레스타인 난민구호기구(UNRWA)의 보호를 받고 있었지

Sep. 2014); McAdam, J., *Extraterritorial Processing in Europe: Is 'Regional Protection' the Answer, and If Not, What Is?* (Kaldor Centre for International Refugee Law, Policy Brief 1, May 2015); Costello, C., 'Welcome to the European Union: Notes from Lesbos' *openDemocracy* (9 Sep. 2015); Betts, A., 'Our Refugee System Is Failing: Here's How We Can Fix It' (TED Talk transcript, Mar. 2016); Noll, G. & Gammeltoft-Hansen, T., 'Humanitarian Visas Key to Improving Europe's Migration Crisis' (Apr. 2016) https://rwi.lu.se/app/uploads/2016/04/Humanitarian-Visas-policy-brief.pdf.

141) 2015년부터 2017년까지 시범 프로그램을 통해 약 1,000명이 이 경로를 통해 이탈리아에 입국할 수 있었다. Sant'Egidio, 'Humanitarian Corridors for Refugees' https://www.santegidio.org/; ECRE, 'Humanitarian Corridors for Vulnerable Refugees to Italy Opening' *Reliefweb* (23 Feb. 2018); Higgins, C., 'Humanitarian Corridors: Safe Passage but Only for a Few' *The Interpreter* (4 Aug. 2017).

142) 이 프로그램들은 이탈리아의 인도주의 통로와 함께 2018년에 2,200명의 시리아 난민들의 여행을 지원했다: ANSA (주 136).

143) Baloch, B., 'UN Refugee Agency Welcomes Brazil Announcement of Humanitarian Visas for Syrians' *UNHCR News* (27 Sep. 2013); Jubilut, L. L., Muiños de Andrade, C. S., & de Lima Madureira, A., 'Humanitarian Visas: Building on Brazil's Experience' (2016) 53 *FMR* 76; Higgins (주 129). 유엔난민기구는 2016년 문서에서 아르헨티나, 브라질, 프랑스, 스위스의 인도주의 비자 프로그램을 언급했다. 이것이 새로운 제도와 관련된 것인지, 아니면 단순히 기존/과거 실행을 정리한 것인지는 불분명하다: UNHCR, *Global Responsibility Sharing through Pathways for Admission of Syrian Refugees* (2016) 8.

만 시리아 분쟁의 영향을 받은 팔레스타인인에게 사증을 발급하는 프로그램을 시작했다.144) 유럽 의회는 유럽연합 전체에 적용되는 유럽 인도주의 사증을 만드는 것을 검토했으나,145) 국가들은 전체적으로 보호 입국 절차를 개발하는 데 관심을 별로 보이지 않았으며,146) 일종의 공식화된, 독립적인 유럽연합 정책이 정치적으로 실현 가능한지는 아직 지켜봐야 한다.

2020년 유럽인권재판소 대재판부는 레바논 베이루트 주재 벨기에 영사관에 인도주의 사증을 신청했다가 발급받지 못한 시리아 가족에게 1950년 유럽인권협약이 적용되지 않는다고 판결했다. 벨기에 당국이 이들의 벨기에 영토 입국에 관한 결정을 내렸다는 사실만으로는 이들을 벨기에의 영토 관할권 내로 데려오기에 충분하지 않으며, 벨기에가 이들과 관련하여 유럽인권협약 제1조상의 역외 관할권을 행사하고 있다고 볼 만한 예외적인 상황도 존재하지 않았다는 이유였다.147)

해결책을 찾는 난민들에게 완전한 해답이 될 수는 없지만, 보호 입국 절차는 중요한 보충적인 메커니즘을 제공한다. 올바른 정치적 의지만 있다면 현재보다 훨씬 더 체계적이고 효과적으로 운영될 수 있다.148)

---

144) Joint Press Release on Visit of the President of the Argentine Republic to the EU Institutions (4 Jul. 2016) para. 2; Law No. 25.871, art. 22(c) and its Regulatory Decree. 대상자들은 2년간 임시 거주할 수 있는 입국 사증을 발급받으며, 이 사증은 1년 더 연장할 수 있다. 3년 거주 후 대상자는 아르헨티나 법에 따라 영주권을 신청할 수 있다.
145) Higgins, C., 'How a Visa for Asylum Seekers Could Grant Safe Passage to Europe' *Refugees Deeply* (18 Jan. 2019); European Parliament, 'Humanitarian Visas to Avoid Deaths and Improve Management of Refugee Flows', Press release (11 Dec. 2018).
146) 예를 들어, 시리아 난민을 위한 추가적이고 안전한 보호 경로를 확보하기 위해 2016년 유엔난민기구가 개최한 고위급 회의에서 프랑스만이 인도주의 사증의 신규 발급에 동의한 유일한 국가였으며, 스위스, 아르헨티나, 브라질은 기존의 인도주의 사증 발급 약속을 재확인했을 뿐이다: UNHCR, 'Summary of Key Outcomes: 30 March 2016 High Level Meeting on Global Responsibility Sharing through Pathways for Admission of Syrian Refugees' (14 Apr. 2016).
147) *MN v Belgium*, App. No. 3599/18 (5 May 2020) paras. 112-3.

마지막으로, 노동 이동 labour mobility (또는 노동 이주 migration)은 네 번째 영구적 해결책으로 설명되기도 한다. 이는 난민들의 '의미 있는 권리와 지속 가능한 생계에 대한 탄탄한 접근'을 보장하기 위한 수단으로 제안되었는데,148) 특히 다른 영구적 해결책에 접근할 수 없는 장기화된 상황에 처한 난민들을 위한 것이었다. 난민에게 다른 곳에서 경제적 기회를 얻을 수 있는 안전하고 합법적인 경로를 제공함으로써 자립을 강화하고 원조 의존도를 낮출 수 있으며,150) 장기적인 통합을 긍정적으로 전망할 수 있

---

148) Diedring, M., Secretary General, ECRE, 'Legal Routes to Access Asylum in Europe Workshop' Paper presented at the *An Open and Safe Europe-What Next?* Conference, Brussels (30 Jan. 2014) 2 http://ec.europa.eu/dgs/home-affairs/what-we-do/policies/future-of-home-affairs/high-conference-jan-2014/docs/diedring_speaking_en.pdf; 다음도 함께 보라, House of Lords European Union Committee, *Handling EU Asylum Claims: New Approaches Examined* (HL Paper 74, 11th Report of Session 2003-04) para. 89.
149) Long, K. & Crisp, J., 'Migration, Mobility and Solutions: An Evolving Perspective' (2010) 35 *FMR* 56, 56; Long, K., 'Rethinking "Durable" Solutions', in Fiddian-Qasmiyeh and others (주 62) 480; Long, K., 'Extending Protection? Labour Migration and Durable Solutions for Refugees' UNHCR *New Issues in Refugee Research*, Research Paper No. 176 (2009); Long, K., 'Onward Migration' and Atak, I. & Crépeau, F., 'Refugees as Migrants', in Costello, Foster, & McAdam (주 66). 앞의 2.4절도 함께 보라.
150) Long, K., *From Refugee to Migrant? Labor Mobility's Protection Potential* (Migration Policy Institute, 2015) 1, 16-17. 예를 들어, 서아프리카경제공동체(ECOWAS)가 합의한 자유 이동 프로토콜은 거주하고 있는 난민들에게 더 큰 사회경제적 이동성과 정치적 안보를 제공했다: Long & Crisp (주 149) 57 (fn 생략됨). 2009년 나이지리아, 라이베리아, 시에라리온, 유엔난민기구 간의 합의에 따라 라이베리아와 시에라리온은 나이지리아에 남아 있는 난민들에게 여권을 발급했고, 나이지리아는 난민들에게 갱신 가능한 3년 동안의 ECOWAS 거주 허가를 부여했다. 자세한 내용은, Long, ibid. 다음도 함께 보라, 'Labour Mobility for Refugees: Past and Present Examples' (7 Sep. 2012) prepared for UNHCR/ILO, 'Labour Mobility for Refugees Workshop', Geneva (11-12 Sep. 2012) https://www.unhcr.org/509a82ba9.html.

다.151) 그러나 난민들은 사증 요건과 수수료 때문에 정규 이주 경로를 이용하지 못하는 경우가 너무나 많다.

2.5절 지원 및 개발

특히 유엔난민기구에 주기적으로 맡겨지는 부가적인 인도주의 활동에 비추어, 보호와 지원 기능을 구분하는 경우가 있다. 그러나 현실에서는 지역 사회 통합, 고용 및 자급자족 프로젝트를 넘어 귀환자와 국내실향민까지 포괄하는 정도로 프로그램이 확장됨에 따라 보호와 지원 활동이 혼재되는 경향이 있다. 물질적 필요를 충족시키는 인도주의적 역할과 안보 및 복지에 대한 법적 관심 사이에 필수적이고, 확실하고, 신속한 구분은 어려우며, 오히려 때로는 적절한 식량 제공과 같이 명확한 권리 기반 요소가 전면에 등장하는 경우도 있다.152)

1989년, '난민 구호 및 개발'153)은 난민과 수용 지역사회를 연결하는 방법으로 구호 및 지원 분야의 용어로서 확고히 자리 잡았다. 통합 프로그램

---

151) 'Summary Conclusions' from UNHCR/ILO (주 150) para. 5.
152) 다음을 보라, 1966년 경제적, 사회적, 문화적 권리에 관한 국제규약, 제2조, 제11조 및 국제협력에 관한 강조를 보라. 일반적으로는 다음을 보라, Alston, P. & Tomasevski, K., eds., *The Right to Food* (1984); De Schutter, O. & Cordes, K. Y., eds., *Accounting for Hunger: The Right to Food in the Era of Globalisation* (2011); and reports of the Special Rapporteur on the Right to Food.
153) 이 용어는 오늘날 'DAR'- 난민을 위한 개발 지원 *Developement Assistance for Refugees*로 바뀌었다; 다음을 보라, Betts, A., 'Development Assistance and Refugees: Towards a North-South Grand Bargain?' (Forced Migration Policy Briefing No. 2, Refugee Studies Centre, Oxford, Jun. 2009); Crisp, J., 'Mind the Gap! UNHCR, Humanitarian Assistance and the Development Process', UNHCR *New Issues in Refugee Research*, Working Paper No. 43 (2001). 다음도 함께 보라, the work of the Global Forum on Migration and Development (2007년에 설립됨), 및 the High-Level Dialogue on International Migration and Development (2006년에 설립됨).

과 대규모 본국귀환은 거의 항상 도로, 상수도, 학교부터 고용, 종자와 농기구 및 가축 제공에 이르기까지 어떤 종류든 개발에 대한 기여를 수반하게 된다.154) 이러한 문제의식은 최근 빈곤, 분쟁, 폭력, 실향 사이의 연관성을 인식하고 인도주의와 개발 부문이 '오랜 태도적, 제도적, 재정적 장애물을 극복하기 위해' 보다 조율된 방식으로 협력해야 한다는 '인도주의-개발 넥서스'라는 개념으로 요약되고 있다.155) 두 부문 모두 중장기적인 관점에서 동시 대응하는 것이 초기 인도주의적 대응 이후에 상황이 장기화될 때 개발 노력을 기울이는 것보다 훨씬 바람직하다는 것을 인정한다.156) 이 접근법은 원조의 수동적 수혜자가 아닌 경제적 주체로 간주되는 난민들과 그들의 수용 지역 사회를 위한 경제적 기회를 조성하고자 한다.157)

유엔난민기구와 같은 기구에겐, 책임의 범위가 어디까지인지 결정하고 자발적 본국귀환 또는 지역 사회 통합에 도움이 되는 여건을 촉진하는 개별 기관의 역량을 확인하는 것이 문제다. 2016 난민과 이주민을 위한 뉴욕 선언은,158) 포괄적 난민 대응 프레임워크(CRRF)와 함께,159) 인도주의-개발

---

154) 역사적인 일부 예시로는 이 책 제3판, 제9장, 3.4절을 보라.
155) UN Office for the Coordination of Humanitarian Affairs, New Way of Working (2017) 3. See also World Bank Group, 'Forced Displacement and Development' (16 Apr. 2016) http://siteresources.worldbank.org/DEVCOMMINT/Documentation/23713856/DC2016-0002-FDD.pdf. 그랜드 바겐(The Grand Bargain) - 가장 큰 공여국과 원조 단체들 간의 하나의 합의 - 은 '비교우위를 바탕으로 제도적 경계를 넘어 협력'함으로써 인도주의 및 개발 행위자 간의 참여를 강화하고자 한다: 'The Grand Bargain: A Shared Commitment to Better Serve People in Need' (23 May 2016) 14 https://reliefweb.int/sites/reliefweb.int/files/resources/Grand_Bargain_final_22_May_FINAL-2.pdf.
156) World Bank Group (주 155) 5.
157) Ibid., 6. 다음도 함께 보라, also World Bank Group, *Forcibly Displaced: Toward a Development Approach Supporting Refugees, the Internally Displaced, and Their Hosts* (2017), written in close collaboration with UNHCR; Betts and others (주 5).
158) 뉴욕 선언 (주 57) 특히, para. 37.
159) CRRF (주 57) paras. 8, 9-12.

목표에 대한 협력을 추구하기 위한 유엔난민기구의 프레임워크를 제공한다.160) 이 프레임워크는 광범위한 공공 및 민간 행위자를 포함하고자 하는데, 이는 위기 발생 초기부터 인도주의적 개입과 개발 개입을 결합하기 위해, 그리고 서비스 제공 및 개발 계획에 난민을 포함시키는 동시에 수용 지역 사회에 대한 장기적인 개발 영향도 다루기 위해서다.161) 국제협력에 관한 집행위원회의 2016년 결정은 각국이 '예측 가능한 재정 지원으로 뒷받침되는 포괄적이고, 다년간의, 다자간 전략, 계획 및 프로그램을 통해 이해관계자 간, 인도주의 활동과 개발 활동 간의 연계'를 강화할 것을 권장하고 있다.162) 유엔난민기구는 세계은행,163) 유엔개발계획, 국제노동기구, 경제협력개발기구 등과 중요한 파트너십을 구축해 왔으며, '보다 개발 지향적인 접근 방식을 통해 난민과 수용 지역사회의 회복력과 자립을 강화하는

---

160) UNHCR, 'Strengthening humanitarian-development cooperation in forced displacement situations': EC/68/SC/CRP.17 (7 Jun. 2017) paras. 6, 14, 15; 다음도 함께 보라, CRRF (주 57) paras. 8, 9-12.
161) UNHCR (주 160) para. 15. 다음도 함께 보라, 집행위원회 결정 제112호 (2016) paras. 9, 12.
162) 집행위원회 결정 제112호 (2016) para. 12.
163) 예를 들어, 세계은행의 IDA18 Regional Sub-Window for Refugees and Host Communities는 난민들과 수용 지역사회의 개발 수요를 충족하기 위해 저소득 국가에 20억 달러의 보조금과 양허성 차관을 제공했으며, 그 핵심 아이디어는 인도적 지원과 개발 지원 간의 오랜 간극을 해소하는 것이었다. 이 이니셔티브에서 당사국들은 수용국의 주도하에 성과에 중점을 두고 상호 보강적인 일련의 약속(자원, 정책 변경, 프로젝트)들에 동의했다. 대상 자격 요건은 (1) 최소 25,000명(또는 전체 인구의 0.1%)의 난민을 수용하고, (2) 난민 보호를 위한 적절한 프레임워크가 있으며, (3) 난민과 수용 지역사회에 도움이 되는 장기적인 해결책을 위한 가능한 정책 개혁(예: 사회 및 경제적 통합, 이동의 자유, 노동력 참여 촉진 정책 등)이 포함된 구체적인 단계가 포함된 실행 계획 또는 전략을 보유하고 있을 것이다. 9개 국가가 IDA18 'Sub-Window'에 해당되는 것으로 확인되었다: 방글라데시, 카메룬, 차드, 지부티, 에티오피아, 니제르, 파키스탄, 콩고공화국, 우간다; Goodwin-Gill, G. S., 'The Global Compacts and the Future of Refugee and Migrant Protection in the Asia Pacific Region' (2018) 30 IJRL 674.

방향으로의 프로그램적 전환'이 이루어지고 있다.164) 유엔난민기구 집행위원회는 또한 '난민 공동체와 수용국을 지원하기 위한 민간 부문의 투자 동원'을 장려해왔다.165)

3절 국제협력

국경을 넘어 이동하는 사람들에 관한 국제협력의 일반적인 원칙은 유엔헌장에 따라 회원국들이 국제사회의 일원으로서 지는 의무에서 도출된다.166) 슈바르첸베르거는 1차 세계대전 이후 폴란드에서 발생한 발진티푸스 전염병과 그에 따른 집단적 조치의 필요성에 대해 언급하면서 '국가가 그러한 협력 노력에 동참해야 한다고 강제하는 것은 없다. 국가가 그렇게 행동하도록 유도하는 것은 국가 자체의 사익추구다'라고 말했다.167) 오늘날 국제협력 제도가 보다 포괄적이고, 보다 보편적이며, 보다 확고하게 확립되었음에도 불구하고, 실제 협력이 이루어지는 정도는 국가의 공식적인 동의에 의존하고 있다는 것은 여전히 분명한 사실이다.

유엔헌장에 따른 국가간 우호관계와 협력에 관한 국제법 원칙에 대한 선언은 기본적인 접근 방식을 설명한다.

---

164) UNHCR (주 160) para. 18; 유엔난민기구와 유엔개발계획, 세계은행 간의 파트너십 및 전환기 해결책 이니셔티브 *Transitional Solutions Initiative*에 대한 자세한 내용은 다음도 함께 보라, paras. 12, 19, 20.
165) 집행위원회 결정 제112호 (2016) para. 13.
166) 유엔 헌장, 제1조, 제13조(1)(b), 55, 56.
167) Schwarzenberger, G., *Power Politics* (2nd rev. edn., 1954) 228. 그럼에도 불구하고 사익추구도 강력한 힘이 될 수 있다; 이 책 제2장, 러시아의 1921-22년 기근과 전염병에 대한 대응을 참조하라.

[국가는 정치, 경제 및 사회 체제의 차이와 무관하게 국제 평화와 안전을 유지하고 국제 경제의 안정과 발전, 국가들의 일반적 복지 및 앞선 차이에 근거한 차별 없는 국제협력을 증진하기 위해 국제 관계의 다양한 영역에서 서로 협력할 의무가 있다.]168)

현재 논의의 맥락에서의 협력의 원칙에는 국경을 넘는 사람들의 이동에 본질적으로 국제적인 차원이 있다는 인식이 반영되어 있다.

난민 수의 증가에도 불구하고 1984년 유엔 국제 인구 컨퍼런스에서는 주권 국가의 내정에 대한 불간섭 원칙을 준수하면서 유엔의 틀 안에서 국제협력을 통해 새로운 난민 발생의 원인을 방지해야 한다는 '광범위한 합의'가 이루어졌다. 그럼에도 불구하고 '영구적 해결책을 찾기 위한 지속적인 국제협력과 최초의 비호국에 대한 지원 및 원조 제공'이 필요했다.169)

동남아시아 난민 문제에 대한 포괄적 행동계획(CPA)은 대중매체 활동과 관련 국가 간 정기적 협의, 정규적 출국(이민/출입국) 프로그램 장려, 신규 입국자를 위한 접수 및 임시 피난처 제공, 지역 차원의 난민지위심사절차, 장기 체류자 및 난민으로 판명된 신규 입국자를 위한 재정착, 국제적 보호가 필요하지 않은 것으로 판명된 사람들을 위한 안전하고 품위 있는 귀환 등 출신국에서의 은밀한 출국을 억제하는 조치를 고려하고 있다. 지속적인 조정과 적응을 보장하기 위해 행동 계획(CPA)에 따라 구체적 약속을 이행하기 위한 정부 대표로 구성된 운영위원회가 설립되었다.170)

따라서 이렇게 수락된 약속들은 이후 국가 및 지역 차원에서 도입 된 조

---

168) 다음을 보라, UNGA res. 2625(XXV) (24 Oct. 1970) Annex, Principle (d): 헌장에 따라 서로 협력 할 국가의 의무. 이 '선언을 승인'하는 결의는 표결 없이 채택되었다.
169) 1984 United Nations International Conference on Population, Recommendation 47: UNHCR, *Note* on the United Nations International Conference on Population: UN doc. A/AC.96/INF.170 (3 Sep. 1984) (강조 추가됨).
170) 참조, Statement of the Fourth Steering Committee: Reaffirmation of the Comprehensive Plan of Action (1991) 3 *IJRL* 367.

치들과 함께 고려되어 난민 및 실향민 문제의 구호 및 해결을 위한 국제협력과 관련된 규칙의 발전에 필수적인 요소가 된다.

　1989년 유럽 공동체와 아프리카, 카리브해, 태평양(ACP) 국가 간에 체결된 제4차 로메 협약 제254조는 공식적인 원조 의무를 명시한 가장 대표적인 사례 중 하나다.[171] 이는 2000년 코토누 협정에 의해 계승되었고, 이 협정은 2005년 6월과 2010년 6월에 다시 개정되었다.[172] 제60조(g)는 '난민 및 실향민에 대한 지원, 위기 또는 위기 이후 상황에서의 단기 구호 및 재활과 장기 개발을 연계하는 개입, 재난 대비를 포함한 인도주의 및 긴급 지원'에 대한 지원이 자금 조달에 포함될 수 있다고 선언한다. 제72조는 다음과 같은 일반 원칙을 명시한다.

1. 위기 상황에서는 인도주의적 지원, 긴급 지원 및 긴급 후 지원이 반드시 제공되어야 한다다. 인도주의적 지원 및 긴급 지원은 반드시 생명을 구하고 보존하며 도움이 필요한 모든 곳에서 인간의 고통을 예방하고 완화하는 것을 목표로 해야만 한다. 긴급 후 지원은 반드시 재활과 단기 구호를 장기 개발 프로그램과 연계하는 것을 목표로 해야만 한다.
2. 위기 상황이란 장기적인 구조적 불안정성 또는 취약성이 포함된 것으로서, 법과 질서 또는 개인의 안보와 안전에 위협을 가하고 무력충돌로 확대되거나 국가를 불안정하게 만들 수 있는 상황을 말한다. 또한 위기

---

171) 전문은 다음을 보라, (1990) 29 ILM 783.
172) 2000/483/EC: Partnership Agreement between the Members of the African, Caribbean and Pacific Group of States of the One Part, and the European Community and its Member States of the Other Part. 코토누 협정은 2020년 12월에 만료될 예정이었으나, 2018년 중반부터 협정 대체를 위한 협상이 시작되어 2021년 4월에 성공적으로 타결되었다. 코토누 협정의 조항은 2021년 11월 30일까지 연장되었다. (새로운 파트너십 협정이 해당 날짜 이전에 잠정적으로 적용되거나 발효되지 않는 한).

상황은 자연재해, 전쟁 및 기타 분쟁과 같은 인위적 위기 또는 이와 유사한 영향을 미치는 특별한 상황 즉, 기후변화, 환경 파괴, 에너지 및 천연자원에 대한 접근성, 극심한 빈곤과 관련된 상황에 의해서도 발생할 수 있다.
3. 인도주의적 지원, 긴급 지원 및 긴급 후 지원은 반드시 피해자의 이러한 상황으로 인한 필요를 해결하는 데 요청되는 기간 동안 유지되야만 하고, 이를 통해 구호, 재활 및 개발을 서로 연결한다.[173]

제72조A는 인도주의 및 긴급 활동의 목표를 '자연재해 또는 인위재해로 인한 사람들의 실향(난민, 실향민, 귀환민)으로 인해 발생하는 필요를 해결하여, 필요한 기간 동안 난민과 실향민의 모든 필요를 충족시키고(그들이 어디에 있든) 자발적인 본국귀환과 출신국으로의 재통합을 위한 조치를 실현하는 것'으로 설명한다. 또한 다음과 같이 덧붙인다. '난민 또는 귀환민을 수용하는 아프리카, 카리브해, 태평양 국가 또는 지역에는 긴급 지원으로 충족되지 않는 긴급한 필요를 충족하기 위한 지원이 제공될 수 있다'. 이와 같은 예는 특히 국가들이 국경을 넘는 이동이 수용국에 과도하거나 불균형한 부담을 주지 않도록 하기 위해 서로 협력할 필요성을 인식하고 있음을 보여준다. 그러나 2000년 코토누 협정은 제13조에서 이주가 'ACP-EU 파트너십의 틀 내에서 심도 있는 대화의 주제'가 될 것이며, 당사국들은 '인권 존중을 보장하고 특히 출신, 성별, 인종, 언어 및 종교에 근거한 모든 형태의 차별을 없애기 위한 국제법상의 기존 의무와 약속을 재확인한다'고 선언함으로써 약간은 다르지만 결코 무관하진 않은 주제를 내세우고 있다. 그러나 같은 조 (2)와 (3)은 이 조항의 주된 적용 대상이 합법적으로 거주하거나 합법적으로 고용된 사람들에 있다는 점을 강조한다. (4)은 개발

---

173) 강조 추가됨.

의 맥락에 '이주 흐름의 정상화'를 위치시키고 있는 반면, (5)은 불법 이민, 예방, 귀환 및 재입국을 대상으로 한다.174) 실제로 많은 비정부기구들이 지적했듯이, 이 '대화'는 특히 세계인권선언 제13조(1)에 반하는 이주 emigration의 형벌화로 이어진 것으로 보인다.175)

오늘날 이주와 개발 사이의 연관성은 아마도 피할 수 없는 것이며 제안된 개정안에서 이에 대한 강조가 더욱 강화될 것이라고 추론하는 것이 합리적이다. 그러나 코토누 협정이 난민과 국경을 넘어 실향한 사람들의 상황에 초점을 맞추고 있는 한, 이 협정은 1951년 협약 전문에서 불완전하게나마 인정한 협력과 연대의 원칙의 지지 근거가 될 수 있을 것이다. 시간이 지나면서 여러 제안들이 이루어졌음에도 불구하고,176) 글로벌 수준에서 국

---

174) 그럼에도 불구하고 당사국들은 불법 이민자의 송환 절차에서 '개인의 권리와 존엄성이 존중되도록 보장'하고, '국제법의 관련 규칙을 적절히 고려하여' 관련 양자 협정을 체결할 것을 약속한다: 2000 Cotonou Agreement., art. 13(5)(c).
175) 다음을 보라, Rodier, C., '"Emigration illégale": une notion à bannir' *Libération* (13 juin 2006); 다음도 함께 보라, Statewatch, 'The fallacies of the EU-Africa dialogue on immigration: EU-African ministerial conference on immigration, 10–11 July 2006'.
176) 예를 들어 다음을 보라, Schuck, P. H., 'Refugee Burden-Sharing: A Modest Proposal' (1997) 22 *Yale Journal of International Law* 243; Hathaway, J. C. & Neve, R. A., 'Making International Refugee Law Relevant Again: A Proposal for Collectivized and Solution-Oriented Protection' (1997) 10 *Harvard Human Rights Journal* 115; Aleinikoff, T. A. & Cliffe, S., 'A Global Action Platform and Fund for Forced Migrants: A Proposal' *Netzwerk Flüchtlingsforschung* (25 Jul. 2016); Wall, P., 'A New Link in the Chain: Could a Framework Convention for Refugee Responsibility Sharing Fulfil the Promise of the 1967 Protocol?' (2017) 29 *IJRL* 201; Cook, B., 'Method in Its Madness: The Endowment Effect in an Analysis of Refugee Burden-Sharing and a Proposed Refugee Market' (2004) 19 *Georgetown Immigration Law Journal* 333, 347 ff.; Kritzman-Amir, T., 'Not in My Backyard: On the Morality of Responsibility Sharing in Refugee Law' (2009) 34 *Brooklyn Journal of International Law* 355. UNHCR, 'Summary of Key Outcomes: 30 March 2016 High Level Meeting on Global Responsibility Sharing through Pathways for Admission of

가 간 책임을 체계적이고 공평하며 예측 가능하게 배분하는 메커니즘은 아직 합의되지 않았다. 그러나 실향민에 대한 물질적 후원과 정치적 또는 도덕적 지원, 공식적인 의무 이행이 어려움에도 불구하고, 상당한 수준의 실질적인 협력이 존재해 왔다.177) 물론 협력과 국제 연대의 원칙은 유엔난민기구 집행위원회178)와 총회에서 지속적으로 확인되어 왔는데, 특히 총회에서 2016년 뉴욕 선언179) 및 난민과 이주에 관한 2018 글로벌 콤팩트를 채택한 것이 대표적이다.180)

Syrian Refugees' (14 Apr. 2016). 지난 3년 동안 이러한 회의를 통해 시리아 난민을 위한 201,000개 이상의 거주지가 확보되었다: Türk, V., 'Prospects for Responsibility Sharing in the Refugee Context' (2016) 4 *Journal on Migration and Human Security* 45, 56 책임 분담 노력에 대한 자세한 내용은 다음을 보라, UNHCR, 'Note on International Protection': UN doc. A/AC.96/1156 (12 Jul. 2016) paras. 8-9.

177) Morris, N., 'Refugees: Facing Crisis in the 1990s-A Personal View from within UNHCR' (1990) 2 *IJRL Special Issue* 38; 또한, Guest, I., 'The United Nations, the UNHCR, and Refugee Protection—A Non-Specialist Analysis' (1991) 3 *IJRL* 585; Gottwald, M., 'Burden Sharing and Refugee Protection', in Fiddian-Qasmiyeh and others (주 62); Türk (주 176); Garlick, M., 'The Sharing of Responsibilities for the International Protection of Refugees', in Costello, Foster, & McAdam (주 66); Türk, V. & Garlick, M., 'From Burdens and Responsibilities to Opportunities: The Comprehensive Refugee Response Framework and a Global Compact on Refugees' (2016) 28 *IJRL* 656; Inder, C., 'The Origins of "Burden Sharing" in the Contemporary Refugee Protection Regime'(2017) 29 *IJRL* 523; Türk, V., 'The Promise and Potential of the Global Compact on Refugees' (2018) 30 *IJRL* 575; 글로벌 콤팩트에 초점을 맞춘 (2018) 30(4) IJRL도 함께 보라.
178) 집행위원회 결정 제112호(2016)을 보라; 또한 Dowd &cAdam (주 77)의 상세한 논의도 함께 보라.
179) 뉴욕 선언 (주 57).
180) 난민 글로벌 콤팩트 (주 6); 안전하고, 질서 있고 정규적인 이주를 위한 글로벌 콤팩트(Global Compact for Safe, Orderly and Regular Migration): UN doc. A/RES/73/195 (19 Dec. 2018). 이 문서들에 대한 학문적인 분석은 다음을 보라, (2018) 30(4) IJRL.

3.1절 뉴욕 선언과 글로벌 콤팩트

구속력은 없지만 2016년 총회 결의로 채택된 뉴욕 선언에서 각국은 난민과 이주민의 인권을 완전히 존중할 의무를 재확인하고, 난민 보호 체제에 대한 국제협력의 중요성을 강조하며, 대규모 난민 이동이 국가 자원에 그중에서도 개발도상국의 국가 자원에 미치는 부담을 인식했다. 또한 각국은 18개월에 걸쳐 초안이 검토되고, 2018년 말에 채택된 난민에 관한 글로벌 콤팩트와 안전하고, 질서 있고 정규적인 이주를 위한 글로벌 콤팩트를 위해 노력하기로 합의했다.

두 콤팩트들의 목적은 인간 이동 human mobility에 대한 국제협력과 관리를 개선하기 위한 원칙과 실행에 대한 합의를 구축하는 것이다.[181] 난민 콤팩트는 '예측 가능하고 공평한 부담과 책임 분담을 위한 기반을 제공'하는 것을 목표로 하고,[182] 이주 콤팩트는 '어떤 국가도 단독으로 이주를 해

---

[181] 양 콤팩트의 적용 범위와 상호보완성에 대해서는 다음을 보라, McAdam, J. & Wood, T., 'The Concept of "International Protection" in the Global Compacts on Refugees and Migration' (2021) 23 *Interventions: International Journal of Postcolonial Studies* 191; Garlick, M. & Inder, C., 'Protection of Refugees and Migrants in the Era of the Global Compacts: Ensuring Support and Avoiding Gaps' (2021) 23 *Interventions: International Journal of Postcolonial Studies* 207.

[182] 난민 글로벌 콤팩트 (주 6) para. 3. 이 문서는 원래 '실효적인 난민 보호를 보장하는 데 있어서의 *책임 분담* 원칙의 중심성'을 강조하는 난민에 대한 *책임 분담*에 관한 글로벌 콤팩트가 될 예정이었다: Zero Draft of a Global Compact on Responsibility Sharing for Refugees, attachment to a letter from the co-facilitators of the UN summit, Her Excellency Dina Kawar, Permanent Representative of the Hashemite Kingdom of Jordan to the United Nations and His Excellency David Donoghue, Permanent Representative of Ireland to the United Nations to all Permanent Representatives and Permanent Observers to the United Nations (30 Jun. 2016) para. 6 http://www.unhcr.org/events/conferences/578369114/zero-draft-global-compact-responsibility-sharing-refugees.html. 자세한 논의는 다음을 보라, Dowd & McAdam (주 77) 참조.

결할 수 없음을 인정하면서 이주에 관한 모든 관련 행위자 간의 국제적 협력'을 촉진하는 것을 목표로 한다.[183]

3.1.1절 글로벌 난민 콤팩트(GCR)

난민 콤팩트는 국경 통제 및 관리에 대한 국가의 이익을 인정하면서도, 강제송환금지원칙을 준수하고 국경에서의 조치가 '비호 신청권을 침해하지 않아야 한다'고 강조한 뉴욕 선언에서 확인된 기존에 확립된 법적 틀을 기반으로 한다.[184] 뉴욕선언에서 난민 협약과 의정서는 '국제 난민 보호 체제의 기초'로 인정되었고,[185] 여기서 국제 인권법과 국제인도법에 대한 언급은 '… 보호를 필요로 하는 모든 사람에 대한 보호를 보장'하겠다는 분명한 약속으로 읽힐 수 있다.[186]

난민 콤팩트는 다음과 같은 네 가지 중요한 목표를 가지고 있는데 그것은 '(i) 난민 수용국의 부담 완화, (ii) 난민 자립성 향상, (iii) 제3국으로의 해결책 접근성 확대, (iv) 안전하고 존엄성 있는 귀환을 위한 출신국 상황 지원'이다.[187] 또한 대규모 난민 이동과 장기화된 실향에 초점을 맞추고 있으며, 뉴욕 선언에 포함된 포괄적 난민 대응 프레임워크(CRRF)를 통합하고 있다. 포괄적 난민대응체계와 콤팩트의 행동 계획은 수용과 입국은 물론 (수용 국가와 지역사회에 대한) 즉각적이고 지속적인 필요와 영구적 해결책에 대한 지원을 다룬다. 2018년 초부터 차드, 지부티, 에티오피아, 케냐, 르완다, 우간다, 잠비아, 소말리아, 벨리즈, 코스타리카, 과테말라, 온두라스, 멕시코, 파나마, 아프가니스탄(아프가니스탄은 귀환민과 관련해서도 시행 중)에서 포괄적 난민 대응 프레임워크가 시범적으로 시행되기 시작했다.[188]

---

183) 이주 글로벌 콤팩트 (주 180) para. 8.
184) 뉴욕 선언 (주 57) para. 27.
185) Ibid., para. 65.
186) Ibid., para. 66.
187) 난민 글로벌 콤팩트 (주 6), para. 7.

행동 계획의 잠재력은 국가들을 구체적인 기여에 구속되도록 하는 것에 있는 것이 아니라, 조기경보 및 대비, 즉각적인 접수, 안전 및 안보, 등록 및 문서화, 교육, 생계, 건강, 여성과 소녀, 아동, 청소년 및 청년을 위한 특별 조치, 식량 안보, 출생등록, 무국적자 방지, 그리고 해결책과 같은 장기적인 필요를 충족시키기 위해 제안된 메커니즘, 즉 부담과 책임을 보다 공평하고 예측 가능하게 분담하는 절차를 제도화하는 것에 있다.

유엔난민기구는 난민 콤팩트가 난민 보호의 '거버넌스의 진화'를 의미한다고 설명했다.[189] 난민 콤팩트의 목표 달성 여부는 국가들이 정치적 약속을 현장에서 행동으로 옮길 의지가 있는지 여부에 달려 있다. 중요한 것은 두 콤팩트 모두 새로운 공식적인 검토 메커니즘을 통해 국가들이 최소한 정치적인 책임을 질 수 있게 하는 구체적인 행동 프레임워크를 갖고 있다는 점이다. 난민 콤팩트는 2019년부터 4년마다 개최되는 글로벌 난민 포럼을 창설하는데,[190] 이 포럼에서 각국은 재정적, 물질적, 기술적 지원, 재정착 장소, 보충적 수용경로 등 난민 콤팩트의 목표를 향한 구체적인 공약과 기여를 발표해야 한다.[191] 또한 2021년부터 2년마다 중간 고위급 관계자 회의가 개최되며, 난민 콤팩트의 네 가지 목표가 성공적으로 달성되었는지 여부를 측정하기 위한 새로운 지표가 도입될 예정이다.[192] 평가에는 모든 '관련 이해관계자'의 의견이 반영되어야 하는데,[193] 난민과 시민 사회의 목소리가 진정으로 대표성 있는 방식으로 반드시 포함되어야만 한다.

난민 콤팩트가 계속 비판을 받아온 것은 확고한 책임 조항이 없다는 점

---

188) UNHCR, 'Report of the Seventy-Third Meeting of the Standing Committee (19-20 September 2018)': UN doc. A/AC.96/1185 (1 Oct. 2018) paras. 41-6.
189) Assistant High Commissioner for Protection (주 122).
190) Triggs, G. D. & Wall, P., '"The Makings of a Success": The Global Compact on Refugees and the Inaugural Global Refugee Forum' (2020) 32 *IJRL* 283.
191) 난민 글로벌 콤팩트 (주 6) paras. 17-18, 103.
192) Ibid., paras. 19, 102, 104.
193) Ibid., para. 17.

이며,194) 각국이 이미 확립된 필요에 따라 전반적인 기여를 하는 것이 아니라, 개별 국가들에게 하고 싶은 것을 할 수 있는 기회를 맡겨, 국가들이 자원을 투자할 관심 있는 문제만을 '체리 피킹'할 수 있게 했다는 점이다. 이 점에서 제안된 지원 모델은 자발적 공여를 통해 예산을 구축하는 현재의 체계와 거의 다르지 않다. 이미 필요한 것과 실제 지원되는 것 사이에 격차가 존재해 왔던 것은 오래된 문제다.

그러나 난민 콤팩트는 다중 이해관계자 파트너십을 강조하고 더 넓은 범위의 이해관계자와 자금지원 모델들을 위한 역할이 있다고 제안함으로써 난민 보호에 대한 기존의 접근 방식을 넘어섰다. 난민 콤팩트는 인도적 지원에서 개발 지원으로 관심을 돌리고 있다. 이것은 매우 중요한데, 인도적 지원에는 식량, 식수, 의약품, 쉼터 제공에 중점을 둔 단기적이고 독립적인 인명 구호 활동에 국제 기부자와 기관들이 참여하게 되는 반면, 개발 지원에는 국가 및 지방 정부가 참여하고 장기적이며 국가적인 계획 및 체계가 통합되며 일자리 창출, 교육, 보건 및 관련 인프라 개발을 통해 빈곤을 줄이는 것이 목표가 되기 때문이다. 난민 콤팩트는 지속 가능한 성과를 달성하기 위해 기부자, 인도주의 및 개발 기구, 민간 부문, 시민 사회, 난민 당사자 스스로를 하나로 묶을 수 있는 새로운 방법을 모색하고자 한다. 난민 콤팩트가 인도주의와 개발 사이의 격차를 해소하고, '이해관계자'의 범위를 확대하며, 난민과 수용 지역 사회의 회복력과 자립을 강조하고, 권리에 초점을 맞춘다는 점에서 올바른 방향으로 나아가고 있는 것은 분명하다.

그러나 이것이 해결책을 모색하는데 있어서 분수령이 될지는 아직 미지수다.

---

194) 예를 들어 다음을 보라, Hathaway, J. C., 'The Global Cop-Out on Refugees' (2018) 30 *IJRL* 591; Aleinikoff, T. A., 'The Unfinished Work of the Global Compact on Refugees' (2018) 30 *IJRL* 611; Chimni, B. S., 'Global Compact on Refugees: One Step Forward, Two Steps Back' (2018) 30 *IJRL* 630.

3.1.2절 글로벌 이주 콤팩트(GCM)

이주에 관한 최초의 포괄적인 글로벌 협정인 이주 콤팩트는 '이주에 관한 글로벌 대화와 국제협력 역사의 이정표'로 평가된다.[195] 이주 콤팩트는 이주 관리와 이주민의 권리를 개선하기 위한 원칙과 실행에 대한 합의를 구축하고자 한다. 난민 콤팩트와 마찬가지로 그 자체로 법적 구속력이 있는 것은 아니지만, 국가의 권리 행사 및 의무 이행을 위한 기존 국제법의 틀을 참조하고 있다. 따라서 국경 관리에는 적법절차, 인권 보호, 아동의 필요에 대한 특별한 주의가 필요하고,[196] 이주 구금은 적법절차에 따라야 하며, 자의적이어서는 안 되고 법률에 근거해야 하며, 필요성과 비례성이 있어야 하며,[197] 기본 서비스에 대한 이주민의 접근이 시민과 차별화되는 경우, 이는 법률에 근거하고 비례적이어야 하며, 차별적 처우에는 정당한 목적이 있어야 하고, 인권법에 부합해야 한다.[198] 또한 이주 콤팩트는 집단적 추방의 가능성을 제외하고 '사망, 고문, 기타 잔혹하고 비인도적인, 굴욕적인 대우나 처벌 또는 기타 돌이킬 수 없는 위해의 실질적이고 예측 가능한 위험이 있는 경우' 누구도 추방해서는 안 된다는 근본적인 보호 원칙을 지지한다.[199] 이주 콤팩트는 밀입국 알선 및 인신매매 방지와 같은 특정 국제법 체제의 실효성을 강화하려 한다.[200]

이주 콤팩트는 스스로를 이동성, 빈곤, 개발에 대한 논쟁의 중심에 위치시키며, 이주가 절망이 아닌 선택의 문제이자 정규적인 것이어야 한다는 이상을 강조한다.[201] 이러한 이유로 이주 콤팩트는 지속가능발전 2030의제

---

195) 이주 글로벌 콤팩트 (주 180) 전문 para. 6.
196) Ibid, Objective 11.
197) Ibid., Objective 13.
198) Ibid., Objective 15.
199) Ibid., Objective 21, para. 37.
200) Ibid., Objectives 9, 10.
201) Ibid., para. 13.

및 재난위험 감소, 기후변화, 폭력, 법치, 좋은 거버넌스에 관한 이니셔티브와 연계된 노력과 연계하여, 사람들이 고향을 떠나도록 강요하는 부정적 원인과 구조적 요인을 최소화하는 것이 중요하다고 강조한다.[202] 그러나 사람들이 이동하는 경우 특정한 취약성의 지표가 있는 사람들은 식별되어야 하며,[203] 이동성은 양질의 일자리와 연계되어야 하고,[204] 차별은 철폐되어야 하며,[205] 포용과 사회통합을 촉진하고 장려해야 한다.[206] 또한 무엇보다 개발 계획에 이주를 통합하는 등으로 이주민과 디아스포라가 지속 가능한 개발에 충분히 기여할 수 있도록 지원해야 한다.[207]

이주 콤팩트는 실종된 이주민에 대한 생명을 구하고 국제적인 공조 노력을 구축하는 것이 중요하다는 것을 확인한다.[208] 통합적이고 안전하며 조율된 방식으로 국경을 관리하여 이주민이 법적 신원을 증명하고 적절한 서류를 갖추도록 보장하며 적절한 심사 메커니즘을 마련해야 할 필요성을 강조한다.[209] 국제적 보호가 필요하지 않거나 입국 및 체류에 대한 별다른 법적 근거가 없는 사람들의 귀환 및 재입국에 대한 협력의 중요성도 다룬다.[210] 정규적인 이주를 위한 유연한 경로의 사용을 장려하고 기술 및 자격의 상호 인정을 권장한다.[211]

난민 콤팩트와 마찬가지로 이주 콤팩트는 이러한 야심찬 의제를 달성하기 위해서는 '전 정부적 whole-of-government' 및 '전 사회적 whole-of-society'

---

202) Ibid., Objective 2.
203) Ibid., Objective 7.
204) Ibid., Objective 6.
205) Ibid., Objective 17.
206) Ibid., Objective 16.
207) Ibid., Objective 19.
208) Ibid., Objective 8.
209) Ibid., Objectives 4, 11, 12.
210) Ibid., Objective 21.
211) Ibid., Objectives 5, 18.

접근이 필요하다는 점을 인식하고 있는데,212) 이를 위해 이주민, 시민사회, 이주민 및 디아스포라 단체, 종교 기반 단체, 지역 조직 및 공동체, 민간 부문, 노동조합, 국회의원, 국가 인권 기관, 적십자 및 적신월사 운동, 학계, 언론 및 기타 관련 이익 단체의 참여가 요청된다.213)

　이 의제는 지원, 모니터링 및 검토를 위해, 유엔의 역량 강화 메커니즘, 이행과 후속 조치 및 검토에 대한 효과적이고 일관된 체계 차원의 지원을 보장하기 위한 유엔 사무총장 산하의 이주 관련 네트워크, 그리고 공식적으로 주기적인 검토가 이루어질 포럼을 요청한다.214) 사무총장은 격년으로 총회에 보고해야 하며, 이주와 개발에 관한 글로벌 플랫폼은 모범 사례들과 혁신적인 접근법을 드러내 줄 이행 플랫폼을 제공하게 된다.215) 필요한 진행 사항 검토는 국가가 주도해서 이루어져야 하는데, 이는 국가 정책 및 의사 결정이 효과적인 국제협력을 오랫동안 방해해 왔다는 시각을 암시하는 것으로 보일 수 있다. 마찬가지로 국제 이주 및 개발에 관한 고위급 대화 High-Level Dialogue on International Migration and Development는 '변경된 용도'에 따라 '국제 이주 검토포럼 International Migration Review Forum'으로 이름을 바꾸고 2022년부터 4년마다 정부 간 글로벌 플랫폼 회의 역할을 하며 '정부 간 합의'된 진행 선언을 작성하는 임무를 맡게 될 것이다.216) 모든 관련 이해관계자가 참여하게 되는지가 원칙에 부합하는 목표가 달성되었는지 여부를 판단하는 데 핵심적인 요소가 될 것이다. 이주 콤팩트 자체에서 인정하듯이, '성공은 콤팩트의 목표와 약속을 이행하려는 국가들의 상호 신뢰, 결단, 연대에 달려 있으며', 이는 '이정표'이기는 하지만 '상호 노력의 끝은 아니다'라고 할 수 있다.217)

---

212) Ibid., para. 15.
213) Ibid., para. 44.
214) Ibid., paras. 14, 43, 45, 49.
215) Ibid., paras. 46, 47.
216) Ibid., para. 49.

만약 국가들이 자신의 국경에서 실향을 맞닥뜨리게 되면 여전히 자국의 이해관계를 여전히 우선해서 고려할 수는 있겠지만, 그러한 국가 목표를 가장 잘 달성하기 위해서는 통상 다른 국가들과의 협력이 필요하다. 난민 현상에 대한 국제적 차원은 유엔 총회가 어떤 국가도 이에 대해 혼자서 책임을 져야 할 필요가 없다는 것을 받아들였을 때부터 인식되었다. 이 자명한 진리가 이주의 맥락에서도 똑같이 적용되는 것으로 받아들여지기까지 70년이 더 걸렸다.218) 최근 새롭게 부상하고 있는 원칙은 국가들이 국제 연대와 부담-분담의 원칙에 따라 협력하고, 원인에 대처하는 등으로 해결책을 촉진하며, 인종, 종교, 국적 또는 민족, 사회 집단 또는 정치적 의견의 사유로 박해를 받을 충분한 근거가 있는 두려움으로 인해 고통에 처해 자국으로 돌아갈 수 없거나 돌아갈 의사가 없는 사람들을 위해서 현지 통합 또는 재정착을 제공해야 한다는 것이다.219)

---

217) Ibid., para. 14.
218) 다음을 비교하라, UNGA res. 8(I) 'Question of refugees' (12 Dec. 1946) para. (c)(i) (경제사회이사회에 난민 문제가 '범위와 성격에 있어 국제적'이라는 원칙을 고려할 것을 권고함) 및 뉴욕 선언(주 57) para. 7은 난민과 이주민의 대규모 이동과 관련하여 '어떤 국가도 독자적으로 그러한 이동을 관리할 수 없다'는 점을 지적한다.
219) 국제적 이동성에 대한 하나의 대안적 접근은 다음을 보라, the Model International Mobility Convention https://mobilityconvention.columbia.edu/about.

11장 협약의 기준과 국내법에서의 이행

　난민의 지위와 처우를 규율하는 주요 조약들은 보편적이라고까지 할 수는 없더라도 폭넓은 지지를 받고 있지만, 실제로는 세계에 알려진 모든 난민을 포괄하지는 못하거나, 포괄하더라도 많은 사안에 대해 가장 기본적인 보장만을 제공한다. 그럼에도 불구하고 1951년 협약과 1967년 의정서는 널리 수용되고 있으며, 자격을 충족한다고 판단되는 난민에 대해 협약이 요구하는 혜택들은 실제 실행을 통해 종종 개선되고 지역 및 관련 기구의 조항을 통해 실질적으로 보완되거나 빈틈이 메워진다. 난민협약과 의정서는 난민에 대한 적절한 처우 기준을 고려할 때 출발점이 되며, 종종 이를 초과하기도 하지만 여전히 기저에서부터 보호에 대한 근본적인 원칙들을 선언하고 있는데, 이러한 원칙들 없이는 난민이 처한 곤경에 대한 만족스럽고 지속적인 해결책을 기대할 수 없다. 본 장에서는 체약국 영토 내에서 합법적이든 불법적이든 난민과 비호 신청자에게 적용되는 적절한 협약의 처우 기준을 결정하기 위해 이 조약들 및 관련 협약들의 조항을 간략히 살펴본다.[1]

---

1) 2021년 4월 30일 기준으로 149개국이 1951년 난민 및/또는 1967년 의정서를 비준했다. 당사국들의 명단은 서두의 '국가 목록'(xix)을 보라. 관련 조약의 원문을 온라인에서는 다음에서 확인하라, opil.ouplaw.com/view/10.1093/law/9780198808565.001.0001/law-9780198808565

1절 난민의 지위에 관한 1951년 난민협약과 1967년 의정서

난민에게 보장되어야 할 최소한의 권리를 명시한 1951년 협약의 중요성은 앞선 장들에서 반복해서 강조되었다. 시간이 흐르면서 이 협약의 조항들이 오늘날 난민 문제의 특정한 측면들을 다루기에는 부적절하다는 사실이 밝혀지기도 했으나,[2] 언제나 난민협약의 주요 취지는 보편적으로 받아들여질 해결책을 마련하는 것이었다기 보다는, 법적 지위와 처우 문제에 초점을 두고 이를 규율하는 것이었다. 난민협약은 그 기원을 1940년대 말과 1950년대 초 냉전 시대, 유럽 내 난민에 대한 관심이 집중되고 난민들이 거주국에 성공적으로 정착하기 위해 필요한 것이 무엇인지에 대한 지식과 경험이 이미 어느 정도 축적되어 있던 상황에 두고 있다. 협약의 많은 조항이 유럽적 성향을 띠고 있음은 협약 초안 작성과 채택에 참여한 26개 국가 중 17개 국가가 유럽 국가였고, 4개 이상의 국가는 서유럽/북미성향의 국가였다는 사실을 고려하면 쉽게 이해될 수 있다.[3] 하지만 1951년 협약이 여전히 모든 지역의 국가들 사이에서 비준과 지지를 받고 있다는 점에 주목해야 한다.

유엔 총회는 1950년 12월 14일 결의 제429(V)호에 따라 난민과 무국적

---

[2] 이 책 초판(1983년)에서 내린 이러한 평가는 비록 다른 이유에서 비롯된 것이었지만 오늘날에는 더욱 정당하다. 일부 국가들은 난민협약을 효율적인 '이주 관리'에 대한 일종의 걸림돌로, 또는 선진국으로 향하는 소수의 난민에게만 한정된 난민 심사에 필요한 재원을 마련하기 위해 최초 피난국의 자원을 전용하는 근거로, 또는 잠재적인 안보 위협으로 인식하기도 한다. 참조, Jackson, I. C., 'The 1951 Convention relating to Status of Refugees: A Universal Basis for Protection' (1991) 3 *IJRL* 403.

[3] 1951년 협약의 서구/유럽 중심주의에 대한 비판은 일반적으로 전권회의 참가 초청이 모든 유엔 회원국을 대상으로 했다는 점에 주목하지 않는다. 물론 당시 한 참가국이 지적했듯이, 많은 비유럽 국가들의 불참은 협약 제1조의 초기 방향 설정에 적지 않은 영향을 미쳤다. 다음을 보라, UN doc. A/CONF.2/ SR.3, p. 12 (Mr Rochefort). 추가적인 문헌은 주7을 보라.

자에 관한 협약의 초안을 작성하고 서명하기 위해 전권회의를 소집하기로 결정했으며, 1951년 7월 정식으로 회의를 개최했지만 초안 작성과 관련된 작업만 완료할 수 있었다.4) 전문은 경제사회이사회가 채택한 초안이었다는 점 제외하면,5) 전권회의에서는 1950년 8월 제네바에서 열린 난민 및 무국적자에 관한 임시 위원회 제2차 회의에서 채택된 위 위원회가 작성한 초안을 논의의 기초로 삼았는데,6) 그 중 제1조는 총회가 권고하고 결의 제429(V)호에 부속된 내용이다. 이 회의는 또한 여행 증명서, 가족결합, 비정부기구, 비호, 협약의 합의 범위 외 적용 등 5가지 권고안을 만장일치로 채택했다.

제2장에서 언급한 바와 같이, 제1조는 난민의 정의를 박해에 대한 충분한 근거가 있는 두려움 요건뿐만 아니라 기준일('1951년 1월 1일 이전에 발생한 사건'의 결과로 생긴 난민)을 정해 제한하고, 국가들이 난민에 대한 의무를 기준일 이전에 유럽에서 발생한 사건으로 한정하여 더욱 제한할 수 있는 선택지를 제공했다. 이 선택지에 대해 많은 논의가 있었지만, 그 취지는 종종 과장되어 설명된다.7) 1967년 의정서의 주요 목적은 기준일을 삭제

---

4) 제안된 의정서는 1954년 무국적자의 지위에 관한 협약의 기초를 형성했다: 360 UNTS 117은 추가적인 컨퍼런스를 거쳐 최종 확정되었으며 이 책 제13장에서 자세히 논의된다. 다음을 보라, Goodwin-Gill, G. S., 'United Nations Treaty-Making: Refugees and Stateless Persons', in Chesterman, S., Malone, D., & Villalpando, S., eds., *Oxford Handbook of United Nations Treaties* (2019) Ch. 22, 427.
5) ECOSOC res. 319 B II (XI) (11 Aug. 1950).
6) UN doc. E/1850. See also UN docs. E/1618, E/AC.32/2; Einarsen, T., 'Drafting History of the 1951 Convention and the 1967 Protocol', in Zimmermann, A., ed., *The 1951 Convention Relating to the Status of Refugees and its 1967 Protocol: A Commentary* (2011) 37; Robinson, N., *Convention relating to the Status of Refugees: A Commentary* (1953) 181-9, 190-214.
7) 1951년 7월 28일부터 1967년 12월 31일 사이에 협약을 비준한 51개 국가 중 절반 미만(22개)이 '유럽에서 발생한 사건'으로 한정하는 지리적 제한을 선택했다. 같은 기간동안에 비준한 21개 아프리카 국가 중 11개 국가가 이 제한을 선택했지만, 이 중 5개 국가가 1962년 12월 31일 이전에 '유럽 또는 다른 지역에서 발생한 사건'이라는

하는 것이었지만, 지리적 제한 선택지는 여전히 남아 있다.[8] 편의상 1967년 의정서는 1951년 협약을 '개정'한 것으로 종종 설명되지만, 실제로 그렇게 한 것은 아니었다. 의정서는 협약 제45조가 의미한 개정이 아닌 독립적인 조약이다.[9] 의정서 당사국들은 협약의 당사국이 되지 않고도 의정서를 비준하거나 가입할 수 있고,[10] 기산점이 생략된 것처럼 간주하면서 협약 제2조부터 제34조까지를 협약 제1조에 정의된 난민에게 적용하는 데 단순히 동의하는 것이다.[11] 일반적으로 두 조약 모두 유보가 허용되지만,[12] 제1조(정의), 제3조(차별금지), 제4조(종교), 제16조(1)(재판을 받을 권리), 제33조(강제송환금지) 등 특정 조항의 무결성은 절대적으로 보호된다.[13] 국

대안(b)을 선택했고, 일부 국가들은 비준 후 불과 몇 달 만에(카메룬, 중앙아프리카공화국, 토고) 이를 선택했기 때문에 22개국은 사실상 1/3인 17개국으로 줄었다.

8) 2021년 4월 30일 기준, 4개 국가가 지리적 제한을 유지하고 있다: 콩고, 마다가스카르, 모나코, 터키. 다음을 보라, *Multilateral Treaties deposited with the Secretary-General*, Ch. V, 'Refugees and Stateless Persons': https://treaties.un.org/Pages/Treaties.aspx?id=5&subid=A&clang=_en. 지난 판 이후 대부분 철회된 아래 유보 및 선언과 관련된 정보는 이 사이트에 기록된 정보를 기반으로 한다.

9) 일반적으로는 다음을 보라, Goodwin-Gill, 'United Nations Treaty-Making' (주 4); Weis, P., 'The 1967 Protocol relating to the Status of Refugees and some Questions of the Law of Treaties' (1967) 42 *BYIL* 39.

10) 카보베르데, 미국, 베네수엘라는 의정서에만 가입한 반면, 마다가스카르와 세인트키츠 네비스는 협약에만 가입했다. 예를 들어 의정서만 비준할 경우 분쟁 해결과 관련된 몇 가지 이점이 있다; 주13을 보라. 에스와티니(구 스와질란드)는 1969년에 의정서를 먼저 비준한 후 2000년에 협약을 비준했다.

11) 의정서 제1조. 지리적 제한에 관한 제1조(3)도 주목하라.

12) 일반적으로는 다음을 보라, Blay, S. K. N. & Tsamenyi, B. M., 'Reservations and Declarations under the 1951 Convention and the 1967 Protocol relating to the Status of Refugees' (1990) 2 *IJRL* 527.

13) 협약상 분쟁 당사자가 해당 사안을 국제사법재판소에 회부할 수 있는 조항(제38조)을 포함하는 제36-46조에 관한 유보는 더욱 금지된다. 의정서의 상응하는 조항(제4조)은 유보의 대상이 될 수 있으며, 보츠와나, 중국, 콩고, 엘살바도르, 가나, 자메이카, 르완다, 탄자니아, 세인트빈센트 그레나딘, 베네수엘라가 이러한 유보를 하였다. 유보를 규정한 의정서 제7조에 의해 제2조(유엔과의 협력)에 대한 유보가 가능한지는 분명하

가들이 한 여러 유보들의 유효성에 대해 의문이 제기되어 왔으며, 2007년 과테말라는 다른 국가들이 광범위성과 국내법과의 관계 문제로 인해 반대했던 유보를 철회했다.14)

1.1절 요청되는 처우의 기준

몇몇 전간기 협정들과 마찬가지로,15) 1951년 협약과 1967년 의정서의 목적은 강제송환금지와 같은 특정한 근본적인 권리를 확립하고 특정한 처우의 기준을 규정하는 것이다. 난민은 무국적자일 수 있고, 그 경우 법적으로 출신국 국민에게 부여되는 혜택을 보장받을 수 없다. 또는 국적을 보유하고 있더라도 난민이란 보호되지 않는 신분으로 인해 그러한 혜택을 받는 것이 현실적으로 불가능할 수도 있다. 따라서 난민협약은 최소한의 기준으로서 난민에게 적어도 외국인에게 일반적으로 부여되는 대우를 제공해야 한다고 규정한다.16) 최혜국 대우17)는 결사의 권리(제15조)18) 및 임금 노동

지 않다; 상응하는 협약 조항(제35조) 하에서는 유보가 분명히 허용됨에도, 실제로 이루어지지는 않았다; 참조, 페루의 의정서 비준 선언.
14) 몰타는 가입하면서 제7조(2), 제14조, 제23조, 제27조, 제28조의 적용을 완전히 배제하고, 제7조(3), 제7조(4), 제7조(5), 제8조, 제9조, 제11조, 제17조, 제18조, 제31조, 제32조, 제34조는 '몰타의 특수한 문제, 독특한 지위 및 특성과 양립할 수 있는 경우'로만 제한하는 유보를 하였다. 이러한 유보의 대부분은 2002년에 철회되었고, 나머지 유보(제23조, 제11조 및 제34조 관련)는 2004년에 철회되었다. 참조, 핀란드가 1989년 아동권리협약에 대한 다양한 유보에 대해 제기한 이의제기. *Multilateral Treaties deposited with the Secretary-General* (주 8) Ch. 4 'Human Rights'.
15) 난민협약 제37조는 동 협약에 의해 대체된 당사국 사이의 과거 협정들을 나열한다.
16) 제7조(1). 온두라스는 제7조를 '국가의 경제적, 사회적, 민주적, 안보적 필요를 고려하여 재량에 따라 적절하다고 판단되는 시설과 처우를 난민에게 제공해야 한다'는 의미로 해석한다. 제5조, 제6조, 제13조, 제18조, 제19조, 제21조, 제22조(2)도 주목하라; 자세한 내용은 아래 제26조에 대한 설명을 보라.
17) Goodwin-Gill, G. S., *International Law and the Movement of Persons between States* (1978) 186 및 주석, 그리고 인용된 문헌들.

에 종사할 권리(제17조 제1항)와 관련하여 요구된다. 후자는 실효적인 해결책을 모색하는 과정에서 항상 난민에게 중요한 문제였으나,19) 가장 많은 유보가 행사된 조항이기도 하다. 많은 국가들은 최혜국 대우에 대한 이러한 언급이 난민에게 특별한 관습 또는 지역 관습이나 경제 또는 정치적 협정의 혜택을 받을 자격을 부여하는 것으로 해석되어서는 안 된다고 강조했다.20) 또 다른 국가들은 최혜국 대우를 명시적으로 거부하고, 외국인에게 일반적으로 부여되는 대우 기준만을 적용하여 자신들의 의무를 축소하려 했고,21) 일부 국가는 제17조를 단지 권고사항으로 간주하거나,22) '법이 허용하는 한도 내에서'만 적용된다고 받아들인다.23)

마지막으로, 내국인과 동등한 대우가 부여되어야 하는 다양한 사안들이 있는데, 종교의 자유 및 자녀의 종교적 교육에 관한 자유(제4조); 저작권 및 산업소유권 보호(제14조); 재판을 받을 권리, 법률 구조, 소송비용(*cautio judicatum solvi*)의 담보 면제(사법적 보호)(제16조);24) 배급(제20조); 초등교육(제22조 제1항);25) 공공 구제(제23조);26) 노동법제와 사회보장(제24조

---

18) 참조, '해당 조항이 외국인 및 결과적인 난민이 정치 단체의 구성원이 되는 것을 금지하는 헌법 및 법률 조항과 상충되는 한'이라며 제15조의 수용을 제한한 에콰도르의 유보.
19) 이 책 제2장, 3.1절, 7절을 보라: 일할 권리에 관해서는 1.1.1절도 보라.
20) 앙골라, 벨기에, 브라질, 카보베르데, 덴마크, 핀란드, 이란, 라트비아, 룩셈부르크, 마다가스카르, 네덜란드, 노르웨이, 파푸아뉴기니(주 53 참조), 포르투갈, 스페인, 스웨덴, 우간다, 베네수엘라의 유보 현황을 보라.
21) 바하마, 온두라스, 아일랜드, 말라위, 몰도바, 모나코, 모잠비크, 스위스, 잠비아, 짐바브웨.
22) 오스트리아, 부룬디, 에티오피아, 라트비아, 몰도바(제17조 제2항), 시에라리온; 파푸아뉴기니는 제17조(1)과 관련하여 어떠한 의무도 지지 않는다.
23) 자메이카; 몰타, 멕시코, 스웨덴, 영국, 잠비아의 유보도 함께 보라.
24) 중국 (제16조 제3항); 동티모르는 제16조 제2항에 대해 유보했다.
25) 에티오피아, 말라위, 모나코, 모잠비크, 잠비아는 이 조항을 권고사항으로만 간주하며, 에스와티니, 파푸아뉴기니(자세한 내용은 주53 참조), 동티모르는 이 조항에 관한 어떠한 의무도 수락하지 않는다.

제1항);27) 및 재정상의 부과금(제29조)에 대해서다.

1.1.1절 처우, 고용 및 사회적 혜택의 평등

초대 국제연맹 난민최고대표 프리드쇼프 난센 Fridtjof Nansen 은 난민이 취업할 수 있도록 하는 것이 공적 재정의 부담을 덜어주는 데에도, 인간의 존엄성을 위해서도 매우 중요하다는 점을 인식했다. 언제나 내국인과 동등한 대우를 목표로 삼았음에도 현지 노동 시장에 대한 보호가 우선시되는 경향이 있었기에, 거주하는 난민과 무국적자에 대해서는 그러한 취지의 규제가 '엄격하게 in all their severity' 적용되지는 않아야 한다는 바람이 담긴 조항이 수차례 반복되었다.28) 이러한 접근법은 난민 협약의 1차 초안에도 반영되었는데,29) '정규적으로 거주'하는 난민에 대해 보다 진보적인 기준, 즉 최혜국 대우를 적용하자는 프랑스의 제안이 일반적인 동의를 얻었음에도 그러했다.30) 임시 위원회는 자국민과 동등한 대우를 보장하는 것은 과

---

26) 에스토니아, 이란, 동티모르, 모나코, 짐바브웨는 이를 권고사항으로만 간주하고 있으며, 몰타는 2002년까지 이를 수용하지 않았고, 캐나다의 제23조와 제24조의 '합법적 체재 lawfully staying'라는 문구에 대한 해석에 대해서는 추가로 주184를 보라.
27) 이 조항에 대해 캐나다, 에스토니아, 핀란드(제24조 제3항에 대해), 이란, 자메이카, 라트비아, 말라위, 몰도바, 모나코, 뉴질랜드, 스웨덴, 동티모르, 영국, 미국이 유보를 선언했다. 터키는 난민이 터키에서 터키 시민보다 더 큰 권리를 누릴 수 없다고 선언했다. 폴란드는 제24조 제2항을 수락하지 않았다.
28) 예를 들어 다음을 보라. 1928년 러시아 및 아르메니아 난민의 법적 지위에 관한 협정, para. 6: '외국인 노동에 관한 제한 규정을 거주국의 러시아 및 아르메니아 난민에게 엄격하게 적용하지 않을 것이 권장된다'. 1933년 난민의 국제적 지위에 관한 협약 제7조 및 1938년 독일에서 온 난민의 지위에 관한 협약 제9조는 각각 '엄격하게'라는 표현을 사용한다.
29) *Ad hoc* Committee on Statelessness and Related Problems. Status of refugees and stateless persons. Memorandum by the Secretary-General, Annex (Preliminary draft convention): UN doc. E/AC.322 (3 Jan. 1950) 34 (제13조 임금이 지급되는 직업).
30) 프랑스-Revision of draft art. 12 of document E/AC.32/L.3 (art. 13 of doc. E/AC.32/2): UN doc. E/AC.32/L.3/Corr.2 (25 Jan. 1950); Summary Record of the Twelfth

도하다는 견해였고,31) 미국 대표 헨킨은 '노동권이 없다면 다른 모든 권리는 무의미하다'고 생각했음에도, 다른 나라들에서는 상황과 인식이 다를 수 있다는 점을 인정했다.32)

유고슬라비아는 1951년 회의에서 공식적으로 내국민 대우를 제안했으나,33) 대부분의 국가는 여전히 반대했으며 최고대표조차도 이 제안이 난민에 대한 적대감을 촉발할 수 있다고 생각했다. 초안 작성자들은 난민에게 내국민과 동일한 노동권을 부여하는 것에 대해 '동정적인 고려' 이상의 약속을 하지 않았고, 결국 제안된 수정안은 부결되었다.34)

오늘날에도 규제적인 정책은 지속되고 있는데, 이런 정책이 종종 정당화되는 배경에는 단지 보호주의적 이유 뿐만 아니라 난민과 비호 신청자의 취업을 허용하면 지역 사회와의 유대가 강해져서, 추후 퇴거가 더 어려워진다는 인식도 있다.35) 난민과 비호 신청자가 국내 경제에 기여할 수 있음

Meeting: UN doc. E/AC.32/SR.12 (1 Feb. 1950) para. 49. 1933년 및 1938년 협약에 따라, 밀접하게 정의된 몇 가지 범주는 보다 관대한 대우를 받을 수 있었다; 다음을 함께 보라, 1951년 협약 제17조(2) 및 (3).

31) *Ad hoc* Committee on Refugees and Stateless Persons, Summary Record of the Thirteenth Meeting: UN doc. E/AC.32/SR.13 (6 Feb. 1950) paras. 3 (Mr Rain, 프랑스), 4 (Mr Henkin, 미국), 8 (Mr Rain, 프랑스), 12-17 (Sir Leslie Brass, 영국).
32) *Ad hoc* Committee on Refugees and Stateless Persons, Second Session, Summary record of the Thirty-Seventh Meeting: UN doc. E/AC.32/SR.37 (26 Sep. 1950) 12.
33) UN doc. A/CONF.2/31 (4 Jul. 1951); 유고슬라비아의 수정안은 독일에 의해 지지되었다.
34) UN doc. A/CONF.2/SR.9 (21 Nov. 1951) 4-5, 16 (16-1-4).
35) 노동 시장에 접근할 수 있게 허가하는 것만으로 난민들이 맞닥뜨리는 문제가 끝나는 것은 아니며, 자격 인정이 여전히 취업에 심각한 방해물로 남아 있다. 다음을 보라, NOKUT(Norwegian Agency for Quality Assurance in Education), '난민들의 자격 인정을 위한 툴킷': https://www.nokut.no/en/; Council of Europe, 'European Qualifications Passport for Refugees : https://www.coe.int/en/web/education/recognition-of-refugees-qualifications; UNESCO, 'What you need to know about the UNESCO Qualifications Passport for Refugees and Vulnerable Migrants' (15 Nov. 2019): https://en.unesco.org/news/what-you-need-know-about-unesco-qualifications-passport-refugees-and-vulnerable-migrants; ; Malgina, M., Schwitters, H., & Skjerven S. A., 'Preparing for recognition

에도 불구하고 이를 정책과 실행으로 전환시키는 것은 여전히 어려운 일이다. 유럽연합 내에서는 난민인정자들의 경우 자격 지침(개정본) 제29조에 따라 이 문제가 해결되지만, 비호 신청자를 포함한 다른 난민들은 여전히 노동권을 거부당할 수 있다.

2017년 아일랜드 대법원은 헌법상 비시민권자와 시민권자 모두 법 앞에서의 평등 원칙에 따라 노동권(또는 더 정확하게는 구직할 권리)과 같은 개인적 권리를 주장할 자격이 있다고 판결했다.36) 1996년 난민법에 따라37) 비호 신청자들은 전면적으로 취업이 금지되었는데 이는 아일랜드 시민에 대해서는 결코 정당화되기 어려운 것이었다. 오도넬 판사의 표현에 따르면, '해당 권리가 본질적으로 사회적 권리이며, 투표권처럼 시민들이 살고 있는 시민사회와 연관된 권리인지', 아니면 '그 권리가 인간 인격의 본질에 해당하는 것을 보호하는 것이어서 이를 부정하는 것은 인간으로서의 본질적 평등을 부정하는 것인지'가 문제였다.38) 노동권은 개인의 존엄성, 자유, 인격과 연관되어 있는데, 국가들은 분명히 비시민권자의 노동시장 접근을 규제할 권한이 있고 이는 일정한 경계를 함축한다.39) 그렇다면 시민과 비

---

     of refugees' qualifications', *University World News* (11 Jan. 2020): https://www.universityworldnews.com.

36) *N.V.H. v Minister for Justice and Equality* [2017] IESC 35. 이 판결이 *NHV v Minister for Justice and Equality*로 표기되기도 함을 유의하라.

37) Refugee Act 1996, s. 9(4). 이 법은 여전히 거의 동일한 조항이 포함된 the International Protection Act 2005 16(3)(b)에 의해 대체되었다.

38) *N.V.H. v Minister for Justice and Equality* (주 36) para. 14. 캐나다 대법원의 판시에 의하면, '일은 개인의 삶에서 가장 기본적인 측면 중 하나이며, 개인에게 재정적 지원 수단을 제공하고, 중요하게도 개인에게 사회에 기여할 수 있는 역할을 제공한다. 한 사람의 고용은 정체성, 자존감, 정서적 안녕에 필수적인 요소다. 따라서 어떤 개인이 일하는 환경은 개인의 존엄성과 자기 존중의 심리적, 정서적, 신체적 요소의 전체적인 개요를 형성하는 데 매우 중요하다': *Re Public Service Employee Relations Act* [1987] 1 SCR 313, paras. 90-1 (Dickson CJ and Wilson J), quoted in Murphy, C. & Ryan, D., 'Work, dignity and non-citizens: reflections from the Irish constitutional order' [2020] *Public Law* 30, 38.

시민이란 차이가 차별적 대우의 허용을 정당화하는지 여부가 문제되는데, 정책이 특정한 규제를 정당화할 수는 있지만, 절대적인 취업금지는 정당화될 수 없는데 특히 비호 신청의 심사 기간에 제한이 없는 경우에는 더욱 그렇다.[40] 이 판결은 여러 측면에서 법리적으로 중요하긴 하지만, 규제의 여지를 남겼고,[41] 법 앞에서의 평등 원칙에도 불구하고 비호 신청자들에게는 여전히 조건적인 취업 경로만 허용될 뿐이다.[42]

---

39) *N.V.H. v Minister for Justice and Equality* (주 36) paras. 15-16; the Court referred to *Botta v Italy* (1998) 26 EHRR 241, 256; Committee on Economic, Social and Cultural Rights, 'General Comment No. 18 on the right to work': UN doc. E/C.12/GC/18 (6 Feb. 2006) para. 1. 다음도 함께 보라, 'Duties of States towards refugees and migrants under the International Covenant on Economic, Social and Cultural Rights. Statement by the Committee on Economic, Social and Cultural Rights': UN doc. E/C.12/2017/1 (13 Mar. 2017); Edwards, A., 'Article 17 1951 Convention', in Zimmermann (주 5) 951.

40) *N.V.H. v Minister for Justice and Equality* (주 36) paras. 17-19. 신청인은 8년 이상 기다렸다. 영국에서는 난민이 아닌 외국인의 취업과 관련된 사건에 대해 다소 다른 접근 방식을 취했는데, 법원은 정부가 체류 기간이 제한된 개인에게 거주 허가증 *biometric residence permit*을 2년이 지나서 발급했다는 것에 주목했다. 비록 노동권 자체가 1950년 유럽인권협약 제8조에 의해 보호된다는 직접적인 근거는 없었지만, '개인이 일할 수 있는 권리를 완전히 또는 실질적으로 박탈당한 경우, 적어도 제8조 제1항의 관련성은 주장될 수 있다.' 이 상황에서 정부가 작성한 정책 문서에 따르면 어떤 영국 고용주도 신청인을 합법적으로 고용할 수 없었으며, 따라서 신청인이 가능한 모든 고용 기회를 박탈당했다는 것은 필연적으로 추론되었다: *Hans Husson v Secretary of State for the Home Department* [2020] EWCA Civ 329, paras. 35-7. 다음도 함께 보라, para. 42-64에 있는 주의의무에 대한 법원의 논의.

41) 다음을 보라, Murphy & Ryan (주 38) 38-40.

42) 2018년에 아일랜드는 EU 접수 지침(개정본)을 국내법으로 전환 *transpose* 했는데, 이 지침 제9조에 따르면 회원국은 1차 심사 결정이 아직 내려지지 않았고 심사 지연이 신청자의 책임이 아닌 경우, 비호 신청자가 보호 신청 후 9개월이 도과하기 전에 노동시장에 실효적으로 접근할 수 있도록 보장해야 한다. 다음을 보라, Directive 2013/33/EU of the European Parliament and of the Council of 26 June 2013 laying down standards for the reception of applicants for international protection (recast): [2013] OJ L180/96; Ireland: European Communities (Reception Conditions) Regulations

그렇지만, 이 원칙은 협약 제23조 상의 공공 구제와 관련해서는 직접적으로 등장한다.43) 오스트리아의 2005년 비호법은 난민 지위를 부여받을 경우 3년 동안 유효한 '임시' 거주권을 주었고, 그 기간 동안 철회 절차가 개시되지 않을 경우 이를 무기한 연장할 수 있도록 했다. 그 결과 영주권을 가진 난민은 내국인과 동등한 대우를 받았지만, 소위 임시 거주권을 가진 난민은 '비호'를 받았음에도 불구하고 최소한의 생계비만 지원받았다. 이러한 차별에 대한 이의 제기는 유럽연합사법재판소로 넘어갔고, 유럽연합사법재판소는 예외 없는 평등 대우라는 일반 원칙을 확인했다.44) 사회보장 수급 자격은 난민 지위에 따라 결정되는 것이지, 거주 허가의 발급 여부나 유효성 또는 최근에 도착한 난민과 오래 거주한 난민 간의 차이에 따라 결정되면 안된다.45) 오직 객관적인 차이만이 차별적 대우를 정당화할 수 있으며, 최근에 도착한 사람들에 대해서만 지원을 제한하는 것은 적절한 대응이 아니었다.46)

2018: SI 2018/230; Ireland: International Protection Office, Addendum 1 to Information Booklet for Applicants for International Protection (IPO 1), 'Access to the Labour Market': http://www.ipo.gov.ie/.

43) 제23조: '체약국은 합법적으로 그 영역 내에 체재하는 난민에게, 공공구제와 공적 원조에 관하여 자국민에게 부여하는 대우와 동일한 대우를 부여한다'. 차례로, 유럽연합 자격지침(개정본)은 다음과 같이 꼼꼼하게 규정하고 있다: '회원국은 국제적 보호의 대상자가 그러한 보호를 부여한 회원국에서 해당 회원국의 국민에게 제공되는 것처럼 필요한 사회적 지원을 받도록 보장해야 한다.' 그러나 보완적 보호의 대상자는 덜 우대받는다: 제29조(2). 다음도 함께 보라, Lester, E., 'Article 23 1951 Convention', in Zimmermann (주 5) 1043.

44) Case C-713/17 *Ahmad Shah Ayubi v Bezirkshauptmannschaft Linz-Landi* (Third Chamber, 21 Nov. 2018) paras. 15-16, 19-24.

45) Ibid., paras. 19-24.

46) Ibid., paras. 31-2. 2018년 오스트리아 헌법재판소는 지난 6년 중 총 5년 동안 오스트리아에 합법적으로 거주하지 않은 사람들에 대한 혜택을 축소한 로어 오스트리아 주 사회복지법과 관련하여 유사한 결정을 내렸다. 무엇보다도 재판소는 1951년 협약 제23조와 지침 2011/95의 제29조를 원용하며, 난민을 다르게 대우할 사실적 근거가 없

협약 조항을 해석할 때 맥락에 따라 잘 적용되기만 한다면, 평등 대우 원칙은 보호 기준을 발전시킬 잠재력을 가지고 있고, 성공적인 정착과 통합이라는 목표를 향해 나아갈 수 있게 한다. 하지만 이 원칙이 헌법적 지위를 갖는 경우에도 그 길은 쉽지 않을 것이며, 실제로 평등에 기초한 노동권이 있을 수 있음에도, 이를 오로지 협약만을 근거로 명확하게 도출하긴 쉽지 않다.47)

1.2절 난민이란 지위에 근거하여 난민들에게 적용되는 기준

제1조의 정의 조항은 유보 대상에서 제외되었지만, 3개 국가는 난민 지위 신청에 영향을 미칠 수 있는 선언을 했다. 예를 들어, 네덜란드는 협약 비준 시 1949년 12월 17일(인도네시아 독립일) 이후에 네덜란드로 이송된 암본인 Ambionese 들은 난민 자격이 없는 것으로 간주한다고 선언했다. 한편, 터키는 서명 시 '터키에 입국할 수 없어 다른 체약국의 영토에서 피난처를 구할 수 있는 터키계 불가리아 난민들'에게도 협약이 적용되어야 한다고 생각한다고 발언했다.48) 소말리아는 다소 부자연스럽게 자국의 협약

다고 지적했다: Case No. G 136/2017-19 ua, Verfassungsgerichtshof (7 Mar. 2018) para. 3.2; 재판소는 해당 법률이 오스트리아 헌법 제7조 및 모든 형태의 인종차별철폐에 관한 국제협약의 이행에 관한 연방법 제1조(1)의 평등 원칙에 위배된다고 결정했다: paras. 4, 6; *Ergebnis*, para. 1. 영문 요약은 *Refworld*.

47) 자세한 내용은 다음을 보라, Zetter, R. & Ruaudel, H., 'Refugees' Right to Work and Access to Labor Markets-An Assessment', Parts 1 & 2 (2016): www.knomad.org; Garner, A., 'Arrested Development? UNHCR, ILO, and the Refugees' Right to Work' (2014) 30(2) *Refuge* 15; Council of Europe, Parliamentary Assembly, 'Refugees and the right to work', res. 1994 (11 Apr. 2014); Committee on Migration, Refugees and Displaced Persons, Report, doc. 13462 (24 Mar. 2014).

48) 1989년, 32만명의 터키계 불가리아인들이 실제로 터키로 건너갔다; 이 책 제4장, 2.5.1절을 보라. 비준시 터키는 또한 제1조C의 '다시 받고 *re-availment*' 및 '회복(재취득) *re-acquisition*'이라는 용어가 해당 개인의 요청뿐만 아니라 이에 대한 해당 국가의 동

가입이 '외국의 지배하에 있는 소말리아 영토에서 실향한 사람들의 국민으로서의 지위나 정치적 열망'에 피해를 주거나 불리하게 영향을 미치는 것으로 해석되어서는 안 된다고 선언했다.49) 유보에 해당하지 않는 이러한 명백한 정치적 발언들은 일반적으로 난민협약의 적용이나 난민 정의의 해석에 실질적인 영향을 거의 미치지 않은 것으로 보인다. 그러나 흥미로운 것은 포르투갈이 1999년에 의정서를 마카오로 확대한 것인데, 이는 포르투갈과 중국 정부간 통보를 통해 확인되었다. 중국은 마카오에 대한 주권을 재개하면서 중국의 유보에 따라 마카오 특별행정구에도 이 협약이 적용될 것이라고 통보했다.50)

더욱 중요한 것은 국가들마다 난민들에게 난민협약이 난민이란 지위를 근거로 정한 혜택과 처우 기준을 수용하고 적용할 준비가 되어 있는 정도가 서로 다르다는 점이다. 예를 들어, 제8조는 단지 그들의 국적을 이유로 난민에게 영향을 미칠 수 있는 예외적 조치를 난민에 적용하지 않게 하려는 불완전한 시도를 보여준다. 몇몇 국가는 이에 대해 유보를 하였는데, 그 중 일부는 자국의 관련 의무를 완전히 배제하고, 일부는 해당 조항을 권고사항으로만 간주하며, 또다른 일부는 국가 안보를 위해 국적에 근거한 조치를 취할 권리를 명시적으로 유지했다.51) 실제로 제9조는 특정인에 대해 국가 안보를 이유로 '특정 개인이 사실상 난민인가의 여부, 또한 그 … 조치를 계속 적용하는 것이 국가안보를 위하여 필요한 것인가의 여부를 체약

의까지 포함한다는 것으로 이해한다고 하였다.
49) 1979년 에티오피아는 '외국의 지배하에 있는 소말리아 영토가 존재하지 않기 때문에 이 선언을 유효한 것으로 인정하지 않는다'며 반대했다. 1999년에 비준한 조지아는 '조지아의 영토적 완전성이 완전히 회복되기 전에는 이 협약은 조지아의 관할권이 행사되는 영토에만 적용된다'고 명시했다.
50) 영국은 협약이나 의정서를 홍콩에 적용하지 않았고, 중국도 홍콩 특별행정구에 협약이나 의정서를 적용하지 않았다.
51) 에티오피아, 피지, 이스라엘, 자메이카, 라트비아, 마다가스카르, 스페인, 스웨덴, 우간다, 영국이 유보하였다.

국이 결정할 때까지' 국가들이 '잠정조치 provisional measures'를 취할 수 있는 권리를 명시적으로 인정하고 있다. 그렇지만 이 정도의 내용만으로는 일부 국가들이 유보를 통해 권한을 지키려고 하는 시도를 방지하지는 못했다.52) 난민의 이동의 자유를 동일한 사정하에서 일반적으로 외국인에게 부여되는 것과 같은 정도로 규정하고 있는 제26조에 대한 각국의 대응을 봐도, 비슷한 우려를 금할 수 없다. 17개 국가가 제26조를 유보하고 이 결정을 계속 유지하고 있으며, 그 중 절반 정도는 일반적으로 또는 국가안보, 공공질서(ordre public) 또는 공익을 이유로 거주지를 지정할 국가의 권리를 명시적으로 유지하고 있다.53) 부룬디는 많은 아프리카 국가들이 공유하고 있는, 1969년 아프리카 단결기구 협약에서 반복54)된 우려를 반영하여, 난민이 (a) 출신국과 국경을 접한 지역에서 거주지를 선택하지 않고, (b) 자유롭게 이동할 권리를 행사할 때 어떤 경우에도 자신이 국민인 국가에 대한 전복적인 성격의 활동이나 침입을 자제한다는 조건 하에서 제26조의 의무를 수용한다고 선언했다.55)

---

52) 앙골라, 에티오피아, 피지, 자메이카, 마다가스카르, 우간다, 영국이 유보하였다.
53) 앙골라, 부룬디, 라트비아, 말라위, 멕시코, 몰도바, 모잠비크, 네덜란드, 르완다, 스페인, 수단, 잠비아, 짐바브웨가 유보하였다. 보츠와나는 여러 조항에 대해 '광범위한' 유보를 했고, 이란은 제26조를 일종의 권고로만 간주하였고, 파푸아뉴기니는 구체적이고 배타적으로 '호주 정부가 파푸아뉴기니로 이송한 난민과 그 사람들에 대한 해당 조항들에 규정된 의무를 수락'한다며, 제17조(1), 제21조, 제22조(1), 제26조, 제31조, 제32조, 제34조에 대해 '의무가 없다'는 취지의 유보를 부분적으로 철회했다. 1951년 회의에서는 노동 계약 또는 집단 정착 계획에 따라 입국한 난민이 특정 기간 동안 특정 직업에 머물러야 하는 경우에는 제26조는 침해되지 않는다고 설명되었다: UN doc. A/CONF.2/SR.11 (22 Nov. 1951), 16. 또한, Robinson은 '일반적으로 외국인들에게 그렇게 하지 않더라도, 난민을 특별한 캠프나, 특별한 지역에 수용해야 하는 특수한 상황'은 제26조의 위반이 아니라고 보았다: Zimmermann (주 5) 133, 주 207.
54) 제2조(6) 및 제3조.
55) Sharpe, M., *The Regional Law of Refugee Protection in* Africa (2018) 80–3; Cantor, D. & Chikwanha, F., 'Reconsidering African Refugee Law' (2019) 31 *IJRL* 182, 198–201, 207–11, 227–30; Corliss, S., 'Asylum State Responsibility for the Hostile Acts

아직 더 검토되어야 할 주요 조항들은 크게 두 부류로 분류할 수 있다. 첫째, 당사국들이 난민에게 특정 편의를 제공하기로 합의한 조항들과 둘째, 당사국들이 난민을 위한 특정 '권리'를 인정하고 보호하기로 약속한 조항들이다. 첫 번째 부류에는 행정적 원조의 제공(제25조);[56] 신분증명서의 발급(제27조);[57] 여행증명서 발급(제28조);[58] 자산의 이전 허가(제30조), 귀화 장려(제34조)가 포함된다.[59] 두 번째 부류에는 다음과 같은 구체적인 '권리'들[60] 즉, 개인적 지위의 법률에 의한 인정(제12조);[61] 불법 입국 또는

---

of Foreign Exiles' (1990) 2 *IJRL* 181.
56) 선서진술서 *affidavits* 및 선언서 *statutory declarations* 가 공식 문서를 대신할 수 있는 일부 커먼로 국가들은 이를 유보하고 있다(예: 피지, 아일랜드, 자메이카, 우간다, 영국). 에스토니아와 스웨덴도 자신의 의무를 제한하고 있으며, 핀란드는 2004년에 유보를 철회했다; 1.2.1절을 보라.
57) 다음을 보라, 국가들이 이러한 서류를 제공하고 비호 신청자에게 임시 서류를 발급할 것을 권고하는 집행위원회 결정 제35호 (1984); 다음도 함께 보라, UNHCR, 'Identity Documents for Refugees': EC/SCP/33 (Jul. 1984); *Report*of the Sub-Committee of the Whole on International Protection: UN doc. A/AC.96/649 & Add.1, paras. 22-30- 대규모 유입 상황에서의 등록 및 문서화는 이어지는 사례별 심사를 침해하지 않아야 함을 부수적으로 주목함: paras. 29-30. 추가로 1.2.2절도 함께 보라.
58) 핀란드는 자신의 여행증명서 발급 의무를 인정하지 않되, 다른 체약국이 발급한 여행증명서의 효력은 인정하기로 합의했던 유보를 2004년에 철회했다. 이스라엘은 자국의 여권법에 규정된 규제 하에서 여행증명서를 발급하는 데 동의한 반면, 잠비아는 자국 출신 난민이 다른 국가에서 받아들여진 경우, 그 난민에게 귀환조항이 포함된 여행증명서를 발급해 줄 의무가 없다고 간주한다. 에스토니아는 1997년에 비준한 후 5년 동안 자신의 의무를 제한했다. 자세한 내용은 1.2.3절을 보라.
59) 온두라스, 말라위, 모잠비크, 에스와티니는 외국인에게 통상적으로 제공되는 편의보다 더 유리한 어떠한 편의도 난민에게 제공할 의무를 인정하지 않으며, 파푸아뉴기니와 라트비아는 이에 대한 어떠한 의무도 인정하지 않는다.
60) 제10조는 제2차 세계대전 중에 일어난 사건들로 인해 영향을 받은 특정 유형의 거주지를 보호하는 내용의 조항으로서 더 이상 문제 되지 않는다; 다음을 보라, Schmahl, S., 'Article 10 1951 Convention', in Zimmermann (주 5) 805. 난민 선원에 관한 조항들은 다음을 보라, Bank, R., 'Introduction to Article 11' 및 'Article 11 1951 Convention', in Zimmermann (주 5) 815, 853.
61) 난민의 개인적 지위는 난민의 주소지 또는 거소지 국가의 법률에 의해 규율된다는

체류에 대한 처벌 면제(제31조);[62] 추방에 대한 제한(제32조);[63] 및 강제송환금지의 혜택(제33조)이 포함된다.

1.2.1절 행정적 원조: 제25조

1951년 협약의 초안 작성자들은 난민들이 신분증명서 없이 비호를 구하는 국가에 도착하는 경우가 많다는 사실을 알고 있었다. 난민의 존엄성과 완전성의 본질적 요소로서 신원에 대한 필요성의 인식은 협약, 특히 제25조, 제27조, 제28조에 반영되었다. 세 조항은 함께 작동할 때, 난민의 신원 및 서류에 대한 자격을 보호하는 단일한 체계를 구성한다.

제25조의 기원은 난민 문제를 해결하기 위한 국제연맹의 초기 노력에서부터 찾을 수 있다. 예를 들어, 1926년 국제연맹이 체결한 러시아와 아르메니아 난민에 관한 협정은 난민의 신원과 '지위'를 증명하는 것을 목적으로 특별히 구성되었다.[64]

1951년 협약 제25조는 이러한 실행을 이어받아 국가들이 특정 상황에서 난민에게 특정한 행정적 원조의 제공을 '조치 shall arrange'하도록 규정하

것이 일반적인 원칙이다. 스웨덴은 개인적 지위가 국적법의 적용을 받는다고 주장하며, 보츠와나와 이스라엘은 제12조를 수용하지 않는 반면, 스페인은 제12조 제1항에 대해서만 유보하였다.

[62] 온두라스는 제23조 및 제31조에 관한 유보를 2013년에 철회했다. 파푸아뉴기니는 호주에서 이송된 난민과 관련된 경우를 제외하고 제31조에 대한 어떠한 의무도 수락하지 않는다. 보츠와나는 유보하였고, 멕시코는 제26조와 제31조(2)에 대해서 유보했다. 자세한 내용은 1.2.4절을 보라.

[63] 보츠와나와 파푸아뉴기니(호주에서 이송된 난민은 제외하고)는 수락하지 않았다. 멕시코는 과거에 강제송환 금지 원칙에 대한 준수를 침해하지 않는다면서 자국 헌법 제33조를 참조하여 제32조에 대해 유보하였는데, 2014년에 이를 철회했다. 자세한 내용은 1.2.5절을 보라.

[64] 러시아 및 아르메니아 난민에 대한 신원 증명서 발급에 관한 협정 (1926년 5월 12일): 89 LNTS 47 No. 2004. 다음도 함께 보라, 러시아 및 아르메니아 난민의 법적 지위에 관한 협정(1928년 6월 30일): 89 LNTS 55 No. 2005.

고 있다.65) 또한 체약국들은 특정 문서를 '발급하거나, 발급받도록' 하여야 하며, 그러한 문서는 국제 문서를 '대신하는 것으로 하고', '반증이 없는 한 신빙성을 가진다'고 규정하고 있다. 이 조항은 서비스 수수료가 '타당해야 한다'고 요구함으로써 마무리된다.

1951년 협약 초안을 작성한 임시 위원회가 행정적 원조에 관한 조항을 논의할 때 국제난민기구를 대표한 폴 바이스는 이 조항이 커먼로 국가들에서 특별한 문제를 일으키지 않을 것이라고 지적했다. 그는 선서진술서 증거를 받아들이는 관행 때문에 '난민을 보호하기 위한 새로운 입법이나 행정 절차가 필요하지 않았다'고 말했다.66) 영국을 포함한 일부 커먼로 국가들이 실제로 이 조항을 유보하긴 했지만,67) 준비문서를 보면, 1950년 임시 위원회 회의와 1951년 회의에서 영국의 실제 의도는 선서 진술서라는 단순한 제도적 수단을 통해 커먼로에 의해 상세하고 충분히 보장되기에 영국은 이행 입법을 제정할 필요가 없다는 것이었음을 분명히 알 수 있다.68)

임시 위원회 보고서는 행정적 원조에 관한 조항 초안의 목적과 취지를 더욱 명확히 했다:

[난민은 출신국 행정청의 보호와 지원을 받을 수 없다. 따라서 비호국 정부가 난민에게 외국인이 누리는 것과 동등하거나 그 이상의 처우가 보장되는 지위를

---

65) 추가로 다음을 보라, Lester, E., 'Article 25 1951 Convention', in Zimmermann (주 5) 1129.
66) *Ad hoc* Committee on Statelessness and Related Problems, UN doc. E/AC.32/SR.19 (8 Feb. 1950) 4, 6; Weis는 이후 유엔난민기구의 첫 법률 고문이 되었다. Mr Hoare (영국), Conference of Plenipotentiaries on the Status of Refugees and Stateless Persons, UN doc. A/CONF.2/SR.11 (22 Nov. 1951) 15.
67) 예를 들어 에스토니아, 피지, 아일랜드, 자메이카, 우간다, 스웨덴 및 영국의 유보를 보라.
68) *Ad hoc* Committee on Statelessness and Related Problems, Summary Record of the 19th Meeting, UN doc. E/AC.32/SR.19 (8 Feb. 1950) 2-6.

부여하더라도 일부 국가에서 난민은 자신에게 부여된 권리를 누릴 수 있는 위치에 있지 않을 수 있다. 그는 국적을 가진 사람에게 국적국 행정청이 수행하는 서비스를 자신을 위해 수행할 기관의 도움을 종종 필요로 할 것이다.[69]]

임시 위원회는 초안 조항 중 제2항에 대한 의견에서 이 조항은 국적국의 사법이나 행정 당국, 또는 영사 당국이 자국 국적을 가진 사람에게 일반적으로 제공하는 서류와 증명서를 행정청이 난민에게 발급할 것을 요구한다고 설명했다. 한 각주는 관련 문서 유형의 예를 들고 있는데, 이는 난민의 신원 및 지위, 가족 지위 및 시민권 지위, 출신국에서 발행된 문서의 정규성, 유효성 및 해당 출신국의 과거 법률과 일치성에 대한 증명서, 난민의 서명 및 자국어로 작성된 문서의 사본 및 번역본, 난민의 과거 기록, 전문 자격, 대학 학위, 졸업장 등의 증명서다.[70]

1951년 회의에서 영국 대표는 자신은 이 논의에 참여하지 않았다고 말했다.

[영국에서는 커먼로가 적용되며 그 결과로, 난민이 영국에서 권리를 행사할 수 있도록 하기 위해서라면 앞에서 언급된 서류들은 …. 굳이 필요하지 않다는 이유 때문이다. 선서 진술서로 충분할 것이다. 영국 대표단은 특히 현재 초안대로 제2항이 통과되면 대륙법 체계 하에서 국가 당국들이 발급하는 서류들을 영국 당국이 의무적으로 제공해야만 하기 때문에, 영국의 입장을 명확히 하기 위해 유보를 해야할 수도 있다. 이러한 의무는 영국 정부로서는 받아들일 수 없는 것이다.]

---

69) UN doc. E/1618, 53, Annex II, 'Comments of the Committee on the Draft Convention relating to the Status of Refugees', 53.
70) Report of the *Ad hoc* Committee on Statelessness and Related Problems, UN doc. E/1618 and Corr.1 (17 Feb. 1950) Comment on draft art. 20. 이 목록은 1928년 협정에서 최고대표에게 발급하도록 권고한 문서들의 목록을 거의 그대로 인용하고 있다 (주 28).

그러나 그는 자신이 조문의 일반적인 방향 자체에는 결코 반대하지 않는다는 점을 강조하려 했다.71) 제25조에 대해 유보하면서 영국은 제1항과 제2항에 포함된 의무를 이행할 것은 약속할 수 없지만, 법이 허용하는 한 제3항의 조항의 적용에는 동의할 수 있다고 선언한다. 이 유보에 대한 영국 자신의 설명은 다음과 같다.

[영국에는 제25조에 규정된 행정적 원조를 위한 어떠한 준비도 없었으며, 난민에 대해서만 그러한 별도의 준비가 필요한 것으로 밝혀지지도 않았다. 해당 조항 제2항에 언급된 서류 또는 증명의 필요성은 선서 진술서로 충족될 수 있다.72)]

그럼에도 불구하고 초안 작성자들은 구체적인 원조가 없으면 난민들이 협약에서 부여한 권리를 누리지 못할 수 있다고 우려했다. 벨기에 대표의 말처럼 이 조항은 재량에 맡길 수 없는 조항이었다.73) 임시위원회는 난민에게 발급되는 서류는 신뢰할 수 있고 권위 있는 것이어야 한다는 점을 인정하고 체약국이 '발급된 서류에 … 국적국의 권한 있는 기관이 발급한 것과 동일한 효력을 부여'할 것을 제안했다.74) 이는 1951년 회의에서 '반증이 없는한 신빙성을 가진다'로 수정되었는데, 이는 '원본' 문서에 비해 당연히 더 낮은 수준의 유효성 기준이다. 이러한 '낮은 증거력'은 제25조에 따라 발급된 '문서'가 당연히 원본은 아니라는 상황적 요인이 내재 된 것이기도 하지만, 이 기준에는 커먼로 국가에 익숙한 선서 진술서 증거에 대한 경험

---

71) 1951 Conference, Summary Record of the 11th Meeting, UN doc. A/CONF.2/SR.11 (22 Nov. 1951) 8; 벨기에 대표 및 최고대표의 발언, ibid., 6-8도 함께 보라.
72) 다음을 보라, *Multilateral Treaties deposited with the Secretary-General* (주 8) Ch. V, 'Refugees and Stateless Persons'.
73) Mr Herment (벨기에), 1951 Conference, UN doc. A/CONF.2/SR.11 (22 Nov. 1951) 11-16, at 12, 14.
74) Report of the Ad hoc Committee on Statelessness and Related Problems: UN doc. E/1618 and Corr.1 (17 Feb. 1950) Comments to (then) draft art. 20.

과 선서하에 제공된 증거는 진실한 것으로 추정되어야 한다는 법적 원칙도 반영되어 있다.[75] '신빙성'의 기준은 또한 체약국의 이익을 보호하는 데에도 기여하는데, 체약국은 나중에 상반되는 증거에 근거하여 당해 문서에 의해 부여된 혜택을 무효화하거나 수정할 수 있기 때문이다.

1.2.2절 신분증명서: 제27조

제27조는 체약국이 '그 영역 내에 있는 난민으로서 유효한 여행증명서를 소지하고 있지 아니한 자에게 신분증명서를 발급'해야 한다는 단호한 의무를 규정하고 있다.[76] 이 의무에는 예외가 없으며, 준비문서는 이 조항이 혜택을 받을 대상으로 모든 난민을 상정하는 의도를 가지고 있었음을 명확히 하고 있다.[77] 게다가, 제27조는 국가가 유보할 수 있는 조항들의 범주에 포함됨에도[78], 어떤 당사국도 이에 대해 유보하지 않았다.

난민을 위한 신분증명서 문제는 1950년 2월과 8월 임시위원회의 두 회의 모두에서 검토되었다. 사무국은 '각 체약국은 자국 영토에 정규적으로 거주하는 난민에게 1년 이상 유효한 난센 증명서를 발급할 것을 약속한다'

---

75) 따라서 신청자가 특정 주장이 진실임을 선서하면, 그 진실성을 의심할 만한 이유가 없는 한 그 주장이 사실로 추정된다: Cameron, H. E., *Refugee Law's Fact-Finding Crisis: Truth, Risk, and the Wrong Mistake* (2018) 79–90; *Durrani v Canada (Citizenship and Immigration)* 2014 FC 167; *Maldonado v Minister for Employment and Immigration* [1980] 2 FC 302, 305, cited with approval in *Sathanandan v Canada (Minister of Employment and Immigration)* (1991) 15 Imm LR (2d) 310 (Federal Court of Appeal), *Fajardo v Canada* (1993) 21 Imm LR (2d) 113, and *Siad v Canada* [1997] 1 FC 698.
76) 자세한 내용은 다음을 보라, Vedsted-Hansen, J., 'Article 27 1951 Convention', in Zimmermann (주 5) 1165.
77) *Ad hoc* Committee on Refugees and Stateless Persons, UN doc. E/AC.32/SR.38 (26 Sep. 1950) 23-5.
78) 1951년 협약 제42조(1)은 제1조, 제3조, 제4조, 제16조(1), 제33조, 제36-46조 외의 조항에 대한 유보를 허용한다.

는 1933년 난민의 국제적 지위에 관한 협약 제2조의 선례를 인용하면서,[79] 다음과 같이 언급했다: '신분증과 거주 허가증의 역할을 겸용하는 다양한 명칭의 신분증명서를 발급하는 것이 일반 원칙이다'.[80]

벨기에 대표는 불법으로 국가 영토에 있는 난민에게 서류를 발급하는 것에 대해 약간 주저하였으나, 미국 대표인 헨킨과 국제난민기구 대표 바이스는 '모든 난민에게 신원을 증명하는 일종의 서류를 제공해야 한다'는 입장을 확인했고,[81] 결국 이것은 받아 들여졌다.[82]

1.2.3절 협약상 여행증명서: 제28조

1951년 협약 제28조는 국제연맹 시기에 시작된 난민에 대한 여행증명서 발급 실행을 유지하고 있으며, 제2항에서 이전 협약에 따라 발급된 서류가 계속 유효하게 인정되도록 규정하고 있다.[83] 제28조는 '체약국은 합법적으

---

79) 제2조, 1933년 난민의 국제적 지위에 관한 협약, 159 LNTS 199 No. 3663.
80) *Ad hoc* Committee, Draft Report, UN doc. E/AC.32/L.38 (15 Feb. 1950).
81) *Ad hoc* Committee, Summary Records, UN docs. E/AC.32/SR.15, paras. 57-129 (첫 번째 회기 토론은 거의 독점적으로 거주 및 안보 문제만을 다루었음); E/AC.32/SR.38, 23-5(토론에서 캐나다의 의견을 보면 신분증명서와 여행 또는 재입국 증명서 사이에 약간의 혼동이 있음을 시사함: 23); E/AC.32/SR.41, 20(초안 조항은 프랑스어 본문에서 '신분증 *Pièce d'identité*' 문구를 '신원확인서 *Carte de légitimation*'으로 대체하여 채택됨); E/AC.32/SR.42, 11-35(주로 프랑스어 문구인 '합법적으로 체류하는 *résidant régulièrement*'의 의미를 논의함). Weis는 '서류가 없는 사람은 그 이유만으로도 체포 대상이 될 수 있다'고 언급했다: UN doc. E/AC.32/SR.38 (26 Sep. 1950) 24, 그렇지만, 신분증명서 발급이 불법으로 있는 사람을 추방할 수 있는 정부의 권리를 침해하는 것은 아니라고 인정했다.
82) 다음도 함께 보라, UNHCR, 'Identity Documents for Refugees', EC/SCP/33 (20 Jul. 1984) paras. 3, 4-8, 10, 12; 또한, 집행위원회 결정 제35호 (XXXV), 'Identity Documents for Refugees' (1984); No. 91, 'Registration of Refugees and Asylum Seekers' (2001); No. 106 (LVII), 'Identification, Prevention and Reduction of Statelessness and Protection of Stateless Persons' (2006); No. 107 (LVIII), 'Children at Risk' (2007); Goodwin-Gill, G. S. & Kumin, J., *Refugees in Limbo and Canada's International Obligations* (2000).

로 그 영역 내에 체재하는 난민에게 국가안보 또는 공공질서를 위하여 어쩔 수 없는 이유가 있는 경우를 제외하고는, 그 영역 외로의 여행을 위한 여행증명서를 발급'한다라고 간결하게 규정하고 있다. 자격의 기준인 '합법적 체재 lawfully staying'에 대해서는 아래에서 자세히 살펴보겠지만, 적어도 이론상으로는 이 조항의 문구에 따라 난민은 여행증명서 발급과 관련하여 거주국의 국민보다 유리한 지위를 가질 수 있다.[84] 협약 부속서는 여행증명서의 양식을 규정하고 있으며, 무엇보다도 갱신, 효력 인정 및 발급국으로의 귀환에 관한 사항을 규정하고 있다. 또한 협약 제28조(1)은 재량에 따라 사실상 합법적 체재와 관련이 없는 임시 체류 또는 불법적으로 체류 중인 난민에게도 여행증명서를 발급할 수 있는 권한을 국가에 부여하고 있다.

여행증명서 신청자가 실제로 협약 및/또는 의정서에 따른 난민이고 합법적 체재 요건을 충족하는 경우, 제28조는 발급 의무에 대한 예외를 거의 허용하지 않는다. 예외를 정당화하는 국가 안보 및 공공 질서를 위한 '어쩔수 없는' 이유에 대한 문언은 제한적인 해석이 필요하다는 것을 분명히 나타낸다. 따라서 1951년 회의에서는 난민이 자신의 여행 계획을 정당화할 필요가 없다는 점이 강조되었고,[85] 협약 부속서 제14항(부속서 조항이 입국, 통과, 거주, 정주 및 출국에 관한 법률 및 규정에 영향을 미치지 않는다고

---

83) 다음도 함께 보라, Recommendation A of the Final Act. 자세한 내용은 다음을 보라, Vedsted-Hansen, J., 'Article 28/Schedule', in Zimmermann (주 5) 1177.
84) 여권과 여행할 권리에 대해 일반적으로는 다음을 보라, Goodwin-Gill (주 17) Ch. II. 난민에게 있어서 문서의 중요성에 관해서는 다음을 보라, 집행위원회 결정 제102호 (LVI), 'General', para. (v) (2005). 로빈슨은 1951년 회의에서 베네수엘라 대표가 제28조(1)의 문구에도 불구하고, 국민에게도 마찬가지의 혜택을 주는 의무가 없는 한 난민에 대한 여행증명서 발급을 의무적인 것으로 간주하지 않겠다는 견해를 견지했다고 지적한다: (주 5) 135, 주212. '협약의 어떠한 조항도 난민에게 터키 내 터키 시민에게 부여된 권리보다 더 큰 권리를 부여하는 것으로 해석될 수 없다'는 터키의 '일반적' 선언도 참조하라. 다음도 함께 보라, 여행 증명서의 혜택을 보완적 보호를 받는 사람들에게도 확대한 유럽연합 자격 지침(개정본) 제25조.
85) UN docs. E/AC.32/SR.16, 13–15; SR.42, 5–7; A/CONF.2/SR.12, 4–13; SR.17, 4–11.

선언함)은 그럼에도 불구하고 다소 광범위한 제한을 허용하는 것으로 해석될 수 있다. 이러한 맥락에서 '공공질서' *ordre public* 는 여전히 비교적 유동적인 개념으로 남아 있으며, 일부 국가에서는 협약상 여행증명서 발급에 국가 여권에 적용되는 것과 동일한 제한을 적용할 가능성을 배제하지 않고 있다.86)

협약상 여행증명서 발급에 대한 실무상 더 심각한 방해물은 난민 지위 신청에 대한 심사 및 결정 절차가 어떤 국가의 행정 내에 존재하지 않을 때 발생할 수 있다. 그러한 절차가 존재하는 경우에도 난민 지위를 비호의 맥락에서, 즉 입국, 거주 및 추방 문제가 발생하는 시점에만 제한적으로 고려하는 경우도 있다. 재정착 프로그램에 따라 입국하거나 난민 지위와 무관하게 체류가 허용된 난민(예: 학생 또는 사업가 또는 현지 시민과의 결혼을 이유로)은 난민 지위를 신청하지 못하여 협약에 따른 처우를 보장받지 못할 수 있다. 합리적이고 효율적이며 효과적인 이행이라는 기준은 국가가 제28조와 같은 조항에 따른 의무를 이행하려면 어떤 종류의 절차가 필요하다는 것을 시사한다. 난민들에게 있어서 서류의 중요성은 정기적으로 강조되어 왔으며, 여행증명서에 대한 결정은 유엔난민기구 집행위원회에서 최초로 채택된 결정 중 하나였다.87)

부속서는 협약상 여행 서류의 형식을 규정하고,88) 발급 및 갱신, 연장, 다른 국가의 효력 인정, 발급 국가로의 소지자의 귀환 보장에 대해 규정하

---

86) 이스라엘의 유보를 보라, *Multilateral Treaties deposited with the Secretary-General* (주 8).
87) 다음을 보라, UNHCR, 'Note on Travel Documents for Refugees', EC/SCP/10 (30 Aug. 1978); 집행위원회 결정 제13호 (XXIX), '난민 여행증명서' (1978년); 집행위원회 결정 제35호 (XXXV), '난민 신분증명서'(1984); 제49호 (XXXVIII), '난민 여행증명서'(1987); 제91호(LII), '난민 및 비호신청자의 등록'(2001); 제102호 (LVI), '일반 사항'(2005) para. (v).
88) 일반적으로는 다음을 보라, UNHCR, 'Note on Travel Documents for Refugees', (주 87).

고 있다.89) 가능한 한 지리적으로 다수의 국가에 대한 지리적 유효성이 요구되며, 발급국의 재량에 따라 1년 또는 2년 동안 유효하다.90) 갱신은 소지자가 다른 국가에 합법적인 거주지를 새로이 창설하지 않는 한 발급국에 의해 이루어지며,91) 재외공관 및 영사관은 제한적인 유효기간을 연장할 수 있는 권한이 있다.92) 체약국은 다른 당사국이 발급한 협약상 여행증명서의 효력을 인정하고(소지자가 난민임을 인정하지 않는 경우에도) 사증 발급을 위한 용도로도 이를 수락할 것을 약속한다.93) 부속서 제13조(1)은 '유효기간 동안 언제라도' 여행증명서 소지자를 재입국시켜야 하는 발급국의 의무를 명확히 하고 있다.94) 난민이 여행증명서를 발급한 국가로 돌아갈 수 있는 권리는 임시위원회에서 광범위하게 논의되었으며, 귀환권이 없다면 여행증명서는 실질적으로 가치가 없다는 점에 모두 동의했다.95) 국제난민기

---

89) 여행증명서의 본질적 요소로서의 '귀환가능성'에 관해서는 다음을 보라, Goodwin-Gill (주 17) 44-6.
90) Schedule para. 4, 5.
91) Ibid., paras. 6(1), 11, 12. 유럽 20개국의 (매우 다양한) 실행에 대한 개요는 다음을 보라, Asylum Information Database, 'Unravelling Travelling. Travel documents for beneficiaries of international protection', ECRE (Oct. 2016). 영국과 아일랜드는 유효기간이 최대 10년으로 가장 긴 여행증명서를 발급하며, 영국의 실행은 다음을 보라, Home Office, 'Home Office travel documents': https://www.gov.uk/government/publications/travel-documents-home-office-travel-documents.
92) Schedule, para. 6(2); 다음도 함께 보라, para. 6(3).
93) chedule, paras. 7, 8, 9. 물론 여행증명서를 인정할 의무가 있다고 해서 국가가 그 보유자를 입국시킬 의무를 지는 것은 아니다.
94) 재입국 조항은 점차 난민 여행증명서의 본질적인 부분이 되었다; 다음을 보라, Goodwin-Gill (주 17) 42-4. 일부 국가는 유효기간 만료 후에도 재입국을 허용하기로 양자 합의하기도 했다; 예를 들어 다음을 보라, 제2조 및 제4조, 1974 난민의 거주에 관한 오스트리아-프랑스 양자협정(다른 관련 조약과 함께 Council of Europe doc. EXP/AT.Re(77) 3, 21-3). 유사한 조항이 제4조, 1980년 난민에 대한 책임 이전에 관한 유럽 협정: ETS 제107호에 포함되었다.
95) 귀환조항의 부적절성에 관한 초기 '강경한' 국가들의 견해들은 다음을 보라, 'Russian, Armenian, Assyrian, Assyro-Chaldean and Turkish Refugees', Report by the Inter-

구 대표인 바이스는 '귀환조항 return clause'에 대한 합의가 중요한 이유는 '난민에게 가장 커다란 가치를 지닌 권리를 보장해줄 뿐만 아니라 국가 간의 관계를 창설해 주기 때문'이라고 언급했다.96) 출국과 귀환에 따른 절차에 대해 참가국들 사이에 약간의 이견이 있었지만 귀환에 대한 기본적인 내용에는 이견이 없었다. 예를 들어 덴마크 대표는 여행증명서가 소지자에게 암묵적으로 재입국 권리를 부여하는 것으로 이해한다고 생각했으며, 단지 그가 우려하는 것은 발급국이 '자국 여행증명서 소지자를 재입국시키겠다는 무조건적인 약속이 전제된다'는 것이었다.97) 프랑스 대표는 귀환 조항이 없는 여행증명서는 완전히 무의미하다고 거듭 강조하였고, 영국 대표인 호어는 다음과 같은 입장이었다.

[부속서 13항의 기본 원칙은 자국 영토 내에 거주하는 난민에게 여행 증명서를 발급하는 국가는 증명서의 유효 기간 동안 해당 난민의 재입국을 허용할 의무에 구속된다는 것이었다. 그는 이 원칙이 훼손되어서는 안 된다고 우려했다.98)]

Governmental Advisory Commission (9 Sep. 1930): (1930) 11 *LNOJ* 1462; (1931) 12 *LNOJ* 1004, 1008 (Finland); (1932) 13 *LNOJ* 222-4 (Poland); Report of Max Huber: (1931) 99 *LNOJ* Spec. Supp. 20.

96) Ad hoc Committee on Statelessness and Related Problems, Summary Records, 39th Meeting, UN doc. E/AC.32/SR.39 (27 Sep. 1950) 6-10; 41st Meeting, UN doc. E/AC.32/SR.41 (28 Sep. 1950) 12-13; 42nd Meeting, UN doc. E/AC.32/SR.42 (28 Sep. 1950) 3-6.

97) 1951 Conference, Summary Record of the 18th Meeting, UN doc. A/CONF.2/SR.18 (23 Nov. 1951) 15 (강조 추가됨; the President, Mr Larsen, speaking for Denmark).

98) Ibid., 7. 영국에서 난민인정을 받은, 관타나모에 구금된 난민 2명의 보호 신청과 관련된 *Al Rawi* 사건에서 항소법원은 각 난민이 유효기간이 10년인 귀환 조항이 있는 유효한 여행증명서를 보유하고 있다는 사실의 국제법적 의미와 국내법적 의미를 모두 고려하지 못했다: *R (Al Rawi) v Secretary of State for Foreign and Commonwealth Affairs (UNHCR Intervening)* [2006] EWCA Civ 1279. 다음을 보라, 'Written Submissions on Behalf of the Office of the United Nations High Commissioner for Refugees, Intervener' (2008) 20 *IJRL* 675(Guy Goodwin-Gill은 유엔난민기구의 대리

그럼에도 불구하고 제13항(3)은 '예외적인 경우 또는 난민의 체재가 일정기간에 한하여 허가된 경우…' 국가가 귀환조항을 3개월 이상으로 제한할 수 있는 권한을 부여하고 있다. 제28조는 이미 자국 영토에 '합법적으로 체재'하지 않는 난민에게도 여행증명서를 발급할 수 있는 국가의 재량권을 인정하고 있다. 이 조항은 어떤 국가가 단순히 제3국 재정착만을 지원하려는 난민에 대해서는 이를 통해 장기적인 책임을 회피할 수 있도록 허용함으로써 이러한 재량권을 확인한다.[99] 그러나 실제로는 귀환조항을 과도하게 제한하면 여행증명서 발급국으로 돌아갈 수 없고, 동시에 다른 곳에 거주할 자격도 없는 난민들에게 심각한 문제를 초래할 수 있음이 분명하다.[100]

이러한 문제 중 적어도 일부 문제를 해결하기 위해 많은 국가들이 합법적 거주지를 한 국가에서 다른 국가로 변경한 난민에 대한 '책임 이전'을 규율하는 협정을 체결했다.[101] 부속서 제6항은 여행증명서 갱신 및 연장에 대한 책임이 '명의인이 합법적으로 타국의 영역 내에 거주를 정하지 아니하고, 또한 증명서의 발급기관이 있는 국가의 영역 내에 합법적으로 거주하고 있'다는 사실에 따라 발생한다고 전제한다. 이어서 제11항은 난민이

인으로 프로보노 활동)을 참조하세요.

99) Robinson, A Commentary (주 5) 145; *Report* of the Executive Committee, 29th Session (1978): UN doc. A/AC.96/558, paras. 35-7의 일반적인 논의도 함께 보라.

100) 다음을 보라, UNHCR, 'Note on Asylum', doc. EC/SCP/12, paras. 19-23 (1979); Report of the Executive Committee, 30th Session (1979): UN doc. A/AC.96/572, paras. 60, 72(2)(m), (n). 1978년 보츠와나 옵저버는 다른 국가들에게 재정착 기회를 제공 할 것을 촉구하면서 보츠와나가 최초의 피난국이었다는 이유만으로 교육을 위해 해외로 간 사람들을 재입국시키록 요청하는 것은 부당하다고 지적했다: UN doc. A/AC.96/SR.302, para. 14. 잠비아는 '2차 비호국이 잠비아 난민을 수용했거나 수용 의사를 표시한 경우'에 귀환조항이 포함된 여행증명서를 발급하지 않을 권리를 유보하고 있다. 참조, 1922년 폴란드의 유사한 견해: 'Russian Refugees in Poland', Memorandum by Mr Tytus Filipowicz (7 Jul. 1922): LoN doc. C.483.M.305.1922 (circulated under cover of the Secretary-General's note of 14 Jul. 1922).

101) 유럽의 양자 및 다자 실행에 대한 검토는 다음을 보라, Asylum Information Database (주 91) 10-11.

'다른 체약국의 영역 내에 합법적으로 거주를 정한 경우'라는 사실에 따라 여행증명서 발급에 대한 책임이 이전된다는 것을 전제한다.102) 국가별 출입국관리법과 개념의 차이를 고려할 때, 이러한 용어는 분명히 다양한 해석의 여지를 남긴다. 따라서 국가 간 협정은 책임이전 시점을 판단하기 위한 객관적인 기준을 제공하려고 노력해 왔다. 예를 들어 1980년 유럽 협정 제2조(1)은 다음과 같이 선언한다:

> [책임은 해당 당국의 동의하에 두 번째 국가에서 실제적이고 지속적으로 체류한 기간이 2년에 도달한 시점 또는 두 번째 국가가 난민에게 영구적으로 또는 여행 서류의 유효기간을 초과하는 기간 동안 자국 영토에 체류하도록 허용한 경우에는 2년이 도달하기 전 시점에 이전된 것으로 간주한다.]

같은 조항은 관련 기간의 계산 방법을 제공하며, 학업, 훈련 또는 의료 목적으로만 허용되는 체류 기간과 수감 기간은 산입하지 않을 수 있도록 허용한다.103)

마지막으로, 협약 부속서 제15항은 여행증명서 발급이나 그 기재가 소지자의 지위, 특히 국적에 영향을 미치지 않는다고 선언하고 있으며, 제16항은 여행증명서 소지자는 발급국으로부터 외교적 보호를 받을 자격이 없으며, 해당 국가는 그러한 보호를 행사할 권리를 취득하지 않는다고 선언하고 있다.104) 2006년 존 듀가드 특별보고관의 주도로105) 국제법위원회는 무

---

102) 다음을 보라, 집행위원회 결정 제15호 (XXX), '비호국 밖에 있는 난민' para. (n) (1979).
103) Art. 2(2). 한 번에 3개월 또는 총 6개월을 초과하지 않는 임시적인 부재는 체류 중단으로 간주되지 않는다.
104) 참조, Grahl-Madsen, A., 'Protection of Refugees by their Country of Origin' (1986) 11 *Yale JIL* 362은 난민의 출신국은 '난민과의 유대를 단절함으로써' 난민이 자발적으로 귀환할 때까지 보호를 행사할 모든 권리를 상실한다는 규칙을 주장하였다. Para. 16은 1946 London Agreement on the Adoption of a Travel Document for

국적자와 난민에 대한 구체적인 조항을 포함하는 외교적 보호에 관한 조항 초안을 채택했으며, 제8조 초안은 무국적자와 난민(후자의 경우 '국제적으로 인정된 기준에 따라 해당 국가가 난민으로 인정한 자') 모두에 관해, '피해시점과 공식적인 신청서 제출시점'에 합법적으로, 상주하고 있는 자를 대상으로 행사하는 외교적 보호에 대해 규정한다. 난민 국적국의 국제적으로 불법적인 행위로 인해 발생한 피해에 대해서는 예외가 적용된다.106) 2007년 유엔총회는 각국 정부에 이 조항에 대해 주목할 것을 촉구했고,107) 이 조항들은 이후 제6위원회에서 추가 논평과 토론의 대상이 되었으며, 가장 최근에는 2019년 10월에 논의되었다.108) 총회는 2022년에 이 문제를 다시 다루기로 결정하고 각국 정부에 협약 또는 기타 적절한 조치에 초점을 맞춘 추가 논평을 요청했다.

그러나 인정된 난민은 일종의 '국제적 지위'를 가지는 것이며, 난민 인정

Refugees: 11 UNTS 73 No. 150에 포함되어 있었기 때문에 부속서에 포함된 것으로 보인다. 임시위원회는 이 조항의 삭제에 대해 논의했지만, 참가국들은 일반 규칙에 대한 예외 가능성(예를 들어, '경유국'이 발급국의 보호 행사를 수락한 경우)과 그러한 보호의 필요성에 대해서도 모두 언급했다. 미국 대표인 Henkin은 위원회가 '무국적자의 관점이 아니라, 무국적자이든 아니든 외교적 보호를 누리지 못하는 난민의 관점에서 보호권 문제를 검토할 수 있을 것'이라고 제안했다. Ad hoc Committee on Statelessness and Related Problems, Summary Records, 18th Meeting, UN doc. E/AC.32/SR.18 (8 Feb. 1950) 8-9.

105) 다음을 보라, 'First Report on Diplomatic Protection', UN doc. A/CN.4/506 (7 Mar. 2000) paras. 175-84; 다음도 함께 보라, Dugard, J., 'Diplomatic Protection', *Max Planck Encyclopedia of International Law* (2009); Denza, E., 'Nationality and Diplomatic Protection' (2018) 65 *Netherlands International Law Review* 463.

106) *Report* of the ILC, 58th Sess. (2016) 47-51: UN doc. A/61/10; 제8조는 '점진적 발전의 한 예'로 설명된다. 참조, 제47조, 제48조, 1967년 영사 기능에 관한 유럽 협약: ETS No. 61(2011년에 발효되었으나 5개 당사국만 참여함) 및 제1조, 제2조, 1967 Protocol thereto concerning the Protection of Refugees: ETS No. 61A(시행되지 않음).

107) UNGA res. 62/67, 'Diplomatic protection' (6 Dec. 2007) Annex.

108) 다음을 보라, 'Diplomatic protection. Comments and information received from Governments. Report of the Secretary-General': UN doc. A/74/143 (11 Jul. 2019).

행위는 당해 난민에게 다른 체약국에서도 특정 권리를 행사할 수 있는 자격을 부여한다. 이러한 권리들이 침해되는 경우, 난민을 인정한 국가는 외교적 보호에 관한 규칙들에 의해 부과된 제한에 관계없이 통상적인 방법으로 조약 위반을 다룰 수 있으며, 이 점이 *Al-Rawi* 사건에서 유엔난민기구가 주장한 핵심적인 사항이다.109) 실제로 완전한 보호에 미치지 못하는 외교적 지원은 발급국이 제공하는 경우가 많으며, 여행 증명서의 소지는 적어도 소지자가 유엔난민기구의 보호를 받을 자격이 있다는 일응의 증거가 될 수 있다.

수십년 동안 해외 여행이 확대되고 훨씬 더 많은 규율이 발생하게 되었으며, 협약의 부속서는 보안 기능에 관해서, 그리고 각국의 여권에 관한 실행과 비교할 때 시대에 뒤떨어졌다. 조약의 필수적인 부분인 부속서는 원칙적으로 모든 체약 당사국의 합의에 의해서만 수정할 수 있다.110) 그러나 국가들이 부속서에 설명된 것보다 '더 좋은' 여행 증명서를 제공하지 말아야 할 협약상의 이유는 없다.111) 또한 몇몇 국가는 귀환권을 유효기간과 함께 포괄적으로 보장하면서 2년 이상 유효한 여행 증명서를 발급하는데, 다른 '수용국'의 관점에서 중요한 것은 소지자가 귀환할 수 있는지 여부다.

결과적으로, 유엔난민기구는 모범 사례를 통해, 제28조의 목적과 취지,

---

109) 다음을 보라, UNHCR's views in the *Al Rawi* case (주 98); 또한, *LaGrand (Germany v United States of America)* [2001] ICJ Rep. 466 사건에서 독일은 두 가지 별개의 청구를 제기 할 수 있었는데, 첫 번째는 미국의 독일에 대한 조약 의무 위반에 근거한 것이고 두 번째는 독일 국민 2명이 입은 피해에 근거한 것이었다. 국제사법재판소는 이러한 청구들이 별개의 독립적인 청구임을 인정했다. 참조, Reiterer, M., The Protection of Refugees by Their State of Asylum (1984) 63-4: '16항은 분명히 증명서의 "발급"을 언급하고 있으므로, 비호 허가가 존중되는 것을 보고자 하는 국가의 이익이나 다른 체약국이 1951년 협약의 조항을 신의 성실하게 준수하는 것을 보고자 하는 국가의 이익과 같은 *다른* 법적 관계에서 비롯된 보호권을 결코 부정할 수 없다'고 판시했다.
110) 제40조, 제41조, 제31조(3)(b), 1969년 조약법에 관한 비엔나 협약.
111) 제5조, 1951년 협약.

즉 해외 여행과 '본국 home state'으로의 귀환을 촉진하였다. 유엔난민기구는 2015년에 집행위원회에 생체 인식 등록 및 문서화 촉진에 자체적으로 참여할 것을 권고하는 동시에 회원국에 기계적 판독이 가능한 여행 증명서를 사용하도록 요청했다.112) 상임위원회는 2017년에 이 주제에 대한 유엔난민기구의 보고서를 검토했는데,113) 이 보고서는 2015년 6월 국제민간항공기구(ICAO)가 국제적으로 합의된 규격에 따라 기계적 판독이 가능한 형식의 여행 증명서 발급 표준을 채택하여 1944년 국제민간항공에 관한 협약(시카고 협약)의 당사국들에게 적용하고 있음을 언급했다.114) 2017년 10월 집행위원회의 결정은 '난민과 무국적자가 국제 표준에 부합하는 여행 증명서를 사용할 수 있을 때 이 협약 제28조에 명시된 권리의 효과적인 실현이 가장 잘 달성될 수 있다'는 점을 명시적으로 인정했으며, 이러한 문서는 여행을 용이하고 촉진할 수 있고 영구적 해결책과 보충적 경로를 추구하는 데도 기여할 수 있다. 집행위원회는 국제민간항공기구 표준에 따라 이미 기계적 판독이 가능한 여행 증명서로 전환한 국가들의 노력을 환영하며, 1951년 협약 당사국과 비당사국 간에 이러한 증명서에 관한 모범적인 실행들을 공유할 것을 장려했다.115)

---

112) UNHCR, 'Note on International Protection': UN doc. A/AC.96/1145 (2 Jul. 2015) paras. 26, 53-4.
113) Report of the 70th meeting of the Standing Committee: UN doc. A/AC.96/1174 (3 Oct. 2017) paras. 229-30.
114) UNHCR, 'Machine-readable travel documents', doc. EC/SC/CRP.15 (7 Jun. 2017) para. 6.
115) Report of the 68th session: UN doc. A/AC.96/1176 (9 Oct. 2017) para. 13, Conclusion No. 114 (LXVIII) on machine-readable travel documents for refugees and stateless persons. 집행위원회는 이 분야의 수용국들을 재정적으로, 또한 국제민간항공기구 및 유엔난민기구와의 협력으로 적절한 경우 역량 강화 및 기술 지원을 통해 지원할 필요를 강조했다. 다음도 함께 보라, ICAO and UNHCR, 'Guide for Issuing Machine Readable Convention Travel Documents for Refugees and Stateless Persons' (Feb. 2017); UNHCR, 'Compliance Update: Machine-Readable Convention Travel

1.2.4절 불법으로 입국한 난민의 처우: 제31조

제31조는 강제송환금지 및 비호 원칙과 관련하여 이미 분석되었고, 구금과 관련해서도 별도로 분석되었다.116) 여기서의 목적을 위해서는 몇 가지 기본 원칙을 상기하는 것으로 충분할 것이다. 이 조항은 포괄적이지는 않지만, 최초 피난국에서 지위가 정규화되지 않은 상황에 처한 사람들에게 부여될 최소한의 처우 기준을 결정하는 출발점 역할을 한다. 이 조항은 우선 '그 생명 또는 자유가 제1조의 의미에 있어서 위협되고 있는 영역으로부터 직접 온 난민으로서 허가없이 그 영역에 입국하거나 또는 그 영역 내에 있는 자로서 … 지체없이 당국에 출두하고 또한 불법으로 입국하거나 또는 불법으로 있는 것에 대한 상당한 이유를 제시하는 경우'의 난민들에게 적용된다. 불법으로 입국한 난민에 대한 처벌 면제 제안은 1950년 2월 무국적자 및 관련 문제에 관한 1950년 임시 위원회가 마련한 협약 초안에 처음으로 포함되었다.117) 당시에는 '보통 피난을 통해 출신국을 떠난 난민은 피난국에 합법적으로 입국하기 위한 요건(여권 및 사증의 소지)들을 준수할 수 있는 위치에 있는 경우가 거의 없다'는 의견이 제시되었다.118) 그

Documents for Refugees and Stateless Persons' (2019): 현재 1951년 협약/1967년 의정서 및 1969년 아프리카 단결기구 협약 당사국 대다수가 난민에게 이러한 여행 증명서를 발급하지만 무국적자에 대해서는 별로 그렇지 못한 상태다.
116) 다음을 보라, 이 책 제5장, 3.3.5절; 제7장, 5.2절. 자세한 내용은 다음을 보라, Costello, C. & Ioffe, Y., 'Non-penalization and Non-criminalization' in Costello, C., Foster, M., & McAdam, J., *The Oxford Handbook of International Refugee Law* (2021); Noll, G., 'Article 31 1951 Convention', in Zimmermann (주 5) 1243; Hathaway, J. & Foster, M., *The Law of Refugee Status* (2nd edn., 2014) 28.
117) 벨기에와 미국: Proposed Text for Article 24 of the Draft Convention relating to the Status of Refugees: UN doc E/AC.32/L.25 (2 Feb. 1950); Decisions of the Committee on Statelessness and Related Problems taken at the meetings of 2 Feb. 1950: UN doc. E/AC.32/L.26 (2 Feb. 1950).
118) Draft Report of the Ad hoc Committee on Statelessness and Related Problems. Proposed Draft Convention relating to the Status of Refugees: UN doc. E/AC.32/L.38

해 8월 위원회가 다시 소집되었을 때, 위원회는 '일부 국가에서는 불법적인 입국을 이유로 한 처벌로부터의 자유가 명예로운 이유로 그러한 난민에게 도움을 준 사람들에게도 확대되고 있다'고 언급하기도 했지만, 정작 문안에는 아무런 변화가 없었다.119) 위원회의 초안은 1951년 전권회의에서 검토되었다.

협상 기록은 제31조(1)의 '통상적 의미'를 확인시켜 주는데, 이 조항은 난민이 자신의 출신국 또는 생명이나 자유가 위협받는 다른 영역에서 허가 없이 직접 오거나 있는 사람으로서, 그러한 입국 또는 체류에 대한 상당한 이유를 제시하는 난민에게 적용된다. '직접 온 come directly' '상당한 이유 good cause'를 제시하는 난민에 대한 언급이 모호할 수 있지만, 준비문서는 이러한 용어들이 프랑스 대표단의 특정 관심사를 다루기 위해 특별히 고안되었음을 보여준다. 당시 초안이 입국과 비호라는 민감한 '주권' 영역을 '침범'했기 때문에 프랑스는 이미 '비호를 이미 얻은 사람들이 국경 절차를 준수하지 않고도 … 한 국가에서 다른 국가로 자유롭게 이동'하는 것을 허용해서는 안 된다고 우려했다.120) 프랑스 대표단은 '프랑스에서 비호를 얻은 난민이 불법적으로 벨기에로 들어가려고 시도한 사례를 예가 있는데, 당시 난민의 생명과 자유가 위험에 처할 수 없었기 때문에 벨기에 정부가

 (15 Feb. 1950) Annex I (draft art. 26); Annex II (comments, 57).
119) Draft Report of the *Ad hoc* Committee on Refugees and Stateless Persons: UN doc. E/AC.32/L.43 (24 Aug. 1
 950) 9. 참조, s. 25A, Immigration Act 1971는 비호 신청자의 영국 입국을 돕는 행위를 '고의로 그리고 이득을 위해' 행해지는 범죄로 규정하되, '비호 신청자의 지원을 목적으로 하는 단체를 위해 그 서비스에 대한 대가를 받지 않는 사람이 행하는 모든 행위'는 여기서 제외한다. 다음도 함께 보라, 영국 항소법원은 '대규모 범죄'와 관련된 *R v Arya Bina* [2014] EWCA Crim 1444 사건에서 '비호 신청자의 입국을 용이하게 하는 것은 극도로 취약한 사람들로부터 이득을 얻는 것'이라고 언급하기도 했다: paras. 28, 40.
120) 1951 Conference, Summary Records: UN doc. A/CONF.2/SR.13 (Mr Colemar, 프랑스).

불법 입국을 묵인하는 것은 명백히 불가능했다'고 말했다.121) 프랑스와 다른 참가국 간의 핵심 쟁점은 난민이 불법 입국 또는 체류에 대해 '상당한 이유'를 입증해야 한다는 요건이 적절한지(영국 대표의 주장대로), 아니면 프랑스 대표의 제안대로 더 명시적인 문구가 필요한지 여부였다.122)

그러나 다른 국가들은 난민들이 첫 번째 피난국을 떠나야 할 충분한 이유가 있을 수 있다는 점을 인정했다. 유엔 난민최고대표 반 호벤 괴드하르트 박사는 자신의 전쟁 당시 경험을 회상하며 '다른 국가로의 이동이 필요한 경우', 그리고 관대하지 않은 국가에 도착한 난민이 직면한 어려움에 대해 우려를 표명했다.123) 영국 대표인 호어는 박해를 피해 피난하는 것 자체가 불법 입국의 상당한 이유이지만 다른 상당한 이유도 있을 수 있다고 말했다. 프랑스 대표는 '… 생명이나 자유가 위협받을 수 있는 국가가 아닌 다른 국가에서 임시 비호조차 찾을 수 없는 난민들의 경우' 처벌에서 제외하도록 수정안을 변경할 것을 제안했다. 이에 대해 영국 대표는 실무적인 이유(난민에게 부존재하는 사실을 입증해야 하는 불가능한 부담을 지우는 것)를 들어 반대했고, 벨기에 대표는 언어 및 문안상의 이유(난민이 통과한 어떤 나라에서든 단지 며칠간의 비호를 받을 수 있었던 난민도 이 조항의 혜택에서 배제하는 결과)를 들어 반대했다.124) 프랑스 측은 문구에 대해 계

---

121) Ibid.
122) '피난 영역에 불법적으로 입국하거나 체류하는 데 상당한 이유가 되는 것으로 간주될 수 있는 사유를 정의하는 것은 종종 어려운 일이었다. 그러나 바로 이러한 어려움 때문에 제1항의 문구를 보다 분명하게 할 필요가 있었다. 한 수용국에 일시적으로 정착한 난민이 다른 수용국에 자유롭게 입국할 수 있다는 것을 아무런 유보 없이 인정하는 것은 단순한 개인적 편의를 이유로 행사할 수 있는 일종의 이민권 *right of immigration*을 그에게 부여하는 것이 될 것이다': 1951년 회의, 요약 기록: 1951 Conference, Summary Records: UN doc. A/CONF.2/SR.14, 8, 10 (Mr Colemar, 프랑스).
123) 1951 Conference, Summary Records: UN doc. A/CONF.2/SR.14, 4-5; 이 책 제4장, 3.1절을 보라.
124) 1951 Conference, Summary Records: UN doc. A/CONF.2/SR.14, 7, 10-11.

속 우려를 표명했지만, 결국 현재의 문안이 확정되었다.

유엔난민기구 집행위원회는 난민과 비호 신청자의 '불법적' 또는 '비정규적' 이동을 여러 차례 검토했다. 이러한 이동에 대해 우려를 표명하면서도 참가국들은 난민들이 박해에 대한 두려움이나 안전 또는 자유에 대한 위험 등의 정당한 이유가 있을 수 있으며, 허위 서류를 사용하여 출국해야 할 수도 있다는 점을 인정해 왔다.[125] 기타 상황들이 '상당한 이유'에 해당하는지 여부는 사실관계에 따라 크게 달라질 수 있으며,[126] 영국 법원은 난민이라는 사실만으로도 허위 서류 사용을 정당화할 수 있다고 보는 경향이 있다.[127]

제31조에 해당하는 난민은 기소, 벌금, 징역형을 포함하는 것으로 보이는 '형벌'을 받아서는 안 되지만, 적어도 자의적인 구금이 아닌 한 행정 구금은 여기에 필연적으로 포함되는 것은 아니다.[128] 영국은 입국 경위를 조사하기 위해 필요한 경우 임시 구금의 가능성은 배제되지 않는다고 보았고, 1951 회의의 의장도 이와 유사하게 조사를 위한 구금과 불법 입국에 대한 처벌을 구분하여 입국이 정당한 경우 후자만이 금지된다고 보았다.[129]

---

125) 다음을 보라, 집행위원회 결정 제15호 (XXX) '비호국이 없는 난민' (1979); 제36호 (XXXVI) '일반사항', para. (j)(1985); 제46호 '일반사항' (XXXVII), para. (i); 제50호 (XXIX), '일반사항', para. (n) (1988); 제58호 (XL), '이미 보호를 받은 국가로부터 비정규적 방식으로 이동하는 난민 및 비호신청자의 문제' (1989); 제65호 (XLII), '일반사항', para. (o)(1991); 제74호 (XLV), '일반사항', para. (j) (1994); 제87호 (L), '일반사항', paras… (j)-(m) (1999) 제91호 (LII), '난민 및 비호 신청자의 등록', (f) (2001); 제114호 (LXVIII), '난민 및 무국적자를 위한 기계적 판독이 가능한 여행 증명서' (2017).
126) UNHCR, *Handbook on Procedures and Criteria for Determining Refugee Status* (1979, reissued 2019) paras. 190, 198-비호 신청자가 자국을 탈출하게 되는 상황은 공권력을 가진 사람에게 접근하는 것을 불안하게 여기도록 만들 수 있다.
127) *R v Mateta* [2013] EWCA Crim 1372, paras. 20, 21.
128) 다음에서의 논의를 보라 1951 Conference: UN docs. A/CONF.2/SR.13, 13-15; SR.14, 4, 10-11; SR.35, 10-20;또한 제5조, 영토적 비호에 관한 카르카스 협약.
129) UN doc A/CONF.2/SR.35, 10-20.

제31조에 따른 보호를 받아야 함에도 불구하고 기소될 수 있는 난민들의 오래된 피해 때문에, 유엔난민기구와 다른 기관들은 난민 지위 및 비호 신청에 대한 결정이 기소 전에 이루어지도록 체약국에 정기적으로 촉구한다. 기소 결정은 해당 개인이 난민이 아니거나 제31조(1)의 기준을 충족하지 않는다는 최종적인 결정을 조건으로 이루어져야 한다. 난민으로 인정된 어떠한 사람도 비정규적인 입국 또는 체류 기준을 이유로 기소되거나 기타 불이익을 받지 않도록 하는 것은 부수적으로 비정규적인 이동에 대한 국가의 이익과 우려를 충족하기 위한 목적도 있다.

1999년 영국 이민 및 비호법 제31조는 *Adimi* 사건에 대한 고등법원(잉글랜드와 웨일스)의 판결에 따라,130) 난민들이 불법 입국 및 체류 범죄로 인해 불이익을 받지 않도록 하기 위한 취지에서 제정되었다. 또한, 2004 비호 및 이민법(신청자 등의 처우) 2절은 여러 '문서'에 관한 죄에 대한 합리적인 이유의 항변을 규정하고 있다.131) 그러나 여타 많은 국가들과 마찬가지로 영국의 규정 준수는 완벽하지 않으며,132) 여전히 난민들은 제31조에도

---

130) *R v Uxbridge Magistrates' Court, ex p. Adimi* [2001] QB 667; 다음도 함께 보라, *R v Asfaw* [2008] UKHL 31 및 이 책 제5장, 3.3.5절.
131) 항변이 어떻게 작동하는지 및 개별 사건의 사실관계와 상황에 초점을 맞추는 것의 중요성에 대해서는 *R v Mateta* (주 127) 21항을 보라; 또한, 피고가 난민 지위에 대한 주장을 뒷받침하는 충분한 증거를 제출한 경우, 검찰이 일반적인 기준에 따라 피고가 난민이 아님을 증명할 책임이 있다고 판시하면서 유죄 판결을 취소한 *R v Makuwa* [2006] 1 WLR 2755, [2006] EWCA Crim 175를 보라.
132) 예를 들어 다음을 보라, the Chair of the Criminal Cases Review Commission, writing to the *Guardian* on 24 February 2014: https://www.theguardian.com/law/2014/feb/24/wrongful-prosecutions-refugee-woe. 다음도 함께 보라, Holiday, Y., Guild, E., & Mitsilegas, V., 'The Court of Appeal and the Criminalisation of Refugees', published in collaboration with the Criminal Cases Review Commission with the support of Queen Mary University of London (Oct. 2018); Response by the Criminal Cases Review Commission (7 Nov. 2018). 2005년부터 2016년까지 형사 사건 검토 위원회(CCRC)는 재검토가 필요하다며 약 60건의 사건을 항소심에 회부했는데, 약 1/3이 회부된 것이다.

불구하고 기소되어 유죄 판결을 받을 수 있다. 이는 제31조가 국내법으로 잘 편입되지 못했기 때문이거나,133) 더 깊고 구조적인 문제 때문일 수 있다. *Mateta* 사건에서 영국 항소법원(잉글랜드와 웨일스)은 이 항변의 성공 가능성이 높은 것으로 보였음에도 변호인 중 누구도 이 항변이 가능하다는 것을 알지 못한 것에 '놀랍고 충격적'이라고 판단했고 유죄 판결은 취소되었다.134) 방어권을 위한 제도는 분명히 중요하지만, 당국이 먼저 기소를 하고 나중에 지위를 결정하는 관행이 있는 경우, 예를 들어 출입국 당국과 검찰 간의 책임 분담 해결과 같은 것에 더 많은 노력을 기울여야 할 수 있다. 여기서 제31조의 실효적인 이행을 위해서는 사후 대응이 아닌 선제적인 정책과 절차가 필요하다.135)

유죄 판결이 난민의 피난 후 체류 기간의 연장이나 귀화 신청 시 심각한 피해를 끼칠 수 있다는 측면 역시 중요하다. 예를 들어, 영국 출입국 규칙은 난민으로 인정된 신청자가 '유죄판결로 12월 이상 4년 미만의 징역형을 선고받은 경우, 형 집행이 종료된 후 15년이 경과하지 않은 경우' 무기한의 체류를 불허할 수 있다고 규정한다.136)

그렇다면 유죄 판결을 이유로 기한이 없는 체류를 불허하는 것이 국가가

---

133) 예를 들어, 노르웨이 대법원은 *A & Norwegian Organisation for Asylum Seekers* 사건에서 제31조를 국내법으로 편입하면서 '지체 없이'라는 문구를 노르웨이어 'straks(곧)'으로 번역한 것은 적절하지 않으며, 비정규적 입국의 모든 상황을 고려한 보다 현실적인 접근이 필요하다고 판시했다: Case No. 2014/220, HR-2014-01323-A (24 Jun. 2014).

134) *R v Mateta* (주 127) para. 56; 다음도 함께 보라, *R v Mohamed Abdalla* [2010] EWCA Crim 2400, para. 10.

135) 이제 다음을 보라, Home Office, 'Section 31 Immigration and Asylum Act 1999: defence against prosecution' (21 May 2015); Crown Prosecution Service, Policy on the prosecution of immigration offences: https://www.cps.gov.uk/legal-guidance/immigration.

136) Immigration Rules, Part 11, Asylum, paras. 339R, 339T: https://www.gov.uk/guidance/immigration-rules/immigration-rules-part-11-asylum.

부과하지 않기로 약속한 형벌의 범위에 포함되는지 의문이 제기된다. 제31조의 초안 작성 경위를 보면 기소나 형벌 또는 형사적 제재만이 포함되는 것이 아니라, 비정규적 입국 또는 체류와 명백히 연관된 다른 즉각적 또는 부수적 제재 또는 불이익도 포함됨을 알 수 있다. 난민이 받는 위험은 아마도 도착 시기에 가장 클 것이지만,137) 원칙상 '형벌'에 나중에 부과된 조치나 이전에 부과된 제재의 후속 영향이 포함되지 않아야 할 이유는 없다. 이러한 관점에서 볼 때, 기한이 없는 체류의 불허 조치는 (가) 최초에 허용되지 않았던 형벌을 영속적으로 지속하는 것이거나, (나) 그 자체로 특정 난민을 입국 방식이나 방법을 이유로 차별하여 낮은 수준의 대우를 받게 하고 완전한 경제적, 사회적, 통합적 권리의 향유를 거부하는 것이므로 협약이 보호하고자 하는 권리인 제31조에 위배된다.138)

1951년 이후 전 세계 난민 상황의 전반적인 변화에도 불구하고, 각국은 난민들에게 자주 비정규적 이동과 불법 입국에 대한 상당한 이유가 있을 수 있음을 일관되게 인식해 왔으며,139) 이 조항의 '형벌'은 오늘날의 상황과 국가 정책 및 실행에 상응하도록 더 넓게 이해되어야 한다. 그럼에도 불구하고 난민들은 계속해서 문제에 직면하고 있는데, 영국 대법원이 *SXH v Crown Prosecution Service* 사건에서 밝힌 바와 같이 기소 여부 결정이 지

---

137) 코스텔로가 2017년 연구에서 지적한 바와 같이, 국가들은 불법 입국 또는 체류에 대한 형벌, 특히 형사 기소로부터 난민을 보호하기 위해 필요한 입법 및 기타 조치를 점점 더 많이 취하고 있다. 예를 들어 다음을 보라, Canadian law: s. 133, Immigration and Refugee Protection Act 2001; *B010 v Canada (Citizenship and Immigration)* 2015 SCC 58, [2015] 3 SCR 704: Costello, C., Ioffe, Y., & Büchsel, T., 'Article 31 of the 1951 Convention relating to the Status of Refugees', UNHCR PPLA/2017/01, 34-7 (Jul. 2017).
138) Costello, Ioffe, & Büchsel (주 137).
139) 이 책 제5장, 5.1절을 보라. 또한 다음을 보라, UNHCR 집행위원회 결정 제15호, 제22호, 제44호, 및제58호: UNHCR, 'Conclusions on International Protection adopted by the Executive Committee of the UNHCR Programme 1975-2017 (Conclusion No. 1-114)' HCR/IP/3/Eng/REV. 2017.

연되어 구금이 지속되는 경우, 이 역시 제31조의 형벌에 해당할 수 있으며, 특히 유럽인권협약 제5조 및 제8조 위반에 해당할 수도 있다.[140]

제31조는 박해를 피하려는 사람들이 일반적으로 직면하는 어려운 상황을 인정한다는 것 외에도 난민의 성공적인 정착과 난민에게 비호를 제공한 지역사회에 기여할 수 있는 권한을 강화하는 데 있어 필수적이고 중요한 도구다. 이러한 접근 방식은 '난민 문제의 사회적, 인도적 성격'을 출발점으로 삼고, '인간은 차별 없이 기본적인 권리와 자유를 향유한다는 원칙'을 인정하며, 국제사회가 '난민에게 이러한 기본적인 권리와 자유의 가능한 한 광범위한 행사를 보장하려고 노력'해 왔음을 언급하고, '적용 범위와 보호를 확대하는 것이 바람직'하다고 결론을 짓는 협약의 목적 및 취지와 일치한다.

협약상 권리의 목록은 난민과 피난국 간의 안정적인 관계의 중요성을 강조하는데, 난민에게 특권을 부여하는 것이 아니라 법적 지위, 재산 취득(주거에 필요한 재산 포함), 예술적 권리 보호, 임금 노동 또는 자영업 등 광범위한 취업 분야, 복지 및 사회 보장 등을 제공할 뿐이다.[141] 이러한 권리를 효과적으로 누림으로써 난민은 새로운 지역사회에 정착할 수 있으며, 고국으로의 귀환이 불가능한 것으로 판명될 경우 귀화를 통해 동화 과정을 쉽게 밟을 수 있다.[142]

이러한 보호 및 해결책의 맥락에서 '형벌'은 난민이 다른 난민인정자와

---

140) *SXH v Crown Prosecution Service* [2017] UKSC 30; '기소 당국이 기소의 근거가 더 이상 확보되지 않거나 범죄 혐의에 대한 완전한 해답을 제공할 수 있는 항변이 가능하다는 사실을 알고 있거나 알고 있었어야 하는 경우, 그리고 피의자의 석방을 보장하기 위해 해당 정보에 따라 행동하지 않는다면 이는 피의자의 사생활에 대한 권리를 존중하지 않은 명백한 사례다': para. 45 (Lord Kerr).
141) 동등한 대우에 관해서는 1.1.1절을 보라.
142) 제34조를 보라 : '체약국은 난민의 동화 및 귀화를 가능한 한 장려한다. 체약국은 특히 귀화 절차를 신속히 행하기 위하여 또한 이러한 절차에 따른 수수료 및 비용을 가능한 한 경감시키기 위하여 모든 노력을 다한다.'

비교할 때 경제적, 사회적, 통합적 권리를 누리는 데 불리한 영향을 미치는 모든 심각한 불이익 조치를 포함한다. 처우에 있어서 모든 차이가 배제되는 것은 아니며, '형벌'이라는 단어에는 '심각성'이 내포되어 있는데, 중요한 것은 그 영향과 효과가 어떤 난민의 동화과정을, 설령 현지 귀화가 궁극적인 목적이 아닌 경우라 하더라도,[143] 그리고 영주권이나 무기한 거주권 및 이에 상응하는 자격에 부여되는 안전과 안정성을 심각하게 저해하는지 여부다. 즉, 비정규적으로 입국하거나 체류하는 난민은 기소나 장기 구금과 같은 형사적 또는 행정적 제재의 동시적 부과로부터 보호되어야 할 뿐만 아니라 사회보장, 지역사회 지원 서비스, 언어 수업, 교육, 고용, 안전하고 안정적인 체류 지위에 대한 접근을 거부하거나 제한하는 등의 난민의 성공적인 정착을 방해하는 장기적인 형벌로부터도 보호받아야 하는 것이다. 따라서 난민협약 자체가 예상한 난민의 어떤 행위를 이유로 정착, 그리고 이로 인해 귀화에 빗장을 거는 것은 난민의 불안정성을 영속화하여 피난 장소에서 안전하고 안정적인 관계를 유지하고 성공적으로 정착하는 것을 더욱 어렵게 만드는 것으로서 제31조(1)의 의미 내에서 형벌로 간주되어야 한다.

그러나 제31조(1)의 범위를 넘어 제31조(2)은 국가가 안보상의 고려 또는 대규모 유입과 같은 특수한 상황에 의해 촉발된 이동 제한을 포함하여 '필요한' 이동 제한을 부과할 수 있음을 명확히 하고 있다.[144] 이러한 조치 역시 제9조에 해당하며, 제26조에서 요구하는 이동의 자유에 대한 예외에 해당한다. 그럼에도 불구하고 제31조(2)은 난민의 피난국에서의 지위가 정규화될 때까지[145] 또는 다른 국가로 입국할 수 있을 때까지만 제한을 적용

---

143) 많은 난민들과 장기 거주한 1세대 이민자들은 고국과의 마지막 이별 단계로 보이는 이주를 꺼리는 경우가 많다.
144) Robinson, A Commentary (주 5) 154. 그러나 특히 다음을 보라, Costello, Ioffe, & Büchsel (주 137) 43-51.
145) 참조, 제9조: '그 사람이 실제로 난민이라는 결정을 기다리는 동안'. 1982년 7월 2일

해야 하며, 체약국은 난민에게 그러한 입국을 위해 합리적인 기간과 필요한 모든 편의를 제공해야 할 것을 요청한다. 이러한 편의에는 다른 국가 및 유엔난민기구 대표에 대한 접근이 분명히 포함된다.

1.2.5절 난민의 추방: 제32조

체약국이 '합법적으로 그 영역 내에 있는 lawfully in' 난민을 추방할 수 있는 상황을 제한하는 제32조는 강제송환금지의 맥락에서 앞에서 분석되었다.146) 제32조에서 '합법적으로'의 의미는 아래에서 더 자세히 살펴볼 것인데, 지금으로서는 이 조항이 추방을 국가안보 또는 공공질서를 이유로 제한하고 있다는 점,147) 적법절차에 따라 결정이 내려져야 하고, 일정한 형태의 이의가 일반적으로 허용되어야 하며, 난민이 다른 국가로 입국할 수 있는 합리적인 기간이 허용되어야 한다는 점을 상기하는 것으로 충분하다. 대부분의 협약 조항과 마찬가지로, 그리고 항상 국제법상 다른 의무를 준수한다는 전제하에, 국가들은 제32조를 이행하기 위한 수단을 선택할 수 있는 자유를 분명히 누리고 있다. 따라서 추방에 관한 재량행사를 규율하는 내부의 임시적인 행정 절차를 채택하는 것만으로도 충분할 가능성이 있

이후 홍콩에 도착한 후 구금된 베트남인은 다른 국가로 입국할 허가를 받거나, 그러한 허가가 있든 없든 홍콩을 떠날 수 있도록 '모든 합리적인 편의'를 제공받아야 했다: Immigration Amendment Ordinance 1982 (No. 42/82) s. 7 (adding a new s. 13D).
146) 이 책 제5장, 3.3.4절을 보라.
147) 1991년 프랑스는 1974년부터 거주한 모로코 난민 Abdelmoumen Diouri를 공공 안보와 국익에 해를 끼치는 단체 및 외국 세력과의 '접촉'을 이유로 '절대적 긴급' 절차에 따라 가봉으로 추방했다. 그는 파리 행정재판소 *tribunal administratif de Paris*가 '절대적 긴급의 요건도 충족하지 못했고, 국가 안보와 공공의 안전에 대한 필요성'도 충족하지 못한다라는 정부위원 *commissaire du gouvernement* 의 자문에 따라 판단한 후 프랑스로 귀국했다. 1991년 10월, 프랑스 국사원은 Diouri가 공공 안보에 위협이 될 수 있지만 추방 당시에는 그러한 조건이 존재하지 않았다는 점을 인정하면서 장관의 항소를 기각했다: Conseil d'Etat, Assemblée (11 Oct. 1991) n° 128128, *Diouri*.

으므로 추방 제한을 공식적으로 편입시키는 것이 필수적인 것은 아니다. 그러나 현재 비시민권자의 입국과 퇴거는 모두 상세히 규율되는 경향이 있으며, 이러한 경향이 특정한 의무들의 실질적 요건들을 충족한다는 것이 전제된다면 이러한 실행은 오늘날 국제적으로 적용 가능한 표준의 일부 지표가 될 수 있다. 조항을 언뜻 보면 법률에 정하여진 절차에 따라 이루어진 결정이란 표현이 정확히 무엇을 뜻하는지가 불분명해 보일 수 있다. 프랑스어 정본의 문언('*une décision rendue conformément à la procédure prévue par la loi*')은 법의 형식적 준수만 지켜진다면 충분하다는 것을 암시한다.148) 그러나 오늘날 적법절차의 개념에는 최소한 (a) 자신에게 불리한 사건에 대한 지식, (b) 해당 사건을 반박할 증거를 제출할 기회, (c) 이유가 부기된 부정적 결정, (d) 부정적 결정에 대해 최초 결정 기관으로부터 독립된 공정한 재판소에 이의할 권리 등이 요건으로 포함된다. 안보 스펙트럼에서 최상위에 위치한 사건이 갖춰야할 일종의 자격에 대한 척도로서, 이러한 보다 높은 정도의 절차적 적법절차의 기준은 일반 국제법상의 문제로서 이제 틀림없이 요구된다.149)

2014년 국제법위원회는 추방에 관한 조항 초안을 채택했는데,150) 이 초안 제26조는 법률의 규정에 따라 보장되는 것들을 침해하지 않는 범위 내에서 다음과 같은 권리들을 열거하고 있다: 추방 결정에 대한 통지를 받을 권리, 국가 안보의 강력한 이유가 예외적으로 요구되는 경우를 제외하고

---

148) 이것이 비준서에 명시된 아일랜드의 해석으로 보인다. 참조, 우간다의 제32조에 대한 유보: '법적 절차에 의존하지 않고 정부는 … 공공의 이익을 위해 … 난민을 추방할 제한없는 권리를 가지며 … 상황에 따라 필요하다고 판단하는 내부 조치들을 언제든지 적용할 수 있다; 그러나 이와 관련하여 정부가 취하는 어떠한 조치도 … 제33조를 침해하는 방향으로 작용해서는 안 된다.': *Multilateral Treaties deposited with the Secretary-General*, Ch. V, 'Refugees and Stateless Persons' (주 8).
149) 과거의 평가는 다음을 보라, Goodwin-Gill (주 17) 227-8, 238-40, 308-9.
150) 배경은 다음을 보라, 'Expulsion of aliens. Memorandum by the Secretariat': UN doc. A/CN.4/565 (10 Jul. 2006).

추방 결정에 이의를 제기할 권리, 관할 기관에서 심리를 받을 권리, 추방 결정에 대한 실효적인 구제 수단에 접근할 권리, 관할 기관에서 변호를 받을 권리, 해당 개인이 관할 기관이 사용하는 언어를 이해하거나 말할 수 없는 경우 무료 통역의 조력을 받을 권리. 또한 제27조는 합법적으로 체류 중인 외국인에게 '돌이킬 수 없는 심각한 위해의 실질적인 위험이 있는 경우' 추방의 정지효도 요구한다.151) 2017년 제6위원회에서의 토론은 강제송환금지를 포함한 국제 난민법과 무국적자에 관한 법적 체제에 대한 지속적인 지지를 보여주었으나,152) 해당 조항의 추진 여부와 구체적 방법 등 그 외의 사안에 대해서는 여전히 국가들간에 이견이 있다.

유럽인권재판소는 *ND and NT v Spain* 사건에서 두 남성이 개별적인 상황에 대한 심사, 어떤 절차 또는 법적 지원 없이 집단적 추방을 당했는지 여부를 판단할 때 이 초안 조항들을 고려했다.153) 이 사건은 입국허가 없이 스페인 영토에 입국하려던 두 남성이 모로코로 즉시 송환된 사안이었다. 재판소는 실제로 유럽인권협약 제4추가의정서 제4조가 규정한 '집단적 추방'이 있었다고 판단하면서,154) '입국 불허'가 위 규정이 의미한 범위에 해당하지 않는다는 스페인의 주장을 기각했다.155) 재판소는 또한 '집단적'

---

151) *Report* of the ILC: UN doc. A/69/10 (2014) Ch. IV, paras. 35–45.
152) UN doc. A/CN.4/678 (21 Jan. 2015) 24–6.
153) *ND and NT v Spain*, App. Nos. 8675/15 and 8697/15 (Grand Chamber, 13 Feb. 2020), para. 123; 유럽인권협약 제4추가의정서 제4조를 보라.
154) *Hirsi Jamaa v Italy*, App. No. 27765/09 (23 Feb. 2012) para. 177에서 재판소가 판시한 바와 같이, 제4조의 핵심 취지는 국가들이 개인의 상황을 심사하지 않고 개인을 퇴거시키는 것을 막고 '관련 당국이 취한 조치에 대해 자신의 주장을 제시할 수 있도록 하는 것'이다. 제4조는 공해를 포함하여 국가가 관할권을 행사하는 모든 곳에 적용된다: para. 180. 집단 추방에 대한 기타 해설 및 사례는 유다음을 보라, European Court of Human Rights, 'Guide on Article 4 of Protocol No. 4 to the European Convention on Human Rights Prohibition of collective expulsions of aliens' (updated 30 Apr. 2017).
155) *ND and NT v Spain* (주 153) para. 173 ff. 재판소는 국제 난민법상의 강제송환금지

인 추방에 포섭되기 위해 요구되는 '최소 인원수'는 없으며,156) 오히려 '결정적인 기준'은 '집단에 속한 각 외국인의 특정 사례에 대한 합리적이고 객관적인 심사'가 있었는지 여부라는 것을 확인했다.157) 그러나 법원은 결론적으로 제4조가 위반되지 않았다고 판단했다.

이 판결은 스페인이 신청자들에게 보호를 신청할 수 있는 진정한, 실효적인 기회를 제공했는지 여부를 외면했다. 재판소는 제4조는 모든 상황에서 개별 면담이 이루어져야 함을 요구하지 않으며, '각 외국인이 자신의 추방에 대한 주장을 제출할 진정한, 실효적인 가능성'을 '피청구국 당국에 의해 적절한 방식으로 검토'하는 것으로 충분하다고 판시했다.158)

많은 비판을 받았던 이 결정에서 대재판부는 제4조가 위반되지 않았다고 판결한 것이다. 대재판부는 신청자들이 베니 엔자르 국경 통과 지점에서 스페인 영토에 접근할 수 있었을 뿐만 아니라 스페인 대사관과 영사관에도 접근하여 국제적 보호를 신청할 수 있었다고 판단했다.159) 그런데 이는 '2014년 11월 이전에는 멜릴라에 있는 베니 엔자르 국경 통과 지점이나 다른 어떤 곳에서도 비호를 요청할 수 없었으며, 국제적 보호가 필요한 사람을 식별할 수 있는 체계가 없었다''는 유엔난민기구의 의견이 제출되었음에도 불구하고 이루어졌다.160) 재판소는 신청인들이 '이용 가능한 절차를 이용하지 않고 무단으로 국경을 넘었다(이 사건에서는 자신들의 수가 많다는 사실과 무력을 사용했다)'고 판단했다.161) 따라서 스페인 국경수비대가 신청인들을 개별적으로 심사하지 않은 것은 '신청인들 스스로의 행위

원칙과 조화로운 해석을 채택하려 한 것이다.
156) *ND and NT v Spain* (주 153) paras. 194, 203.
157) *Khlaifia and Others v Italy,* App. No. 16483/12 (15 Dec. 2016) , para. 237 ff., cited in ibid., para. 195.
158) *ND and NT v Spain* (주 153) para. 199, 다음을 참조함, Khlaifia (주 157) para. 248.
159) *ND and NT v Spain* (주 153) para. 221.
160) Ibid., para. 152.
161) Ibid., para. 211.

own conduct 로 인한 결과'일 뿐이라고 판단한 것이다.162)

이 판결은 '충격'으로, 그리고 '유럽인권재판소 판례의 중대한 후퇴'로서,163) '유럽연합 국경에서 이주민을 폭력적으로 단속하고, 울타리를 치고, 밀어내는 개탄스러운 국가 실행을 용인'하는 판결로 묘사되었다.164) 판결의 논리에서 '개인의 행동과 국경 관리를 중심에 두어', 재판소가 인권 기구임에도 '너무 엄격하거나 심지어 징벌적이기까지 한' 접근 방식을 취했다는 비판이 제기되었다.165)

이 판결은 재판소에 제출된 증거에 비추어 볼 때 청구인들에 보호를 신청할 수 있는 실질적인 기회가 없었던 사례로 보이는 점에서 이례적인 판결로 보이며, 비호 신청의 형식적 가능성이 있다는 사실만으로는 국가는 개인의 신청을 심사할 의무로부터 면제될 수 없다.166) 그러나 재판소의 마지막 결론, 즉 재판소가 '체약국들이 협약상의 보장을 준수하는, 특히 강제송환금지의무를 준수하는 방식으로 자신의 국경을 – 사안에 따라서 자국

---

162) Ibid., para. 211; 자세한 내용은 다음을 보라 paras. 200-1. 학자들은 '재판소가 신청인들 "스스로의 행위"와 관련하여 완전히 새로운 개념을 창조하고 있다'고 비판해왔다: Pichl, M. & Schmalz, D., ' "Unlawful" may not mean rightless: The shocking ECtHR Grand Chamber judgment in case N.D. and N.T.' Verfassungsblog on Matters Constitutional (14 Feb. 2020) https://verfassungsblog.de/unlawful-may-not-mean-rightless/.
163) Pichl & Schmalz (주 162).
164) Wissing, R., 'Push backs of "badly behaving" migrants at Spanish border are not collective expulsions (but might still be illegal refoulements)' *Strasbourg Observers* (25 Feb. 2020) https://strasbourgobservers.com/2020/02/25/push-backs-of-badly-behaving-migrants-at-spanish-border-are-not-collective-expulsions-but-might-still-be-illegal-refoulements/
165) Papageorgopoulos, S., 'N.D. and N.T. v. Spain: do hot returns require cold decision-making?' European Database of Asylum Law (28 Feb. 2020) https://www.asylumlawdatabase.eu/en/journal/nd-and-nt-v-spain-do-hot-returns-require-cold-decision-making.
166) Pichl & Schmalz (주 162).

국경이든 쉥겐 지역의 외부 국경이든간에 - 보호해야할 의무와 요청에 관한 국제사회의 광범위한 합의'에는 의문을 전혀 제기하지 않았다는 점을 상기하는 것이 중요하다.167) 실제로 재판소가 유럽인권협약 제3조 위반 여부를 검토하도록 요청받았다면168) 강제송환금지원칙을 위반한 것으로 판단했을 가능성이 높다.169)

1.2.6절 강제송환금지: 제33조

조약 규정 및 일반 국제법 규정으로서의 강제송환금지원칙의 범위는 제5-7장에서 자세히 분석되었다.

1.3절 협약상 처우를 받을 수 있는 자격의 범주

협약상 권리와 혜택을 받을 자격의 문제는 국제법상 국가 책임에 관한 일반적인 문제와 별개긴 하나, 한편으로는 이와 관련되어 있다. 국제법위원회가 간결하게 설명했듯이, 국제법상 불법 행위는 국제법상 어떤 국가에 귀속되는 작위 또는 부작위로 구성된 행위가 당해 국가의 국제적 의무 위반을 구성할 때 성립한다.170) 그러나 특정한 조약 체제들은 일반적으로 국가들이 지는 실체적 의무의 영역을 보다 정교히 구분하려 하는데, 예를 들어 인권 조약들은 당사국의 영토 내 또는 당사국의 관할권 또는 당사국의 권한이나 통제하에 있는 개인에게 영향이나 효과를 미치는 당사국의 작위 또는 부작위에 대해서만 책임을 지도록 이를 한정하는 경우가 많다. 다른 조약, 예컨대 1951년 협약과 같은 조약은 개인이 피난국에 밀접하게 연결

---

167) *ND and NT v Spain* (주 153) para. 232.
168) 이 주장은 절차의 이전 단계에서 부적격한 것으로 선언되었다: ibid., para. 128.
169) 다음도 함께 보라, Wissing (주 18).
170) Art. 2, Articles on the responsibility of States for internationally wrongful acts: UNGA res. 56/83 (12 Dec. 2001) Annex.

될 수록 더 많은 혜택을 받을 수 있게, 특정한 혜택들을 유대의 정도 degrees of attachment에 따라 부여하려 한다.171) 이러한 체재는 반드시 국가 책임이라는 큰 틀 안에서 운영되어야 하며, 그 조약은 해석 원칙과 같은 일반 원칙은 물론이고, 고문 또는 인종 차별금지와 같이 국가의 행위를 규율하는 다른 원칙들을 참조하여 이행되어야 한다. 이러한 종류의 규칙들은 통상 국가 행위의 주변부에서 작동하지만, 국가가 모호하거나 불확실한 특정 의무들을 이행할 때 및 여러 수단 중 특정 수단을 선택할 때 국가의 실제 행위와 종종 긴장 관계에 놓일 수 있다.

협약의 일부 조항은 체약국에 '합법적으로 체재하는 lawfully staying' 난민에게만 적용되고, 일부는 체약국에 '합법적으로 있는 lawfully in' 난민에게 적용되며, 일부는 합법적으로 있든 불법적으로 있든 상관없이 '영역 내에 있는 tout court(physically present)' 난민에게 적용된다. 유감스럽게도 영어나 프랑스어 등 협약 문언의 용어에는 일관성이 거의 없지만, 단순한 현존 simple presence, 합법적 현존 lawful presence, 합법적 거주 lawful residence라는 세 가지 일반적인 범주로 구분할 수 있으며, 일부 경우 상시적 거주 habitual residence라는 범주에 대한 참조가 필요할 수 있다.

1.3.1절 단순한 현존 Simple presence

일부 혜택은 난민이 어떠한 법적 지위를 갖고 있는지와 무관하게 단지 그들이 난민이라는 사실 자체가 주는 효과에 의거하여 난민에게 제공된다. 예를 들어, 제33조는 제3조와 마찬가지로 단지 난민이라고만 일컬을 뿐이다.172) 제2조, 제4조 및 제27조는 체재 사실('자신이 체재하는 국가', '그 영역 내의 난민', '그 영역 내의 난민' /'*du pays où il se trouve*'; '*réfugiés sur*

---

171) 참조, Hathaway, J., *The Rights of Refugees under International Law* (2nd edn., 2021)173-311.
172) 재판받을 권리에 대한 제16조(1)도 함께 보라. Hathaway & Foster (주 116) 26.

leur territoire'; '*tout réfugié se trouvant sur leur territoire*')을 전제로 하는 반면, 제31조는 그 중에서도 불법 입국 또는 체류('허가 없이 그 영역에 있는 경우'/'*se trouve sur leur territoire sans autorisation*')에 구체적으로 적용될 수 있다.

1.3.2절 합법적 현존 Lawful presence

합법적 현존은 합법적 거주와 구별되어야 하며, 적용되는 이민법에 따라 학생, 방문자 또는 의료 서비스 대상자와 같이 일반적으로 일시적인 목적을 위해 입국 및/또는 체류 허가를 받은 경우를 의미한다. 협약에 따라 18조(자영업), 26조(이동의 자유), 32조(추방)는 합법적으로 현존('합법적으로 그 영역 내에 있는' / '*qui se trouvent régulièrement*') 하는 난민에게 적용된다.[173] 언뜻 보기에는 이러한 조항의 혜택은 합법적으로 현존하고 있는 모든 난민에게 주어지는 것처럼 보일 수 있지만, 국가 실행은 이러한 해석을 지지하지 않는다. 오히려 입국, 체류, 거주 그리고 거주 조건에 대한 각국의 접근 방식은 단순한 합법적 현존 이상의 것을 요구하고 있고, 일반적으로 혜택을 받는 난민은 그 국가에서 지위를 인정받거나, 다른 국가에서 지위를 인정받은 후 재정착 또는 다른 형태의 입국을 통해 체류 허가를 받은 경우일 것을 요구한다. 국가 실행을 통해 형성된 다른 합의된 의미는 존재하지 않으며, 따라서 이 조항의 목적상 '합법적으로 있는'의 의미를 국내법과 정책에 따라 결정하는 것은 각 당사국의 몫이다.[174]

---

173) 참조, 제11조는 '선원으로서 정규적으로 근무하는 난민 / *régulièrement employés comme membres de l'équipage*'이라고 지칭한다.
174) *ST (Eritrea) v Secretary of State for the Home Department* [2012] UKSC 12, paras. 36, 49 (Lord Hope); paras. 57-8 (Lord Dyson). 모든 당사국들에 공통된 하나의 진정한 의미를 발견하려는 이상은 남아 있지만, 국가가 보유한 재량과 수단 선택의 자유를 고려할 때 이는 달성하기 어려울 것이다; 다음을 보라, Goodwin-Gill, G. S., 'The Search for the One, True Meaning …', in Goodwin-Gill, G. S. & Lambert, H., eds.,

단지 체약국에 합법적으로 현존하고 있을 뿐인 난민에게까지 제32조의 추방으로부터의 보호를 확대하여 적용할 수 있는지 여부는 국가 실행을 고려할 때 확실히 의문이며,175) 원칙상으로도 일시적으로 체재하는 난민이라면 일반적으로 비시민권자에게 적용되는 것과 동일한 퇴거 제도의 적용을 받지 않아야 할 이유가 없는 것으로 보인다. 물론 이들은 여행증명서를 발급한 국가로 돌아갈 권리를 여전히 향유 할 수 있으며, 언제나 제33조의 보호를 받을 수 있다고 기대된다. 공공질서/*ordre public* 위반 사유에는 해당 국가의 이민법 위반도 포함된다고 주장될 수 있는데,176) 이 경우 합법적으로 있는 난민과 합법적으로 거주하는 난민은 거의 구별되지 않는다. 제32조가 국가의 추방 권한을 실질적으로 제한하고 있긴 하지만, 그 혜택의 대상은 합법적으로 거주하는 난민, 즉 기한의 정함 없이 해당 국가에 체류하는 난민에게만 국한되어 있으며, 난민 추방 조치로 인해 제기되는 법적 문제를 구체적으로 다룬 기록된 사례는 찾기 어렵다.

준비문서나 실제로 각국의 실행에 비추어 볼 때, 비호 신청자가 단순히 지위에 대한 결정이 내려질 때까지 입국 또는 체류가 허용되었다는 이유만

The Limits of Transnational Law: Refugee Law, Policy Harmonization and Judicial Dialogue in the European Union (2010) 204. 참조. 국가 실행이 아닌 다양한 '학계의 의견'이 '합법적 체재'의 해석을 규율해야 한다고 주장한 Hathaway (주 171) 196-212.

175) 예를 들어 다음을 보라, *Kan Kim Lin v Rinaldi* 361 F. Supp. 177, 186 (1973); aff'd., 493 F.2d (1974)에서 미국 뉴저지 지방법원은 제32조에 관한 준비문서를 원용하여, '합법적으로 그 영역 내에 있는 난민'이라는 용어에는 '합법적으로 입국한 난민이지만 입국 또는 체류 허가를 받은 기간을 초과하여 체류하거나 입국 또는 체류에 수반되는 다른 조건을 위반한 난민은 포함되지 않는다'고 판시했다. 제2순회 항소법원은 *Chim Ming v Marks* 505 F.2d 1170 (1974)에서 이 문구에 대한 '유일한 합리적 해석'은 '"허가 없이" 국가에 체류하는 상태를 포함하는 제31조의 불법의 정의와 일관되게 해석하는 것'이라고 판단했다. 허가를 제공하는 것은 한 국가의 이민법이므로, 해당 국가에 불법으로 있는 사람은 해당 법률을 위반한 것이다.

176) 다음을 보라, Goodwin-Gill (주 17) 298, 주 1에 인용된 사례들, 그리고 일반적으로, 295-9.

으로 제32조의 혜택을 주장할 수 있다고 볼 증거는 없다. 1951년 협약은 개념을 선언하긴 하지만 자기-적용 조약은 아니고, 문맥상 단어의 통상적인 의미를 넘어서는 해석과 적용을 할 수 있는 '규범적 요건'을 규정하고 있지도 않다. 영국 대법원은 *ST(Eritrea)* 사건에서 '제32조 제1항의 의무는 … 명백하게도, 비호를 허가받은 난민을 대상으로 부과되는 의무'라고 판시한 바 있다.177) 영국 대법원은 또한 '합법적 현존'라는 용어에 대해 국제적으로 합의된 의미가 아직 없기에, 체약국의 국내법을 살펴봐야 한다고 강조했다.178) 이 경우에도 개별 상황에 따라 다른 접근 방식이 필요할 수 있으며, 비호 신청이 거부된 것이 아니라 성공적으로 인용된 경우에는 거주 기간 산정 등 다른 목적을 위해 최초 입국 또는 임시 체류 기간도 고려될 수 있다. 정책과 권리가 긴장관계에 있는 상황에서는 합법적 거주와 불법적 거주의 경계는 희미한데, 예를 들어, 영국 항소법원은 이민법을 위반하여 영국에 체류하고 있어 퇴거 대상이 되는 사람은 합법적인 거주자에 해당되지 않는다고 판결했지만, 이는 사회적, 문화적으로 통합되어 실제로 '정착한 이민자 settled migrant'인지 여부에 대해 판단한 결정은 아니었다.179)

1.3.3절 합법적 거주 Lawful residence

마지막으로, 많은 조항들은 체약국에 합법적으로 거주하는 난민, 즉 거주 및 지속적인 보호라는 의미에서 비호를 향유하고 있는 난민에게만 적용된다.180) 또다시 용어가 다양하게 사용되었다. 제25조는 국가에 '거주하고

---

177) *ST (Eritrea) v Secretary of State for the Home Department* (주 174) paras. 60, 63-4 (Lord Dyson).
178) Ibid., paras. 36, 49 (Lord Hope); paras. 57, 58 (Lord Dyson).
179) *Secretary of State for the Home Department v SC (Jamaica)* [2017] EWCA Civ 2112, paras. 54, 56-7, 73.
180) 이와 관련하여, 국가 안보 및 공공 질서상 달리 요구되는 강력한 사유가 없는 한, 회원국은 국제적 보호가 부여된 후 가능한 빨리 최소 3년 동안은 유효한 거주 허

있는 (난민)'/'*sur le territoire duquel il réside*'을 언급한다. 제14조와 제16조 2항은 체약국에 '상거소'/'résidence habituelle'가 있는 난민을 언급하고, 제15조, 제17조(1), 제19조, 제21조, 제23조, 제24조, 제28조는 영어로 '합법적으로 체재하는 lawfully staying'이라는 다소 부정확한 용어를 사용하고 있다.181) 프랑스어 본문의 해당 문구는 '*résident régulièrement*'(또는 이에 대한 약간의 변형)인데, 예를 들어, 제28조와 관련된 준비문서를 보면 커먼로 체계에서의 거주 residence라는 개념이 종종 상당히 모순되기 때문에 이 프랑스어 용어에 가장 근접한 영어 문구를 선택했음이 분명하다. 그러나 협약이 채택한 이 용어에 어려움이 없는 것은 아니다. 1950년 임시위원회 제2차 회의에서 프랑스에서 거주자란 특권을 가진 거주자, 일반적인 거주자 또는 임시적인 거주자 모두를 의미할 수 있다는 점이 지적되었다.182) 그렇다면 단기간만 체류하는 난민의 사례도 거주자에 포함되어 혼란을 일으킬 수도 있지만, 프랑스 대표의 견해에 따르면 '"*résident régulièrement*'라는 용어가 등장하는 여러 조항을 살펴보면 이는 모두 일종의 정착을 함축하고 있고, 결과적으로 일정 기간 이상의 거주 기간을 의미한다는 것을 알 수 있다'.183) 앞에서 인용된 조항들의 혜택을 받으려면 난민은 단순한 합법적인 현존 이상의 무언가를 반드시 보여 주어야 한다.184) 국가마다 다른 출입국 관리 체계로 인해 일반화하기는 어렵지만, 영주, 기한 없는, 무제한 또는 기타 유사한 거주 지위, 난민 인정, 여행증명서 발급 또는 재입국 사증 발

가를 발급해야할 의무가 있다고 규정한 자격 지침(개정본) 제24조를 주목하라.
181) 부속서 제6항과 제11항에 사용된 거주라는 용어도 함께 보라.
182) UN doc. E/AC.32/SR.42, 11-20.
183) Ibid., 12.
184) 캐나다는 제23조 및 제24조에 대한 유보에서 '합법적 체재 *lawfully staying*'를 영구 거주를 위해 입국한 난민만을 지칭하는 것으로 해석하고, 임시 거주를 위해 입국한 난민은 해당 조항과 관련하여 일반적으로 단기 방문자들에게 부여되는 것과 동일한 대우를 받아야 한다고 언급하고 있다. 이후 적법절차와 헌법적 보호의 발전에 따라 이러한 구분은 유의미한 차이가 없는 구분이 되었다.

급의 증거는 당해 난민이 체약국 영토에서 합법적인 체재 중인 것으로 간주되어야 한다는 강력한 추정을 불러일으킬 수 있다. 그런 다음 난민이 제한된 기간과 목적으로 수용되었다거나 실제로는 다른 국가의 책임 하에 있는 사람임을 보여줌으로써 추정을 반박하는 것은 해당 국가의 몫이다.185)

1.3.4절 상시적 거주 Habitual residence

'종전의 상주국가'라는 문구는 1951년 협약 제1조A(2)에서 무국적자가 그곳에서의 박해에 대한 충분한 근거가 있는 두려움을 근거로 난민 지위를 인정받을 관련된 국가를 식별하기 위해 등장한다.186) 이러한 맥락에서 초안 작성자들은 이 문구의 정확한 의미에 거의 관심을 기울이지 않았으며, 임시위원회는 이 표현이 특정 지역을 지칭하는 것이 아니라 '(난민이) 거주했던 국가로서 그가 박해를 받았거나, 돌아가게 될 경우 박해를 받을 우려가 있는 국가'를 의미한다고만 언급했을 뿐이다.187) 무국적자의 '상거소 habitual residence'는 필수적으로 어느 정도의 안전, 지위, 체류 및 귀환 자

---

185) 예를 들어, 1962년 스위스-독일연방공화국 간 책임 이전에 관한 의정서는 예를 들어 교육, 의료 또는 요양 목적의 거주에 대해서는 기간을 고려하지 않고, '난민이 기간의 제한 없는 거주 허가를 받았거나 3년동안 정규적으로 거주했음을 입증할 수 있는 경우 *lorsque le réfugié a obtenu une autorisation de séjour illimitée ou lorsqu'il peut justifier d'une résidence régulière de trois ans*' 책임이전 허가를 취득한 것으로 간주한다. 이와 같은 협정은 국가 *간의* 책임 이전을 다룰 뿐이며, 난민이 자신의 비호국에 대해 협약상 조항들의 혜택을 청구하기 위해서는 그러한 거주 기간을 충족할 필요가 없다.
186) 다음을 보라, 이 책 제3장, 5.1.2절 및 제13장, 4.2절. Hathaway & Foster (주 116) 67-70.
187) UN doc. E/1618, 39. UNHCR, *Handbook on Procedures and Criteria for Determining Refugee Status* (주 126) paras. 101, 104-5. *Minister for Immigration and Multicultural Affairs v Savvin* (2000) 98 FCR 168, [2000] FCA 478; *Al-Anezi v Minister for Immigration and Multicultural Affairs* (1999) 92 FCR 283, [1999] FCR 355.

격을 함축하는 장소로 보이며, 이는 부분적으로 전간기에 이뤄진 정부 간 협정들의 목표이기도 했다.[188] '상거소'라는 용어가 1951년 협약의 다른 조항에서 사용된 경우, 이는 단기간의 체재 이상을 의미하긴 하지만 반드시 영주나 영구 주소지를 의미하는 것은 아닌 것으로 보인다.[189]

'주소지 Domicile'는 커먼로 및 기타 관할권에서 문제가 되는 용어인데, 난민협약 제12조 제1항에서 '난민의 개인적 지위는 주소지 국가의 법률에 의하거나 또는 주소가 없는 경우에는 거소지 국가의 법률에 의하여 규율된다'고 규정하여 거주지 residence와 구별하고 있다. 개인의 지위 문제(법적 능력, 결혼 능력, 가족권, 상속권 등)를 규율하는 법에 대한 국가 실행은 각기 다른데, 일부 국가는 개인의 주소지 국가의 법을, 다른 국가는 개인의 국적국의 법을 준거법으로 채택하고 있다. 제12조는 난민들에게 발생할 수 있는 문제를 해결하기 위한 조항이지만, 한 주소지를 포기하고 다른 주소지를 취득한 경우인지를 판단하는 것이 항상 쉬운 것만은 아니며;[190] 따라서 거주지라는 개념도 여전히 사용된다.[191]

'상거소'와 '거주지'는 사실, 의도라는 두 요소를 포함한다. 예를 들어,

---

188) 다음을 보라, United Nations, *A Study of Statelessness* (1949), Introduction and Part I.
189) 제14조는 난민이 상거소를 가지는 국가에서 예술적 권리와 공업 소유권에 대해서 그 국가의 국민에게 부여되는 보호와 동일한 보호를 부여받는다고 규정하고 있다. 전권 회의의 토론을 보라: UN doc. A/CONF.2/SR.7, 20; SR.8, 6; SR.23, 26.
190) 주소지에는 주관적 요소와 객관적 요소가 모두 포함된다. 캐나다 대법원은 *Trottier v Dame Lionel Rajotte* [1940] SCR 203 사건에서 출신 주소지 또는 출생 주소지 변경에 적용되는 원칙은 새로운 주소지를 취득하기 전에는 출신 주소지를 상실할 수 없다는 것이라고 판시했다. 여기에는 두 가지 요소가 포함되는데, 새로운 장소에서 거주지를 실제로 취득한 것, 그리고 그곳에 영구적으로 정착할 의도가 그것이다. 다른 국가에 영주권을 취득하지 않은 경우, 다시는 돌아오지 않을 의도로 국가를 떠나는 것만으로는 충분하지 않으며, '장래에 대한 일반적이고 무기한적인 계획'이 있어야 한다.
191) 다음을 보라, *Ad hoc* Committee on Statelessness and Related Problems: UN doc. E/AC.7/SR.8, paras. 14, 19; SR.9, para. 2.

캐나다 영주권을 취득한 사람에 대해 시민권 법원이 확인한 내용을, 그가 실제로 캐나다에 거주지를 설정했는지 여부에 대한 판단에 대해서도 반드시 따라야 하는 것은 아니다. 한편으로, 거주지는 이제 '확장된 의미'(즉, 부재 기간을 수용할 수 있을 만큼 유연함)를 갖는 것으로 인정된다.192) 다른 한편으로, 시민권이라는 특별한 지위를 부여받기 위해서는 거주지 외에 귀환 의사라는 요건이 필요하며,193) 개인이 캐나다로 '자신의 생활 방식을 집중화'할 것을 요구하며, 이는 가족 관계, 일시적인 해외와의 유대, 캐나다와의 지속적인 유대(은행 계좌, 투자 등)과 같은 추가적인 요소들에 따라 판단될 수 있다.194)

앞 절에서 살펴본 바와 같이 1951년 협약과 각국 국내법 모두 목적에 따라 서로 다른 거주 개념을 사용한다. 마찬가지로 국내법에서 사회 보장, 의료 서비스 이용, 강제퇴거로부터의 구제 등 특정 혜택을 받기 위해서 적격 거주 기간을 요청할 수 있지만, 귀화를 통해 시민권까지 취득하기 위해서는 일반적으로 거주 기간뿐만이 아니라 지역사회 활동에 대한 증거까지도

---

192) *Re Citizenship Act and in re Antonios E. Papadogiorgakis* [1978] 2 FC 208. 이 사건에서 캐나다 연방법원은 '법원들에 의도와 사실 모두를 대상으로 포괄하는 조사 의무가 부과되지만, 이러한 요소 중 어느 것도 그 자체로 결정적인 것으로 간주되지는 않는다'고 언급했다: *Canada (Secretary of State) v Nakhjavani* [1987] FCJ No. 721 (Joyal J).
193) *Canada (Secretary of State) v Nakhjavani* (주 192) 사건에서 연방법원은 캐나다 신원 증명서를 소지한 무국적자인 피신청인들이 캐나다에 세컨드 하우스 *pied-à-terre* 를 유지하고 있음에도, 주로 이스라엘 하이파에 거주지가 있다고 판단했는데, 남편의 바하이교를 위한 종교 및 행정적 의무 수행이 그 이유였다. 이 부부의 캐나다 단기 방문은 시민권 취득 자격을 충족시키지 못했다.
194) 시민권 거부에 대한 항소가 인용된 *Re Chan* [1988] FCJ No. 323 사건을 보라. 신청인은 캐나다에서 학부 및 대학원 교육을 마쳤으며, 캐나다에서 자신의 자격에 상응하는 일자리를 찾는 데 어려움을 겪은 후에야 홍콩으로 떠났다. 그는 부모님 집에 방을 두고 자주 귀국했으며, 가족 관계 및 기타 사회적 관계를 돈독히 유지했고, 해외에서 가구가 비치된 숙소만 임시로 이용했으며, 은행 계좌를 유지하고 소득세 신고서를 제출했다. 연방법원은 그가 시민권법의 거주 요건을 충족한다고 판단했다.

필요하다.

1.4절 지역적 적용 범위

오늘날에는 거의 타당성이 없는 것으로 여겨지지만, 1951년 협약 제40조 - 적용 지역 조항 또는 식민지 조항 - 는 Bashir 사건에서[195] 영국 대법원이 특정한 난민인정자들의 키프로스의 주권기지지역(SBAs, Sovereign Base Areas)에서 영국으로 향하는 여행 거부를 정당화하기 위해 원용한 조항이다. 상고인들은 1998년 아크로티리 해안에서 난파된 한 집단의 일원으로, 영국 군 당국에 의해 해변으로 옮겨져 난민으로 판명된 후 사용이 중지된 데켈리아의 서비스 시설들에 수용되었다.[196] 문제는 이들이 군 당국과 난민들의 요청대로 영국 본토에 입국할 자격이 있는지, 아니면 국무장관이 이들의 입국을 거부할 권한이 있는지에 대한 것이었다. 대법원은 난민협약의 적용을 당시 식민지였던 키프로스까지 확대하는 1956년 선언에 따라, 협약이 주권기지지역에 계속 적용된다고 인정했다.[197] 대법원은 '식민지 조항 colonial clause'의 취지를 검토했는데, 이는 보다 발전한 종속된 영토에 부여된 제한된 자치권과 '자결의 원칙 및 식민지 강대국들의 신탁통치에 따른 의무'를 반영하기 위한 것이었다. 대법원은 주권기지지역의 성격이 다른 영토들과 근본적으로 다르다는 점을 인정하지 않았으며, 변론에서 이 점이 제기된 것으로 보이지도 않는다. 주권기지지역은 군사 기지이며,

---

195) *R (on the application of Tag Eldin Ramadan Bashir and Others) v Secretary of State for the Home Department* [2018] UKSC 45.
196) 서쪽의 Akrotiri와 동쪽의 Dhekelia가 SBA를 구성한다. 나중에 도착한 난민과 비호 신청자들은 영국과 키프로스 간의 다양한 '협정'의 적용을 받는다.
197) *Bashir* (주 195) para. 69: '영국이 키프로스 섬의 97%를 잃었다는 사실만으로 영국이 보유하고 있는 3%의 지위가 바뀌지는 않는다. 키프로스의 나머지 부분과의 관계를 제외하고는 나머지 국가들에 대한 SBA의 지위는 변하지 않았는데, 이는 키프로스의 나머지 국가들의 지위 변화 때문이지 SBA의 지위 변화 때문이 아니다.'

군대 외의 다른 영국 요소의 주둔은 예상할 수 없고, 민간인은 군대와의 관계를 통해서만 그 안에 들어올 수 있으며, 주권기지지역 내에서 '예상치 못한' 출생은 태어난 사람에게 영국 시민권을 주장할 권리를 부여하지 않는다.[198] 1960년 영국, 터키, 키프로스 간 조약에 첨부된 교환 문서에 명시된 바와 같이, 영국은 다른 목적으로 주권기지지역을 개발하지 않고, 식민지를 설치하지 않으며, 일시적인 목적 외의 새로운 정착을 허용하지 않기로 합의했다. 주권기지지역은 독자적인 국제 관계를 가지고 있지 않지만 영국 자체와 분리될 수 없다.[199] 식민지도 아니고, 국제법에서 말하는 '비자치지역 non-self-governing territory'도 아니며, 국제적 인격을 가진다고 할 수도 없다. 영토를 제외하고는 정치적 실체를 구성하는 요소, 즉 폴리스도 없고, 정치적 의지를 행사할 수 있는 지역 주민도 없으며, 지역 시민권을 취득할 수 있는 조항도 없고, 실제로 지역 시민권도 없으며, 민주적 제도도 없고, 선거도 없으며, 투표도 없다. '식민지 조항'의 취지는 본질적으로 조약의 혜택을 현지 정부를 통해 이 문제에 대해 협의할 것으로 기대할 수 있는 비자치지역의 사람들에게까지 확대하는 것이었다. 이것이 '헌법상의 이유로 필요한 경우 그러한 영역의 정부의 동의를 조건으로 하여' 확장될 가능성을 언급한 제40조 3항이 함축하고 있는 내용이다. 정부는 물론 국민도 소유하지 않은 하나의 군사 기지와 같은 영토 구조는 제40조의 범위에 포함되지 않는다.

국제법의 어떠한 규칙도 '도시' 국가가 곧장 인접한 영토로 구성되어야 한다고 요구하지 않으며, 주권기지지역은 영국이 배타적 권한을 행사하는 영토로서, '주권'이라는 단어에서 알 수 있듯이 그 지역의 비자치적 성격으로 인해 유엔에 대해 어떠한 특별한 의무도 지지 않는 영토다. '확대 적용'이 고려될 사례가 아닌 경우라도, 난민협약은 국가 자체에 적용되는 것과

---

198) British Overseas Territories Act 2002, ss. 3(1), 3(2), 4.
199) 여러 측면에서 주권기지지역은 (육상에 기반을 둔) 영국 군함과 유사하다.

마찬가지로 지역에 적용되는 것으로 간주되어야 하며, 그 결과 난민은 입국허가를 받을 필요 없이 제26조에 따른 권리를 행사하여 영국으로 이동할 수 있고, 난민으로 인정받은 데 따른 권리와 특권을 누릴 자격이 있다.

그러나 대법원은 이와는 달리 난민들이 영국에 '재정착'할 권리가 없다는 결론을 내렸다. 주권기지지역은 '국가가 그곳의 국제 관계에 대해 책임을 지는 지역'이며, 협약에 따른 국가의 의무는 '원칙적으로 그리고 정상적인 상황에서는 해당 지역의 맥락에서 난민의 협약상 권리를 제공하고 보장하는 것으로 제한'된다는 것이다.[200]

2절 국내법상 보호: 난민지위심사절차

어떤 국가가 관할권 내에서 난민을 보호하기 위한 조치를 취할지 여부와 취할 경우 어떤 절차를 운용할지는 국가들이 국제 의무를 이행하는 방법을 결정할 때 일반적으로 수단을 선택할 자유를 향유한다는 점에서 주권 재량의 영역에 속하는 매우 중요한 문제다. 협약 및 의정서 당사국의 경우, 이러한 재량의 외적 한계는 의무의 실효성 원칙 principle of effectiveness of obligations에 의해 제한되며, 채택된 조치는 합리적인 효과 reasonable efficacy 와 효율적인 이행 efficient implementation이라는 국제적 기준과 요청되는 결과의 달성이라는 목표에 따라 판단될 것이다. 편입을 위한 입법

---

200) *Bashir* (주 195), para. 89. 대법원은 paras. 82-3에서, 제26조를 해석한 결과, 이는 내부에서의 이동에 대한 제한을 고려한 것이며, '외국인에게 영향을 미칠 수 있는 규제에 따를 것을 조건으로 하여, 난민에게 국가의 모든 도시와 해외 영토 전체 또는 일부 사이를 이동할 수 있는 권리를 부여하는 것으로 해석될 수 없다'고 판단하였다. 부수적으로, 그리고 실수로, 대법원은 제26조 영문본에 'and'라는 단어를 추가해야 한다고도 판단했다; 그러나 인증된 정본을 확인했다면 달리 설시하였을 것이다: https://treaties.un.org/Pages/CTCTreaties.aspx?id=5&subid=A&clang=_en.

이 명시적으로 요구되지는 않지만, 효과적인 이행을 위해서는 어떤 형태로든 최소한 난민을 식별할 수 있는 절차와 입국, 거주, 퇴거에 대한 무차별적인 집행으로부터의 보호 수단이 필요하다.201) 당연하게도 국가별 실행은 매우 다양한 이행 방법을 보여주며, 이로부터 적절성과 충분성을 쉽게 판단할 간단한 공식을 추출하기는 어렵다. 공식적인 조치들의 효과는 국가 내부 행정 및 사법 체계의 전반적인 효율성뿐만 아니라 해당 체계가 직면한 특수한 문제에 따라 달라진다. 비호 신청자 개개인을 위해 고안된 절차는 비호 신청자들의 대규모 유입을 해결하지 못할 수도 있으며, 후자의 비호 신청자들의 필요는 근본적으로 다를 수 있어서 적어도 단기적으로는 덜 정교하고 종종 순전히 물질적인 해결책이 더 시급할 수도 있다(이러한 일반화는 종종 허용되지 않을 정도로 낮은 보호 기준을 변명하는 데 사용되기도 하지만).

한편으로는 난민 지위와 그 지위에서 비롯되는 법적 결과를 구분하는 것이 잠재적으로 유용한데, 후자는 국내법에 의해 공식적으로 인정되는 거주 자격을 포함할 수도 있고, 단순히 난민 지위를 국제법에 의해 희미하게 제한되는 재량에 따라 고려할 뿐인 자격을 포함할 수도 있다. 실제로는 이러한 구분을 유지하기가 어려운 경우가 많으며, 특히 지위 자체가 거주 자격의 기준이 되는 경우와, 예를 들어 특성이나 동화 가능성 등 통상적인 거주 자격 요건이 역으로 난민 지위 결정에 영향을 미칠 수 있는 경우에는 더욱 그렇다. 마찬가지로, 단지 어떤 국가가 난민을 다른 사람들과 별도로 대우한다는 사실만으로는 실효적인 보호의 결정적인 증거가 있다고 보기에 부

---

201) Legomsky가 올바르게 지적했듯이, '불공정한 절차는 반드시 개인의 실체적 권리를 침해할 부당하게 높은 위험을 초래한다. 따라서 공정한 난민지위심사는 … 강제송환 금지의 필수 요소 중 하나다':Legomsky, S. H., 'Secondary Refugee Movements and the Return of Asylum Seekers to Third Countries: The Meaning of Effective Protection' (2003) 15 IJRL 567, 654.

족하다. 한 사람의 난민이 시민과 외국인에게 공통적으로 적용되는 기본적 인권을 향유하며, 이러한 기본적 인권이 일반적으로 보장되고, 적법절차가 인정되며 이의 절차 및 사법 심사를 통해 행정처분의 당부와 적법성에 대한 심사가 허용된다면 그 난민은 충분히 보호받고 있다고 할 수 있다.

난민의 정의 문제에 대한 각국의 다양한 접근 방식은 이미 설명되었다.202) 1951년 협약의 기준은 보편적으로 채택되고 있으며, 보충적 또는 보완적 보호가 필요한 그 밖의 사람들의 보호에 관한 추가적인 조항들도 점점 더 많이 만들어지고 있다. 또한 범죄인 인도, 국제 범죄 근절 조치, 인신매매 및 밀입국 억제를 포함한 형사법 문제에 대해 국가들이 협력하는 상황에서도 이에 준하는 형태의 보호가 인정되고 있다.203) 국제법은 이제 송환된 범죄자와 피해자가 받게 될 처우에 직접적으로 관여하고 있으며, 국가실행은 박해 또는 침해에 대한 책임이 송환을 금지하는 국제적 기준의 근본적인 근거가 되어야 한다는 점에 대해 광범위한 합의를 보여준다.

2.1절 난민지위심사를 위한 일반적인 기준

국제법이나 국내법 체계에서 채택한 기본적인 난민 정의는 매우 개인주의적인 개념이다. 이는 주관적, 객관적 요소에 대한 냉정한 사례별 심사를 전제로 하는데, 대규모의 난민들에게는 - 비록 그들에게도 일정한 최소 기준이 충족되어야 하지만 - 이러한 심사는 비현실적인 것일 수 있다.204) 일

---

202) 이 책 제2장, 6절을 보라.
203) 참조, UNHCR, 'Comments to the Council of Europe's Committee of Experts on the Operation of European Conventions on Co-operation in Criminal Matters (PC-OC). On the Replies to the Questionnaire on the relationship between asylum procedures and extradition procedures' (Apr. 2009).
204) 다음을 보라, UNHCR, Guidelines on International Protection No. 11, 'Prima facie recognition of refugee status', HCR/GIP/15/11 (24 Jun. 2015); Albert, M., 'Governance and *prima facie* refugee status determination: Clarifying the boundaries

반적으로 비호 신청자들에게 절차에 대한 접근을 막는 다양한 장벽을 극복할 방법이 주어질 수 있다고 전제한다면, 바로 지위 심사 절차의 존재 자체가 관련 국제협약에 따른 강제송환금지와 처우를 모두 보장하게 되는 보루라고 볼 수 있다.205) 1977년 집행위원회는 모든 협약 및 의정서 당사국이 이러한 절차를 수립하고 유엔난민기구의 참여를 우호적으로 고려하기를 희망한다는 의사를 표명했다.206) 아래에서 설명된 바와 같이 위원회는 대부분의 국가들이 채택할 수 있는 일반적인 수준으로 설계된 기본적인 절차적 요구사항들을 추가로 권고했다.207)

난민 지위 결정을 위한 공식적인 절차는 유엔총회가 1950년 유엔난민기

---

of temporary protection, group determination, and mass influx' (2010) 29(1) *RSQ* 61; Report of the 1979 Arusha Conference, recommendations on the term 'refugee' and determination of refugee status: UN doc. A/AC.96/INF/158, at 9 (1979).
205) 이러한 명제는 특히 재판청구권이 헌법적으로나 다른 방법으로 보장되어 있는 경우 더욱 그렇다; 예를 들어 다음을 보라, *R (UNISON) v Lord Chancellor and Equality and Human Rights Commission (Intervener)* [2017] UKSC 51- 재판청구권은 법치주의에 내재된 권리이며 전체로서의 사회에 가치 있는 권리라고 판시함.
206) 여러 해 동안 유엔난민기구에 대한 유엔 총회의 연례 결의는 비호 신청자들이 '공정하고 효율적인 절차'에 접근할 수 있도록 할 것을 촉구해왔다; 예를 들어 다음을 보라, UNGA resolutions 50/152 (21 Dec. 1995) para. 5; 51/175 (12 Dec. 1996). 2020년 총회는 협약과 의정서의 '완전하고 효과적인' 적용과 '강제송환 금지 원칙에 대한 완전한 존중'의 중요성을 인식하고 각국에 '당해 국제적 의무 및 지역적 의무에 따라 국제적 보호가 필요한 사람들을 정당하게 식별하여 비호 신청을 처리할 것'을 촉구했다: UNGA res. 75/163 (16 Dec. 2020) paras. 4, 57. 집행위원회는 '공정하고 효율적인' 절차의 중요성을 지속적으로 강조해 왔다; 예를 들어 다음을 보라, 결정 제93호 (LIII), '개인 비호 제도의 맥락에서 비호 신청자의 접수'(2002), para. (a), 제99호 (LV), '일반사항'(2004), para. (l), 제103호 (LVI), '보충적인 형태의 보호를 포함한 국제적 보호에 관한 조항'(2005), para. (q)
207) 다음을 보라, Burson, B., 'Refugee Status Determination' in Costello, Foster, & McAdam (주 116). 각국의 절차들에 대한 초창기의 설명은 다음을 보라, Avery, C., 'Refugee Status Decision-making: The Systems of Ten Countries' (1983) 19 *Stanford Journal of International Law* 235. 각국의 국내 절차는 계속 변화한다; 이 책 제2판의 325-6, 주5를 보라.

구 규정을 채택할 때 촉구한 1951년 협약과 1967년 의정서의 효과적인 국내 이행과 적용을 보장하기 위해 큰 도움이 된다. 이 절차는 비호를 구하는 사람들을 위한 '완전한 접근'의 보장, 그리고 여성, 아동, 장애인 등 특정 집단에 대한 적절한 규정과 함께 오랫동안 유엔난민기구의 주요 목표 중 하나였다.208)

협약이나 의정서 모두 완전한 국내 이행을 위한 필수 조건으로 절차가 있어야 한다고 공식적으로 요구하진 않지만, 난민에 대한 차별 없는 기본적 권리와 자유의 보호 및 보장이라는 협약과 의정서의 취지와 목표는 사실 이러한 효과적인 국내 조치의 채택을 강력하게 주장한다. 1977년 회의에서 집행위원회는 이러한 접근 방식을 구체화하여 각국 정부에 공식적인 지위심사절차의 수립을 촉구했을 뿐 아니라209), 다음과 같은 절차의 일정한 기본적인 요건도 권고했다:

(i) 체약국의 국경 또는 영역 내에서 신청인이 접하게 되는 권한 있는 공무원(예컨대, 이민 공무원 또는 국경 경찰 공무원)은, 관련 국제문서의 범위 내에 속하는 사안들을 다루기 위한 명확한 지시를 받고 있어야 한다. 그 공무원은 강제송환금지원칙에 따라 행동하여야 하고, 해당 사안을 상급 기관에 회부하여야 한다.
(ii) 신청인은 따라야 할 절차에 관하여 필요한 안내를 받아야 한다.
(iii) 난민지위 인정의 신청을 일차적으로 심사하고 결정하는 책임을 가진다고 명확히 지정된 기관 - 가능한 한 단일의 중앙기관 - 이 있어야 한다.

---

208) 예를 들어 다음을 보라. 집행위원회 결정 제73호 (XLIV), '난민 보호와 성폭력' (1993), paras. (c), (g); 제82호 (XLVIII), '비호의 안전장치' (1997), para. (d)(iii); 제99호 (LV), '일반사항' (2004), para. (q); 제105호 (LVII), '위험에 처한 여성과 소녀들' (2006), paras. (n) (iv); 제107호 (LVIII), '위험에 처한 아동' (2007), paras. (g)(i); 제110호 (LXI), '장애인 난민 및 유엔난민기구가 보호하고 지원하는 기타 장애인' (2010), paras. (f), (j).
209) *Report* of the 28th Session (1977): UN doc. A/AC.96/549, para. 36.

(iv) 신청인은, 관계기관에 자신의 사안을 제출하기 위하여, 능숙한 통역인의 조력을 포함한 필요한 편의를 부여받아야 한다. 신청인은 유엔난민기구의 직원과 연락할 수 있는 기회를 부여받고, 그러한 연락의 기회가 있음을 적절히 통지받아야 한다.
(v) 신청인이 난민으로 인정되는 경우, 인정사실이 그에게 통지되고, 난민지위를 증명하는 문서를 발급받을 수 있어야 한다.
(vi) 신청인이 난민으로 인정되지 않는 경우, 그 국가의 통상적인 제도에 따라, 행정적이든 사법적이든, 동일기관이든 다른 기관이든, 그 결정에 대한 정식 재심사를 신청할 수 있는 합리적인 기간이 부여되어야 한다.
(vii) 신청인은, 그의 신청이 명백히 남용적인 것임이 당국에 의해 인정되지 않는 한, 위 (iii)에서 언급된 관할기관에 의하여 그의 최초의 신청에 대한 결정이 이루어지는 동안 그 국가에서의 체류가 허용되어야 한다. 또한 상급행정기관이나 법원에 불복하는 동안 그 국가에서의 체류가 허가되어야 한다.210)

유엔난민기구는 특히 접근성, 적격성, 신속 절차, 효력 정지 등과 같은 규제적인 동향에 대해 집행위원회에 정기적으로 우려를 표명한다. 또한 유엔난민기구는 비정부기구 이해관계자들과 함께 개별 국가 및 유럽연합과 같은 지역기구와도 적극적으로 협력하여 조화를 위한 노력에 긍정적 영향을 미치고 절차를 개선하기 위해 노력하고 있다.211) 2005년에는 '안전한

---

210) 집행위원회 결정 제8호 (1977). 이러한 결정들은 1982년 (결정 제28호(XXXIII), '난민 지위 심사에 관한 국제적 보호에 관한 전체 소위원회의 이전 결정에 대한 후속 조치, 특히 국내 난민지위심사 절차에서 유엔난민기구의 역할에 대한 언급')으로 이어졌지만, 국가들은 일반적으로 더 엄격한 절차적 요구사항들을 수용할 준비가 되어 있지 않았다. 당시는 물론, 최근에는 점점 더 소위 명백히 이유가 없고, 남용적인 신청에 대해 우려가 표명되었다; 다음을 보라, 집행위원회 결정 제30호 (XXXIV), '난민 지위 또는 비호에 대한 명백히 근거가 없거나 남용적인 신청의 문제'(1983), 제65호 (XLII), '일반사항'(1991) para. (n), 제79호 (XLVII), '일반사항'(1996) para. (l), 제87호 (L), '일반사항'(1991) para. (m). 자세한 내용은 2.2절을 보라.
211) UNHCR, 'Improving Asylum Procedures: Comparative Analysis and Recommenda-

제3국' 개념은 제한되어야 하며, 안전에 대한 추정을 반박할 수 있는 효과적인 기회가 주어져야 하고, 신속 절차는 신청이 명백히 충분한 근거가 있거나, 반대로 명백히 남용되거나, 명백히 근거가 없는 경우에만 사용되도록 제한되어야 하며, 모든 비호 심사에 동일한 최소한의 절차적 보장이 이루어져야 하고, 실효적인 구제 수단에 관한 권리에는 정지효가 동반되어야 하며, '안전한 출신국' 개념은 좁게 적용되어야 한다고 주장하면서 절차 최저 기준에 관한 기존 지침 the original Directive on Minimum Standards for Procedures의 일부 조항들을 비판한 바 있다.212) 유엔난민기구는 2013년에 채택된 개정된 지침에 대해서도 문제를 제기했다.213)

2.2절 국가의 난민지위심사 절차에서 유엔난민기구의 역할

난민지위심사에 대한 유엔난민기구의 참여는 유엔난민기구의 감독 역할과 당사국의 유엔난민기구에 대한 협력 의무를 통해 타당하게 도출되는데, 이를 통해 유엔난민기구는 난민 지위와 비호 신청자의 입국 및 퇴거에 관

---

tions for Law and Practice. Detailed Research on Key Asylum Procedures Directive Provisions', Mar. 2010); IPU & UNHCR. 'A guide to international refugee protection and building State asylum systems' *Handbook for Parliamentarians No. 27* (2017).

212) 다음을 보라, Summary of UNHCR's Provisional Observations on the Proposal for a Council Directive on Minimum Standards on Procedures in Member States for Granting and Withdrawing Refugee Status (Mar. 2005). 이 책 제7장, 6.4절도 함께 보라.

213) UNHCR Bureau for Europe, 'UNHCR comments on the European Commission's Amended Proposal for a Directive of the European Parliament and of the Council on common procedures for granting and withdrawing international protection status (Recast) COM(2011) 319 final' (Jan. 2012); 다음도 함께 보라, ECRE. 'Comments on the Amended Commission Proposal to recast the Asylum Procedures Directive (COM(2011) 319 final)' (Sep. 2011); ECRE, 'Comments on the Commission Proposal for an Asylum Procedures Regulation' COM(2016) 467' (Nov. 2016).

한 문제를 면밀하게 감시할 수 있게 된다. 절차 자체는 각국의 행정 및 사법 체계에 따라 다를 수밖에 없으며, 유엔난민기구의 관여 성격과 정도도 마찬가지로 달라질 것이다. 그러나 난민 지위 인정으로 혜택을 받아야 하는 사람들을 식별하고, 조약 조항들의 국제법에 부합하는, 또한 새로운 사례나 예상치 못한 상황에서 보호를 보장하도록 하는 방향의 해석과 적용을 옹호한다는 근본적인 임무는 어디서나 동일하다.

일부 국가에서는 유엔난민기구가 의사결정 과정에 직접 참여하고, 다른 국가에서는 현지 사무소가 참관인 자격으로 심리에 참석하는 반면, 다른 국가에서는 항소심 단계에 개입하거나 법정 조언자 amicus curiae 의견서를 제출하는 등 정확한 역할이 상황에 따라 결정되기도 한다.214) 일반적으로 유엔난민기구의 절차적 책임은 보호가 필요한 난민을 효과적으로 식별할 수 있도록 하는 기여로 요약될 수 있는데, 예를 들자면 신청자의 신청서와 출신국에 존재하는 것으로 알려진 상황에 비춘 신청자의 신빙성 평가를 제공하는 것이다.215) 유엔난민기구는 정기적으로 특정 집단의 비호 신청자 자격에 관한 지침을 발표하는데, 이를 '해당 국가/지역의 사회, 경제, 안보, 인권 및 인도주의적 상황에 근거한 특정 프로필 대상 난민 기준에 대한 법적 해석'이라고 설명한다.216) 유엔난민기구는 또한 공개적으로 접근할 수

---

214) 법원에 대한 개입 및 법정 조언자 의견서에 관해서는 다음을 보라, https://www.refworld.org/type/AMICUS.html, 유엔난민기구의 역할에 대한 역사적 배경은 다음을 보라, UNHCR, 'Note on Procedures for the Determination of Refugee Status under International Instruments': UN doc. A/AC.96/INF.152/Rev.8 (12 Sep. 1989).

215) 난민에 대한 국제적 보호를 제공해야 하는 유엔난민기구의 의무는 적어도 난민 지위 심사에 중요한 정보인 경우, 비호 신청자의 출신국 상황에 대해 알려진 정보를 제공해야 한다는 의무까지도 포함한다. 여러 가지 이유로 유엔난민기구가 항상 관련 정보를 수집, 평가 및 분석할 수 있는 것은 아니며, 온라인 자료가 즉시 이용 가능해짐에 따라 국가들과 지역기구들은 자체 또는 공유된 자원에 의존하는 경우가 점점 더 많아지고 있다. '국가정황정보'에 대해서는 4.4절을 추가로 보라.

216) 예를 들어 다음을 보라, UNHCR, 'Eligibility Guidelines for Assessing the International Protection Needs of Asylum-Seekers from Afghanistan', HCR/EG/ AFG/18/02

있는 Refworld와,217) 국제적 보호 및 법적 절차에서의 직접 개입에 관한 지침을 통해 다른 관할권의 유사한 사례 또는 유사한 법적 쟁점의 판단에 대한 정보를 제공한다.218) 마지막으로, 유엔난민기구는 1951년 협약/1967년 의정서 당사국들이 승인하고 기구의 규정에 의해 위임된 감독 기능을 통해,219) 이러한 협약에 따른 보호에 관한 국제사회의 이익을 대변하는데, 보다 일반적으로는 유엔총회가 유엔난민기구에 명시적으로 부여하거나 결의에 함축된 정책 지침에 따라 그렇게 한다.

2.3절 난민지위심사절차의 적법절차 및 절차적 공정성

언뜻 보기에 국제법은 적법절차 due process 의 절차적 측면과 관련해서는 특별한 내용이 거의 없는 것처럼 보일 수 있는데, 특히 국가의 의무 이행에 대한 책임은 본질적으로 어떤 결과가 실제로 발생하는지에 달려 있기 때문이다. 그러나 1951년 협약은 각국 사법 관할권에서 가장 소송이 많이 제기되는 조약 중 하나가 되었으며, 종종 국제 인권법과 함께 협약 조항을 적용하는 국가들의 실행은 국제적인 적법절차 개념의 출현에 크게 기여했다. 유엔난민기구 집행위원회의 1977년 권고는 어떤 난민을 식별하고 이들을 국제적 의무에 따라 보호해야 할 경우에 대한, 형식적으로는 구속력이 없지만 실질적으로 필수적인 매우 기초적인 의제만을 제시하고 있다. 오늘날 많은 국가들이 신속하게 결정을 내리고 국제적 보호가 필요하지 않은

(30 Aug. 2018).
217) Refworld, 'The Leader in Refugee Decision Support': https://refworld.org.
218) 이러한 방식으로 유엔난민기구는 예를 들어 실제 관습법 또는 부상하는 국제 관습법의 증거인 관련 국가 판례(국가 기관의 결정)들을 수집하고 전파함으로써 국제 난민법의 발전에 영향을 미칠 수 있다; 자세한 내용은 다음을 보라, Goodwin-Gill, G. S., 'The Office of the United Nations High Commissioner for Refugees and the Sources of International Refugee Law' (2020) 69 *ICLQ* 1.
219) 유엔난민기구 규정, 제8조(a); 1951년 협약, 제35조(1); 1967년 의정서, 제2조(1).

것으로 판명된 난민을 퇴거시키는 것이 그들이 절차 남용으로 인식하고 있는 요소들을 줄이고 비호 절차를 더 관리하기 위한 필수적인 요청이라 이해하고 있다. 그러나 실제로 효율적이고 신속한 국내 절차(및 국내법 전통)와 보호 의무의 이행을 결합하는 데 성공한 국가는 아직 거의 없으며, 비호 신청자의 절차적 권리는 종종 정치 또는 '위기'의 희생양이 되고 있다.220)

더욱이 절차는 '수단 선택'의 자유 영역에 속하기 때문에 국내 절차는 특히 현지 법문화, 적법절차 전통, 헌법, 주권 기능으로서의 국경 관리 및 통제에 대한 '전통적인' 접근 방식에 따라 상당히 다양하며, 지역적 및 보편적 인권 원칙들의 영향은 다소 뒤늦게 도입된 것이 사실이다. 그 결과 특정한 일반 원칙에 대해서는 일반적인 합의가 존재할 수 있지만, 이 원칙들에서 구체적인 규칙들을 도출하는 데에는 이견이 있을 수 있고, 심지어 원칙들 자체도 시간이 지남에 따라 변화하기도 한다. 예를 들어, 한때는 '서류에 의한' 의사결정이 일반적인 관행이었지만, 이 관행은 구두 심리 oral hearing에 의해 널리 추월당했고;221) 통역을 제공받을 권리는 인정될 수 있지만, 그 실행은 비용, 역량 수준, 정확한 형태에 따라 달라질 수 있으며;222) 변호인의 조력을 받을 권리 또한 서로 달라서, 때로는 법령에 의

---

220) 절차적 불공정성은 다양한 방식으로 나타날 수 있는데, 신청인이 증거를 확보할 시간이 충분하지 않은 '패스트 트랙' 절차가 그 한 예다: *PN v Secretary of State for the Home Department* [2019] EWHC 1616; 또는 결정에 대한 이의를 해외에서 제기해야만 하는 경우도, 여러 가지 수반되는 방해물로 인해 그 이의가 실효적이지 않을 수 있다: *R (Kiane) v Secretary of State for the Home Department* [2017] UKSC 42. 다음도 함께 보라. Beirens, H., *Chasing Efficiency: Can operational changes fix European asylum systems?*, Migration Policy Institute Europe, Bertelsmann Stiftung, Mar. 2020; UNHCR, 'Fair and Fast: UNHCR Discussion Paper on Accelerated and Simplified Procedures in the European Union' (Jul. 2018).
221) 캐나다 대법원의 *Singh v Minister of Employment and Immigration* [1985] SCR 177 판결은 특히 이 부분과 관련하여 큰 영향을 끼쳤다.
222) 참조, IRB Canada, 'Interpreter Handbook' (Oct. 2017): https://irb-cisr.gc.ca/en/interpreters; Refugee Protection Division Rules (SOR/2012-256) 19: https://laws-

해,223) 때로는 헌법으로 보장되는 경우도 있고;224) 절차의 비밀을 보장받을 권리는 관할권에 따라 크게 달라지는데 한편으로는 비호 신청자의 이익이, 다른 한편으로는 공개 심리의 전통이 문제가 되는 경우가 많다.225)

형태가 규정된 절차 외에, 일반적으로 난민 지위 결정을 '사법화'한 국가에서는 대부분 난민지위 결정권자에게 구술심리기일에서 제출된 증거 중 정황상 신빙성 있고 신뢰할 수 있다고 판단되는 증거에 기초하여, 또한 모든 증거를 고려하여 결정을 내릴 것을 요구하곤 한다. 신청인은 일반적으로 증거를 제출하고 자신의 주장에 불리하게 제출된 증거에 대해 이의를

---

lois.justice.gc.ca/PDF/SOR-2012-256.pdf; 다음도 함께 보라, *Mohamed (role of interpreter) Somalia v Secretary of State for the Home Department* [2011] UKUT 00337 (IAC); *SZNMT v Minister for Immigration & Citizenship* [2010] FCA 338.
223) 예를 들어, 미국에서는 이민 퇴거 절차에서 관련 당사자가 '정부에 비용을 지불하지 않고 변호를 받을 수 있는 특권(원문)'을 갖는다고 법률로 규정하고 있다: Immigration and Nationality Act, s. 292, 8 USC §1362.
224) 캐나다에서 변호인의 조력을 받을 권리 *rights to counsel* 는 권리 및 자유 헌장(제10조 '체포 또는 구금')과 이민 및 난민 보호법(제167조)에 의해 보호되는데, 법률 지원을 받을 수는 있지만 비용은 신청인이 부담해야 한다. 참조: Liew, J. and others, 'Not Just the Luck of the Draw? Exploring Competency of Counsel in Federal Court Refugee Leave Determinations (2005-2010)' (2020) 37(1) *Refuge: Canada's Journal on Refugees* 1. 다음도 함께 보라, EU Charter of Fundamental Freedoms, art. 47 ('실효적인 구제 및 공정한 재판을 받을 권리'); 유럽연합 절차 지침(개정본), recitals (22), (23), (25), arts. 12, 17, 19, 20-5 (법률 자문 및 대리). '조기 법률 자문'에 대해서는 다음을 보라, Anderson, B. & Conlan, S., 'Providing Protection Access to early legal advice for asylum seekers' (2014): https://www.compas.ox.ac.uk/project/early-legal-advice-for-protection-applicants/; Lane, M. and others, 'Evaluation of the Early Legal Advice Project-Final Report', Home Office Research Report 70 (May 2013); Aspden, J., 'Evaluation of the Solihull Pilot for the United Kingdom Border Agency and the Legal Services Commission' (Oct. 2008).
225) 다음을 보라, *VT (Article 22 Procedures Directive-confidentiality) Sri Lanka* [2017] UKUT 00368 (IAC); McAllister, D. M., 'Refugees and Public Access to Immigration Hearings in Canada: A Clash of Constitutional Values' (1990) 2 *IJRL* 562 및 이 책 제3판 534-5의 추가적인 논의.

제기할 수 있는 권리가 있고,226) 때로는 증인을 반대 심문할 수도 있다.227) 마지막으로, 신청인은 결정에 대한 통지를 받을 권리가 있고, 부정적 결정에 대해서는 서면으로 이유가 제시되어야 한다. 결정의 이유는 절차적 공정의 본질적인 부분이며 기본적 정의를 위한 필수 전제 조건이다. 절차적 공정이 지켜졌는지 여부는 법원이 판단해야 할 객관적 성격의 문제다. 공정성이 중요한 이유는 이것이 결정권자가 모든 관련 정보를 받고 이를 적절히 검토함으로써 더 나은 결정을 내리는 데 기여하기 때문이다. 또한 공정성은 법치주의에 도움이 되며, 자칫 발생할 수 있는 불공정의 감각을 방지함으로써 규칙이 적용되는 사람들의 존엄성을 존중한다.228)

헌법과 법률에 따른 접근 방식은 다양하며, 관습법상으로는 일반적인 이유 제시의무가 인정되지 않을 수도 있다. 그러나 아일랜드 대법원은 2012년 *Mallak* 사건에서 '결정권자의 이유 제시 거부가 용인되는 것은 반드시 예외적인 일이 되어야 한다'는 강력한 판례를 내놓았다.229) 아일랜드 대법원은 '제도적 행위'와 관련하여 '법률 행위는 반드시 그 근거가 되는 이유

---

226) Conseil d'Etat, 2/6 SSR (18 nov. 1987) 78.981, *Bokwa Kimbolo*; CRR 보고관이 신청인과 관련 문서들을 공유하지 않은 것은 '절차의 모순적인 성격이 존중되지 않았다 *le caractère contradictoire de la procédure n'a pas été respecté*'는 이유에서였다.
227) '반대심문'의 가능 여부는 절차의 성격에 따라 크게 달라지는데, 일반적으로 미국과 영국에서와 같이 당사자주의적 성격을 갖는지, 아니면 캐나다와 대륙법 체계에서와 같이 직권주의적 성격을 갖는지에 따라 다르다. Martin은 반박 증거, 교차 심문 및 대면권과 같은 절차가 '사실관계 판정에 대한 다툼을 포함한 쟁점들을 해결하는 최선의 방법'인지에 대해 의문을 제기했다(Davis, K. C., *Administrative Law Treatise* (2nd. edn., 1980) s. 15.3 at 144을 인용함); Martin, D. A., 'Reforming Asylum Adjudication: On Navigating the Coast of Bohemia' (1990) 138 *University of Pennsylvania Law Review* 1247, 1346.
228) 다음을 보라, *R (Citizens UK) v Secretary of State for the Home Department* [2018] EWCA Civ 1812, paras. 81-3 (Singh LJ); *R (Osborn) v Parole Board* [2013] UKSC 61, 67-9 (Lord Reed); Waldron, J., 'How Law Protects Dignity' (2012) 71 *Cambridge Law Journal* 200, 210.
229) *Mallak v Minister for Justice Equality & Law Reform* [2012] IESC 59, para. 74.

를 명시해야 한다'고 규정하고 있는 유럽연합 기능조약 제296조와 '행정부의 결정에 대한 이유 제공 의무'를 포함하여 모든 사람의 '좋은 행정'에 대한 권리를 명시하고 있는 기본권 헌장 제41조(2)(c)를 고려했다. 대법원은 유럽연합사법재판소의 *Nadiany Bamba* 사건에서의 견해를 다음과 같이 인용했다.[230)]

> [개인에게 불리한 영향을 미치는 행위의 근거가 되는 이유를 제시할 의무의 취지는 방어권 존중 원칙에서 도출되는데, 첫째, 해당 행위에 충분한 근거가 있는지 또는 그 행위가 적법성을 다툴 수 있는 하자로 인해 무효화될 수 있는지 여부를 확인할 수 있는 충분한 정보를 관련자에게 제공하고, 둘째, 사법부가 해당 행위의 적법성을 검토할 수 있도록 하기 위한 것이다.[231)]]

그러나 관련 사실관계에 대한 검토내용이 포함되지 않는 한 이유 자체만으로는 실질적인 의미를 갖기 어렵다. 이러한 내용이 포함된 이유는 결정권자가 신청인의 주장에서 중요한 사실관계를 확인하고, 관련 국가정황정보를 식별하고 그 비중을 평가했으며, 신청인의 신빙성을 평가했고;[232)] 관련 규칙 또는 법규를 확인하고 해석했으며; 합리적인 방식으로 사실관계에 법을 적용했고(예를 들어, 신청자가 두려워하는 것이 박해에 해당하는지, 신청자가 속한 집단이 '사회 집단'에 해당하는지, 또는 신청자가 충분한 근

---

230) Case C-417/11 P *Council of the European Union v Nadiany Bamba* (Third Chamber, 15 Nov. 2012).
231) Ibid., para. 49, 다음에서 인용됨, *Mallak v Minister for Justice Equality & Law Reform* (주 223) para. 69. 유럽연합사법재판소는 *Nadiany Bamba* (주 224) 사건에서 법원은 처분사유서는 '관련자가 처분의 이유를 확인할 수 있고 관할 법원이 심리권한을 행사할 수 있도록 처분을 내린 기관이 그 이유를 명확하고 분명한 방식으로 반드시 공개해야 한다'고 하였으며, 처분사유는 '문제가 된 행위와 처분이 내려진 맥락에 적절해야 한다'고 덧붙였다: paras 50, 53.
232) 이에 대해서는 추가로 제4절을 보라.

거가 있는 두려움을 가지고 있는지 여부를 보여주기 위해), 신청자가 난민인지 여부에 대한 판단을 보여줌으로써 결정의 정당성을 제공한다.

궁극적으로 이행과 관련하여 국제법은 자신의 1차적 의무가 명한 결과가 실제로 이행되었는지를 확인할 수 있는 실효성에 대한 리트머스 심사를 제공하는데, 즉, 강제송환으로부터, 또는 일반적인 협약상 권리의 향유와 관련하여 난민이 식별되고 보호되었는가라는 질문을 던지는 것이다. 이러한 문제를 단번에 결정할 수 있는 초국가적 권한을 가진 주체가 없는 상황으로 인해 국가, 유엔난민기구, 지역 및 세계적 인권 기구, 비정부기구, 옹호자, 학계, 난민 당사자 등 다양한 보호 이해당사자 간에는 거의 지속적인 긴장 상태가 불가피하며, 이는 국제 난민법의 필수적인 역학 관계의 일부분이다.

3절 2013년 유럽 연합 절차 지침

2013년 6월, 개정된 절차 지침이 채택되었는데,[233] 이 지침은 2005년의 지침을 대체한다.[234] 개정된 지침은 전반적으로 신청자에 대한 절차적 보장을 강화했지만,[235] 절차가 복잡하고 정치적 타협으로 인해 많은 '기회가

---

[233] Council Directive 2013/32/EU of 26 Jun. 2013 on common procedures for granting and withdrawing international protection (recast) (2013) OJ L180/60. 덴마크, 영국, 아일랜드는 지침(개정본)에서 탈퇴했지만 영국(유럽연합 탈퇴 시까지)과 아일랜드는 기존 지침의 구속을 받는다.

[234] Council Directive 2005/85/EC of 1 December 2005 on Minimum Standards on Procedures for Granting and Withdrawing Refugee Status. 이 지침의 분석에 대해서는 다음을 보라, 이 책 제3판 537-42; Costello, C., 'The Asylum Procedures Directive and the Proliferation of Safe Country Practices: Deterrence, Deflection and the Dismantling of International Protection?' (2005) 7 EJML 35.

[235] Schittenhelm, K., 'Implementing and Rethinking the European Union's Asylum

상실'되었다는 비판을 받기도 했다.236) 따라서 이 지침이 실제로 적용되기가 어려울 수 있다.237)

개정된 절차 지침의 여러 측면은 특히 '안전한 국가'에 관한 조항,238) 검토 및 이의에 대한 의미, 그리고 이 지침의 이행이 국가의 국제적 의무에 미칠 수 있는 영향을 중심으로 앞에서 검토되었다. 이 절에서는 지침(개정본)의 주요 조항을 간략하게 개관하고, 난민 지위, 강제송환금지, 인권 보호 등 국제적인 요청과 주요 조항들과의 관련성을 검토한다.239) 지침(최초본)은 '최저 기준'을 제공하기 위한 것으로 설명되었는데 반해,240) 지침(개정본)은 회원국이 여전히 더 유리한 기준을 만들 수 있는 재량권을 보유하고 있음을 전제하면서, '공통 절차'를 수립하기 위한 형태로 구성되었다.241)

Legislation: The Asylum Procedures Directive' (2019) 57 *International Migration* 229, 230; Costello, C. & Hancox, E., 'The Recast Asylum Procedures Directive 2013/32/EU: Caught between the Stereotypes of the Abusive Asylum-Seeker and the Vulnerable Refugee', in Chetail, V., De Bruycker, P., & Maiani, F., eds., *Reforming the Common European Asylum System: The New European Refugee Law* (2016); Garlick, M., 'Asylum Procedures', in Peers, S. and others, *EU Immigration and Asylum Law (Text and Commentary)* (2nd edn., 2015); Peers, S., 'The Second Phase of the Common European Asylum System: A Brave New World—or Lipstick on a Pig?' *Statewatch* (8 Apr. 2013) 15 https://www.statewatch.org/analyses/no-220-ceas-second-phase.pdf.

236) Garlick (주 235) 217.
237) Ibid., 292.
238) 이 책 제8장을 보라.
239) 다른 학자들은 지침(최초본)과 지침(개정본) 간의 비교를 포함하여 지침에 대한 더 자세한 분석을 수행했다. 예를 들어 다음을 보라, Costello & Hancox (주 229); Guild, E. and others, *New Approaches, Alternative Avenues and Means of Access to Asylum Procedures for Persons Seeking International Protection: Study for the LIBE Committee* (2014); Garlick (주 229); Velluti, S., *Reforming the Common European Asylum System: Legislative Developments and Judicial Activism of the European Courts* (2014) 55-62.
240) 다음을 보라, 지침(최초본) 제5조는 지침과 '양립할 수 없지만' 국제적 의무를 준수하기 위해 필요한 더 높은 기준의 도입을 원칙적으로 *금지*하는 것으로 보았다.

벨루티가 주장하듯이, '타협된 문안들은 … 다양하고 오랜 각국 국내법 전통에 뿌리를 둔 행정 절차를 조화시키는 것이 얼마나 어려운지를 보여준다', 따라서 '지침의 조항들은 전반적으로 공통 절차를 확립하기에 불충분하며 … 여전히 많은 이탈을 허용하기에' 불충분하다고 할 수 있다.242) 이는 유럽의 난민지위심사가 반드시 일관되거나 양립될 수 있는 절차로 구성되어 있지는 않은 일종의 조각천과 같다는 것을 의미한다.

개정된 지침은 55개의 실체적 조항과 해석 지침을 제공하는 62개의 전문으로 구성된 6개의 장으로 구성되어 있다. 별첨 III은 기존 지침의 조항이 개정된 지침에 반영된 위치를 보여주는 '비교표'다.

개정된 지침은 회원국의 영역에서 이루어진 모든 국제적 보호 신청에 적용되는데,243) 국경과244) 영해수역 및 환승 구역을 포함한다.245) 영해수역에 대한 언급은 배를 타고 도착하는 비호 신청자의 수가 많다는 점을 고려할 때 '중요'하다.246) 국경 검문소 또는 구금 시설에서 당국은 사람들에게 보호 신청 가능성에 대한 정보를 제공하고 비호 절차에 대한 접근을 용이하게 하기 위해 필요한 범위 내에서 통역을 제공해야 한다.247) 또한 신청

---

241) 제5조; 전문 제14조
242) Velluti (주 239) 56 (fns. 생략됨). Schittenhelm은 이 지침의 이행이 각기 다른 출발점을 가진 기존의 다양한 각국의 비호 정책들에 의해 형성된다는 데 동의한다: Schittenhelm (주 235) 236.
243) 이 지침은 이제 명시적으로 보완적 보호 신청도 다룬다.
244) 자세한 내용은 다음을 보라, 제43조; Cornelisse, G., 'Territory, Procedures and Rights: Border Procedures in European Asylum Law' (2016) 35(1) *RSQ* 74.
245) 제3조.
246) Costello & Hancox (주 235) 391. Garlick (주 235) 220는 '또한 회원국의 책임이 강제송환금지를 포함하여 유럽인권협약 하에서 개인에 대한 *사실상의* 또는 *법적인* 관할권을 행사하는 모든 사건에서 발생한다는 점을 상기하는 것이 중요하다'고 언급하면서(221면에서) 동일한 지적을 하고 있다.
247) 다음도 함께 보라, 전문 제28조: '통역의 제공을 통해 관할 당국이 국제적 보호를 신청할 의사가 있는지 여부를 파악하는 데 필요한 기본적인 의사소통이 보장되어야 한다'

자에게 조언을 제공하는 기관과 개인들에게 실효적인 접근 권한을 부여해야 한다.[248] 보호를 신청했다는 그 이유만으로 구금되어서는 안 되며, 구금된 사람은 신속한 사법심사를 받을 수 있어야 한다.[249]

보호 신청자는 신청이 1차 단계에서 검토되는 동안 회원국에 체류할 권리 rights to remain 가 있다.[250] '체류할 권리'의 내용에는 국경 또는 환승 구역에서의 억류도 반영되어 있으며,[251] 신속 국경 절차 accelerated border procedures 는 보호 신청의 적격성 및/또는 실체적 내용을 판단하기 위해 사용될 수 있다.[252] 체류할 권리에 대한 유일한 예외는 보호의 재신청 subsequent applications [253] 및 범죄인 인도 요청의 경우다. 이 지침이 규정한 중요한 새로운 보장은 범죄인 인도가 직간접적인 송환의 결과를 초래하지 않을 것이라고 관할 당국이 확신하는 경우에만 신청자를 인도할 수 있다는 것이다.[254]

이 지침은 난민 지위에 대한 신청이 우선적으로 심사되어야 하며, 신청자가 난민이 아닌 것으로 판명된 경우에만 보완적 보호 자격을 심사한다는 점을 명확히 하고 있다.[255] 보완적 보호 지위가 난민 지위와 동일한 권리

---

248) 제8조(2).
249) 제26조. 이 조항은 구금이 지침 2013/33/EU의 적용을 받는다고 명시하고 있는데, 지침(최초본)은 그렇게 하지 않았었다.
250) 제9조. 예외에 대해서는 제41조를 보라. 명백히 근거가 없거나 *manifestly unfounded*, 부적격하거나 *inadmissible*, 재개될 수 없거나 *not reopened*, 검토되지 않는 *not examined* 신청에 대한 이의 및 예외에 대해서는 제46조(5)-(6)을 보라.
251) 제2조.
252) 제43조. Garlick이 지적했듯이, 개정된 지침의 목표 중 하나는 국경 절차에 관한 각국의 국내 규칙들을 조화시키는 것이었으며, 이는 '절차적 안전장치와 기본권에 관한 유럽인권재판소의 판례에 부합하는 규칙을 마련하는 데 기여'했다: Garlick (주 235) 282.
253) 제9조(2); 이하의 제41조에 대한 논의를 보라.
254) 제9조(3).
255) 제10조(2). 이는 유럽연합사법재판소의 Case C-604/12 *HN v Ireland*(8 May 2017) para. 35판결을 반영한 것이다(지침(최초본) 관련 사건임).

와 혜택을 제공하는 경우를 제외하고 보완적 보호를 부여받은 신청자는 난민 신청을 기각하는 결정에 대해 다툴 수 있어야 한다는 새로운 조항도 규정되어 있다.256)

회원국들은 결정권자가 적절한 교육을 받을 것과,257) 이들이 '비호 및 난민법 분야에서 적용 가능한 관련 기준들'을 숙지할 것을 반드시 보장해야 한다.258) 이러한 새로운 조항들은 기존 지침의 '심각한 공백'을 해결한다.259) 결정권자는 출신국 및 관련 경유국의 상황에 대한 '다양한 출처의 정확하고 최신의 정보'를 사용하여 개별적이고 객관적이며 공정한 기준으로 신청을 검토해야 한다.260) 이는 이의신청을 줄이기 위한 '프론트로딩'이라는 지침의 목적을 반영한 것이며,261) '1차 단계에서 이미 국제적 보호 필요성에 대한 정확한 심사결과를 보장하는 것이 회원국과 신청인 모두에게 이익'이기 때문이다.262) 결정은 반드시 서면으로 통지되어야 하며, 거부하는 결정일 경우 그 이유도 함께 제시되어야 한다.263)

신청자는 절차, 권리 및 의무에 대해 자신이 이해할 수 있는 언어로 통지받아야 하며, 이때 필요한 경우 통역 서비스가 제공되어야 한다.264) 신청인이 요청할 경우 1차 결정과 관련된 '법적 및 절차적 정보'가 반드시 무료로 제공되어야 한다는 조항265) 및 이의절차에 대한 '무료 법률 지원 및 대

---

256) 제46조(2). '이러한 변화는 지위 획득 체계에서 중심적인 역할을 하는 국제법에서 파생된 하나의 개념으로서의 난민 보호의 중요성과 원칙적으로 그 지위를 보유할 수 있는 난민의 권리를 강화한다': Garlick (주 235) 233.
257) 제4조, 전문 제16조. 이것은 새로운 조항이다.
258) 제10조(3)(c).
259) Garlick (주 235) 225 및 이곳에 참조된 내용들.
260) 제10조(3)(a).
261) Garlick (주 235) 217; Costello & Hancox (주 229) 394.
262) 전문 제22조.
263) 제11조.
264) 제12조. 이전에는 '이해할 수 있을 것으로 합리적으로 추정되는' 언어로만 이루어져야 했다: 지침(최초본) 제10조(1)(a).

리'를 제공해야 한다는 조항이 신설되었다(승소에 대한 확실한 전망이 없는 경우는 제외됨).266) 회원국은 이러한 정보, 지원 및 대리를 충분한 자력이 부족한 사람을 대상으로 한정할 수 있고,267) 금전적/시간적 제한이 부과될 수 있다.268) 코스텔로와 핸콕스가 지적했듯이 법적 대리는 법률 정보와는 매우 다르다고 지적하는데,269) 아무리 상세한 법률 '정보'가 제공된다 할지라도 '비호 신청자가 신청의 여러 단계에 걸쳐 자신의 구체적인 사건을 지원할 수 있도록 자격을 갖춘 법률 자문이 제공하는 지원에는 미치지 못'하기 때문이다.270) 전문 제22조는 회원국이 자격을 갖춘 변호사를 통해서만 그러한 정보를 제공하도록 강제하는 것은 '과도한 제약'이므로, 대신 '비정부기구 또는 정부 당국의 전문가 또는 국가의 특화된 서비스'를 이용해서도 의무를 이행할 수 있다고 설명한다.271) 갈릭은 이러한 조항들이 '더 많은 사건들에서 신청자들로 하여금 더 나은 정보와 조언에 접근할 수 있도록 해야 한다'고 결론지었다.272) 신청자는 절차의 모든 단계에서 자신의 비용으로 법률 자문과 상담할 권리가 있으며,273) 유엔난민기구 또는 법률

---

265) 제19조; 제21조의 조건을 보라.
266) 제20조. 이러한 지원은 '국내법에 따른 자격을 갖고 있거나, 허가된 사람'이 제공해야 한다. 이러한 지원은 1차 결정 단계에서도 이뤄질 수 있다: 제20조(2). 지원 및 대리의 범위에 대해서는 제23조를 보라.
267) 제21조(2)(a).
268) 제21조(4)(a). 또한, 제21조(5)는 다음과 같이 규정한다: '회원국은 신청인의 재정 상황이 상당히 개선되었거나, 비용 부담 결정이 신청인이 제공한 허위 정보에 근거하여 내려진 경우 부담한 비용의 전부 또는 일부의 상환을 요구할 수 있다.'
269) Costello & Hancox (주 235) 410.
270) Ibid.
271) 전문 제22조; 제21조. 예를 들어, 독일에서는 복지 단체들과 비정부기구들이 무료 법률 지원을 제공하기 때문에 비호 신청자가 비호 면접조사 전에 변호사의 조언을 받지 못했을 수도 있다: Schittenhelm (주 235) 235, 다음을 참조함, AIDA, 'Country Report: Germany' (as at 31 Dec. 2017) 26 www.asylumineurope.org/reports/country/germany.
272) Garlick (주 235) 241.

자문이나 상담을 제공하는 기타 기관과 소통할 권리도 있다.274) 유엔난민 기구는 신청자가 어디에 있든 개별 신청에 관한 정보에 접근할 수 있도록 허가되며, 모든 개별 사건과 관련하여 의견을 제시할 수 있다.275)

신청자들에게는 개인 면접조사 기회가 반드시 주어져야 한다(신청서에 성인 피부양자로 기재된 사람도 포함됨).276) 여기서 개정된 지침은 신청자가 진술에 불일치 또는 모순이 있거나 누락된 요소가 있을 수 있는 이유가 무엇인지를 설명할 기회를 갖는 등 지침(최초본)보다 훨씬 더 강력한 보장 및 보호를 제공한다.277) 그러나 결정권자가, 신청자가 절차적 요건을 준수하지 않고 면접에 불출석했다는 것은 '박해 또는 심각한 위해에 대한 충분한 근거 있는 두려움이 있는지 여부와 무관하므로 보호 필요성에 대한 중대한 평가에 전혀 영향을 미치지 않아야' 한다는 선언을278) 단지 '고려'할 수 있다고만 규정한 것은 우려할 지점이다.279) 회원국은 보호 신청이 가능한 한 신속하게 접수되지 않았다는 이유만으로 보호 신청을 거부하거나 배제할 수 없다.280)

개정된 지침에 추가된 새로운 정의는 '특별한 절차적 보장이 필요한 신

---

273) 제22조.
274) 제11조(1)(c).
275) 제29조. 유엔난민기구는 이제 국경에 있는 신청자들에게 접근 할 수있는 명시적인 권한도 있다.
276) 제14-16조. 예외에 관해서는 제14조(2)를 보라. 면접조사가 갖춰야할 요소들에 관해서는 제15-17조를 보라.
277) 제16조. 지침(최초본)에서의 이와 같은 보호의 부재에 대해서는 다음을 보라, Joined Cases C-148/13, C-149/13, and C-150/13 *A, B and C v Staatssecretaris van Veiligheid en Justitie,* Opinion of Advocate General Sharpston (17 Jul. 2014) paras. 76-7, 다음이 인용함, Costello & Hancox (주 235) 405-6.
278) Garlick (주 235) 236.
279) 제14조(5).
280) 제10조. 그러나 회원국이 '불법으로' 입국하거나, '불법'으로 있는 자의 신청을 심사하기 위해서 신속 절차를 사용할 수 있다고 규정한 제31조(8)(h)를 보라.

청자'에 관한 것으로, 이는 '이 지침에 규정된 권리의 혜택을 누리고 의무를 준수할 능력이 개인의 상황으로 인해 제한되는 사람'을 의미한다.281) 이러한 상황에는 '연령, 젠더, 성적 지향, 성 정체성, 장애, 심각한 질병, 정신장애 또는 고문, 강간 또는 기타 심각한 형태의 심리적, 신체적 또는 성적 폭력의 결과로 발생하는 문제'가 포함될 수 있다.282) 이러한 신청자들은 1차 단계의 결정이 내려지기 전에 식별되어야 하고, 절차에 효과적으로 접근할 수 있도록 '충분한 시간을 포함한 적절한 지원'을 제공받아야 한다.283) 적절한 지원이 제공되지 않는 경우 신속 절차의 대상이 되어서는 안 된다.284)

개정된 지침은 아동이 보호를 신청할 수 있는 기회를 확대하고 아동의 권리를 보호하기 위한 안전장치를 강화했다.285) 미성년자는 반드시 스스로 또는 성인을 통해 신청할 수 있는 권리를 가져야 하며,286) 아동의 최선의 이익이 절차 전반에 걸쳐 최우선적으로 고려되어야 한다.287) 면접조사는 반드시 아동에게 적합한 방식으로 진행되어야 한다.288) 미동반 미성년자에 대한 특별한 보장들이 있는데, 회원국이 아동의 최선의 이익 원칙에 부합하는 방식으로 가능한 한 빨리 조력할 수 있는 대리인의 도움을 받을 수 있도록 하는 보장을 포함한다.289) 아동에 관한 조항은 협상 과정에서 매우 논란이 많았으며 그 결과 규칙이 복잡해졌고,290) 이로 인해 일부 학자들은

---

281) 제2조(d). 특별한 절차적 보장에 관한 이 조항들은 이 지침에서 가장 논란이 많았던 조항들 중 하나였다: Garlick (주 235) 242.
282) 전문 제29조.
283) Ibid.; 제24조.
284) 제24조(3).
285) 일반적으로는 다음을 보라, Peers (주 235) 11-13.
286) 제7조(3).
287) 제25조(6).
288) 제15조(3)(e).
289) 제25조(1)(a). 미성년자가 '1차 단계의 결정이 내려지기 전에 18세에 도달할 가능성이 있는 경우'에는 필요하지 않다: 제25조(2).

조항들을 실제로 적용하기 어려울 수 있고,[291] 또한 아동의 권리에 관한 협약과 일관되게 적용하기 어려울 수 있다는 결론을 내리고 있다.[292]

보호 신청 접수,[293] 심사,[294] 그리고 신청자가 실효적인 구제를 받을 권리[295]의 행사에 대한 기간 제한이 규정되어 있다. 새로운 조항은 회원국이 '일시적일 것으로 예상되는 출신국의 불확실한 상황으로 인해' 신청에 대한 심사를 중단할 수 있도록 허용하지만,[296] 이러한 상황은 최소한 6개월마다 검토되어야 하며, 이와 무관하게 신청이 제기된 시점으로부터 21개월 이내에는 반드시 신청에 대한 결정이 내려져야 한다.[297] 이것은 신청자가 거의 2년 동안 공식적인 법적 지위를 갖지 못할 수 있다는 것을 의미한다. 또한 '강력한 사건을 신속하게 인정하는 것의 바람직함 및 프론트로딩'이라는 취지에도 반하는 것으로 보인다.[298]

신청의 근거가 충분하거나 신청자가 취약한 상황에 처한 것으로 간주되는 경우 신청이 우선 처리될 수 있다.[299] 그러나 더 논쟁적인 부분이 있는데, 신청자가 보호 신청과 '관련이 없는 문제만 제기'한 경우; 안전한 출신국에서 온 경우; 당국을 오도한 경우; 신원 확인에 도움이 될 수 있는 신분증 또는 여행 증명서를 폐기한 경우;[300] '충분히 확인된 출신국 국가정황정

---

290) 예를 들어, 이러한 권리들이 과도한 비용, 장기화된 소송의 위험, '남용'을 초래할 수 있다는 주장이 제기되었다: Moreno-Lax, V. & Garlick, M., 'Qualification: Refugee Status and Subsidiary Protection', in Peers and others (주 235) 176.
291) Garlick (주 235) 244.
292) Moreno-Lax & Garlick (주 235) 176.
293) 제6조, 전문 제26조.
294) 제31조.
295) 제46조(4).
296) 제31조(4). 이에 대한 비판은 다음을 보라, Garlick (주 235) 255.
297) 제31조(5).
298) Costello & Hancox (주 235) 411 (fn. 생략됨).
299) 제31조(7) 취약성은 Directive 2013/33/EU 제22조에 따라 평가되어야 한다.
300) 학자들은 이 사유와 앞의 사유가 난민협약 제31조(1)에 대한 지나치게 협소한 해석에 근거한 것으로 보인다고 주장한다: Costello & Hancox (주 235) 414; Moreno-Lax

보와 모순되는, 명백히 일관성이 없고 모순적이며, 명백히 허위이거나 개연성이 분명히 없는 진술'을 한 경우; 허용되지 않는 재신청을 한 경우; 단순히 퇴거로 이어질 결정의 집행을 막기 위해 신청한 경우; 상당한 이유 없이 불법으로 영토에 입국하거나 있는 경우; 당국에 자신을 드러내지 않았거나 보호 신청을 하지 않은 경우; 지문 채취를 거부하거나; 국가 안보 또는 공공 질서에 대한 위험으로 간주될 수 있는 경우 신속 처리(및/또는 국경이나 환승 구역에서 진행)의 대상이 될 수 있다.301) 지침(최초본)과 달리 이러한 신속 절차 처리 사유는 매우 포괄적이다.302)

제33조(2)에 따라 다른 회원국이 보호를 허가한 경우;303) 신청자가 송환될 수 있는 '최초 비호국' 또는 '안전한 제3국'이 있는 경우;304) 새로운 정보를 제시하지 않은 재신청인 경우;305) 또는 부양가족이 이미 자신의 신청을 다른 신청의 일부분으로 고려하는 데 동의한 후 신청서를 제출하고 별도의 신청을 정당화할 만한 사실이 없는 경우 신청이 부적격 inadmissible한 것으로 간주될 수 있다.306)

명시적 및 묵시적 철회에 관한 조항은307) 국제 난민법의 정지, 취소, 철

& Garlick (주 235) 92.
301) 제31조(8). 신속 절차 대상 사유의 수는 지침(최초본)에서 보다 축소되었다.
302) 유럽연합사법재판소의 Case C-175/11 *HID, BA v Refugee Applications Commissioner et al (Ireland)* (31 Jan. 2013) para. 70에서의 지침(최초본) 제23조(4)에 대한 해석을 보라. 제31조(8)의 포괄적인 규정형식을 옹호하는 견해로는 다음을 보라, Costello & Hancox (주 235) 417 및 Garlick (주 235) 254; 참조, Peers (주 235) 13.
303) 보호를 제공한 다른 회원국에서 그러한 보호가 보장하는 내용이 더 낮다는 사실만으로는, 신청인의 특정 취약성으로 인해 '극심한 물질적 빈곤'을 초래하지 않는 한 퇴거를 금지할 수 없다: Joined Cases C-297/17, C-318/17, C-319/17, and C-438/17 *Ibrahim v Bundesrepublik Deutschland*(Grand Chamber, 19 Mar. 2019) para. 103.
304) 제35조와 제38조에 각각 의거하여. 자세한 내용은 이 책 제8장, 6절을 보라.
305) 재신청에 대해서는 제40조, 제40조(1)을 보라.
306) 제33조(2).
307) 다음을 보라, 제2조(o), 27-8, 44-5.

회 개념과 혼동될 수 있다.308) 난민 지위를 상실했을 때 강제송환이 초래될 위험이 있는데,309) 갈릭이 지적했듯이, 실무상 유럽인권재판소를 통해, 그리고 잠재적으로 기본권 헌장에 의해서 퇴거로부터 보호받을 수 있음에도 그러하다.310)

　모든 신청자는 모든 종류의 보호에 대한 결정에 대해 법원 또는 재판소에서 실효적인 구제 조치를 받을 권리를 가져야 하는데,311) 그러한 결정에는 신청에 이유가 없거나, 부적격하다는 결정,312) 심사할 수 없다는 결정,313) 또는 재개할 수 없다는 결정,314) 또는 철회간주 결정이 포함된다.315) 지침(최초본)은 '실효적인 구제책'이 무엇을 수반하는지에 대해 침묵했지만, 개정된 지침은 '사실관계와 법리 모두에 대한 전면적이고 장래효 ex nunc 적인 검토'가 있어야 한다고 명시하면서,316) 유럽인권재판소의 기준을 통합했다.317) '개정된 지침의 가장 중요하고 긍정적인 혁신 중 하나'로 인해,318) 신청자들은 일반적으로 이의에 대한 결과가 나올 때까지 해당 지역에 체류할 수 있다.319) 여기에는 네 가지 예외 즉, 명백히 이유가

---

308) Garlick (주 235) 222-3.
309) Ibid., 285.
310) Ibid., 223, 285.
311) 국경 또는 환승 구역에서 내려진 결정도 포함된다: 제46조(1)(a)(iii). 이 조항은 1950년 유럽인권협약 제13조에 근거한다. 유럽인권재판소가 확립한 규칙과의 상호 작용에 대한 분석은 다음을 보라, Garlick (주 235) 286-91.
312) 제46조(1)(a)(i)-(ii).
313) 제46조(1).
314) 제46조(1)(b).
315) 제46조(1)(c).
316) 제46조(3). 자세한 내용은 다음을 보라, Case C-585/16 *Serin Alheto v Zamestnik-predsedatel na Darzhavna agentsia za bezhantsite* (Grand Chamber, 25 Jul. 2018).
317) Costello & Hancox (주 235)는 이 것이 *Salah Sheekh v The Netherlands*, App. No. 1948/04 (11 Jan. 2007) 431에 근거한다고 설명한다.
318) Garlick (주 235) 287.
319) 제46조(5).

없거나 manifestly unfounded, 부적격이거나 inadmissible, 재개할 수 없거나 not reopened (신청이 묵시적으로 철회 또는 포기되었기 때문에), 심사할 수 없거나 not examined (신청자가 '유럽의 안전한 제3국'에서 입국했기 때문에)라는 예외들이 있지만 말이다.320) 본질적으로 이 지침은 '회원국이 구제 수단에 자동 정지효를 부여하거나, 제46조(6)의 예외가 적용되는 경우 신청인이 제기할 수 있는 임시 보호 요청에 자동 정지효를 부여'할 수 있도록 하는 2 종류의 체계를 구축한다.321) 특별한 필요가 있는 신청인, 미동반 미성년자 및 법률 지원과 같은 다른 분야와 마찬가지로, 이 부분의 '세부 사항은 상당히 불분명하다…'.322)

마지막으로, '다수의 a large number' 비호 신청자가 동시에 신청하는 경우(예: 기간 제한, 면접조사 및 국경 절차와 관련하여) 지침의 표준적인 규칙에 대한 몇 가지 예외가 허용된다.323) 이러한 구분은 '걱정스러울 정도로 모호하다'고 평가되기도 했다.324) 갈릭은 이 조항이 대규모 유입 상황에서 작동하는 임시 보호 지침의 더 부담스러운 의무를 회피하려는 시도일 수 있다고 주장하는데,325) 비록 위 지침은 자기 집행적인 것이 아니고, 어떤

---

320) 제46조(6). Costello & Hancox (주 235) 433는 현실적으로 이 조항들이 1950년 유럽인권협약 제13조를 위반하는 결과를 낳지 않을 것으로 보는 것은 불가능하다고 주장한다.
321) Costello & Hancox (주 235) 435 (fns. 생략됨). 유럽연합사법재판소는 이 지침이 신청인에 대한 기각과 퇴거라는 1차 단계의 결정에 대한 이의를 규정하면서, '관련자가 강제송환금지원칙이 침해될 심각한 위험을 제기하는 경우에도' 그 이의에 정지효를 부여하지 않는 국내 입법을 금지하지 않는다는 점을 명확히 했다. Case C-180/17 *X, Y v Staatssecretaris van Veiligheid en Justitie* (26 Sep. 2018) para. 46. 다음도 함께 보라, Case C-269/18 PPU *Staatssecretaris van Veiligheid en Justitie v C and J, S v Staatssecretaris van Veiligheid en Justitie* (5 Jul. 2018)는 신청인이 제46조(6) 또는 (8)에 의해 체류 허가를 받은 경우 구금할 수 없다고 판시했다.
322) Costello & Hancox (주 235) 445.
323) 제6조(5), 제14조(1), 제31조(3)(b), 제43조(3).
324) Costello & Hancox (주 2) 395.
325) Garlick (주 235) 254-5.

경우에도 효력을 발휘하려면 유럽연합 이사회의 결정이 필요함에도 그러하다.326)

결론적으로, 개정된 절차 지침은 신청자들에 대한 보호를 강화하는 여러 가지 긍정적인 특징들을 가지고 있지만, 회원국들은 일부 영역에서 '매우 낮은 기준을 설정할 수 있는 상당한 유연성'을 보유하고 있다.327) 2016년에 집행위원회는 개정된 지침을 대체할 규정을 제안했는데, 이 규정은 유럽연합의 규칙들에 직접적인 효력을 부여하여, 이를 국내법으로 전환하는 과정에서 발생하는 수많은 차이를 피하려 한 것이었다.328) 당시 합의가 이루어지지 않자 2020년 집행위원회는 비호 절차의 접근 전에 일종의 국경에서의 심사 메커니즘을 도입할 것을 권고하는 '비호 및 이주에 관한 새로운 협정'을 제안했다. 모든 사람이 개별 심사를 받고, 강제송환금지 및 기본권이 존중되며, 이러한 보장이 유지될 수 없는 경우 일반적으로 국경 심사 메커니즘의 면제가 적용될 것이라는 보장에도 불구하고 이러한 제안이 우려를 불러일으킨 것은 당연한 일이다. 또한 회원국들은 유럽연합의 기본권기구 Fundamental Rights Agency와 긴밀히 협력하여 심사 단계에서 효과적인 모니터링 메커니즘을 구축하도록 되어있다. 그럼에도 불구하고 이 협정의 목표는 비호 신청자들이 유럽연합에 '합법적으로 입국'하지 않은 상태에서 결정을 내리고 후속 송환 절차를 밟게 하는 것이다.329) 이 글을 쓰는 시점

---

326) 임시 보호 지침, 제5조.
327) Peers (주 235) 15.
328) Proposal for a Regulation establishing a common procedure for international protection in the Union and repealing Directive 2013/32/EU, COM/2016/0467 final—2016/0224 (COD). Chetail, V., 'Looking Beyond the Rhetoric of the Refugee Crisis: The Failed Reform of the Common European Asylum System' (2016) 28 *European Journal of Human Rights* 583, 598.
329) 다음을 보라, Communication from the Commission to the European Parliament, the Council, the European Economic and Social Committee and the Committee of the Regions on a New Pact on Migration and Asylum, COM(2020) 609 final, 23.9.2020.

인 2021년 4월에도 협상은 계속되고 있다.

4절 난민지위심사 과정: '인정'으로 결정되기까지, '기각'으로 결정되기까지

1951년 협약은 난민이 박해를 이유로 피난했거나, 박해가 과거에 실제로 발생했을 것을 요구하지 않는다. 초점은 보다 미래에 맞춰져 있는데, 국제법이 요구하는 예측에 관한 이야기에 근거한 보호 체계에는 본질적인 약점이 있다. 주관적인 두려움 또는 적어도 불안감이 관련될 수 있긴 하지만, 그럼에도 불구하고 핵심 쟁점은 사실관계에 있으며, 핵심 질문은 신청인이 출신국으로 송환될 경우 심각한 위해를 당할 위험을 직면할 수 있다는 판단을 허용할 만한 충분한 사실관계가 존재하는지 여부다. 따라서 신청인의 신빙성과 증거의 무게가 매우 중요하다.

유엔난민기구 집행위원회 회원국들의 요청에 따라 1979년에 작성된 난민 지위의 인정 기준 및 절차 편람 UNHCR Handbook on Procedures and Criteria for Determining Refugee Status은 입증 정도부터 구술심리 지침에 이르기까지 난민지위심사의 실질적인 문제들을 상당 부분 다루고 있다. 편람은 입증책임이 신청을 제출하는 사람에게 있다는 일반적인 법원칙을 인정하지만, 난민 지위 신청자는 일반적으로 특히 취약한 상황에 놓여 있어 사건을 제시하는 데 심각한 어려움을 겪을 수 있다는 점도 상기한다.[330]

다음도 함께 보라, Proposal for a Regulation introducing a screening of third country nationals at the external borders, COM(2020) 612 of 23 September 2020; Amended proposal for a Regulation establishing a common procedure for international protection in the Union and repealing Directive 2013/32/EU, COM(2020) 611 of 23 September 2020.

330) 유엔난민기구, 난민지위의 인정기준 및 절차편람 (주 126) paras. 190, 196.

난민법 및 관련된 인권법의 맥락에서, 관련 사실을 확인하고 평가할 의무는 결정권자에게도 있다는 것이 오랫동안 인정되어 왔다. 유럽인권재판소는 *M.S.S. v Belgium and Greece* 사건에서 그리스에서의 비호 신청자 처우에 관한 일반적인 상황을 벨기에 당국이 알고 있었으므로 신청자가 모든 입증책임을 부담해서는 안 된다는 판결을 내렸다.331) 유럽인권재판소는 *Hirsi v Italy* 사건에서 제3조에 반하는 개인적인 대우의 위협에 대한 증거가 항상 필요한 것은 아니며, 독립적인 출처의 정보만으로도 한 국가의 일반적인 상황이 송환금지를 요구하기에 충분한 위험을 수반한다는 것을 '충분히 현실적이고 개연성 있게' 만들 수 있다고 지적했다.332) 또한, 유럽인권재판소는 *Rustamov v Russia* 사건에서는 다음과 같이 구체적으로 언급했다: '어떤 신청인에게 송환국에서의 부당한 대우 위험에 대한 "다툼없는" 증거를 제시하도록 요청하는 것은 미래 사건의 존재를 증명하도록 요청하는 것과 같으며, 이는 불가능하고 신청인에게 명백히 과도한 부담을 지우는 것이다'.333) 비호 신청자가 박해를 받을 충분한 근거가 있는 두려움을 가지고 있는지 여부를 판단하는 데 있어 입증책임이 분담되지만 입증 정도는 여전히 간단하지 않은 문제다.

일반적으로 신청자는 개연성의 교량에 따라 사실관계를 입증해야 하지만, 박해의 위험에 대한 입증 기준은 그리 높지 않다.334) 1951년 협약의 역사를 보면 난민 지위는 박해를 받거나 박해를 받을 '상당한 이유'가 있는

---

331) *M.S.S. v Belgium and Greece,* App. No. 30696/09 (21 Jan. 2011), para. 352. 유럽인권재판소는 국제법과 국제적 의무의 틀 내에서 이루어진다는 전제에서, 비정규 이주를 포함한 이주를 관리할 국가들의 권리를 명시적으로 인정하면서도, 특별한 보호가 필요한 소외 계층인 비호 신청자의 '특별한 취약성'도 인정했다: ibid., paras. 216, 232-3, 251.
332) *Hirsi Jamaa v Italy* (주 154) paras. 118, 123, 136.
333) *Rustamov v Russia,* App. No. 11299/10, First Section (3 Jul. 2012).
334) 증거와 입증 정도에 관해서는 다음을 보라, 난민 지위의 인정 기준 및 절차 편람 (주 126) paras. 37-43. 더욱 자세한 분석은 이 책 제3장, 3절을 보라.

사람을 위한 것이었음을 알 수 있다.335) 여기서 두려움은 본질적으로 객관적인 상황에 근거하여 그럴듯하고 합리적으로 발생할 수 있는 일에 대한 일종의 '인식'이다. 심사를 통한 결정에는 불확실성이 특징인 일련의 변수들이 분석되어야 하므로 용어들의 의미는 추상적으로만 파악될 수 있다. 어떤 측면에서 이 과정은 궁극적으로 '예측적인 것'이며, 미래의 어느 시점에 필연적으로 불확실한 상황 속에서 일어날 수도 있는 일에 초점을 맞추려고 노력하는 과정이다. 박해자가 특정 비호 신청자가 실제로 위험에 처해 있다는 명확한 증거를 제시하는 경우는 매우 드물다. 그러나 '예측'이라는 단어에는 특정한 결과물에 대한 높은 정도의 확신을 암시할 수 있다는 점에서 오해의 소지가 있으며, 국제적 보호가 필요한지 여부에 대한 판단은 다소 독특한 순서로 구성된 결정을 수반한다. 도달할 최종 결과는 위험이지만 위험이 존재하는지 여부에 대한 결론에 도달하기 위해서는 예비 단계가 효율적이고 효과적으로 수행되어야만 한다. '심각한' 또는 '합리적인' 위험과 같은 단어는 개인적인 상황에서 동떨어져서 논의될 때는 필요한 의미를 정확하게 포착할 수 없지만, 위험에 대한 인식은 일반적으로 상황 속에 있는 개인을 이해하는 과정의 틈새에서 나타나며, 여기서 해당 국제 표준에 적절히 기반을 둔 잘 구성된 절차는 올바른 결론에 도달하는 데 도움이 될 수 있다.

어떤 사람이 난민으로 인정될지 여부는 출신국의 상황과 비교하여 그 사람의 이야기를 믿을 수 있는지 여부에 달려 있다. 아이러니한 점은 이러한 조건(개인에 대한 믿음, 국가 상황에 대한 믿음)이 충분조건이지만, 항상 필요조건은 아니라는 것이다. 예를 들어, 우리는 비호 신청자를 믿지 않을 수도 있지만, 당해 개인의 신빙성과는 별개로 인종, 종교 또는 민족과 같은 요인으로 인해 그가 박해의 위험에 처해 있다는 사실을 객관적으로 잘 알

---

335) 이 책 제2장, 4절 및 8절을 보라.

고 있을 수도 있다.336)

'객관적인 지식'은 다양한 권위 있는 출처에서 얻을 수 있지만, 여기에서도 다음과 같은 판단이 필요하다. 예를 들어, 신뢰할 수 있는 출처인가, 출처가 묘사하는 상황을 신뢰할 수 있는가, 출처가 기술하는 사건은 확증 가능한가, 그 출처는 과거에 정확한 것으로 입증된 적이 있는가, 그 출처는 이의를 제기받거나 검증을 받은 적이 있는가와 같은 판단이 필요한 것이다. 국가 내에서 중대하고 명백한 또는 대규모 인권 침해의 일관된 패턴이 존재한다는 것만으로도 일반적으로 위험의 존재를 입증하기에 충분할 수 있지만, 그럼에도 불구하고 국제적 보호에 대한 개인화된 접근 방식은 신청인을 중심에 두고 있다: 이 사람이 자국에서 누구이며, 송환이 예정된 국가에 대해 얻을 수 있는 정보를 고려할 때 박해 또는 기타 심각한 위해에 직면할 가능성이 있는가? 이를 위해서는 예를 들어, 인권 상황과 그들의 인식에 대한 보고서들에 주의를 기울여야 하며, 이를 즉각적으로 무시해서는 안되고;337) 그에 못지않게 알려진 배경에 비추어 당해 개인이 처한 개인적 상황에 대한 이해가 요청된다. 유럽인권재판소는 *Rustamov v Russia* 사건에서 신청인의 인도를 요청한 국가의 당국이 '인권 상황에 관한 증거들에 적절한 주의를 기울이지 않았고', 그 결과 '일반적인 인권 상황에 대한 철저하고 균형 잡힌 검토가 부족했으며 … 신청인이 처한 개인적 상황에 대해 의미 있는 검토를 하지 않았다'고 판시한 바 있다.338)

---

336) 다음을 보라, *R (on the application of AM) v Secretary of State for the Home Department* [2012] EWCA Civ 521.
337) *Baysakov v Ukraine*, App. No. 54131/08, Fifth Section (18 Feb. 2010) paras. 49-50. 유럽인권재판소는 유엔 고문방지위원회, 휴먼라이츠워치, 국제앰네스티가 입수한 카자흐스탄의 인권 상황에 대한 신뢰할 수 있는 보고서를 언급하며 고문, 구금자에 대한 부당한 대우, 일상적인 구타, 범죄 용의자에 대한 자백을 얻기 위한 무력 사용 등을 언급했지만 피청구국 정부는 '보고서들의 주장을 반박할 수 있는 증거나 주장을 제시하지 못했다'고 판단했다.
338) *Rustamov v Russia* (주 333) paras. 119, 121, 127; 그리고 다음을 보라, at § 128:

실제로 출신국의 상황과 관련된 많은 사실들은 상식 또는 권위 있는 문서 정보를 바탕으로 입증할 수 있는 경우가 많다. 이러한 상황에서 오히려 중요한 것은 신청자가 처한 개인적인 상황인데, 신청자는 '확실한 증거'로 자신의 진술을 뒷받침할 수 없는 경우가 많다. 따라서 절차적 규칙과 증거 규칙의 어떤 조합이 요구될 수 있으며, 이러한 조합은 신청인이 자신의 이야기를 가장 잘 전달할 수 있는 면접조사와 적절한 입증 기준을 전제로 한 결정이란 형태가 될 수 있다.[339]

난민 지위 인정 절차의 본질 자체는 심사관과 결정권자를 위한 지침에서 설명되듯 비교적 간단하다. 기본적인 핵심은 피난을 하게 된 이유를 포함한 피난의 내러티브를 확립하고, 출신국 상황을 분명히 하며, 난민 정의의 본질적인 미래 지향성에 비추어 전체적인 평가를 수행하는 것이다. 비호신청자들은 진실을 말하고 자신의 사건을 충분히 설명할 책임이 있지만, 위에서 언급한 바와 같이 변호사와 심사관들도 조사과정에서 일정한 의무와 역할을 수행해야 한다. 이는 어떤 법적 원칙은 아니지만, 이를 지키지 않는다면 난민 인정 및 보호라는 궁극적인 목적이 절차 과정에서 사라질 수

'어떤 신청인이 자신이 체계적인 부당한 대우에 노출된 집단의 구성원이라고 주장하는 경우, 제3조의 보호는 신청인이 독립적인 국제인권보호단체 또는 정부가 출처인 최근 보고서들에 포함된 정보를 근거로 필요한 경우 문제의 부당한 대우의 존재와 자신이 해당 집단의 구성원이라고 믿을 만한 상당한 이유가 있음을 입증할 때 개시된다 …. 이러한 법리는 신뢰할 수 있는 출처를 통해 당국의 지속적인 부당한 대우 패턴이 확인된 집단의 구성원으로 신청인이 비난 받고 있는 본 사건에 적용된다 … 이러한 상황에서 재판소는 일반적으로 신청인에게 추가로 특별히 자신을 구별짓는 특징들의 존재를 보여줄 것을 요청하지는 않지만 … 그럼에도 불구하고 재판소는 신청인이 소속되었다고 추정된 구성원 지위와 관련하여 이미 우즈벡 법집행 당국에 의해 박해와 부당한 대우를 받았다는 사실을 관할 러시아 당국에 반복적으로 제출했다는 점을 지적하는 것이 중요하다고 생각한다.'

[339] 증거와 '의심스러울 때는 신청인에게 유리하게 *benefit of the doubt*'에 관해서는 다음을 보라, 유엔난민기구, 난민 지위의 인정 기준 및 절차 편람 (주 126) paras. 197-9, 203-5.

있는 난민심사 절차의 특성에서 비롯된 일반적인 개념이다.340)

경험에 따르면 난민지위심사 절차는 체계적이지 않은 경우가 많다. 아일랜드 고등법원이 인정한 바와 같이, 결정권자들은 일반적으로 본능과 신빙성에 대한 느낌에 의존하지만 사실, 증거의 무게, 입증 정도에 대한 주의는 충분히 기울이지 않는 경향이 있다.341) 결정이 옳다고 생각되는 경우에도 결론이 단지 주관적인 평가에 근거하고 특정 결론에 도달하게 된 다양한 단계와 각 단계를 정당화하는 이유를 명확하게 설명할 수 없다면 결론에 대한 자신감의 결여가 나타날 수 있다. 이러한 자신감의 결여는 개인들의 신청의 강점과 약점이 무엇이든, 그리고 구조화되지 않은 결정 중 실제로 얼마나 많은 결정이 정당했든 상관없이 사건을 효과적으로 처리할 능력을 점점 더 약화시킬 수 있다.

가장 단순하게 생각하면 난민 지위를 심사하는 과정은 단지 특정한 일련의 사실들에 법적 공식을 적용하는 것에 지나지 않을 수도 있다. 그러나 실제로는 심사는 결코 간단하지 않다. 예를 들어, 결정권자는 신청자의 이야기인 내러티브에서 관련 정보를 이끌어내며; 신청자, 증인 및 전문가들의 신빙성을 평가하고; 신빙성에 대한 결정을 정당화하며, 증거의 무게를 합리적으로 평가하고; 중요한 사실을 결정하고 설명할 수 있어야 하며;342) 사실관계에 법을 적용하고; 결정을 내리고, 이유와 원칙에 근거하여 그 결정을

---

340) 그럼에도 불구하고 '정직 의무 *duty of candour*'는 박해 또는 심각한 위해의 위험에 대한 질문에 대해 '법률 대리인의 성실성에 의존해서는 안 된다'는 이유로 난민에게 증거를 공개하도록 요구할 수 있다: *RS (Sri Lanka) v Secretary of State for the Home Department* [2019] EWCA Civ 1796, para. 11.
341) *R.K.S. v Refugee Appeals Tribunal and Minister for Justice, Equality and Law Reform* [2004] IEHC 436.
342) 다음을 보라, *Minister for Immigration and Multicultural Affairs v Singh* (2000) 98 FCR 469, [2000] FCA 845— 특정 사건의 실제 상황에서 그 사실이 존재했는지 여부, 특히 그 사실이 그 사람이 진정으로 난민인지 여부에 객관적으로 중요한 사실인 경우, 그 사실은 '중요한' 사실에 해당한다고 판시함.

정당화할 수 있어야 한다. 이를 위해서는 질문, 면접 및 조사 기술에 어느 정도의 역량과 기술이 필요하며, 개인의 내러티브에서 관련성이 있는 요소들을 끌어낼 수 있는 능력이 필요하다. 또한 통역인을 활용하는 데에도 기술이 필요하며, 출신국 국가정황정보 및 판례 정보에 대한 자신감, 그러한 출처의 선택에 대한 변별력, 이에 대한 자신들의 판단 및 심사 결과에 대한 자신감도 필요하다.

또한 국내 및 국제적 측면을 포함한 법 및 절차 체계에 대한 올바른 지식이 필요하며, 심사절차에 영향을 미칠 수 있는 다른 요인들에 대한 민감성이 요구되는데, 난민 정의와 절차 자체의 차원에 관련된 두려움이라는 주관적 요소; 진실과 은폐의 관행 및 가족과 기타 크고 작은 의존관계들에서 일어나는 귀속과 같이 사건들의 진술에 영향을 미치는 문화적 요인들; 개인 사건과 집단적 두려움 사이의 관계 등을 그 예로 들 수 있다.

4.1절 면접, 조사 또는 심문기일

면접 interview, 조사 examination 또는 심문기일 hearing 의 목적은 당해 신청자가 출신국을 떠난 이유 또는 귀국을 거부하는 이유에 대한 내러티브를 듣고 이해하는 것이다. 직접 진행하든 변호사를 통해 진행하든 이 과정 자체는 하나의 의사소통이며, 의사소통은 전달되는 내용 또는 정보, 메시지의 내용을 설명해주는 배경 등 다양한 수준에서 이루어진다. 이러한 배경에는 사용된 단어와 표현 방식뿐만 아니라 환경, 심문 및 기대에서 연유하는 반응이라는 측면도 포함된다. 전달하려는 내용과 이해된 내용은 다를 수 있는데, 심사관과 신청인이 서로 다른 맥락에서 살아왔기에 서로의 응답을 잘못 읽거나; 또는 언어 및 문화와 같은 공유된 상징이 부재하거나; 또는 절차에 수반되는 감정(절차의 위협적인 측면, 고문, 성적 학대, 부당한 대우 또는 기타 고통을 상기시키는 트라우마의 개입)이 그러한 이유가 된다.

그럼에도 불구하고 사건별 심사 과정에서 심문기일은 신청자가 진술한 내용, 제출된 기타 정보 및 결정권자 자신이 알고 있는 내용을 출처로 수집한 출신국 상황에 대해 알려진 바에 비추어 신청자의 피난의 이유 및 귀국을 원치 않는 이유가 무엇인지 규명하는 데 사용되어야 한다. 제시된 사실은 해당 법적 기준, 즉 두려움의 근거가 충분한지, 두려워하는 대상이 박해에 해당하는지, 두려움이 1951년 협약에 명시된 사유에 기인한 것인지 여부에 비추어 해석되어야 한다.343)

어떤 개인의 내러티브에서 중요한 것은 종종 사건들, 특히 그 사건이 신청인 개인에게 미친 영향이다. 사건들은 신청인이 실제로 경험한 고문, 잔혹 행위, 차별, 투옥과 같이 가깝고 개인적인 것일 수도 있고, 신청인(이자 관찰자)이 자신의 사건과 관계가 있다고 인식하는 타인의 관련 경험과 같이 더 멀지만 관련성이 없진 않은 것일 수도 있다.344) 유사한 특성을 가진 사람들에 대한 박해 패턴이 있는 경우, 이는 박해의 합리적 가능성 또는 심각한 위험에 대한 강력한 추정을 하게 하는데 충분할 수 있다. 신뢰할 수 있는 정보들의 기초는 그러한 패턴이 실제로 존재하는지 여부를 입증하는 데 도움이 될 것이다.

신청자의 이야기의 핵심이 되는 사건들을 파악한 후, 결정권자는 그 우려, 즉 그 근거가 되는 두려움을 평가해야 한다: 이 두려움은 정황상 합리

---

343) 보완적 보호를 신청하는 경우에도 유사한 고려사항들이 적용된다.
344) 미국의 비호 규정 8 CFR § 208.13(b)(2)(C)(iii)은 다음과 같이 규정한다: '신청자가 박해에 대한 충분한 근거가 있는 두려움이 있음에 대한 입증책임을 잘 부담하고 있는지 여부를 평가할 때, 비호 담당관 또는 이민 판사는 다음과 같은 경우 신청자에게 박해를 위해 자신이 개인적으로 구별될 일종의 합리적인 가능성이 있다는 증거를 제시하도록 요구해서는 안 된다: (A) 신청자가 인종, 종교, 국적, 특정사회집단의 구성원 신분 또는 정치적 의견을 이유로 신청자와 유사한 처지에 있는 집단에 대한 박해의 패턴이나 관행이 신청자의 국적국 또는 무국적자인 경우 최종 상주국에 존재한다는 것을 입증하고, 그리고(B) 신청자가 그러한 집단에 자신이 포함되고, 그들과 동일시되어 귀국 시 박해에 대한 두려움이 합리적이라는 것을 입증한 경우·'

적인가? 박해의 심각한 위험을 드러낸다는 점에서 근거가 충분한가?

개별 사건에 대해 명확한 결정을 내리는데에 권리, 이유, 제한 및 가능성으로 구성된 일종의 체계가 도움이 될 수 있다. 첫째, 위험에 처하게 되었다고 주장하는 신청자의 권리는 무엇인가? 이러한 권리는 중요성의 위계 구조에서 어디에 위치하는가? 둘째, 어떤 사유에 근거해서, 어떤 이유로 해당 권리들이 주목의 대상이 되고/되거나 침해될 위험에 처해 있는가? 다음으로, 문제가 되는 권리와 이익에 영향을 미치거나 억압, 거부 또는 해를 끼칠 것으로 우려되는 제한 또는 조치의 성격은 무엇인가? 비례성 문제가 관련되어 있는가? 국가 또는 지역사회의 이익과 상충되는 부분이 있는가?

마지막으로, 이 부분이 전체 과정에서 가장 본질적인 부분이지만, 신청인이 협약의 의미 내에서 박해로 간주되어야 하는 조치의 피해자가 될 가능성은 얼마나 되는가? 그러한 조치가 발생할 합리적이거나 심각한 가능성이 있는가? 그 위험이 비례성을 고려할 때 감수를 기대할 수 있는 수준인가? 또는 침해되는 이익의 성격이 특히 존엄성과 완전성 및 기본적 인권 보장이라는 제도의 전반적인 목적에 비추어 희박한 가능성조차 무시할 수 없을 정도로 중대한가?

박해가 발생할 가능성에 대한 질문은 실제로 출신국의 일반적인 상황에 비추어 고려되는 개인이 처한 개별적 상황과 분리될 수 없다. 박해 가능성은 분쟁의 유동적 상황이나 특정 지역에 대한 개인의 물리적 근접성 등에 따라 시간과 공간에 따라 달라질 수 있지만, 그럼에도 불구하고 심사관에겐 현존하는 것으로 인식된 어떤 위험을 '너무 멀리 떨어져 있다'고 무시하고 싶은 유혹이 있을 수 있다. 여기서 협약은 두려움의 근거가 충분한지, 그리고 원격성을 고려해야 하는 맥락 자체에 대해서 묻는다. 또한 시간적 차원은 별개의 문제가 아니라 평가의 핵심이며, '급박성 imminence'과 같이 대체하려고 시도하는 용어로는 이를 명확하게 설명하기 어렵고 오히려 종종 판단이 왜곡되곤 한다.345)

4.2절 국가정황정보 및 기타 정보의 사용 및 남용

심문기일에서 충분한 정보가 제공되는 경우는 드물고, 비록 요즘에는 참고할 수 있는 정보의 출처에 제한이 거의 없음에도 이용 가능한 데이터베이스, 정보 저장소 및 온라인 출처들을 광범위하게 검색하면 질문에 대한 적절한 답변보다는 오히려 의문이 제기되는 경우도 많다. 그럼에도 불구하고 신뢰할 수 있고, 공신력 있는 정보가 올바른 결정을 위한 필수적인 토대라는 인식이 점점 더 높아지고 있다. 서로 다른 출처의 권위를 일관성 있게 평가하는 데 내재된 어려움과 5개 지역에 분산된 결정권자들에게 정보를 제공해야 하는 필요성 때문에 캐나다 이민난민위원회는 1988년 '출신국 국가정황 정보 및 법학적 질문에 대한 정보를 포함한 난민 심사 과정에 관한 신뢰할 수 있고 공신력 있는 증거를 제공하는 캐나다의 주요 자원'이 되는 것을 목표로 문서센터 Documentation Centre 를 설립하게 되었다.346) 그 이

---

345) Anderson, A. and others, 'Imminence in refugee and human rights law: a misplaced notion for international protection' (2019) 68 *ICLQ* 111.

346) '신뢰할 수 있고 *credible* 공신력 있는 *trustworthy* 정보'라는 용어는 개정된 이민법에서 따온 것으로, 문서 센터(현재는 연구국 *Reserch Directorate*)는 공개된 영역에 있는 자료만을 근거로 삼았으며, 1989년 지침은 모든 사실에 대한 진술이나 보고서는 원칙적으로 세 가지 출처를 통해 확증되어야 한다고 강조했다. 다음을 보라, Rusu, S., 'The Development of Canada's Immigration and Refugee Board Documentation Centre' (1989) 1 *IJRL* 319; Houle, F., 'The Credibility and Authoritativeness of Documentary Information in Determining Refugee Status: The Canadian Experience' (1994) 6 *IJRL* 6. On standards for human rights reporting and assessment, see Barsh, R. L., 'Measuring Human Rights: Problems of Methodology and Purpose' (1993) 15 *HRQ* 87; Donnelly, J. & Howard, R. E., 'Assessing Nations Human Rights Performance: A Theoretical Framework' (1988) 10 *HRQ* 214. 다음도 함께 보라, Vogelaar, F., 'The Eligibility Guidelines Examined: The Use of Country of Origin Information by UNHCR'(2017) 29 *IJRL* 617; Vogelaar, F., 'Principles Corroborated by Practice? The Use of Country of Origin Information by the European Court of Human Rights in the Assessment of a Real Risk of a Violation of the Prohibition of Torture, Inhuman and Degrading Treatment'(2016) 18 *EJML* 302.

후 다른 국가들도 독립적으로, 지역적으로, 또는 서로 협력하여 이 모델을 따랐지만 일반적으로 접근 방식과 방법론에 약간의 차이가 있다.347) 유엔난민기구도 국가정황정보를 생산, 수집, 전파하곤 하였으나, 2019년 1월 1일부터 오스트리아 적십자사 산하의 오스트리아 출신국 및 비호 연구 및 문서화 센터(ACCORD, Austrian Centre for Country of Origin and Asylum Research and Documentation)에 해당 기능을 위탁했다. 유엔난민기구는 국가정황정보를 위한 '주요 글로벌 플랫폼'으로 www.ecoi.net 을 승인했으며, 스스로는 Refworld(www.refworld.org)을 통해 법률 및 정책의 수집에 집중할 예정이다.

난민 심사라는 맥락에서 정확하고, 심층적이며, 최신의, 공신력 있는 정

---

347) 무엇보다도 다음을 보라, the European Asylum Support Office Country of Origin Information (EASO COI) Portal은 유럽연합 국가들의 비호 담당 당국, 노르웨이 및 스위스와 협력하여 관리된다: https://coi.easo.europa.eu/. 다음도 함께 보라 특히, the European Country of Origin Information Network: www.ecoi.net; the Canadian Immigration and Refugee Board, 'Policy on National Documentation Packages in Refugee Determination Proceedings (Jun. 2019); the Australian Department of Foreign Affairs and Trade reports: https://www.dfat.gov.au/about-us/publications/Pages/country-information-reports; 및 the United Kingdom Home Office 'Country policy and information notes': https://www.gov.uk/government/collections/country-policy-and-information-notes. 이에 대한 분석과 비판은 다음을 보라, Henderson, M., Moffatt, R., & Pickup, A., *Best Practice Guide to Asylum and Human Rights Appeals* (updated edn., 2020) Ch. 17, Home Office evidence on the country of origin'; Ch. 18, 'Country information': https://www.ein.org.uk/bpg/contents; Bolt, D., Independent Chief Inspector of Borders and Immigration, 'An inspection of the Home Office's production and use of Country of Origin Information. April–August 2017' (Jan. 2018); Thomas, R., *Administrative Justice and Asylum Appeals. A Study of Tribunal Adjudication*(2011) Ch. 6; International Association of Refugee Law Judges, 'Judicial Criteria for Assessing Country of Origin Information (COI): A Checklist'(2009) 21 *IJRL* 149; Pettitt, J., Townhead, L., & Huber, S., 'The Use of COI in the Refugee Status Determination Process in the UK: Looking Back, Reaching Forward' (2008) 25(2) *Refuge* 182.

보의 가치는 의심할 여지가 없다. 예를 들어, 어떤 난민은 일견 반란진압 작전의 결과로 한 국가를 떠난 것으로 보일 수 있지만, 보다 완전한 그림은 역사적인 토지 권리 박탈에 대한 저항과 같은 분쟁의 기원, 주동자(예를 들어, 비원주민 엘리트 지배계급을 대표하는 군대), 정책(예를 들어, 특정 민족, 언어, 종교 또는 경제적 집단이나 계층에 대한 제도화되거나 체계적인 차별), 전술(예를 들어, 집단 대표의 납치, 고문, 자의적 살해 등)까지를 보여줄 수 있다. 물론 완벽한 그림은 누구도 그릴 수는 없지만 포괄적인 접근 방식은 난민의 피난과 관련된 이유를 파악하는 데 크게 기여할 것이다. 과거의 패턴과 현재 상황을 알면 미래에 대해, 특정 요소들이 반응하고 상호작용할 가능성이 있는 방식에 대해, 따라서 송환되거나 출신국으로 돌아가려는 사람들을 기다리는 안전의 정도에 대해 어느정도 합리적인 정확성을 가지고 예측할 수 있게 된다.

특히 실시간 또는 거의 실시간으로 전자적으로 이용할 수 있는 '문서화된 증거들'은 종종 그것만으로 사건을 결정하기에 충분해 보이는 유혹적인 분위기를 풍길 수 있다. 그러나 다른 자료들과 마찬가지로 이러한 증거들도 신청인과 개인적으로 관련이 있는지 또는 출신국의 상황과 관련이 있는지 여부에 따라 평가하고 맥락에 맞게 사용되어야 한다. 후자의 정보는 현재 상황에 대한 다소 상세한 일반적인 인상만 제공할 뿐이다. 난민 심사 과정 자체와 마찬가지로, 국가정황정보는 선거나 평화 협정 체결과 같은 단일 사건이 현실보다 더 큰 의미를 갖게 되는 방식으로 시간을 고정시키는 인위적인 속성을 가질 수 있다.[348] 상황은 유동적이며, 이를 인식하면서 신뢰할 수 있고 공신력이 있다고 인정되는 증거들로부터 올바른 추론을 이끌어내는 것이 타당한 결정의 특징이다. 그러나 호울에 따르면, 커먼로는 신

---

[348] 다음을 보라, Houle, F., 'Le fonctionnement du régime de preuve libre dans un système non-expert: le traitement symptomatique des preuves par la Section de la protection des réfugiés' (2004) 38 *Revue juridique thémis* 263.

청인의 개인적 증언에 대해서는 불신, 즉 악의에 대한 잠재적 추정을, 공적 영역의 문서에 대해서는 객관성, 권위 또는 무게에 대한 잠재적 추정을 적용하는 경향이 있다. 그 결과, 개인의 증언과 문서화된 정보 사이의 모순을 단순하게 대조하는 것만으로 신빙성에 대한 부정적인 판단을 정당화하는 경우가 너무 많다고 그녀는 말한다.349) 실제로 이민난민위원회(IRB) 지침은 이를 명시적으로 언급하고 있다.

> [위원회는 신청인이 제공한 증언을 신뢰할 수 있고 여기에 신빙성이 있다고 판단하는 경우에도 이보다 문서화된 증거에 우선적으로 의존할 수 있다. 그러나 난민보호부(RPD) 위원은 특히 모순이 없는 경우 신청인의 증거보다 문서화된 증거를 받아들이는 명확하고 충분한 이유를 제시해야 한다.350)]

한 사건에서 캐나다 대법원의 판사는 다음과 같이 경고했다.

> [신청인의 직접 증거보다 문서화된 증거를 선호하는 경우의 위험은 문서화된 증거는 보통 그 성격상 일반적인 증거에 불과하다는 점이다. 신청인이 자신에게 일어난 일에 대해 진술하는 것은 구체적이고 개인적인 것이다. 따라서 구체적인 증거보다 일반적인 증거가 선호되는 이유에 대한 명확한 설명이 없으면 후자보다 전자를 선호하여 내린 결론에 의문이 제기될 수 있다.351)]

호울이 분명히 밝힌 바와 같이, 결정권자는 문서화된 정보의 신뢰성과 공신력을 평가하는 것 외에도 그러한 정보에 어떤 가중치를 부여할지 결정할 때 더욱 신중을 기해야 한다.

---

349) Ibid., 339-41.
350) Immigration and Refugee Board (IRB), 'Assessment of Credibility in Claims for Refugee Protection' (Jan. 2004) s. 2.4.7: https://irb-cisr.gc.ca/en/legal-policy/legal-concepts/Pages/Credib.aspx.
351) *Kandasamy v Minister of Citizenship and Immigration* (1997) 138 FTR 126 (Reed J).

4.3절 결정의 일관성

　난민지위심사에 있어 반복되는 또하나의 문제는 국내에서나 유럽연합과 같은 지역적 맥락에서나 결정이 일관되지 못한다는 것이다. 이는 '박해' 또는 '특정사회집단'의 의미와 같은 법적 해석의 차이 또는 본질적으로 유사한 사실관계들에 대한 서로 다른 인식에서 비롯될 수 있다. 1951년 협약은 아마도 가장 많은 소가 제기된 국제 협정일 것이지만, 여러 관할권의 국내 법원들은 공통적으로 공유되는 기준을 해석하고 적용하는 데 어려움을 겪을 때 이를 조정할 상위 국제 법원이나 권한을 가진 기관의 도움을 받을 수 없다.352) 유럽연합은 유럽공동비호체계(CEAS)에 의한 조화를 통해 지역적 일관성을 증진하고자 노력해 왔으나, 자격 지침과 같은 수단은 핵심적인 법적 기준에 대한 이해를 공유하는데에는 기여할 수는 있지만 회원국 간 유사한 사실관계에 대해 적용할 통합적인 결정은 이보다 더 어려운 일이다.353)

　일부 국내 체계들은 다양한 형태의 지침을 통해 일관성 있는 결정을 장려한다. 영국에서는 상급심판소(이민 및 비호) Upper Tribunal(Immigration

---

352) 유엔난민기구의 감독 역할은 영향력을 가질 수 있지만, 법원들은 종종 유엔난민기구의 견해에 구속력이 없음을 강조한다; 다음을 보라, Goodwin-Gill (주 218) 11-13, 40-1.
353) 유럽 비호 지원 사무소의 보고서 '최신 비호 동향-2019 개요'는 매우 전형적인 현상을 보여준다: '일부 시민권 난민들의 경우 신청이 접수된 국가에 따라 인정율이 달라졌다… 아프가니스탄인의 경우 가장 많은 결정을 내린 3개국의 인정율은 21%에서 73%까지 다양했지만 모든 유럽연합+ 국가까지 고려하면 인정율 범위의 차이가 훨씬 더 넓어진다. 이라크인(24%~67%), 이란인(25%~65%), 소말리아인(32%~99%), 수단인(15%~83%)의 경우에도 결정을 내린 상위 3개 국가 간 인정율에 큰 편차가 있었다. 반대로 시리아인(85%~96%)과 에리트리아인(71%~86%)의 경우 그 편차가 적었다. 그러나 시리아인들의 경우 1년 전과 비교했을 때 인정율의 편차가 증가했다. 종전과 마찬가지로 EU+ 평균보다 인정율이 낮은 시민권 난민들의 경우 국가간 편차가 더 제한적이었다: https://easo.europa.eu/asylum-trends-annual-overview.

and Asylum)가 사실인정에 대한 결정을 제외한 특정한 법적 쟁점에 대한 결정에 법적 구속력을 부여하는 '표식 star'을 부여할 수 있다.354) 사실인정에 대한 경우, 특정 결정을 '국가별 지침'(CG, Country Guidance)으로 선정할 수 있으며, 이 경우 해당 결정은 동일하거나 유사한 증거에 의존하는 모든 이의절차에서 '일종의 권위 있는 결정'으로 간주되며, 이는 이후의 국가별 지침 결정이 명시적으로 새롭게 나오거나, 대체되거나, 또는 다른 구속력 있는 기준들과 부합하지 않거나 하는 경우를 제외하고는 효력을 발휘한다. 명확하게 적용되는 지침을 따르지 않거나, 해당 지침이 적용되지 않는 이유를 설명하지 않으면 법률의 착오가 되어 항소이유가 될 수 있다.355)

캐나다에서는 이민난민위원회 위원장이 정책 지침을 발표하고 특정 결정을 '법리적 지침 jurisprudential guides'으로 지정할 수 있는 명시적 권한이 있다.356) 지금까지 발표된 '지침'들은 민간인 비전투원, 아동, 젠더 관련 박해를 우려하는 여성의 보호 신청, 성적 지향 및 젠더 정체성 및 표현(SOGIE)과 관련된 신청 등의 문제를 다루었다. '의무 사항은 아니지만', '결정권자는 이를 적용하거나 적용하지 않을 경우 합당한 근거를 제시해야

---

354) 상급 심판소의 권한과 실무는 다음에서 설명된다 Henderson, Moffatt, & Pickup (n 347) §§ 29.3–29.4: https://www.ein.org.uk/bpg/contents. 2007년 이후 '표식 *stared*'이 부여된 사건은 없다.

355) Henderson, Moffatt, & Pickup (주 347) §§ 29.5–29.12. 저자들은 유럽인권재판소가 '국가별 지침'을 유용한 체계로 간주하고 있다는 점에 주목한다: ibid., § 29.7, 그러나 그러한 승인이 '무조건적'인 것은 아니라고 지적한다: ibid., § 29.16A. '국가별 지침'은 별다른 자격요건 없이 적용되는 것이 아니라 어느 정도 섬세하게 적용되어야 한다: *SB (Sri Lanka) v Secretary of State for the Home Department* [2019] EWCA Civ 160, para. 70.

356) Section 159(1)(h) of the Immigration and Refugee Protection는 의장이 '위원들의 직무 수행을 지원하기 위해 … 위원들에게 서면으로 지침을 발행하고 위원회의 결정을 법리적 지침으로 명시할 수 있다'고 규정한다. 다음도 함께 보라, Immigration and Refugee Board, 'Policy on the Use of Jurisprudential Guides': https://irb-cisr.gc.ca/en/legal-policy/policies/Pages/PolJurisGuide.aspx.

한다'고 설명된다.357) '법리적 지침'은 '잘 작성되고 상세하며 설득력 있는 이유를 담고 있는' 결정들이다. 위원들은 '유사한 사실관계가 있는 경우… 이를 따르도록, 그리고 따르지 않을 경우 그 이유를 설명하도록 권장'된다.358)

이러한 다소 신중한 표현은 한편으로는 일관되고, 응집력 있으며, 조리 있는 법리라는 제도적 목표와, 다른 한편으로는 반드시 동일한 결론에 도달하지는 않는 유사한 사실관계에 대해 다양한 개별적인 주장을 평가해야 하는 결정권자의 독립성 사이의 항상 존재하는 끊임없는 긴장을 반영하는 것이다. 모든 형태의 '지침'의 위험은 결정권자로 하여금 개인의 구체적 상황에서 벗어나게 하고, 증거를 전체적으로 '종합적으로' 고려하지 않도록 만들 수 있다는 것이다.359) 캐나다 연방법원은 CARL v Canada (2019) 판결에서 4건의 법리적 지침에 대한 다툼에 대해 판단했는데, 그 이유는 해당 지침이 정확히 전체로든 일부로든 사실관계의 문제를 다루고 있었기 때문이었다.360) 해당 지침이 이민난민위원회 위원장의 월권행위 ultra vires 이며, 국가 상황이 지속적으로 변화하고 있으며, 해당 지침이 결정권자의 독립성과 사실에 대해 자체적인 판단을 내릴 권한을 침해하기에 부적절하

---

357) Immigration and Refugee Board, 'Policy on the Use of Jurisprudential Guides' (주 350). 다음을 보라, *Canadian Association of Refugee Lawyers (CARL) v Canada (Citizenship and Immigration)* 2019 FC 1126 (4 Sep. 2019) para. 150 (SOGIE 지침에 관하여).
358) Jurisprudential Guides: https://irb-cisr.gc.ca/en/legal-policy/policies/Pages/PolJurisGuide.aspx.
359) 다음을 보라, *N.A. v Finland*, App. No. 25244/18, First Section (ECtHR, 14 Nov. 2019)—당국이 해당 단계에서 증거를 평가하지 않은 것, 즉 신청인의 구체적인 개인적 상황을 출신국 국가정황정보에 대한 증거에 통합하지 않은 것을 근거로 1950년 유럽인권협약 제2조 및 제3조 위반이라고 판시함. 또한 *AS (Afghanistan) v Secretary of State for the Home Department* [2019] EWCA Civ 873, paras. 68, 71: 당국 및 지침(여기서는 대안적 국내피신에 관한)을 별개의 심사기준을 발생시키는 근거로 여기고, 준-법률적 효력을 갖는 것으로 취급하기보다는, 총체적인 *holistic assessment* 평가가 필요하다고 판시함.
360) *CARL v Canada* (주 357).

다는 주장이 제기되었다.361) 연방법원은 지침이 결정권자의 재량을 불법적으로 제한할 가능성이 있다고 인정하면서, 지침의 서문에 제시된 '기대'라는 단어로 인해 지침이 실제로 그렇게 했다고 판단했다.362) 연방법원은 각 사건은 모든 관련 판례 및 국가 문서를 고려하여 위원회의 위원이 판정한 구체적인 사실관계에 따라 결정되어야 하지만, 기대라는 표현에 수반되는 지침 준수에 대한 부당한 압력 없이 이루어져야 한다고 강조했다.363) 연방법원은 법리적 지침이 신청인의 선서 증언은 신빙성 있고 진실한 것으로 추정된다는 확립된 추정을 약화시킴으로써 신청인에게 불리하게 입증 부담을 부당하게 강화했다는 다른 주장은 배척했다.364) 연방법원은 추정은 객관적인 증거에 의해 반박될 수 있으며, 이 경우 신청인은 해당 증거를 반박하거나, 이를 자신의 주장과 일관된 맥락 속에 놓고 설명해야 하는 부담을 지게 될 뿐이라고 지적했다.365)

연방항소법원은 1심 법원의 이러한 판단에 동의하지 않았으며, 드 몬티니 판사는 핵심 쟁점은 법리적 지침이 실제로 위원회 구성원들의 판정의 독립성을 방해했는지 여부라고 하였다.366) '허용 가능한 수준의 일관성을 달성하기 위한 지침 및 기타 연성법 기법'의 활용은 이민난민위원회에 특히 중요했으며, '인정사실들 factual findings'은 특정 신청인에 대한 구체적

---

361) Ibid., para. 87; '판정에 있어서의 독립'에 관하여; 다음도 함께 보라, paras. 89-95.
362) Ibid., para. 9: 위원들은 '유사한 사실관계가 있는 사건에서 법리적 지침을 적용할 것이 기대 expeted 되고, 만약 그렇게 하지 않을 경우 합당한 이유를 제시해야 한다'고 규정하고 있다.
363) Ibid., paras. 119, 141, 143, 151. 영국 귀족원의 Hope 경이 *Januzi v Secretary of State for the Home Department* [2006] UKHL 5에서 강조했듯, '결국 각 사건에 대한 판단은 … 사건에 고유한 사실관계에 대한 객관적이고 공정한 평가에 의존해야 한다': para. 50.
364) 다음을 보라, *Maldonado v Canada* (Minister of Employment and Immigration) (주 75).
365) *CARL v Canada* (주 357) paras. 182-4.
366) *Canadian Association of Refugee Lawyers v Canada* 2020 FCA 196, para. 50.

인 증거의 입증내용을 훨씬 넘어서는 것이었다. 지침은 투명하게 발표되었고, 쉽게 이용할 수 있었으며, 결론을 지시하지 않고 오히려 정당한 이유가 있는 경우 이를 벗어날 수 있도록 허용했으며, 결정권자들이 위로부터 압력을 받았다는 증거는 없었다.367) 그럼에도 불구하고 인정사실들은 '위험과 어려움으로 가득 차 있기 때문에' 변호인의 '최대한의 주의'가 필요하며, 지침 지정 결정은 항상 '극도의 신중함'을 가지고 접근해야 하는 사안이다.368)

4.4절 신빙성 평가 및 증거에 기반한 추론

다양한 배경을 가진 사람들이 제기하는 난민 신청은 다양한 문제를 제기한다.369) 교차문화적 차원이 어느 정도 분명하게 있음에도, 결정권자의 신빙성에 대한 평가는 거의 언제나 그 사람이 어느 정도 멀리 떨어져 있는 사안을 다루고 있다는 사실에 의해 영향을 받는다. 간단히 보면, 두 가지 고려할 쟁점이 있다: 첫째, 현재 이용할 수 있는 출신국의 국가정황정보를 통해 우리가 파악한 바에 기초해 볼 때 신청자의 이야기가 실제로 일어났을 수 있는 일인가, 또는 신청자의 고유한 상황에 비추어 볼 때 그가 우려하는 일이 실제로 발생할 수 있는 일인가? 둘째, 신청자가 개인적으로 믿을

---

367) Ibid., paras. 67, 74, 79–85.
368) Ibid., paras. 89–91; de Montigny JA는 많은 신청인들이 변호인의 도움을 받지 못한 것이 안타깝다고 언급했다.
369) 다음을 보라, Cameron (주 75); Barsky, R. F., *Arguing and Justifying: Assessing the Convention Refugees' Choice of Moment, Motive and Host Country* (2000); 다음도 함께 보라, Noll, G., 'Credibility, Reliability, and Evidential Assessment' in Costello, Foster, & McAdam (주 116); Noll, G., ed., *Proof, Evidentiary Assessment and Credibility in Asylum Procedures* (2005); Cohen, J., 'Questions of Credibility: Omissions, Discrepancies and Errors of Recall in the Testimony of Asylum Seekers' (2001) 13 *IJRL* 293.

만한가? 만약 이야기가 출신국에 대해 알려진 사실과 일치한다면 올바른 추론의 기반이 마련된 것이다.370)

많은 국가들이 신빙성 평가에 관한 지침을 발표했는데, 그 핵심 내용들은 모든 증거를 고려할 것; 신빙성에 대한 명확한 결론을 내리고 적절한 이유를 제시할 것; 중요하고 관련성 있는 증거와 신청의 특성에 근거하여 결정을 내리고 모순, 불일치, 누락 및 중요성을 다룰 것; 신빙성에 대해 불리한 결론을 내리려면 공신력 있는 증거에 의존할 것; 신청인에게 진술의 모순이나 불일치를 해명할 수 있게 할 것 등이다.

호주의 2015년 지침은 사실에 대한 판단을 통해 신빙성을 평가하고, 모든 증거를 다시 한 번 고려해야 하며, 신빙성 판단은 명확하고 합리적이어야 하고 증거에 근거해야 한다고 강조한다. 또한 이 지침은 어떤 측면에서 '신빙성이 없다'는 판단이 다른 측면에서 박해에 대한 충분한 근거가 있는 두려움이 존재한다는 판단과 반드시 불일치하는 것은 아니라는 점을 인정하고; 결정권자에게 질문하고, 신청인에게 쟁점을 알리고, 내적 일관성과 외부 자료 또는 정보와의 일관성을 심사하고, 난민에게 이에 대응할 기회를 부여할 책임을 강조하고 있다. '지연'은 신뢰성 평가에서 타당한 고려사항이 될 수 있는데, 신청인의 두려움의 진정성 또는 깊이와도 관련될 수 있기에, 지침은 난민의 태도에 대한 평가에도 주의를 기울일 것을 권고한다.371)

---

370) 이 접근법은 아일랜드 고등법원이 *Ashu v Refugee Appeals Tribunal* [2005] IEHC 469 사건에서 채택한 방법이다; 다음도 함께 보라, *T. (A. M.) v Refugee Appeals Tribunal and Minister for Justice, Equality & Law Reform* [2004] IEHC 606.
371) Australia, Administrative Appeals Tribunal, Migration and Refugee Division, 'Guidelines on the Assessment of Credibility' (Jul. 2015); 이는 대부분 2006년 10월 이민심판원 및 난민심판원에서 사용하기 위해 발행한 지침을 반복한 것이다. '태도'에 대해서는 다음도 함께 보라, the IRB Guidelines (주 350) s. 2.3.7; Campbell, J. R., 'Examining Procedural Unfairness and Credibility Findings in the UK Asylum System' (2020) 39 *RSQ* 56; Narbutas, N., 'The Ring of Truth: Demeanor and Due Process in U.S. Asylum Law' (2018) 50 *Columbia Human Rights Law Review* 348;

때때로 입법부는 무엇이 신빙성이 있는 것으로 간주되며, 무엇이 신빙성이 없는 것으로 간주되지 않는지를 결정하거나, 적어도 결정권자가 특정 사건에 부여해야 하는 가중치에 영향을 미치려고 시도할 수 있다. 예를 들어, 2004 영국 비호 및 이민(신청인의 처우)법 UK Asylum and Immigration (Treatment of Claimants) Act 제8조는 신빙성을 훼손하는 요소들로서, 은폐, 오도 또는 방해하는 행위를 강조하고 있다. 이 조항은 유효한 여권을 제시하지 않거나, 여권, 항공권 또는 여행과 관련된 기타 서류를 합리적인 설명 없이 훼손, 변경 또는 폐기하거나 합리적인 설명 없이 질문에 대답하지 않는 등 부정적 특성을 지닌 개인 행동에서 신빙성을 추정한다.

캐나다는 신원을 증명할 수 있는 서류를 제출하도록 하는 것 외에도[372] 서류와 관련한 구체적인 법률을 제정했는데, 이민 및 난민 보호법 제100조(4)은 부분적으로 '신청인은 규칙이 요구하는 모든 서류와 정보를 반드시 제출해야 한다'고 규정하고 있으며, 난민보호부(RPD) 규칙(2012) 제11조는 다음과 같이 명시하고 있다:

> [신청인은 자신의 신원 및 기타 신청에 관한 요소들을 입증하는 허용되는 서류들을 제출해야 한다. 허용되는 서류들을 제출하지 않은 신청인은 서류들을 제출하지 않은 이유와 서류를 얻기 위해 어떤 조치를 취했는지 설명해야 한다.[373]]

Dowd, R. and others, 'Filling Gaps and Verifying Facts: Assumptions and Credibility Assessment in the Australian Refugee Review Tribunal' (2018) 30 *IJRL* 71.

372) Section 106 of the Immigration and Refugee Protection Act는 다음과 같이 규정한다: '난민보호부(RPD)는 난민 신청자의 신빙성과 관련하여 신청자가 신원을 입증하는 인정되는 서류를 소지하고 있는지, 그렇지 않은 경우 서류를 소지하지 않은 것에 대한 합리적인 설명을 제공했는지 또는 서류를 얻기 위해 합리적인 조치를 취했는지 여부를 고려해야 한다.'

373) IRB-Refugee Protection Division Rules (SOR/2012-256), Rule 11 (강조 추가됨): https://www.laws-lois.justice.gc.ca/eng/regulations/SOR-2012-256/index.html; 참조, Australian Guidelines (주 371) paras. 45-6.

현재 2004년 영국 비호 및 이민(신청인의 처우)법에 따라 합리적인 설명 없이 허용되는 서류들을 제출하지 않는 것은 신청자의 신빙성을 판단하는 데 있어 관련성이 있고 중요한 요소다. 그럼에도 불구하고 캐나다의 지침은 무엇이 '합리적'인지는 사건의 상황에 따라 달라질 수 있으며, 어떤 상황에서는 신청인이 출신국으로부터 서류를 확보할 것을 기대하는 것이 비합리적일 수 있음도 강조한다.374)

4.4.1절 신빙성에 대한 추론: 일관성 및 비일관성

오늘날 지위심사 과정에서 개인의 신빙성은 매우 중요하며, 따라서 개인 면접조사나 심문기일은 필수적이다.375) 그러나 기억, 트라우마, 회상, 지연, 연속적인 면접조사, 복종, 그리고 무엇보다도 선입견, 기대, 가정, '상식'에 대한 경험을 통해 밝혀진 것을 고려해보면 형식적인 접근 방식 이상의 것이 필요함을 알 수 있다.376) 결정권자들은 본능과 신빙성에 대한 어떤 느

---

374) 참조, IRB Guidelines on Credibility (주 350) paras. 2.4.5.1, 2.4.5.3; 또한, Rogers, H., Fox, S., & Herlihy, J., 'The importance of looking credible: the impact of the behavioural sequelae of post-traumatic stress disorder on the credibility of asylum seeker' (2015) 21(2) *Psychology, Crime & Law* 139; Byrne, R., 'Assessing Testimonial Evidence in Asylum Proceedings: Guiding Standards from the International Criminal Tribunals' (2007) 19 *IJRL* 609.
375) 비호 절차에서의 신빙성 평가는 학자들과 법원들에서 상당한 관심을 끌었으며, 이미 인용된 연구 외에도 다음을 보라, Schoenholtz, A. I., Schrag, P. G., & Ramji-Nogales, J., *Lives in the Balance: Asylum Adjudication by the Department of Homeland Security* (2014); Tsangarides, N., 'The Refugee Roulette: The Role of Country Information in Refugee Status Determination', Immigration Advisory Service (IAS) (2010); Ramji-Nogales, J., Schoenholtz, I., & Schrag, P., *Refugee Roulette: Disparities in Asylum Adjudication and Proposals for Reform* (2009); Sweeney, J. A., 'Credibility, Proof and Refugee Law' (2009) 21 *IJRL* 700; Thomas (n 341).
376) 다음을 보라, Cameron (주 75); Herlihy, J. & Turner, S., 'What Do We Know So Far about Emotion and Refugee Law?' (2013) 64 *Northern Ireland Legal Quarterly* 47; Herlihy, J., Gleeson, K., & Turner, S., 'What Assumptions about Human

낌에 너무 자주 의존하는 반면, 중요한 사실을 파악하고 증거의 가중치를 고려하고 위험을 평가하는 데는 너무 적은 주의를 기울일 수 있다. 아일랜드 고등법원이 다음과 같이 지적했듯이:

> [누구나 인생의 경험 속에서 본능을 연마하게 되는데, 진실이 존재한다면 그것을 감지할 수 있다고 느낄 수 있는 시점이 있다. 그러나 진실을 말하지 않았다고 굳게 믿는 직감이나 본능에 의존하는 것은 난민심판원과 같은 행정 기관에서 사용하기에 불충분한 도구다. 결론은 반드시 정확한 사실 인정에 근거해야 한다.377)]

무엇이 그럴듯하고, 합리적이며, 필요하거나 가능성이 있는지에 대한 자신의 본능적인 견해를 떠나 보다 '객관적인' 입장을 향해 나아가기 위해서는 심도 있는 훈련과 엄격한 감독뿐만 아니라 형식적인 문제에 대한 주의를 기울이는 것도 필요하다.378) 여기에는 초기 법률 지원, 유능한 해석, 내

Behaviour Underlie Asylum Judgments?' (2009) 22 *IJRL* 351; Herlihy, J. & Turner, S., 'Memory and seeking asylum' (2007) 9 *European Journal of Psychotherapy & Counselling* 267; Herlihy, J., Jobson, L., & Turner, S., 'Just tell us what happened to you: autobiographical memory and seeking asylum' (2012) 26 *Applied Cognitive Psychology* 661; Rehaag, S., 'I Simply Do Not Believe: A Case Study of Credibility Determinations in Canadian Refugee Adjudication' (2017) 38 *Windsor Review of Legal and Social Studies* 38; Luker, T., 'Decision-making Conditioned by Radical Uncertainty: Credibility Assessment at the Australian Refugee Tribunal' (2012) 25 *IJRL* 502.

377) *R.K.S. v Refugee Appeals Tribunal and Minister for Justice, Equality and Law Reform* (주 341). 다음도 함께 보라, Granhag, P. A., 'Granting asylum or not? Migration Board personnel's beliefs about deception' (2005) 31 *Journal of Ethnic and Migration Studies* 29.

378) 다른 무엇보다 다음을 보라, Gyulai, G. and others, *Credibility Assessment in Asylum Procedures—A Multidisciplinary Training Manual*, Vol. 1 (2013); Gyulai, G. and others, *Credibility Assessment in Asylum Procedures—A Multidisciplinary Training Manual*, Vol. 2 (2015); UNHCR, 'Beyond Proof. Credibility Assessment in EU

러티브에 도움이 되는 환경, 문서화된 증거의 한계에 대한 인식이 포함될 수 있는데, 특히 문서화된 증거가 신청인의 개인적인 증언의 일부 배경에 불과한 경우 법원들이 인정해왔듯이 그러한 증언은 명백한 반대 증거 또는 적격의 증거가 없는 한 무시되어서는 안 된다.379)

영국의 한 사건에서 항소법원은 이전 절차에서 '신빙성이 결여된(실제로 전적으로 결여된) 것으로 판단'되었지만 강간, 고문 및 폭력적 학대 경험에 대한 다른 의학적 진단에 근거하여 궁극적으로 신청이 인용된 한 신청자에 대해 설명하면서, 이 신청자는 남들 앞에서 자신의 감정을 표현하는 것을 어려워 하며, 깊고 강렬한 수치심과 자기 혐오감을 가지고 사는 매우 사적인 사람으로 파악된다고 판시했다.380) 항소법원은 진단서가 상당 부분 신청인의 증언에 근거하고 있기 때문에 '고문에 대한 독립적인 증거'가 아니라는 원심의 판단을 취소했다.381) 반대로, 법원은 독립적인 전문가의 발견, 전문적 의견 및 정직한 확신이, 의뢰인과 환자의 설명에서부터 출발되었다는 이유로 - 필연적으로 이렇게 될 수 밖에 없는데 - 독립적인 증거의 지위를 거부당한다면, 이러한 맥락 속에서 독립적인 증거라는 개념 자체가 모

Asylum Systems'(May 2013); UNHCR, 'CREDO—Credibility Assessment Checklists' (May 2013); UNHCR, 'The Heart of the Matter—Assessing Credibility when Children Apply for Asylum in the European Union', Dec. 2014; Sweeney (주 369); Kagan, M., 'Is Truth in the Eye of the Beholder? Objective Credibility Assessment in Refugee Status Determinations' (2003) 17 *Georgetown Law Journal* 367.

379) 다음을 보라, *Maldonado v Canada (Minister of Employment and Immigration)* (주 75). 다음도 함께 보라, Conlan, S., Waters, S., & Berg, K., 'Difficult to Believe. The Assessment of Asylum Claims in Ireland' (Irish Refugee Council, 2012).

380) *R (on the application of AM) v Secretary of State for the Home Department* (주 336).

381) 의학적 진단서를 포함한 전문가 증언에 항상 적절한 중요도가 부여되는 것은 아니다; 다음을 보라 Barnes, J., 'Expert Evidence: The Judicial Perception in Asylum and Human Rights Appeals' (2004) 16 *IJRL* 349; Good, A., 'Expert Evidence in Asylum and Human Rights Appeals: An Expert's View' (2004) 16 *IJRL* 358; Rhys Jones, D. & Verity Smith, S., 'Medical Evidence in Asylum and Human Rights Appeals' (2004) 16 *IJRL* 381.

든 의미를 잃게 될 것이라고 강조했다.382)

결정권자가 신청인의 개인적인 설명을 그 자체로 증거로 취급하지 않는 경우가 너무 많다. '비개연성'은 문화적으로 구성되는데, 국경 통제의 효율성, 뇌물 수수, 밀입국 네트워크의 실제 운영 방식, 사람들이 통상적으로 타인에게 제공하는 지원 등 전반적인 세계의 모습에 대하여 낭만적이거나 현실과는 다른 가정을 반영하는 경우가 많다. 이러한 주관적인 평가에 대한 지나친 의존은 특정한 결론에 이르는 단계와 각 단계를 정당화하는 이유를 신중하게 설명하도록 요구함으로써 피할 수 있다.383)

그럼에도 불구하고 불일치는 중요한 사정 또는 중요하지 않은 사정 중 하나로 반드시 평가되어야 한다. 중요한 불일치는 주장의 핵심에 해당하는 것으로, 예를 들어 피난과 두려움의 원인이 되는 주요 경험과 관련된 것이다. 이러한 부분은 신청자의 이야기를 받아들이는 데 결정적인 역할을 하므로, 원칙적으로 신청자에게 모순을 해명하고 혼동이 일어나지 않도록 요청해야 한다.384)

---

382) 참조, 영국 항소법원(잉글랜드 및 웨일즈)은 *MS (Sri Lanka) v Secretary of State for the Home Department* [2012] EWCA Civ 1548에서 비호 신청자가 자신의 여권을 사용하여 공항에서 정상적인 경로를 통해 출국했다는 사실은 당국이 그에게 더 이상 관심이 없다는 것을 강력히 시사하는 것이며, 상급심판소가 비호 신청자가 자신을 도와준 사람에 의해 뇌물을 받은 공항 직원들의 공모로 출국했다는 비호 신청자의 *다퉈지지 않은* 증거로 인해 잘못 판단했다고 판시하였다. 법원은 왜 당국이 더 이상 관심을 가지지 않았거나, 그렇다고 믿었던 사람이 명백한 위험이 수반되는 그러한 출국 방식을 택했는지 의문이라고 덧붙였다.

383) 앞에서 인용한 신빙성 요소들에 대한 많은 연구 결과에 따른 영국 내무부의 정책 지침은 관련 정보 제공의 어려움이나 기본적인 요소들의 공개가 지연되었다는 사정 모두 곧장 신빙성 평가에 영향을 미쳐서는 안 된다는 점, 태도만을 기초로 판단하면 안된다는 점, 트라우마는 지속적인 두려움, 자신감 및 자존감 상실, 집중력 저하, 자책, 수치심 또는 만연한 통제력 상실 및 기억 상실로 나타날 수 있다는 점을 지적한다. 이러한 지적들은 효과적이고 규범을 준수하는 보호 체계를 구축하는 데 있어 중요한 기초 단계다. Home Office, 'Asylum Policy Instruction. Assessing credibility and refugee status', version 9.0 (6 Jan. 2015).

여행의 세부 사항이나 중요성이 덜한 오래된 날짜와 같은 부수적인 사항과 관련된 불일치의 경우 중요하지 않은 것일 수 있다. 그러나 여러 종류의 추론 inference 이 가능한 진술의 경우는 이를 들어 불일치라고 볼 수 없으며 일반적으로 신빙성에 대한 부정적인 평가는 중요하거나 상당한 정도의 불일치에 근거해야 한다. 하지만 일련의 사소한 불일치 및 모순이 결합되면 신청인의 진실성에 의문을 제기할 수 있게 된다. 실무에서도 신청인의 문서 파기, 정보 은폐, 신원에 관한 증거 미제시, 지속적인 모호한 답변, 특히 신청인이 합리적인 설명을 할 수 없거나 하지 않으려는 경우 부정적인 평가가 이뤄지는 경우가 많다.

질문을 신중하게 선택한다는 전제하에, 내러티브의 전체 그림에 나타나는 구멍이나 불일치의 문제는 좋은 질문과 답변을 통해 해소할 수 있다. 연구에 따르면 시간이 더 많이 소요되는 자유 진술서 형식의 자발적인 증언과 비교할 때, 특정한 질문들에 대한 답변에서 증언의 오류가 급격히 증가(25~33% 더 많은 오류)하는 것으로 나타났다. 하지만 이러한 자유 진술서는 대충 작성되고 불완전한 경향이 있기에, '폐쇄형' 질문보다는 '개방형' 질문을 사용함으로서 더 효과적으로 작성될 수 있다. 개방형 질문은 개인적인 경험을 바탕으로 한 견해, 의견, 생각, 느낌을 묻는 질문이며, 폐쇄형 질문은 예 또는 아니오라는 단답형 답변, 간단한 사실관계의 진술, 한정적인 답변을 요구할 뿐이다.[385]

---

384) IRB Guidelines on Credibility (주 350) paras. 2.3.4, 2.5.
385) van Veldhuizen, T. and others 'Establishing Origin:Analysing the Questions Asked in Asylum Interviews' (2018) 25 *Psychiatry, Psychology and Law* 283. 예를 들어, '언제 조국을 떠났습니까'가 아니라 '왜 조국을 떠났는지, … 그리고 그게 언제였습니까'라고 질문하는 것이다. '학대를 당한 적이 있습니까?'가 아니라 '당신에게 어떤 어려움이 있었는지 설명해 주세요'라고 묻는 것이다. '당신은 정부가 마음에 드십니까?'가 아니라 '정부에 대해 어떻게 생각하십니까?'라고 묻는 것이다. '귀국할 의향이 있습니까'가 아니라 '귀국에 대해 어떻게 생각하며, 어떤 일이 일어날 것이라고 생각하십니까'라고 질문하는 것이다.

진술의 과정 또한 의사소통의 과정이며, 침묵이나 무반응을 포함한 모든 행동은 그 자체로 고유한 메시지를 전달하는 것이 될 수 있다. 그러나 이미 언급했듯이 발화하려는 메시지가 반드시 그대로 전달되는 것은 아니다. 표현 방식, 공손함, 발언의 단호함, 긴장, 개방성 등과 같은 증인의 행동은 신빙성 판단에 있어서 좋은 요소들로 간주되기도 하지만, 문화적 차이로 인해 이러한 접근 방식이 별 의미 없는 경우도 있다. 마찬가지로, 성공적인 반대신문을 위해서는 공통적으로 사용하는 언어에 대한 모든 당사자들의 매우 높은 수준의 이해가 필수적이기에, 반대신문은 유창하지 않은 언어가 사용되거나, 통역인을 통해 질문과 답변이 이루어져야 하는 경우에는 매우 부적함을 유의해야 한다.386)

실제로 난민 신청자의 진술을 가장 잘 이끌어낼 수 있는 방식으로 통역인을 활용하는 것은 일종의 예술이다.387) 통역은 기계적인 절차가 아니라 양방향, 때로는 3방향으로 진행되는 절차이며, 난민 심사 절차에 참여하는

---

386) 반대신문의 한계에 대해서는 다음을 보라, Eggleston, Sir Richard, 'What is Wrong with the Adversary System?' (1975) 49 *Australian Law Journal* 428; 다음도 함께 보라, 'Is Your Cross-Examination Really Necessary?' (1969) IX *Proceedings of the Medico-Legal Society of Victoria* 84. 민사소송의 사실관계의 입증에서 일어나는 문제에 대해서는 다음을 보라, Cannon, A. J., 'Effective fact finding' (2006) 25 *Civil Justice Quarterly* 327.

387) 다음을 보라, Nolan, R., 'Language Barrier' The New Yorker (6 Jan. 2020) 26, 30: '번역은 단순히 단어를 단어로 옮기는 것이 아니라, 세상을 경험하는 전체 방식을 표현하는 것이다'. 미국에 도착한 비호 신청자들을 위해 과테말라 언어인 맘*Mam*을 해석하는 데 있어 어려운 점 중 하나는 '비호'라는 단어에 상응하는 직접적인 번역어가 없다는 것인데, 맘은 이러한 단어를 만들어냈다: *Qlet tun ley* - 법에 의해 지지되고 보살핌을 받음. 다음도 함께 보라, Smith-Khan, L., 'Different in the same way? Language, diversity, and refugee credibility' (2017) 29 *IJRL* 389; Kälin, W., 'Troubled Communication: Cross-Cultural Misunderstandings in the Asylum Hearing' (1986) 20 *IMR* 230; 그리고 이와 무관하지 않은 또 다른 맥락에 대해 다음을 보라, Mirdal, G. M., 'The Interpreter in Cross-Cultural Therapy' (1988) 26 *International Migration* 327.

모든 당사자에게 특별한 책임을 부여한다. 통역인은 연결고리이자 방해물인데, 구두 대화를 촉진한다는 점에서 연결고리이며, 명확하고 일관성 있는 의사소통을 하지 못하거나 양 당사자가 공통된 이해와 가치관을 갖고 있지 않아 질문자의 의도를 오해할 수 있다는 점에서 방해물이다. 신청자의 진술은 통역인을 통해 선별된 후 결정권자의 선입견이라는 짐을 통과해야만 한다. 시간, 가족, 상식 등 보편적으로 받아들여지는 가치관이 다른 사람의 세계관에 의해 뒤흔들릴 수 있다.388)

난민 신청 사건은 다른 종류의 사건과 전혀 달라서, 확실한 증거나 확증은 커녕 분명한 사실관계도 거의 제시되지 않는다. 대부분의 경우, 결정권자는 일반적으로 불충분한 자료에서 도출된 결론, 즉 추론 inferences에 만족해야만 한다. 확실한 증거가 없는 경우, 박해의 가능성은 신청자의 개인적 상황과 출신국에 대해 알려진 정보를 바탕으로 추론해내야 한다. 따라서 진술의 신빙성은 난민 지위와 관련된 추론의 본질적인 전제 조건인 동시에 추론 그 자체에 대한 문제이기도 하다. 이러한 맥락에서 추론은 알려진 전제에서 도출되는 엄격한 논리적 결과나 알려진 또는 가정된 것에서 연역 또는 귀납을 통해 결론에 도달하는 과정을 의미하지 않는다. 오히려 여기서 추론은 가정되거나 알려진 전제에서 필연적으로 도출할 수 있는 논리적 결론은 아니더라도, 그럼에도 불구하고 그러한 전제에 비해 어느 정도의 개연성이 있는 결론에 도달하는 실질적인 활동이다.389)

---

388) Alvarez, L. & Loucky, J., 'Inquiry and Advocacy: Attorney-Expert Collaboration in the Political Asylum Process' (1992) 11 *NAPA Bulletin* 43 (American Anthropological Association); 과테말라 후에후에테낭고 Huehuetenango의 Maya족의 신청과 관련하여 저자는 정치적 간섭, 문화적 무감각, 공정성 결여, 정보 부족이란 문제 대응하는 인류학자의 역할을 포함하여 비호 절차에서 전문가 증언을 사용할 때의 실질적인 문제들을 검토한다. 또한, Gill, N. & Good, A., eds., *Asylum Determination in Europe: Ethnographic* Perspectives (2019); Good, A., *Anthropology and Expertise in the Asylum* Courts (2007); Akram, S. M., 'Orientalism Revisited in Asylum and Refugee Claims' (2000) 12 *IJRL* 7.

[추론은 추측과 구별되어야 하지만, 이를 구분하는 선을 긋기가 어려운 경우가 많다: 추측은 그럴듯할 수 도 있지만 본질적으로 단순한 예측에 불과하기 때문에 법적 가치가 없다. 반면에 법적 의미의 추론은 증거로부터 연역하는 것으로, 만약 어떤 결론이 합리적으로 연역된 것이라면 유효하게 법적으로 증명된 것으로 볼 수 있다. 어떤 사건을 일정한 원인에 귀속시키는 것은 … 언제나 추론의 문제다.390)]

따라서 사실(무슨 일이 일어났는지) 또는 신청인의 신빙성(믿을 수 있는지)에 대한 어떠한 추론은 증거에 근거해야 하며, 결정권자에게 합리적으로 공개되어야 한다.

4.5절 이의제기 또는 재검토

유엔난민기구 집행위원회는 비호 또는 난민 지위에 관한 1차 결정에 대한 이의 appeal 나 재검토 review 와 관련하여 다소 모호한 표현을 사용했는데, 단지 신청자들에게 '결정에 대해 공식적인 재검토를 받기 위한 이의를 제기할 합리적인 시간'을 부여해야함을 권고하되, 재심사를 담당할 기관의 성격과 구성,391) 그리고 절차가 행정적 또는 사법적 성격 중 어떤 것

---

389) 영국 상급심판소는 다양한 지침들을 '신빙성 지표 credibility indicators'라고 지칭해 왔는데, 이들은 '해당 절차'에서 증거에 대한 보다 구조화된 접근 방식을 위한 유용한 틀을 제공한다: *KB & AH (credibility-structured approach) Pakistan* [2017] UKUT 00491 (IAC).
390) *Minister for Employment and Immigration v Satiacum* [1989] FCJ No. 505; (1989) 99 NR 171, Federal Court of Appeal of Canada, citing Lord MacMillan in Jones v Great Western Railway Co (1930) 47 TLR 39 at 45.
391) 참조, 프랑스 국사원은 Conseil d'Etat, 2/6 SSR (7 nov. 1990) 93.993, *Serwaah* 사건에서 난민항소위원회 *Commission des recours de réfugiés* 가 민사적 의무에 관한 문제를 결정하지 않으므로, 그 구성(1차 결정권자인 프랑스 난민 및 무국적자 보호사무소(OFPRA) 평의회 위원이 위원으로 포함됨)이 1950년 유럽인권협약 제6조에 위배되지 않는다고 판결함.

을 가져야할지에 대해서는 모두 열어두었다.

　의무의 실효성 원칙은 비호 결정에 대한 재검토를 선호하지만, 재검토 절차의 특성상 신중한 고려가 필요하다. 일부 관할권에서는 전문적인 심판소 및 1차 단계에서 이뤄진 사실인정에 대해 '존중 deference'하는 전통을 유지하고 있는 반면,392) 다른 관할권에서는 재검토 절차가 아예 법률문제만 대상으로 하도록 좁게 제한될 수도 있다.393) 실제로는 이중에서 어떤 유형이 관련 국제법 및 국제 의무 위반 여부를 판단하는 데 필연적으로 더 적절하다는 것은 없고, 오히려 행정 처분의 재검토는 국내 법원 체계에 대한 각국 헌법의 입장에 따라 많은 부분이 달라진다. 그러나 사실과 적법성 모두에 대해 다툴 수 있는 형태의 이의절차는 오류를 바로잡고 일관성을 보장하며 더 나은 결정을 촉진할 수 있는 최선의 기회를 제공한다.

　'존중' 법리는 실효적인 재검토에 방해물이 될 수 있는데, 아일랜드 고등법원은 신빙성 평가가 확립된 법원칙 뿐만 아니라 '헌법적 정의의 원칙'에도 부합해야 한다고 강조했다.394) 이러한 강조는 전통적인 법리오해 이론

---

392) 다음을 보라, Legomsky, S. H., 'Political Asylum and the Theory of Judicial Review' (1989) 73 *Minnesota Law Review* 1205; 참조, *Imafu v Minister for Justice Equality & Law Reform* [2005] IEHC 416; *Ashu v Refugee Appeals Tribunal* (주 370); *R.K.S. v Refugee Appeals Tribunal and Minister for Justice, Equality and Law Reform* (주 341).

393) 영국의 the UK Nationality, Immigration and Asylum Act 2002, 제101조 및 제103조에 따라 비호 및 이민 심판소(AIT, *Asylum and Immigration Tribunal*) 및 모든 항소 법원의 관할은 법률문제 *points of law* 로 제한되었다. 2007년에 제정된 the Tribunals, Courts and Enforcement Act에 따라 비호 및 이민 심판소(AIT)의 기능은 2010년에 1심 재판소 *First-tier Tribunal* 및 상급 심판소 *Upper Tribunal* 로 이관되었다: Transfer of Functions of the Asylum and Immigration Tribunal Order 2010, SI 2010 No. 21, art. 2; 다음도 함께 보라, Immigration Act 2014. 다음도 함께 보라, Rehaag, S., 'Judicial Review of Refugee Determinations: The Luck of the Draw?' (2012) 38 *Queen's Law Journal* 1; Rehaag, S., 'Judicial Review of Refugee Determinations (II): Revisiting the Luck of the Draw' (2019) 45 *Queen's Law Journal* 1.

에 관한 관점을 보다 폭넓게 이해하여 중대한 오류에 대해서는 재검토할 준비가 되어 있음을 시사한다.395) 실무상, 존중 법리는 각 사안에서 가장 관련성이 높은 증거를 식별하고 이를 받아들이거나 거부하는 이유를 제시해야 하는 의사결정의 기본 원칙에서 벗어날 수 있다는 점에서 잘못된 결론에 이르게 할 수 있다.396) 실효적인 구제 수단에 대한 권리를 고려할 때, 폭넓은 재검토는 본안 내용에 대한 이의제기에서 결여된 부분을 보완하는 역할을 할 수 있다. 그러나 재검토가 오로지 법리오해로만 국한되는 경우, 1차 결정의 수준은 최종적인 결론을 향한 각 단계에 대한 결정 이유를 명료하게 하고, 이를 제시할 수 있도록 견고하게 구성될 정도가 되어야 한다. 결정의 이유는 중요한 사실을 식별하고, 관련 있는 것과 관련 없는 것을 구분하고, 신뢰할 수 있는 것과 그렇지 않은 것을 결정하고, 한 출처가 다른 출처보다 선호되는 이유를 표시하고, 적용 가능한 법률과 그 의미 및 범위를 식별하기 위해서 필요하다.397) 또한 결정의 이유는 공정한 행위의 의무에 내재된 것일 뿐 아니라, 신청인이 진정으로 실효적인 구제를 받기 위해서도 필수적이다.

안타깝게도 국내 절차들은 일반적으로 '불신의 문화'로 특징지어지곤 한다.398) 절차들은 언제, 어떻게 긍정적인 추론을 할 것인지 보다 언제, 어떻

---

394) T. (A. M.) v Refugee Appeals Tribunal and Minister for Justice, Equality & Law Reform (주 370).
395) 다음을 보라, Imafu v Minister for Justice Equality & Law Reform & Ors (주 392); Ashu v The Refugee Appeals Tribunal & Anor (주 370); R.K.S. v Refugee Appeals Tribunal and Minister for Justice, Equality and Law Reform (주 341). 원칙적으로 법리오해 뿐만 아니라 사실오인에 근거하여 통제권이 행사될 수는 있지만, 실제로 1차단계의 결정권자가 중요하지 않은 사실에만 의존하거나 제시된 사실을 완전히 잘못 해석하는 경우는 드물다.
396) SB (Sri Lanka) v Secretary of State for the Home Department (주 355) paras. 41-9.
397) 참조, Hamlin, R., Let Me Be a Refugee: Administrative Justice and the Politics of Asylum in the United States, Canada and Australia (2014).
398) Bohmer, C. & Shuman, A., Political Asylum Deceptions: The Culture of Suspicion

게 부정적인 추론을 도출할 것인지에 더 초점을 두고 있다(이는, 아마도 신청인에게 입증 책임이 있다는 논란의 여지가 없는 명제에서 비롯된 것일 수 있다)는 비판은 전세계 관할권 전반에 걸쳐 제기되는 공정한 비판이다. 당연히 상급 법원이 신빙성에 관한 조사 결과를 재검토하는 정도는 관할권마다 다르지만, 국제 및 지역 표준을 준수하기 위해서는 비판적이고 탐구적인 접근 방식이 필요하다. 예를 들어, 개정된 유럽연합 절차 지침은 상급 법원이 필수적으로 '통제'해야 할 핵심 요소들을 유용하게 제시하고 있는데, '개별적이고, 객관적이며, 공정하게' 사건을 검토하고 결정을 내렸는지, '정확하고 최신의' 출신국 국가정황정보를 입수했는지, 결정이 서면으로 작성되었는지, 기각하는 결정에 대한 사실 및 법률상의 이유가 제시되었는지 등이다. 국내 법원이 실효적으로 사건을 재검토하지 않으면 의사 결정이 개선되지 않고 국제적 의무를 위반할 가능성만 높아질 뿐이다.[399]

국제적 보호 신청에 대한 신빙성 평가는 사법 심사 및 항소의 전통적인 개념에 대해 중요한 질문을 제기한다. 법리오해에 대해서만 재검토를 허용하는 것 즉, 실체보다는 형식에 집중하는 것은 불만을 증대시킬 뿐 결정의 질을 개선하는 데 거의 기여하지 못할 수 있다. 또한 '존중'법리 자체도 재검토될 필요가 있다. 존중 법리는 예컨대, 법원은 전문가나 숙련된 심판소

(2018); Ramji-Nogales, Schoenholtz, & Schrag (주 375); Amnesty International, 'Still Human, Still Here: Why so many initial asylum decisions are overturned on appeal in the UK' (Apr. 2013).

399) 다음을 보라, *Jabari v Turkey*, App. No. 40035/98 (11 Jul. 2000) 사건에서 유럽인권재판소는 제3조의 위해가 가진 비가역적 특성을 고려할 때 '제13조상의 실효적인 구제책은 제3조에 위배되는 처우를 받게 될 실질적 위험을 두려워할 실체적 근거가 있는지와 *비난 받는 조치의 실행이 중지될 가능성*에 대해 *독립적이고 면밀한 조사를 요구한다*'고 명시적으로 언급했다(강조 추가됨). 또한, *M.S.S. v Belgium and Greece* (주 331) paras. 293, 389 사건에서 유럽인권재판소는 '주장된 위험의 본안에 대한 심리를 방해할 정도로 입증 책임을 증가시키는' 일부 국가 재검토 절차들의 실행을 비판한 바 있다.

의 조사 결과에 간섭하는 것을 자제해야 한다거나, 적법절차의 기본 원칙이 잘 숙고되고 의사 결정 과정에 반영되어야 한다는 등의 특정 가정이 전제된 것이거나, 전제되었을 가능성이 있다. 연구결과들은 이러한 가정이 정당화될 수 없으며, 설령 정당하더라도 특히 기본권이 관련된 행정처분의 기준에 대해서는 보다 엄격한 접근이 필요하다는 것을 시사한다.400) 이러한 맥락에서 국내에서 재검토를 수행하는 법원은 국가의 보호 체계가 국제법적 의무와 양립할 수 있도록 보장하는 일차적 책임을 지는 국가 기관으로 스스로를 자리매김할 수 있다. 해외의 판결들은 중요한 지침을 제공하지만, 법치주의의 보증인이라는 각국 법원의 중심적인 역할에 보조적인 역할만을 할 수 있을 뿐이다.401) 난민의 맥락에서, 특히 난민 정의를 적용하는 데 있어서, 많은 부분을 결코 완벽히 밝힐 수는 없겠지만, 이러한 심판소들은 배제가 아니라, 보호 그리고 허용되지 않는 위해로부터 벗어나는 것을 주요 목표로 하는 국제 체제에서 중요한 역할을 담당하고 있다.

5절 국내법상 난민의 지위 및 난민 지위의 종료

여기서는 실효적인 국내 및 국제 보호 체계를 유지하기 위해 주의를 기울여야할 몇 가지 영역을 간략히 설명한다. 난민 또는 비호 신청자가 국가

---

400) 참조, '엄격심사 anxious scrutiny'에 대한 논쟁, 그리고 공권력이 내린 기본적 인권과 관련된 결정에 대해서는 보다 면밀한 조사가 요구될 수 있다는 견해: *R v Secretary of State for the Home Department, ex p. Bugdaycay* [1986] UKHL 3, [1987] AC 514, 531 (Lord Bridge); Craig, P., 'Judicial Review and Anxious Scrutiny: Foundations, Evolution and Application' [2015] *Public Law* 60; Lord Sumption, 'Anxious Scrutiny' ALBA Lecture (4 Nov. 2014): https://www.supremecourt.uk/docs/speech-141104.pdf.
401) 자세한 내용은 다음을 보라, Goodwin-Gill (주 218) 23-4, 30-1.

공무원들과 처음 접촉하는 '프론트 엔드'에서 국제적 의무를 국내법에 통합하고 실효적인 이행을 보장하는 것은 분명 영원한 과제다. 국제법적 기준은 보호 신청에 대한 결정이 이루어지고 재검토되는 다음 단계와 그 이후의 지위 인정 및 체류 허가에도 적용된다.

일부 당사국들의 경우, 비준 행위 자체로 조약의 국내적 효력을 발생시켜 난민이 지위를 확립하거나 특정 혜택 또는 처우 기준을 설정하고자 하는 경우 법적으로 조약을 근거로 삼을 수 있다.402) 그러나 이러한 국가에서도 특히 절차적 문제에 대한 내용은 구체적으로 국내법에 편입시키는 것이 적절할 수 있다. 커먼로 전통을 가진 많은 국가를 포함한 다른 국가들에서는 난민 지위 개념이 법적 함의를 가지려면, 그리고 처우에 대한 기준이 행정청의 재량에 의존하지 않고 법적으로 강제력을 가지려면 구체적인 입법이 필수적으로 요청된다.

한편으로는 난민 지위와 다른 한편으로는 지속적인 해결책이라는 의미에서의 비호 개념 사이의 차이는 앞에서 분석되었고, 국가들은 난민 지위가 의미하는 근본적인 결과인 강제송환금지에 구속되지만 비호 허가에 대한 재량권을 보유한다. 국가의 의무와 자유 사이에서 난민은 다양한 수준의 법적 및 행정적 안전의 경계선에 놓일 수 있다. 실제로 많은 국가들은 난민지위심사절차가 끝날 때까지 난민 신청자가 체류하는 것을 허가하거나 용인한다. 다른 국가들에서는 제3국으로의 출국이 요구될 수 있지만 결정이 내려질 때까지 거주가 허용된다.403)

---

402) 참조, 네덜란드 헌법 제65조(자기집행 조약은 공표와 동시에 법률로서의 효력을 가지며, 기존 법령 및 그 후속 법령에 우선함); 제25조 및 제59조, 독일연방공화국 기본법(Grundgesetz); 제53조 및 제55조, 1958년 프랑스 헌법.
403) 홍콩의 1981년 법은 실제로 베트남 난민을 '(a) 이전에 베트남에 거주한 적이 있고, (b) 다른 곳에 재정착할 때까지 난민으로서 홍콩에 체류할 수 있는 사람'으로 정의했다: Immigration Amendment Ordinance 1981 (No. 35/81) s. 2; 이법은 또한 다른 국가로의 재정착 제안을 '합리적인 이유 없이' 거부해서는 안 된다는 것을 체류 조건

거주라는 의미에서 비호가 뒤따르는 경우,404) 그 후에 부여될 정확한 처우 기준은 다시 국내법상의 관련 국제 조약들의 지위와 편입된 국내법 조항들에 따라 달라진다. 범죄인 인도, 추방 및 강제송환으로부터의 보호는 법률에 의해 간접적으로(예를 들어, 강제퇴거 항소심판소가 모든 관련 요소를 고려할 권한이 있는 경우); 또는 직접적으로 추방이 허용되는 사유 및 선택할 수 있는 목적지를 명시적으로 제한함으로써 확보될 수 있다.

5.1절 난민 지위와 결정의 '대항력'

난민에 대한 국제법적 정의의 존재는 유엔난민기구와 1951년 협약/1967년 의정서 개별 당사국의 난민 지위 결정에 대항력 opposability이 있는지에 대한 질문을 제기한다. 유엔난민기구는 난민을 보호할 책임이 있으며, 독자적으로 유엔난민기구 규정 또는 관련 총회 결의에 따라 관할에 속하는 사람을 결정할 권한이 있다. 유엔난민기구의 보호 기능에 대한 국가들의 묵인을 고려할 때, 유엔난민기구의 난민 지위 결정은 적어도 유엔난민기구의 임무상 책임에 해당하는 것인 한 원칙적으로 국가들을 구속한다. 그러나 난민의 정의 자체가 판단 여지가 있는 영역을 포함하고 있기 때문에 실제로는 개인과 집단에 대한 유엔난민기구의 입장이 도전받을 수 있다. 그럼에도 불구하고 다른 맥락에서 이미 언급했듯이,405) 그에 대해 이의를 제기하는 국가들도 유엔난민기구의 의견을 반드시 신의성실하게 고려해야 하며, 유엔난민기구의 결정을 받아들이지 않으려면 실체적으로 정당한 이유

으로 삼아 계속적인 이주를 장려하는 제재를 규정했다: ibid., s.3; 다음도 함께 보라, 1982년의 추가 개정: Immigration Amendment Ordinance 1982 (No. 42/82) s. 7; Mushkat, R., 'Hong Kong as a country of temporary refuge: an interim analysis' (1982) 12 *Hong Kong Law Journal* 157.
404) 예를 들어 다음을 보라, 제25조, 유럽연합 자격지침(개정본).
405) 이 책 제8장, 1.1.1절을 보라.

가 있어야 한다.[406)]

집행위원회는 1978년 난민 지위 결정의 역외효력에 관한 결정에서,[407)] '1951년 협약과 1967년 의정서에 정의된 난민 지위의 본질적인 측면 중 하나는 난민 지위의 국제적 성격이다'라고 간주하면서, 협약과 의정서의 당사국은 다른 국가가 발급한 협약상 여행증명서(CTD)를 사증 발급 용도로 인정하고 수락할 것을 약속한다고 언급했다.[408)] 또한 '1951년 협약의 여러 조항들은 한 체약국에 거주하는 난민이 다른 체약국에서 – 난민으로서 – 특정 권리를 행사할 수 있도록 허용하며, 그러한 권리의 행사는 … 난민 지위에 대한 새로운 결정의 대상이 되지 않는다'고 언급했다.[409)] 또한, 집행위원회는 다음과 같이 인정했다,

> [한 체약국에서 결정된 난민 지위는 다른 체약국이 그 사람이 명백하게 협약의 요건을 충족하지 못하는 것으로 보이는 경우에만, 예를 들어 처음에 진술한 내용이 허위였음을 나타내는 사실이 알려지거나 관련자가 1951년 협약의 정지 또는 배제 조항에 해당함을 보여주는 경우에만 부인될 수 있다.[410)]]

---

406) 난민 지위에 대한 유엔난민기구의 결정은 국제적 성격을 지니고 있긴 하지만, 회원국에게 직접 의무를 부과할 수 있는 국제기구들의 '내부사항 *housekeeping*'에 대한 결의 또는 기술적 결의와 같은 구속력은 없다.
407) 난민 지위 결정의 역외 효력에 관한 집행위원회 결정 제12호 (XXIX) (1978).
408) 1951년 협약, 부속서, 제7항.
409) 다음을 보라, 제12조, 제14조, 제16조는 권리 행사가 반드시 체약국 영토 내의 '합법적인 체재'와 관련되는 것은 아닌 권리들을 다루고 있다: UNHCR, 'Note on the Extraterritorial Effect of the Determination of Refugee Status under the 1951 Convention and the 1967 Protocol relating to the Status of Refugees': EC/SCP/9 (24 Aug. 1978) para. 18; *The Queen (Al Rawi and Others) v Secretary of State for Foreign and Commonwealth Affairs and Another (United Nations High Commissioner for Refugees intervening)* Written Submissions on Behalf of the Office of the United Nations High Commissioner for Refugees (2008) 20 *IJRL* 675, 684–5, paras. 36–9.
410) 집행위원회 결정 제12호 (1978). 또한 이 결정은 한 국가가 난민 지위를 *거부했다고*

구체적인 권리의 행사를 위한 규정들 외에, 협약이나 의정서는 이와 같은 역외 효력에 대한 명시적인 규정을 두고 있지 않다. 제28조에 따라 발급된 여행증명서의 '유효성을 인정'하겠다는 약속은 사증, 신원 및 귀환 목적에 대한 유효성에 국한된 것으로 보인다. 그러나 여권이 일반적으로 국적에 대한 일응의 증거로 인정되는 것과 마찬가지로,411) 협약상 여행증명서는 소지자가 난민이라는 국제법적 지위를 보유하고 있다는 증거로 받아들여져야 한다. 집행위원회의 권고에 찬성하거나 반대하는 국가 실행은 드물며, 한 국가가 다른 국가의 결정에 이의를 제기하는 경우는 드물 것이다. 법을 위반한 난민은 일반적으로 여행증명서를 발급한 국가로 추방될 수 있다. 그러나 한 국가에서는 난민으로 인정되었지만 다른 국가에 물리적으로 현존하는 난민에 대해 범죄인 인도를 요청하는 경우 더 심각한 문제가 발생한다. 요청국이 난민의 출신국인 경우, 보호국 또는 비호국은 '자국 its' 난민의 잠재적인 강제송환에 대해 정당하게 이의를 제기할 수 있다. 이러한 경우 보호국의 난민인정 결정을 인정하지 않고 난민을 인도하는 것은 보호국에 대한 추정적 위법을 구성한다.412)

범죄인 인도의 위험은 많은 난민들에게 실제적인 위험이며, 협약상 여행증명서 소지 여부와 관계없이 국가 사이를 이동 할 때 가장 심각한 문제가 될 수 있다. 이러한 경우 출입국 및 국경 검문으로 인해 체포, 구금될 수 있으며, 난민의 출신국이 발동한 인터폴 '적색 수배 Red Notice' 또는 '유포 diffusion'로 인해 인도될 수도 있다.413) 인터폴은 다양한 수준의 '수배'를

해서 해당 당사자가 새로이 제기한 신청에 대한 다른 국가의 심사를 금지할 수 없다는 점도 인정하였다.
411) Goodwin-Gill (주 17) 45-9.
412) 참조, 앞에서 논의된 *R (on the application of Al Rawi) v Secretary of State for Foreign Affairs*(주 98).
413) 예를 들어 다음을 보라, *M.G. v Bulgaria*, App. No. 59297/12, Fourth Section (25 Mar. 2014)— 한 난민이 폴란드에서 먼저 난민 지위를 인정받고 독일에서도 지위를 인정받은 후 불가리아에서 출신국인 러시아의 적색 수배 및 요청에 따라 국경 관리

배포하는 등 여러 방면에서 각국 경찰 간의 협력을 촉진하며, 이 수배에는 범죄인 인도를 위해 특정인을 찾고 있으며 체포해야 함을 나타내는 내용이 포함된다. '적색 수배'는 사실상 '국제 수배자 통지'에 해당하지만, 많은 국가들은 국경 및 경찰관에게 적색 수배자 명단에 오른 사람을 체포하도록 지시한다.

적색 수배는 각국의 인터폴 국가 중앙 사무국 National Central Bureaus 또는 국제형사재판소와 같은 관할 국제기구의 요청에 따라 인터폴 일반 사무국에서 발령한다. 적색 수배는 국제 체포 영장에 가장 가깝고, '유포 diffusion'는 이와 유사하지만 회원국이 다른 국가에 직접 보내는 것으로, 두 경우 모두 인터폴의 헌장과 데이터 처리 규칙을 준수해야 한다.414) 원칙적으로 헌장은 인터폴이 '세계인권선언의 정신에 따라' 행동할 것을 요구하며, '정치적, 군사적, 종교적 또는 인종적 성격의 개입이나 활동'의 수행을 금지하고 있고;415) 또한, 자료 처리 규칙에 따라 정보를 처리하고 보호하는 방법을 규정하고 있다.416)

들에 의해 체포되었다. 유엔난민기구의 개입에도 불구하고 그는 인도를 기다리는 동안 구금되었다. 유럽인권재판소는 규칙 39조에 따른 잠정조치를 발령하고 사실관계를 면밀히 검토한 후 만장일치로 해당 범죄인 인도는 1950년 유럽인권협약 제3조 위반에 해당한다고 판결했다. 참조, *Ismail v Secretary of State for the Home Department* [2013] EWHC 663 (Admin) 사건에서 영국 대법원은 명백하게 정의가 무시된 외국 판결이 신청인에게 송달될 경우 적색 수배에 노출될 수 있으며 체포에 대한 두려움으로 영국을 떠날 수 없다고 언급했다.

414) 인터폴은 유엔 체계의 일부가 아니라 194개 회원국으로 구성된 정부 간 기구로서 프랑스 리옹에 본부를 두고 있다: https://www.interpol.int/; 각종 공지는 다음을 보라, https://www.interpol.int/en/How-we-work/Notices/About-Notices).
415) Arts. 2, 3, Constitution of the International Criminal Police Organization— INTERPOL: doc. I/CONS/GA/1956 (2017).
416) INTERPOL's Rules on the Processing of Data: Doc. III/IRPD/GA/2011 (2019). 다음을 보라, *Trushin v National Crime Agency* [2014] EWHC 3551 (Admin)— 정치적 동기에 의해 제기된 소송절차에서 영국 국가범죄청이 신청인의 송환을 확보하려는 러시아 당국의 지속적인 관심과 관련하여 신청인의 개인정보를 부적절하게 처리했

실제로 적색 수배는 언론인, 인권 운동가, 난민을 표적으로 삼아 정치적 목적으로 활용되는 경우가 많다.417) 인터폴의 행정 체계는 오랫동안 헌장상 요건을 충족하지 않는 적색 수배를 '차단'할 수 없었으며, 적색 수배 대상자에게 효과적인 구제책도 제공하지 못했다. 이러한 결함은 특히 오용 사례들이 공개되고, 그에 따른 정치적 압력이 뒤따름으로 인해 어느 정도 개선되었다.418)

2014년 6월, 인터폴 집행위원회는 자신의 난민 정책에 따라 각 적색 수배 및 유포 요청은 일반 사무국 또는 내부 감독 메커니즘인 인터폴 파일 통제 위원회(CCF)에서 평가할 것이라고 발표했다. 일반적으로 관련자의 난민 지위가 확인되고 난민이 박해를 우려하는 국가가 수배를 요청한 경우 이러한 수배는 허용되지 않는다.419)

으며, 이는 정보 보호 원칙, 난민으로서의 지위, 유럽인권협약상 권리 및 유럽연합 헌장에 따른 권리에 부합하지 않는다고 주장함.
417) 다음을 보라, Fair Trials, 'Strengthening respect for human rights, strengthening INTERPOL' (2013): https://www.fairtrials.org; Semmelman, J. & Spencer Munson, E., 'INTERPOL Red Notices and Diffusions: Powerful—And Dangerous—Tools of Global Law Enforcement' *The Champion*(May 2014): https://www.nacdl.org; UNHCR, 'Guidance Note on Extradition and International Refugee Protection' (Apr. 2008); Parliamentary Assembly of the Council of Europe, 'Extradition of refugees and the obligation of 'non-refoulement' of member States of the Council of Europe', WrittenQuestion No. 510 to the Committee of Ministers and Reply, doc. 11192 (23 Feb. 2007). 다음도 함께 보라, Apuzzo, M., 'How Strongmen Turned Interpol Into Their Personal Weapon' *The New York Times*(22 Mar. 2019); Finlay, L., 'Explainer: what is an Interpol red notice and how does it work?' *The Conversation* (30 Jan. 2019); European Parliament, 'Misuse of Interpol's Red Notices and impact on human rights—Recent developments', Study requested by the Subcommittee on Human Rights (DROI), Policy Department for External Relations, Directorate General for External Policies of the Union PE 603.472 (Jan. 2019).
418) 다음을 보라, Fair Trials (주 417).
419) 인터폴의 난민 정책에 대한 문언 — 발췌본 : https://www.fairtrials.org/wp-content/uploads/INTERPOL-TEXT-ON-REFUGEE-POLICY.pdf; Nemets, Y. L., 'INTERPOL's

그러나 난민 지위 결정이나 비호 허가에 대한 모든 정보를 반드시 인터폴에 제공해야 하는 것은 아니라는 점에서 여전히 공백이 존재한다.[420] 2017년 데이터 처리에 관한 결의에서 인터폴 총회는 회원국들에게 '기밀유지 요건을 준수하면서' 난민 지위 확인서를 제공하도록 '권장'했지만, 여러 유엔 안보리 결의들을 참고하여 '테러리스트 및 기타 범죄자들이 난민 지위를 악용하지 않도록' 하는데 더 중점을 두었다.[421] 2018년 10월에 열린 유엔 초국가적 조직범죄방지협약 당사국 총회 국제협력 실무그룹은 난민 및 비호 절차와 범죄인 인도 절차 간의 상호작용에 대한 추가 연구를 권고했지만, 보호라는 차원을 직접적으로 다루지는 않았다.[422]

국제 형사 사법 및 국제적 보호의 목표는 때때로 긴장관계를 지속할 가능성이 높으며, 일부 국가들이 정치적 이유로 난민을 계속 추적할 가능성도 적지 않다. 난민과 관련된 범죄인 인도 요청에 직면할 때마다 1951년 협약/1967년 의정서 당사국은 먼저 강제송환금지의무의 근본적인 성격을 상기하고, 둘째로 다른 당사국이 발급한 협약상 여행증명서를 소지하고 여행하는 개인의 난민 지위 및 그 국가의 보호를 적절히 받을 자격이 있다는 점을 원칙적으로 인정해야 한다. 또한 사증, 출입국 또는 귀환 목적으로 사

New Policy on Refugees: Is Everything Settled?' (26 Aug. 2016): https://ssrn.com/abstract=2843205.
420) 특히 다음을 보라, McGowan, M., 'Emails show Border Force considered cancelling refugee footballer Hakeem al-Araibi's visa' *Guardian* (11 Oct. 2019).
421) ICPO-INTERPOL res. No. 9, GA-2017-86-RES-09, preambular para. 7.
422) Working Group on International Cooperation, Conference of the Parties to the United Nations Convention against Transnational Organized Crime. Report on the Meeting held in Vienna on 16 Oct. 2018: UN doc. CTOC/COP/WG.3/2018/6 (30 Oct. 2018) paras. 2(h), 3-16; 또한 'Challenges faced in expediting the extradition process, including addressing health and safety and other human rights issues, as well as litigation strategies utilized by defendants to delay the resolution of an extradition request.' Background paper prepared by the Secretariat: UN doc. CTOC/COP/WG.3/2018/5 (14 Aug. 2018) paras. 22-38.

용되는 협약상 여행증명서를 인정하는 비당사국은 발급국이 해당 소지자에 대한 법적 이해관계가 있음을 부인할 수 없으며, 따라서 해당 소지자를 보호하고 있음에 대해서도 부인할 수 없다. 국경에 자발적으로 도착하는 등 최초 접촉의 경우에는 이러한 주장에 충분한 근거가 부족할 수 있지만, 모든 사안에서 유엔난민기구의 보호 책임이 수반되며, 유엔난민기구가 임무를 수행하고 국제법에 부합하는 해결책을 찾을 수 있도록 신의 성실한 협력이 요구된다.

5.2절 기득권의 원칙

난민 지위에 대한 정당성은 다양한 상황에서 종료될 수 있다. 그렇다면 그 경우 국가가 일반적으로 외국인의 거주 조건에 대한 재량을 행사하여 난민에게 자국 영토를 떠나도록 요구할 권한이 있는지 여부가 문제된다. 법적으로는 물론이고, 언뜻 보기에도 주권적 권한의 이러한 측면은 의심의 여지가 없다. 그러나 실제로는 비호가 허가된 후 난민이 자신의 행위(예: 범죄 행위에 연루됨)로 인해 강제퇴거라는 책임을 지게 되는 경우에만 난민 지위 문제가 재검토되는 것이 일반적이다. 그 외의 경우 난민 지위가 중단되면 해당 개인은 외국인의 거주를 규율하는 일반법의 적용을 받게 된다. 결론적으로 난민은 자의적으로 추방되지 않을 권리를 포함하여 동일한 수준의 대우를 받을 권리가 있다. 이러한 권리에는 추방 결정은 법률에 근거해서 이루어져야 한다는 원칙 뿐만 아니라, 장기 거주 및 정착, 사업, 결혼 및 지역사회 통합에서 파생될 수 있는 '기득권 acquired rights'을 포함하여 외국인의 '정당한 기대'도 수반된다는 주장이 다른 곳에서 제기된 바 있다.[423]

---

423) Goodwin-Gill (주 17) 178-9, 230, 255-61, 294.

12장 재난 및 기후변화의 영향과 관련된 실향

1절 서문

이제 기후변화와 재난 및 기타 실향의 원인 사이의 연관성에는 이론의 여지가 없다. 기후변화의 영향이 홍수, 사이클론, 폭풍해일, 침수, 염수 침입과 같이 갑작스럽게 발생하는 재해와 해수면 상승을 포함한 사막화 및 해안 침식과 같은 서서히 발생하는 과정까지 포함해 많은 '자연적인' 환경 위험을 악화시키고 증폭시키고 있다는데 과학적 합의가 이루어지고 있다.[1] 기후변화는 생명권, 건강권, 주거권, 문화권, 생계 수단, 비인도적인 또는 굴욕적인 대우로부터 자유로울 권리 등 다양한 인권을 위협할 수 있다.[2]

---

[1] 일반적으로는 다음을 보라, Intergovernmental Panel on Climate Change (IPCC), *Climate Change 2014: Synthesis Report. Contribution of Working Group I, II, and III to the Fifth Assessment Report of the Intergovernmental Panel on Climate Change* (2014); Government Office for Science (UK), *Foresight: Migration and Global Environmental Change: Future Challenges and Opportunities* (2011). 인류의 이동에 영향을 미치는 사례에 관해서는 다음을 보라, Adger, W. N. and others, 'Human Security', in IPCC, *Climate Change 2014: Impacts, Adaptation, and Vulnerability. Part A: Global and Sectoral Aspects. Contribution of Working Group II to the Fifth Assessment Report of the Intergovernmental Panel on Climate Change* (2014) 76970.

[2] 일반적으로는 다음을 보라, UN Human Rights Council, 'Report of the Office of the United Nations High Commissioner for Human Rights on the Relationship between Climate Change and Human Rights': UN doc. A/HRC/10/61 (15 Jan. 2009) Annex; *Sacchi v Argentina*, Communication to the Committee on the Rights of the Child (lodged 23 Sep. 2019) https://childrenvsclimatecrisis.org/wp-content/uploads/2019/09/2019.09.23.-CRC-communication-Sacchi-et-al-v.-Argentina-et-al.pdf, '기후 위기는 아동 인권의 위기'라고 주장함(para. 13).

기후변화의 가장 급격한 영향은 인권 보호가 취약한 세계 최빈국에서 가장 크게 나타날 가능성이 높다.3) 기후변화에 관한 정부 간 협의체(IPCC, Intergovernmental Panel on Climate Change)는 '사회적, 경제적, 정치적, 제도적으로 소외된 사람들은 기후변화에 특히 취약하며 적응 adaptation 및 완화 mitigation 대응에도 취약하다'고 지적한 바 있다.4) 불리한 환경에서 출발하면 사람들의 대응 능력과 회복력도 저하된다.

갑작스럽게 발생한 자연재해와 관련된 재난은 계속해서 매년 가장 많은 수의 새로운 국내 실향을 유발하고 있는데, 2020년에 분쟁으로 인한 실향이 26%(980만 명)였음에 반해 자연재해로 인한 실향은 76%(3,070만 명)에 달했다.5) 예를 들어, 바누아투 인구의 상당수가 2015년에 사이클론 팸으로 인해 실향하였고,6) 5년 후에도 사이클론 해롤드로 인해 또다시 실향하였다.7) 이러한 실향은 대부분은 일시적이었고, 예상되는 것처럼 국내에서 발

---

3) Humphreys, S., 'Introduction: *Human Rights and Climate Change*', in Humphreys, S., ed., *Human Rights and Climate Change* (2010) 1.
4) IPCC (주 1) 54.
5) Internal Displacement Monitoring Centre (IDMC), *GRID 2021: Global Report on Internal Displacement* (2021) 8. 아직까지 체계적인 모니터링이 이루어지지 않아 국경을 넘은 실향에 대한 신뢰할 수 있는 데이터는 없지만, 대부분의 사람들이 국내의 같은 지역에 머무르는 경향이 있다는 증거가 있다: IDMC, *Global Report on Internal Displacement 2017* (2017) 53; 다음도 함께 보라, Ponserre, S. & Ginnetti, J., *Disaster Displacement: A Global Review, 20082018* (IDMC, 2019).
6) Dornan, M., 'Vanuatu after Cyclone Pam: The Economic Impact' *Devpolicy Blog* (10 Apr. 2015) http://devpolicy.org/vanuatu-after-cyclone-pam-the-economic-impact-20150410/; Wewerinke-Singh, M. & van Geelen, T., 'Protection of Climate Displaced Persons under International Law: A Case Study from Mataso Island, Vanuatu'(2018) 19 *Melbourne Journal of International Law* 666.
7) du Parc, E. & Bolo Spieth, N., 'Tropical Cyclone Harold and COVID-19: A Double Blow to the Pacific Islands', IDMC *Expert Opinion* (April 2020) https://www.internal-displacement.org/expert-opinion/tropical-cyclone-harold-and-covid-19-a-double-blow-to-the-pacific-islands.

생한 것들이었으나,8) 기후변화로 인해 일부 지역에서 사이클론과 강우량의 강도와 같이 갑작스럽게 발생하는 일부 사건들의 심각성이 증가함에 따라 이러한 현상들은 점점 더 자주 재발할 가능성이 있는 현상이다. 북반구에서는 북극해의 해빙이 그 어느 때보다 줄어들고 있으며 알래스카의 영구 동토층이 녹고 있다. 이로 인해 급속한 침식과 홍수가 발생하여 토지의 지속적인 거주 가능성을 위태롭게 하고, 생계를 위협하며 지역 사회들로 하여금 영구적인 재배치를 요청하게 하고 있다.9)

국내실향모니터링센터(IDMC)는 급작스럽게 발생하는 위험으로 인해 대피하거나 강제로 피난을 떠나야 하는 사람들의 연간 추정치를 작성하지만, 실향 기간, 귀환률, 피난 후 이주 패턴 또는 적응에 관한 정보는 거의 없다. 또한 가뭄, 환경 파괴, 자원 분쟁과 같이 서서히 발생하는 위험으로 인해 실향하는 사람 수에 대한 전 세계적인 추정치도 없기에, '매우 보수적'으로 위험을 추정할 수밖에 없다.10) 이러한 이동은 '광범위한 현상, 동인, 유발

---

8) Government Office for Science (주 1) 910, 37; Asian Development Bank, *Addressing Climate Change and Migration in Asia and the Pacific: Final Report* (2012) viii, 4; Scott, M. & Salamanca, A., eds., *Climate Change, Disasters, and Internal Displacement in Asia and the Pacific: A Human Rights-Based Approach* (2021).

9) 예를 들어, 다음을 보라, Bronen, R., 'Climate-Induced Displacement of Alaska Native Communities' (Brief, BrookingsLSE Project on Internal Displacement, 30 Jan. 2013). 2020년에 루이지애나의 4개 연안 부족과 1개의 알래스카 부족(Kivalina) 사람들이 10명의 유엔 특별보고관들에게 청원을 제기했다. 이들은 미국 정부가 고의로 자신들의 인권을 보호하지 않아 '신성한 선조들의 고향 상실, 신성한 매장지 파괴, 문화적 전통, 유산, 건강, 생명, 생계 위협'을 초래하고 '부족 국가의 주권과 자결권'을 침해했다고 주장했다: 'Rights of Indigenous People in Addressing Climate-Forced Displacement' (15 Jan. 2020) 9. 보다 일반적으로는 다음을 보라, Ionesco, D., Mokhnacheva, D., & Gemenne, F., *The Atlas of Environmental Migration* (2017).

10) IDMC, *GRID 2018: Global Report on Internal Displacement* (2018) 52 (fn 생략됨). 다음도 함께 보라, IDMC, *Global Report on Internal Displacement 2016* (2016) 1431, 36, 656, 79; IDMC, *Global Report on Internal Displacement 2017* (2017) 31. 2016년 발생한 재해로 인한 전 세계의 경제적 손실의 총합에 대해서는 다음을 보라, Swiss

요인, 영향 및 이동 유형을 포괄'하고 국내 이주와 구별이 쉽지 않아 모니터링하기 어렵다.11) 그러나 2018년에 국내 실향 모니터링 센터는 처음으로 사하라 사막 이남 아프리카에서 발생한 가뭄과 관련된 새로운 실향민들의 수를 추정할 수 있었으며, 세계은행은 남아시아와 라틴 아메리카에 대한 추정치를 추가로 제공했다(물론 방법론에 대한 비판이 없는 것은 아니지만).12)

실향의 동인은 다원적이며, 복합적인데, 필수적인 보호 필요성에 집중하지 못하게 할 정도까지 복잡하게 얽혀있다.13) 분쟁, 심각한 인권 침해, 열악한 거버넌스 외에도 사람들은 '극심한 빈곤, 세계화와 급속한 도시화의 맥락에서 전통적인 생계 수단의 붕괴, 기후변화의 영향, 자연 재해, 부족한 자원에 대한 경쟁을 악화시키는 환경 파괴로 인해 이동한다. 이러한 다양한 요인은 종종 서로 겹치거나 다른 요인을 강화한다'.14) 이러한 방식으로

Re Institute, Natural Catastrophes and Man-Made Disasters in 2016: A Year of Widespread Damages, Sigma Report No. 2/2017 (2017).

11) IDMC, *GRID 2019: Global Report on Internal Displacement* (2019) 73; 다음도 함께 보라, v; IDMC 2021 (주 5) 92.

12) IDMC 2018 (주 10) 18, 80. 세계은행은 사하라 사막 이남 아프리카, 남아시아 및 라틴 아메리카 인구의 약 2.8%가 기후변화로 인해 서서히 발생하는 영향으로 인해 국내 실향민이 될 수 있다고 제안한다: Rigaud, K. and others, *Groundswell: Preparing for Internal Climate Migration* (2018) xix. 방법론적 우려는 Abubakar, I. and others, 'The UCL *Lancet* Commission on Migration and Health: The Health of a World on the Move' (2018) 392 The *Lancet Commission* 2606. 기후변화와 관련된 이동을 계산하는 탄탄한 방법론의 개발에 대해서는 다음을 보라, Kelman, I., 'Imaginary Numbers of Climate Change Migrants?' (2019) 8 *Social Sciences* 131.

13) 2015년 10월에 열린 재난으로 인한 국경 간 이주에 관한 난센 이니셔티브 글로벌 협의(Global Consultation for the Nansen Initiative on Disaster-Induced Cross-Border Displacement)에서 전 난민최고대표보 Volker Turk가 설명했듯이, '환경 파괴, 자연재해, 기후변화와 급속한 도시화, 물 부족, 식량 및 에너지 불안정의 영향의 상호작용'으로 인해 사람들이 점점 더 고향을 떠나고 있으며, 이는 '사막화, 가뭄, 홍수 및 재해의 심각성 증가'로 인해 더욱 악화되고 있다: Turk, V., 'Keynote Address: The Nansen Initiative on Disaster-Induced Cross-Border Displacement', *Global Consultation Conference Report: Geneva, 1213 October 2015* (Dec. 2015) 678.

기후변화는 위협을 배가시키는 역할을 하며15), 기존 실향 상태를 악화시킬 수도 있다.16) 정밀한 정책적 개입은 미래의 실향 위험과 정도를 크게 줄일 수 있지만, 과학적 연구에 따르면 현재 어떤 완화 또는 적응 전략이 시행되더라도 어느 정도의 실향은 불가피한 것으로 나타났다.17) 또한, 국내 실향 모니터링 센터가 관찰한 바와 같이, '실향 문제를 해결하지 못하고 실향 위험의 동인을 해결하지 못하면 결과적으로 미래에 더 많은 실향이 발생할 것'이라고 한다.18) 다른 상황에서와 마찬가지로 이러한 맥락에서 실향 문제를 해결할 때 보호에 대한 필요가 최우선적으로 고려되어야 한다.

이 장에서는 재난과 기후변화의 영향으로 인해 발생하는 이동의 특성을 살펴볼 것이다.19) 국경을 넘어 피난한 실향민에게 적용될 수 있는 국제 및

---

14) UNHCR, *UNHCR's Strategic Directions 2017-2021* (2017) 7.
15) 이는 2019년 1월 도미니카공화국이 주최한 '기후 관련 재난이 국제 평화와 안보에 미치는 영향 해결하기'를 주제로 한 공개 토론회에서 유엔 안전보장이사회가 인정한 내용이다: 'Climate Change Recognized as "Threat Multiplier", UN Security Council Debates Its Impacts on Peace' *UN News* (25 Jan. 2019), cited in Turk, V. & Garlick, M., 'Addressing Displacement in the context of Disasters and the Adverse Effects of Climate Change: Elements and Opportunities in the Global Compact on Refugees' (2019) 31 *IJRL* 389.
16) IDMC 2017 (주 10) 11.
17) Government Office for Science (주 1) 9-10; 다음도 함께 보라, Adger and others (주 1).
18) IDMC 2017 (주 10) 9.
19) 소위 '환경 이주 environmental migration'에 관한 초창기 연구도 참고하라: 예를 들어, Jacobsen, J. L., 'Environmental Refugees: A Yardstick of Habitability' (1988) *Worldwatch Paper* 86; Suhrke, A. & Visentin, A., 'The Environmental Refugee: A New Approach' [1991] *Ecodecision* 73; Myers, N., 'Environmental Refugees in a Globally Warmed World' (1993) 43 *BioScience* 752; McCue, G. S., 'Environmental Refugees: Applying International Environmental Law to Involuntary Migration' (1993) 6 *Georgetown International Environmental Law Review* 151; Suhrke, A., 'Environmental Degradation and Population Flows' (1994) 47 *Journal of International Affairs* 473; Hugo, G., 'Environmental Concerns and International Migration' (1996) 30 *IMR* 105; Kibreab, G., 'Environmental Causes and Impact of Refugee Movements: A Critique of the Current Debate' (1997) 21 *Disasters* 20; Hartmann, B., 'Population,

지역 법률 체계(난민법, 인권법, 무국적자에 관한 법률)의 한계와 역량 뿐 아니라 국내실향민(IDP)과 관련된 법도 검토한다. 기후변화와 실향 사이의 연관성에 대한 질문이 보다 체계적으로 고려되기 시작하면서 지난 10년간 이루어진 국제 및 지역의 정책 결정 수준의 발전에 대해서도 검토한다. 또한 2018년 안전하고 질서 있고, 정규적인 이주를 위한 글로벌 콤팩트를[20] 포함하여 현재 많은 국제협약들에 기후변화, 재난 및 실향에 관한 문구가 포함(아래 6.2절)되어 있으나, 실향을 예측할 능력 그리고 어떤 종류의 '보호'가 누구에 의해, 어디서 요청되는지에 대한 결정에 관하여 협약들을 통해 국제사회가 수락한 과업을 완전하게 이행하려면 더 많은 것들이 요구됨을 살펴본다.

1.1절 용어 및 개념

이 장에서는 재난 및/또는 기후변화의 영향과 관련된 이동을 포괄하기 위해 '재난 실향 disaster displacement' 이라는 약어를 사용한다.[21] 실향은

Environment and Security: A New Trinity' (1998) 10 *Environment and Urbanization* 113; Cooper, J. B., 'Environmental Refugees: Meeting the Requirements of the Refugee Definition' (1998) 6 *New York University Environmental Law Journal* 480; Lonergan, S., 'The Role of Environmental Degradation in Population Displacement' (1998) 4 *Environmental Change and Security Project Report* 5.

20) 이주 글로벌 콤팩트(Global Compact for Safe, Orderly and Regular Migration): UN doc. A/RES/73/195 (19 Dec. 2018).
21) 이 장에서는 유엔 재난위험경감사무국(UNDRR, UN Office for Disaster Risk Reduction)에서 사용하는 '재난'의 개념을 채택한다: '재난은 종종 위험에 대한 노출, 현존하는 취약성의 조건들, 잠재적인 부정적 결과를 줄이거나 대처할 수 있는 불충분한 역량 또는 조치들의 조합으로 인해 발생하는 것으로 설명된다. 재난이 가져오는 결과는 인명 손실, 부상, 질병 및 인간의 신체적, 정신적, 사회적 안녕에 대한 기타 부정적인 영향과 함께 재산 피해, 자산 파괴, 서비스 손실, 사회 및 경제적 혼란, 환경 파괴 등이 포함될 수 있다', 그리고 이 개념은 난센 이니셔티브에서 채택되었다: 다음을 보라, The Nansen Initiative on Disaster-Induced Cross-Border Displacement,

갑작스럽게 발생하는 재난, 서서히 발생하는 과정 또는 이 두 가지 모두의 조합에 의해 촉발될 수 있다.22) 지진과 같이 갑작스럽게 발생하는 일부 사건은 일반적으로 기후변화의 영향을 받지 않지만,23) 반면, 기후변화로 인해 일부 지역에서는 사이클론과 강우의 강도가 증가할 수 있다. 해수면 상승, 침식, 사막화 등 서서히 발생하는 영향도 물리적 조건들을 더욱 점진적으로 악화시켜 땅을 궁극적으로 사람이 거주할 수 없게 만들 수 있다. 또한 폭풍해일, 킹타이드 king tides, 홍수와 같은 극한의 기상 현상을 악화시킬 수도 있으며,24) 전통적인 대처 방법들이 통하지 않으면서 시간이 지남에 따라 사람들의 회복력을 누적적으로 약화시킬 수도 있다. 결국 이를 통해 더 많은 실향민이 발생하게 된다.25) 기후변화가 재난 발생에 기여하는 요

Agenda for the Protection of Cross-Border Displaced Persons in the Context of Disasters and Climate Change, vol. 1 (2015) 16. 위험 *hazards*은 '자연적'인 것이지만, '재난'은 사람들의 노출 및 취약성과 관련된 근본적인 사회적, 경제적, 정치적, 환경적 요인에 따라 좌우된다. 이것이 '자연재해 *natural disaster*'라는 용어를 사용하지 않는 이유다: 예를 들어 다음을 보라, Wisner, B. and others, At Risk: Natural Hazards, People's Vulnerability and Disasters (2nd edn., 2004).

22) IDMC는 갑작스럽게 발생한 위험과 관련된 실향 위험을 평가하는 글로벌 모델을 개발했으며, 이 모델에 따르면 연평균 1,390만 명의 실향민이 발생할 것으로 추산된다. 여기에는 선제적 대피 또는 서서히 발생하는 위험으로 인한 실향민은 포함되지 않는다. 주10-12의 본문을 보라.
23) 그렇지만 최근의 과학적 연구들은 영향이 있다고 시사하기도 함을 주목하라: McGuire, B., *Waking the Giant: How a Changing Climate Triggers Earthquakes, Tsunamis, and Volcanoes* (2016).
24) Climate Council, 'Damage from Cyclone Pam Was Exacerbated by Climate Change' (Briefing Statement, 2015) 3 http://www.climatecouncil.org.au/uploads/417d45f46cc04249d55d59be3da6281c.pdf.
25) McAdam, J. and others, *International Law and Sea-Level Rise: Forced Migration and Human Rights* (Fridtjof Nansen Institute and Kaldor Centre for International Refugee Law, FNI Report 1/2016) para. 53. 사람들의 대처 능력을 넘어서게 되면 '위험'이 '재난'으로 변한다. 다음도 함께 보라, Office of the High Commissioner for Human Rights (OHCHR) and the Platform on Disaster Displacement (PDD), *The Slow Onset Effects of Climate Change and Human Rights Protection for Cross-Border Migrants*:

인이든 아니든, 실향민들이 필요로 하는 보호는 거의 동일하기 때문에 인권적 관점에서 두 가지를 명확히 구분하려는 것은 별 의미가 없다.26)

기후변화와 재난이 이동성에 영향을 미치기는 하지만 이것이 유일한 원인은 아니다.27) 오히려 이들이 다양한 경제적, 사회적, 정치적 동인과 상호작용할 경우 이동에 영향을 미치게 된다(예: 빈곤, 환경 파괴, 자원 부족, 생계 기회 부족 등).28) 사람들이 언제, 왜 이동하는지, 미래의 실향을 예측

UN doc. A/HRC/37/CRP.4 (22 Mar. 2018).

26) '기후 정의'/국가 책임의 관점에서 볼 때 기후변화에 초점을 맞추는 것이 중요한 역할을 할 수 있다; 다음을 보라, Thornton, F., *Climate Change and People on the Move: International Law and Justice* (2018). 그러나 다른 곳에서 설명한 바와 같이 인과관계와 책임이라는 복잡한 문제에 초점을 맞추면 실향민들의 보호 필요성으로부터 주의가 분산될 수 있다: Kalin, W. & Schrepfer, N., *'Protecting People Crossing Borders in the context of Climate Change: Normative Gaps and Possible Approaches'* UNHCR Legal and Protection Policy Research Series, PPLA/2012/01 (2012) 10; McAdam, J., *Climate Change, Forced Migration, and International Law* (2012) 96. 주 32-3에 있는 본문을 함께 보라.

27) IDMC 2017(주 10) 39의 다음과 같은 언급을 참고하라: '단일한 원인에 초점을 맞추면 맥락이 왜곡되고 지나치게 단순화되며, 추가 분석이 이루어지지 않을 경우 적절한 해결책을 찾는 데 방해가 될 수 있다. 미래의 실향 위험에 영향을 미치는 자연적 요인과 인적 요인의 복잡한 조합은 유발 요인뿐만 아니라 사람들이 애초에 위험에 얼마나 노출되고 취약한지를 결정하는 잠재적 및 구조적 요인까지를 포함하는 보다 총체적인 해석을 요구한다'. 기후변화는 개별적인 사건의 발생을 '유발'하기보다는 더 심각하고 더 빈번한 재난의 위험을 증폭시킨다: Understanding the Link and Managing the Risk' (2011) 2 http://www.c2es.org/docUploads/white-paper-extreme-weather-climate-change-understanding-link-managing-risk.pdf; 다음도 함께 보라, National Academies of Sciences, Engineering and Medicine, *Attribution of Extreme Weather Events in the context of Climate Change* (The National Academies Press, 2016); Stott, P. A., 'Attribution of Extreme Weather and Climate-Related Events' (2016) 7 *WIREs Climate Change* 23. 귀속과 법적 인과관계에 대해서는 다음을 보라, Marjanac, S. & Patton, L., 'Extreme Weather Event Attribution Science and Climate Change Litigation: An Essential Step in the Causal Chain?' (2018) 36(3) *Journal of Energy and Natural Resources Law* 265.

28) 이러한 의미에서 이 현상은 더 광범위한 글로벌 이동성 역학의 일부를 구성한다.

가능하게 하는 요인들, 가장 적절하고 지속 가능한 해결책들의 종류를 이해하기 위해서는 느리게 진행되는 요인과 보다 전통적인 이주 동인 간의 상호 작용과 같은 현상에 대한 이해를 더 정교히 하고 계속 확장시킬 필요가 있다.29) 이는 또한 어떤 법적 틀을 어떻게 적용해야 하는지를 결정하는 데 있어서도 근본적으로 중요하다.

기후변화와 재난의 '원인'이 아니라 기후변화와 재난의 영향으로 인해 침해되는 인권에 초점을 맞추면 기후변화 및 인과관계와 관련된 복잡한 질문들을 피할 수 있는데, 사실 이런 질문들은 어떤 경우에도 어떤 권리의 침해 여부를 판단하는 데 직접적으로 관련되지 않는다.30) 어떤 특정 사건이 기후변화 때문에 발생했다고 단정할 수 있는지 여부는 과학적 견지에서 '근본적으로 답할 수 없는 질문'일 뿐만 아니라,31) 칼린과 슈레퍼가 주장하듯이 '기후변화의 맥락에서 일어나는 인구 이동에 대한 책임 기반 접근법은 결실을 맺지 못'하는데,32) 이는 부분적으로는 '더 광범위한 담론을 협애한 법적 접근법으로 전환하여 이러한 맥락에서 발생하는 문제에 대한 적절한 해결책을 촉진하기보다는 오히려 복잡하게 만들기 때문'이다.33)

다음 절에서는 재난과 기후변화로 인한 실향민을 보호하기 위한 기존 국제법 체계의 범위를 간략하게 설명한다.

---

29) 예를 들어, 아프리카 뿔 지역의 가뭄 상황에 관한 다층적 요인들에 대한 사례연구를 보라: IDMC 2017 (주 10) 40-1.
30) McAdam (주 26) 234, 926;
31) Huber & Gulledge (주 27) 2; 다음도 함께 보라, Kelman (주 12).
32) Kalin & Schrepfer (주 26) 8.
33) Ibid., 10.

2절 국내실향민

위에서 언급한 바와 같이, 대부분의 재난으로 인한 실향민들은 국경을 넘지 않고 국내에 머문다.34) 다만 적절하게 해결되지 않을 경우 국내실향민이 국경을 넘는 실향민으로 전환될 수도 있는데,35) 아직 데이터가 이를 구체적으로 입증하지는 못했다.36)

각 국가는 자국 영토 또는 관할권 내에 있는 모든 사람(시민과 비시민권자 모두)의 인권을 증진하고 보호할 일차적 책임이 있으며, 여기에는 실향민도 포함된다. 후자와 관련된 국가의 의무는 1998년 국내실향민에 관한 지도 원칙37) 및 기타 조약들을 통해 명확해져왔다.38) 지도 원칙은 재난 실

---

34) 주8을 보라.
35) Protection Agenda (주 21) vol. 1, para. 99.
36) IDMC는 '국경을 넘어 피난하거나 이주하는 사람들 중 얼마나 많은 사람들이 이전에 국내실향민이었는지를 판단할 수 있는 데이터가 아직 충분하지 않다'고 지적한다: IDMC 2017 (주 10) 49. 그러나 IDMC의 2019년 보고서는 엘살바도르, 온두라스, 과테말라와 관련하여 '… 많은 국내실향민이 자국에서 안전과 안보를 찾지 못해 지역 안팎으로 상당한 수의 국경을 넘는 이동을 하고 있음이 분명하다'고 언급한다: IDMC 2019 (주 11) 41 (fn 생략됨); 다음도 함께 보라, IDMC, *GRID 2020: Global Report on Internal Displacement* (2020) 59-60.
37) Guiding Principles on Internal Displacement: UN doc. E/CN.4/1998/53/Add.2 (11 Feb. 1998).
38) 예를 들어 다음을 보라, International Law Commission (ILC), 'Protection of Persons in the event of Disasters', Draft Articles and Commentary, in *Report*of the International Law Commission, 68th Session: UN doc. A/71/10 (2016) Ch. IV; Inter-Agency Standing Committee (IASC) Operational Guidelines on the Protection of Persons in Situations of Natural Disasters (BrookingsBern Project on Internal Displacement, 2011); Guidelines for the Domestic Facilitation and Regulation of International Disaster Relief and Initial Recovery Assistance (International Federation of Red Cross & Red Crescent Societies, 2007); International Law Association (ILA), Sydney Declaration of Principles on the Protection of Persons Displaced in the context of Sea Level Rise, Annex to Res. 6/2018 (Aug. 2018); Peninsula Principles on Climate Displacement within States (Displacement Solutions, 2013); Human Rights

향을 명확하게 포괄하고 있으며[39] 국제사회에서 '국내실향민 보호를 위한 중요한 국제적 틀'로 인정받고 있다.[40] 이 원칙은 실향 전, 실향 중, 실향 후 보호에 대한 기준을 제시한다.[41] 핵심 과제는 이러한 기준을 실무에 통합하고 기후변화와 재난의 맥락에서 규범적 및 운영적 이행을 강화하며 관련 당국의 적용 역량을 강화하는 데 있다.[42] 예를 들어, 피지와 바누아투는 정부와 기타 이해관계자들이 '실향과 관련된 취약성의 문제를 해결 및 감소'시키고 '기후변화 및 재난 관련 사건들과 관련하여 영향을 받는 지역사회의 실향 동인을 예방하고 최소화하기 위한 지속 가능한 해결책'을 고려할 수 있도록 기후변화 및 재난 맥락에서의 실향에 관한 지침을 개발했다.[43]

---

and Natural Disasters: Operational Guidelines and Field Manual on Human Rights Protection in Situations of Natural Disaster (BrookingsBern Project on Internal Displacement, 2008). Ferris와 Bergmann은 '기후변화의 영향으로 인해 실향민이 된 사람들을 기존의 법적 틀에 맞추려고 하기보다는 연성법 개발에 더 많은 노력을 기울여야 한다'고 주장한다: Ferris, E. & Bergmann, J., *'Soft Law, Migration and Climate Change Governance'* (2017) 8 *Journal of Human Rights and the Environment* 6, 6. 국제법위원회는 '해수면 상승의 악영향으로 인한 사람들의 대피, 재배치 및 해외 이주에 적용할 수 있는 국제법 원칙이 있는지 여부'를 포함하여 '해수면 상승의 영향을 받는 사람들의 보호와 관련된 문제'를 검토하고 있다: *Report* of the International Law Commission, 70th Session: UN doc. A/73/10 (2018) 329.

39) Guiding Principles on Internal Displacement (주 37) Introduction, para. 2.
40) UNGA res. 60/1, 'World Summit Outcome' (16 Sep. 2005) para. 132.
41) 일반적으로는 이 책 제2장, 3.3.1절을 보라. 재난 및 기후변화라는 맥락에서 국내 실향에 대한 논의는 다음을 보라, Protection Agenda (주 21) vol. 1, paras. 99105, 1234. 이러한 조약들의 규범적 및 운영적 이행을 어떻게 강화할 것인가가 도전 과제다: 다음을 보라, Kalin, W., 'Conceptualising Climate-Induced Displacement', in McAdam, J., ed., *Climate Change and Displacement: Multidisciplinary Perspectives* (2010) 94; 다음도 함께 보라, Kalin & Schrepfer (주 26).
42) McAdam and others (주 25) para. 76; ILA, Committee on International Law and Sea Level Rise, *Interim Report* (2016) 25.
43) Republic of Fiji, *Displacement Guidelines in the context of Climate Change and Disasters*(2019) 3; Government of Vanuatu, National Policy on Climate Change and Disaster-Induced Displacement (2018).

아프리카의 경우, 국내실향민에 대한 국제법적 보호는 2006년 오대호 국내실향민 의정서[44]와 캄팔라 협약으로 알려진 2009년 아프리카 국내실향민 보호 및 지원을 위한 아프리카연합 협약에 반영되어 있다.[45] 두 조약 모두 재난 실향민을 구체적으로 포괄하고 있으며, 캄팔라 협약에는 당사국이 '기후변화를 포함한 자연재해 또는 인재로 인해 국내실향민이 된 사람들을 보호하고 지원하기 위한 조치를 취해야 한다'는 명시적인 조항이 포함되어 있다.[46] 이 협약은 '기후변화 실향민에 대한 법적 보호를 입증하는 최초의 법적 구속력 있는 지역 조약으로서 국제적 선례를 남겼으며',[47] '실용적이고 중요한 도구'이지만, 비준률은 여전히 낮으며 … 이 중요한 조약을 실행에 옮기고 국내실향민 보호 및 지원에 대해 구체적으로 개선을 이루기 위해서는 많은 과제가 남아 있다'고 한다.[48]

---

44) International Conference on the Great Lakes Region, Protocol on the Protection and Assistance to Internally Displaced Persons (30 Nov. 2006) arts. 1, 3(2), 3(5), 6(4)(c).

45) African Union Convention for the Protection and Assistance of Internally Displaced Persons in Africa (Kampala Convention) (2009년 10월 22일 채택됨, 2012년 12월 6일 발효됨) 49 *ILM* 86, art. 1(k). 2021년 4월 30일 기준, 55개국 중 31개국이 조약을 비준했다: https://au.int/treaties.

46) Ibid., art. 5(4).

47) Nansen Initiative의 레소토 (주 16) 139. 레소토는 또한 '협약에는 국경을 초월한 기후변화 실향에 대한 미래에 가능한 법적 메커니즘의 수립에 지침이 될 수 있는 많은 조항이 있다'고 언급했다. 우간다 대표는 '난민에 관한 국제협약의 법적 공백을 메우는 데 이미 큰 성과를 냈다'고 말했다: 우간다, 189. 캄팔라 협약은 '당사국은 기후변화를 포함한 자연 재해 또는 인간이 만든 재해로 인해 국내실향민이 된 사람들을 보호하고 지원하기 위한 조치를 취해야 한다'고 규정하고 있다: 캄팔라 협약 (주 45) art. 5(4).

48) Beyani, C., 'Report of the Special Rapporteur on the Human Rights of Internally Displaced Persons': UN doc. A/HRC/26/33 (4 Apr. 2014) para. 79. 이 조약을 비준하지 않은 케냐를 포함하여 일부 국가들은 국내법이나 국내정책을 개발하는 방향을 선택했다: Wood, T., *Protection and Disasters in the Horn of Africa: Norms and Practice for Addressing Cross-Border Displacement in Disaster Contexts*(The Nansen Initiative on Disaster-Induced Cross-Border Displacement, Technical Paper, 2013) 18.

109개국이 승인한 난센 이니셔티브의 보호 의제에는 다음과 같이 잠재적으로 '실효적인 실행'이 될 수 있는 여러 가지가 명시되어 있다:

- 국내실향민에 관한 국내법 또는 정책을 검토하여 국내실향민의 개념에 재난 상황에서의 실향민이 포함되는지 확인하고, 그렇지 않은 경우 국내실향민에 관한 유엔 지도 원칙 및 관련 (하위) 지역 조약에 따라 개념을 확장하는 것을 고려한다.
- 재난 위험 관리에 관한 국내법 및 정책을 검토하여 재난 관련 국내실향민의 모든 단계를 다루는 구체적이고 적절한 조항이 포함되어 있는지 확인하고, 그렇지 않은 경우 국내실향민에 관한 유엔 지도 원칙 및 관련 (하위) 지역 조약에 따라 해당 법률 및 정책을 개정한다.
- 관련 개발 계획 뿐 아니라 재난위험 감소 및 인도주의적 대응 계획에 국내실향민 보호를 위한 고려 사항들을 구체적으로 통합하고, 국내실향민의 인권을 존중하여 관련 행위자의 역할과 책임을 명확히 한다.
- 재난 상황에서의 국내실향민에 대한 보호와 지원을 강화하기 위해 국가 및 지방 당국의 제도적 역량과 자원을 강화한다.
- 재난 상황에서의 인도적 지원, 조기 복구 및 영구적 해결책에 관한 프로젝트와 프로그램이 실향의 영향을 받은 사람들이나 집단, 실향의 위험에 처한 사람, 그리고 수용 지역 사회에 의미 있는 정보와 협의 및 참여 기회를 제공하도록 보장한다.[49]

오대호 국내실향민 의정서는 오대호 지역 국제 컨퍼런스의 모든 회원국들이 서명한 2006 오대호 지역의 안보, 안정 및 개발에 관한 협약(2006 Pact on Security, Stability and Development in the Great Lakes Region)의 일부다.
[49] Protection Agenda (주 21) vol. 1, para. 100.

3절 국제 난민법의 적용

 국경을 넘는 사람들에게 법적 보호라는 것이 과연 필요한지, 그리고 어떤 법적 보호가 필요한지에 대한 질문은 결코 간단하지 않다. 재난 실향이라는 분야에서 난민법의 적용 범위를 명확히 하는 것은 중요하지만, 난민법이 이 분야의 개념적 또는 규범적 발전을 제약하는 데 이용되어서는 안 된다. 앞에서 언급한 바와 같이, 일반적으로 실향의 동인은 전형적으로 다원적이며 분쟁, 박해, 재난은 상호 연관되어 있을 수 있다. 2018년 유엔난민기구를 위해 수행된 세부 연구에 따르면 '재난의 영향은 난민 협약에 따른 난민 지위 주장을 강화하거나 보강하는 조건을 형성할 수 있다.'[50] 이는 2020년에 유엔난민기구가 발표한 '법적 고려사항'에도 반영되었는데, 여기에는 이러한 맥락에서 보호 신청을 심사할 때 '기후변화 또는 재난이 미치는 영향의 사회적, 정치적 특성'과 잠재적으로 이 특성이 '국가 및 사회 구조와 개인의 복지 및 인권 향유에 미치는 중대한 악영향'을 고려할 필요성이 강조되어 있다.[51] 따라서 기후변화 또는 재난의 영향이 우려되는 사안이라는 이유로 난민법이 자동적으로 뒷걸음치지 않도록 해야만 한다.

 박해에 해당할 수 있는 분쟁, 폭력, 재난의 상호 작용 외에도 난민법은

---

50) Weerasinghe, S., In Harm's Way: *International Protection in the context of Nexus Dynamics between Conflict or Violence and Disaster or Climate Change*, UNHCR Legal and Protection Policy Research Series, PPLA/2018/05 (Dec. 2018) 10. 이러한 연계는 '넥서스 역학'으로 설명된다: '분쟁 및/또는 폭력, 재난 및/또는 기후변화의 악영향이 출신국에 존재하는 상황'(19). 다음도 함께 보라, Weerasinghe, S., *Refugee Law in a Time of Climate Change, Disaster and Conflict*, UNHCR Legal and Protection Policy Research Series, PPLA/2020/01 (Jan. 2020) 80100.
51) UNHCR, 'Legal Considerations regarding Claims for International Protection Made in the context of the Adverse Effects of Climate Change and Disasters' (1 Oct. 2020) para. 5 (fn 생략됨). 이것은 Scott, M., *Climate Change, Disasters and the Refugee Convention* (2020) Ch. 3에 의해 옹호된 접근법이다.

다른 상황에서도 적용될 수 있다. 첫째, 재난이 발생한 후 국경을 넘어 탈출하는 사람들 중에는 재난과 무관한 이유로 박해를 받는 협약상 난민이 포함될 수 있다. 둘째, 재난 상황에서도 박해가 발생할 수 있다. 예를 들어, 어떤 정부가 재난의 영향으로 실향민이 된 사람들에 대한 인도적 지원을 보류하거나, 소외된 집단의 복구 요구를 외면하거나, 재난 구호 활동에 참여한 개인을 표적으로 삼는 경우,52) 그들은 난민 협약상 정의에 따라 난민으로 인정될 수 있다.53) 이 분야에서 가장 발달한 뉴질랜드 판례는 한 정부가 협약상의 사유로 담수 공급이나 농경지에 대한 접근을 제한하는 경우 난민 정의가 충족될 수도 있다고 인정했으나,54) 재난이나 자원 부족 자체

---

52) *Refugee Appeal No. 76374* (28 Oct. 2009)사건에서는 뉴질랜드 난민지위항소국(Refugee Status Appeals Authority)은 신청자가 미얀마의 나르기스 사이클론 이후 재난 구호를 총괄했다는 이유로 표적이 되었기 때문에 난민에 해당한다고 판정했다. 다른 맥락에서는 다음을 보라, Hathaway, J., 'Food Deprivation: A Basis for Refugee Status?' (2014) 81 *Social Research* 327.

53) 다음을 보라, *AF (Kiribati)* [2013] NZIPT 800413, paras. 5570. 다음도 함께 보라, McAdam, J., 'The Emerging New Zealand Jurisprudence on Climate Change, Disasters and Displacement' (2015) 3 *Migration Studies* 131.

54) *AF (Kiribati)* (주 53) paras. 589. 이 접근법은 뉴질랜드 고등법원, 항소법원, 대법원에서도 지지되었다. *Teitiota v The Chief Executive of the Ministry of Business Innovation and Employment* [2013] NZHC 3125; *Teitiota v The Chief Executive of the Ministry of Business, Innovation and Employment* [2014] NZCA 173; *Teitiota v The Chief Executive of the Ministry of Business Innovation and Employment* [2015] NZSC 107. 테이티오타는 생명권 침해를 근거로 유엔 자유권규약위원회에 개인진정을 제기했다: *Teitiota v New Zealand*, UN doc CCPR/C/127/D/2728/2016 (24 Oct. 2019). 기타 관련 뉴질랜드 사례들은 *AV (Nepal)* [2017] NZIPT 801125-26; *AW (Nepal)* [2017] NZIPT 503106-107; *AI (Tuvalu)* (2017) NZIPT 801093-094; *AJ (Tuvalu)* [2017] NZIPT 801120-123; *AF (Tuvalu)* [2015] NZIPT 800859; *AD (Tuvalu)* [2014] NZIPT 501370; *AC (Tuvalu)* [2014] NZIPT 800517-520; *Refugee Appeal No. 72719/2001*, RSAA (Tuvalu); *Refugee Appeal No. 72313/2000*, RSAA (Tuvalu); *Refugee Appeal No. 72314/2000*, RSAA (Tuvalu); *Refugee Appeal No. 72315/2000*, RSAA (Tuvalu); *Refugee Appeal No. 72316/2000*, RSAA (Tuvalu); *Refugee Appeal Nos. 72179-72181/2000*, RSAA (Tuvalu); *Refugee Appeal Nos.*

보다는 정부의 행위 또는 부작위로 인해 위해를 받을 충분한 근거 있는 두려움이 발생했을 때 난민으로 인정될 수 있다. 셋째, '임시 대피소에서의 젠더 기반 폭력 증가, 지원 및 해결책의 차별, 대피 절차의 결함 등'과 같은 재난의 2차적 영향도55) 협약상 난민신청을 구성할 수 있으며, 재난 자체는 단지 배경으로서만 존재할 수도 있다. 예를 들어, 2010년 아이티 지진 이후 파나마와 페루는 다수의 아이티인을 협약상 난민으로 인정했지만, '이들 각 개인을 난민으로 인정한 근거는 지진을 직접적인 근거로 해서가 아니라 아이티 지진 이후 정부 권한의 공백으로 인해 발생한 비국가 행위자들이 가하는 박해에 대한 충분한 근거가 있는 두려움 때문'이었다.56) 스콧이 지적했듯이, '"자연적인" 재난과 기후변화의 맥락에서 발생하는 대다수의 난민 사건들은 본국으로 돌아갈 경우 재난 관련 위해에 노출될 것이라는 신청자들의 명시적인 우려를 반영'한다기보다는57) 오히려 여기서 재난은 신청의 배경을 형성할 뿐이다. 그러나 중요한 것은 결정권자가 '이미 존재하던 차별과 소외의 패턴을 악화시키는 재난의 깊은 사회적 성격'을 인식하고 이러한 맥락에서 개별 신청이 적절히 심사되도록 해야 한다는 것이다.58) 그러나 기후변화나 재난의 영향은 그 자체만으로는 일반적으로 난민

72189-72195/2000, RSAA (Tuvalu); *Refugee Appeal No. 72185/2000*, RSAA (Tuvalu); *Refugee Appeal No. 72186/2000*, RSAA (Tuvalu). 자세한 논의와 분석은 Scott (주 51) 3장을 보라.

55) Ferris, E., 'Disasters and Displacement: What We Know, What We Don't Know' Brookings Planetpolicy blog (9 Jun. 2014) http://www.brookings.edu/blogs/planet-policy/posts/2014/06/09-climate-change-natural-disasters-ferris

56) Cantor, D. J., *'Law, Policy, and Practice concerning the Humanitarian Protection of Aliens on a Temporary Basis in the context of Disasters'*(Background Study for the Regional Workshop on Temporary Protection Status and/ or Humanitarian Visas in Situations of Disasters, San Jose, 1011 Feb. 2015) 17. 다음도 함께 보라, Protection Agenda (주 21) vol. 1, para. 55; AC (Tuvalu) (주 54) paras. 846, 97.

57) Scott (주 51) 45.

58) Scott, M., 'Finding Agency in Adversity: Applying the Refugee Convention in the

협약에서 말하는 '박해'의 의미를 충족시키지 못한다. 문제는 이러한 위해가 본질상 사회-경제적인 성질을 지닌다는 것이 아니다. 포스터가 설명했듯이, '난민협약 운영 초기부터 일부 유형의 사회-경제적 신청들이 난민협약상의 정의에 속하는 것으로 간주되었다는 증거가 있다.'[59] 오히려 '박해'의 주체는 인간이어야만 하는 것으로 해석된다는 것이 문제이며,[60] 문제의 일부는 '박해자'를 식별해내는 것이다. 여기에 대해 역사적으로 탄소 배출량이 많은 국가(예를 들어, 선진국)들이 '박해자'라고 주장할 수도 있지만, 그 경우 때로는 사람들이 보호를 받고자 하는 바로 그 국가가 박해자일 수도 있다. 이는 전통적인 난민 패러다임을 반전시키며,[61] 뉴질랜드 항소법원은 이를 '난민 협약을 뒤집으려는 시도'라고 설명했다.[62] 또한 재난이나 기후변화의 영향이 단독으로 '박해'를 구성하는 것으로 인정될 수 있다 하더라도 5가지 협약상 사유 중 하나 이상과의 관련성을 입증하기는 어려울 것인데,[63] 이 영향들이 대체로 무차별적이라는 점을 고려하면 그러하다.[64] 여태까지 사회-경제적 박해에 대한 법리가 크게 발전했음에도, 여

---

context of Disasters and Climate Change' (2016) 35(4) *RSQ* 26, 28. 이러한 접근을 반영하는 UNDRR의 '재난'의 정의를 보라: '노출, 취약성 및 역량에 관한 조건들과 상호 작용하는 위험한 사건들로 인해 모든 규모의 공동체 또는 사회 기능이 심각하게 중단되어 인적, 물적, 경제적, 환경적 손실 및 영향 중 하나 이상을 초래하는 것': https://www.unisdr.org/we/inform/terminology#letter-d.

59) Foster, M., *International Refugee Law and Socio-Economic Rights: Refuge from Deprivation* (2007) 88 (fn 생략됨). 일부 국가의 국내법에서는 사회경제적 형태의 위해를 명시적으로 포함시키고 있는데, 예를 들어 호주 Migration Act 1958 (Cth), s. 5J(5)는 다음과 같이 규정하고 있다: '(d) 개인의 생존 역량을 위협하는 심각한 경제적 어려움, (e) 기본 서비스에 대한 접근 거부가 개인의 생존역량을 위협하는 경우, (f) 개인의 생존역량을 위협하는 모든 종류의 생계수단에 대한 거부'.

60) 이에 대해서는 이 책 제3장, 4절을 보라.

61) McAdam (주 26) 45.

62) *Teitiota* 2014 (주 54) para. 40 (암묵적으로 다음을 참고함, McAdam (주 26) 52).

63) 이 책 제3장을 보라. 재난/기후변화 맥락에서의 난민법 적용에 대한 자세한 분석은 다음을 보라, McAdam (주 26) 제2장.

전히 전 세계 법원은 난민협약이 재난 피해자 자체를 보호하는 것으로 간주하지 않고 있다.[65]

2000년 이후 호주와 뉴질랜드의 결정권자들은 태평양의 작은 저지대 섬나라 투발루와 키리바시의 개인들이 기후변화가 가져올 미래의 영향으로부터 보호받을 자격이 있는지를 적어도 30건 이상 심사해왔다.[66] 현재까지, 이를 근거로 성공한 사례는 없다. 결정권자들은 신청자들이 '협약상 다섯 가지 사유 중 하나로 인해 박해에 해당하는 위해의 위험을 차별적으로 받고 있지 않으며', '모든 시민들이 동일한 환경 문제와 경제적 어려움에 직면'하고 있고, '그들은 자연의 힘에 의한 불운한 희생자들'이라고 설명했다.[67] 2013년 이후 훨씬 더 상세하고 미묘한 분석이 등장하기도 했는데,[68] 환경 파괴, 재난 및 인간의 취약성 사이의 복합적인 관계(이는 개인적일 뿐만 아니라 상황적일 수 있음[69])를 인정해야 하고 따라서 난민협약에 따른

---

64) *AF (Kiribati)* (주 53) para. 56; *Teitiota* 2013 (주 54) para. 54; *Teitiota* 2014 (주 54) para. 19. 예를 들어, 법이 특히 박해의 위험 자체 이외의 근본적이고 불변하는 특성을 공유할 것을 요구하고 있기 때문에, 피해 개인이 '특정사회집단'을 구성한다는 것을 입증하기는 어려울 것이다.
65) *Canada (Attorney General) v Ward* [1993] 2 SCR 689, 732; *Applicant A v Minister for Immigration and Ethnic Affairs* (1997) 190 CLR 225, 248 (Dawson J); *Horvath v Secretary of State for the Home Department* [2001] 1 AC 489, 499500 (Lord Hope); *Minister for Immigration v Haji Ibrahim* (2000) 204 CLR 1, 489 (Gummow J). 그러나 Scott의 주장도 참고하라: Scott (주 51) 특히 제7장.
66) 주54에 인용된 뉴질랜드 사건들을 보라. 이와 관련된 호주 사건들로는: *1517812 (Refugee)* [2017] AATA 1530 (Fiji); *1418483 (Refugee)* [2016] AATA 3975 (Pakistan); *1406459* [2014] RRTA 738 (Philippines); *1004726* [2010] RRTA 845 (Tonga); *0907346*[2009] RRTA 1168 (Kiribati); *N00/34089* [2000] RRTA 105 (Tuvalu); *N95/09386* [1996] RRTA 319 (Tuvalu); *N96/10806* [1996] RRTA 3195 (Tuvalu); *N99/30231* [2000] RRTA 17 (Tuvalu); *V94/02840* [1995] RRTA 2383 (Tuvalu). 다음도 함께 보라, Scott (주 51) 제3장.
67) *Refugee Appeal No. 72189/2000* (주 54) para. 13.
68) McAdam (주 53).
69) UN High Commissioner for Human Rights, Principles and Practical Guidance on the

보호가 자동적으로 배제되어서는 안 된다는 것이다.[70] 그러나 난민법보다는 인권법이 이러한 상황에서 가장 넓은 보호의 가능성을 제공하는 것으로 보인다.[71]

지역적 난민법은 재난 실향민을 어느 정도 보호할 수 있지만, 공식적인 검증이 필요한 부분이 많이 남아 있다.[72] 앞서 제2장에서 언급했듯이 아프리카의 경우, 아프리카단결기구 협약은 출신국 또는 국적국의 전체 또는 일부에서 발생한 공공질서를 심각하게 교란하는 사건으로 인해 강제로 떠나야 하는 경우에 보호를 제공하며,[73] 라틴 아메리카에서는 카르타헤나 선

Protection of the Human Rights of Migrants in Vulnerable Situations: UN doc. A/HRC/37/34 (3 Jan. 2018) para. 13.
70) *AF (Kiribati)* (주 53) paras. 56‒70.
71) 아래 제4절을 보라.
72) UNHCR, 'Summary of Deliberations on Climate Change and Displacement' (UNHCR Expert Roundtable on Climate Change and Displacement, Bellagio, 22‒25 Feb. 2011) (Apr. 2011) para. 9. 이 문헌의 접근법에 대한 자세한 개관은 다음을 보라, Weerasinghe 2020 (주 50); 재난 상황에서의 지역적 난민조약들의 구체적인 적용(국가실행 포함)에 대해서는 59‒80면을 참조하라.
73) Organization of African Unity Convention Governing the Specific Aspects of Refugee Problems in Africa (1969년 9월 10일 채택됨, 1974년 6월 20일 발효됨) 1001 UNTS 45, art.1(2). 재난 상황에서 아프리카단결기구 협약을 적용하는 것에 대한 찬반 논거에 대한 논의는 다음을 보라, Wood (주 48) 24‒5, 특히 다음을 참조함, Rankin, M. B., 'Extending the Limits or Narrowing the Scope? Deconstructing the OAU Refugee Definition Thirty Years On' (2005) 21 *South African Journal on Human Rights* 406; Kolmannskog, V., '"We Are in Between": Case Studies on the Protection of Somalis Displaced to Kenya and Egypt during the 2011 and 2012 Drought' (2014) 2 *International Journal of Social Science Studies* 83; Sharpe, M., 'The 1969 African Refugee Convention: Innovations, Misconceptions, and Omissions' (2012) 58 *McGill Law Journal* 95; Sharpe, M., *The Regional Law of Refugee Protection in Africa* (2018) 49‒52는 '"공공질서를 심각하게 교란하는 사건"에 환경 재난이 포함될 수 있다는 Wood의 견해는 타당하다'(51면)고 지적한다. '이 문제에 대한 국가 실행 및/또는 판례가 확립될 때까지' 이 문제는 '다소 논쟁적'이겠지만, 이 조항이 환경에 관한 사건으로부터 피난한 사람들을 보호하는 것으로 해석하는 것은 '그 통상적인 의미에 부합하는 것'이다.

언이 '일반화된 폭력, 외국의 침략, 내부 분쟁, 대규모 인권 침해 또는 기타 공공질서를 심각하게 교란하는 상황으로 인해 생명, 안전 또는 자유가 위협을 받아 자국을 떠난 사람'으로 확대 적용되고 있다.[74] 카르타헤나 선언 30주년을 맞아 채택된 2014년 브라질 선언은 기후변화와 재난이란 맥락에서 국경을 넘는 실향을 새로운 도전으로 인식하고 있지만 실향민을 '난민'으로 표현하지는 않고 있다.[75] 유럽에서는 이론적으로 임시 보호 지침[76]

---

74) Cartagena Declaration on Refugees (1984년 11월 22일 중앙아메리카, 멕시코, 파나마의 난민에 대한 국제적 보호에 관한 콜로키움에서 채택됨, 결론 제III조(3)).

75) Brazil Declaration: A Framework for Cooperation and Regional Solidarity to Strengthen the International Protection of Refugees, Displaced and Stateless Persons in Latin America and the Caribbean (Brasilia, 3 Dec. 2014) Preamble and Ch. 7. 기타 국제 (하위-)지역적 및 양자간 협정, 선언, 정책에 대한 참고자료는 다음을 보라, Protection Agenda (주 21) vol. 2, 5868.

76) Council Directive (EC) 2001/55 on minimum standards for giving temporary protection in the event of a mass influx of displaced persons and on measures promoting a balance of efforts between Member States in receiving such persons and bearing the consequences thereof [2001] OJ L212/12, art. 2(c). 초안 작성 과정을 보면 핀란드는 이 지침이 '자연재해로 인해 피난해야만 했던 사람'을 명시적으로 인정하도록 규정할 것을 요구했지만, 이 주장은 벨기에와 스페인이 '이러한 상황은 난민에 관한 어떠한 국제법적 문서에도 언급되지 않았다'고 지적하는 다른 회원국들의 지지를 받지 못했다: Council of the European Union, 'Outcome of Proceedings of Working Party on Asylum', doc. 6128/01 LIMITE ASILE 15 (16 Feb. 2011) 4. 일반적인 분석은 다음을 보라, Kolmannskog, V. & Myrstad, F., 'Environmental Displacement in European Asylum Law' (2009) 11 *EJML* 313, 316 ff.; UK Home Office, 'UK Plans in Place to Protect Victims of Humanitarian Disasters' Press release (20 Dec. 2004); Kalin (주 41); McAdam (주 26) 1023; Cooper, M. D., *Migration and Disaster-Induced Displacement: European Policy, Practice and Perspective* Center for Global Development, Working Paper 308 (Oct. 2012) (유럽 회원국의 법률에 대한 자세한 개요); Ragheboom, H., *The International Legal Status and Protection of Environmentally-Displaced Persons: A European Perspective* (2017) 3523; Hush, E., 'Developing a European Model of International Protection for Environmentally-Displaced Persons: Lessons from Finland and Sweden' *Columbia Journal of European Law, Preliminary Reference blog* (7 Sep. 2017): http://cjel.law.columbia.edu/

및 자격 지침77)에 따라 보호가 가능하다.

　관련 국가들 사이에서 지배적인 견해는 재난이 공공질서나 보호의 광범위한 붕괴와 연관되지 않는 한 그 자체로는 지역 조약상 난민 정의에 포함되지 않는다는 것이다.78) 따라서 아프리카 국가들은 일반적으로 재난을 피해 탈출한 사람들이 최소한 일시적으로 체류할 수 있도록 허용해 왔지만, 이를 법적 의무로 규정하는 것은 일반적으로 주저해 왔다.79) 예를 들어, 2002년 우간다는 콩고민주공화국의 고마에서 니라공고 화산 폭발을 피해 피난 온 사람들에게 임시 피난처를 제공했지만, 이들을 아프리카 단결기구 협약의 확장된 정의에 따른 난민으로 간주하지는 않는다고 밝혔다.80)

---

preliminary-reference/2017/developing-a-european-model-of-international-protection-for-environmentally-displaced-persons-lessons-from-finland-and-sweden/. 임시 보호 지침을 폐지하고 대체하자는 제안이 있다: 다음을 보라, European Commission Proposal for a Regulation of the European Parliament and of the Council addressing situations of crisis and *force majeure* in the field of migration and asylum, COM(2020) 613 final 2020/0277 (COD) (제14조를 참조하라).

77) Council Directive 2004/83/EC of 29 Apr. 2004 on minimum standards for the qualification and status of third country nationals or stateless persons as refugees or as persons who otherwise need international protection and the content of the protection granted [2004] OJ L304/12, art. 15; Directive 2011/95/EU of the European Parliament and of the Council of 13 Dec. 2011 on standards for the qualification of third-country nationals or stateless persons as beneficiaries of international protection, for a uniform status for refugees or for persons eligible for subsidiary protection, and for the content of the protection granted (recast) [2011] OJ L337/9, art. 15. 다음을 보라, 이 책 제7장 및 4절; McAdam (주 26) 제4장; Kolmannskog and Myrstad (주 76).

78) Wood (주 48) 23-1; Cantor (주 56) 17-18; Edwards, A., 'Refugee Status Determination in Africa' (2006) 14 *African Journal of International and Comparative Law* 204, 225-7; McAdam and others (주 25) paras. 85-91; Kälin & Schrepfer (주 26) 34.

79) McAdam (주 26) 48; Wood (주 48) 25.

80) Wood (주 48) 25 fn 149는 난센 이니셔티브 아프리카 뿔 지역 협의에서의 우간다 정부 대표의 개입에 주목한다.

유엔난민기구는 '진화적 해석'에 의하면 '기후변화와 재난의 악영향으로 인해 실향민이 된 사람들은 아프리카 단결기구 협약과 카르타헤나 선언상 지역 난민 기준에 따라 난민이 될 수 있다'고 주장하는데,[81] 이러한 영향은 '공공 질서를 심각하게 교란하는' 사건에 해당할 수 있다는 것이다. 특히 재난, 분쟁, 광범위한 폭력 및/또는 국가 정부 체계의 붕괴와 같이 실향의 동인 간에 상호 연관성이 있는 경우 아프리카단결기구 협약이 적용될 수 있다. 이는 2011-12년 분쟁, 가뭄, 보호 및 지원의 결여를 이유로 탈출한 소말리아인들이 이 협약에 따라 난민 지위를 부여받은 것으로 알려졌을 때 분명해졌다.[82] 이 사건에서 아프리카단결기구 협약의 적용은 다음과 같은 사실이 복합적으로 작용한 것이다,

> [기근이 그들의 생명을 위협하고, 그들을 도울 수 있는 국내 당국이 존재하지 않았으며, 계속되는 분쟁과 폭력으로 인해 기근 기간 동안 소말리아인들을 보호하고 지원하는 국제기구의 역량이 크게 방해 받았으며, 이러한 점들은 그들을 해외로 피난하도록 '강요'한 국가의 '일부 또는 전체에서 공공 질서를 심각하게 교란하는' 사건의 피해자로 간주하는 것을 정당화했다.[83]]

마찬가지로 일부 중남미 국가들이 2010년 지진 이후 비호를 신청한 아이티인들을 카르타헤나 선언의 정의에 따라 난민으로 인정한 것은 지진으로 인한 법과 질서의 붕괴 또는 실향민들이 직면한 보호의 결여와 불안정성의 증가 때문이었다.[84] 그러나 이러한 연결고리가 없다면 확장된 지역적 난민 정의가 적용될 가능성은 낮다.[85] 캔터에 따르면 '이러한 견해의 근거'

---

81) UNHCR (주 51) para. 14. 유엔난민기구의 의뢰에 따라 Sanjula Weerasinghe가 작성한 두 편의 논문도 이러한 맥락에서 난민법의 적용범위를 파악하는 데 도움이 된다: Weerasinghe 2018 및 2020 (주 50).
82) 자세한 내용은 다음을 보라, Wood (주 48) 25.
83) Protection Agenda (주 21) vol. 1, para. 56, 다음을 참조함, to Wood (주 48) 32-3.
84) Cantor (주 56) 18.

는 '공공 질서의 심각한 교란은 … 반드시 제도적 또는 정치적 세계와 관련이 있어야 한다'는 것이다.86)

4절 국제 인권법의 적용

국제 인권법은 국가가 자국 영토 또는 관할권 내에 있는 개인에게 제공해야 하는 최소 처우 기준을 정하고 있다. 여기에는 예측 가능한 특정 형태의 위해로부터 사람들을 보호하기 위해 인권을 존중, 보호 및 실현 respect, protect, and fulfil 할 의무가 포함된다.87) 국가가 생명, 건강, 적절한 식량 등에 대한 권리를 실현하기 위해 적극적인 조치를 취하지 않거나 알려진 위험에 대해 적절한 보호 장치를 제공하지 않는 경우88) - 그러한 위험으로

---

85) Wood (주 48) 25 가 지적한 바와 같이, 남아공은 '오로지 빈곤이나 기타 사회적, 경제적 또는 환경적 어려움만을 이유로 출신국을 떠나는 사람을 난민으로 간주하는 것은 부적절하다'고 간주한다: 'Draft Refugee White Paper', Republic of South Africa, Government Gazette General Notice 1122 of 1998, 7; 다음도 함께 보라, Green Paper on International Migration in South Africa', Republic of South Africa, Government Gazette No. 40088 (24 Jun. 2016) 20, para. (g)에는 이러한 해석이 암묵적으로 주장되었다. Cantor는 미주 지역에서는 쿠바를 제외하고는 사실상 어떤 국가도 재난 자체가 국제법 또는 지역법상 난민 보호의 근거가 될 수 있다고 인정하지 않으며, 일부 국가(예를 들어, 멕시코)는 그러한 해석을 명시적으로 배제하고 있다고 설명한다: Cantor, D. J., 'Environment, Mobility, and International Law: A New Approach in the Americas' (2021) 21 *Chicago Journal of International Law* 263, 293.

86) Cantor (주 56) 18 (fn 생략됨). 자세한 분석은 다음을 보라, Cantor (주 85) 291-4.

87) 'Human Rights and Climate Change': UN doc. A/HRC/26/L.33/Rev.1 (25 Jun. 2014) para. 1. Other resolutions on this subject include UN doc. A/HRC/RES/7/23 (28 Mar. 2008); UN doc. A/HRC/RES/10/04 (25 Mar. 2009); UN doc. A/HRC/RES/18/22 (17 Oct. 2011); UN doc. A/HRC/29/L.21 (30 Jun. 2015).

88) *AF (Kiribati)* (주 53) para. 63, 다음을 참조함, *Öneryildiz v Turkey* (2005) 41 EHRR 20; *Budayeva v Russia*, App. Nos. 15339/02, 21166/02, 20058/02, 11673/02, and 15343/02 (20 Mar. 2008); *MSS v Belgium and Greece*, App. No. 30696/09 (21 Jan.

의 송환을 포함하여 - 이러한 의무를 위반하는 것이 된다. 이 책 제7장에서 설명된 바와 같이 인권법의 강제송환금지원칙은 생명을 위협하는 상황이나 기타 잔혹한, 비인도적인 또는 굴욕적인 처우로 강제로 송환되지 않도록 보호한다.[89]

기존 법리가 재난 및 기후변화의 부정적 영향을 이유로 퇴거금지 청구가 성립하는 것을 배제하지는 않지만, 이것이 실효적인 구제책으로 간주되기 위해서는 인권법상 강제송환금지원칙의 실질적인 발전이 필요하다. 또한 이러한 경우 대안적 국내피신이 합리적인 것으로 간주될 수도 있다는 점에 유의해야 한다.[90]

2011); UN Committee on Economic, Social and Cultural Rights, 'General Comment No. 12: The Right to Adequate Food (Art. 11)': UN doc. E/C12/1999/5 (12 May 1999); UN Committee on Economic, Social and Cultural Rights, 'General Comment No 14: The Right to the Highest Attainable Standard of Health': UN doc. E/C12/2000 (11 Aug. 2000). 자세한 내용은 다음을 보라, Kälin, W., 'The Human Rights Dimension of Natural or Human-Made Disasters' (2012) 55 *German Yearbook of International Law* 119, 137; Borges, I. M., *Environmental Change, Forced Displacement and International Law: From Legal Protection Gaps to Protection Solutions* (2019).

89) 레소토 대표는 Protection Agenda를 지지하면서 이러한 맥락에서 국제인권법이 실향민에 대한 최소 처우 기준을 제시한다는 점에서 그 중요성을 인식하고, 보충적인 보호 메커니즘이 보호를 부여할 추가적인 근거를 제공할 수 있다고 언급했다. 그는 '국경을 넘는 기후변화로 인한 실향을 구체적으로 규정하기 위해 기존의 모든 법적 수단 또는 법률의 조화'가 필요하다고 촉구했다: Lesotho in Nansen Initiative (주 47) 139.

90) 자세한 내용은 이하를 보라. 이 원칙은 많은 국가의 법률 및/또는 실행에 포함되어 있다; 다음을 함께 보라, *Januzi v Secretary of State for the Home Department* [2006] UKHL 5; *Rasaratnam v Canada (Minister of Employment and Immigration)* [1992] 1 FC 706 (CA) (캐나다); *Ranganathan v Minister of Citizenship and Immigration* [2001] 2 FC 164 (캐나다); *SZATV v Minister for Immigration and Citizenship* (2007) 233 CLR 18 (호주); *SZFDV v Minister for Immigration and Citizenship* (2007) 233 CLR 51 (호주); *Refugee Appeal No. 71684/99* (29 Oct. 1999) (뉴질랜드); 8 CFR §208.13(b)(3)—국내피신의 합리성(비호)(미국); 8 CFR §208.16(b)(3)—국내피신의 합

전통적으로 결정권을 가진 기관들은 시민적, 정치적 권리만큼 경제적, 사회적, 문화적 권리 침해에 동일한 가중치를 부여하지 않았기 때문에,[91] 사회경제적 권리에 대한 위험은 종종 '비인도적인 또는 굴욕적인 대우'로 '재특성화'되어 이에 대한 명확한 강제송환금지의무가 부과된다.[92] 법원들은 '빈곤' 또는 '심각한 인도주의적 상황'이 비인도적인 또는 굴욕적인 대우에 해당할 수 있으며, 특히 누적적으로 충분한 수준의 심각성에 도달할 경우 더욱 그러하다고 인정해왔다.[93] 재난의 영향을 받거나 환경이 심각하게 파괴된 지역의 상황은 그곳으로 돌려보낼 경우 사망이나 비인도적인 또는 굴욕적인 대우를 당할 실질적인 위험에 노출될 수 있다는 것을 의미할 수 있다. 예를 들어, 재해에 취약한 지역이 극심한 물 부족으로 농작물이 자라지 못하고 질병의 위험이 높아진 경우와 같이, 상황을 총체적으로 고려할 때 특히 그렇다.[94]

리성(퇴거 보류)(미국). 자세한 내용은 4.2.1절을 보라.
91) 예를 들어 다음을 보라, Mantouvalou, V., 'Work and Private Life: *Sidabras and Dziautas v Lithuania*' (2005) 30 *European Law Review* 573; Gearty, C. & Mantouvalou, V., *Debating Social Rights* (2010).
92) den Heijer는 강제송환금지의 중핵으로서 1950년 유럽인권협약 제3조에만 집중해온 것이 '유럽인권협약의 적용 범위에 대한 보다 심오한 이해의 발전을 저해'했다는 점에서 '자기실현적 예언'이 되었다고 주장한다: den Heijer, M., 'Whose Rights and Which Rights? The Continuing Story of *Non-Refoulement* under the European Convention on Human Rights' (2008) 10 *EJML* 277, 278.
93) 예를 들어 다음을 보라, *Sufi and Elmi v United Kingdom,* App. Nos. 8319/07 and 11449/07 (28 Jun. 2011); *D v United Kingdom* (1997) 24 EHRR 423; *R v Secretary of State for the Home Department, ex parte Adan* [2001] 2 AC 477. 난민법에서의 누적적 사유에 대해서는 다음을 보라, Dowd, R., 'Dissecting Discrimination in Refugee Law: An Analysis of Its Meaning and Its Cumulative Effect' (2011) 23 *IJRL* 28. 다음도 마찬가지로 주목하라, Scott (주 51) 109는 난민 맥락에서 '박해를 받을'이란 개념은 '고립된 행위나 조치들의 누적과는 구별되는 존재의 어떠한 조건'으로 이해해야한다고 주장한다.
94) 예를 들어, 한 독일 법원은 비인도적인 또는 굴욕적인 대우에 해당하는 아프가니스탄의 인도주의적 상황 악화는 기후 및 재난과 관련된 환경 조건을 포함한 다양한 요인

4.1절 자의적인 생명 박탈로부터 보호

생명권은 적절한 생활 수준을 누릴 권리, 생계 수단을 박탈당하지 않을 권리 등 다른 인권과 불가분의 관계에 있는데, 각 인권들은 기후변화와 재난의 영향으로 인해서도 침해될 수 있다.[95] 아동권리협약은 생명권을 '가능한 최대한도로 아동의 생존과 발달을 보장'할 국가의 의무와 연결짓고,[96] 아동권리위원회는 생존과 발달에 관한 권리는 '건강, 적절한 영양, 사회보장, 적절한 생활 수준, 건강하고 안전한 환경에 대한 권리를 포함한 협약의 모든 기타 규정의 이행'을 통해서만 달성될 수 있다고 설명해왔다.[97]

지역차원을 보면, 미주 인권위원회는 생명권의 실현이 물리적 환경과 필연적으로 연결되고 이에 의존한다는 점을 인정했다.[98] 미주 인권 재판소는 '인간의 건강 관리 영역에서 생명권과 개인의 완전성 사이에 존재하는 직접적이고 즉각적인 연관성'을 강조하면서, 예를 들어 '당사자의 건강에 해를 끼치거나 심각한 악화를 초래하거나 심지어 사망으로 이어질 수 있는

에 근거한다고 지적했다: Verwaltungsgericht Baden-Wurttemberg, A 11 S 2042/20 (17 Dec. 2020) para. 30.
95) 예를 들어 다음을 보라, 'Petition to the Inter American Commission on Human Rights Seeking Relief from Violations Resulting from Global Warming Caused by Acts and Omissions of the United States' (7 Dec. 2005) http://www.earthjustice.org/library/legal_docs/petition-to-the-inter-american-commission-on-human-rights-on-behalf-of-the-inuit-circumpolar-conference.pdf
96) Convention on the Rights of the Child (1989년 11월 20일 채택됨, 1990년 9월 2일 발효됨) 1577 UNTS 3, 제6조(2).
97) Committee on the Rights of the Child, 'General Comment No. 7 (2005): Implementing Child Rights in Early Childhood': UN doc. CRC/C/GC/7/Rev.1 (20 Sep. 2006). 다음도 함께 보라, IASC Operational Guidelines (주 38).
98) 'Report on the Situation of Human Rights in Ecuador' (1997) OEA/Ser.L/V/II.96, Doc. 10, Rev. 1, Ch. 8; *Yanomami Case* (Case 7615 of 5 Mar. 1985) in Inter-American Commission on Human Rights, 'Annual Report (1984-85) OEA/Ser.L/V/II.66, Doc. 10, Rev. 1.

경우'에는 퇴거가 국제법에 위반될 수 있다고 지적했다.99)

  마찬가지로 유럽인권재판소는 생명권이 건강한 환경에 대한 권리와 연결되어 있으며 환경피해가 생명, 재산, 가정 및 사생활에 대한 권리에 영향을 미칠 수 있다는 점을 인정했다.100) 특히 생명권 보호의무에는 환경 피해로부터의 보호도 포함될 수 있다.101) 유럽인권재판소는 *Budayeva v Russia* 사건에서 이 의무는 당국이 실제 또는 임박한 위험을 알고 있거나 알았어야 함에도 합리적인 예방조치를 취하지 않은 재난으로부터의 보호로까지 확대된다고 판시하면서, '구체적 상황에서 국가가 부담하는 적극적 의무의 범위는 위험의 근원이 무엇인지에 따라, 하나 또는 그 이상의 위험이 완화될 수 있는 정도에 따라 달라질 수 있다'고 언급했다.102) 그러나

---

99) 이를 위해서는 '해당 사람이 고통을 당하고 있는 건강 상태 또는 질병의 유형뿐만 아니라… 출신국에서 이용할 수 있는 의료 서비스 및 이에 대한 물리적, 재정적 접근성 등 여러 측면'에 대한 평가가 필요하다: Inter-American Court of Human Rights (IACtHR), *Advisory Opinion on Rights and Guarantees of Children in the context of Migration and/or in Need of International Protection* (2014) Series A, No. 21, para. 229, 다음을 참조함, *Case of Vera and Others v Ecuador, Judgment* of 19 May 2011, Series C, No. 226, para. 43.
100) 다음 저서에 인용된 판례들을 보라, Loucaides, L. G., 'Environmental Protection through the Jurisprudence of the European Convention on Human Rights', in Loucaides, L. G., *The European Convention on Human Rights: Collected Essays* (2007), *Arrondelle v United Kingdom* (1980) 19 DR 186 사건에서부터 시작한다; 다음을 함께 보라, *Lopez Burgos v Uruguay*, Comm. No. R.12/52 (29 Jul. 1981), UN doc. Supp. No. 40 A/36/40, 176; *Guerra v Italy* (1998) 26 EHRR 357; *Fadeyeva v Russia*, App. No. 55723/00 (9 Jun. 2005).
101) *Öneryildiz v Turkey* (주 88) paras. 71-2.
102) *Budayeva v Russia* (주 88) para. 137; para. 158, 및 다음의 분석도 함께 보라, Burson, B. and others, 'The Duty to Move People Out of Harm's Way in the Context of Climate Change and Disasters' (2018) 37 *RSQ* 379, 385-7. 다음도 함께 보라, Lauta, K. & Rytter, J., 'A Landslide on a Mudslide? Natural Hazards and the Right to Life under the European Convention on Human Rights' (2013) 7 *Journal of Human Rights and the Environment* 113; Kälin, W. & Haenni Dale, C., 'Disaster Risk Mitigation: Why Human Rights Matter' (2008) 31 *FMR* 38; Ragheboom (주 76).

'불가능하거나 불균형적인 부담이 당국에 부과되어서는 안 되며, 특히 우선순위와 자원이란 측면에서 당국이 내려야 하는 운영상 선택의 고충에 대한 고려 없이 그러한 부담이 부과되어서는 안 된다 … 이러한 고려는 인간이 창출한 위험한 활동의 영역보다 인간이 통제할 수 없는 일종의 기상 현상과 관련된 긴급 구호 영역에서 더욱 무거운 비중을 차지해야 한다.'[103]

아프리카와 라틴 아메리카의 인권 조약들은 안전한 환경에 대한 권리를 구체적으로 인정하고 있다.[104] 1981년 인간과 인민의 권리에 관한 아프리카 헌장 제24조는 모든 인민은 '자신의 발전에 유리한 일반적으로 만족스러운 환경에 대한 권리를 가진다'고 규정하고 있다. 아프리카 인권 및 인민의 권리 위원회는 이에 대해 국가가 '오염과 생태계 파괴를 방지하고, 보존을 촉진하며, 생태적으로 지속 가능한 개발 및 천연 자원의 사용을 보장하기 위해 합리적인, 기타 조치를 취할 의무가 있다'고 해석한 바 있다.[105]

뉴질랜드 이민보호재판소는 재난과 기후변화의 영향으로 생명권이 침해될 수 있다는 점을 명시적으로 인정(이 견해는 아래에서 설명하듯 유엔 자유권규약위원회에서도 지지하는 견해다[106])하면서, '자의적인 생명 박탈의 금지의무는 삶의 기본 필수품을 제공하기 위한 계획적 조치를 취함으로써 생명권을 실현해야 하는 국가의 적극적 의무도 반드시 함께 고려해야 한다'고 지적했다.[107] 그러나 재판소는 국가가 후자를 통제할 능력이 적다는

---

103) *Budayeva v Russia* (주 88) para. 135.
104) Additional Protocol to the American Convention on Human Rights in the Area of Economic, Social and Cultural Rights (1988년 11월 17일 채택됨, 1999년 11월 16일 발효됨) OAS Treaty Series 69 (산살바도르 의정서) 제11조; 인간과 인민의 권리에 관한 아프리카 헌장 (1981년 6월 27일 채택됨, 1986년 10월 21일 발효됨) 제24조.
105) *The Social and Economic Rights Action Centre and the Centre for Economic and Social Rights v Nigeria*, Comm. No. 155/96 (27 Oct. 2001) para. 54 http://www1.umn.edu/humanrts/africa/comcases/155-96.html (오고니랜드 사건).
106) *Teitiota v New Zealand* (주 54).
107) *AF (Kiribati)* (주 53) para. 87는 유럽인권재판소 판례 및 학계의 논의에 근거하였다.

점을 근거로 인위 - 위험과 자연적 - 위험을 구분했다.108) 따라서 투발루의 한 가족이 기후변화의 영향(특히 깨끗한 식수의 부족과 해수면 상승)을 이유로 귀국할 경우 자의적으로 생명을 박탈당할 위험에 처할 것이라고 주장한 사건에서, 재판소는 투발루에서의 생활이 뉴질랜드보다 더 어려울 수는 있지만 투발루 정부의 행위 또는 부작위로 인해 자의적으로 생명을 박탈당할 위험에 처할 정도로 불안정하다는 것을 입증할 증거는 부족하다고 판결했다.109)

2019년 말, 유엔 자유권규약위원회는 앞에서 언급된 뉴질랜드 사례 중 하나에 대한 견해를 발표했다. 키리바시의 테이티오타 씨는 뉴질랜드가 자신의 보호 신청을 거부함으로써 자의적으로 생명을 박탈당할 실질적인 위험에 노출되었다고 주장했다. 그는 만약 송환될 경우 기후변화와 해수면 상승의 영향으로 인한 담수부족, 인구과밀, 침수, 침식, 토지분쟁으로 인해 자신의 생명이 위험에 처할 수 있다고 말했다. 자유권규약위원회는 원칙적으로 기후변화의 영향으로 인해 사람들이 그러한 위험에 노출될 수 있으며, 이는 '송출국의 강제송환금지의무를 촉발'할 수 있다는 점을 인정했다.110) 또한 '그 위험이 현실화되기 전이라도 해당 국가에서의 삶의 조건이 존엄하게 살 권리 the right to life with dignity 와 양립 할 수 없게 될 수 있다'고 설명하여 생명에 대한 즉각적인 위험이 발생하기 전에 보호가 이루어져야 함을 암시했다.111) 그러나 위원회는 '키리바시 공화국이 국제사회의 도움을 받아 국민을 보호하고 필요한 경우 이주시키기 위한 적극적인

---

108) *AC (Tuvalu)* (주 54) para. 75.
109) Ibid. 그러나 이 사건에서 재판소는 인도주의적 사유를 근거로 재량을 통해 해당 가족의 체류를 허가했다: 다음을 보라, *AD (Tuvalu)* (주 54) 및 McAdam (주 53)의 논의. 인도주의적 사유에 대한 해석(이전 법령에 관한 사건이지만 동일한 용어를 사용함)은 다음을 보라, *Ye v Minister of Immigration* [2009] NZSC 76.
110) *Teitiota v New Zealand* (주 54) para. 9.11.
111) Ibid.

조치를 취할 수 있는 시간'이 있기 때문에 10~15년 후에 현실화될 수 있는 위험만으로는 아직 보호 신청의 요건이 충분히 입증되지 않았다는 취지의 뉴질랜드 재판소의 논리를 지지했다.112)

4.2절 비인도적인 또는 굴욕적인 대우로부터의 보호

현재까지 관련 판례(뉴질랜드, 영국, 유럽인권재판소)에서는 심각한 인도주의적 상황에 노출되거나 사회경제적 권리를 박탈당하는 것이 그러한 상황 자체보다는 국가의 고의적인 조치 또는 고의적인 무조치와 연관되어 일어날 경우에만 보호가 이루어지고 있다.113)

재난 및 기후변화의 맥락에서 발생한 실향에 관한 판례가 가장 발달한 뉴질랜드에서는 비인도적인 또는 굴욕적인 '대우'를 받게 될 실질적인 위험을 입증하기 위해서는 '국가가 일반적인 경제정책을 통해 적절한 생활수준을 보장하는데 실패했다는 사실을 초월하는' 당국의 적극적인 행위 또는 부작위가 있음을 입증해야하는 것으로 해석되어 왔다.114) 따라서 뉴질

---

112) *Teitiota v New Zealand* (주 54) para. 9.12. 자세한 내용은 다음을 보라, McAdam, J., 'Protecting People Displaced by the Impacts of Climate Change: The UN Human Rights Committee and the Principle of *Non-Refoulement*' (2020) 114 *AJIL* 708.
113) 비인도적인 및 굴욕적인 대우에 관한 보다 일반적인 논의는 다음을 보라, 이 책 제7장; 유럽연합 내 더블린 이송의 맥락에서의 논의는 다음을 보라, 이 책 제8장.
114) 예를 들어 다음을 보라, *BG (Fiji)* [2012] NZIPT 800091, para. 148. 유럽인권재판소가 *D v United Kingdom* (주 93) 및 *Sufi and Elmi* (주 93) 사건에서 취한 접근 방식과는 달리 이러한 행위엔 퇴거 행위가 포함되지 않는데 의도적으로 달리 해석한 것이다; 다음도 함께 보라, *R v Secretary of State for the Home Department, ex parte Adam* [2005] UKHL 66, para. 7(Lord Bingham). 호주 법은 금지되는 '대우'란 반드시 '의도적으로 가해진 것'이어야 한다고 규정하고 있다: Migration Act 1958 (Cth) (호주), s. 5(1), 그리고 연방법원 전원재판부는 이러한 대우에는 퇴거 행위가 포함되지 않는다고 판시하고 있다: *GLD18 v Minister for Home Affairs* [2020] FCAFC 2, paras. 37-9 (그렇지만 para. 41의 자격 요건을 참고하라). 뉴질랜드의 결정권자들이 1966년 시민적 및 정치적 권리에 관한 국제규약 제6조와 제7조의 - '대우'의 의미와

랜드 재판소는 일반적으로 재난에 대응하면서 어떤 국가가 보인 역량부족 자체는 이러한 금지되는 '대우'를 구성하기에 부족하지만, 어떤 국가가 차별적인 기준으로 재난 후 지원을 보류하거나 국내의 역량이 부족할 때 활용 가능한 외국으로부터의 지원에 대한 접근을 자의적으로 차단하는 경우이는 잠재적으로 재난에 피해를 입은 인구집단에 대한 부당한 대우에 해당할 수 있다고 판시한 바 있다.115) 따라서 강제송환금지원칙은 일반적인 빈곤, 실업, 자원 또는 의료 서비스 부족 자체에 대한 구제책을 제공하지는 않는다(아래에서 논의될 가장 예외적인 상황을 제외하고 그렇다).116)

유럽인권재판소는 한 말기 환자를 의학적 치료가 불충분한 국가로 송환하는 것이 유럽인권협약 제3조에 따른 비인도적인 또는 굴욕적인 대우를

관련하여 - 잠재적 의미를 좁게 해석한 것은 논란의 여지가 있는데, 이는 뉴질랜드 이민법 자체에 강력한 또는 동정적인 상황이 존재하는 경우 체류를 허가 할 수 있는 인도주의적 재량권이 포함되어 있기 때문에 그렇게 해석한 것일 수 있다.

115) *AC (Tuvalu)* (주 54) para. 84. 다음 사건에서의 국제법위원회의 조항 초안에 대해 논의한 내용을 보라, *AC (Tuvalu)* (주 54) paras. 91-8.
116) *D v United Kingdom* (주 93); *N v United Kingdom* [2008] ECHR 453; *HLR v France* (1997) 26 EHRR 29, para. 42. 또한 고문방지위원회의 다음 사건에서의 견해도 함께 보라, *AD v The Netherlands,* UN doc. CAT/C/23/D/96/1997 (12 Nov. 1999) para. 7.2. AD v 네덜란드, UN 문서. CAT/C/23/D/96/1997 (1999. 11. 12) para. 7.2. 이 책 제3판 350-1면의 논의도 보라. 유럽인권재판소의 접근방식에 대한 비판은 다음을 보라, Greenman, K., 'A Castle Built on Sand? Article 3 ECHR and the Source of Risk in *Non-Refoulement* Obligations in International Law' (2015) 27 *IJRL* 264. 사회경제적 의무의 위반을 시민적, 정치적 의무의 위반으로 재규정하는 판례의 발전은 '연장 위의 연장'으로 묘사되기도 한다: *AJ (Liberia) v Secretary of State for the Home Department* [2006] EWCA Civ 1736, para. 12, 다음을 참조함, *N v Secretary of State for the Home Department* [2003] EWCA Civ 1369, paras. 37, 46, in Foster, M., '*Non-Refoulement* on the Basis of Socio-Economic Deprivation: The Scope of Complementary Protection in International Human Rights Law' [2009] *New Zealand Law Review* 257, 266. 열악한 환경으로부터의 보호에 대해서는 다음을 보라, Ní Ghráinne, B., 'Complementary Protection and Encampment' (2021) 21 *Human Rights Law Review* 54.

받을 실질적 위험으로의 강제송환금지에 위반되는지라는 쟁점에 관한 중요사건인 *D v United Kingdom* 사건에서 이 문제를 검토했다. 세인트키츠 출신의 남성인 신청인은 영국에 수감되어 있는 동안 HIV 치료를 받고 있었다. 불치병이 상당히 진전된 단계에 있었기에, '세인트 키츠에서 유사한 치료를 받을 수 없기 때문에 현재 치료를 중단하면 사망시점을 앞당길 것이라는 것은 증명된 사실'이었다.117) 그는 영국 당국이 그를 세인트 키츠로 퇴거시킴으로써 '고립, 불결, 빈곤이란 상황 속에서 아픔과 고통을 겪으며 남은 날을 보내도록 단죄'한다며 이는 비인간적이고 굴욕적인 대우에 해당한다고 주장했다.118)

유럽인권재판소는 1950년 유럽인권협약 제3조의 '근본적인 중요성'은 국가가 의도적으로 가한 행위로 인해 위해가 발생한 경우 이외의 상황에서도 이 조항의 적용을 고려할 수 있도록 재판소에 '충분한 유연성을 반드시 확보할 것'을 주문한다고 판시했다.119) 따라서 이후의 *N v United Kingdom* 사건에 대해 설명한 바와 같이, 재판소는 '수용국에서 받을 수 없는 치료라는 위험의 근원이 해당 국가의 공공 당국의 책임과 직간접적으로 관련될 수 없거나, 그 자체로 독자적으로 고려했을 때 제3조의 기준을 침해하지 않는 요인에서 비롯된 사안'이라 하더라도 그 청구를 검토할 수 있다.120)

D v United Kingdom 판결은 예외적인 사안에서 '비인도적인 또는 굴욕적인' 사회경제적 조건으로의 송환이 금지될 수 있다는 명제를 뒷받침하는 판결로 이해되는 경우가 많다. 그러나 이는 유럽인권재판소의 판결을 잘못 해석한 것이다. 사실 영국이 그에게 치료를 제공해준 것, 그 치료를 철회한 것, 그리고 (아마도 우발적으로)121) 그러한 치료가 계속될 수 없는 상황으

---

117) *D v United Kingdom* (주 93) para. 40.
118) Ibid.
119) Ibid., para. 49.
120) *N v United Kingdom* (주 116) para. 32.
121) 실제로, 반대의견을 낸 재판관들이 *N v United Kingdom* (주 116) 판결 반대의견,

로 그를 퇴거시키기로 결정한 것은 모두 사실이며,[122] 이 사실은 제3조에 따른 영국의 책임을 직접적으로 발생시킨다. 재판소는 다음과 같이 설명했다:

> [송환국에서 그가 직면하게 될 상황들 자체가 제3조의 기준 위반이라고 할 수는 없지만, 그의 퇴거는 가장 고통스러운 상황 속에서 사망할 실질적인 위험에 노출될 수 있다는 것은 비인도적인 대우에 해당할 수 있다.[123]]

이러한 사안에서 요구되는 '비인도적인 또는 굴욕적인 대우'에 대한 사실적 입증의 문턱은 매우 높다. *D v United Kingdom* 사건에서 재판소는 세인트키츠의 열악한 의료 환경이 '신청인의 이미 제한된 기대 수명을 더욱 단축시키고 급성의 정신적, 육체적 고통을 겪게 할 수 있다'고 판단하면서 다음의 사정을 고려했다;[124] 신청인이 병원에 입원할 수 있다는 어떤 보장도 없는 점, 강한 가족적 유대나 기타 도덕적 또는 사회적 지원이 없는 점, 세인트키츠에서 쉼터와 적절한 식단이 부족하기에 그가 적절히 치료될 수 없는 감염에 노출될 수 있는 점, 그리고 그 자체로 제3조 위반을 구성하는

20항에서 언급한 바와 같이, "임종 직전의 신청인"을 강제퇴거시키는 것은 출신국의 상황과 관계없이 *그 자체*로 절대성을 갖는 협약 제3조와 부합하지 않을 수 있다.

122) 그렇기 때문에 재판소는 '사건을 둘러싼 모든 상황, 특히 추방국에서의 신청인이 처할 개인적 상황을 반드시 엄격하게 조사해야' 하는 것이다: *D v United Kingdom* (주 93) para. 49.

123) Ibid. para. 53 (강조 추가됨). 이것은 2020년 보르도 행정항소법원이 한 방글라데시 남성에 대해 그가 '대기오염으로 인한 호흡기 질환 악화'를 직면할 것이라는 이유로 강제퇴거될 수 없다는 판결을 내렸을 때 취했던 접근 방식인 것으로 보인다: Cour administrative d'appel de Bordeaux, n° 20BX02193, n° 20BX02195 (2ème chambre, 18 décembre 2020). 독특하게도, 이 사건은 환경 실향에 관한 획기적인 판결로 언론에 소개되었다: 예를 들어, Taylor, D., 'Air pollution will lead to mass migration, say experts after landmark ruling' *Guardian* (15 Jan. 2021) 유사한 접근 방식들에 대해서는 다음을 보라, *AC (Taiwan)* [2017] NZIPT 503484; Verwaltungsgericht Baden-Wurttemberg (주 94).

124) *D v United Kingdom* (주 93) para. 52.

것은 아닌125) 일반적인 세인트키츠의 열악한 보건 및 위생 환경.126)

그러나 유럽인권재판소는 *MSS v Belgium and Greece* 사건에서 벨기에가 한 비호 신청자를 그리스로 돌려보내 고의로 굴욕적인 대우에 해당하는 구금 및 생활 환경에 노출되게 함으로써 제3조상의 의무를 위반했다고 판결했다:127)

[음식, 위생, 거주지 등 가장 기본적인 필요를 충족할 수 없는 가장 극심한 빈곤 상태에 처해 있었다. 이에 더해 공격과 강도에 대한 두려움과 상황이 개선될 가능성이 전혀 보이지 않는 상황까지 더해졌다. 이러한 불안정한 상황과 물질적, 정신적 궁핍에서 벗어나기 위해 여러 차례 그리스를 떠나려고 시도하기 까지 했다.128)]

---

125) Ibid., para. 53. 다음도 함께 보라, *N v United Kingdom* (주 116); *Paposhvili v Belgium,* App. No. 41738/10 (13 Dec. 2016). 유럽연합사법재판소(CJEU)는 유럽인권재판소의 접근 방식을 따라 '퇴거에 반대하는 인도적 사유에 강한 설득력이 있는 매우 예외적인 경우'에만 예외적으로 퇴거를 금지한다: Case C-542/13 *M'Bodj v Etat belge* (18 Dec. 2014) para. 39; Case C-562/13 *Abdida* (18 Dec. 2014) para. 47, 두 판결 모두 다음을 인용함, *N v United Kingdom* (주 116) para. 42. 이렇게 퇴거가 금지되는 사안들은 '퇴거로 인해 발생할 수 있는 위해의 심각성과 비가역성', 즉 '개인의 건강 상태가 위중하고, 돌이킬 수 없을 정도로 악화될 심각한 위험'을 특징으로 한다: *Abdida,* para. 50. 자세한 분석은 다음을 보라, Costello, C., 'The Search for the Outer Edges of Non-Refoulement in Europe: Exceptionality and Flagrant Breaches', in Burson, B. & Cantor, D. J., eds., *Human Rights and the Refugee Definition: Comparative Legal Practice and Theory* (2016) 194-7; Costello, C., *The Human Rights of Migrants and Refugees in European Law* (2016) 185-8.
126) Ibid.
127) *MSS* (주 88) para. 367. 참조, *BG and Others v France,* App. No. 63141/13 (10 Sep. 2020) para. 88.
128) *MSS* (주 88) para. 254. 다음도 함께 보라, para. 253: '재판소는 "국가의 지원에 전적으로 의존하던 신청인이 인간의 존엄성과 양립할 수 없는 심각한 박탈 또는 부족이란 상황에서 그녀가 국가의 공식적인 무관심을 직면하여 받게 된 대우와 관련하여 제3조에 따른 국가의 책임이 개입될 가능성을 배제한 것은 아님을 거듭 강조한다" (다음을 보라, *Budina v. Russia,* App. No. 45603/05, ECHR, 18 June 2009)'.

그 후 *Sufi and Elmi v United Kingdom* 사건에서 유럽인권재판소는 (특히) 소말리아로 송환된 사람들이 국내실향민 캠프나 난민 캠프에 수용될 합리적인 가능성이 있는 경우, 그 또는 그녀가 그곳의 열악한 인도주의적 상황으로 인해 비인도적인 또는 굴욕적인 대우에 노출될 실질적인 위험에 직면할 수 있다고 판시했다.129) 이러한 상황은 부분적으로는 소말리아의 가뭄으로 인한 것이기도 하지만, '주로 분쟁 당사자들의 직간접적인 행동으로 인한 것'이라고 지적했다.130) 따라서 재판소는 *N v United Kingdom* 사건(주장된 위해가 '공권력이나 비국가 기관의 의도적인 행위나 부작위가 아니라, 송환국에서 자연적으로 발생하는 질병과 이를 처리할 충분한 자원의 부족에서 비롯된 것'으로 판단함131))에서 취했던 접근 방식을 택하지 않았다. 대신, '식량, 위생 및 주거와 같은 가장 기본적인 필요를 충족시킬 수 있는 신청자의 능력, 부당한 대우에 대한 취약성 및 합리적인 기간 내에 그가 처한 상황이 개선될 전망'을 고려해야 한다는 *MSS v Belgium and Greece* 사건에서의 접근 방식을 따랐다.132)

다시 말해, '소말리아의 끔찍한 인도주의적 상황이 전적으로 또는 심지어는 주로 빈곤이나 가뭄과 같은 자연적으로 발생하는 현상에 대처할 국가의 자원 부족에 기인하는 경우'에는 *N v United Kingdom* 판결의 심사기준이 적용되지만, '주로 분쟁 당사자의 직간접적인 행동에 기인하는 경우'에는 *MSS v Belgium and Greece* 판결의 접근 방식이 적용될 수 있는 것이

---

129) *Sufi and Elmi* (주 93) para. 296.
130) Ibid., para. 282.
131) Ibid., para. 281 다음을 참조함, *N v United Kingdom* (주 116).
132) *Sufi and Elmi* (주 93) para. 283. 이는 질병과 같은 일종의 '자연적'인 상황이 아니라, 한 국가의 고의적인 행동이나 부작위에 기인할 수 있는 경우에 대해서만 제3조 위반이라고 인정하려는 강한 경향이 있는 영국의 판례와도 일맥상통한다: 다음을 보라, *RN (Returnees) Zimbabwe CG* [2008] UKAIT 00083, para. 254, 다음의 비호 및 이민 심판소(AIT)의 초기 결정을 인용함, *HS (Returning Asylum Seekers) Zimbabwe CG* [2007] UKAIT 00094, 다음에 인용됨, Foster (주 116) 300.

다.133) 코스텔로는 이러한 구분이 가능한지 의문을 제기한다.134)

　SHH v United Kingdom 사건에서 유럽인권재판소는 서로 다른 원칙들의 적용문제를 정리해보기 위해 노력했다.135) 이 사건에서 신청인은 장애와 관련된 두 가지 사유, 즉 첫째, 현재 진행 중인 무력충돌에서 폭력에 특히 취약하고 추가 부상 또는 사망의 위험이 더 크다는 점, 둘째, 아프가니스탄에서 가족의 지원이 부족하여 어려운 생활 조건과 차별에 직면할 수 있다는 점을 들어 자신이 아프가니스탄으로 퇴거될 경우 1950년 유럽인권협약 제3조 위반으로 자신이 위험에 처하게 될 것이라고 주장했다.

　유럽인권재판소는 이 사건이 1950년 유럽인권협약에 가입하지 않은 국가, 즉 아프가니스탄의 상황에 관한 사건이라는 점을 근거로 *MSS*사건과 구별했다. 따라서 장애인에게 적절한 복지 지원을 제공하지 않은 것에 대해 제3조에 따른 책임을 물을 수 없다고 판단했다.136) 재판소는 *Sufi and Elmi* 사건에서 택한 재판소의 접근 방식은 '소말리아의 인도주의적 위기가 주로 전쟁이란 무차별적인 방법을 사용하고 국제 구호 기관의 활동을 허용하지 않은 분쟁 당사자들의 직간접적인 행동에 기인한다는 명백하고 광범위한 증거가 법원에 제출'되었기 때문이었기에 달리 봐야 한다면서137) 이 사건에서는 '아프가니스탄의 상황이 지속적인 분쟁의 결과로 매우 심각하긴 하지만 소말리아 남부와 중부의 상황과 비슷하다고 결론 내릴 수 없었다'고 설명했다.138)

　따라서 재판소는 *N v United Kingdom* 사건과 이 사건 모두 당국의 고의

---

133) *Sufi and Elmi* (주 93) para. 282.
134) Costello (주 126) 193, 다음을 인용함, *SHH v United Kingdom* (2013) 57 EHRR 18. 다음도 함께 보라, Greenman (주 116). 유럽연합 내에서의 더블린 이송 사례에 관한 분석은 이 책 제8장을 보라.
135) *SHH* (주 134).
136) Ibid., para. 90.
137) Ibid., para. 91.
138) Ibid.

적인 행위나 부작위로 인한 것이 아니라 충분한 자원 부족으로 인해 발생할 미래의 위해에 관한 것이었기 때문에 같게 봐야 한다며, *N v United Kingdom* 사건에서 택한 접근법을 여기에도 적용했다.139) 이 사건에선, 재판소는 결국 증거를 통해 '퇴거를 반대하는 인도주의적 근거가 강력하게 설득력 있는 매우 예외적인 경우'라는 점을 인정하지 않았다.140)

위험에 대한 평가가 얼마나 먼 미래까지 확장되는가라는 문제에 대한 관점에서, 현재의 심사기준은 퇴거로 인해 '신청인의 건강 상태가 심각하고, 급속히, 돌이킬 수 없는 악화에 노출되어 극심한 고통을 초래하거나 또는 기대 수명이 크게 감소할 실제 위험'이 발생할 것인지 여부에 따른다.141) 신청인이 '사망할 임박한 위험'에 처할 필요까지는 없지만, 그럼에도 불구하고 퇴거로 인해 제3조에 위배되는 대우를 받을 '실질적이고 구체적인 위험'142)이 발생해야 하며, 이 위험은 '퇴거 전의 건강 상태와 송환국으로의 이송 후 진전될 건강 상태를 비교하여' 평가한다.143) 유럽연합사법재판소(CJEU)도 이 심사기준을 승인하였다.144)

---

139) Ibid., para. 89. 다음도 함께 보라, Case C-353/16 MP v *Secretary of State for the Home Department* (24 Apr. 2018).

140) *SHH* (주 134) para. 92은 *N v Untied Kingdom* (주 116)에 설시된 원칙을 따랐다. 2020년 말 한 독일 법원은 코로나19 발생 이후 아프가니스탄의 인도주의적 상황이 크게 악화되었고, 비록 그가 건강함에도 아프가니스탄에 가족과 연고가 없다는 사실이 생존 능력에 영향을 미칠 수 있다는 이유로 한 남성을 아프가니스탄으로 추방할 수 없는 매우 예외적인 상황이 존재한다고 판결했다: Verwaltungsgericht Baden-Wurttemberg (주 94) para. 26.

141) *Paposhvili* (주 126) para. 183 (강조 추가됨). 이전의 심사기준은 퇴거 시 조기 사망으로 이어질 정도로 환자의 건강이 심각하게 손상되었을 것을 요구했다: *D v United Kingdom* (주 93); *N v United Kingdom* (주 116); *Yoh-Ekale Mwanje v Belgium* (2013) 56 EHRR 35.

142) *Paposhvili* (주 126) para. 205.

143) Ibid., para. 188 (강조 추가됨).

144) *MP* (주 139) paras. 40-1. 다음도 함께 보라, 영국 대법원의 *AM (Zimbabwe) v Secretary of State for the Home Department* [2020] UKSC 17, paras. 30-2, 34는 *N*

출신국의 열악한 사회경제적 조건만으로도 비인도적인 또는 굴욕적인 대우에 해당하여 송환이 위법하게 될 수 있는가?145) 위의 판례는 국가의 고의적인 행위 또는 부작위가 없다면 이를 입증하기가 매우 어렵다는 것을 시사한다. 뉴질랜드의 결정권자들도 마찬가지로 재난이 '보호 대상자로 인정해 달라는 신청의 근거가 될 상황을 제공할 수 있다'는 점을 인정했지만,146) 재난에 대한 국가의 일반적인 무능력만으로는 부당한 대우를 구성할 수 없으며, 고의적인 행위 또는 부작위(예를 들어, 재난 후의 지원 중단)가 있어야 한다고 판단한다.147) 또한, 어떤 국가가 재난위험 감소 또는 기

---

v Secretary of State for the Home Department [2005] UKHL 31 사건에서의 종전 입장을 떠났다.
145) D v United Kingdom 사건의 신청인은 유럽인권재판소에 이러한 주장도 펼쳤지만, 재판소가 협약 위반은 영국이 취한 조치의 직접적인 결과로 발생했다고 규정함으로써 이 주장은 최종적으로 판단되지 않았다: D v United Kingdom (주 93) paras. 40-1. 영국 항소법원은 N v Secretary of State for the Home Department (주 116) 사건에서 '자원 부족으로 인한 가혹한 영향으로부터 보호받아야 한다는 주장'(para. 38)은 '해당 사건의 인도주의적 호소가 매우 강력하여 문명국가의 당국이 합리적으로 용인할 수 없을 정도의 경우에만 정당화된다'(para. 40)고 설시했다. 항소법원 스스로 인정했듯이, 이는 명확한 법적 기준이 아니라 제3조 위반에 해당할 수 있는 사실관계를 설명하는 것이다.
146) AC (Tuvalu) (주 54) para. 70.
147) 주115의 본문을 보라. 영국의 일련의 사건들에서 법원들은 '*심각하게 해로운 정도로 to a seriously detrimental extent* 인간의 가장 기본적인 필요를 부정하는 경우' 비인도적인 또는 굴욕적인 대우에 해당한다고 밝혔다. 그러나 여기선 국가가 고의적으로 지원을 거부하는 것이 핵심이었다. 영국 귀족원은 노숙자를 수용하거나 빈곤층을 부양해야 할 일반적인 공공의 의무는 없지만, '생계수단과 대안적인 지원이 없어 스스로를 부양할 수 없는 비호 신청자가 *국가의 고의적인 조치로 인해* 쉼터, 식량 또는 가장 기본적인 생활 필수품을 거부당한 경우'에는 국가에 그러한 의무가 있다고 판결했다: Adam (주 114) para. 7 (Lord Bingham) (강조 추가됨). 송환국의 처우 상황이 수용국의 처우 상황보다 열악하다는 이유만으로 퇴거가 배제되는 것은 아니다: Salkic v Sweden, App. No. 7702/04 (29 Jun. 2004); Amegnigan v The Netherlands, App No. 25629/04 (25 Nov. 2004); Januzi (주 90) para. 19 (Lord Bingham); 다음을 함께 보라, para. 45 (Lord Hope).

후 적응 조치 등을 통해 자국 영토 또는 관할권 내의 사람들을 재난이나 기후변화의 부정적 영향으로부터 보호하기 위해 자신의 권한 내에서 조치를 취하고 있다면 인권법에 따른 의무를 포기한 것으로 간주되지는 않을 것이다.148) 그 근거는 '이러한 위험들을 발생시키는 근본적인 환경적 동인을 완화하는 것'은 단지 한 국가의 '권한 내에만 속한 일이 아니며', '그러한 무능력을 국가 보호의 실패와 동일시하는 것은 … 국가에 불가능한 부담을 지우는 것'이라는 것이다.149) 따라서 생명 보호에 대한 국가의 적극적 의무에 대한 평가는 '이러한 현실에 의해 형성'되어야 한다.150) 이는 '인위' 위험보다 '자연' 위험에 대해 국가의 책임을 덜 요구하는 것으로 보이는 유럽인권재판소의 접근 방식이 반영된 것이다.151)

유엔 자유권규약위원회에 회부된 *Teitiota v New Zealand* 사건에서 위원회는 '송환국들에서의 기후변화의 영향은 당해 개인을 규약 제6조 또는 제7조에 따른 권리 침해에 노출시켜, 수용국의 강제송환금지 의무를 발생시킬 수 있다'는 점을 인정했지만, 명시적으로 1966년 시민적 및 정치적 권리에 관한 국제규약 제7조 위반여부를 검토하지는 않았다.152) 제6조 주장의 경우와 마찬가지로 제7조 주장에 대한 핵심 고려 사항은 주장된 위해에 대응할 수 있는 키리바시의 능력(국제적 지원 포함)이었을 것이며,153) 그리고

---

148) 국제법위원회 초안 조항(주 38)은 국가는 '재난을 예방, 완화 및 대비하기 위해 입법 및 규제를 포함한 적절한 조치를 취함으로써 재난의 위험을 줄여야 한다'(초안 제9조); '자국 영토 또는 관할 또는 통제 하에 있는 영역에서 인명 보호 및 재난 구호 지원 제공을 보장해야 한다'(초안 10조), '자국의 대응 능력을 명백히 초과하는 재난의 경우 다른 국가, 유엔 및 기타 잠재적 지원 행위자에게 적절한 지원을 요청해야 한다'(초안 11조)라고 규정하고 있다.
149) *AC (Tuvalu)* (주 54) para. 75.
150) Ibid.
151) *Budayeva v Russia* (주 88); *Öneryildiz v Turkey* (주 84). 영국 비호 및 이민심판소(AIT)의 일부 결정들은 덜 제한적인 기준을 적용한 것으로 보인다: 다음을 보라, McAdam (주 26) 78-9.
152) *Teitiota v New Zealand* (주 54) para. 9.11.

'제6조 및 제7조 주장에서 고려되어야 하는 회복 불가능한 위해의 실질적 위험은 … 반드시 개인적인 것이어야 하고, 가장 극단적인 사례들을 제외하고는 송환국의 일반적인 조건에서만 비롯될 수 없으며, 회복 불가능한 위해의 실질적 위험이 존재한다는 것을 입증할 수 있는 상당한 근거를 제시해야 한다는 높은 문턱을 넘어야 한다.'154) 그러나 키리바시의 상황이 잔혹한, 비인도적인 또는 굴욕적인 대우에 해당한다고 할 수 있는지 여부는 생명권에 관한 법리와는 약간 달리 판단할 수도 있었던 별개의 문제였다. 왜냐하면 첫째, 뉴질랜드의 접근 방식과 달리 자유권규약위원회의 기존 법리는 잔혹한, 비인도적인 또는 굴욕적인 대우를 명시적으로 적극적인 행위 또는 부작위에 의한 결과로 제한하지 않는다.155) 둘째, 자유권 규약위원회가 아마도 유럽의 견해를 따른 것은, 퇴거 행위 자체를 '연쇄적으로 발생할 사건들 중에서 가장 핵심 요소'로서 주목하여, 이로 인해 개인의 '가장 기

---

153) 다음을 보라, Human Rights Committee, 'General Comment No. 20: Replaces General Comment 7 concerning Torture or Cruel, Inhuman or Degrading Treatment or Punishment (Art. 7)' (10 Mar. 1992) para. 2; ILC draft articles. (주 38) arts. 9-11. Scott (주 51) 84가 설명하였듯이, '사망 또는 심각한 위해의 위험이 자의적인 생명 박탈 또는 잔혹한, 비인도적인 또는 굴욕적인 대우에 해당하는지 여부에 관한 판단은 반드시 송환국 당국이 재난 위험에 대처해 온 방식을 반드시 고려해야 하지만, 한편 위험의 성격과 송환국이 이를 해결할 수 있는 능력도 고려해야 한다.'
154) *Teitiota v New Zealand* (주 54) para. 9.3는 다음을 참조함, Human Rights Committee, 'General Comment No. 36 (2018) on Article 6 of the International Covenant on Civil and Political Rights, on the Right to Life': UN doc. CCPR/C/GC/36 (30 Oct. 2018) para. 30; *BDK v Canada*, UN doc. CCPR/C/125/D/3041/2017 (19 Mar. 2019) para. 7.3; and *K v Denmark*, UN doc. CCPR/C/114/D/2393/2014 (16 Jul. 2015) para. 7.3. 위원회는 신청인의 폭력적 토지 분쟁에 대한 두려움에 대해 평가하면서, '폭력이 일어나는 일반적인 상황은 가장 극단적인 경우에만 규약 제6조 또는 제7조에 따른 돌이킬 수 없는 위해의 실질적 위험을 초래하기에 충분한 강도를 충족할 수 있으며, 그러한 극단적인 경우란 개인이 송환 시 그러한 폭력에 노출되는 것만으로도 위해를 당할 실질적 위험이 있거나 또는 해당 개인이 특히 취약한 상황에 처한 경우'라고 설명했다: para. 9.7 (fns 생략됨).
155) 다음을 보라, General Comment 20 (주 153) para. 4.

본적인 인권이 심각하게 침해되는' 결과를 초래할 경우에만 비인도적인 또는 굴욕적인 대우에 해당할 수 있다고 판단했기 때문일 수도 있다.156) 이 사건의 증거와 논증을 따를 경우, 다른 판단이 나오기는 어려웠을 것 같지만, 앞으로 계속 지켜봐야할 것이다.

4.2.1절 아동

마지막으로, 아동과 관련된 신청의 경우, 아동에게 영향을 미치는 모든 결정에서 아동 최선의 이익을 최우선적으로 고려해야 하는 국가의 의무가 추가적인 보호 범위를 제공해줄 수도 있다157)는 것을 설명한다. 이 문제는 AD(Tuvalu) 사건에서 제기되었다. 뉴질랜드 이민보호재판소는 '아동인 청구인은 어린 나이로 인해 성인 부모보다 자연재해와 기후변화의 악영향에 본질적으로 더 취약하다'는 점을 인정하면서도, 제출된 증거에 근거하여 투발루 정부는 '아동의 구체적인 취약성에 민감하게 반응하여 이 사건의 청구인 아동들이 투발루로 송환될 경우 어린 생명을 임의로 박탈당할 위험에 처하지 않으며, 아동으로서 잔혹한, 비인도적인 또는 굴욕적인 대우를 받을 위험에 처하지 않는다'고 결론내렸다.158) 뒤이어, 인도주의적 신청(동정적인 고려에 근거한)에 대해서는 재판소는 1989년 아동권리협약 제3조가 아동 최선의 이익을 최우선적으로 고려할 것을 요구한다는 점을 인정했다.159) 아동들은 평생 뉴질랜드에서 살았고 투발루에 가본 적이 없었으며, 가장 큰 아동은 뉴질랜드에서 학교에 다니고 있었고, '어린 나이로 인해 자연재해와 기후변화의 악영향에 본질적으로 더 취약하다'는 점을 고려하

---

156) Kälin, W. & Künzli, J., The Law of International Human Rights Protection (2nd edn., 2019) 533. 이러한 시각을 제안해준 Walter Kälin에 감사를 표한다.
157) 자세한 내용은 이 책 제7장을 보라.
158) AC (Tuvalu) (주 54) para. 119.
159) AD (Tuvalu) (주 54) para. 23.

여,160) 재판소는 여기서 아동들의 최선의 이익은 '분명히 … 뉴질랜드에서 대가족의 일원으로 부모와 함께 계속 사는 것'이라고 판결했다.161) 스콧은 이 결정이 '아동이 심각한 위험에 노출될 위험이 있는 국가로 퇴거되지 않도록 보호하는 데 있어 아동권리협약이 갖는 중요한 권한에 관한 이론적 주장을 강화한다'고 주장한다.162) 앞으로 발생할 사례들에서는 세대 간 형평성 원칙,163) 그리고 아동의 권리를 평가할 때 심사 대상이 되는 기간을 더 길게 미래로까지 확장하여야 하는지 여부도 고려할 수 있을 것이다.164)

4.2.2절 대안적 국내피신

어떤 사안에 대해서는 대안적 국내피신이 합리적인 것으로 간주될 수도 있다.165) 출신국의 일반적인 생활 수준이 보호를 요청한 국가의 생활 수준보다 낮더라도 그 개인의 퇴거가 금지되는 것은 아니다. 그러나 '인권 존중

---

160) Ibid., para. 25; 다음도 함께 보라, para. 24.
161) Ibid., para. 26.
162) Scott (주 51) 85 (fns 생략됨).
163) 다음을 보라, Türk, V., 'Restructuring Refuge and Settlement: Responding to the Global Dynamics of Displacement' (2011) 28(2) *Refuge* 117.
164) 다음의 논의를 보라, Anderson, A. and others, 'A Well-Founded Fear of Being Persecuted … But When?' (2020) 42 *SydLR* 155. 다음도 주목하라, UNHCR, 'Guidelines on International Protection: Child Asylum Claims Under Article 1(A)2 and 1(F) of the 1951 Convention and/or 1967 Protocol Relating to the Status of Refugees': HCR/GIP/16/12 (22 Dec. 2009) para. 36는 '그러한 행위가 *현재와 미래에* 관련 아동 개개인에게 미칠 결과를 평가하는 것이 중요하다'고 명시한다. 기후변화의 맥락에서 아동의 권리에 대해서는 다음을 보라, *Sacchi v Argentina*, Communication to the Committee on the Rights of the Child (lodged 23 Sep. 2019) https://childrenvsclimatecrisis.org/wp-content/uploads/2019/09/2019.09.23-CRC-communication-Sacchi-et-al-v.-Argentina-et-al.pdf.
165) 일반적으로 다음을 보라, Schultz, J., *The Internal Protection Alternative in Refugee Law: Treaty Basis and Scope of Application under the 1951 Convention relating to the Status of Refugees and Its 1967 Protocol* (2019).

의 부족으로 인해 생명에 위협을 받거나, 비인도적인 또는 굴욕적인 대우나 처벌의 위험에 노출된 경우'라면 이러한 입장이 달라질 수 있다.166) 또한, 유엔난민기구의 대안적 국내 피신에 관한 지침에 따르면:

> [어떤 개인이 경제적 궁핍이나 최저생계 수준 이하의 생활을 겪어야 하는 지역으로 이주하기를 기대하는 것은 불합리하다 … 해당 국가의 전반적 상황에 비추어 보아 그 지역의 조건이 비교적 정상적인 삶을 영위할 수 있는 수준이어야 한다. 예를 들어 어떤 개인이 가족과의 연결이 없어지고 비공식적인 사회적 안전망의 혜택을 받을 수 없는 경우, 다른 방법으로 최저생계 수준을 넘어서 비교적 정상적인 삶을 영위할 수 있지 않는 이상 이주는 합리적인 대안이 아닐 것이다.167)]

중요한 것은 이 지침이 문화적 또는 종족적 이유로 인해 특정 지역의 토지 및 자원에 대한 접근이 불가능할 수 있으며, 이로 인해 내부 이주가 불가능할 수 있음을 인정하고 있다는 점이다. 또한 지침은 극심하게 어려운 조건에 처할 수 있는 도시 빈민가와 같은 지역으로 이동해야 하는 경우 대안적 국내피신이 부적절하다는 점을 지적한다.168) 이러한 요소는 기후변

---

166) *Januzi* (주 90) para. 19 (Lord Bingham), para. 45 (Lord Hope); UNHCR, 'Guidelines on International Protection: "Internal Flight or Relocation Alternative" within the context of Article 1A(2) of the 1951 Refugee Convention and/or 1967 Protocol relating to the Status of Refugees': HCR/GIP/03/04 (23 Jul. 2003) para. 29. 유럽인권재판소는 *Salkic v Sweden* (주 147)에서 단지 송환국의 의료 수준(정신 의료 포함)이 수용국에서 제공되는 의료 수준과 동등한 수준이 아니라는 이유만으로는 제3조가 위반되지 않는다고 재차 강조했다. 다음도 함께 보라, *Amegnigan* (주 147). 이러한 기준을 자세히 설명하면서 영국 비호 및 이민심판소(AIT)는 '항소인이 모든 실질적인 수단을 통해서도 그녀의 인간성을 반영할 수 있는 충분한 존엄성을 유지하며 생존할 수 없는 경우' 퇴거는 '부당하게 가혹한 처분이 될 수 있으며, 이는 생존을 위해 빈곤, 구걸, 범죄 또는 성매매라는 대가를 치러야만 한다면 이는 터무니없이 높은 대가다'라고 지적했다: *FB (Lone Women—PSG—Internal Relocation—AA (Uganda) Considered) Sierra Leone* [2008] UKAIT 00090, para. 39 (강조 삭제됨).
167) UNHCR Guidelines on Internal Flight (주 166) para. 29 (emphasis added).

화와 재난의 맥락에서 특히 관련이 있다.

5절 국가의 '소실'

핵심적인 보호 원칙들을 제외하면, 무국적자 체제는 재난 실향민을 지원하기 위한 규범적 틀로서의 가능성이 거의 없다. 국가의 존재가, 물리적 소실을 이유로 언제 중단되는지에 대한 국제법상으로 해결되지 않은 문제를 포함하여 너무 많은 변수가 관련되어 있다.169) 그럼에도 불구하고 일부 저지대 소규모 도서국가들의 영토 보전은 기후변화, 특히 해수면 상승이라는 서서히 일어나는 영향으로 인해 위험에 처해 있기 때문에 무국적자 문제는 계속 부각되고 있다.

다른 곳에서 자세히 설명한 바와 같이,170) 무국적자의 지위에 관한 조약이 제공하는 보호 그리고 무국적자는 '그의 법률의 시행상 국민으로 간주되지 않는 자 not considered as a national by any State under the operation of its law'로 명시적으로 한정된다.171) 사실상의 무국적자, 즉 형식적으로는 국적을 가지고 있지만 실질적으로 국적에 효력이 없는 사람에게는 적용되지 않는다.

어떤 국가가 국제법상 일반적으로 불법임에도172) 자국민의 국적을 박탈

---

168) Ibid., para. 30.
169) 예를 들어, 유엔난민기구는 초기에는 무국적자에 대한 명확한 권한을 바탕으로, 바로 이 지점을 근거로 개입했지만, 그 이후에는 이러한 접근 방식에서 벗어나고 있다. 이는 기후변화의 영향, 이동성 패턴 등에 대한 경험적 증거가 명확해졌을 뿐만 아니라, 무국적 법체계 적용의 복잡성과 어려움(및 이 체계는 심지어 전형적인 무국적 상황에도 제한적으로만 적용됨)에 대한 인식이 반영된 결과다.
170) 다음을 보라, McAdam (주 26) 제5장; 이 책 제13장.
171) 무국적자의 지위에 관한 협약(Convention relating to the Status of Stateless Persons) (1954년 9월 28일 채택됨, 1960년 6월 6일 발효됨) 360 UNTS 117, 제1조.

하는 경우를 제외하고는, 무국적자의 정의는 오로지 그 국가가 더 이상 존재하지 않는 것으로 간주되는 경우에만 발동될 수 있다. 다시 말해, 사람들은 그들을 법률의 시행상 국민으로 간주할 국가가 더 이상 존재하지 않는 경우에 무국적자가 될 수 있다. 하지만 이 명제는 많은 추측의 여지가 남아 있는 다음과 같은 복잡한 법적 논점을 갖고 있을 뿐만 아니라, 현실적으로 많은 보호를 제공하지 못할 가능성이 높다.

첫째, 국가소멸에 관한 법 the law on the extinction of States 은 국가의 물리적 소실을 고려하지 않는다. 오히려 국민투표와 같은 수단을 통한 다른 국가로의 흡수, 동서독 통일과 같은 다른 국가와의 합병, 그리고 분열과 후계 국가의 출현으로 인한 구유고슬라비아의 해체처럼, 국가의 공식적인 해체를 규율하는 데 사용되어 왔다. 이러한 차이를 고려하여 학자들은 기후변화의 영향으로 인해 국가성이 사라질 수 있는지 여부와 그 시기를 결정하기 위해 국가생성에 대한 역접근 방식을 취했다.

즉, '국가'가 존재하기 위해서는 일정한 영토, 상주하는 인구, 실효적인 정부, 다른 국가와 외교적 관계를 맺을 수 있는 능력이 있어야 한다.173) 국가가 출현하고 다른 국가로부터 승인받기 위해서는 이 네 가지 요건이 모두 필요하지만, 하나 이상의 요소가 결여되었다고 해서 자동으로 국가가 소멸하는 것은 아니다.174) 이는 기존 국가의 연속성에 대한 강력한 추정에

---

172) 무국적자의 감소에 관한 협약(Convention on the Reduction of Statelessness)(1961년 8월 30일 채택됨, 1975년 12월 13일 발효됨) 989 UNTS 175, 제8조; 1966년 시민적 및 정치적 권리에 관한 국제규약, 제24조(3); 세계인권선언(1948년 12월 10일 채택됨) UNGA res. 217A (III) (UDHR 48), 제15조; 1954 무국적자의 지위에 관한 협약, 제32조.
173) 국가의 권리와 의무에 관한 몬테비데오 협약(Montevideo Convention on the Rights and Duties of States) (1933년 12월 26일 채택됨, 1934년 12월 26일 발효됨) 165 LNTS 19, 제1조, 이는 오늘날 국제관습법을 반영하는 것으로 일반적으로 받아들여지고 있다.
174) Crawford, J., *The Creation of States in International Law* (2nd edn., 2006) 700.

서 비롯되는데,175) 이 추정을 통해 1945년 유엔 헌장176)제정 이후, 국가가 소멸된 사례는 매우 적었고, 비자발적 소멸은 거의 전무했다는 사실을 설명할 수 있다.177) 소위 '실패 국가'도 객관적으로 실패한 기간 동안에도 계속 국가로 인정되어 왔다는 점 역시 중요하다.178)

국가의 강력한 지속성 추정과, 소멸에 관한 자기 집행적 메커니즘이 없음에 비추어 볼 때, 다른 국가들은 악화되는 소규모 도서 국가의 '매우 광범위한 실제 권한 상실'을 경험하더라도 계속 국가로서 승인할 가능성이 매우 높다.179) 과거의 실행에 따르면 국제사회는 더 이상 국가의 존속을 뒷받침할 수 없는 사실이 드러나더라도 당분간은 현상 유지를 기꺼이 받아

---

175) Crawford는 국제법은 '이 가정에 근거해서 존재한다'라고 말한다: ibid., 715, 701. 그는 '일단 확고하게 형성된 국가에 대해서는 소멸을 반대하는 강력한 추정이 있다'고 말한다: ibid, 715, 무엇보다 다음을 인용함, Marek, K., *Identity and Continuity of States in Public International Law* (1954) 548; Schachter, O., 'State Succession: The Once and Future Law' (1993) 33 *VirgJIL* 253, 258-60; Mushkat, R., 'Hong Kong and Succession of Treaties' (1997) 46 *ICLQ* 181, 183-7; Koskenniemi, M., 'The Wonderful Artificiality of States' (1994) 88 *Proceedings of the American Society of International Law* 22.
176) 유엔 헌장(Charter of the United Nations), 1 UNTS XVI (1945년 6월 26일 채택됨, 1945년 10월 24일 발효됨).
177) Crawford (주 174) 715.
178) Thürer, D., 'The "Failed State" and International Law' (1999) 81 *International Review of the Red Cross* 731. 그러나 크로포드는 '실패 국가'라는 개념은 개념적 혼란을 수반하며, '실패 국가' 사례로 원용되는 많은 사례들은 해당 국가의 소멸이 아니라 정부 또는 거버넌스의 위기라고 주장한다: Crawford (주 174) 721-2. 만약 '실패 국가'가 '구조, 권위(합법적 권력), 법, 정치 질서가 무너지고 과거 형태나 새로운 형태 중 어떤 형태로든 재구성되어야 하는 상황'을 설명한다면, '재구성'이라는 개념 자체가 다른 종류의 실체로서가 아니라 국가로서 *qua* State의 재구성이 가능하다는 것을 시사한다: Zartman, I. W., 'Introduction: Posing the Problem of State Collapse', in Zartman, I. W., ed., *Collapsed States: The Disintegration and Restoration of Legitimate Authority* (1995) 1, 다음에 인용됨, Crawford (주 174) 720.
179) Crawford (주 174) 89.

들일 것이다. 실제로 기후변화의 맥락에서 칼린은 '어떤 다른 유엔 회원국이라 하더라도 … 특정한 국가들을 국제기구에서 제외해달라고 요청함으로써, 그러한 도서 국가의 끔찍한 운명에 대한 동정심이 부족한 것으로 비춰져 자국의 명성을 훼손하기를 원할 것이라고 상상하기 어렵다'고 주장했다.180) 아마도 '탈영토화'된 국가는 한동안 국가 공동체의 일부로 계속 상호 작용할 것이다.181)

둘째, 국가가 물리적으로 존재하는 것을 중단하기 훨씬 이전에 담수 공급이 감소하고 기온이 견딜 수 없을 정도로 높아지며 거주할 수 없는 지역이 되면 사람들이 먼저 이주해야 할 것이다.182) 영토 자체가 '소실'되기까지는 수십 년 또는 그 이상이 걸릴 수 있으며, 그 때까지는 많은 이전 주민(및 그 후손)이 다른 국가들에 시민으로 거주하고 있을 수 있다. 따라서 고국을 떠나는 시점과 다른 곳에서 보호가 필요한 시점 사이의 기간이 일치하지 않는다. 또한 영토의 상실이 국가의 소멸을 알리는 신호라기보다는 인구의 감소와 이에 따른 실효적인 정부의 상실이 법인격으로서의 국가가 '사라지기' 시작했다는 첫 번째 신호가 될 가능성이 훨씬 더 높다.183)

---

180) Kälin (주 41) 102.
181) 다음을 보라, Rayfuse, R., 'W(h)ither Tuvalu? International Law and Disappearing States' UNSW Faculty of Law Research Series Working Paper No. 9 (2009). 다음도 함께 보라, Burkett, M., 'The Nation Ex-Situ: On Climate Change, Deterritorialized Nationhood and the Post-Climate Era' (2011) 2 *Climate Law* 345.
182) 기후변화는 작은 도서 국가들에서 이미 심각한 물 부족 문제를 더욱 악화시킬 것이다(예를 들어, 더 빈번하고 심각한 가뭄, 폭풍해일, 킹타이드, 파도의 넘침으로 인한 담수 렌즈 *fresh water lens* 의 염분화).
183) 자세한 분석은 다음을 보라, McAdam (주 26) Ch. 5; Grote Stoutenburg, J., D*isappearing Island States in International Law* (2015); Rayfuse, R., 'International Law and Disappearing States: Maritime Zones and the Criteria for Statehood' (2011) 41(6) *Environmental Policy and Law* 281; Grote Stoutenburg, J., 'When Do States Disappear?: Thresholds of Effective Statehood and the Continued Recognition of

셋째, 무국적자의 지위에 관한 조약 및 무국적자 감소에 관한 조약은 보편적인 비준에는 전혀 미치지 못하며, 무국적자의 보호 필요를 적절히 파악하고 적절한 법적 지위를 부여하기 위한 공식적인 무국적자 심사 절차를 마련한 국가는 거의 없다. 결론적으로, 무국적자에 관한 법은 보호를 보장할 필요성에 대한 국제적 인식을 반영할 수 있지만, 소규모 도서국가들의 (전) 주민들에게는 실질적인 효용이 크지 않을 것으로 보인다. 현재 상황에서 적용을 제한하는 법적 정의의 문제 외에도 무국적자 체제는 난민 체제와 마찬가지로 사전 예방적이라기보다는 사후 대응적이어서, 일반적으로 다른 국가에 어떤 사람이 물리적으로 있을 때만 '발동'되며, 예상되는 위해에 앞서 다른 국가로 입국할 수 있는 메커니즘을 제공하지 않는다.

그럼에도 불구하고 출생등록을 보장하고, 여성이 자녀에게 국적을 물려줄 수 있도록 법을 개정하며, 가족관계등록부가 파괴된 경우(예를 들어, 홍수로) 신원을 증명하는 절차를 수정하는 등 무국적에 관계된 맥락으로부터 유용한 교훈을 얻을 수 있는 몇 가지 사항들이 있다. 이러한 모든 요소는 재난 상황, 특히 사람들이 영구적으로 실향민이 되어 자녀들에게 국적을 물려줄 수 없는 경우와 관련이 있을 수 있다. 제도적으로 유엔난민기구는 이러한 문제를 강조하고 국가들에 해결을 촉구하는 데 중요한 역할을 할 수 있다. 무국적을 예방하고 감소시킬 의무가 있는 유엔난민기구는 피해를 입은 인구집단들을 대변하고 미래에 발생할 무국적을 예방하기 위해 노력할 수 있는 권한이 있다.[184]

"Deterritorialized' Island States', in Gerrard, M. B. & Wannier, G. E., eds., *Threatened Island Nations: Legal Implications of Rising Seas and a Changing Climate* (2013).
184) 유엔난민기구의 보호 역할에 관해서는, 이 책 제13장 및 여러 곳을 참고하라.

6절 국제적 프로세스 및 발전

지난 10여년 동안 재난과 기후변화가 인간의 이동성에 미치는 영향에 대한 학술적, 제도적 관심이 높아지면서 이 문제에 대한 인식과 이해가 향상되었을 뿐만 아니라 규범적 발전도 이루어졌다. 2010년 12월 말 칸쿤 적응 프레임워크 제14조(f)가 채택되면서 국가들은 '국가적, 지역적 및 국제적 수준에서 기후변화로 인한 실향, 이주 및 계획된 재배치와 관련하여 이해, 조정 및 협력을 강화'하도록 요청받게 되었고,[185] 이 프레임워크는 구체적인 행동을 위한 특별한 계기를 제공해 주었다. 재난으로 인해 국경을 넘는 실향에 관한 난센 이니셔티브(Initiative on Disaster-Induced Cross-Border Displacement, 2012-15)와 그 후속 플랫폼인 재난 실향에 대한 플랫폼(the Platform on Disaster Displacement, 2016-) 은 보다 조율된 연구, 옹호 및 정책 수립을 위한 구심점을 제공했다.[186]

---

[185] Decision 1/CP.16, 'The Cancún Agreements: Outcome of the Work of the Ad Hoc Working Group on Long-Term Cooperative Action under the Convention': UN doc. FCCC/CP/2010/7/Add.1 (10–11 Dec. 2010) para. 14(f).

[186] 이 분야의 제도적 발전에 대한 배경은 다음을 보라, Hall, N., *Displacement, Development, and Climate Change: International Organizations Moving beyond Their Mandates* (2016); McAdam, J., 'Creating New Norms on Climate Change, Natural Disasters and Displacement: International Developments 2010–2013' (2014) 29(2) *Refuge* 11; McAdam, J., 'From the Nansen Initiative to the Platform on Disaster Displacement: Shaping International Approaches to Climate Change, Disasters and Displacement' (2016) 39 *UNSW Law Journal* 1518; Entwisle, H., *'The World Turned Upside Down: A Review of Protection Risks and UNHCR's Role in Natural Disasters'* UNHCR Policy Development and Evaluation Service, PDES/2013/03 (Mar. 2013) Hall, N., 'Moving beyond its Mandate? UNHCR and Climate Change Displacement'(2013) 4 *Journal of International Organization Studies* 91; Hall, N., 'A Catalyst for Cooperation: The Inter-Agency Standing Committee and the Humanitarian Response to Climate Change' (2016) 22 *Global Governance* 369; Deschamp, B., Azorbo, M., & Lohse, S., *'Earth, Wind and Fire: A Review of*

6.1절 난센 이니셔티브와 재난 실향 플랫폼

난센 이니셔티브의 배경은 다른 문헌들에서 자세히 설명되었다.[187] 간단히 요약하자면, 난민협약으로 해결되지 않는 상황들(기후변화 및 재난으로 인한 실향 포함)을 위해,[188] 2011년 유엔난민기구는 국경을 넘는 실향에 대한 글로벌 지도 프레임워크 개발에 대한 각국의 공동의 동의를 확보하기 위해 노력하였으나 이를 코스타리카, 독일, 멕시코, 노르웨이, 스위스 5개 국가만 공식적으로 지지하면서 결국 실패했다. 그러나 이들은 재난 실향민의 보호 요구를 충족하기 위해서는 보다 일관된 국제적 접근 방식이 필요하다는 점을 인정하고 다음과 같이 공약했다:

> [관련 지역 및 하위 지역 수준에서 이러한 국경을 넘는 이동에 대한 이해를 높이고, 모범 사례를 식별하고, 영향을 받은 사람들을 가장 잘 지원하고 보호하는 방법에 대한 합의를 발전시키기 위해 유엔난민기구를 포함한 이해 당사국 및 기타 관련 행위자들과 협력할 것이다.[189]]

UNHCR's Role in Recent Natural Disasters'UNHCR Policy Development and Evaluation Service, PDES/2010/06 (Jun. 2010). Betts, A., 'The Post-Nansen Agenda: Governing Human Mobility in the context of Natural Disasters and Climate Change'Refugee Studies Centre, University of Oxford, Occasional Policy Paper (Feb. 2015).

187) McAdam, 'Creating New Norms' (주 186).
188) UNHCR, Intergovernmental Event at the Ministerial Level of Member States of the United Nations on the Occasion of the 60th Anniversary of the 1951 Convention relating to the Status of Refugees and the 50th Anniversary of the 1961 Convention on the Reduction of Statelessness (7-8 Dec. 2011), 'Background Note for the Roundtables': HCR/MINCOMMS/2011/08 (18 Nov. 2011) 4.
189) UNHCR, *Pledges 2011: Ministerial Intergovernmental Event on Refugees and Stateless Persons* (Geneva, Palais des Nations, 7-8 December 2011) (2012) 101 (노르웨이), 다음도 함께 보라, 77 (독일), 95 (멕시코), 117 (스위스). 코스타리카는 회의 종료 후에 자신의 지지 의사를 공약하였다.

노르웨이와 스위스는 '재난 및 기후변화의 영향과 관련하여 자연재해로 인해 국경을 넘어 실향한 사람들의 필요를 다루는 보호 의제에 대한 합의를 구축하기 위해' 정부 간 프로세스를 공동으로 시작했다.190) 재난으로 인한 국경을 넘는 실향에 관한 난센 이니셔티브는 이렇게 탄생했다. 국가 주도의 상향식 협의 프로세스인 이 이니셔티브는 그 시점까지 기후변화, 재난 및 인간 이동성에 관한 가장 중요한 제도적 발전을 대표했다. 2013년부터 2015년까지 이뤄진 일련의 소지역 협의, 시민사회 회의, 전문가 회의들은 정부, 전문가, 피해를 입은 지역사회의 견해를 바탕으로 세계 여러 지역에서 발생하는 현상에 대한 보다 섬세한 이해를 이끌어내는 데 도움이 되었다. 난센 이니셔티브는 실향 발생 전 대비, 실향 발생 중 보호 및 지원, 실향 발생 후 해결책에 중점을 두고 실향민들의 필요와 국가들이 기존에 사용했던 모범적인 실행들을 파악하고자 노력했다. 난센 이니셔티브는 서로 다른 다양한 정책 분야를 한데 모아 문제를 보다 총체적으로 파악하고, 이를 해결하기 위한 다양한 개입수단들의 '도구 상자'를 고안했다.

난센 이니셔티브 프로세스의 정점은 재난 및 기후변화의 맥락에서의 국경을 넘는 실향민 보호를 위한 의제 the Agenda for the Protection of Cross-Border Displaced Persons in the Context of Disasters and Climate Change로서, 이것은 구속력은 없지만 지역적 협의들의 결과를 통합하고 국내적, 지역적 및 국제적들 수준에서 향후 작업을 위한 여러 우선순위 영역과 권장사항을 제시하는 문서였다.191) 또한 실향, 이주 및 계획된 재배치를 해결하

---

190) The Nansen Initiative on Disaster-Induced Cross-Border Displacement, 'Towards a Protection Agenda for People Displaced across Borders in the context of Disasters and the Effects of Climate Change' Information Note (Jan. 2015) 1.
191) 유엔 사무총장은 국가들이 이 의제의 통찰력을 '국내 정책 및 실행'에 통합하는 데 '호의적으로 고려'할 것을 권장했다. 다음을 보라, UN Secretary-General, *In Safety and Dignity: Addressing Large Movements of Refugees and Migrants* (Report of the

는데 있어서 존재하는 규범적 공백을 개관하고, 국가들이 이미 자국의 법률과 정책에 통합할 수 있는 여러 가지 효과적인 실행을 제시했는데,[192] 글로벌 지도 프레임워크나 새로운 조약(시기상조일 뿐 아니라 정치적으로 바람직하지 않다고 여겨지는)을 개발할 필요 없이 가능한 것들 이었다.[193] 보호 의제는 109개 국가들에 의해 지지되었다.

2016년에 난센 이니셔티브의 후속 제도인 재난실향에 대한 플랫폼은 앞으로의 추가적인 조치를 위해 이미 우선순위가 식별된 세 가지 분야를 강조하기 시작했다:

1. 국경을 넘나드는 재난-실향에 대한 데이터를 수집하고 지식을 증진하기;
2. (소)지역 차원에서의 접근 방식을 조화시키는 등 지속적인 해결책을 위한 메커니즘을 포함하여 국경을 넘는 재난-실향민들에 대한 인도주의적 보호 수단의 활용을 강화하기;
3. 출신국에서의 재난 실향의 위험 관리를 다음 수단들을 통해 강화하기:

   A. 재난위험 감소 및 기후변화 적응 전략과 기타 관련 개발 프로세스에 인간의 이동성을 통합함;
   B. 자연재해와 기후변화의 영향에 대처할 수 있는 잠재성 있는 긍정적인 방법으로서 존엄한 이주를 촉진함;
   C. 재난 위험 및 실향에 대한 예방 또는 대응 조치로서 계획된 재배치의 활용도를 높임;
   D. 재난 위험 관리 또는 국내 실향에 대한 관련법 및 정책에 따라 재

Secretary-General): UN doc. A/70/59 (21 Apr. 2016) para. 119.
192) Protection Agenda (주 21) vols. 1 & 2.
193) 이에 관해서는 다음을 보라. McAdam, J., 'Swimming against the Tide: Why a Climate Change Displacement Treaty is Not the Answer' (2011) 23 *IJRL* 1은 다양한 제안에 대한 비판을 다룬다.

난 상황에서 국내실향민들의 필요가 구체적으로 해결되도록 함.194)

인도주의적 보호, 이주 및 계획된 재배치의 역할은 아래 제7절에서 설명할 것이다.

마지막으로, 국제법위원회의 재난시 인명 보호에 관한 조항 초안에는 인간의 존엄성, 인권 존중, 인도주의, 중립성, 공평성, 차별금지 원칙 등 여러 가지 관련 원칙들도 명시되어 있다는 점에 유의해야 한다.195)

6.2절 기타 국제 절차

난센 이니셔티브 및 재난 실향에 대한 플랫폼의 활동과 맞물려 - 그리고 부분적으로는 이들에 힘입어 - 재난, 기후변화, 인간 이동성에 대한 중요한 문언들이 2015-2030 재난위험경감을 위한 센다이 프레임워크,196) 지속가능개발 및 지속가능발전 목표를 위한 2030 의제,197) 기후변화에 관한 2015 파리협정(유엔기후변화협약(UNFCCC) 프로세스의 일부),198) 인류애를 위한 의제(2016년 세계 인도주의 정상회의를 위한 유엔 사무총장 보고서의 부속서),199) 난민과 이주민을 위한 뉴욕 선언,200) 그리고 난민과 이주에 관

---

194) Protection Agenda (주 21) vol. 1, 10.
195) ILC draft articles (주 38) arts. 4-6. 이 원칙들에 관해서는 자세한 내용은 다음을 보라, McAdam and others (주 25) paras. 116-23; McAdam (주 26) 256-66; ILA (주 42) 28.
196) Sendai Framework for Disaster Risk Reduction 2015-2030: UN doc. A/RES/69/283 (23 Jun. 2015). 이러한 각 이니셔티브들에 대한 상세한 분석은 다음을 보라, McAdam, 'Creating New Norms' (주 186).
197) UNGA res. 70/1, 'Transforming Our World: The 2030 Agenda for Sustainable Development' (25 Sep. 2015).
198) United Nations Framework Convention on Climate Change (UNFCCC), Dec. 1/CP.21, Adoption of the Paris Agreement: UN doc. FCCC/CP/2015/10/Add.1 (29 Jan. 2016).

한 두 개의 글로벌 콤팩트 등 다양한 국제 조약들에 통합되었다.201) 또한 유엔기후변화협약 프로세스의 일환으로 '기후변화의 부정적 영향과 관련된 실향을 방지, 최소화 및 해결하려는 통합적 접근법에 관한 권고들을 개발하기 위하여' 실향에 관한 전문 태스크포스도 개발되었다.202)

뉴욕 선언과 두 개의 글로벌 콤팩트는 기후변화, 재난 및 기타 환경 요인의 악영향을 실향의 동인으로 인식하고, 이 동인들 사이의 상호 연관성에 주목한다.203) 이주 글로벌 콤팩트는 법적 구속력은 없지만 가장 상세한 약속을 담고 있고, 국제사회가 '사람들로 하여금 출신국을 떠날 수 밖에 없게 만드는 이주의 부정적 원인과 구조적 요인을 최소화'할 것을 약속하면서,204) 특히 '자연재해, 기후변화의 악영향, 환경 파괴'를 집중적으로 언급한다. 이주 글로벌 콤팩트는 국가들이 다음 조치들을 통해 자신들이 한 약속을 실현해 낼 것이라고 설명한다: (a) 재난, 기후변화, 환경 파괴의 맥락에서 이동성을 더 잘 이해하고 해결하기 위해 정보 공유 및 분석을 강화하고, (b) 이주를 포함한 적응 및 복원력에 관한 전략을 개발하며, (c) 재난 대비 전략에 실향에 관한 고려 사항들을 통합하고, (d) 인도적 지원에 대한

---

199) UN Secretary-General, *One Humanity: Shared Responsibility* (Report of the Secretary-General for the World Humanitarian Summit): UN doc. A/70/709 (2 Feb. 2016) Annex, viii.
200) UNGA res. 71/1, 'New York Declaration for Refugees and Migrants' (3 Oct. 2016) paras. 1, 18, 43, 50.
201) 난민 글로벌 콤팩트: UN doc. A/73/12 (Part II) (2 Aug. 2018); 이주 글로벌 콤팩트 (주 20).
202) Adoption of the Paris Agreement (주 198) para. 49, 다음도 함께 보라 para. 50. 이 태스크포스는 기후변화 영향과 관련된 손실과 피해에 대한 바르샤바 국제 메커니즘 (Warsaw International Mechanism for Loss and Damage Associated with Climate Change Impacts)의 후원으로 설립되었다.
203) 뉴욕 선언 (주 200) paras. 1, 18, 43, 50; 난민 글로벌 콤팩트 (주 201) paras. 8, 12, 63; 이주 글로벌 콤팩트 (주 20) Objective 2, paras.18(h)–(l) Objective 5, paras. 21(g)–(h).
204) 이주 글로벌 콤팩트 (주 20) Objective 2.

접근성을 보장하고 복원력과 자립을 증대시키는 지속가능결과를 촉진하며, (e) 이러한 맥락에서 이주 이동의 문제를 해결하기 위한 일관된 접근법을 개발함.205) 이주 글로벌 콤팩트에 따라 국가들은 또한 이주민들을 돌이킬 수 없는 위해를 받을 상황으로 돌려보내는 것을 금지하고 이주민들의 인권을 효과적으로 존중, 보호, 실현할 것을 약속한다.206) 목표 5는 국가가 '정규적 이주로 이르는 경로의 이용가능성과 유연성을 강화'하도록 장려한다. 여기에는 '갑작스럽게 발생한 자연재해 및 기타 불안정한 상황'으로 인해 떠날 수 밖에 없었던 사람들을 위한 '인도주의적 비자, 민간 스폰서쉽, 아동 교육 기회의 접근, 임시 취업 허가'가 포함될 수 있다.207) 여기에는 '서서히 발생하는 자연재해, 기후변화의 악영향, 환경 파괴'로 인해 떠날 수 밖에 없었던 사람들을 위하여, 적응이나 귀환이 불가능한 경우, '계획된 재배치 및 다양한 사증들'이 포함될 수 있다.208)

기후변화, 재난, 환경 파괴의 영향은 난민 협약에서 그다지 중요하게 다루지 않지만, 난민 글로벌 콤팩트는 '갑작스럽게 발생하는 자연재해와 환경 파괴로 인해 외부를 향한 강제 실향이 발생할 수 있다'는 점을 인정한다.209) 제8항은 '그 자체가 난민 이동의 근원은 아니지만 기후, 환경 파괴 및 자연재해가 난민 이동의 동인들과 점점 더 상호작용하고 있다'는 점을 인정한다.210) '국제적 보호 필요성 파악'이라는 제목의 절에서는 '임시 보

---

205) Ibid., Objective 2, paras. 18(h)-(l).
206) Ibid., Objective 21, para. 37; para. 11.
207) Ibid., Objective 5, para. 21(g).
208) Ibid., Objective 5, para. 21(h).
209) 난민 글로벌 콤팩트 (주 201) para. 12.
210) 또한, 제9항은 국제사회가 '재난 위험을 감소'시키기 위한 노력을 지원해야 한다고 언급하고 있으며, 제79항은 난민들을 재난위험 감소 전략에 참여시키는 것이 중요하다고 강조하는데, '난민 정착지들은 갑작스럽고 또한 서서히 발생하는 자연재해의 영향을 받는 기후 "핫스팟"에 위치하여 미래에 실향의 위험을 종종 초래하기 때문'이다. 이러한 상황에서 난민들은 지역의 상황과 토지 이용에 대한 경험과 지식을 가

호 및 인도주의적 체류 조치와 같은 실행들 뿐만 아니라 자연재해로 인해 강제로 실향한 사람들을 지원하기 위한 보충적인 조치들'이 지원되어야 한다고 언급한다.211)

7절 실향의 방지 및 영구적 해결책 모색하기

난민법과 인권법이 재난과 기후변화의 영향에서 탈출하는 사람들을 지원할 수 있는 어느 정도의 근거를 제공하지만, 보다 지속 가능한 해결방법을 찾기 위해서는 이러한 이동의 본질에 더 잘 대처할 수 있는 보다 광범위하고 체계적인 정책의 수립이 필요한 것으로 보인다. 특히, 재난 위험의 감소, 기후변화에 대한 적응부터 이주의 기회들 그리고 계획된 재배치에 이르기까지 선제적인 전략은 실향을 완전히 피하거나 적어도 사람들이 더 짧은 기간 동안만 실향하고 더 빨리 돌아와 재건할 수 있도록 도울 수 있다.

난센 이니셔티브의 보호 의제는 복원력을 강화하고 미래에 발생할 실향의 위험을 관리하기 위한 다양한 전략들이 담긴 일종의 도구 상자를 제시한다.212) 이 의제의 핵심 권고사항은 국가가 다음 행동들을 수행해야 한다는 것이다: (a) 재난의 위험 감소 및 기후변화에 대한 적응 전략에 이동성을 통합한다;213) (b) 기후변화와 재난으로 인해 실향한 국내실향민들의 필

져와 재난 위험을 감소시키기 위한 노력을 지원할 수 있는 좋은 위치에 있을 수 있다: Türk & Garlick (주 15). 대비와 예측에 대해서는 paras, 52-3도 함께 보라.
211) 난민 글로벌 콤팩트 (주 201) para. 63 (fn 생략됨).
212) 각 구성요소에 대한 자세한 분석은 다음을 보라, McAdam, J., 'Building International Approaches to Climate Change, Disasters and Displacement' (2016) 33 *Windsor Yearbook of Access to Justice* 1. 지역적 행동에 대한 전망을 포함한 추가적인 분석은 다음을 보라, PDD, 'State-Led, Regional, Consultative Processes: Opportunities to Develop Legal Frameworks on Disaster Displacement', in Behrman, S. & Kent, A., eds., *Climate Refugees: Beyond the Legal Impasse* (2018).

요가 관련 법률에 의해 해결되도록 보장한다;214) (c) (최소한 임시적인) 입국 및 체류를 위한 인도주의적 보호 메커니즘을 검토하고 개발한다;215) (d) 적응의 긍정적인 한 형식('존엄한 이주')으로서 이주 기회의 제공을 강화한다;216)

---

213) Protection Agenda (주 21) vol. 1, paras. 76-86, 117-18. The Sendai Framework on Disaster Risk Reduction (주 196)는 '재난 위험 지역 내 사람들의 정착지에서의 … 사전예방 문제를 다루는 것을 목표로 하는 … 공공 정책'(27항)의 중요성을 언급하면서, '회복력 구축과 … 실향의 위험을 포함한 재난 위험을 감소시키기 위해 … 국경을 초월한 협력'(para. 2항)의 증진을 촉구한다. 일종의 인권기반 접근법의 예방적 성격의 역할에 대해서는 다음을 보라, OHCHR and PDD (주 25) para. 144: '인권에 기반한 접근법은 시간에 구속되지 않지만, 부당한 대우를 미리 대비하도록 돕는 이 접근법의 예방적 역할은 문제의 초점을 느리게 진행되는 사건들이 초래하는 위험으로 이동시킨다. 그 결과로, 위해가 발생하기 전에 권리들을 다루고, 계획에 통합하는 보다 사전적인 조치가 권장된다. 이러한 조치들은 어떤 경우에는 사람들이 제자리에 머물 수 있게 함으로써 실향을 방지할 수 있고, 어떤 경우에는 적응 또는 인권에 민감한 계획적인 재배치로서의 이주를 허용할 수 있게 된다. 이는 인권에 대해 긍정적인 함의를 가진다.
214) Protection Agenda (주 21) vol. 1, paras. 99-105, 123-4.
215) Ibid., paras. 46-7, 114-15. 다음도 함께 보라, UNHCR, 'Guidelines on Temporary Protection and Stay Arrangements' (Feb. 2014). 233
216) Ibid., paras. 87-93, 119-20. 자세한 내용은 다음을 보라, Bedford, R. & Bedford, C., 'International Migration and Climate Change: A Post-Copenhagen Perspective on Options for Kiribati and Tuvalu', in Burson, B., ed., *Climate Change and Migration: South Pacific Perspectives* (2010); Bedford, C. & Gibbs, G., *Labour Mobility in the Pacific Region* Report prepared for the Pacific Immigration Directors' Conference (16 Oct. 2017); Shaw, L., Edwards, M., & Rimon, A., *Kiribati-Australia Nursing Initiative Independent Review: Review Report* (2014) http://dfat.gov.au/about-us/publications/Documents/kiribati-australia-nursing-initiative-independent-report.pdf; Hugo, G., 'Migration and Development in Low-Income Countries: A Role for Destination Country Policy?'(2012) 1 *Migration and Development* 24; Dun, O. & Klocker, N., 'The Migration of Horticultural Knowledge: Pacific Island Seasonal Workers in Rural Australia—A Missed Opportunity?' (2017) 48 *Australian Geographer* 27; Curtain, R. and others, *Pacific Possible: Labour Mobility: The Ten Billion Dollar Prize* (2016); World Bank, *Pacific Possible: Long-Term Economic Opportunities and Challenges for Pacific Island Countries: Discussion Draft* (2017).

(e) 예방 조치 또는 구제 조치로서 계획된 재배치의 활용을 고려한다.217)

사람들이 불리한 환경적 여건에 대처하거나 적응할 수 있도록 하는 사전 예방적이고 체계적인 접근법을 개발하는 것이, 사람들이 실향하게 된 이후 구제 조치들에 의존하는 것보다 더 인권에 민감한 대응이 된다. 이러한 접근 방식은 사람들에게 이동 여부와 그 시기에 대하여 더 큰 자율성과 선택권을 부여하며, '기후변화에 대한 취약성을 줄이고 인간 안보를 강화'하는 데 기여할 수 있다.218) 국가들 스스로도 인정했듯이,219) 이주는 그 자체로 적응과 위험 관리의 좋은 방법이 될 수 있으며, 특히 기술 훈련과 일자리 창출 이니셔티브를 포함한 좋은 개발 정책과 목표 투자 targeted investment를 통해 이주가 신중하게 관리되고 지원된다면 더욱 그렇다.220) 특히, 일시적 또는 순환적 이주는 생계유지 방법의 다각화와 본국 송금을 촉진하여 고국에 남아있는 사람들의 회복력을 높일 수 있다. 그러나 국제법은 재난을 예측하거나 재난에 대응하기 위해 이주하는 사람들의 입국할 권리 및 체류할 권리를 직접적으로 다루지 않기 때문에 이주가 적응 전략으로 사용될 수 있는 정도는 국내 수준 및 지역 수준에서 마련된 법적 및 정책적 프레임워크에 따라 달라질 수 있다.221)

일부 상황들에서는 국가는 생명권을 보호하기 위해 일시적으로 사람들을 대피시킬 의무가 있을 수 있다.222) 이 외에도 계획된 재배치는 재난이

---

217) Protection Agenda (주 21) vol. 1, paras. 94-8, 121-2.
218) Adger and others (주 1) 758.
219) Cancún Adaptation Framework (주 185) para. 14(f); 이주 글로벌 콤팩트 (주 20) Objective 2, ara. 18(h)-(l).
220) Rigaud (주 12) xxiv.
221) 'Sydney Declaration of Principles on the Protection of Persons Displaced in the context of Sea Level Rise: Commentary', in Vidas, D., Freestone, D., & McAdam, J., eds., *International Law and Sea Level Rise: Report of the International Law Association Committee on International Law and Sea Level Rise* (2018) 61-2.
222) 일반적으로는 다음을 보라, Burson and others (주 102); McAdam, J., 'Displacing

나 장기적인 환경 파괴의 위험에 처한 지역에서 사람들이 벗어날 수 있도록 지원하는 보다 영구적인 예방 조치나, 실향민이 되어 안전하게 집으로 돌아갈 수 없는 사람들을 위한 영구적인 해결책이 될 수 있다. 과거의 사례, 특히 개발이란 맥락에서 볼 때 이주는 본질적으로 복잡성, 종종 더 큰 취약성, 빈곤, 사회적 분열을 초래한다는 것을 보여준다.223) 이러한 사태는 한 국가 내에서 발생하는 대부분의 경우에도 마찬가지이며, 국경을 넘나드는 재배치의 경우 더욱 어렵고 법적으로도 복잡하다.224) 국가가 피해를 받는 지역사회와 협의하고, 충분한 이해에 기반한 동의를 얻고, 다양한 이해관계자의 권리와 이익을 존중하며, 삶과 생계를 재건하기 위해 거쳐야 할

Evacuations: A Blind Spot in Disaster Displacement Research' (2020) 39 *RSQ* 583.
223) Ferris, E., 'Protection and Planned Relocations in the context of Climate Change'UNHCR Legal and Protection Policy Research Series, PPLA/2012/04 (Aug. 2012); Thomas, A. R., 'Post-Disaster Resettlement in the Philippines: A Risky Strategy' (2015) 49 *FMR* 52; McAdam, J. & Ferris, E., 'Planned Relocations in the context of Climate Change: Unpacking the Legal and Conceptual Issues' (2015) 4 *Cambridge Journal of International and Comparative Law* 137; Piggott-McKellar, A. and others, 'Moving People in a Changing Climate: Lessons from Two Case Studies in Fiji' (2019) 8 *Social Sciences* 133; *Centre for Minority Rights Development (Kenya) and Minority Rights Group International on behalf of Endorois Welfare Council v Kenya*, App. No. 276/2003, African Commission on Human and Peoples' Rights. 이동하지 않기로 결정한 사람들의 선택을 존중하는 것에 대해서는 다음을 보라, Farbotko, C., 'Voluntary Immobility: Indigenous Voices in the Pacific' (2018) 57 *FMR* 81.
224) McAdam, J., 'Historical Cross-Border Relocations in the Pacific: Lessons for Planned Relocations in the context of Climate Change' (2014) 49 *The Journal of Pacific History* 301; McAdam, J., '"Under Two Jurisdictions": Immigration, Citizenship and Self-Governance in Cross-Border Community Relocations' (2016) 34 *Law and History Review* 281; McAdam, J., 'Self-Determination and Self-Governance for Communities Relocated across International Borders: The Quest for Banaban Independence' (2017) 24 *International Journal on Minority and Group Rights* 428; McAdam, J., 'The High Price of Resettlement: When Nauru Almost Moved to Australia' (2017) 48 *Australian Geographer* 7.

필수 단계들을 식별하기 위해 전문가들의 지침이 개발되었다.225) 몇몇 정부들은 이미 국내 차원에서 재배치에 관한 지침을 개발한 경우가 있고,226) 그 외에 지역사회 스스로가 고유한 협의 과정을 거쳐 당국에 재배치에 대한 지원을 요청하는 경우도 있다.227)

재난과 기후변화의 악영향으로 국경을 넘어 실향민이 된 사람들에 대한 보호 공백은 여전히 존재하지만, 국가 실행은 다음과 같은 상황에서는 이들을 수용하거나 최소한 퇴거를 자제하는 경향을 보여준다:

---

225) *Guidance on Protecting People from Disasters and Environmental Change through Planned Relocation* (Brookings, Georgetown University, & UNHCR, 7 Oct. 2015) *A Toolbox: Planning Relocations to Protect People from Disasters and Environmental Change* (Georgetown University, UNHCR, & IOM, 2017) http://www.unhcr.org/596f1bb47.pdf. 일부 학자들은 이를 기후변화에 대한 적응을 형성해가는 데 있어 관습에 기반한 체계의 역할을 간과하는 일종의 국가 중심적 접근 방식이라고 비판한다: Monson, R. & Fitzpatrick, D., 'Negotiating Relocation in a Weak State: Land Tenure and Adaptation to Sea-Level Rise in Solomon Islands', in Price, S. & Singer, J., eds., *Global Implications of Development, Disasters and Climate Change: Responses to Displacement from Asia Pacific* (2015); Fitzpatrick, D. & Compton, C., 'Seeing Like a State: Land Law and Human Mobility after Natural Disasters' (2018) 50 *New York University Journal of International Law and Politics* 719.

226) Republic of Fiji, *Planned Relocation Guidelines: A Framework to Undertake Climate Change Related Relocation* (2018); 다음도 함께 보라, Government of Vanuatu (주 43); 솔로몬 군도도 이러한 지침을 개발하고 있다. 다음도 함께 보라, McNamara, K. E. & Jacot des Combes, H., 'Planning for Community Relocations due to Climate Change in Fiji' (2015) 6 *International Journal of Disaster Risk Science* 315.

227) Bronen, R., 'Climate-Induced Community Relocations: Creating an Adaptive Governance Framework Based in Human Rights Doctrine' (2011) 35 *New York University Review of Law & Social Change* 357; Bronen, R., 'Community Relocations: The Arctic and South Pacific', in Martin, S. F., Weerasinghe, S., & Taylor, A., eds., *Humanitarian Crises and Migration: Causes, Consequences and Responses* (2014); Bronen, R. & Chapin, F. S., 'Adaptive Governance and Institutional Strategies for Climate-Induced Community Relocations in Alaska' (2013) 110 *PNAS* 9320.

Ⅰ. 출신국에서 재난이 현재 진행 중이거나, 드물게는 임박하고 예측 가능하여 생명이나 안전에 실질적인 위험을 초래하는 경우;
Ⅱ. 재난의 직접적인 결과로 부상을 입었거나, 가족을 잃었거나, 생계 수단을 잃은 경우; 및/또는
Ⅲ. 재난의 여파와 직접적인 결과로, 해당 국가에서 필요한 인도주의적 보호와 지원을 받을 수 없어 생명이나 안전에 실질적인 위험에 처하거나 매우 심각한 어려움에 직면한 경우인데 이는,

A. 일시적으로 정부의 대응 능력이 초과되고 국제적 행위자들의 인도주의적인 접근이 불가능하거나 심각하게 훼손되어 그러한 보호 및 지원을 이용할 수 없는 경우이거나, 또는
B. 사실적 또는 법적 방해물로 인해 이용할 수 있는 보호 및 지원을 받을 수 없는 경우다.228)

그러나 일부 50여개 국가들은 '특히 열대성 폭풍, 홍수, 가뭄, 쓰나미, 지진 등으로 초래된 재난의 여파를 근거로 사람들을 수용하거나, 송환을 자제'하고 있지만,229) 이런 대응은 때때로 임시방편적이고 불확실했다.230) 재난, 기후변화 및/또는 환경 파괴의 맥락에서 실향민들을 보호하기 위해 특별히 만들어진 법안은 드물다.231) 캔터는 아이러니하게도 국가들이 국제

---

228) Protection Agenda (주 21) vol. 1, para. 33.
229) Ibid., 6.
230) 아르헨티나, 캐나다, 쿠바, 핀란드, 멕시코, 뉴질랜드, 페루, 스웨덴, 미국의 입법 및 정책적 대응 사례를 보라: ibid., vol. 2, 40-1, 44-7. 미국의 입법에 대한 상세한 분석은 다음을 보라, Cantor (주 85) 298-310; 다음도 함께 보라, Scott, M., 'Migration/Refugee Law (2019)' in (2019) 2 *Yearbook of International Disaster Law* 519, 527.
231) 반면, 스웨덴의 Aliens Act 2005:716, Ch. 4, s. 2는 종전에 환경적인 재난을 피해 탈출한 사람들에게 보호를 제공해 왔으나, 이 조항은 2016년 7월에 (비호법의 다른

난민 조약을 비준하고 '보편적' 난민 정의를 채택하기 시작하면서 한때 재난으로부터 사람들을 보호했던 국내 조항들이 폐기되었다고 주장한다.232)

조항들과 함께) 3년 동안 적용이 중지되었고, 이후 이 조치는 2019년 6월에 다시 2021년 7월까지 연장되었다: 다음을 보라, Lag (2016:752) om tillfälliga begränsningar av möjligheten att få uppehållstillstånd i Sverige); Förlängning av lagen om tillfälliga begränsningar av möjligheten att få uppehållstillstånd i Sverige (Proposition 2018/19: 128. 핀란드 Aliens Act은 또한 환경 재앙 *environmental catastrophes* 으로 인한 보호(s. 88, 2016년에 폐지됨)와 환경 재앙과 관련된 대규모 실향 사안에 대한 임시 보호(s.109) 조항도 마련했다. 문헌들에 따르면 이 조항이 성공적으로 활용되지는 않았다고 하지만, Matthew Scott의 새로운 프로젝트(2020년 3월 개인 서신)에 따르면 이 조항이 신청자들에 의해 확실하게 원용되었음을 알 수 있다(자세한 내용은 https://rwi.lu.se/climmobil-judicial-and-policy-responses/ 참조). 과테말라와 엘살바도르의 법률 사례들도 함께 보라: Cantor (주 85) 308. 2021년 2월, 바이든 미국 대통령은 '강제 이주, 국내 실향, 계획된 재배치를 포함한 기후변화와 이주가 미치는 영향에 대한 보고서' 작성을 명령했다: Executive Order on Rebuilding and Enhancing Programs to Resettle Refugees and Planning for the Impact of Climate Change on Migration (4 Feb. 2021). 그러나 2019년에 이 주제에 관한 법안을 통과시키려는 시도는 실패했다: A bill to establish a Global Climate Change Resilience Strategy, to authorize the admission of climate-displaced persons, and for other purposes (S. 2565, 116th Congress; introduced by Senator Edward Markey, 26 Sept. 2019); A bill to establish a Global Climate Change Resilience Strategy, to authorize the admission of climate-displaced persons, and for other purposes (H.R. 4732, 116th Congress; introduced by Ms Velazquez, 17 Oct. 2019).

232) Cantor (주 85) 294. 흥미롭게도 1952년부터 1980년까지 미국 법은 '자연 재해 *natural calamity*'로 인해 실향한 사람들에게 난민으로서의 보호를 제공했다: 다음을 보라, Parker, J. L., 'Victims of Natural Disasters in US Refugee Law and Policy' (1982) 3 *Michigan Journal of International Law* 137, 다음을 참조함, INA 203(a)(7) 및 그 전신인 the Refugee Relief Act of 1953, s. 2(a). 미국 이민귀화국(INA)의 통계가 없기 때문에 후자에 따라 보호를 받은 사람이 있는지 여부는 불분명하다(138). 전자인 이민국적법(INA)에 따라 보호 받은 사람은 아무도 없었는데, 이는 부분적으로는 이 조항이 작동하기 위한 요건인 '치명적인 자연재해 *catastrophic natural calamity*'의 개념을 정의하거나 이를 선언한 대통령이 없었기 때문이다(140). 쿠바와 트리니다드 그리고 토바고가 같은 시기에 운영한 조항들에 대한 자세한 내용은 다음을 보라, Cantor (주 85) 293.

유엔난민기구의 임시 보호 또는 체류 조치에 관한 지침은 각국이 보다 체계적인 대응책을 마련하는 데 도움이 될 수 있으며,233) 미주 지역에서는 구체적인 지역적 지침이 개발되기도 하였다.234)

하지만 여기에도 한 가지 문제가 있는데, 재난 상황에서 입국, 체류, 퇴거금지가 단지 일시적인 경우가 많다는 점이다. 한시적인 보호 기간이 끝나도 돌아갈 수 없는 경우, 사람들이 삶을 재건할 수 있는 해결책이 마련되어야 한다. 보다 영구적인 체류에 관해서는, 난민을 위한 기존의 세 가지 영구적인 해결책인 자발적 귀환, 재정착, 지역사회 통합은 기후변화와 재난의 맥락에서 재고되고 보완될 필요가 있다. 예를 들어, 토지가 환경적으로 너무 불안정해져 사람이 계속 거주할 수 없는 경우 귀환이 불가능할 수 있으므로 그 경우 국가는 사람들이 이주한 지역사회에 통합되거나 다른 곳에 재정착할 수 있는 해결책을 찾아야 한다.235) 설령 귀환이 가능하더라도 '토지 및 재산 문제를 관리하고 복구 및 재건 과정에 참여하기 위해 실향한 기간 동안 출신지를 일시적으로 방문할 수 있도록 허용'하는 등 유연한 조치를 취하면 사람들이 최종적인 귀환을 더 잘 준비할 수 있다.236) 각국의 이주법은 원래 재난 상황에서 국경을 넘는 사람들을 돕기 위해 고안된 것

---

233) UNHCR Guidelines (주 215) para. 1. 다음도 함께 보라, 주76.
234) *Protection for Persons Moving across Borders in the context of Disasters: A Guide to Effective Practices for RCM Member Countries* (2016); South American Conference on Migration, *Regional Guidelines on Protection and Assistance for Persons Displaced across Borders and Migrants in Countries affected by Disasters of Natural Origin* (2018). Cantor (주 85) 318에 따르면, 이 지침들은 '이미 미주 지역에서의 국가 실행을 형성하기 시작했다'.
235) 자세한 내용은 다음을 보라, Bradley, M. & McAdam, J., 'Rethinking Durable Solutions to Displacement in the context of Climate Change' (*The Brookings Institution*, 2012). 계획과 지원은 초기의 긴급 단계 이후에도 반드시 계속되어야 한다. 어떠한 해결책도 나오지 않을 경우 대피는 장기화된 실향의 시작점이 될 수 있다: 예를 들어 지진 후의 네팔을 언급하는 다음을 보라, IDMC 2017 (주 10) 42
236) Protection Agenda (주 21) vol. 2, 52.

은 아니지만, 어느 정도 도움을 줄 수 있다.237) 예를 들어, 캔터는 '환경적 요인과 관련된 국제 이동성 문제'를 수용하기 위해 미주 여러 국가들이 '통상적인' 및 '예외적인' 이민의 범주를 어떻게 사용하였는지에 대해 자세하게 설명해 주는데,238) 여기에는 피해를 입은 국가에서 온 사람들의 사증 또는 영주권 신청을 신속하게 처리하여 취업, 교육 또는 가족 상봉 목적으로 입국하거나 체류할 수 있도록 하는 것이 포함된다.239) 자유로운 국가간 이동에 관한 협정들은 재난 발생 후에도 입국과 체류를 용이하게 할 수 있다.240)

---

237) Cantor (주 85); McAdam, J. & Pryke, J., *Climate Change, Disasters and Mobility: A Roadmap for Australian Action* (Kaldor Centre for International Refugee Law, Policy Brief 10, Oct. 2020); Burson, B. & Bedford, R., *Clusters and Hubs: Toward a Regional Architecture for Voluntary Adaptive Migration in the Pacific* (Discussion Paper, The Nansen Initiative on Disaster-Induced Cross-Border Displacement, 9 Dec. 2013).
238) Cantor (주 85) 298. Cantor는 캔터는 미국의 임시 보호 지위(TPS)(환경 재난을 겪은, 국토안보부 장관이 지정한 국가의 국민이 미국에 임시로 체류할 수 있게 하는 지위)는 '본질적으로 국제적 보호의 도구라기보다는 재난 상황에 처한 사람들의 신분을 정규화하기 위한 이민법 조항'이라고 주장한다(297면). 다음도 함께 보라, Cantor, D. J., *Cross-Border Displacement, Climate Change and Disasters: Latin America and the Caribbean* (Platform on Disaster Displacement and UNHCR, 2018).
239) 예를 들어 다음을 보라, Protection Agenda (주 21) vol. 2 42-3; Cantor (주 85) 298-310.
240) Ibid., 43-4; Wood, T., *The Role of Free Movement of Persons Agreements in Addressing Disaster Displacement: A Study of Africa* (PDD, May 2018); Francis, A., *Free Movement Agreements and Climate-Induced Migration: A Caribbean Case Study* (Sabin Center for Climate Change Law, Columbia University, Sep. 2019); Burson and Bedford (주 237) Executive Summary. 2020년 2월 26일, 정부 간 개발기구 *Intergovernmental Authority on Development* (지부티, 에리트레아, 에티오피아, 케냐, 소말리아, 남수단, 수단, 우간다로 구성된 지역)의 회원국들은 재난과 기후변화의 악영향으로 인한 실향민에 대한 명시적인 조항이 포함된 동아프리카정부간개발기구(IGAD) 지역 내 사람의 자유로운 이동에 관한 의정서를 승인했다: Communiqué of the Sectoral Ministerial Meeting on the Protocol on Free Movement of Persons in the IGAD Region (26 Feb. 2020).

일부 명백한 공백들에도 불구하고 재난과 기후변화라는 맥락에서 국경을 넘은 실향민을 보호하는 데 있어 법이 완전히 부재한 것은 아니며, 많은 효과적인 실행들이 즉시 이행될 수 있다. 새로운 규범적 틀을 개발하려는 국가들의 정치적 의지가 아직 부족하기 때문에 글로벌 차원에서 새로운 표준 설정 합의를 추진하는 것은 시기상조다. 실제로, 이를 지나치게 강조하면 전 세계적인 노력의 일부를 구성하는 지방, 국내, 양자 및 지역 차원에서 뚜렷하게 필요한 모범적인 실행들과 입법적 변화에 대한 추구를 흐트러트릴 수 있다. 이러한 노력들은 국제법의 점진적인 발전을 배제하지 않으며, 그렇다고 국제법에 전적으로 의존하는 것도 아니다.241)

---

241) 자세한 분석은 다음을 보라, McAdam (주 193).

13장 국적, 무국적과 보호

1절 국가 간 관계에서 국적의 역할

시민권과 소속감, 공동체의 일원이라는 개념, 그리고 자신이 소속된 국가의 존재만큼 누군가에게 민감한 문제도 사실 드물다. 시민권과 국적이 입국, 거주, 선거권 등 특정한 권리들을 누군가에게 일반적으로 귀속시키는 기준이 되고 있음에도 불구하고, 국제법은 오늘날까지 누가, 어떤 영토적 실체 territorial entity에 소속되는지를 판단하기 위한 일치된 기준을 마련하지 못했다.[1] 이 장에서는 '시민권 citizenship'과 '국적 nationality'이 거의 같은 의미로 사용되었다. 국제법이 두 용어의 구체적인 용법을 규정하고 있지는 않지만, 바이스는 '개념적으로나 언어학적으로 이 용어는 … 동일한 개념의 두 가지 다른 측면을 강조한다… "국적"은 국제적 측면을, "시민권"은 국내적, 자치적 측면을 강조한다'고 설명한다.[2] 국적의 내용은 국내법이 결정하며, 역사적으로 국적의 요소 중 국가 간의 관계와 관련된 요소만이 국제법과 관련이 있는 것으로 간주되었다. 따라서 국적이란 주제에

---

1) '권리를 가질 권리'로서 국적에 대해서는, 자세한 내용은 이하를 참고하라.
2) Weis, P., *Nationality and Statelessness in International Law* (1956, 4-5; 2nd edn., 1979, 4-5). 다음도 함께 보라, Weil, P., 'From conditional to secured and sovereign: The new strategic link between the citizen and the nation-state in a globalized world' (2011) 9 *International Journal of Constitutional Law* 615; Shachar, A., *The Birthright Lottery: Citizenship and Global Inequality* (2009); Hansen, R., 'The Poverty of Post-Nationalism: Citizenship, Immigration, and the New Europe' (2008) 38 *Theory and Society* 1; Edwards A. & van Waas, L., eds., *Nationality and Statelessness under International Law* (2014).

많은 의문이 남아있더라도, 이 주제는 원칙적으로 주권이 미치는 국내 관할권에 유보된 영역에 속한다.

한때는 국내 영역과 국제 영역이 중첩되지 않을 수도 있다는 가정, 즉 국제법상 한 국가의 국민은, '국내'에서도 그와 같이 시민적 지위의 모든 혜택을 누리는 사람과 그렇지 않은 사람으로 구분될 수 있다는 가정도 불가능하진 않았다. 인권을 중시하는 포스트모던 시대에 이러한 구분이 전혀 없는 것은 아니지만 이를 정당화하기는 어렵다.[3] 바이스조차도 시민권에 대한 어떤 국내법적 개념이 입국 또는 재입국 권리가 포함된 국가의 보호 대상이라는 의미를 포함하지 않는다면, 이는 국제법 소정의 국적을 보여주는 사례로도 볼 수 없다고 생각했다.[4]

그럼에도 불구하고 국적은 국제법의 발전 과정에서 다양하고 중요한 역할을 해왔다. 예를 들어, 국적은 다른 국가의 행위로 인해 이익을 침해당한 개인의 소송을 한 국가가 담당할 수 있게 하는 - 소위 외교적 보호 - 근거인 본질적인 유대관계를 보여주는 것으로 받아들여져 왔다. 국적이 없는 경우, 개인은 심각한 불이익을 받을 수 있는데,[5] 영국 정부가 *Al Rawi* 사건에서 당시 관타나모에 수감된 영국에 거주했던 비시민권자의 운명에 대해 자신이 미국 정부에 개입할 권리는 물론 어떠한 책임도 없다고 주장한 것

---

3) 영국의 식민지 시대 유산에서 비롯된 복잡성을 보여주는 최근 사례로, 다음을 보라. *Minister of Home Affairs v Barbosa* [2019] UKPC 41에서 버뮤다 항소법원은 '버뮤다인 지위 *Bermudian status*'를 가진 사람과 버뮤다에 속한 것으로 '간주되는 *deemed to belong to*' 사람을 구분하였다. 추밀원은 영국 시민권의 선례와 종류를 검토한 결과, 영국 정부는 해외 영토에 속한다는 개념이 커먼로가 아니라 현지 헌법 또는 현지 법률에서 유래한 것이라고 결론지었다.

4) Weis (주 2) 2nd edn., 45-8, 59.

5) 예를 들어 다음을 보라. *Dickson Car Wheel Company (USA) v United Mexican States*, IV Reports of International Arbitral Awards 669, 678 (Jul. 1931): '어떤 국가가 … 국적이 없는 개인에게 피해를 가한 경우 국제적 위법 행위는 발생하지 않은 것이며, 따라서 어떤 국가도 피해 발생 전이나 후에 그 개인을 대신하여 개입하거나 소를 제기할 권한이 없다'.

은 이런 현실을 잘 보여주는 예다.6) 한편, 형식적으로 국적을 보유했다는 것만으로는 충분하지 않을 수 있다. Nottebohm Case에서 국제사법재판소는 외교적 보호의 맥락에서 한 국가의 국적이 다른 국가에 대항력을 가지려면 국제법상의 요건을 충족해야 하는데, 그중 무엇보다도 국가와 개인 간의 애착이라는 사회적 사실, 즉 실효적 유대 effective link 가 반영되어 있어야 한다고 강조하였다.7)

그렇지만 국제법상 의미의 국적을 이루는 사실관계의 기준은 특정 시기의 특정 국가의 사회정치적 인식과도 균형을 이루어야 한다. 예를 들어, 1961년 무국적자의 감소에 관한 협약은 무국적을 초래할 수 있는 국적 박탈을 일반적으로 금지하면서도 국적박탈이 가능한 예외를 규정하면서, '충성의무'가 있음에도 충성을 거부한 경우를 규정하고 있다.8) 1952년과 1953년 국제법위원회(ILC)에서 이뤄진 토론들은 국적 취득과 상실에 대한 다양한 접근 방식은 물론, 이러한 문제가 순수한 법적 쟁점들을 초월할 수 있는 문제임을 상기시키는 유용한 자료이기도 하다.9) 최근에 유럽연합사법재판소는 '국가와 그 국민 간의 특별한 유대와 신의성실의 관계, 그리고 … 권리와 의무의 상호성은 국적이라는 결속의 근간을 이룬다'고 강조했다.10) 이러한 전제를 염두에 두고 아덴 판사는 Pham (2018)사건에서 국가들은 '과거에 시민으로서 마땅히 져야 할 의무를 근본적으로 거부한 사람에게 보호를 제공할 필요가 없다'는 논리를 확인했다.11)

---

6) *Al Rawi v Secretary of State for Foreign and Commonwealth Affairs* [2006] EWCA Civ 1279. 유엔난민기구가 참가인으로서 제출한 변론과 이후 전개된 상황은 다음을 보라, (2008) 20 *IJRL* 675, http://www.unhcr.org/refworld/docid/45c350974.html.
7) *Nottebohm Case (Liechtenstein v Guatemala)* [1955] ICJ Rep. 4.
8) 1.2.1절, 1.2.3절을 보라.
9) ILC *Yearbook* (1952) vol. I, Summary records, 4th Session, 100-42; ILC, *Yearbook* (1953) vol. I, Summary records, 5th Session, 170-97, 202-80.
10) Case C-135/08 *Rottmann v Freistaat Bayern* (CJEU Grand Chamber, 2 Mar. 2010) para. 51.

그렇지만 국적 문제에 관해 국가가 행사하는 자유가 '원칙적으로' 국내 관할권에 유보된 영역 내에만 미친다고 매우 빈번히 설명된다는 것,12) 이와 관련된 국가의 조치들은 국제법에 부합하는 한도 내에서만 다른 국가로부터 승인될 자격이 있다는 것은 중요한 의미를 가진다.13) 국가는 여전히 국적에 관한 규정을 제정할 수 있는 지정권자로 남아있지만, 국적 자체는 어떤 특정 영토적 실체에 대한 귀속을 반영하는 것이며, 국가 사이에서 생기는 국가 승계, 국민들의 국제 이동, 시민권 박탈 및 보호와 같은 문제에서 책임을 발생시키는 요소이기도 하다.14)

국적이라는 유대는 이러한 책임 중 일부를 설명해 준다. 예를 들어, 국적국은 다른 국가에서 받아들여지지 않는 자국민을 입국시키거나 재입국시킬 의무가 있다. 리드 판사가 *Nottebohm Case* 에서 강조했듯이, 비시민권자가 국경에 도달할 때 국가는 입국을 거부할 수 있는 방해받지 않을 권리 unfettered right 가 있다. 그러나 만약 국가가 비시민권자의 입국을 허용하는 경우, 이러한 자발적인 행위는 해당 개인의 국적국과 일련의 법적 관계를 끌고 들어온다. 권리와 의무의 이러한 상대적 관계는 수용국이 합리적

---

11) *Pham v Secretary of State for the Home Department* [2018] EWCA Civ 2064, paras. 53, 57. 다음도 함께 보라, Inter-American Court of Human Rights, *Proposed amendments to the naturalization provisions of the Constitution of Costa Rica*, Advisory Opinion OC-4/84 (19 Jan. 1984) paras. 35-6; *Case of Castillo Petruzzi et al v Peru,* Judgment (30 May 1999) paras. 96-103.
12) Brownlie, I., 'The Relations of Nationality in Public International Law' (1963) 39 *BYIL* 284; PCIJ, *Tunis and Morocco Nationality Decrees* (1923) Ser. B, No. 4, 24, 25, 26.
13) 그 사이에 거의 70년의 세월이 흘렀음에도 불구하고, 1930년 국적법 충돌에 관한 몇 가지 문제에 관한 헤이그 협약(179 LNTS 89 No. 4137) 제1조와, 1997년 국적에 관한 유럽협약(CETS No.166) 제3조는 실질적으로 동일한데, 두 협약 모두 누가 자국민인지 결정하는 것은 각 국가가 국내법에 따라 행하는 권한이지만, 그러한 법은 '국제협약, 국제관습 및 국적에 관해 일반적으로 인정되는 법원칙에 부합하는 한도 내에서만' 다른 국가에 의해 인정될 수 있다는 것을 확인한다.
14) Brownlie (주 12) 316-8, 327-8, 333, 339-40.

인 대우를 제공해야 할 의무와 비시민권자를 국적국으로 추방하여 사안을 종결할 권리의 원천이 된다. 이는 국적국이 보호를 행사할 권리와 다른 국가로부터 추방된 자국민을 입국시킬 의무의 원천이기도 하다.15)

이러한 세계에서 국적이 없거나 두 개 이상의 국적을 소유한 개인은 국제 질서를 불안정하게 만드는 것으로 간주될 수 있다. 예를 들어 1930년 헤이그 국적 협약 전문은 '모든 사람이 국적을 가져야 하고, 하나의 국적을 가져야 한다는 것을 국제사회의 모든 구성원이 인식하도록 보장하는 것이 국제사회의 일반적인 이익에 부합한다'고 언급하고 있다.16) 이러한 이익은 분명히 개인보다는 국가들의 이익이며, 누가 자국의 국민으로 인정되어야 하는지를 결정하는 국가의 주권적 권한에 일부 제한이 생기기 시작한 것은 오히려 바로 국가의 이익에 부합한다. 국가들은 다른 국가가 자국민에게 국적을 부여하는 것에 저항했는데,17) 국적박탈이 자국의 이익에 영향을 미친다는 이유로 처벌 또는 정치적 사유로 이뤄진 국적박탈에 항의했던 것처럼 말이다. 또한 국가들은 실행과 조약에 따라 일반적으로 한 국가가 다른 국가의 영토를 점령하거나 승계하는 경우, 일반적으로 선택권이 있기는 하

---

15) *Nottebohm Case* (주 7) 34-49, 46-8 (Judge Read); '방해받지 않을 권리 *unfettered right*'라는 표현은 언급은 오늘날 난민에 대한 그리고 가족생활을 포함한 인권에 대한 국제법적 보호가 발전되어 온 것을 고려할 때 제한해서 읽을 필요가 있다. 일반 원칙에 대해서는 다음을 보라, Jennings, R. Y. & Watts, A., eds., Oppenheim's International Law (9th edn., 1991) 857-9, § 379: '국적은 개인과 국제법 사이를 잇는 주요한 연결고리다. 권리는 해외에 있는 자국민에 대한 보호권이며 … 의무는 다른 국가의 영토에 체류할 수 없는 자국민을 자국 영토에서 수용할 의무다'. 다음도 함께 보라, Fischer Williams, J., 'Denationalization' (1927) 8 *BYIL* 45, 55-6.
16) 1930년 국적법 충돌에 관한 몇가지 문제에 관한 헤이그 협약: 179 LNTS 89, No. 4137 (강조 추가됨); Bauer, J., 'Multiple Nationality and Refugees' (2014) 47 *Vanderbilt Journal of Transnational Law* 905.
17) Peters, A., 'Extraterritorial Naturalizations: Between the Human Right to Nationality, State Sovereignty and Fair Principles of Jurisdiction' (2010) 53 *German Yearbook of International Law* 623.

지만 당해 국민이 새로운 주권 국가의 국적을 따르고 시민이 된다는 것을 인정했다.18)

오늘날의 한 가지 쟁점은 국가 간 차이점을 조율하기 위해 개발된 일부 법리(Nottebohm Case)를 인권법의 맥락과도 만나게 할 수 있는지다. 이런 노력이 의미할 수 있는 한 예로, 애착이라는 사회적 사실과 개인과 영토 사이에 진정한 결속이 존재한다는 사실이 국가 측에 특정한 의무들을 발생시킨다는 것을 입증하는 것 - 이를테면, 국가에 소속된 인구집단 또는 그 중 구별된 일부 집단을 '시민'으로 취급하게 하는 것 - 을 들 수 있다. 따라서 국가는 영토와 인구집단에 대한 권한과 통제권을 행사하는 주권국가로서의 일반적인 책임 외에도 법적인 사실에 근거해 자신과 연결된 사람들에게 국적을 인정하거나 부여해야 할 의무가 있을 수 있다.19)

개인의 권리가 쟁점이 될때, 국적 - '권리를 가질 권리' - 은 권리들을 행사하고 향유하기 위한 필수적인 조건으로서 시민권의 일상적 중요성을 강조하는 데 유용하게 활용된다.20) 인권이 국적에서 시작되는 것은 아니지만, 한나 아렌트가 20세기 전반의 난민 위기에서 얻은 교훈은 인권의 선천적이고 양도할 수 없는 특성에도 불구하고 권리를 보호할 조직된 공동체와 이를 보장할 제도가 없다면 그러한 인권은 거의 가치가 없다는 것이었다.21) 국제연맹 초기의 난민들은 연맹의 체계와 기본적인 전제에 큰 충격

---

18) Brownlie (주 12) 341-2.
19) 또 다른 관점으로서, 1942년에 Hersch Lauterpacht가 언급하였듯 '국제법의 질서정연하고 점진적이며 논리적인 체계에는 무국적자가 존재할 공간이 없다 … 만약 국가들이 개인과 국제법 사이의 유일한 연결고리가 될 권리를 주장한다면, 그 연결고리를 존재하지 않게 만드는 것은 허용되어서는 안 된다' : 'Nationality in International Law', Discussion of the Report of the Committee on the Status of Stateless Persons (7 Oct. 1942) (1942) 28 *Transactions of the Grotius Society* 151, 159.
20) Kesby, A., *The Right to Have Rights: Citizenship, Humanity and International Law* (2012) Ch. 2, 39, 52; *Case of the Yean and Bosico Children*, Inter-American Court of Human Rights (8 Sep. 2005) Ser. C, No. 130. 다음도 함께 보라, Weil (주 2) 622.

을 주었던 것은 사실이었지만, 그녀의 회의주의는 철저히 경험에서 비롯된 것이었다.22) 한나 아렌트가 지적했듯이 당시 상황에서 전례를 찾을 수 없는 지점은 난민들이 '고향을 잃은 것이 아니라 새로운 고향을 찾을 수 없다는 것'이었다.23) 그녀가 암울한 그림을 그린 것, 그리고 일부 실향민을 위해 많은 노력이 이루어진 것도 사실임에도 불구하고, 그녀의 판단은 부분적이고 총체적이지는 못했던 대응을 항상 날카롭게 시정해 준다. 1951년 이후 법과 제도가 강화되어 난민과 무국적자에게 필요한 많은 보장을 제공할 수 있게 되었지만, 이 체제는 그녀가 실효적인 보호를 위해 필수적이라고 생각했던 조직된 공동체를 구성하는 데는 여전히 미흡한 실정이다. 난민과 무국적자에게 부여하는 '지위 status'는 법적 인격과 자격이 인정되고 국제사회가 그들에 대한 책임을 수락한 사람들을 보호하는 국제법의 기능을 대표하지만, 국적을 대체하기에는 불완전하다.

1962년에 이미 바이스는 국적에 관한 국제법의 발전이 다른 것들 즉, 국제법에서 개인 지위의 발전 및 국제법에서 인권법으로 이루어진 전환의 일부분이라는 점을 지적한 바 있다.24) 그 이후로, 사회적 애착이란 사실로부

---

21) Arendt, H., *The Origins of Totalitarianism* (with an Introduction by Samantha Power) (2004) 373, 375. 이 *전체주의의 기원*은 1951년에 처음 출판되었다. 사만다 파워의 '서문'은 국제인권의 집행력에 대한 아렌트의 '예언자적 회의주의'를 언급한다: ibid., xix.
22) 체코슬로바키아 외무부 장관 Dr Edvard Beneš 박사는 1921년 5월 10일 국제연맹 사무총장에게 보낸 서한에서 '소비에트 정부는 전적으로 비정상적인 방식으로 수립되었으며, … 정부로서 행하는 방식과 사법 절차는 수많은 러시아 난민들의 정서뿐만 아니라 문명 세계 대다수의 정서에도 완전히 반대된다'고 언급했다: LoN doc. C.126.M. 72.1921.VII (16 Jun. 1921) Annex 6.
23) Arendt (주 21) 372. '무권리자들 *rightless* 의 재앙은 … 그들이 더 이상 어떤 공동체에도 속하지 않는다는 것이다': ibid., 375.
24) Weis, P., 'Staatsangehörigkeit und Staatenlosigkeit im gegenwärtigen Völkerrecht': Vortrag gehalten vor der Berliner Juristischen Gesellschaft (29. Juni 1962) Berlin: W. de Gruyter, Schriftenreihe 9 der juristischen Gesellschaft zu Berlin.

터 도출된 법적 의미는, 밀접한 원칙들 cognate principles에 의해 강화되었으며, 장기 거주자를 합법적으로 추방할 수 있는 상황을 제한하거나 추방의 해로운 영향으로부터 가족생활을 보호하는 지역 및 기타 인권기구의 판결에서 어느 정도의 권위를 획득했다.

유럽인권재판소의 *Beldjoudi* 사건에서 마르텐스 판사는 '단지 국적은 누군가를 자신의 "자국"이라고 부를 수 있는 곳에서 추방하는 것을 허용할 수 있는지에 관해 다르게 취급하는 차이를 정당화할 객관적이고 합리적인 근거가 될 수 없다'고 말했다.25) 국가는 국내 관할권의 문제로서 구성원의 자격을 결정할 권한을 보유하긴 하지만, 현재 그 행사는 어느 정도 제한되어 있다. 유럽인권재판소는 *Genovese v Malta* 사건에서 국적을 사회적 정체성의 본질적인 부분으로, 따라서 유럽인권협약 제8조 소정의 사생활의 본질적인 부분에 해당한다고 보았다.26) 이듬해 *Kurić v Slovenia* 사건에서 유럽연합사법재판소는 슬로베니아가 유고슬라비아에서 분리된 후 영주권자 명단에서 '삭제'한 수천 명의 사람들에게 배상을 해야 한다고 판결했다.27) 대재판부는 슬로베니아가 정권 승계 과정에서 많은 옛 유고슬라비아 시민들의 법적 지위를 불법적으로 박탈했다는 2010년 판결을 지지했다. 대재판부는 특히 유엔난민기구의 증거에 주목했는데, 그 내용은 이 박탈이 취약한 집단, 특히 소수자들에게 불균형적으로 영향을 미쳤으며, 많은 사람들을 무국적자로 만들고 의미 있는 가족 및 공동체의 유대를 유지하는 것

---

25) *Beldjoudi v France,* App. No. 12083/86 (26 Mar. 1992) Judge Martens, concurring, para. 2. 1966년 시민적 및 정치적 권리에 관한 국제규약(ICCPR 66) 제12조(4)의 '자국 *his own country*'의 해석에 대해서는, 다음을 보라, Human Rights Committee, General Comment No. 27 on freedom of movement (art. 12): UN doc. CCPR/C/21/Rev.1/Add.9 (1 Nov. 1999) para. 20; Foster, M. & Lambert, H., *International Refugee Law and the Protection of Stateless Persons* (2019) 167.
26) *Genovese v Malta,* App. No. 53124/09, Fourth Section (11 Oct. 2011) paras. 30, 33.
27) *Kurić v Slovenia,* App. No. 26828/06, Judgment (Merits and Just Satisfaction), Grand Chamber (26 Jun. 2012) paras. 259-70, 339-62.

을 불가능하게 만들어 제8조를 위반했다는 것이었다.28)

　유럽연합사법재판소도 2010년 *Rottmann v Freistaat Bayern* 판결을 비롯하여 여러 사건에서 시민권 문제를 다뤄왔으며,29) 미주 인권 재판소는 상당한 분량의 판례를 축적해오고 있다.30) *Case of the Yean and Bosico Children v The Dominican Republic*에서 미주인권재판소는 '국적은 개인과 국가를 연결하는 사회적 사실을 법적으로 표현한 것이다. 국적에 대한 권리는 미주인권협약에 명시된 기본적 인권이며… 제27조에서 규정하듯 이탈이 허용되지 않는다'고 판시했다.31) 최근에는 도미니카공화국이 아이티 혈통의 도미니카인에게 시민권을 거부하려는 시도가 미주인권협약 제3조, 제18조, 제20조, 제24조에 위배된다는 판결을 내렸다.32) 이어서, 아프리카

---

28) Ibid., paras. 334, 338, 339, 349, 358-62. 다음도 함께 보라, *Kurić v Slovenia*, App. No. 26828/06, , Judgment (Just Satisfaction) Grand Chamber (12 Mar. 2014), regarding arts. 41, 46. 국제인권법 및 유럽인권법상 시민권에 대한 자세한 내용은 다음을 보라, Judge Pinto de Albuquerque, diss. op., in *Ramadan v Malta,* App. No. 76136/12, Fourth Section (21 Jun. 2016) Final: (17 Oct. 2016) 27-37.
29) *Rottmann v Freistaat Bayern* (주 10) (회원국이 기망에 의한 귀화로 부여한 국적을 철회하는 것이 비례의 원칙을 준수하는 한 유럽연합법에 위배되지 않는다고 인정함).
30) 1969년 미주인권협약 제20조: '(1) 모든 사람은 국적을 가질 권리를 가진다. (2) 모든 사람은 다른 국적에 대한 권리가 없는 경우 자신이 태어난 영토의 국적에 대한 권리를 가진다. (3) 누구도 자의적으로 국적을 박탈당하거나 국적을 변경할 권리를 박탈당하지 않는다'. 다음도 함께 보라, Inter-American Court of Human Rights, Proposed amendments (주 11) (paras. 31-8 국적에 대한 권리); *Case of Castillo Petruzzi* (주 11).
31) *Case of the Yean and Bosico Children v The Dominican Republic* (주 20).
32) *Caso de Personas Dominicanas y Haitianas Expulsadas v República Dominicana,* Inter-American Court of Human Rights (28 Aug. 2014) para. 325. 다음도 함께 보라, Belton, K. A., 'Ending Statelessness Through Belonging: A Transformative Agenda?' (2016) 30 *Ethics and International Affairs* 419; Belton, K. A., 'Heeding the Clarion Call in the Americas: The Quest to End Statelessness' (2017) 31 *Ethics and International Affairs* 17; Marsteintredet, L., 'Mobilisation against International Human Rights: Re-Domesticating the Dominican Citizenship Regime' (2014) 44 *Iberoamericana — Nordic Journal of Latin American and Caribbean Studies*, 73; Cerqueira, D., 'The Solitude of the Dominican Republic' (14 Nov. 2014): https://www. mericasquarterly.

인간과 인민의 권리 위원회는 1981년 헌장 제5조에서 인간으로서의 존엄성과 법적 지위의 인정을 다루고 있으며, 헌장에 국적이 공식적으로 언급되어 있지 않더라도 이 조항엔 국적에 대한 권리가 포함된다는 사실을 발견했다. 또한 국적 문제에 대한 국가의 재량은 무국적을 방지할 의무와 차별금지 의무에 의해 제한된다.33)

1.1절 국제법상 국적에 대한 권리

이러한 발전에도 불구하고, 국적에 대한 개인의 권리에는 여전히 논쟁의 여지가 있는데, 국제법이 특정 국가에 책임을 귀속시킬 수 있는 것처럼 이해되는 지점에서 특히 그렇다.34) 전통적으로 '권리'는 반드시 상관적인 의무와의 관련성 속에 존재해야 하는 것으로 해석되기에, 전 세계를 대상으로 한 권리란 존재할 수 없는데 그 때는 '국적'이 없을 것이기 때문이다. 하지만 의무를 지닌 주체가 국가라면 어느 국가인가? 자신이 태어난 국가

---

org/content/solitude-dominican-republic.
33) *The Nubian Community in Kenya v The Republic of Kenya,* African Commission on Human and Peoples' Rights, Communication 317/06 (28 Feb. 2015): http://caselaw.ihrda.org/doc/317.06/view/en/#facts. 다음도 함께 보라, African Commission on Human and Peoples' Rights, *The Right to Nationality in Africa* (2015). 일반적으로는 다음을 보라, Manby, B., Citizenship in Africa: *The Law of Belonging (2018); Manby, B., Struggles for Citizenship in Africa* (2009).
34) 다음을 보라, Chan, J. M. M., 'The Right to a Nationality as a Human Right—The Current Trend towards Recognition' (1991) 12 *HRLJ* 1; van Waas, L., 'Article 15: The Right to a Nationality', in Ferstman, C. and others, eds., *Contemporary Human Rights Challenges: The Universal Declaration of Human Rights and its Continuing Relevance* (2018) 126–36; Edwards & van Waas (주 2); 'Effective promotion of the Declaration on the Rights of Persons Belonging to National or Ethnic, Religious and Linguistic Minorities. Note by the Secretary-General': UN doc. A/73/207 (20 Jul. 2018); Institute on Statelessness and Inclusion, 'Citizenship and Statelessness: (in)equality and (non)discrimination' (2018): https://www.institutesi.org/.

인가? 부모의 국가인가? 아니면 각각 또는 둘 다인가? 현재 거주하고 있는 국가인가?

  무국적을 피하기 위한 협약들은 책임의 방향을 무국적자가 태어난 국가로 향하도록 하는데 분명히 기여했지만, 관련 국제협약은 때때로 모호한 경우가 있다.35) 국적에 관한 조약 규정들이 등장한 상황적인 배경에는 모든 국가는 누가 자국민인지 결정할 권리가 있다는 전제가 놓여 있지만, 이 전제가 즉각적일 정도로 명확한 것은 아니다. 예를 들어, 세계인권선언 제15조(1)은 '모든 사람은 국적을 가질 권리를 가진다'고 간단히 명시하고 있을 뿐이다.36) 1965년 모든 형태의 인종차별 철폐에 관한 협약은 국적에 대한 권리의 비차별적 향유에 대해 규정하고 있으며,37) 1966년 시민적 및 정치적 권리에 관한 국제규약 제24조는 '모든 아동은 출생 후 즉시 등록되고, 성명을 가져야 한다', '모든 아동은 국적을 취득할 권리를 가진다' 등 미성년 아동에게 요구되는 '일련의 보호 조치'에 대해 유사한 비차별적 접근 방식을 규정하고 있다.38)

  1989년 아동권리협약 제7조는 '국적에 대한 right to 권리'를 특히 아동이 무국적자일 경우에 '국적을 취득할 right to acquire 권리'로, 약간, 미묘하게

---

35) 1930년 국적법 충돌에 관한 몇가지 문제에 관한 헤이그 협약(주 16) 제14조는 유기된 유아 *foundling* 는 발견된 국가의 영토에서 출생한 것으로 추정한다고 규정하고 있다. 1963년에 Brownlie는 Hudson과 Córdova가 국제법위원회에서 작성한 조화로운 초안뿐 아니라, 특히 입법을 포함한 국가 실행의 범위에 주목하면서, 유기된 유아에 관한 이 규칙은 국제관습법으로서의 인정 여부와 관계없이 국제사법재판소 규정 제38조의 의미 내에서 법의 일반원칙으로 인정되어야 할 만큼 '강력한 주장'이라고 결론지었다 : Brownlie (주 12) 311.
36) 1948년 세계인권선언; 제15조(2)는 다음과 같이 덧붙인다: '어느 누구도 자의적으로 자신의 국적을 박탈당하지 아니하며 자신의 국적을 변경할 권리가 부인되지 아니한다.'
37) 1965년 모든 형태의 인종차별 철폐에 관한 협약, 제5조.
38) 1966년 시민적 및 정치적 권리에 관한 국제규약, 제24조(2), (3); van Waas, L., 'Stateless Children', in Bhabha, J., Kanics, J., & Senovilla Hernández, D., eds., *Research Handbook on Child Migration* (2018) 213.

변경된 표현을 반영하고 있다.39) 따라서 넓게 보면, 모든 사람은 인종 차별을 받지 않고 누릴 수 있는 국적에 대한 권리를 가지며, 그 누구도 이 권리를 자의적으로 박탈당해서는 안 된다고 할 수 있다. 이러한 권리가 어느 국가를 향해 '존재'하는지를 확인하는 과정은 아동의 출생등록 의무에서부터 시작되며, 출생등록은 개인과 등록 국가 사이에, 모든 아동이 동등하다는 전제에 따른, 중요한 연결 고리가 있음을 보여주는 것이다.40) 출생등록과 국적 부여 의무 사이의 간극은 아동권리협약(그리고 1961년 무국적자 감소에 관한 협약 및 기타 협약의 조항들)이 국가에 무국적자의 발생을 방지하고 피할 의무를 부여하면서 점차 좁혀지기 시작한다.

2013년 유엔난민기구 집행위원회는 이러한 발전을 확인하면서 등록 및 관련 서류의 부재가 무국적 상태 및 관련 보호 위험에 대한 취약성을 증가시킨다는 점을 인식하고 각국에 시민 등록을 보장할 것을 촉구했으며, 모든 아동은 '어떠한 종류의 차별도 없이 출생 직후 등록되어야 한다'는 점을 강조했다.41) 이와 마찬가지로 유엔 인권이사회는 국가들의 국적에 관한 입법 '권한'을 인정하면서도 그 입법은 '국제법에 따라' 이루어져야 한다고

---

39) 1989년 아동권리협약 (CRC 89) 제7조는 다음과 같이 규정한다: '1. 아동은 출생 후 즉시 등록되어야 하며, 출생시부터 성명권과 국적취득권을 가지며, 가능한 한 자신의 부모를 알고 부모에 의하여 양육받을 권리를 가진다. 2. 당사국은 이 분야의 국내법 및 관련국제문서상의 의무에 따라 이러한 권리가 실행되도록 보장하여야 하며, 권리가 실행되지 아니하여 아동이 무국적으로 되는 경우에는 특히 그러하다.' '국적을 포함하여 … 신분을 보존할 수 있는' 아동의 권리를 명시한 제8조도 함께 보라. 미주인권재판소는 *Gelman v Uruguay Ser.* C, No. 221, Judgment (2011)에서 납치된 아르헨티나 국적 아동이 우루과이 국적 '부모'에게 인도된 경우, 그 아동이 신분을 상실했다고 판시했는데, 이는 1989년 아동권리협약 제8조에 반하는 것이다.

40) 참조, Bisschop, W. R. and others, 'Report of the Committee on Nationality and Registration' (1918) 4 *Transactions of the Grotius Society* li–lvi.

41) 시민 등록에 관한 집행위원회 결정 제111호 (LXIV) (2013) para. 13. 유엔 총회는 이 결론을 승인했다: UNGA res. 68/141, 'Office of the United Nations High Commissioner for Refugees' (18 Dec. 2013) paras. 3, 26. 다음도 함께 보라, UNHCR, 'Note on Statelessness': UN doc. A/AC.96/1123 (4 Jul. 2013).

하였을 뿐만 아니라,42) 국제 인권법과 난민법, 무국적자 관련 조약은 소수자에게 불균형적으로 영향을 미치는 자의적인 국적박탈로부터의 보호를 제공한다고 하였다.

2012년 유엔 인권이사회는 국적에 대한 권리에 관한 결의를 만장일치로 채택하면서, 전 세계 약 500만 명의 아동이 시민권을 갖지 못하고 있어 이들에 대한 보호가 필수적임을 재확인하고 각국에 자유로운 출생등록을 보장할 것을 촉구했다.43) 같은 날 채택된 또 다른 결의에서는 자의적인 국적박탈이 소수자들에게 미치는 불균형적인 영향에 대해 지적하면서,44) 각국에 국적 승계의 결과가 나타나기 전에 자국 영토에 영주하고 있던 사람들에게 국적을 부여할 것을 촉구했다.45) 위원회는 또한 자의적 국적박탈에 대해서도 일관되게 반대 입장을 취해 왔고,46) '모든 인간의 국적에 대한 권리는 기본적 인권'이며 아동은 특히 이 권리에 대해 취약하다고 주장해 왔다.47) 이와 관련하여 위원회는 출생등록과 모든 사람의 어디서나 법 앞에 인간으로 인정받을 권리에 대해서도 똑같이 확고한 지지입장을 견지해

---

42) 예를 들어 다음을 보라, HRC res. 32/5, 'Human rights and arbitrary deprivation of nationality' (30 Jun. 2016) Preamble. 인권이사회는 또한 2030 지속가능발전 의제 (UNGA res. 70/1)의 목표 16, 세부목표 9를 언급했는데, 이는 출생등록을 포함하여 모든 사람에게 법적 *신분 identity*을 제공하는 것이다: ibid., para. 25.
43) HRC res. 20/4, 'The right to a nationality: women and children': UN doc. A/HRC/RES/20/4 (5 Jul. 2012) (무투표 채택됨).
44) 다음을 보라, Fernand de Varennes, Special Rapporteur, 'Statelessness: a minority issue': UN doc. A/73/205 (20 Jul. 2018).
45) HRC res. 20/5, 'Human rights and arbitrary deprivation of nationality': UN doc. A/HRC/RES/20/5 (5 Jul. 2012) (무투표 채택됨).
46) 실효적인 구제책이 필요한 경우: ibid., paras. 2, 12; 자세한 내용은 1.2절을 보라.
47) Ibid., paras. 19-21. 다음도 함께 보라, HRC res. 32/5, 'Human rights and arbitrary deprivation of nationality' (30 Jun. 2016); also HRC resolutions 26/14 (26 Jun. 2014); 20/4 (5 Jul. 2012); 20/5 (16 Jul. 2012); 13/2 (24 Mar. 2010) (제8항: 모든 아동은 국적을 취득할 권리가 있다); 10/13 (26 Mar. 2009) (제7항: 국적을 박탈당한 사람들은 '빈곤, 사회적 배제 및 법적 무능력'의 영향을 받을 수 있다); 7/10 (27 Mar. 2008).

왔다.48)

2016년 제32차 회의에서 인권이사회는 여성과 아동에 대한 차별이 지속되는 것이 무국적이 발생하는 중요한 원인이며, 이는 가족 전체에 크나큰 영향을 초래한다고 지적했다.49) 위원회는 국가가 내리는 국적에 관한 결정은 차별금지 등 국제적 의무와 부합해야 함을 강조하며, 각국에 여성을 차별하는 법률을 개혁할 것, '자녀와 배우자에 대한 국적 부여, 국적의 취득, 변경 또는 유지에 관해 남녀에게 동등한 권리를 부여할 것'을 촉구했다.50)

지역적 또는 보편적 인권 조약들에 따른 특정 국적을 취득하거나 보유할 권리가 인정되지 않더라도, 시민권에 대한 자의적인 거부는 그 밖의 보호되는 권리와 이익에도 명백히 피해를 입히는 영향을 미칠 수 있다. 예를 들

---

48) 위원회는 유니세프에 따르면 전세계 5세 미만 아동의 거의 4분의 1의 출생이 등록되지 않았다는 사실을 상기하며, 이러한 문제가 '다른 모든 인권의 실현과 밀접하게 연관되어 있으며', 따라서 '어떠한 종류의 차별도 없이 모든 출생을 등록하는 것이 국가의 의무'임을 확인했다: HRC res. 34/15, 'Birth registration and the right of everyone to recognition everywhere as a person before the law' (24 Mar. 2017) Preamble, paras. 1, 2. 다음도 함께 보라, HRC res. 28/1 (26 Mar. 2015); 22/7 (21 Mar. 2013); UNGA res. 71/177, 'Rights of the child' (19 Dec. 2016) paras. 11, 18, 78; UNGA res. 69/157, 'Rights of the child' (18 Dec. 2014); 1989년 아동의 권리에 관한 협약 제7조; 1948년 세계인권선언 제6조: '모든 사람은 어디에서나 법 앞에 인간으로서 인정받을 권리를 가진다'.
49) HRC res. 32/7, 'The right to a nationality: women's equal nationality rights in law and in practice' (30 Jun. 2016).
50) Ibid., para. 5. 2011년 6월, 유엔 사무총장은 유엔과 무국적자에 관한 '지침서'를 발표했다. 2018년에 재발간된 이 지침은 유엔 기구에 영향을 미치는 무국적자의 제도적 교차성에 주목하고, 유엔 체계가 무국적자에 대한 조정된 대응을 개선할 수 있는 방법에 대한 7가지 지도 원칙과 4가지 '구체적인 상호연관 접근법'을 제시하고 있다: https://www.refworld.org/docid/5c580e507.html. 다음도 함께 보라, Human Rights Council, 'Report of the Secretary-General: Human rights and arbitrary deprivation of nationality': UN doc. A/HRC/25/28 (19 Dec. 2013); Lambert, H., 'Comparative Perspectives on Arbitrary Deprivation of Nationality and Refugee Status' (2015) 64 *ICLQ* 1.

어, Kurić 사건에서 유럽인권재판소는 무엇보다도 시민들의 '몸 corpus'을 형성하기 위한 독립된 법률의 제정 목적이 1950년 유럽인권협약 제8조(2)의 의미 내에서 정당한 목적이라고 판단하였다. 그러나 개인의 권리와 공동체의 이익 사이에는 여전히 공정한 균형이 필요하며, 여기서 국가는 '특히 신청인들과 같은 장기 이주민에 대해 사생활이나 가족생활 또는 양자를 실효적으로 "존중"함에 수반되는 적극적 의무를 보장하기 위한 조치를 취하지 않았다'고 판시했다. 균형적이지 않은 결과를 피하기 위해서는 시민권을 취득하지 못했거나 신청하지 않기로 선택한 사람들의 체류 자격도 정규화될 수 있도록 구체적으로 규정했어야 한다.51) 다른 사실관계의 상황 속에서는 무국적 상태를 피할 국가의 의무에는 더 나아가 시민권을 부여할 의무까지 수반될 수 있다.

2019년 유엔 자유권규약위원회는 네덜란드가 아동권리협약 제24조(3)과 1966년 시민적 및 정치적 권리에 관한 국제규약 제2조(2) 및 (3)에 위배하여 아동의 권리를 침해했다고 판단하면서, 시민권 부여 의무를 거의 인정하기에 이르렀다.52) 2004년에 인신매매된 한 어머니는 중국에서 태어났지만 등록되지 않았고, 2010년에 네덜란드에서 태어난 그녀의 아들은 '국적 불명'으로 등록되어 있었다. 이를 '무국적'으로 변경하려는 모든 노력은 기본적으로 국적 결여에 대한 결정적인 증거가 없다는 이유로 거부되었다.53) 위원회는 국가가 제24조(3)에 따라 국적을 부여할 의무가 있다고 판단하지는 않았지만, 대신 국적을 취득하는 방식과 관련하여 차별금지의 간접적 적용 가능성을 고려했다. 위원회의 견해에 따르면, 중국 당국이 아동의 국적 확인을 반복적으로 거부했다는 사실만으로 충분하고, 네덜란드 당국이

---

51) Kurić v Slovenia (주 27) paras. 343, 353-4, 358-9.
52) Zhao v The Netherlands, UN doc. CCPR/C/130/D/2918/2016 (28 Dec. 2019).
53) 만약 '무국적'으로 등록할 수 있었다면, 네덜란드 국적을 취득할 수 있는 권리와 보호를 받을 수 있는 길이 열렸을 것이다.

자체 조사를 하지 않았으며, 국무원이 당해 아동이 미성년자로서 시민권을 취득할 권리를 행사할 수 없다고 인정했다는 사실만으로도, 무국적 상태를 판단하기 위해 더 이상의 엄격하고 결정적인 입증 기준이 필요하지 않다고 판단한 것이다.

1.2절 시민권 박탈

무국적과 관련된 법 및 인권법 분야의 전반적인 발전에도 불구하고,[54] 국가들은 적어도 문제되는 어떤 행위가 자국 영토 내에서 일어난 것인 한 당해 개인의 시민권을 박탈할 수 있는 권한을 계속 주장하고 있다.[55] 이러한 견지에서 시민권의 박탈은, 인권법의 진화하는 경계를 염두에 둔다면, 아마도 허용될 수 있으며, 그 결과 해당 개인은 사회적, 정치적 권리를 상실하고 원칙적으로 거주 조건에 관해서, 그리고 이론적으로는 추방에 관해서, 다른 비시민권자와 같은 대우를 받을 수 있게 된다. 자의적으로 국적을 박탈당하지 않을 권리는 예를 들어 박탈이 법률에 따라 규정되어 있고, 민주 사회에서 합리적으로 필요하며, 비례적이고, 국제법상 국가의 다른 의무들과 부합하는 것으로 입증되는 경우 등 제한적으로 원용될 수 있다.[56] 그러나 형법상의 조치 또는 행정 조치들이 보다 비례적인 조치에 해당할 수

---

54) 일반적으로는 다음을 보라, Gibney, M. J., 'Should Citizenship Be Conditional? The Ethics of Denationalization' (2013) 75 *The Journal of Politics* 646; Gibney, M. J., ' "A Very Transcendental Power": Denaturalisation and the Liberalisation of Citizenship in the United Kingdom' (2013) 61 *Political Studies* 637; Weil (주 2); Lambert (주 50).
55) '일반적으로 국제법에 관한 한, 어떤 국가의 국내법이 여러 종류의 국민, 예를 들어 완전한 정치적 권리를 향유하고 그에 따라 국민으로 명명되는 국민과, 더 적은 권리를 향유하며 그에 따라 국민으로 명명되지 않는 국민을 구별하는 것은 중요하지 않다': Jennings & Watts (주 15) vol. 1, 856-7; Crawford, J., *Brownlie's Principles of Public International Law* (9th edn., 2019) 511.
56) 이 책 제3장, 5.1.2-5.1.3절을 보라.

있는지 여부를 포함하여 많은 사법적 쟁점은 여전히 해결되지 않았으며 향후 법적 다툼의 대상이 될 수 있다.

국제법은 무국적을 초래하는 시민권 박탈에 대해 결코 관용적 태도를 취하지 않는데, 특히 이 박탈이 다른 국가의 권리와 이익에 영향을 미치거나 국제적 의무에 영향을 미치는 경우, 또는 '실효적 유대의 원칙을 무시하고 영토 주권과 국가의 책임을 회피하려는 시도'로 이해될 때 그러하다.57) 예를 들어, 강제퇴거와 관련하여 국제법의 올바른 입장은 유죄 판결을 받은 소위 '원자폭탄 스파이 Atomic Spy' 클라우스 푹스에 대해 1959년 영국 하원에서 이뤄진 토론에서 제시된 바 있다. 내무장관은 푹스의 지위와 퇴거에 관한 질문에 답하면서 '법적으로 푹스는 추방될 수 있지만 다른 어떤 국가에도 무국적인 추방자를 받아들일 것을 요구할 수는 없다. 따라서 이 경우 강제퇴거권한은 효과적으로 사용될 수 없다'고 답변하였다.58)

2014년 국제법위원회가 2차 독회에서 채택한 추방에 관한 조항 초안 제8조는 '국가는 오로지 자국민을 추방할 목적으로, 자국민을 국적박탈을 통해 외국인으로 만들어서는 안 된다'라고 규정하고 있다.59) 국제법위원회는 이에 대한 해설서에서 이 조항이 '국적의 부여 또는 상실에 관한 법률의 통상적인 운영'을 제한하려는 것은 아니지만, '국적박탈은 개인을 추방하려

---

57) Brownlie (주 12) 339–40.
58) 606 HC Deb. (11 Jun. 1959) cols. 1175–6.
59) International Law Commission, *Report* of the 66th Session: UN doc. A/69/10 (2014) Ch. IV, 'Expulsion of aliens', 13, 32–3. 2017년 유엔총회는 외국인 추방에 관한 조항을 '주목'하고 어떤 추가 조치가 향후 필요한지를 검토하기 위해 제75차 회의(2020년)의 의제에 이 주제를 포함하기로 결정했다: UNGA res. 72/117 (7 Dec. 2017). 2020년에 제6위원회는 이 문제를 검토했고, 초안이 국제관습법을 반영하고 있다고 생각하는 국가와 그렇지 않다고 생각하는 국가 간의 간극이 다시 한 번 분명히 드러났다. 어떤 국가들은 협약으로 구체화되어서는 안 된다고 생각한 반면, 다른 국가들은 초안이 지침 역할을 하고 논의의 기초를 형성할 수 있는 중요한 기여를 했다고 생각했다. 제6위원회는 결의를 제안했고, 총회는 표결 없이 이 주제를 제78차 회의(2023년) 의제에 포함시키기로 결정했다: UNGA res. 75/137, 'Expulsion of aliens' (15 Dec. 2020).

는 국가의 의도 외에 이를 정당화할 다른 근거가 없는 한, 세계인권선언 제15조(2)의 의미 내에서 남용적이며, 실제로 자의적인 조치'이라고 지적한다.60) 이미 1979년에 바이스는 국적박탈이 초래할 수 있는 불법성, 특히 '다른 국가가 국적국에 자국민의 재입국을 요구할 수 있는 권리에 영향을 미치는 경우 … 그 국적박탈의 역외적 효력은 자신의 입국의무와 관련하여 부정될 수 있다'는 점을 지적한 바 있다.61) 그는 국가를 떠나기 전의 국적박탈과 떠난 후의 국적박탈을 구별했지만, 어느 경우에서나 모두 거주 허가의무 또는 재입국 허가 의무는 지속된다는 견해를 가졌다.62)

이러한 명제에는 국제법상 예외가 없다.63) 만약 어떤 국가가 비시민권자의 입국을 허용하면 해당 비시민권자의 국적국과 일련의 법적 관계를 맺게

---

60) *Report* of the 66th Session (주 59) 32, 33. 1966년 시민적 및 정치적 권리에 관한 국제규약 제12조에 대한 일반논평에서 자유권규약 위원회는 개인의 '자국 *his own country*'에 입국할 권리가 형식적 의미의 국적에 국한되지 않기 때문에 '국적국 *country of nationality*'의 개념보다 더 넓다고 언급했다. 위원회의 견해에 따르면, 국제법에 반하여 국적을 박탈당한 개인도 '자국'으로서 해당 국가에 입국하여 거주할 권리를 계속 보유하며, 이 개인에는 자의적으로 국적을 취득할 권리를 박탈당한 무국적자도 포함될 수 있다: General Comment No. 27 on freedom of movement (art. 12): UN doc. CCPR/C/21/Rev.1/Add.9 (1 Nov. 1999) para. 20.
61) Weis, P., *Nationality and Statelessness in International Law* (2nd edn., 1979) 125, 126 (강조 추가됨). Paul Weis는 영국으로 귀화한 후 국제난민기구(IRO)의 법률 고문을 거쳐 유엔난민기구에서 근무했으며, 후자의 자격으로 1961년 무국적자 지위에 관한 협약 채택을 이끌어낸 회의에 참여했다. 그는 은퇴 후에도 수년 동안 유럽평의회 난민 및 무국적자에 관한 임시위원회(CAHAR)에서 영국 대표로 활동했다.
62) Weis (주 61) 55: '어떤 외국인을 입국시킨 국가는, 당해 국적국이 그 외국인을 다시 받아들여야 할 의무가 있다는 전제하에 그렇게 한 것이기에, 이후 국적상실로 국적국의 이러한 의무가 소멸된다면 그 외국인을 입국시킨 국가의 선의는 기만당하는 것이다'. 57면의 다음 문구도 함께 보라: '국적상실 후 재입국 의무의 존속 원칙은 사실상 영토 고권의 원칙에서 비롯된 것인데, 이러한 고권은 적법한 재량에 따라 행동하는 어떠한 제3국도 그들을 수용하려 하지 않을 경우에 어떤 외국인의 국적국이 그 외국인을 추방하려는 국가의 추방권이라는 인정된 권리를 행사할 가능성을 박탈한다면 그러한 일방적인 조치에 의해서 침해될 수 있다'.
63) *Nottebohm Case* (주 7) 34 ff (Judge Read: 주15의 문장을 보라).

되며, 이러한 비시민권자의 지위는 일반적으로 '귀환가능성'을 보장하는 여권 발급을 통해 입증된다. 여권을 근거로 비시민권자를 입국시킨 국가는 국적국의 시민권 박탈 주장을 무시할 수 있고, 난민 또는 기타 관련 보호 요소가 없는 경우 해당 비시민권자를 여권 발급 국가로 송환할 완전한 권리가 있다. 이는 오랫동안 확립된 이론의 일부였으며, 수사적 논쟁과 무관하게 실무상으로는 진지하게 다뤄지지 않는다.

1930년 무국적자에 관한 특별의정서 제1조는 외국에 입국한 후 무국적자가 된 종전 국민에 대한 종전 국적국의 재입국 의무를 어느정도 제한된 형태로만 규정하고 있지만,64) 이것이 일반적인 법을 소멸시키지는 않는다. 당시 영국 대표는 '한 국가가 개인에게 여권을 발급함으로써 일종의 계약 또는 의무가 발생하기 때문에, 그 개인이 그 여권을 가지고 외국에 입국할 때, 그가 입국한 영토를 보유한 국가는 그가 국적을 가진 다른 국가가 특정 상황에서 그를 다시 수용할 것이라고 추정할 권리가 있다'고 명시적으로 주장했다.65) 바이스는 또한 재입국을 거부할 목적으로 국적을 박탈하는 것은 비시민권자를 추방할 권리를 행사하려는 국가의 주권적 권리를 직접적으로 침해하는 것이라고 지적했다.66) 최근에 멜로니는 '송환 가능성'은 여

---

64) LoN doc. C.27.M.16.1931.V; 2252 UNTS 435 (in force 2004).
65) Ibid. 다음도 함께 보라, the British Government's position as expressed at the 1930 League of Nations Hague Conference on Nationality: Rosenne, S., ed., *League of Nations Conference for the Codification of International Law (1930)* (1975) Vol. 3, 'Acts of the Conference. I Plenary Meetings. II Minutes of the First Committee'; Minutes of the First Committee (Nationality), 2nd Mtg. (18 Mar. 1930) 22-3; 20th Mtg. (7 Apr. 1930) 243-4 (Rosenne, ed., 901-2, 1123-4).
66) Weis (주 61) 58-9. 다음도 함께 보라, Lauterpacht, H., *The Function of Law in the International Community* (1933; repr'd 2011) 308-9; Turack, D., *The Passport in International Law* (1972) 20: '국가들은 어떤 이유로든 여권 소지자가 수용국을 떠나야 하는 경우, 여권의 발급국이 소지자가 되돌아올 경우 다시 수용할 것이라는 사실을 여권 발급의 주요 목적 중 하나로 간주한다. 대다수의 국가들은 체류국에서 그의 존재가 바람직하지 않게 될 경우 본국송환이 이루어질 수 있도록 유효한 합법 여권을

권에 대한 국제관습법의 일부이며, 이것이 각국의 국내법에서 비시민권자의 입국 조건으로 여권 소지를 요구하는 이유를 설명한다고 주장했다.67) 여기서 영국의 법과 실행은 유용하고 전형적인 예시를 제공하는데;68) 여기선 '충분한 귀국 가능성'에 대한 증거는 사증 유효 기간 및 입국 허가 여부를 결정하는 주요 요소다.69)

1.2.1절 시민권 박탈과 1961년 무국적자의 감소에 관한 협약

1959년 3월 24일 유엔 무국적자 철폐 또는 감소에 관한 회의 제1차 본회의에서 의장대행은 유엔 사무총장을 대표하여 다음과 같이 말했다:

> [국적이 없는 사람은 모든 국가 내에서 시민권을 박탈당했을 뿐만 아니라, 국제 관계에서 국가가 자국민에게 제공하는 외교적 보호도 박탈당했다. 국제법 자체의 관점에서 볼 때 무국적은 국제법위원회에서 인정한 바와 같이 예외적인 상

제시하는 한 자국 영토에 입국하려는 사람의 국적에 대해 신경 쓰지 않는 것으로 보인다.' Brownlie, I., *Principles of Public International Law* (7th edn., 2008) 386; Crawford (주 55) 511.
67) Meloni, A., *Visa Policy within the European Union Structure* (2006) 25. The entry on passports in the *Max Planck Encyclopedia of Public International Law is to similar effect:* Hagedorn, C., 'Passports' (2008): http://opil.ouplaw.com/home/EPIL: '33. 모든 국가들은 강제퇴거를 통해 외국인을 추방하고 … 출신국으로 돌려보낼 권리가 있다 … 국가는 여권 소지자를 자국 영토로 재입국시킬 의무가 있으며 이를 거부할 수 없다'. 다음도 함께 보라, Hoffmann, R., 'Denaturalization and Forced Exile' (ibid., 2013) para. 26.
68) UK Visas and Immigration, Guidance ECBO7: returnability (26 Nov. 2013): https://www.gov.uk/government/publications/returnability-ecb07/ecb07-returnability.
69) Immigration Rules part 1: leave to enter or stay in the UK (26 Feb. 2016, updated 7 Apr. 2021): https://www.gov.uk/guidance/immigration-rules/immigration-rules-part-1-leave-to-enter-or-stay-in-the-uk; Immigration Rules part 9: grounds for refusal (26 Feb. 2016, updated 7 Apr. 2021): https://www.gov.uk/guidance/immigration-rules/immigration-rules-part-9-grounds-for-refusal.

황이었다 … 따라서 인도주의적 관점과 법리적 관점 모두에서 무국적을 없애거나 가능한 한 축소해야 할 강력한 이유가 있었다.70)]

미래의 무국적자의 철폐 또는 감소에 관한 유엔 회의는 1959년에 처음 열렸지만 국적박탈과 관련된 조항을 마련하는 데 어려움이 있었기 때문에 협약을 최종 채택하지 못한 채 휴회했다. 영국은 이미 1959년 전체위원회에 '무국적자로 만들기 위해 국적을 박탈하는 것은 분명히 예외적인 조치여야 하며, 국적을 박탈할 수 있는 국가의 자유는 협약의 적절한 조항을 통해 엄격하게 제한되어야 한다'는 입장을 밝힌 바 있다.71) 나중에 영국은 '자연적인 출생자의 경우 국적박탈 가능성을 완전히 배제하는 것이 더 바람직했을 것'이라고 하였으나,72) 한편 체약 당사국이 국내법의 모든 기존 조항과 관련된 국적박탈에 관하여 유보할 수 있다는 점을 고려할 용의가 있다고 덧붙였습니다. 그러나 협약에 무국적이 허용되는 예외적 사유가 제한적으로 열거된다면 무국적자가 되는 사례는 더 줄어들 것이다.73)

---

70) UN doc. A/CONF.9/SR.1 (24 Apr. 1961) 2, Summary Record of the First Plenary Meeting (24 Mar. 1959—Acting President, Mr Liang). 다음도 함께 보라, Council of Europe, 2006 Convention on the Avoidance of Statelessness in relation to State Succession (CETS No. 200) Explanatory Report (Introduction): '무국적의 발생을 피하는 것은 국제사회의 주요 관심사 중 하나다. 국제관습법에 따라 국가는 누가 자국민인지를 결정할 때 무국적의 발생을 피해야 할 의무가 있다. 이 의무를 이행하기 위한 규칙은 1961년 '무국적자 감소에 관한 협약'에 포함되어 있다.'
71) UN doc. A/CONF.9/C.1/SR.11 (24 Apr. 1961) 7-8, Summary Record of the Eleventh Meeting (8 Apr. 1959—Mr Ross).
72) UN doc. A/CONF.9/C.1/SR.14 (24 Apr. 1961) 3, Summary Record of the Fourteenth Meeting (10 Apr. 1959—Mr Harvey).
73) UN doc. A/CONF.9/C.1/SR.15 (24 Apr. 1961) 6, Summary Record of the Fifteenth Meeting (11 Apr. 1959—Mr Ross). 2년 후 회의가 다시 소집되었을 때, 영국은 '허용되는 사유를 최대한 제한하기 위해, 합의가 될 수 있다면' '귀화한 시민의 불충 또는 배신 *disloyalty or treachery*'이라는 단 하나의 사유만 포함할 것을 제안했다: 'Note by the Secretary-General with Annex containing observations by governments on

1961년 협약의 최종 형태의 제8조는 '체약국의 현행법에 이미 명시된 것 이외의 박탈 사유를 인정하지 않는다'는 취지의 절충안이었는데, 이는 영국의 이니셔티브에 많은 빚을 진 것이다.[74] 영국은 제8조에 관한 실무그룹이 자연 출생 시민과 귀화한 시민 사이의 구분을 유지하는 것에 찬성하지 않았으며, 후자라고 하여 박탈 사유를 확대할 필요가 있다고 생각하지 않았다고 언급했다.[75] 따라서 제8조는 국가가 협약에 가입 한 시점에, 박탈이 허용되는 사유를 '고정'시키며,[76] 이제부터 국가는 박탈로 인해 무국적이 발생할 수 있는 경우 국적을 박탈해서는 안 된다는 일반 원칙으로서도 기능하게 된다.[77] 그러나 이러한 의무는 여전히 조건적이어서, 특정한 사유로 인해 무국적을 낳는 국적박탈이 여전히 허용될 수 있는데, 예를 들어 오랫동안 국외에 거주한 귀화한 개인의 경우; 만약 체약국이 비준 시 선언한

---

deprivation of nationality': UN doc. A/CONF.9/10 (9 Jun. 1961) 19.
74) UN doc. A/CONF.9/SR.16 (11 Oct. 1961) 2, 3-4, Summary Record of the Sixteenth Plenary Meeting (16 Aug. 1961—Mr Ross).
75) UN doc. A/CONF.9/L.86 (23 Aug. 1961).
76) UN doc. A/CONF.9/SR.20 (11 Oct. 1961) 2-3, Summary Record of the Twentieth Plenary Meeting (23 Aug. 1961—Mr Harvey); UN doc. A/CONF.9/SR.22 (11 Oct. 1961) 7.
77) 제8조: '(1) 체약국의 국적박탈로 무국적자가 될 경우, 체약국은 그 국적을 박탈할 수 없다. (2) 이 조 제1항 규정에도 불구하고 다음의 경우에는 체약국의 국적을 박탈당할 수 있다: (a) 제7조 제4항, 제5항에 따라 국적상실이 허용될 수 있는 경우; (b) 허위진술 또는 사기로 취득한 국적인 경우. (3) 이 조 제1항의 규정에도 불구하고 체약국이 서명, 비준 또는 가입시 다음과 같은 경우의 국적박탈권을 기존의 국내법에 명시하고 있다면 그 국적을 박탈할 수 있다: (a) 체약국에 대한 충성의무와 모순되게(i) 체약국에 명시적 금지규정을 위반하여 타국에 역무를 제공하였거나, 계속하고 있거나, 또는 타국으로부터 보수를 받았거나, 계속 받고 있는 자, 또는 (ii) 체약국의 중대한 이익에 심각한 피해를 끼치는 행동을 한 자; (b) 타국에 대한 충성을 선서하였거나, 공식 선언을 한 경우, 또는 체약국에 대한 충성을 거부하는 자신의 결정에 관하여 명백한 증거를 제공한 경우. (4) 체약국은 이 조 제2항과 제3항에 의하여 허용된 박탈권을 법률에 의하지 않고는 행사할 수 없으며, 그 법률은 해당자에게 법원 또는 다른 독립된 기관에서 공정한 심리를 받을 수 있는 권리를 인정하여 주어야 한다.'

불충을 보여주는 특정한 사안들의 경우; 허위 또는 사기에 의해 국적을 취득한 경우가 그것들이다. 그러나 마지막 언급된 사유로 인한 박탈에는 그 밖의 결과적인 제한이 있을 수 있다. '사기적 행위는 모든 것을 무효화한다'는 원칙에 따를 것으로 예상되는 것과는 달리, 영국 대법원과 국무장관은 최근 한 판결에서 어떤 범주의 사기적 행위는 맥락과 결과를 고려할 때 부여한 시민권을 무효화시킬 정도로 심각하지 않을 수 있으며, 이어진 시민권 박탈의 (항소 가능한) 근거가 될 수 없다는 점을 인정했다.[78] 또한, 사기 또는 허위 진술로 인해 국적박탈이 고려되는 사안의 경우, 무국적 상태를 초래할 가능성이 있기 때문에,[79] 그 자체로 박탈이 금지된 것은 아니더라도 재량을 행사할 때 이를 고려해야 한다.[80] 이는 특히 국적이 박탈된 개인이 이전의 국적을 다시 취득할 수 없는 경우와 관련이 있을 수 있다: '이러한 경우 시민권의 박탈은 단순히 그 사람을 이전의 상태 status quo ante 로 되돌리는 것이 아니라 애초에 시민권을 부여받지 않았을 때보다 더 나쁜 위치에 놓이게 할 것이다 … 결정권자는 … 그러한 결과를 고려하여 국적박탈이 정당한지 검토해야 한다'.[81]

박탈 사유에 따라 입증의 부담과 정도도 달라질 수 있다. 예를 들어, *Secretary of State for the Home Department v Al-Jedda* 사건에서 국무장관은 무국적 상태가 자신의 박탈 조치로 인해 발생한 것이 아니라는 점에 대한 입증 책임을 지고, 따라서 당시 시행되던 법률에 따라 해당 날짜에 해당

---

78) *Hysaj and Others v Secretary of State for the Home Department* [2017] UKSC 82.
79) 다음을 보라, 1961년 협약 제8조(10)에 대한 예외인 제8조(2)(b); 1997년 국적에 관한 유럽협약, 제7조(1), (3); *Rottmann v Freistaat Bayern* (주 10) para. 52.
80) *KV v Secretary of State for the Home Department* [2018] EWCA Civ 2483, para. 16.
81) Ibid., paras. 19–20. 다음도 함께 보라, *Ahmed and Others (deprivation of citizenship)* [2017] UKUT00118 (IAC), 다음을 적용함, *Deliallisi (British citizen: deprivation appeal: Scope)* [2013] UKUT 00439 (IAC)는 시민권을 박탈하는 결정(the 1981 Act, s.40(5)에 근거한)으로 인해 발생할 합리적으로 예상 가능한 결과가 어떤 것인지는 심판소에 의해 고려되어야 할 요소라고 판시하였다.

개인이 어떤 다른 국적을 가지고 있었는지 식별82)해야 했지만, 사기행위로 인한 박탈 사건의 경우, 자신이 무국적자가 될 것임을 입증할 책임은 관련 당사자에게 있다. 그러나 1954년 협약에 따른 신청 및 무국적자라는 부정적 사실을 입증할 때와 마찬가지로, 전 세계 모든 국가와의 관계에서 무국적이라는 증거를 제출할 필요까지는 없다:

> [법원이나 심판소는 일반적으로 국적은 해당 국가의 국민으로부터의 혈통, 해당 국가의 영토 내에서 출생 또는 시민으로서의 귀화를 기반으로 하며, 이를 위해서는 일반적으로 해당 국가의 영토에 장기간 거주하거나 기타 실질적인 거주 및/또는 사회적 유대가 필요하다는 사실에 주목할 수 있다. 따라서 관련된 사람이 이러한 유형의 기반 중 하나를 요구하는 어떤 국가와 연관성을 갖고 있는 경우에 한해서만, 그 해당 국가의 법률에 따라 국민으로 간주되지 않는다는 것을 보여줄 증거가 필요하다.83)]

마지막으로 제9조는 인종, 민족, 종교 또는 정치적 사유로 국적을 박탈하는 것을 예외 없이 금지하고 있다.84)

1.2.2절 후속 실행의 모습

무국적을 피하고 근절하려는 영국의 전반적으로 긍정적이고 적극적인

---

82) *Secretary of State for the Home Department v Al-Jedda* [2013] UKSC 62, paras. 30, 32(국무장관은 2014년 법률(주 92)에 따라 무국적이 발생하지 않을 것이라고 믿을 만한 합리적인 근거가 있음을 입증하기만 하면 된다.)
83) *KV v Secretary of State for the Home Department* (주 80), para. 29. 원고는 시민권자가 되기 전에 영국에서 난민으로 인정받았으며, '여행증명서가 발급된다고 가정하더라도, 원고가 스리랑카로 돌아갈 경우 박해에 대한 충분한 근거가 있는 두려움이 있다는 이유로 비호를 성공적으로 받게 된 상황에서 스리랑카에 거주하기는커녕 그곳으로 돌아갈 것이라고도 합리적으로 기대할 수 없다': ibid., para. 49.
84) 참조, Institut de Droit International, art. 6, 'Déclaration des droits internationaux de l'homme' (1929) 35 *Annuaire*, vol. II, 300 (sex, race, religion, or language).

입장은 이후 전개된 상황과 테러 활동 및 해외에서 일어난 분쟁에 연루된 자국 시민들로 인해 제기된 의문에 대해서도 단순하게 접근하였다는 이유로 다소 불신을 받고 있다.85) 1981년 영국 국적법 제40조(3)은 1948년 법에 포함된 국적박탈 사유를 거의 그대로 반복했고,86) 따라서 이 법은 1959년과 1961년 회의에 참석한 영국 대표단의 사고에 머물렀다.87) 그러나 2002년에 정부는 자연 출생자인 시민과 귀화한 시민 모두에게 영향을 미치는 급진적인 변화를 도입했다. 국무장관은 1961년 협약 제8조(3)(ii)와 1997년 국적에 관한 유럽 협약 제7조(1)(d)의 문구를 채택하여 '영국의 극히 중대한 이익을 심각하게 침해하는 seriously prejudicial to the vital interests' 행위를 했다고 판단되는 경우 시민권을 박탈할 수 있는 권한을 부여했다.88) 새로운 조항은 1961년 협약 제8조(1)에 명시된 기본 원칙, 즉 무국적이 발생할 수 있는 경우 누구도 국적을 박탈당해서는 안 된다는 원칙을 구체적으로 편입시킴으로써 '균형'을 맞추려 했다. 그러나 국적박탈 조항은 2006년에 다시 개정되어 '극히 중대한 이익에 대한 심각한 침해'라는 용어를 '공공의 이익에 도움이 되는 conducive to the public good' 용어로 대체하였

---

85) 물론 더 과거의 사례도 찾을 수 있지만, 이러한 반응은 2002년 토니 블레어 전 총리가 시민권을 헌법상 보호되는 권리가 아닌 특권으로 재규정하려 했던 정치적 담론의 변경으로 인해 알려졌다; 다음을 보라, Goodwin-Gill, G. S., 'Statelessness is back (not that it ever went away)' (Sep. 2019); https://www.ejiltalk.org/statelessness-is-back-not-that-it-ever-went-away/. Weil과 Handler는 20세기 전반에 영국 내무부가 독립적 심사의 원칙을 어떻게 '내재화'했는지 명확히 보여주며, 1961년 협약을 비준한 후 영국이 조약상 의무에 따라 국적박탈에 관한 법을 개정했다는 사실에도 주목한다: Weil P. & Handler, N., 'Revocation of Citizenship and Rule of Law: How Judicial Review Defeated Britain's First Denationalization Regime' (2018) 36 *Law and History Review* 295, 326.
86) British Nationality Act 1948, ss. 20(3)(a), (b), 20(5).
87) 다음을 보라, Weil & Handler (주 85).
88) HL Deb. (9 Oct. 2002) vol. 639, Lord Falconer at col. 537; Lord Filkin at cols. 534–6. 영국은 1961년 협약을 1966년에 비준했다. 당시 정부는 이것은 유럽 협약을 비준하기 위한 의도에서 이루어진 것이라고 밝혔다.

는데, 이는 전자의 문턱을 넘기가 너무 어렵다고 느껴졌기 때문이다.[89]

행정적인 국적박탈의 효력이 해당 개인을 무국적자로 만든다고 볼 수 있는지 여부에 대한 오랜 소송상의 다툼은 영국 대법원의 *Secretary of State for the7 Home Department v Al-Jedda* 사건에서 정점에 도달했다.[90] 피청구인은 1992년 영국에 비호를 허가받고 2000년에 영국 국적을 취득한 이라크 난민으로, 법률의 시행상 by operation of law 이라크 국적을 자동으로 상실했다. 그는 2004년 이라크 주둔 미군에 의해 체포되어 영국 점령군의 구금시설로 이송된 후 테러 단체에 가입한 혐의로 구금되었다.[91] 2007년 12월 무혐의로 기소되지 않고 석방되기 직전에 국무장관은 제40조(2)에 따라 영국 국적을 박탈하는 명령을 내렸고, 정부는 그가 이라크 국적 회복을 신청할 수 있었기 때문에 무국적자가 아니라고 주장했다. 대법원은 이에 동의하지 않았고, '무국적자'는 단지 어떠한 국가에 의하여도 그의 법률의 시행상 국민으로 간주되지 않는 자를 의미한다는 점을 분명히 했고,[92] 따라서 단순히 '명령을 내린 날짜에 다른 국적을 보유하고 있는지 여부'가 쟁점일 뿐이라고 밝혔다.[93]

---

[89] HL Deb. (14 Mar. 2006) vol. 679, Baroness Ashton of Upholland at col. 1190; British Nationality Act 1981, s. 40(2) substituted by ss. 56(1), 62, Immigration, Asylum and Nationality Act 2006. 또한 영국 정부는 더 이상 유럽협약을 비준할 의사가 없음을 밝혔으며, 2006년에 개정된 법률, 특히 그 중에서도 박탈 사유는 1961년 협약 제8조 및 위 협약 비준시 영국의 선언과도 부합하지 않는다고 이해하는 것이 합리적이다.

[90] [2013] UKSC 62. Richard Hermer QC, Guy Goodwin-Gill, and Tom Hickman은 피청구인 Mr Al-Jedda를 대리하였다.

[91] [2013] UKSC 62, paras. 4, 6 (Lord Wilson).

[92] 이에 관하여, 다음도 함께 보라, *Pham v Secretary of State for the Home Department* [2015] UKSC 19에서 영국 대법원은 유엔난민기구의 견해에 대해 일부 유보적인 입장을 취한 Lord Carnwath(Lord Neuberger, Lady Hale, 및 Lord Wilson도 동의함)은 '그의 법률의 시행상'은 '반드시 해당 국가의 국적법 조문만을 참조하여 결정되어야 하는 것은 아니며, 법원에서 실효적인 계쟁 대상이 아니더라도 정부의 실행을 참조할 수도 있다'고 결론지었다: paras. 20-9, 38.

[93] [2013] UKSC 62, para. 32.

대법원에서 패소한 후, 정부는 다시 한 번 법 개정을 추진하여 이번에는 귀화한 시민에만 초점을 맞추고 부분적으로 1961년 협약의 언어로 되돌아가기로 결정했다. 이제 제40조(4A)은 국무장관이 '그 사람이 … 영국의 극히 중대한 이익을 심각하게 침해하는 방식으로 행동했기 때문에', 박탈이 '공익에 도움이 된다'고 판단하고, 만약 국무장관이 '그 사람이 영국 이외의 국가 또는 영토의 법률에 따라 해당 국가 또는 영토의 국민이 될 수 있다고 믿을 만한 합리적인 근거가 있는 경우' 국적 박탈 명령을 내릴 수 있도록 허용하고 있다.94)

'공공의 이익에 도움이 되는'에 포섭될 수 있는 사유의 범위는 2015년 영국 대법원이 이 사건을 재심리하도록 항소법원으로 환송한 *Pham v Secretary of State for the Home Department* 사건에서 더 검토되었다.95) 대법원은 베트남 정부가 원고의 귀국을 허용하지 않아 사실상의 de facto 무국적자가 되었지만, 청구인의 영국 국적을 박탈한 국무부의 결정이 출생시 베트남 국적을 취득한 그를 법적으로 무국적자로 만들지는 않는다고 판단했다.96) 항소법원의 쟁점은 청구인이 테러리즘 관련 활동에 연루되었다는 이유로 시민권을 박탈하는 것이 공공의 이익에 도움이 되는 것으로 정당화될 수 있는지 여부였다. 청구인은 자신이 현재 영국에 더 이상 위험을 초래하지 않으며(미국으로 인도된 후 유죄 판결을 받고 40년 형을 선고받고 복역 중임), 비례성 심사는 자신에게 유리하게 작용한다고 주장했다. 그럼에

---

94) Section 40(4A) inserted by ss. 66(1), 75(3), Immigration Act 2014. Section 40B, also inserted by ss. 66(3), 75(3)는 국무장관이 제40조(4A)의 박탈 권한에 대해 정기적으로 검토한 후 이를 의회에 제출하도록 규정하고 있다. 시민권 박탈에 대한 이의는 국가안보 이익, 다른 국가와의 관계에서 영국의 이익 및 공공의 이익에 의해 지장을 받을 수 있다: s. 40A, substituted by ss. 4(1), (4), 162, Nationality, Immigration and Asylum Act 2002. 무국적자/국적국 결정에 대한 자세한 내용은 4절을 보라.
95) *Pham v Secretary of State for the Home Department* (EWCA) (주 11).
96) *Pham v Secretary of State for the Home Department* (UKSC) (주 92).

도 불구하고 법원은 국적에 수반되는 의무에 더 큰 비중을 두었고, '공공의 이익에 도움이 된다'는 요건은 다양한 내용을 포섭할 수 있으며, 국가는 '과거에 시민으로서 마땅히 지켜야 할 의무를 근본적으로 거부한 사람에게 보호를 제공할 필요가 없다. 정확한 근거는 국무장관이 판단할 문제다. 현재 위해를 끼칠 위험이 있어야 한다는 전제 조건은 요구되지 않는다'고 판단했다.97)

실효적인 검토 또는 이의 절차의 중요성은 2021년 *Shamima Begum*의 시민권 박탈과 관련된 사건에 대한 영국 대법원의 판결을 보면 알 수 있다.98) 1999년 영국에서 태어난 영국 시민권자인 베굼은 2015년 시리아로 건너가 이라크-레반트 이슬람 국가(ISIL)에 가담했다. 그곳에서 결혼하여 세 자녀를 두었지만 모두 사망하였고, 결국 그녀는 시리아민주군(SDF, Syrian Democratic Forces)이 운영하는 국내실향민 캠프에 갇히게 되었다. 영국 보안국은 베굼이 미성년자로서 급진화되었던 것이기에 피해자로 간주될 수 있음에도 불구하고, 시리아를 여행하고 이라크-레반트 이슬람 국가에 동조한 사람은 누구나 국가 안보에 위협이 된다고 판단했다.99) 베굼은 소제기를 통해 시민권 박탈에 대해 불복하고, 이 사안으로 자신을 벌하기 위해 내려진 입국허가 거부결정에 대해서도 재검토를 요청했다. 영국 국무장관의 입국허가 거부결정은 부분적으로 국가 안보를 근거로 한 것이며, 호프만

---

97) *Pham v Secretary of State for the Home Department* (EWCA) (주 11), paras. 49, 51, 52. '공공의 이익에 도움이 된다'는 이유로 이루어지는 박탈은 테러리즘, 스파이 활동, 중대한 조직 범죄, 전쟁 범죄 또는 용납할 수 없는 행동에 연루되었다는 이유로 공공의 이익을 위해 박탈하는 것을 의미한다 : 'United Kingdom Visas and Immigration Nationality Instructions': Vol. 1, Ch. 55, 'Deprivation and Nullity of British Citizenship', para. 55.4.4: https://www.gov.uk/topic/immigration-operational-guidance/nationality-guidance; cited in Ahmed and Others (deprivation of citizenship) [2017] UKUT00118 (IAC).
98) *Begum v Special Immigration Appeals Commission* [2021] UKSC 7.
99) Ibid., paras. 16-19.

경이 *Rehman* 사건에서 제시한 접근법을 따른 것인데,100) 그것은 이러한 사안들에 관해서 '장래의 위험'을 평가함에 있어서 통상적인 입증정도에 관한 법리를 적용하지 않는 것이었다. 이것은 '1차 결정권자에게 상당한 판단여지'를 허용하는 등 소제기를 통한 불복에 일정한 제한을 두는 것을 의미했다.101) 불복절차는 개별 사안에 따라 다를 수 있지만 1950년 유럽인권협약의 절차적 요구를 충족할 수 있어야 한다. 이민법 사안에서 청구인은 무엇보다도 처분의 적법성, 절대적 권리들과의 양립가능성, 비례성에 대해 다툴 수 있어야 하는 것이다. 그러나 이 시민권 박탈 사안에서는 박탈 또는 거부에 대해 비례성 심사가 아니라 자의금지원칙에 따른 맞춘 보다 제한적인 접근 방식이 채택되었다.102)

'공공의 이익에 도움이 되는' 이유로 시민권을 박탈하거나 입국허가를 거부할 수 있는 재량권은 국무장관에게 있으며, 특별이민항소위원회(SIAC, Special Immigration Appeals Commission)에는 없다. 특별이민항소위원회의 심리 범위는 무엇보다도 국무장관이 합리적인 결정권자라면 하지 않았을 방식으로 행동했는지 여부에 대한 것으로만 제한되지만, 인권이 관련된 문제를 검토할 때는 '자체적인 평가에 근거하여 객관적으로' 결정해야 한다.103)

소송 과정을 고려할 때, 예를 들어 영국으로의 입국허가가 거부되어 박탈 결정에 대해 공정하고 실효적인 소송 a fair and effective appeal 을 할 수 없다면 박탈 결정은 자연적 정의에 부합하지 않는다는 주장도 제기되었다. 대법원은 '소송 절차가 불공정성에 대한 보호 장치라는 사실이 실효적인 소송의 대상이 될 수 없는 결정이 불공정하다는 것을 의미하지는 않는

---

100) *Secretary of State v Rehman* [2001] UKHL 47, [2003] 1 AC 153.
101) *Begum* (주 98) paras. 58, 61.
102) Ibid., para. 64: '자의성을 판단할 때 법원은 박탈이 법률에 따른 것인지, 당국이 성실하고 신속하게 행동했는지, 시민권을 박탈당한 사람에게 제8조에 따라 요구되는 절차적 안전장치가 제공되었는지 등을 고려한다.'
103) Ibid., paras. 69, 71.

다'고 이 주장을 거부했다.104) 또한 청구인이 자신의 주장을 효과적으로 제시할 수 없다는 이유만으로 청구를 인용해야 한다는 주장도 받아들이지 않았다.105) 공정한 재판을 받을 권리는 국가 안보의 요건보다 우선하지 않으며, 이를 고려한 유일한 적절한 조치는 '베굼 씨가 대중의 안전을 침해하지 않고 소송을 효과적으로 수행할 수 있는 위치에 있을 때까지' 소송을 유지하는 것 뿐이었다.106)

1.2.3절 시민권 박탈과 국제법에서의 그 의미

시민권 박탈은, 특히 추방 또는 재입국 거부와 연관된 것으로 추정될 경우, 해당 지역의 체재가 국적에 대한 권리를 명시적으로 인정하는지 여부와 무관하게 개인의 보호되어야 할 권리들에 영향을 미치는데,107) 박탈 대상자가 해당 국가내에 물리적으로 현존하는지 여부와도 무관하다.108) 또한

---

104) Ibid., para. 88.
105) Ibid., para. 90
106) Ibid., para. 135.
107) 국적권은 유럽인권협약에 명시적으로 언급되어 있지 않지만, 시민권 박탈은 사생활 및 가족생활에 대한 권리(제8조)와 같은 보호되어야 할 권리에 분명히 영향을 미칠 수 있다. 1997년 국적에 관한 유럽 협약(CETS No. 166) 제4조(c)는 '누구도 자의적으로 국적을 박탈당해서는 안 된다'고 규정하고 있지만, 개인의 구제책에 대해서는 아무런 규정을 두고 있지 않다. 자의적인 국적박탈에 대해서는 다음을 보라, Eritrea-Ethiopia Claims Commission, Partial Award: Civilian Claims—Eritrea's Claims 15, 16, 23 and 27–32 (2004) XXVI *Reports of International Arbitral Awards* 195–247, paras. 50, 60, 71; Lambert (주 50).
108) 시민권 박탈은 개념정의에 따르더라도 통상 당해 국가의 관할권 내에 있거나 관할권에 속하는 사람을 대상으로 하는 경우에만 의미를 가지며, 시민이란 이 요건을 명백히 충족하는 사람을 의미한다. 2014년에 이뤄진 박탈에 관한 토론에서 이와 상반되는 영국 정부의 주장은 어떤 권위있는 근거로도 뒷받침되지 않았다: 'Immigration Bill. European Convention on Human Rights. Supplementary Memorandum by the Home Office' (29 Jan. 2014) paras. 9–17. 1970년대 동아프리카 출신 영국 시민의 구제신청에 대한 구 유럽인권위원회의 여러 인용 결정들에서 알 수 있듯이, 다른 어떤 국가에도 체류할 수 없고 '과거' 국적국으로의 입국이 거부된 개인을 '떠돌게'하

유효한 여권을 근거로 어떤 외국인을 입국시킨 국가가 여권 발급국이 추방한 사람에 대한 책임을 떠안게 된다면, 입국시킨 국가의 권리도 침해될 가능성이 높다.109) 또한, 이러한 조치를 취하는 국가는 고문, 인질납치, 폭탄테러 또는 테러 자금 조달과 같이 국제적으로 우려되는 중대한 범죄를 예방하고 처벌하기 위한 국가간 의무 및 대세적 의무가 효과적이고 성실하게 이행되지 못하게 만들 수 있다.110) 일반적으로 이와 관련된 조약들은 관련 정보를 입수하게 될 경우 '사실 조사를 위해 국내법에 따라 필요한 조치'를 취할 것을 당사국에 요구한다.111) 만약 상황에 비추어 정당하다고 판단하게 되면, 국가들은 기소 또는 범죄인 인도 목적으로 범죄자 또는 범죄 혐의자의 신병을 확보하기 위해 '적절한 조치'를 취해야 한다.112) 그 후, 범죄 혐의자가 자국 영토 내에 있는 경우, 그 국가는 만약 범죄 혐의자를 인도하지 아니하는 경우 '예외 없이, 그리고 범죄가 자국 영토 내에서 저질러졌는

는 것은 분명히 협약상의 문제를 발생시킬 수 있는 사안이다. 예를 들어 다음을 보라, *Patel et al v United Kingdom*, App. Nos. 4403/70, 4486/70, 4501/70 and others, Decision of the Commission as to Admissibility (10 Oct. 1970): 13 Yearbook 928.
109) 1.2절을 보라. 예를 들어, 정부의 어떤 장관은 정부의 입장이 '위험한 개인들을 영국에서 퇴거시키려는 시도'라고 명시적으로 시인했다: HC Deb. (11 Feb. 2014) col. 258WH (James Brokenshire); 또한, HC Deb. (30 Jan. 2014) col. 1050 (Theresa May).
110) 참조, Preamble, 1998 Statute of the International Criminal Court (2187 UNTS 3): '국제사회 전체가 우려하는 가장 심각한 범죄는 반드시 처벌을 피하지 못하게 해야 하며 … 국내 차원의 조치와 국제협력 강화를 통해 기소가 실효적으로 보장되어야 한다 … 국제 범죄에 책임이 있는 사람에 대해 형사 관할권을 행사하는 것은 모든 국가들의 의무다'.
111) 2000년 테러자금조달의 억제를 위한 국제협약(2178 UNTS 197), 제9조(1); 1997년 폭탄테러의 억제를 위한 국제협약(2149 UNTS 256), 제7조(1); 1979년 인질억류방지에 관한 국제협약(1316 UNTS 205)들은 범죄 혐의자가 국내에 현존하고 있는 당사국은 '즉시 예비 사실조사 *preliminary inquiry* 를 반드시 실시해야 한다'고 규정하고 있다.
112) 2000년 테러자금조달의 억제를 위한 국제협약, 제9조(2); 1997년 1997년 폭탄테러의 억제를 위한 국제협약, 제7조(2); 1979년 인질억류방지에 관한 국제협약, 제6조(1).

지 여부와 관계없이, 기소를 위해 해당 사건을 관할 행정청에 부당한 지연 없이 회부'해야 할 의무를 부담할 수 있다.113)

1984년 유엔 고문방지협약 제5조는 무엇보다도 범죄 혐의자가 내국인인 경우 관할권을 확립할 것을 요구하고 있으며, 제6조는 당사국이 '입수된 정보를 검토한 후 상황에 따라 정당하다고 판단하게 되면' 범죄 혐의자를 구금하거나 '그의 신병을 확보하기 위한 그 밖의 법적 조치'를 취하고 즉시 예비 사실조사를 할 의무를 부여하고 있다. 제7조(1)은 다음과 같이 규정한다:

> [당사국은 제4조에 규정된 범죄를 실행한 것으로 추정되는 혐의자가 자기나라 영토 안에 소재하나, 제5조에 규정된 사건과 관련 이러한 범죄혐의자를 인도하지 아니하는 경우에는, 기소를 위하여 사건을 권한있는 당국에 회부한다]

국제사법재판소는 *Questions relating to the Obligation to Prosecute or Extradite (Belgium v Senegal)* 사건114)에서 각 당사국이 다른 당사국의 협약 위반 혐의에 대해 통보할 수 있도록 하는 1984년 고문방지협약에 대해 이를 '준수할 공동의 이익'을 명시적으로 언급했으며,115) 형사처벌 및 관할권 확립 의무의 '예방 및 억제적 성격'을 강조했다.116) 이러한 국가의 의무들은 '전체적으로 볼 때, 혐의가 입증된 범죄 혐의자가 형사 책임의 결과 회피 방지를 목표로 하는 협약상의 메커니즘의 고유한 한 요소로 간주될 수 있다'.117) 또한 범죄인 인도는 선택 사항이지만 '기소는 협약에 따른 국제적 의무이며, 이를 위반하는 것은 국가의 책임과 관련된 부당한 행위'

---

113) 2000년 테러자금조달의 억제를 위한 국제협약, 제10조; 1997년 1997년 폭탄테러의 억제를 위한 국제협약, 제8조; 1979년 인질억류방지에 관한 국제협약, 제8조(1).
114) *Questions relating to the Obligation to Prosecute or Extradite (Belgium v Senegal)* [2012] ICJ Rep. 422.
115) Ibid., para. 69 (특히 구체적으로 협약 제6조(2) 및 제7조(1)을 참조하여).
116) Ibid., para. 75; 또한, paras. 86, 90, 94.
117) Ibid., para. 91.

다.118) 국제사법재판소는 세네갈이 고문방지협약에 따른 의무를 준수하지 않은 것에 대해 책임이 있으며, 시민권 박탈은 구체적 사안에 따라 이와 유사한 국가 책임 문제를 제기할 수 있는데, 특히 국가 영역 밖에 있는 사람들의 시민권이 박탈되었을 경우 그러하다고 판시했다.

2절 국제법과 실행에서의 무국적자

무국적자를 뜻하는 프랑스어 단어 - *apatride* - 는 1918년 변호사 샤를 클라로의 저서에서 처음 등장했으며, 당시까지 법률 문헌에서 고국의 고향이 없는 사람을 묘사하는 독일어 단어인 Heimatlos 를 빠르게 대체하였다.119) 이러한 유형의 단어는 로마 시대까지도 거슬러 올라갈 수 있지만 - *peregrini sine civitate* - , 무국적자들은 1920~40년 사이의 전간기, 즉 러시아, 오스만, 오스트리아-헝가리 등 옛 제국들의 해체와 '국적박탈'을 활용하는 전체주의 국가 정책의 결과로 인해 본격적으로 등장하게 된 것으로 보인다.120) 어떤 의미에서 이러한 현상은 특히 19세기 실증주의를 통해 해석

---

118) Ibid., para. 95 (강조 추가됨). 다음도 함께 보라, para. 120: '이 조약 조항들의 취지는 고문 행위의 가해자가 어떤 당사국에서도 피난처를 찾을 수 없도록 보장함으로써, 고문 행위의 가해자가 처벌받지 않는 결과를 방지하려는 것이다.' 분명하게도, 위에서 언급한 다른 협약들도 비슷한 취지를 가지고 있다.
119) 다음의 해설을 보라, André Schneider, député, Projet de Protocole sur la prévention des cas d'apatridie en relation avec la succession d'États, in 'Les travaux de la délégation française à l'Assemblée parlementaire du Conseil de L'Europe', 1ère partie de la session ordinaire de 2006: https://www.senat.fr/rap/r05-235/r05-2354.html. 또한, Office français de protection des réfugiés et apatrides, 'Histoire de l'apatridie': http://archive.is/xbc8.
120) Fischer Williams (주 15) 45, 55-7; Loewenfeld, E., 'Status of Stateless Persons' (1941) 27 *Transactions of the Grotius Society* 59, 66-7 (주 25-6) 81-5. 참조, Arendt H. (1951): '국적박탈'은 전체주의 정체의 강력한 무기가 되었고, 유럽의 국민국가들

해 보면, 베스트팔렌 체제의 논리와 국가 주권 사상에서 비롯된 것이기도 하다. 국가의 '주권'에는 누가 시민이 되어야 하는지, 어떻게 시민권을 취득할 수 있는지, 반대로 시민이 아닌 사람이 국가에 입국할 수 있는지, 그리고 어떤 조건으로 체류할 수 있는지 등의 구성원 지위를 결정할 수 있는 국가의 묵시적 권리가 내재되어 있었다.

국민국가 nation-state 시대에 국적은 '개인의 물질적, 도덕적 복지의 필수적인 조건'이 되었다.[121] 그러나 각국의 국적법은 각기 다르며, 한 개인은 국적을 전혀 가지지 않을 수 있는 것만큼이나 쉽게, 둘 이상의 국적을 가질 수도 있다. 국가들에 따라 국적취득의 필요충분조건으로 영토 관할권 내 출생 원칙을 채택하거나(속지주의 *jus soli*), 시민권자와의 혈연관계 또는 혈통적 요소를 요구할 수 있다(속인주의 *jus sanguinis*).[122] 또한 해외 거주; 국가 간 영토의 이전; 정치적 사유 또는 범죄 사유로 인한 처벌; 특히 여성의 경우 외국인과의 결혼; 또는 법적 문제를 제쳐두고라도, 이주 또는 강제적 또는 비자발적 실향의 영향으로, 기존에 취득한 시민권이 상실될 수 있다.

변수들, 그리고 다양한 순열들의 본질적인 양립불가능성으로 인해 개인과 국가를 연결하는 어떤 연결고리가 있더라도 국내법상 시민권을 취득할 수 없는 경우가 빈번하게 발생한다. 이러한 다양한 상황을 설명하는 데 사용되는 용어는 종종 혼란을 야기하는데, 법적인 *de jure* 무국적자에서부터, 법적으로 국적을 보유하고 있지만 사실상 *de facto* 무국적자까지, 다시 말해 법적으로 국적을 보유하고 있지 않은 사람에서부터, 사실상의 문제로 국적을 향유할 수 없는 사람까지 모두 무국적자라고 일컬어진다. 그러나

이 국내적으로 보장된 권리를 상실한 사람들에게 인권을 보장하지 못하는 헌법적인 무능력은 박해자인 정부로 하여금 그들의 반대자들에게도 그들의 가치 기준을 강요할 수 있게 만들었다 : Arendt (주 21) 343.

121) Independent Commission on International Humanitarian Issues, *Winning the Human Race?* (1988) 107-15.
122) Weil (주 2) 616-8.

불이익은 일반적으로 동일하다:123) 이동의 자유에 대한 제한; 국가 당국과의 관계 그리고 법 앞에서 인간으로 인정받는 것과 보호받는 것의 지속적인 불확실성; 무국적 상태가 세대간 상속됨; 신분증이나 여행 증명서의 부재; 퇴거가 정의상 불가능함에도 퇴거될 때까지 무기한 구금을 당하게 되는 책임; 소속감의 부재 – 무국적자는 사실상 난민보다 보호를 덜 받는 경우가 많고, 이러한 보호의 부족이 국제연맹으로 하여금 국제적 행동을 개시하게 한 계기가 되었다.

2.1절 국제 연맹

국제연맹 초창기 최초의 난민 체재는 모든 사람이 어딘가에서 국가의 보호를 받을 자격이 있다는 가정을 전제로 하고 있었고, 또 그 뒤에는 모든 사람과 모든 곳이 어떤 특정한 국가의 관할권에 속하며 따라서 그 국가의 보호도 받을 수 있을 것이라는 가정이 깔려 있었다. 대체로 움직이지 않고 고정된 세계에서 이러한 보호는 주로 주권자가 신의나 거주를 이유로 자신에게 충성을 맹세한 사람들에게 '국내적으로' 제공하는 것이었다. 예를 들어, 국적에 따르기 보다는 실용적으로 활동 장소에 따라 정의되는 '적성 외국인 alien enemy';124) 또는 '반역자, 중범죄자, 무법자, 파문자'와 같이 위법 행위를 저지른 사람은 그러한 사유로 보호가 거부될 수 있었다.125) 그럼에도 불구하고 예외가 있었으며, 보호를 받지 못하는 사람은 소를 제기할 수 없지만, 스스로 소를 제기할 경우 일부 관할권에서는 '… 그러한 권리를 부정하는 것은 … 정의를 부정하는 것이며, 사법 행정에 관한 왕실 법원의 기본 원칙에 상당히 위배될 것이다'라는 이유로 재판에 출석하여

---

123) Bloom, T., Tonkiss K., & Cole, P., eds., *Understanding Statelessness* (2017).
124) *Porter v Freudenberg* [1915] 1 KB 857, 868-9, 873 (Lord Reading CJ).
125) Ibid., 882-3.

변론에 참여할 권리를 인정하기도 했다.126) 거주하고 있는 적성 외국인이라도 '국왕의 허가를 받고 국왕의 보호 아래' 있는 경우, 즉 '국왕의 보호를 받고 있다는 사실의 결과로' 소를 제기할 수 있었다.127) 또 *Sylvester's Case* (1702)에서 법원은 '비록 그가 가난한 난민에 불과할지라도, 그가 여왕의 보호 아래 있기에, 비록 여왕과 전쟁 중인 프랑스 국왕에 대한 신의 속에 태어났다 하더라도 소를 제기할 수 있다'고 판시했다.128)

국제연맹은 지원해야 할 사람들을 식별하거나, 묘사할 때 첫째, 구체적인 집단일 것, 둘째, 보호받지 못하고 있을 것을 기준으로 대상을 한정했다.129) 1936년 독일에서 오는 난민 지위에 관한 임시 협정은 이전에 독일에 정착했던 사람으로서 그 외의 국적을 소유하지 않았고 '법률상 또는 사실상 제국 정부의 보호를 누리지 못하는 것으로 확인된 사람'에게 적용되었다.130) 많은 러시아인들은 법률상 무국적자였던 반면, 독일과 오스트리

---

126) Ibid., 883.
127) *Wells v Williams* (1697) 1 Ld Raymond 282, 91 Eng. Rep. 1086.
128) *Sylvester's Case,* Case 197, 7 Mod. 150.
129) 예를 들어 다음을 보라, 1922년 7월 4일 및 1924년 5월 21일자 과거 협정을 보완 및 수정한 1926년 러시아 및 아르메니아 난민에 대한 신분증명서 발급에 관한 협정(1926 Arrangement relating to the Issue of Identity Certificates to Russian and Armenian Refugees): 89 LNTS 47 (No. 2004); 1928년 러시아 및 아르메니아 난민에게 유리하게 취해진 특정 조치의 다른 범주의 난민으로의 확장에 관한 협정(1928 Arrangement concerning the Extension to other Categories of Refugees of certain Measures Taken in favour of Russian and Armenian Refugees) (No. 2006) 64. 러시아 난민의 이익을 위한 첫 번째 협정은 어떤 정의나 설명도 없이 이루어졌다: 러시아 난민에 대한 신분증명서 발급에 관한 1922년 7월 5일 협정(Arrangement of 5 July 1922 with respect to the Issue of Certificates of Identity to Russian Refugee): 13 LNTS 237 (No. 355).
130) Art. 1, 1936 Provisional Arrangement concerning the Status of Refugees coming from Germany: 1936-1937 LNTS 77 (No. 3952). 1938년 독일에서 오는 난민의 지위에 관한 협약은 이전 협약들에 포함되지 않았던 '무국적자 *stateless persons*'을 명시적으로 추가했는데, 이들은 독일에 정착한 후 독일을 떠났으며 '*법률상 또는 사실상*으로 in law or in fact 독일 정부의 보호를 누리지 못하는 것으로 증명된 자'였다(제1

아 난민들은 국적을 보유하고 있지만 '보호받을 권리를 누리지 못'하는 상태였던 경우가 많았고, 결국 사실상의 무국적자였다.131)

1936년 브뤼셀에서 국제법학회 Institut de Droit International 의 회원들이 모여 무국적자와 난민의 법적 지위에 관한 제2위원회가 초안을 작성한 결의안을 만장일치로 채택했을 때 그들은 이러한 다양한 문제들을 분명히 알고 있었을 것이다.132) 아놀드 라에스타드 보고관은 이미 2년 전에 예비 보고서를 작성했었고, 이를 통해 특히 무국적자에 대한 대우, 국가 간 이동을 관리하고 촉진하는 규칙, 국가 또는 국제기구에 의한 보호 문제 등 세 가지 주제에 대한 검토가 필요하다고 밝혔었다.133) 난민들도 이와 비슷한 문제를 직면하고 있는데,134) 그들은 무국적자일 수도 있고 아닐 수도 있었다. 당시의 쟁점은 국제기구나 최고대표사무소를 통해 보호와 지원을 보장할 수 있고,135) 보다 공평한 책임 분담을 가져올 수 있는 일반적인 방법이 과연 있는지 여부였다.136) 후버는 또한 한 국가가 자국민의 국적, 보호, 귀환권을 박탈하여 이를 다른 국가의 의무로 강제하는 것은 용납될 수 없다는 점을 강조하는 것이 중요하다고 언급했다.137)

조): 192 LNTS 60 (4461호).
131) Loewenfeld (주 120) 82. 그 후, 법률상 무국적/사실상 무국적 접근법 자체가 양분화되었는데, 이러한 결과적인 구분이 이론이나 분석에 항상 도움이 되는 것은 아니었다; 2.2.1절을 보라.
132) *Annuaire de l'Institut de Droit International,* Session de Bruxelles (avril 1936) vol. 1, vol. 2. 한나 아렌트가 1951년에 회의적인 시각으로 돌아보면서 염두에 두었던 '정치경험이 없는 소수의 국제법학자'가 바로 이들이 아니었을까? 다음을 보라, Arent (주 21) 371.
133) *Annuaire de l'Institut de Droit International,* (주 132) vol. 1, 10.
134) 'Il s'agit d'expatriés qu'ont été mis dans cet état par des évenéments d'ordre politique'/'이들은 정치적 사건으로 인해 이런 처지에 놓인 국외 거주자들 *expatriates*이다': ibid., 12, 34(저자의 번역).
135) *Annuaire de l'Institut de Droit International,* (주 132) vol. 1, 19-20, 95.
136) Ibid., 42-4.
137) Ibid., 49, 51.

제2위원회는 무국적인 사람(apatride)을 '*tout individu qui n'est pas considéré par aucun Etat comme possédant sa nationalité*'[138] 으로, 그리고 난민을 '*tout individu qui, en raison d'événements politiques survenus sur le territoire de l'Etat dont il était ressortissant, a quitté volontairement ou non ce territoire, ou en demeure éloigné, qui n'a pas acquis aucune nationalité nouvelle et ne jouit de la protection diplomatique d'aucun autre Etat*' 으로 정의하자고 제안했다.[139] 이러한 접근 방식은 특히 1928년 협정이 예증해 주는 그 시점까지의 국가 실행에 기반을 둔 것이며,[140] 국제법학회에서 이뤄진 논의는 난민의 요건에서 강제성의 중심적인 위치와 객관적인 기준에 근거한 개념정의의 가치를 강조했다.[141] 그러나 무국적자의 정의 제2조(1)과 관련하여 리퍼트는 '*Comment imposer à l'apatride la charge de prouver qu'il n'a pas de nationalité? L'apatridie, prise en elle-même, est un fait*

---

138) '어떤 국가에 의해서도 그 국가의 국적을 소유한 것으로 간주되지 않는 사람('Any person who is not considered by any State as possessing its nationality')'(저자의 번역).
139) Art. 2, 'Statut juridique des apatrides et des réfugiés': *Annuaire de l'Institut de Droit International, Session de Bruxelles* (avril 1936) vol. 2, 172: '자의든 타의든 자신이 국민이었던 국가의 영토 내의 정치적 변화로 인해 그 영토를 떠났거나 그 영토 밖에 남았으나, 새로운 국적을 취득하지 못하고 다른 국가의 외교적 보호도 누리지 못하는 사람'(Anyone who, because of political developments in the territory of a State of which he or she was a national, has left that territory, voluntarily or not, or who remains outside of it and who has neither acquired a new nationality nor enjoys the diplomatic protection of any other State)'(저자의 번역). 또한 무국적자와 난민이 처한 상황이 상호 배타적이지 않다는 점도 인정되었다.
140) 1928년 러시아 및 아르메니아 난민의 법적 지위에 관한 협정(1928 Arrangement relating to the Legal Status of Russian and Armenian Refugees): 89 LNTS 53, No. 2005; 다음도 함께 보라, 1928년 러시아 및 아르메니아 난민에게 유리하게 취해진 특정 조치의 다른 범주의 난민으로의 확장에 관한 협정(1928 Arrangement concerning the Extension to other Categories of Refugees of Certain Measures taken in favour of Russian and Armenian Refugees): 89 LNTS 65, No. 2006.
141) *Annuaire de l'Institut de Droit International*, (주 132) vol. 2, 109.

purement négatif et qui n'est pas, comme tel, susceptible de preuve'라고 비판했다.142)

무국적자와 난민의 처우와 관련하여, 국제법학회는 이후 1951년 난민협약과 1954년 무국적자 협약이 대부분 계승한 기준들을 제안했다.143) 여기에는 무엇보다 재판 접근권, 행정적 원조, 인법 personal law, 여행과 귀환에 유효한 여권 및 신분증명서, 다른 국가가 입국을 용인하지 않는 한 거주하고 있는 무국적자의 추방 금지 등의 권리가 포함되었다.144) 그러나 이보다 앞서 상주국 또는 주소지 domicile 국가가 외교적 보호를 행사할 수 있

---

142) Ibid., 127 (어떻게 무국적자에게 그들이 국적이 없다는 사실에 대한 입증 책임을 부과할 수 있는가? 무국적은 순전히 부정적인 사실이며 따라서 증명의 대상이 아니다 ('How can one impose on the stateless person the burden of proving that they do not have a nationality? Statelessness is a purely negative fact and, as such, not susceptible of proof(저자의 번역)).

143) 제3조, 제4조, 제5조, '무국적자와 난민의 법적 지위(Statut juridique des apatrides et des réfugiés)': ibid., vol. 2, 172; discussed at 146–52. 제8조는 중요한 원칙, 즉 국가는 그 국가의 국적을 상실하고 다른 국가의 국적을 취득하지 않은 자의 입국을 거부해서는 안 된다는 점을 반복적으로 강조하고 있다: '어떤 국가가 고권적 조치로서 원래 자국민이었던 사람으로부터 국적을 박탈하고, 그 사람이 다른 국적을 취득하지 않은 경우, 그럼에도 불구하고 해당 국가는 다른 국가가 수령에 동의하지 않는 한, 자국 영토 내에 그 사람이 위치한 국가의 요청이 있고 그 사람의 동의가 있는 경우, 다른 국가가 수용하는데 동의하지 않는한 그 사람을 자국에서 수용해야 한다. 본국 귀환 비용은 위 수용의무를 지는 국가가 부담한다.' 이것은 1892년 국제법학회가 처음 제안한 것이다; 다음을 보라, 제2조, 2, '외국인의 입국 및 추방에 관한 국제법 (Règles internationales sur l'admission et l'expulsion des étrangers)', Session de Genève (1892). 그것은 다음에서 반복되었다, 제6조, '국적법 간의 충돌에 관한 결의 (Résolutions relatives aux conflits des lois en matière de nationalité)(귀화 및 국외추방)', Session de Venise (1896).

144) 2019년 6월, 이탈리아 파기원 민사 제1재판부는 무국적자는 1954년 협약 제31조에 의거하지 않고는 추방될 수 없으며, 이점은 당국이 이용할 수 있는 정보와 문서에 따를 때 무국적 상태가 쟁점이 되는 것으로 보이는 경우, 사실상 무국적자와 신청에 대한 결정을 기다리는 사람들에게도 적용된다고 판결했다: Sez. Prima Civile, *Sentenza* n. 16489 del 19/06/2019 (ECLI:IT:CASS:2019:16489CIV).

어야 한다는 제안이 있었고,145) 이 제안은 나중에 국제법위원회(ILC)의 외교적 보호에 관한 특별보고관인 존 듀가드에 의해 채택되어 2006년에 채택된 초안 조항에까지 포함되었다.146)

1936년까지 많은 임시적이고 단편적인 발전에도 불구하고 기존 협약들의 범위 내에 포함되지 않은 '다양한 나라에서 온 수천 명의 난민들'이 여전히 존재한다는 것이 분명했다.147) 노르웨이 정부는 '연맹이 지원과 보호를 제공하기로 결정했거나 결정할 여지가 있는 모든 난민들을 위해 난센 사무소가 권한 내에서 이러한 난민들을 위해 행사하고 있는 기능을 수행할 의무가 있는 연맹 산하 또는 연맹 내의' 중앙 기관의 설립을 제안했다.148) 그러나 '총체적인 접근'이라는 아이디어는 당시에는 거의 주목 받지 못했으며,149) 난민에 대한 국제지원위원회(the Committee on International Assistance to Refugees)는 '모든 망명자에게 적용될 수 있는 통일된 사법제도가 발전되기를 희망'했지만, 그러한 제도가 '보편적인 형태로 만들어질 수 있는지', 또는 동화 및 귀화 문제에 대한 총체적인 권고들에 가치가 있는지에 대해서는 의구심을 표명했다.150) 이러한 방향으로의 진전은 결국 유엔을 기다려야 했지만, 거기서도 예외가 생길 것이었으며, 무국적자와 난민의 보호는 처음에는 서로 다른 길을 걷게 될 것이었다.

---

145) Art. 7: *Annuaire de l'Institut* (주 132), vol. 2, discussed at 155-6.
146) UNGA res. 62/67, 'Diplomatic protection' (6 Dec. 2007) Annex, art. 8, 'Stateless persons and refugees'; *Report* of the International Law Commission, 58th Sess. (2006): UN doc. A/61/10, Ch. IV, 'Diplomatic protection', 47-51.
147) 'International Assistance to Refugees', LoN doc. A.13.1935.XII (1935); 143 League of Nations OJ Spec. Supp. 65.
148) 'Memorandum by the Norwegian Government', in 'International Assistance to Refugees' (주 147) 65-6.
149) Report of the Committee on International Assistance to Refugees' (3 Jan. 1936): LoN doc. C.2.M.2. 1936. XII; Loewenfeld (주 120) 68.
150) 'Report of the Committee on International Assistance to Refugees' (주 149) 9-11.

2.2절 유엔

1946년 첫 회의에서 유엔 총회는 '모든 측면에 대한 철저한 검토를 위해' 난민 문제를 경제사회이사회(ECOSOC)에 회부하였고,151) 경제사회이사회는 처음에는 '무국적자에 대한 보호를 제공하기 위해' 잠정적 조치들을 채택해야 할 필요성을 언급하여 전간기에 이뤄졌던 발언들을 이어갔다. 경제사회이사회는 전쟁 후의 상황 그리고 국제난민기구(IRO)의 설립에 우선순위를 두었는데,152) 당시엔 무국적자와는 구별되는 난민에 대한 새로운 개념이 정치권에서 등장하기 시작하고 있었다.

1947년 7월 인권위원회 제1차 회의에서 국제인권규약 초안 작성 위원회는 르네 카상이 제안한 - 1948년 세계인권선언 제15조의 전신 - 제32조를 검토했다. 이 조항은 국적에 대한 권리뿐만 아니라 '인권과 인류 공동체의 이익에 부합하지 않는 무국적을 방지하는 것은 유엔과 회원국의 의무'라는 조항도 포함되었다.153) 12월에 열린 두 번째 회의에서 위원회는 유엔이 '어떤 국가의 보호도 누리지 못하는 사람'의 법적 지위에 대해 조속히 검토해야 한다는 뜻을 기록에 남겼다.154) 이듬해 경제사회이사회는 사무총장에게 '무국적자' 보호에 관한 연구를 준비하고 관련 국내법, 협약 및 협정을 고려하여 새로운 협약이 필요한지 여부를 권고해 줄 것을 요청했다.155)

2.2.1절 1949년 유엔 무국적자 연구

이 연구는 서문에서 '무국적자에는 법률상의 무국적자와 사실상 무국적

---

151) UNGA res. 8 (I) (12 Feb. 1946).
152) ECOSOC res. 18 (III) (3 Oct. 1946).
153) UN doc. E/CN.4/21 (1 Jul. 1947) 21.
154) Commission on Human Rights, 'Report on the Second Session', UN doc. E/600 (17 Dec. 1947); UN doc. E/CN.4/56, 15, 'Draft Resolution on Stateless Persons'.
155) ECOSOC res. 116D(VI) 1 (2 Mar. 1948).

자의 두 가지 범주가 있다'고 명시적으로 언급하고 있다:156)

> [법률상의 무국적자는 출생 시나 그 이후에 어떤 국적도 부여받지 못했거나 또는 생애주기 속에 국적을 상실하고 새로운 국적을 취득하지 않았기 때문에 어느 국가의 국민도 아닌 사람을 말한다.
> 사실상의 무국적자는 자신이 국민이었던 국가를 떠난 후 해당 국가 당국이 지원과 보호를 거부하거나, 또는 자신이 국민인 국가의 지원과 보호를 스스로 포기하여 더 이상 국가 당국의 보호와 지원을 누리지 못하는 사람을 말한다.
> 법률상의 무국적자의 지위와 사실상 무국적자의 지위는 법적으로 현저히 다르지만, 실제로는 비슷하다.157)]

경제사회이사회에서 '난민'에 대한 명시적인 언급은 없었지만, 그렇다고 해서 난민이 여기서 배제되어야 한다는 의미는 아니었다:

> [현재 무국적자의 상당수가 난민이다. 이러한 난민들은 출신국에 의해 국적을 박탈당한 경우 '법적인' 무국적자다. 국적을 박탈당하지 않고 더 이상 국가 당국의 보호와 지원을 받지 못하는 경우 '사실상의' 무국적자다.158)]

이 연구는 무국적자를 발생시키는 원인에 '인종적, 종교적 또는 정치적 박해'와 '정치 또는 사회 체계의 변화로 인한 국민들의 대규모 이주'를 포함시킴으로써 난민 실향의 사실상의 원인을 국적이 없거나 박탈당한 사람들의 상황에 합쳤다. 국적이 없는 사람들에게 필요한 것은 첫째로 그들의 지위와 보호를 개선하는 것, 둘째로 무국적 상태를 해소하는 것이었다. 신분증명서, 영사 서비스, 법적 지위의 제공을 통해 이들에 대한 보호가 가장

---

156) United Nations, A Study of Statelessness (1949); UN doc. E /1112; E/1112/Add.1.
157) Ibid., 8-9.
158) Ibid., 9.

잘 이루어질 수 있으며, '기술적'으로 발생한 무국적은 각국 국내법의 조화, 형벌로서의 국적박탈 제한, 영토 합의에 대한 더 바람직한 규율, 귀화 촉진을 통한 기존 무국적자의 수 감소 등에 대한 적절한 합의를 통해 근절할 수 있다.159)

무국적자 및 관련 문제에 관한 임시 위원회가 성안된 협약의 적용 범위를 검토하게 되었을 때,160) 영국은 모든 종류의 사안, 즉 난민과 사실상의 무국적자 및 법률상의 무국적자를 다 협약에 포함시키자고 제안했다. 사실상의 무국적자인 난민들의 상황이 더 긴급하긴 하지만 그들 간의 차이는 '질적인 것보다는 양적인 것'에 불과하다는 것이다.161) 성안된 협약은 이에 따라 적용되어야 하며, '보호받지 못하는 사람'이라는 표현은 다음을 포섭할 수 있어야 한다고 주장했다,

    (a) 어느 국가의 국민도 아닌 사람; 그리고
    (b) 자신이 국민인 국가의 영토 밖에 있는 경우, 해당 국가가 보호를 거부하거나 정당한 이유(예를 들어, 해당 국가로 갈 경우 정치적, 인종적 또는 종교적 박해에 대한 합리적 근거에 기반한 심각한 우려 등)로 인해 해당 국가의 보호를 원하지 않기 때문에 국가의 보호를 누리지 못하는 사람.162)

---

159) Ibid., 17-33.
160) 위원회의 설립과 활동에 관해서는 이 책 제2장을 보라; Goodwin-Gill, G. S., 'Introduction to the 1951 Convention/1967 Protocol relating to the Status of Refugees': https://legal.un.org/avl/ha/prsr/prsr.html.
161) *Ad hoc* Committee on Statelessness and Related Problems, UN doc. E/AC.32/SR.3 (26 Jan. 1950) para. 34. 영국 대표인 Sir Leslie Brass는 나중에 '난민과 무국적자의 지위는 모두 국제적 보호를 필요로 하는 보호받지 못하는 자들의 지위이며, 따라서 이 협약은 양자에게 동등하게 적용되어야 한다'고 언급했다: UN doc. E/AC.32/SR.4 (26 Jan. 1950) para. 8. 참조, 브라질 대표 Mr Guerreiro의 견해 : UN doc. E/AC.32/SR.3 (26 Jan. 1950) para. 13.
162) UN doc. E/AC.32/L.2 (17 Jan. 1950). 이는 이후 성안된 협약 초안의 범위를 난민에로만 국한하기로 한 위원회의 결정에 따라 수정되었다; 다음을 보라, UN doc.

그러나 이러한 입장에 대해 프랑스 대표는 이미 한쪽에는 난민의 지위의 문제가, 다른 한쪽에는 무국적자의 법적 지위와 관련된 문제가 있다며 뚜렷한 두 문제를 분리하자고 하였고 이것이 곧 다수의 견해가 되었다. 첫 번째 문제에 대한 협약 초안이 시급히 요구되었지만 무국적의 근절 문제는 '즉각적인 개선 조치가 필요한 급박한 상황이라기보다는 국제사회의 지속적인 관심사'라는 점에서 근본적으로 달랐다. 무국적자의 두 범주 중, 무국적자이면서 난민인 사람들은 곤경에 처해 있었기 때문에 그들의 처지가 특별히 시급했지만, 난민이 아닌 무국적자들의 처지도 같다고 하긴 어려웠다. 미국 대표는 이에 동의하고 별도의 대우를 촉구했으며, 협약 초안은 제한적이어야 하며, 협약이 '난민들이 처한 인도주의적 상황이란 문제와 무국적자의 최우선적인 법적 문제 사이의 혼동에 근거해서는 안 된다'고 주장했다.163)

이 사건에서 임시위원회는 난민에 초점을 맞추기로 결정하고, 무국적자를 위해서는 난민협약이 적용되지 않는 무국적자에게도 난민협약을 준용하는 데 국가가 동의할 수 있는 추가 의정서를 제안했을 뿐이다.164) 경제사회이사회는 국제노동기구가 국적 문제를 다루어야 한다고 보고, 무국적자 근절에 필요한 기구의 협약 또는 협약들의 초안을 마련할 것을 촉구했다.165)

E/AC.32/L.2/Rev/1 (19 Jan. 1950).
163) *Ad hoc* Committee on Statelessness and Related Problems: UN doc. E/AC.32/SR.2 (26 Jan. 1950) paras. 6-8, 15, 18; UN doc. E/AC.32/SR.3 (26 Jan. 1950) paras. 22, 28. 그럼에도 불구하고 영국 대표는 무국적을 근절하기 위한 조치와, 기존 무국적자들의 지위가 정규화될 때까지 그들을 보호하기 위한 조치를 구분해서 볼 필요가 있다고 강조하였다: ibid., para. 24.
164) 다음을 보라, *Report* of the Ad hoc Committee: UN doc. E/1618 (17 Feb. 1950) Annex III. 무국적을 근절하기 위한 조치는 덴마크의 제안에서 다루어지긴 했으나, 더 적은 관심을 받았다: ibid., Annex V. 다음도 함께 보라, ECOSOC res. 319 (XI) 'Refugees and stateless persons' (11 and 16 Aug. 1950).
165) 경제사회이사회는 또한 사무총장에게 각국의 정보 수집을 요청했지만, 1951년 3월에 단지 소수의 정부들만 응답했다는 점에 주목할 필요가 있다: ECOSOC res. 319

법률상 무국적/사실상 무국적을 나누는 접근 방식에 대한 비판은 당시 임시 위원회166)와 1952년에 들어 국적과 무국적자 문제를 검토하기 시작한 국제노동기구(ILC) 모두에서 제기되었다.167) 그럼에도 불구하고 이 용어는 오늘날까지도 분석과 이론에 영향을 미치고 있으며, 법적으로 국적을 소유하지 않은 사람과 법적으로 국적을 소유하고 있지만 사실상 국적의 혜택을 받지 못하는 사람을 설명할 때 종종 실수가 발생하고 있다. 1954년 협약과 1961년 협약 모두 조약 본문은 아니지만, 최종 조약 문언에 이러한 표현을 포함시킨 것이 사실이긴 하나, 이 역시 선명한 사고에는 그리 도움이 되지 않는다.

2.3절 1954년 무국적자의 지위에 관한 협약

1951년 7월 전권회의168)는 난민 협약을 채택하였지만, 무국적자에 관한 의정서 초안에 대해서는 아무런 결정을 내리지 않고 더 자세한 연구를 위해 돌려보내기로 결정했을 뿐이었다.169)1952년 2월, 총회는 시간 부족을 이유로 의정서 초안에 대한 검토를 연기했지만,170) 이후에 사무총장에게

(XI) 'Refugees and stateless persons' (11 and 16 Aug. 1950); ECOSOC res. 352 (XII) 'Refugees and stateless persons: report by the Secretary-General arising out of Council resolution 319 B (XI), section III, relating to the problem of statelessness' (13 Mar. 1951).
166) 예를 들어 다음을 보라, Mr Robinson (이스라엘), UN doc. E/AC.32/SR.4 (26 Jan. 1950) para. 4.
167) Manley O. Hudson, Special Rapporteur, 'Nationality, including statelessness': UN doc. A/CN.4/50; International Law Commission, *Yearbook* (1952) vol. 2, 8, 17.
168) UNGA res. 429(V) (14 Dec. 1950). 무국적자에 관한 의정서 초안은 다음에 포함되어 있다, *Report* of the Ad hoc Committee on Refugees and Stateless Persons, Second Session: UN doc. E/1850, Annex II; 위원회는 그 사이에 명칭이 변경되었다.
169) 1951년 난민협약, Final Act, Part III.
170) UNGA resolutions 538 (VI) 'Assistance to and protection of refugees' (2 Feb. 1952); 539 (VI) 'Draft Protocol relating to the Status of Stateless Persons' (4 Feb. 1952).

난민협약의 어떤 조항을 무국적자에게 적용할 준비가 되어 있는지에 대한 각국 정부의 의견을 구할 것을 요청하였다.171) 그 후 뉴욕에서 추가 유엔 회의가 소집되었고,172) 1950년에 임시 위원회가 처음 제안한 의정서 초안보다 더 선호되었던 안으로서 독립적인 협약인 1954년 무국적자의 지위에 관한 협약을 채택했다.173) 1954년 협약의 내용은 여러 측면에서 처우에 대한 기준에 있어서 난민 협약의 내용과 유사하다. 그러나 불법 입국에 대한 처벌 금지 및 강제송환금지와 같은 난민에 관련된 특별한 보호의 내용은 제외되어 있고,174) 제1조는 무국적자를 '그의 법률의 시행상 국민으로 간주되지 않는 자'로 정의하였다.175)

유엔난민기구는 뉴욕 회의에 투표권이 없는 자격으로 참여했는데, 기구의 관점에서 새로운 조약 체제에서 주목해야 할 한가지 공백은 1951년 난민협약 제35조와 유사한 기능을 가진 감독기구가 없다는 것이었다. 당시 유엔난민기구 법률고문이었던 폴 바이스는 1954년 협약이 발효된 1961년에

---

171) UNGA res. 629 (VII) 'Draft protocol relating to the status of stateless persons' (6 Nov. 1952).
172) ECOSOC res. 526 A (XVII) (26 Apr. 1954).
173) 1954년 무국적자의 지위에 관한 협약(1954 Convention relating to the Status of Stateless Persons), 360 UNTS 117(1960년 6월 6일 발효됨). 2021년 4월 30일 기준으로 95개국이 1954년 협약의 당사국이다.
174) 참조, the Final Act of the 1954 Convention (주 173), 27개 가입국은 1951년 난민협약 제33조의 강제송환금지 조항이 송환을 금지시키는 '법의 일반원칙을 표현한 것'이므로 무국적자에 대해서는 동등한 조항이 필요하지 않다는 견해를 표명했다.
175) 이 정의는 유엔 사무국이 '무국적자 문제를 포함한 국적'에 관한 국제노동기구 특별보고관 Manley O. Hudson의 첫 번째 보고서에서 언급된 표현을 가져와 제안한 것이다: UN doc. A/CN.4/50 (21 Feb. 1952) 17. 위 특별보고관이 법률상의 무국적자와 사실상의 무국적자를 구분하지 않고 무국적자를 정의하려는 의도를 가지고 있었는지 여부는 논란의 여지가 있다. 이러한 설명은 국제법학회의 더 오래된 연구에서 출처를 찾을 수 있다; 다음을 보라, Goodwin-Gill, G. S., 'International Refugee Law in the Early Years' in Costello, C., Foster, M., & McAdam, J., *The Oxford Handbook of International Refugee Law* (2021).

쓴 글에서, 이러한 일이 생긴 이유는 놀랍게도 무국적자가 '보호받지 못한다'는 인식이 널리 퍼져 있음에도 불구하고 당시에 이에 상응하는 기관이 존재하지 않았기 때문이라고 생각했다.176) 그는 1954년 협약에 사실상의 무국적자가 포함되지 않았다는 사실과 함께, 기존의 공백이 좁혀졌을지 모르지만 보호받지 못하는 사람들은 여전히 협약과 권한 있는 기관의 권한 범위 밖에 있게 되었다는 사실에 대해 유감을 표명했다.177) 1954년 회의는 실제로 협약의 적용 범위를 법률에 의해 공식적으로 국적을 보유하지 않는 것으로 규정될 수 있는 사람들 이상으로 확대하는 것을 경계했는데, 이는 제1조의 규정에도 불구하고 불만족스러운 결과였다. 회의는 '기타 보호받지 못하는 자들'을 협약 바깥에 두는 것을 선호했고, 단지 '각 체약국은 어떤 사람이 그가 국민인 국가의 보호를 포기한 사유가 타당하다고 인정하는 경우, 그 사람에 대해 협약이 무국적자에게 부여하는 대우를 제공할 가능성을 동정적으로 고려할 것'만 권고했을 뿐이었다.178) 이것은 아마도 정치적으로 난민에 대해 '우선성'이 부여되면서, 임시위원회에서 보호받지 못하는 사람들에 관해 생겨난 분화가 가져온 의도하지 않은 결과 중 하나였을 것이다.179)

---

176) Weis, P., 'The Convention relating to the Status of Stateless Persons' (1961) 10 ICLQ 255, 260.
177) Ibid., 264.
178) Recommendation III, adopted by 16-1-4: 1954 Convention relating to the Status of Stateless Persons, Final Act: 360 UNTS 117, 122. 포기에 관해서는 다음을 보라, Scott, P. F., 'Renouncing British citizenship' (2021) 35 *Journal of Immigration, Asylum and Nationality Law* 7.
179) 주163의 문헌을 보라.

3절 무국적 근절과 발생 방지

전속관할사항 reserved domain 과 국내 관할권 domestic jurisdiction이라는 기본 전제에도 불구하고, 국가들은 국제연맹 시대에 국적의 여러 측면에 대해 큰 관심을 가졌다.[180] 이중 국적은 특히 병역 문제에 있어서 마찰을 가져오는 원인이었고, 복수 국적은 문제를 계속 양산하였으며, 혼인한 여성의 국적은 본인뿐만 아니라 자녀의 국적 상태에도 영향을 미친 것에 반해, 무국적은 단지 변칙적인 문제였다.

누가 자국민인지 결정하는 것은 각 국가의 역할이라는 것이 일반적인 원칙으로 받아들여졌지만, 국제연맹은 1930년 국적법 충돌에 관한 특정 문제에 관한 헤이그 협약(1930 Hague Convention on Certain Questions relating to the Conflict of Nationality Laws)을 추진하였고,[181] 이 협약에는 국외추방, 결혼한 여성의 국적, 자녀의 국적, 입양 등 무국적자를 줄이기 위한 다양한 조항이 포함되어 있었다.[182] 또한, 1930년 무국적자의 특정 사례에 관

---

[180] 일반적으로는 다음을 보라, Conklin, W. E., *Statelessness: The Enigma of the International Community* (2014); Edwards & van Waas (주 2); Inter-Parliamentary Union & UNHCR, *Good practices in nationality laws for the prevention and reduction of statelessness*, Handbook for Parliamentarians No. 29 (2018); Inter-Parliamentary Union & UNHCR, *Nationality and Statelessness*, Handbook for Parliamentarians No. 22 (2nd edn., 2014); Organization for Security and Co-operation in Europe & UNHCR, 'Handbook on Statelessness in the OSCE Area: International Standards and Good Practices' (2017); Sawyer, C. & Blitz, B. K., eds., *Statelessness in the European Union: Displaced, Undocumented, Unwanted* (2011); van Waas, L., *Nationality Matters: Statelessness under International Law* (2008); van Waas, L., 'The UN Statelessness Conventions', in Edwards & van Waas (주 2); Weis, P., 'The United Nations Convention on the Reduction of Statelessness' (1962) 11 *ICLQ* 1073; Weis, P., *Nationality and Statelessness in International Law* (1956; 2nd edn., 1979).
[181] 179 LNTS 89.
[182] Arts. 7, 8, 9, 13-16, and 17.

한 의정서(the 1930 Protocol relating to a Certain Case of Statelessness)는 체약국의 국적을 보유한 어머니와 국적이 없거나 국적이 불분명한 아버지 사이에서 그 영토에서 태어난 사람이 체약국의 국적을 취득할 수 있도록 규정했다.[183] 마지막으로, 같은 해 특별 의정서가 2004년에 발효되어 현재 11개 당사국이 가입했는데,[184] 이 의정서는 외국에 입국한 후 다른 국적을 취득하지 않고 국적을 상실한 사람의 재입국을 특정한 상황에서 허용하려 한 것이었다.

이러한 조약들의 비준이 널리 이루어지지는 않았지만, 국제연맹과 하버드 국제법 연구소와 같은 학술 기관, 국제법학회(Institut de Droit International)와 같은 비정부기구가 수행한 준비 작업은 논의를 촉발시켰고, 돌이켜보면 특정 핵심 원칙에 대한 합의가 어느정도 형성되었던 것으로 볼 수 있다. 중요한 것은 1930년에 채택된 각 조약들이, 조약내 조항들이 국제 관습법상의 규칙을 침해하지 않는다는 점을 명시적으로 인정했다는 점이다. 무국적의 근절은 더 많은 국제협력과 국내법 간의 조율 및 조화를 통해 추구해야 할 목표로 남아 있었으며, 유엔은 무국적자의 지위를 개선하기 위한 조치와 함께 이 목표를 채택했다.

3.1절 국제법 위원회

3.1.1절 무국적의 근절 및 감소

1951년 7월, 무국적의 '기술적 측면'에 대응하기 위해 국제법위원회는 미국 변호사이자 전 국제사법재판소 판사였던 맨리 허드슨을 국적 연구 특

---

183) 179 LNTS 115.
184) LoN doc. C.27.M.16.1931.V; 2252 UNTS 435 (호주, 벨기에, 브라질, 엘살바도르, 피지, 인도, 파키스탄, 남아프리카공화국, 영국 및 짐바브웨); 주 64의 해당 본문을 보라.

별보고관으로 임명했다.185) 이듬해 위원회의 실질적인 첫번째 회의에서 허드슨은 국적 일반, 결혼한 사람의 국적, 무국적자에 관한 보고서를 제출했다.186) 일부는 역사적, 또다른 일부는 분석적 목적으로 작성된 첫 번째 보고서는 국적과 국가에 대한 충성 사이의 공동의 연관성을 지적하고, 일반적으로 각국 국적법은 '출생 시 국적 부여가 속인주의 또는 속지주의 중 하나 또는 이 두 원칙의 조합에 근거해야 한다는 국가들의 의견 합치'가 있는 것처럼 보인다고 언급했다.187) 그러나 출생 후의 국적 부여인 귀화 문제에서는 국가와 해당 개인 사이에 개인적 또는 영토적 유대가 있어야 한다는 것 외에는 국제법상 어떤 규칙도 추론할 수 없었다고 했다.188)

허드슨은 출생 시에는 속인주의와 속지주의 원칙의 일관되지 않은 운영으로 인해 무국적자가 발생할 수 있고, 이후에는 상충되는 국내법, 개인의 자발적 행위, 국가의 일방적 행위, 영토 변경 등으로 인해 무국적자가 발생할 수 있다고 관찰했다. 무국적은 모든 개인이 '어떤 국가에든 귀속'되어야 한다라는 질서 있는 국제 관계의 관점에서 볼 때 '바람직하지 않으며', '불안정성' 때문에 개인에게도 바람직하지 않다. 따라서 무국적을 줄이거나 없애려면 원인에 초점을 맞춰야 하는데, 다음의 두 규칙을 채택하는 것이 해답으로 보였다: (1) 출생 시 다른 어떤 국가의 국적도 취득하지 않은 경우 개인은 출생국의 국적을 취득해야 하고, (2) 출생 후 국적상실은 다른 국적의 취득을 조건으로 해야 한다. 그러나 특별보고관은 당시 국가들이 이러한 원칙을 받아들일 준비가 되어 있다고 생각하지는 않았다.189)

---

185) ILC *Yearbook* (1951) vol. I, 133rd mtg., 418 f, paras. 1-12; ILC *Yearbook* (1952) vol. II, 4, para. 5; Goodwin-Gill, G. S., 'Introduction to the 1961 Convention on the Reduction of Statelessness', UN Audio-Visual Library of International Law, Historic Archives (2011): https://legal.un.org/avl/ha/crs/crs.html.
186) UN doc. A/CN.4/50; ILC Yearbook (1952) vol. II, 3.
187) ILC *Yearbook* (1952) vol. II, 7.
188) ILC *Yearbook* (1952) vol. II, 7-8.
189) ILC *Yearbook* (1952) vol. II, 19-22. '정치적 성격'에 대한 고려 문제로, 특별보고관

위원회의 첫 회의에서 논의된 내용은 이 문제가 얼마나 분열적인 문제인지를 확인시켜 주었다. 일부 국제법위원회 위원들은 국적에 대한 주권 및 국내 관할권 차원을 강조하면서, 국가들이 스스로를 국가 공동체 바깥으로 내보낸 사람들의 국적을 박탈할 권리를 부정할 수 없다고 생각했다. 다른 위원들은 국적박탈이 형벌로 부과되어서는 안 되지만, 그럼에도 불구하고 국적은 개인과 국가 사이에 실질적인 유대가 없는 한 부여될 수 없는 특권이라고 강조했다. 일부 위원들은 18세 이전 한 국가에서의 '단순한 출생 사실' 또는 '단순한 상시 거주'만으로는 그러한 실질적 유대를 충족되기에 충분하지 않다고 생각했다. 다른 위원들은 이에 동의하면서, 국적 취득에 대한 접근법은 순수한 법적 원칙의 문제를 초월하는 것이라고 지적하였고, 한 위원은 출생이라는 '사건'이나 부모가 가진 시민권이라는 '사건'이 본질적으로 다른 요소들보다 더 강하지 않으며 사기로 취득한 국적이라도 국적박탈로 쉽사리 처벌해서는 안 된다고 제안했다.[190]

허드슨은 건강상의 이유로 사임해야 했고, 위원회는 만장일치로 멕시코의 로베르토 코르도바를 후임 특별보고관으로 선출했다.[191] 1953년 위원회는 무국적자 철폐에 관한 협약 초안과 미래의 무국적자 감소에 관한 협약 초안 두 개를 모두 검토했다.[192] 주권, 속인주의, 속지주의, 국제법과 국내법의 관계, 국적박탈, 분쟁 해결(해당 사안에 대한 개인의 권리 포함), 유엔의 역할 등 오래된 '논쟁적 요소들'이 다시 등장했다. 그럼에도 불구하고 초안은 첫 번째 독회에서 수정된 후 채택되어 각국 정부에 보내져 의견 수렴과정을 거쳤다.[193]

은 구체적인 제안을 자제하는 경향이 있었다.
190) ILC *Yearbook* (1952) vol. I, Summary records, 4th Sess., 100-42, 190-91, 244, 251-2; 244, para. 87.
191) Ibid., 251-2, para. 15.
192) Córdova의 최초 보고서를 보라 : UN doc. A/CN.4/64; ILC Yearbook (1953) vol. II, 167-95.

1954년 제6차 회의에서 위원회는 각국 정부들이 보낸 의견을 검토했는데, 그 중 다수는 제안된 문안이 기존 국내법과 양립할 수 없다는 견해를 되풀이했을 뿐이었다.194) 위원회는 일부 조항을 수정하고 두 가지 협약의 최종안을 채택하여 총회에 제출하면서,195) 총회가 두 가지 초안 중 더 엄격한 의무를 부과하는 철폐에 관한 협약초안과 단순히 무국적자 감소를 목표로 하는 더 온건한 협약 초안 중 어느 것을 선호하는지 검토해야한다고 지적했다.196)

무국적의 철폐 또는 감소에 관한 유엔 회의197)는 1959년 3월 24일부터 4월 18일까지 제네바에서 처음 열렸고, 1961년 8월 15일부터 28일까지 뉴욕에서 다시 열렸다. 이 회의에서는 무국적 감소에 관한 협약 초안을 논의의 기초로 삼기로 결정하고 출생 시 발생하는 무국적자를 감소시키기 위한 조항들에 대해 중점적으로 논의했다. 다시 한 번 속지주의 원칙을 선호하는 국가와 속인주의를 채택한 국가 간에 근본적인 차이가 드러났다. 전자의 원칙을 지지하고 수용했다면 원시적으로 발생하는 많은 무국적 사례를 근본적으로 차단할 수 있었겠지만, 합의는 이루어지지 않았고 최종 타협안은 두 원칙의 요소를 결합한 것이었다. 많은 국가들이 자국의 핵심 이익에 필수적인 요소라며 옹호하는 국적박탈의 문제도 마찬가지로 분열을 야기했다.198) 앞서 언급한 바와 같이, 이렇게 합의가 결렬됨으로 인해 두 번째

---

193) ILC *Yearbook* (1953) vol. I, 170–97, 202–80, 321–2, 325–34, 345, 377–83.
194) 위원회는 이 점을 중요하게 고려하지는 않았다: '만약 각국 정부가 향후 무국적의 철폐 또는 최소한 감소를 위한 원칙을 채택할 경우, 필요하다면 국내법 개정을 시행할 준비가 되어 있어야 한다': UN doc. A/2693, para. 12; ILC *Yearbook* (1954) vol. II.
195) ILC *Yearbook* (1954) vol. I, 3–52.
196) UN doc. A/2693, para. 14; ILC *Yearbook* (1954) vol. II.
197) UNGA res. 896 (IX) (4 Dec. 1954).
198) UN doc. A/CONF.9/10 (9 Jun. 1961) Add. 1–3 (5 Jul. 1961) 'Note by the Secretary-General with Annex containing observations by Governments on deprivation of nationality'.

회의가 열렸고, 이 회의에서 무국적자 감소 협약의 최종 문안이 정식으로 채택되었다.[199]

한때 국제법위원회는 무국적자를 위한 보호 기관과 이들의 청구를 결정할 재판소를 설립하는 안도 호의적으로 고려했다. 그러나 두 가지 제안 모두 국가들에게 큰 호응을 얻지 못했고, 대신 유엔의 틀 안에 '협약상의 혜택을 주장하는 사람이 협약상 신청의 심사를 신청하고 적절한 기관에 제출하는 데 도움을 요청할 수 있는' 기구를 설립하는 방안이 선택되었다.[200] 1975년 12월 1961년 협약 발효 직전, 유엔총회는 유엔난민기구에 제11조에 명시된 기능을 잠정적으로 수행할 것을 요청했고,[201] 그리고 2년 후, 유엔난민기구에 '유엔에 재정적 부담을 미치지 않는' 선에서 이러한 기능을 계속 수행해 줄 것을 요청했다.[202]

3.1.2절 1961년 무국적자 감소에 관한 협약

1961년 협약 제1조는 '체약국은 자국 영토에서 출생하여 다른 방법으로는 국적을 가질 수 없는 자에게 자국 국적을 부여*하여야* 한다'고 규정하고 있다(강조 추가됨). 그럼에도 불구하고 특정 연령에 도달하기 전에 국적을 신청할 것, 해당 당사자가 한도 내에서 체약국이 결정하는 기간 동안 상시적으로 거주할 것, 중대한 범죄를 저지르지 않았을 것 등을 요구하는 등 특정한 여지를 주는 조항들이 여전히 영토 국가에 유리하게 남아 있다. 그럼

---

199) 1961년 무국적자의 감소에 관한 협약(1961 Convention on the Reduction of Statelessness) 989 UNTS 175 (1961년 8월 30일 채택됨, 1975년 12월 13일 발효됨).
200) Ibid., arts. 11, 20(2).
201) UNGA res. 3274 (XXIX) 'Question of the establishment, in accordance with the Convention on the Reduction of Statelessness, of a body to which persons claiming the benefit of the Convention may apply' (10 Dec. 1974) (48-11-66); UNGA res. 31/36 (30 Nov. 1976) (117-9-8).
202) UNGA res. 31/36 (30 Nov. 1976).

에도 불구하고 바이스가 언급했듯이 1961년 협약에는 여전히 음미할 중요한 요소들이 있다.203)

첫째, 1930년 국적법 충돌에 관한 특정 문제에 관한 헤이그 협약에 포함된 의무가 본질적으로 소극적인 의무였던 것과 달리 특정 상황에서 국적을 부여해야 하는 국가의 적극적 의무를 부과하고 있다.204) 둘째, 기아의 국적(제2조),205) 선박이나 항공기에서 태어난 사람의 국적(제3조)과 같은 다양한 부수적인 문제도 해결하려고 한다. 또한 제4조는 출생 당시 부모 중 일방이 해당 국가의 국적을 가지고 있었고, 개인이 그 영토에서 출생하지 않았으나 달리는 국적을 가질 수 없을 경우 제1조와 유사하게 국가의 재량에 따라 일정한 제한을 두어 그 개인에게 국적을 부여해야 한다고 규정하고 있다. 또한, 시민적 지위의 변경 또는 개인의 자발적 행위(예를 들어, 포기)로 인한 국적상실은 다른 국적의 취득을 전제로 한다(제5조-제7조).

제8조와 제9조는 국적박탈의 맥락에서 이미 언급되었고,206) 제10조는 영토가 이양되는 경우, 체약국이 이양의 결과로 무국적자가 되지 않도록 보장하는 조항을 포함할 의무를 부과한다. 그러한 조항이 없는 경우, 영토의 이양 또는 취득으로 인해 '다른 방법으로는 국적을 가질 수 없고 무국적자로 되는' 사람들에게 자국 국적을 부여해야 한다.

마침내 유엔 회의는 법과 사실의 구분으로 돌아와 '사실상 무국적자도 가능한 한 법률상의 무국적자로 취급하여 그들이 실효적인 국적을 취득할 수 있도록 해야 한다'고 결의했다.207) 이 권고나 1954년 협약에 첨부된 권

---

203) Weis, P., 'The United Nations Convention on the Reduction of Statelessness' (1962) 11 *ICLQ* 1073.
204) 179 LNTS 89, No. 4137.
205) 이에 관하여, 1930년 헤이그 협약 제14조 및 제15조가 확립한 속지주의 원칙을 계속 유지하였다(주 19).
206) 1.2.1절을 보라.
207) 1961년 무국적자 감소에 관한 협약, Final Act, Resolution 1.

고 모두 실질적인 관점에서 볼 때 특별히 도움이 되지는 않지만, 각국이 협약을 통해 합의한 것보다 조금 더 많은 조치를 취하도록 장려할 수는 있다. 그러나 '실효적인 국적'에 대한 언급은 우리들에게 1950년 영국이 제안한 내용, 즉 보호의 부재에 대한 강조를 다시 한번 상기시킨다.208)

4절 무국적자 보호하기

총회가 1961년 협약에 따라 유엔난민기구에 특정 기능을 부여했음에도 불구하고, 무국적자와 무국적자가 유엔난민기구의 임무범위에 속하는 것으로 공식적으로 인정받기까지는 상당한 시간이 걸렸다.209) 1987년 '난민 아

---

208) 유엔난민기구는 1961년 무국적자의 감소에 관한 회의에서 '법률상의 무국적자가 아니면서도 실효적인 국적을 보유하지 않은 사람들이 많이 있다. 이들은 보통 사실상의 무국적자라고 불리며, 이들 역시 여전히 "충분한 고려"를 요청하는 중요한 사안이었다'라고 언급했다: UN doc. A/CONF.9/11 (30 Jun. 1961) 3-4, 다음에 인용됨, Batchelor, C., 'Stateless Persons: Some Gaps in International Protection' (1995) 7 IJRL 232.

209) 일반적으로는 다음을 보라, Robinson, N., *Convention relating to the Status of Stateless Persons. Its History and Interpretation. A Commentary* (1955); Batchelor, 'Stateless Persons' (주 208); Batchelor, C., 'Statelessness and the Problem of Resolving Nationality Status' (1998) 10 *IJRL* 156; Bianchini, K., *Protecting Stateless Persons: The Implementation of the Convention relating to the Status of Stateless Persons across EU States* (2018); Erauw, G., 'Compatibility of the 1954 Convention relating to the Status of Stateless Persons with Canada's Legal Framework and its International Human Rights Obligations' (2015); Foster & Lambert (주 25); Foster M. & Lambert, H., 'Statelessness as a Human Rights Issue: A Concept whose Time has Come'(2016) 28 *IJRL* 564; Fripp, E., *Nationality and Statelessness in the International Law of Refugee Status* (2016); Manly, M., 'UNHCR's Mandate and Activities', in Edwards & van Waas (주 2); Massey, H., 'UNHCR and *de facto* Statelessness' (2010); Sawyer & Blitz (주 180); van Waas 2008 and 2014 (주 180); UNHCR, 'International case law relating to statelessness' (Sep. 2010, updated Mar.

동에 관한 참고 사항'에서 인권이란 각도가 중요한 역할을 한 것은 놀라운 일이 아니었는데,210) 예를 들어, 유엔난민기구는 출생 미등록으로 발생하는 무국적의 위험에 대해 주의를 환기시켰고, 집행위원회는 그해 일반 결정에서 이에 대한 우려를 표명했다.211) 이듬해 유엔난민기구는 무국적과 관련된 복잡한 문제, 즉 유엔난민기구의 제한된 역할과 역량 뿐 아니라 기구가 가진 인도주의적 임무의 넓은 범위도 인식하면서 이 문제에 대한 우려를 다시 한 번 강조했다.212) 그 후 총회는 '난민 문제와 무국적자 문제 사이의 밀접한 연관성'을 명시적으로 언급하고 각국이 국제법에 따라 무국적자에게 유리한 조치들을 적극적으로 모색하고 추진할 것을 요청했다.213)

1992년, 집행위원회는 무국적자에 대한 일반적인 권한을 가진 국제기구의 부재를 인식하고 유엔난민기구가 무국적자를 위해 계속 활동할 것을 촉구했다.214) 1995년 유엔난민기구는 그간의 활동에 대해 상세히 보고했는데,215) 이는 전년도 집행위원회의 기구에 대한 노력 강화 요청에 따른 후

2012): UNHCR, Handbook on the Protection of Stateless Persons (2014).
210) UNHCR, 'Note on Refugee Children', EC/SCP/46 (31 Aug. 1987) para. 25.
211) Executive Committee, 'Report of the 38th Session': UN doc. A/AC.96/702 (12 Oct. 1987) para. 205(f), (g).
212) UNHCR, 'Note on International Protection': UN doc. A/AC.96/713 (15 Aug. 1988) paras. 59–69; 다음도 함께 보라, 'Report of the Working Group on Solutions and Protection': EC/SCP/64 (12 Aug. 1991) para. 52; 'Stateless Persons: A Discussion Note': EC/SCP/1992/CRP.4 (1 Apr. 1992); 'Report of the Standing Committee on International Protection': EC/SCP/70 (7 Jul. 1992); 'Note on International Protection': UN doc. A/AC.96/830 (7 Sep. 1994) paras. 60, 66.
213) UNGA res. 43/117, 'Office of the United Nations High Commissioner for Refugees' (8 Dec. 1988) para. 9.
214) Executive Committee, 'Report of the 43rd Session': UN doc. A/AC.96/804 (15 Oct. 1992) para. 21(y).
215) 'Note on Current UNHCR Activities on Behalf of Stateless Persons': EC/1995/SCP/CRP.6; 'Report of the Sub-Committee on International Protection': UN doc. A/AC.96/858 (17 Oct. 1995) paras. 21–7.

속 조치였다.216) 그 후 집행위원회는 무국적의 예방 및 감소와 무국적자 보호에 관한 결정을 채택하여 유엔난민기구가 '국제적 보호의 제공이라는 규정에 명시된 기능의 일부로서' 활동을 계속할 것을 장려했다.217) 이는 특히 결정이 지닌 '예방적' 관점뿐만 아니라 1961년 협약과 관련하여 유엔난민기구에 위임된 구체적인 역할에 더해 유엔난민기구의 '국제적 보호의 제공이라는 규정에 명시된 기능'의 일부에 무국적자가 포함된다는 것을 공식적으로 인정하였다는 점에서 총회의 지지를 받았다.218)

유엔난민기구는 자신의 광범위한 보호 분야와 무국적자의 감소 및 근절에 대한 일반적인 임무를 확인하면서,219) 2005년에 무국적 부서를 설립했으며,220) 이후 국적법 제정 또는 개정과 관련하여 국가들과 협력해 왔고, 2024년까지 무국적을 근절하는 것을 목표로 야심찬 #IBelong 캠페인을 시작했다.221) 유엔난민기구는 기본 조약들에 대한 국가들의 참여 확대를 적극적이고 성공적으로 촉진했으며,222) 무국적자들이 보호를 받고 국제법에 따라 일관된 대우를 받을 수 있도록 국가를 대상으로 한 지침을 발표하고 무국적자 신원 확인 절차 도입을 권고했다.223)

---

216) Executive Committee, 'Report of the 45th Session': UN doc. A/AC.96/839 (11 Oct. 1994) para. 19(ee).
217) Executive Committee, 'Report of the 46th Session': UN doc. A/AC.96/860 (23 Oct. 1995) para. 20.
218) UNGA res. 50/152, 'Office of the United Nations High Commissioner for Refugees' (21 Dec. 1995) Preamble; operative paras. 14, 15, 16.
219) Seet, M., 'The Origins of UNHCR's Global Mandate on Statelessness' (2016) 28 *IJRL* 7; Darling, K., 'Protection of Stateless Persons in International Asylum and Refugee Law' (2009) 21 *IJRL* 742.
220) 무국적자의 보호와 무국적의 예방, 감소, 식별에 관한 포괄적인 집행위원회 결정 제106호 (LVII) (2006) para. 18도 함께 보라.
221) UNHCR, *Global Plan to End Statelessness* 2014-2024 (2014); 또한, http://www.unhcr.org/ibelong/.
222) 2021년 4월 30일까지, 76개국이 1961년 협약을 비준하였다.
223) 자세한 내용은 주221을 보라.

1954년 협약과 1961년 협약에 명시된 원칙들이 중요하지만, 결국 가장 중요한 것은 국가들의 실천이다. 최근 협약 당사국 수가 크게 증가한 것은 유엔난민기구의 노력에 기인한 것으로 볼 수 있는데,[224] 동시에 유엔난민기구는 무국적의 발생이 계속되고 있는 상황에도 불구하고 기본 원칙들을 공고히 하는 데 도움이 되는 실행을 개발해 왔다. 예를 들어, 2000년 유엔총회는 1993년 국제법위원회에서 시작된 작업의 최종 결과물인 '국가 승계와 관련한 자연인의 국적에 관한 조항 선언'을 채택했다.[225] 이 선언은 각국 정부가 국제법위원회의 활동을 고려하고, 무엇보다도 주권 책임 주체 변경의 결과로 무국적자가 되는 것을 방지하기 위해 '모든 적절한 조치들'을 취할 것을 촉구한다. 이 규정은 해당 영토에 상시적으로 거주하는 사람들이 승계 국가의 국적을 취득한다는 추정을 제시하는 한편, 관련 당사자의 의사를 존중하고 선택권을 행사할 수 있는 조항도 마련하고 있다.

지역 차원에서 유럽평의회는 자연인의 국적에 관한 원칙과 규칙을 정하고 병역의무를 규율하기 위해 1997년 국적에 관한 유럽 협약을 채택했다.[226] 이 유럽 협약은 모든 사람은 국적에 대한 권리가 있고, 무국적을 초래하는 결과는 피해야 하며, 누구도 자의적으로 국적을 박탈당해서는 안 되고, 결혼 또는 배우자의 국적 변경이 다른 배우자의 국적에 영향을 미치지 않아야 한다는 차별금지 원칙을 재확인한다. 2006년 유럽평의회는 국가 승계와 관련한 무국적 회피에 관한 유럽 협약을 채택하였고 2009년 5월 1일 발효되었는데[227] 이 협약은 주로 2000년 총회에서 채택된 국제법위원

---

[224] 2021년 4월 30일까지, 95개국이 1954년 협약(1989년의 36개국에서 증가한 것임)을, 76개국이 1961년 협약(1989년의 15개국에서 증가한 것임)을 비준하였다.

[225] UNGA res. 55/153 (12 Dec. 2000); International Law Commission, 'Draft Articles on Nationality of Natural Persons in relation to the Succession of States', *Yearbook of the International Law Commission* (1999) vol. II, Part Two, 23-47.

[226] CETS No. 166. 이 조약은 2000년 3월 1일에 발효되었으며, 2021년 4월 30일까지 21개국이 비준했다(가장 최근에 비준한 국가는 2018년 1월 1일 룩셈부르크다).

[227] CETS No. 200. 이 조약은 2021년 4월 30일까지 7개국(오스트리아, 헝가리, 룩셈부

회의 조항들에 기반을 두고 있다. 또한 이 협약은 1954년 협약의 무국적자 정의를 채택하고, 국적에 대한 기본권을 강조하며, 국가가 승계 과정에서 발생하는 무국적자를 피하기 위해 모든 적절한 조치를 취할 것을 요구하고, 각국의 유럽평의회와 유엔난민기구와의 협력의 중요성을 강조하고 있다. 유럽인권재판소는 이러한 지역적 협약들을 소송 당사국이 비준하지 않은 경우에도 '관련성이 있는' 수단으로 간주하였으며, 국제관습법상 '무국적 상태를 피하고 특히 국가 승계가 발생한 경우 무국적자의 상태를 개선할 국가들의 적극적 의무가 있다'고 판시한 바 있다.228)

4.1절 지위 심사를 통해 무국적 난민 보호하기

앞에서 언급한 바와 같이, 1951년 협약 제1조A(2)는 무국적 난민을 박해를 받을 충분한 이유가 있는 두려움으로 인해 이전의 상주국가로 돌아갈 수 없거나 돌아가는 것을 원하지 아니하는 자라라고 구체적으로 정의하고 있다.229) 국적박탈은 이 맥락에도 법적으로도 중요한 요소가 될 수 있는데,

---

르크, 몰도바, 몬테네그로, 네덜란드, 노르웨이)에 의해 비준되었다.
228) *Kurić v Slovenia* (주 27) para. 332; 다음도 함께 보라, paras. 218-9, 353 (유럽협약상 특정 국적을 취득하거나 보유할 권리는 없지만, 자의적인 시민권 거부는 사생활에 영향을 미치므로 제8조에 따른 문제를 야기할 수 있다); *Hoti v Croatia*, App. No. 63311/14, First Section (26 Apr. 2018) paras. 117, 122, 126, 138: 부모들이 난민이었고 다른 어떤 국가와도 공식적 또는 실질적 유대가 없는 장기 거주 중인 무국적자임에도 그 지위를 정규화하지 않았기에 제8조 위반이라고 판시하면서, 재판소는 크로아티아 당국이 다른 국가와의 연락을 촉진하고 상황을 해결하기 위한 어떠한 지원도 제공하지 않았다고 언급하였다. *Ramadan v Malta*, App. No. 76136/12, Fourth Section (21 Jun. 2016) Final: (17 Oct. 2016) paras. 41-3, 89(시민권 취소가 자의적이지 않았다고 판시하였으나, 다음도 함께 보라, Judge Pinto de Albuquerque, diss. op., 26-44).
229) 다음을 보라, Lambert, H., 'Stateless Refugees' in Costello, C., Foster, M., & McAdam, J., The Oxford Handbook on International Refugee Law (2021) 및 자세한 내용은 이 책 제3장, 5.1.2절..

형식적인 의미에서 시민과 국가 간의 단절을 확인해 주는 역할을 하기 때문이다. 국적박탈을 그 자체로 박해로 받아들이든 그렇지 않든, 국적 박탈은 충분한 근거가 있는 두려움을 뒷받침하는 좋은 증거가 될 수 있으며(결과적으로 자국에 재입국할 권리가 계속 거부되는 것과 관련하여), 강제송환 이후 어떤 일이 발생할 수 있는지를 보여주는 지표가 될 수 있다.

4.2절 지위 심사를 통해 무국적자 보호하기

협약의 명칭에서 알 수 있듯이 1954년 협약은 무국적자의 지위에 관한 것으로, 무국적자로 인정된 사람들의 상황을 개선하고 난민과 마찬가지로 그들도 자신과 자녀를 인정한 국가에서 삶을 영위할 수 있는 권리와 자유의 혜택을 누릴 수 있도록 보장하는 것을 목적으로 한다. 1954년 협약과 난민협약 모두 입국권이나 귀화권을 보장하지는 않으며, 보호받을 자격이 있는 경우라 하더라도 일부는 배제될 수 있다는 분명한 한계가 있다.[230] 그럼에도 불구하고 스위스 연방행정법원은 2017년에 선고한 한 판결에서 이미 비호 결정을 통해 난민 지위를 인정받은 난민이라 하더라도, 무국적자로 인정받는 것은 별도로 보호할 가치가 있는 이익('*ein schutzwürdiges Interesse*')이라고 판시한 바 있다.[231] 무국적자들은 스위스에서 5년 동안 합법적으로 거주하면 정착할 수 있는 자격이 주어졌지만, 비호 결정을 통해 난민 지위를 인정받은 경우 그러한 청구권이 없었기 때문이었다. 또한 무국적자들은 또한 그 국가의 국적 보유에 따라 부여되는 권리와 의무를 향유하는 사람이 아니고, 특히 스위스 시민과 달리 추방 및 범죄인 인도의 대상이 될 가능성이 여전히 남아있었기에 1954년 협약 제1조(2)(ii)에 따라 지위 인정이 '배제'되지 않기 때문이었다.

---

230) 다음을 보라, 1951년 협약 제1조F; 1954년 협약 제1조(2).
231) *A, B, C v Staatssekretariat für Migration SEM*, Judgment F-6147/2015 (5 Jan. 2017).

1951년 난민 협약과 마찬가지로, 많은 권리는 개인과 국가 간의 '애착' 정도에 따라 자격이 주어지며, 이는 단순한 현존부터 합법적 체재, 상시적 거주에 이르기까지 다양하다.232) 1954년 협약에 따른 보호는 법률상의 무국적자에게만 공식적으로 제한되며, 사실상의 무국적자는 난민 정의의 요건을 충족하지 않는 한 외부에 '현존하는' 국적이 주는 혜택을 누릴 수 없다.233) 1954년 협약의 암묵적 전제 중 하나는 혜택을 받을 가능성이 있는 무국적자들도 해당 국가의 이민법에 의해 단속되고 쫓겨날 가능성이 있으며, 차별적인 시민권 거부에 직면한 거주자 집단이 처한 상황의 해결은 다른 조치들에 맡겨진다는 것이다. 그러나 난민협약과 마찬가지로 1954년 협약에는 거주할 권리에 대한 언급이 없는데, 유엔난민기구는 거주가 보장되어야 협약의 목적과 취지를 달성할 수 있을 것이라 설명하고 있으며, 한편 벨기에 헌법재판소는 벨기에에서 인정된 무국적자에게 난민이 누리는 것과 유사한 거주 및 사회적 지원('*droit à l'intégration sociale*')을 부여하는 법률 조항이 없는 것은 허용될 수 없는 차별의 한 형태라고 판시한 바 있다.234)

1951년 협약이나 1954년 협약 모두 난민 또는 무국적자의 지위 확인 절차에 대해서는 언급하고 있지 않지만, 각 경우에 해당 조약이 완전하고 효과적으로 이행되기 위해서는 그러한 절차가 어느 정도 필수적이다.235) 국가들에게도 특정한 개인의 무국적 여부는 특히 출입국관리에 관한 맥락에

---

232) UNHCR's *Handbook on the Protection of Stateless Persons* (주 209)는 '점진적이고 조건부적인 권리'에 대해 언급한다: paras. 129-39. 공통된 배경과 부분적으로 공유하고 있는 협상 역사는 용어 해석상의 상호보완적 접근을 위한 충분한 이유가 될 수 있지만, 아래에서 더 자세히 살펴볼 것이다.
233) 법률상의 무국적과 사실상의 무국적에 대해서는 2.2.1절, 3.1.2절을 보라.
234) Cour constitutionnel, Arrêt no. 198/2009 (17 Dec. 2009) paras. B.7; 처우의 차이는 '정당화 될 수 없다(n'est pas raisonnablement justifiée)': 6-B.8: https://www.const-court.be/public/f/2009/2009-198f.pdf ; 다음도 함께 보라, Arrêt no. 1/2012, paras. B.9-B.10: https://www.const-court.be/public/f/2012/2012-001f.pdf.
235) 이 책 제2장을 보라.

서 다양한 공권력 행사와 법적으로 관련이 있고,236) 현재 구체적인 무국적자 심사 절차는 거의 존재하지 않지만, 조금씩 실무와 법리가 등장하기 시작했다.237) 당연하게도 이 절차도 적법절차의 요구가 준수되어야 한다는 것이 이상적이지만, 실무적 차원에서는 무국적자의 정의와 1954년 협약의 목적과 취지에 따라 다른 접근 방식이 요구될 수도 있다.238)

2014년에 유엔난민기구는 무국적자 보호에 관한 편람을 발간했다.239) 이 지침은 선례인 난민 편람과 마찬가지로 무국적자 심사를 도울 '자원'의 제공을 목적으로 하며, 입증책임, 입증정도, 지위 심사 기준일, 신청인과 결정권자의 책임, 증거에 대한 전반적인 접근 방식 등을 다루고 있다. 유엔난민

---

236) 이러한 법적 사실을 국내법과 실행에 통합하지 않으면 무기한 구금과 같은 심각한 인권 침해로 이어질 수 있다; 예를 들어 다음을 보라, *Al Kateb v Godwin* [2004] HCA 37.

237) 유엔난민기구는 영국 항소법원(잉글랜드 및 웨일스)의 *AS (Guinea) v Secretary of State for the Home Department* [2018] EWCA Civ 2234 사건에 제출한 의견서에서 89개국 중 25개국 이하의 국가가 절차를 수립했다고 밝혔다. 일반적으로는 다음을 보라, Bianchini (주 198).

238) 일반적으로는 다음을 보라, UNHCR, *Handbook on the Protection of Stateless Persons* (n 209); Bianchini (주 209) 134-59, 160-76, 177-206; Bianchini, K., 'Identifying the Stateless in Statelessness Determination Procedures and Immigration Detention in the United Kingdom' (2020) 32 *IJRL* 440; Foster & Lambert (주 25); European Network on Statelessness, 'Statelessness Determination and the Protection Status of Stateless Persons' (2013); Gyulai, G., 'The Determination of Statelessness and the Establishment of Statelessness-Specific Determination Regimes', in Edwards & van Waas (주 2) 116.

239) UNHCR *Handbook on the Protection of Stateless Persons* (주 209). 이 편람은 2012년에 발간된 세 개의 지침들을 대체하는 것으로, 크게 세 부분으로 나뉜다: 무국적자 심사 기준, 무국적자 심사 절차, 국내에서의 무국적자의 지위. 이후 유엔난민기구는 다음 지침들을 발표했다, 'Guidelines on Statelessness No. 4: Ensuring Every Child's Right to Acquire a Nationality through arts. 1-4 of the 1961 Convention on the Reduction of Statelessness', HCR/GS/12/04 (21 Dec. 2012); 'Guidelines on Statelessness No. 5: Loss and Deprivation of Nationality under Articles 5-9 of the 1961 Convention on the Reduction of Statelessness', HCR/GS/12/05 (May 2020).

기구는 '개인은 제1조(1)의 요건이 충족되는 순간부터 … 무국적자다. 따라서 개인이 제1조 제1항의 요건을 충족한다는 국가 또는 유엔난민기구의 판단은 본질적으로 구성적이라기보다는 선언적 성격을 띤다'라고 강조한다.240) 이러한 접근 방식은 난민지위심사절차에 대한 접근 방식과 유사하지만, 용어의 해석과 증거 및 입증 과정을 통해 제기되는 구체적인 문제들은 적절히 고려되어야 한다. 예를 들어, 유엔난민기구는 '국민으로 간주되지 않는 not considered as a national'이라는 문구는 사실과 법률이 혼합된 문제로 접근해야 하며, 이 경우 실행이 매우 중요한 역할을 할 수 있다고 강조한다.241)

유엔난민기구는 국적은 자동적으로 또는 비자동적으로 취득하거나 상실할 수 있다고 지적하며,242) '국적은 1954년 협약에 따라 자격을 결정할 시점을 기준으로 평가되어야 한다. 국적은 역사적인 것도, 예측해야하는 것도 아니다'라고 강조한다.243) 그럼에도 불구하고, 결정권자들은 시민권 취득 또는 상실과 관련된 진행 중인 절차를 고려하는 등 시간적 차원을 고려해야 할 수도 있다.244) 전 세계를 대상으로 '부재 증명'을 하는 것은 분명 어

---

240) UNHCR *Handbook on the Protection of Stateless Persons* (주 209) para. 16; 참조, UNHCR, 난민지위의 인정기준 및 절차 편람(*Handbook on Procedures and Criteria for Determining Refugee Status*)(1979; re-issued 2019) para. 29. 물론 앞서 언급한 바와 같이, '선언적' 접근 방식에는 한계가 내재되어 있다.
241) UNHCR *Handbook on the Protection of Stateless Persons* (주 239), paras. 23-4; *Pham v Secretary of State for the Home Department* (UKSC) (주 92) para. 38 (Lord Carnwath): 이 쟁점은 반드시 해당 국가의 국적법 조문만을 참조하여 결정할 필요는 없으며, 해당 정부의 실행도 참고할 수 있다.
242) UNHCR *Handbook on the Protection of Stateless Persons* (주 239) paras. 31-6.
243) Ibid., para. 50. 다음도 함께 보라, *R (on the application of Semeda) v Secretary of State for the Home Department* [2015] UKUT 00658, Upper Tribunal (Immigration and Asylum Chamber) (17 Dec. 2015) paras. 13, 28-9: 미래 예측이란 '이 심사에서는 이질적인 요소'이며, 쟁점은 처분을 내리는 시점에 정부가 신청자를 자국민으로 인정했는지 여부다.
244) UNHCR *Handbook on the Protection of Stateless Persons* (주 239) para. 51.

러운 일이지만, 일반적으로 출생, 혈통, 결혼, 입양, 상시 거주지 등 개인이 '관련성 있는 유대 relevant link'가 있다고 추정되는 국가들만 심리해야 한다는 데 동의가 이루어지고 있다.245) 유엔난민기구는 또한 각국이 입증책임의 분담적 성격을 인정할 것을 촉구하고,246) 입증 정도를 너무 높게 설정하지 않아야 하며, '난민지위심사에 요구되는 것과 동일한 입증 기준을 채택할 것', 즉 개인이 그의 법률의 시행상 국민으로 간주되지 않는다는 것이 '합리적인 정도'로 입증되는 경우 무국적자 판정이 정당화될 수 있도록 해야 한다고 촉구하는데,247) 지금까지의 몇몇 실행들은 적절한 입증 기준과 심사하는 국가의 역할과 책임에 대한 합의가 아직 이루어지지 않았음을 시사한다.248) 2014년 이탈리아 파기원은 무국적자와 외국인 사이의 이루어져야 할 대우의 일반적인 평등에 기초하고, 1954년 협약에 따른 보호도 고려하여, 무국적자인 신청인의 입증 책임은 '완화'되어야 하고 판사가 해당 사안을 조사하고 필요에 따라 추가 정보 또는 서류를 요청해야 한다고 판결했다.249)

2018년 *AS (Guinea)* 사건에서 영국 항소법원은 부재 증명의 내재적 어려움에 초점을 맞춘 약 7건의 의견서를 접수했고, 특히 입증 책임, 입증 정도, 증거의 평가에 관하여 유엔난민기구 무국적자 편람을 광범위하게 참조했다.250) 유엔난민기구는 무국적자 심사에서의 입증은 분담되어야 할 책임이며, 심사에 내재된 어려움과 잘못된 신청 거부로 인한 위중한 결과를 고려

---

245) Ibid., para. 92.
246) Ibid., para. 89. 다음도 함께 보라, *KV v Secretary of State for the Home Department* (주 80) UNHCR *Handbook on Procedures and Criteria for Determining Refugee Status* (주 240) para.196.
247) UNHCR *Handbook on the Protection of Stateless Persons* (주 209) para. 91.
248) 자세한 내용은 이하를 보라.
249) *Sentenza n. 4262/2015,* Italian Supreme Court (Corte Suprema di Cassazione) (4 Nov. 2014); 영어로 된 요약은 다음을 보라, https://www.refworld.org/cases,ITA_CC,556da6cf4.html.
250) *AS (Guinea)* (주 237).

할 때 난민 사건에 적용되는 것과 동일한 기준, 즉 '그의 법률의 시행상 under the operation of its law 국민으로 간주되지 않는다는 것이 "합리적인 정도 reasonable degree"로 입증된 경우' 지위를 인정하는 기준을 채택할 것을 촉구했다.251)

영국 항소법원은 무국적자와 1954년 협약에 관한 유엔난민기구의 역할을 인정하고, 유엔난민기구의 견해를 고려하고 그 견해에 '가중치'를 부여해야 한다는 데 동의했지만, 이는 여전히 '권고적' 성격만 갖는다고 강조했다.252) 영국 항소법원은 무국적자 결정과 난민 지위 결정은 매우 다르며, 일반적으로 무국적자 지위 인정 신청자는 국무장관의 도움 유무에 관계없이 국적을 가진 것으로 추정되는 국가 당국에 접근하는 데 있어 아무런 위해에 직면하지 않을 것이라고 판단했다. 이와는 대조적으로, 비호 신청자의 경우는 '송환될 경우 박해를 받을 합리적 수준의 가능성 이상을 입증하는 것은 매우 어려울 것이며 … 오류의 결과는 실제로 매우 심각할 수 있다'는 것이다.253) 영국 항소법원은 이전 문헌들을 검토한 후, 무국적 지위 신청자는 자신의 국적에 관한 모든 필요한 증거를 수집하기 위해 '모든 합리적인 실제 절차들'을 밟아야 하며, 일반적으로 위험이 없음을 전제하여 가장 밀접하게 관련된 국가의 국적도 신청해야 한다고 결론을 내렸다.254) 국무장관의 도움 유무에 관계없이 무국적자 여부가 입증되지 않는다면, 개연성의 교량 – 즉, 그 개인이 무국적자일 가능성이, 그렇지 않을 가능성보다 높은지 아닌지 – 에 따라 무국적자 여부를 판정하지 말아야 할 이유가 없다

---

251) Ibid., paras. 89-93. 참조. UNHCR's seven submissions, summarized in the judgment (주 237) paras. 34-40.
252) Ibid., paras. 43-44. 다음도 함께 보라, *Pham v Secretary of State for the Home Department* (EWCA) (주 11).
253) *AS (Guinea)* (주 237) paras. 46-7.
254) 참조, JM (Zimbabwe) v Secretary of State for the Home Department [2018] EWCA Civ 188, paras. 13-14.

는 것이다.255) 유엔난민기구가 제출한 의견서들의 주장을 기각하면서 영국 항소법원은 당시 1954년 협약에 가입한 89개 국가 중 무국적자 심사 절차를 채택한 국가가 25개국 미만이며, 그 중 6개 국가만이 개연성의 교량보다 낮은 입증 기준을 채택하고 있다는 사실에 특별히 주목했다. 물론, 다른 국가들의 실행을 고려하는 것은 적절하지만, 이러한 비교는 본 사건에서는 설득력이 없다.256)

유엔난민기구는 실무상 무국적자로서의 지위를 거부하기 위한 근거로서가 아니라 '과도기적' 조치가 적절한지 여부를 결정하기 위해 다른 국가에서 제공되거나 제공될 수 있는 보호를 고려할 수 있음을 인정하는데, 원칙적으로 그것은 신청인이 국적을 취득하거나 이전 상주국으로 돌아가 영주권을 취득할 수 있는 현실적인 전망 a realistic prospect 이 있는 경우에만 무국적 지위에 관한 결정에 예외적으로 영향을 미칠 수 있어야 하는 것이다.257)

영국은 2013년에 자체적으로 무국적자 지위 심사 절차를 수립했으며, 2019년에 이민 규칙과 심사 지침서를 약간 수정했다.258) 이 규칙은 1954년

---

255) Ibid., para. 57.
256) Ibid., para. 58.
257) UNHCR *Handbook on the Protection of Stateless Persons* (주 209) paras. 154-6. 거주의 재취득을 통한 보호는 1951년 난민협약에서 도입된 것으로 보이며, 무국적자만을 대상으로 하는 1954년 협약에는 나타나지 않지만 무국적자의 체류 허용 여부를 결정해야 하는 국가의 실질적인 관심사를 반영하고 있다.
258) 2013년 3월에 최초로 도입된 규칙은 다음을 보라, Statement of Changes to the Immigration Rules, HC1039 (14 Mar. 2013); 현재 규칙은 다음을 보라, Immigration Rules Part 14: Stateless persons: https://www.gov.uk/guidance/immigration-rules/immigration-rules-part-14-stateless-persons (Rules 401-16) (updated 7 Apr. 2021). 다른 예로는 다음을 보라, European Network on Statelessness, 'Statelessness Index': https://index.statelessness.eu/. 다음도 함께 보라, Harvey, A., 'The UK's New Statelessness Determination Procedure in Context' (2013) 27 *Journal of Immigration and Nationality Law* 294; Splawn, C., 'Representing stateless people in the UK: a practitioner's view' (25 Feb. 2021): https://www.statelessness.eu/updates/; Elliott, S.,

협약의 정의를 명시적으로 채택하고 '배제 조항'도 편입시켰지만,259) 영국에 체류를 허가 받기 위해서는 신청인은 무국적자로 인정되어야 하고, 그리고 이전 상주국 또는 다른 어떤 국가에도 입국할 수 없는 상태여야 한다.260) 이러한 기준은 어느 국가의 국민도 아니어야 한다는 협약의 단일한 기준에 더해진 것이긴 하지만, 다른 측면에서 보면, 2019년 10월 무국적자 및 체류 허가 신청에 관한 영국의 지침은 유엔난민기구의 권고를 충실히 따르고 있다.261) 영국은 또한 개인이 다른 어떤 국가로도 송환될 수 없는 경우, 보호를 결정할 재량을 행사하면서 송환 불가능성 non-returnability 을 고려하고, 이러한 재량을 적절히 행사하여 책임을 지게 될 다른 국가를 식별할 수 없는 사람들의 무기한 구금을 피하기 위해 규칙을 벗어난 결정을 내릴 필요가 있을 수 있다는 점을 인정한다. 이와 관련하여 2014년 브뤼셀 항소법원은 인정된 무국적자와 인정된 난민의 상황이 대체로 유사하다는 헌법재판소의 견해를 상기시키며, '퇴거가 불가능한 무국적자'의 기본권 역

'Statelessness Determination in the UK: UNHCR audit reveals the need for fundamental changes in approaches taken to decision making' (18 Feb. 2021): https://www.statelessness.eu/updates/.

259) 용어에는 약간의 불일치가 있다. Rule 402는 전반적으로 '중대하게 고려해야 할 사유 *serious reasons for considering*' 기준을 사용하며, 협약 제1조(2)(ii)의 '거주를 정한 국가'를 '이전 거주지 국가 *the country in which they have taken residence*'로 대체했다.

260) Rule 403(b), (c). 다음을 보라, *JM (Zimbabwe) v Secretary of State for the Home Department* (주 254), paras. 10-11, 17. 이러한 요건들은 무기한의 체류 허가를 신청하는 경우에도 충족되어야 한다: Rule 407(d). 개정사항에 첨부된 The Explanatory Memorandum(주 258)는 체류허가의 '기각' 요건과 관련하여 '무국적자 정책이 진정한 무국적자이고 갈 곳이 없는 사람들을 포착하는 동시에 영국에 체류 자격이 없고 추방을 기다리는 신청자들에 의해 남용되는 것을 방지할 수 있도록 보장한다'고 언급했다: para. 7.41.

261) Home Office, 'Stateless leave guidance', ver. 3.0 (30 Oct. 2019) 14: 'Statelessness and admissibility—Definition; 17: 'Assessing evidence'; 20: 'Decisions made by national authorities'.

시 차별적인 방식으로 침해된다는 점을 고려할 때, 그러한 사람과 인정된 난민을 구분하는 것은 합리적으로 정당화될 수 없다고 판시한 바 있다.262)

이전 상주국으로 실제로 돌아갈 수 없는 무국적자,263) 박해에 대한 충분한 근거가 있는 두려움이나 그 국가를 떠난 이유와 무관하게 여전히 보호가 필요하다. 한 가지 관점에서 볼 때, 이러한 송환 불가능성은 반드시 국가의 어떤 행위의 결과를 반영한 것이거나 그 행위의 결과이며, 이는 박해 가능성 또는 특정 무국적자에 대한 국가의 책임 거부에 대한 추정적 증거가 될 수 있다. 이 두 경우 모두, 보호가 결여되었다는 것은 어떤 각도에서 보더라도 명백하다.

---

262) *X v Belgian State,* 2014/7124 (2012/AR/1655) Cour d'Appel de Bruxelles (17 Sep. 2014), citing Constitutional Court (para. B.7, Judgment of 17 Dec. 2009, and para. B.10, Judgment of 11 Jan. 2012).
263) 송환 불가능성에 대한 또 다른 관점은 다음을 보라, Alexander, H. & Simon, J., ' "Unable to Return" in the 1951 Refugee Convention: Stateless Refugees and Climate Change' (2014) 26 *Florida Journal of International Law* 531.

참고문헌

도서 및 단행본

Abebe, A. M., *The Emerging Law of Forced Displacement in Africa: Development and Implementation of the Kampala Convention on Internal Displacement*(Routledge, 2016).

itchison, C. U., *A Collection of Treaties, Engagements and Sanads Relating to India and Neighbouring Countries*, 13 vols. (4th edn., Superintendent Government Printing, 1909).

Albanese, F. P. & Takkenberg, L., *Palestinian Refugees in International Law*(2nd edn., Oxford University Press, 2020).

Alland, D. & Teitgen-Colly, C., *Traité du droit d'asile*(Presses Universitaires de France, 2002).

Alston, P. & Tomasevski, K., eds., *The Right to Food*(Martinus Nijhoff, 1984).

Alvarez, J. E., *The Impact of International Organizations on International Law* (Brill Nijhoff, 2017).

Ambos, K., *Treatise on International Criminal Law*, 3 vols. (Oxford University Press, 2013).

Anker, D. E., *Law of Asylum in the United States*(Refugee Law Center Inc., 2020).

Arbel, E., Dauvergne, C., & Millbank, J., eds., *Gender in Refugee Law: From the Margins to the Centre*(Routledge, 2014).

Arendt, H., *The Origins of Totalitarianism*, with introduction by Samantha Power (Schocken Books, 2004).

Attard, F. G., *The Duty of the Shipmaster to Render Assistance at Sea under International Law*(Brill Nijhoff, 2020).

BADIL, *Closing Protection Gaps: Handbook on Protection of Palestinian Refugees in States Signatories to the 1951 Refugee Convention*(2nd edn., 2015).

Banko, L., *The Invention of Palestinian Citizenship, 1918-1947*(Edinburgh University Press, 2016).

Barker, R., *Conscience, Government and War*(Routledge & Kegan Paul, 1982).

Barsky, R. F., *Arguing and Justifying: Assessing the Convention Refugees' Choice of Moment, Motive and Host Country*(Ashgate, 2000).

Bassiouni, M. C., *Crimes against Humanity in International Criminal Law* (Martinus Nijhoff Publishers, 1992).

Batiffol, H. & Lagarde, P., *Droit international privé*(5th edn., Librarie générale de droit et de jurisprudence, 1970).

Battjes, H., *European Asylum Law and International Law*(Martinus Nijhoff Publishers, 2006).

Bau, I., *This Ground is Holy*(Paulist Press, 1985).

Beach, H. & Ragvald, L., *A New Wave on the Northern Shore: The Indochinese Refugees in Sweden*(Statens Invandrarverk; Arbetsmarknadsstyrelsen, 1982).

Bellamy, A. J., *Global Politics and the Responsibility to Protect: From Words to Deeds*(Routledge, 2011).

Bethell, N., *The Last Secret*(André Deutsch, 1974).

Betts, A., & Collier, P., *Refuge: Transforming a Broken Refugee System* (Penguin, 2017).

Beyani, C., *Protection of the Right to Seek and Obtain Asylum under the African Human Rights System*(Brill Nijhoff, 2013).

Bhabha, J., *Child Migration and Human Rights in a Global Age*(Princeton University Press, 2014).

Bhabha, J. & Crock, M., *Seeking Asylum Alone: A Comparative Study*(Themis Press, 2007).

Bhabha, J., Kanics, J., & Senovilla Hernández, D., eds., *Research Handbook on Child Migration*(Edward Elgar Publishing, 2018).

Bhandari, R., *Human Rights and the Revision of Refugee Law*(Routledge, 2020).

Bianchini, K., *Protecting Stateless Persons: The Implementation of the Convention relating to the Status of Stateless Persons across EU States*(Brill Nijhoff, 2018).

Blake, N. & Husain, R., *Immigration, Asylum and Human Rights*(Oxford University Press, 2003).

Bloom, T., Tonkiss K., & Cole, P., eds., *Understanding Statelessness* (Routledge, 2017).

Bohmer, C. & Shuman, A., *Political Asylum Deceptions: The Culture of Suspicion*(Palgrave Macmillan, 2018).

Boisson de Chazournes, L. & Kohen, M. G., eds., *International Law and the Quest for its Implementation/Le droit international et la quête de sa mise en oeuvre:*Liber Amicorum Vera Gowlland-Debbas(Martinus Nijhoff, 2010).

Borchard, E. M., *The Diplomatic Protection of Citizens Abroad*(Banks Law Publishing Company, 1915).

Borges, I. M., *Environmental Change, Forced Displacement and International Law: From Legal Protection Gaps to Protection Solutions*(Routledge, 2019).

Boulesbaa, A., *The UN Convention on Torture and the Prospects for Enforcement*(Kluwer Academic, 1999).

Bowett, D., *Self-Defence in International Law*(Manchester University Press, 1958).

Brett, R. & McCallin, M., *Children: The Invisible Soldiers*(2nd edn., Save the Children, 1998).

Brock, G., *Justice for People on the Move: Migration in Challenging Times*(Cambridge University Press, 2020).

Brown, E. D., *The International Law of the Sea*, 2 vols. (Dartmouth Publishing Co., 1994).

Brownlie, I., *Principles of Public International Law*(7th edn., Oxford University Press, 2008).

Brownlie, I., *Principles of Public International Law*(6th edn., Oxford University Press, 2003).

Brownlie, I., *Basic Documents in International Law*(5th edn., Oxford University Press, 2002).

Brownlie, I., *The Rule of Law in International Affairs*(Martinus Nijhoff, 1999).

Brownlie, I., *System of the Law of Nations: State Responsibility, Part I* (Clarendon Press, 1983).

Brownlie, I., *International Law and the Use of Force by States*(Clarendon Press, 1963).

Brownlie, I. & Goodwin-Gill, G. S., *Brownlie's Documents on Human Rights* (6th edn., Oxford University Press, 2010).

Brownlie, I. & Goodwin-Gill, G. S., *Basic Documents on Human Rights*(5th edn., Oxford University Press, 2006).

Burgers, J. H. & Danelius, H., *The United Nations Convention against Torture: A Handbook on the Convention against Torture and Other Cruel, Inhuman or Degrading Treatment or Punishment*(Martinus Nijhoff Publishers, 1988).

Cameron, H. E., *Refugee Law's Fact-Finding Crisis: Truth, Risk, and the Wrong Mistake*(Cambridge University Press, 2018).

Cantor, D. J., *Returns of Internally Displaced Persons during Armed Conflict: International Law and Its Application in Colombia*(Brill Nijhoff, 2018).

Cantor, D. J. & Durieux, J.-F., eds., *Refuge from Inhumanity? War Refugees and International Humanitarian Law*(Brill Nijhoff, 2014).

Cantor, D. J., Freier, L. F., & Gauci, J.-P., eds., *A Liberal Tide? Immigration and Asylum Law and Policy in Latin America*(Institute of Latin American Studies, 2015).

Cantor, D. J. & Rodríguez Serna, N., eds., *The New Refugees: Crime and Displacement in Latin America*(Institute of Latin American Studies, 2016).

Cardona-Fox, G., *Exile within Borders: A Global Look at Commitment to the International Regime to Protect Internally Displaced Persons*(Brill Nijhoff, 2019).

Carlier, J-Y., Vanheule, D., Hullmann, K., & Peña Galiano, C., eds., *Who is a Refugee? A Comparative Case Law Study*(Kluwer Law International, 1997).
Caron, D., Kelly, M., & Telesetsky, A., eds., *The International Law of Disaster Relief*(Cambridge University Press, 2014).
Cassin, R. & Heilbronner, A., *Jurisprudence de la Commission de recours des réfugiés*(Dalloz, 1961).
Chan, K. B. & Indra, D. M., eds., *Uprooting, Loss and Adaptation: The Resettlement of Indo-Chinese Refugees in Canada*(Canadian Public Health Association, 1987).
Chetail, V., *International Migration Law*(Oxford University Press, 2019).
Chetail, V., De Bruycker, P., & Maiani, F., eds., *Reforming the Common European Asylum System: The New European Refugee Law*(Brill Nijhoff, 2016).
Churchill, R. & Lowe, A. V., *The Law of the Sea*(3rd edn., Manchester University Press, 1999).
Clapham, A., *Human Rights Obligations of Non-State Actors*(Oxford University Press, 2006).
Clayton, R. & Tomlinson, H., *The Law of Human Rights*(Oxford University Press, 2000).
Cohen, R. & Deng, F. M., *Masses in Flight: The Global Crisis of Internal Displacement*(Brookings Institution, 1998).
Cohn, I. & Goodwin-Gill, G. S., *Child Soldiers: The Role of Children in Armed Conflict*(Clarendon Press, 1994).
Coleman, N., ed., *European Readmission Policy: Third Country Interests and Refugee Rights*(Martinus Nijhoff Publishers, 2009).
Coles, G. J. L., *The Question of a General Approach to the Problem of Refugees from Situations of Armed Conflict and Serious Internal Disturbance*(International Institute of Humanitarian Law, 1989).
Conklin, W. E., *Statelessness: The Enigma of the International Community* (Hart Publishing, 2014).

Cour National du Droit d'Asile (CNDA), *Les grandes décisions du Conseil d'Etat et de la Cour nationale du droit d'asile sur l'asile*(CNDA, 2009).
Corsellis, J. & Ferrar, M., *Slovenia 1945: Memories of Death and Survival*(I. B. Tauris, 2005).
Costello, C., *The Human Rights of Migrants and Refugees in European Law* (Oxford University Press, 2016).
Crawford, J., *Brownlie's Principles of Public International Law*(9th edn., Oxford University Press, 2019).
Crawford, J., *Brownlie's Principles of Public International Law*(8th edn., Oxford University Press, 2012).
Crawford, J., *State Responsibility: The General Part*(Cambridge University Press, 2013).
Crawford, J., *The Creation of States in International Law*(2nd edn., Oxford University Press, 2006).
Crawford, J., *The International Law Commission's Articles on State Responsibility: Introduction, Text and Commentaries*(Cambridge University Press, 2002).
Crawley, H., *Refugees and Gender: Law and Process*(Jordan Publishing, 2001).
Crock, M., Smith-Khan, L., McCallum, R., & Saul, B., *The Legal Protection of Refugees with Disabilities: Forgotten and Invisible?*(Edward Elgar Publishing, 2017).
Dastyari, A., *United States Migrant Interdiction and the Detention of Refugees in Guantánamo Bay*(Cambridge University Press, 2015).
Davies, S. E., *Legitimising Rejection: International Refugee Law in Southeast Asia*(Martinus Nijhoff Publishers, 2008).
Davis, K. C., *Administrative Law Treatise*, 2 vols. (2nd edn., K. C. Davis Pub. Co., 1980).
De Schutter, O. & Cordes, K. Y., eds., *Accounting for Hunger: The Right to Food in the Era of Globalisation*(Hart Publishing, 2011).

de Zayas, A., *Die Anglo-Amerikaner und die Vertreibung der Deutschen*(C. H. Beck, 1977; published in English as de Zayas, A. M., *Nemesis at Potsdam: The Anglo-Americans & the Expulsion of the Germans*, Routledge & Kegan Paul, 1977; 3rd edn., University of Nebraska, 1988).

den Heijer, M., *Europe and Extraterritorial Asylum*(Hart Publishing, 2012).

Dreyfus-Armand, G. & Temime, E., *Les camps sur la plage, un exil espagnol* (Autrement, 1995).

Dupuy, R. J. & Vignes, D., eds., *A Handbook on the New Law of the Sea*, 2 vols. (Martinus Nijhoff Publishers, 1991).

Edwards A. & van Waas, L., eds., *Nationality and Statelessness under International Law*(Cambridge University Press, 2014).

Eggli, A. V., *Mass Refugee Influx and the Limits of Public International Law*(Martinus Nijhoff Publishers, 2002).

Erakat, N., *Justice for Some: Law and the Question of Palestine*(Stanford University Press, 2019).

Evans, C., *Freedom of Religion under the European Convention on Human Rights*(Oxford University Press, 2001).

Farbey, J., Sharpe, R. J., & Atrill, S., *The Law of Habeas Corpus*(3rd edn., Oxford University Press, 2011).

Farrell, T., *Unwinnable: Britain's War in Afghanistan, 2001-2014*(Penguin, 2018).

Feller, E., Türk, V., & Nicholson, F., eds., *Refugee Protection in International Law: UNHCR's Global Consultations on International Protection* (Cambridge University Press, 2003).

Ferstman, C., *International Organizations and the Fight for Accountability: The Remedies and Reparations Gap*(Oxford University Press, 2018).

Ferstman, C., Goldberg, A., Gray, T., Ison, L., Nathan, R., & Newman, M., eds., *Contemporary Human Rights Challenges: The Universal Declaration of Human Rights and its Continuing Relevance*(Routledge, 2018).

Foreign Language Press, *The Hoa in Vietnam*(Foreign Language Press, 1978).

Foster, M., *International Refugee Law and Socio-Economic Rights: Refuge from Deprivation*(Cambridge University Press, 2007).
Foster, M. & Lambert, H., *International Refugee Law and the Protection of Stateless Persons*(Oxford University Press, 2019).
Francis, A. & McGuire, R., eds., *Protection of Refugees and Displaced Persons in the Asia Pacific Region*(Ashgate, 2013).
Freedman, J., *Gendering the International Asylum and Refugee Debate*(2nd edn., Palgrave Macmillan, 2015).
Fripp, E., *Nationality and Statelessness in the International Law of Refugee Status*(Hart Publishing, 2016).
Fukuyama, F., *State Building: Governance and World Order in the 21st Century*(Cornell University Press, 2004).
Gallagher, A. T. & David, F., *The International Law of Migrant Smuggling* (Cambridge University Press, 2014).
Gammeltoft-Hansen, T., *Access to Asylum: International Refugee Law and the Globalisation of Migration Control*(Cambridge University Press, 2011).
Garcia-Mora, M. R., *International Law and Asylum as a Human Right*(Public Affairs Press, 1956).
Gearty, C. & Mantouvalou, V., *Debating Social Rights*(Hart Publishing, 2010).
Germov, R. & Motta, F., *Refugee Law in Australia*(Oxford University Press, 2003).
Ghezelbash, D., *Refuge Lost: Asylum Law in an Interdependent World* (Cambridge University Press, 2018).
Gibney, M. J. & Hansen, R., eds., *Immigration and Asylum Law and Policy: From 1900 to the Present*, 3 vols. (ABC-CLIO Inc., 2005).
Gill, N. & Good, A., eds., *Asylum Determination in Europe: Ethnographic Perspectives*(Palgrave Macmillan, 2019).
Giustiniani, F. Z., Sommario, E., Casolari, F., & Bartolini, G., eds., *Routledge Handbook of Human Rights and Disasters*(Routledge, 2018).
Giustozzi, A., ed., *Decoding the New Taliban: Insights from the Afghan Field*(Oxford University Press, 2009).

Gleeson, M., *Offshore: Behind the Wire on Manus and Nauru*(NewSouth Publishing, 2016).
Good, A., *Anthropology and Expertise in the Asylum Courts*(Routledge, 2007).
Goodwin-Gill, G. S., *International Law and the Movement of Persons between States*(Clarendon Press, 1978).
Goodwin-Gill, G. S., *The Refugee in International Law*(2nd edn., Clarendon Press, 1996 (1st edn., 1983)).
Goodwin-Gill, G. S. & Lambert, H., eds., *The Limits of Transnational Law: Refugee Law, Policy Harmonization and Judicial Dialogue in the European Union*(Cambridge University Press, 2010).
Goodwin-Gill, G. S. & McAdam, J., *The Refugee in International Law*(3rd edn., Oxford University Press, 2007).
Goodwin-Gill, G. S. & Talmon, S., eds., *The Reality of International Law: Essays in Honour of Ian Brownlie*(Clarendon Press, 1999).
Goodwin-Gill, G. S. & Weckel, P., eds., *Protection des migrants et des réfugiés au XXIe siècle: Aspects de droit international/Migration and Refugee Protection in the 21st Century: International Legal Aspects* (Brill Nijhoff, 2015).
Göpfert, R., *Der jüdische Kindertransport von Deutschland nach England 1938/39: Geschichte und Erinnerung*(Campus Verlag, 1999).
Grahl-Madsen, A., *Territorial Asylum*(Almqvist and Wiksell International, 1980).
Grahl-Madsen, A., *The Status of Refugees in International Law*, vols. 1 & 2 (Sijthoff, 1966, 1972).
Grahl-Madsen, A., *Commentary on the Refugee Convention 1951, (1962-63)* (UNHCR, 1997).
Grant, B., *The Boat People*(Penguin Books, 1980).
Groenendijk, K., Guild, E., & Minderhoud, P., eds., *In Search of Europe's Borders*(Kluwer, 2003).
Grote Stoutenburg, J., *Disappearing Island States in International Law*(Brill Nijhoff, 2015).
Grotius, H., *De Jure Belli et Pacis Libri Tres*, 1646 (Clarendon Press, 1925).

Guilfoyle, D., *Shipping Interdiction and the Law of the Sea*(Cambridge University Press, 2009).
Güler, A., Shevtsova, M., & Venturi, D., eds., *LGBTI Asylum Seekers and Refugees from a Legal and Political Perspective: Persecution, Asylum and Integration*(Springer, 2019).
Hackworth, G. H., *Digest of International Law*, 8 vols. (Government Printing Office, Washington DC, 1940-1944).
Hall, N., *Displacement, Development, and Climate Change: International Organizations Moving beyond Their Mandates*(Routledge, 2016).
Hambro, E., *The Problem of Chinese Refugees in Hong Kong*(Sijthoff, 1955).
Hamlin, R., *Let Me Be a Refugee: Administrative Justice and the Politics of Asylum in the United States, Canada and Australia*(Oxford University Press, 2014).
Haney López, I., *White by Law: The Legal Construction of Race*(10th edn., New York University Press, 2006).
Hannum, H., *The Right to Leave and Return in International Law and Practice*(Martinus Nijhoff Publishers, 1987).
Happold, M., *Child Soldiers in International Law*(Manchester University Press, 2005).
Hathaway, J. C., *The Rights of Refugees under International Law*(Cambridge University Press, 2005; 2nd edn., 2021).
Hathaway, J. C., *The Law of Refugee Status*(Butterworths, 1991).
Hathaway, J. C. & Foster, M., *The Law of Refugee Status*(2nd edn., Cambridge University Press, 2014).
Hayes, D., *Challenge of Conscience. The Story of the Conscientious Objectors of 1939-1949*(Allen & Unwin, 1949).
Heian-Engdal, M., *Palestinian Refugees after 1948: The Failure of International Diplomacy*(I.B. Tauris, 2020).
Helton, A. C., *The Price of Indifference: Refugees and Humanitarian Action in the New Century*(Oxford University Press, 2002).
Henckaerts, J.-M., *Mass Expulsion in Modern International Law and Practice*(Martinus Nijhoff Publishers, 1995).

Higgins, R., Webb, P., Akande, D., Sivakumaran, S., & Sloan, J., *Oppenheim's International Law: United Nations*(Oxford University Press, 2017).

Hofmann, R., *Die Ausreisefreiheit nach Völkerrecht und staatlichem Recht*(Springer-Verlag, 1988).

Holborn, L. W., *Refugees: A Problem of Our Time: The Work of the United Nations High Commissioner for Refugees, 1951-1972*, 2 vols. (Scarecrow Press, 1975).

Holborn, L. W., *The International Refugee Organization: A Specialized Agency of the United Nations. Its History and Work 1946-1952* (Oxford University Press, 1956).

Hsu Fu-yung, *La protection des réfugiés par la Société des Nations*(Bosc Frères, M & L Riou, 1935).

Hurwitz, A., *The Collective Responsibility of States to Protect Refugees* (Oxford University Press, 2009).

Independent Commission on International Humanitarian Issues, *Winning the Human Race?*(Zed Books, 1988).

Ineli-Ciger, M., *Temporary Protection in Law and Practice*(Brill Nijhoff, 2017).

Inter-Parliamentary Union & UNHCR, *Good Practices in Nationality Laws for the Prevention and Reduction of Statelessness*, Handbook for Parliamentarians No. 29 (Inter-Parliamentary Union, 2018).

Inter-Parliamentary Union & UNHCR, *Nationality and Statelessness*, Handbook for Parliamentarians No. 22 (2nd edn., Inter-Parliamentary Union, 2014).

Ionesco, D., Mokhnacheva, D., & Gemenne, F., *The Atlas of Environmental Migration*(Routledge, 2017).

Jackson, I. C., *The Refugee Concept in Group Situations*(Martinus Nijhoff Publishers, 1999).

Janis, M. & Evans, C., eds., *Religion and International Law*(Martinus Nijhoff Publishers, 2004).

Janmyr, M., *Protecting Civilians in Refugee Camps: Unable and Unwilling States, UNHCR and International Responsibility*(Brill Nijhoff, 2014).

Jennings, R. & Watts, A., eds., *Oppenheim's International Law*, 2 vols. (9th edn., Longmans, 1992).
Jessup, P., *The Law of Territorial Waters and Maritime Jurisdiction*(G. A. Jennings Co., Inc., 1927).
Joseph, S. & Castan, M., *The International Covenant on Civil and Political Rights: Cases, Materials, and Commentary*(3rd edn., Oxford University Press, 2013).
Kälin, W., *Das Prinzip des Non-Refoulement*(Peter Lang, 1982).
Kälin, W., *Grundriss des Asylverfahrens*(Helbing & Lichtenhahn, 1990).
Kälin, W. & Künzli, J., *The Law of International Human Rights Protection* (2nd edn., Oxford University Press, 2019).
Kesby, A., *The Right to Have Rights: Citizenship, Humanity and International Law*(Oxford University Press, 2012).
Kimminich, O., *Der internationale Rechtsstatus des Flüchtlings*(Carl Heymans Verlag, 1962).
Kiss, A. C., *Répertoire de la pratique française en matière de droit international public*, vols. 2 & 4 (Editions du Centre national de la recherché scientifique, 1966).
Köfner, G. & Nicolaus, P., *Grundlagen des Asylrechts in der Bundesrepublik Deutschland*(Grünewald, Kaiser, 1986).
Kolb, R., *Good Faith in International Law*(Hart Publishing, 2017).
Kourula, P., *Broadening the Edges: Refugee Definition and International Protection Revisited*(Martinus Nijhoff Publishers, 1997).
Koziebrodski, L. B., *Le droit d'asile*(Sijthoff, 1962).
Lambert, H., *Seeking Asylum: Comparative Law and Practice in Selected European Countries*(Martinus Nijhoff Publishers, 1995).
Lambert, H., McAdam, J., & Fullerton, M., eds., *The Global Reach of European Refugee Law*(Cambridge University Press, 2013).
Lauterpacht, H., *The Development of International Law by the International Court*(Stevens & Sons, 1958, republished Cambridge University Press, 1982).
Lauterpacht, H., *International Law and Human Rights*(Stevens & Sons, 1950).

Lauterpacht, H., *The Function of Law in the International Community*(Oxford University Press, 1933; republished 2011).
Lee, L. T. & Quigley, J., *Consular Law and Practice*(3rd edn., Oxford University Press, 2008).
Legomsky, S. & Thronson, D. B., *Immigration and Refugee Law and Policy* (7th edn., Foundation Press, 2019).
Lewis, C., *UNHCR and International Refugee Law: From Treaties to Innovation*(Routledge, 2014).
Lingaas, C., *The Concept of Race in International Criminal Law*(Routledge, 2020).
Loescher, G., *The UNHCR and Global Politics: A Perilous Path*(Oxford University Press, 2001).
Loescher, G., *Beyond Charity: International Cooperation and the Global Refugee Crisis*(Oxford University Press, 1993).
Loescher, G., Betts, A., & Milner, J., eds., *The United Nations High Commissioner for Refugees (UNHCR): The Politics and Practice of Refugee Protection into the Twenty-first Century*(2nd edn., Routledge, 2011).
Loescher, G. & Monahan, L., eds., *Refugees and International Relations* (Oxford University Press, 1989).
Loescher, G. & Scanlan, J., *Calculated Kindness: Refugees and America's Half-Open Door, 1945 to the present*(Free Press; Macmillan, 1986).
Long, K., *The Point of No Return: Refugees, Rights and Repatriation*(Oxford University Press, 2013).
Lülf, C., *Conflict Displacement and Legal Protection: Understanding Asylum, Human Rights and Refugee Law*(Routledge, 2019).
Lustgarten, L. & Leigh, I., *In from the Cold: National Security and Parliamentary Democracy*(Clarendon Press, 1994).
Macalister-Smith, P., *International Humanitarian Assistance: Disaster Relief Actions in International Law and Organization*(Martinus Nijhoff Publishers, 1985).

Manby, B., *Citizenship in Africa: The Law of Belonging*(Hart Publishing, 2018).
Manby, B., *Struggles for Citizenship in Africa*(Zed Books, 2009).
Mann, I., *Humanity at Sea: Maritime Migration and the Foundations of International Law*(Cambridge University Press, 2016).
Marek, K., *Identity and Continuity of States in Public International Law* (Librairie E Droz, 1954).
Marrus, M. R., *The Unwanted: European Refugees from the First World War through the Cold War*(2nd edn., Temple University Press, 2002 (1st edn., Oxford University Press, 1985)).
Marx, R., *Kommentar zum Asylverfahrensgesetz*(6th edn., Luchterhand Verlag, 2005).
Marx, R., *Kommentar zum Ausländer—und Asylrecht*(2nd edn., Deutscher Anwalt Verlag, 2005).
Mavronicola, N., *Torture, Inhumanity and Degradation under Article 3 of the ECHR: Absolute Rights and Absolute Wrongs*(Hart Publishing, 2021).
McAdam, J., *Climate Change, Forced Migration, and International Law* (Oxford University Press, 2012).
McAdam, J., *Complementary Protection in International Refugee Law*(Oxford University Press, 2007).
McAdam, J. & Chong, F., *Refugee Rights and Policy Wrongs: A Frank, Up-to-Date Guide by Experts*(UNSW Press, 2019).
McCarthy, J., *Death and Exile: The Ethnic Cleansing of Ottoman Muslims, 1821-1922*(Princeton University Press, 1995).
McConnachie, K., *Governing Refugees: Justice, Order and Legal Pluralism* (Routledge, 2014).
McDougal, M. S. & Burke, W. T., *The Public Order of the Oceans*(Yale University Press, 1962).
McGuire, B., *Waking the Giant: How a Changing Climate Triggers Earthquakes, Tsunamis, and Volcanoes*(Oxford University Press, 2016).
McNair, Lord (Arnold Duncan McNair), *International Law Opinions* (Cambridge University Press, 1956).

McNair, Lord (Arnold Duncan McNair), *The Law of Treaties*(Clarendon Press, 1961).

Melander, G., *Refugees in Orbit*(International University Exchange Fund, 1978).

Meloni, A., *Visa Policy within the European Union Structure*(Springer, 2006).

Meron, T., *Human Rights and Humanitarian Norms as Customary Law* (Clarendon Press, 1989).

Milanovic, M., *Extraterritorial Application of Human Rights Treaties: Laws, Principles, and Policy*(Oxford University Press, 2011).

Miles, C. A., *Provisional Measures before International Courts and Tribunals* (Cambridge University Press, 2017).

Mitchell, D. & Karr, V., eds., *Crises, Conflict and Disability: Ensuring Equality*(Routledge, 2014).

Mitsilegas, V., Moreno-Lax, V., & Vavoula, N., eds., *Securitising Asylum Flows: Deflection, Criminalisation and Challenges for Human Rights* (Brill Nijhoff, 2020).

Moore, J. B., *Digest of International Law*, 8 vols. (Government Printing Office, Washington D.C., 1906).

Moreno-Lax, V., *Accessing Asylum in Europe: Extraterritorial Border Controls and Refugee Rights under EU Law*(Oxford University Press, 2017).

Moreno-Lax, V. & Papastavridis, E., eds., *'Boat Refugees' and Migrants at Sea: A Comprehensive Approach: Integrating Maritime Security with Human Rights*(Brill Nijhoff, 2017).

Morris, B., *The Birth of the Palestinian Refugee Problem Revisited*(2nd edn., Cambridge University Press, 2004).

Morris, B., *The Birth of the Palestinian Refugee Problem, 1947-1949* (Cambridge University Press, 1987).

Mountz, A., *Seeking Asylum: Human Smuggling and Bureaucracy at the Border*(University of Minnesota Press, 2010).

Nandan, S. N. & Rosenne, S., eds., *United Nations Convention on the Law of the Sea, A Commentary*, vol. III (Martinus Nijhoff Publishers, 1995).

Nathan-Chapotot, R., *Les Nations Unies et les réfugiés*(Editions Pedone, 1949).
Nethery, A. & Silverman, S. J., eds., *Immigration Detention: The Migration of a Policy and its Human Impact*(Routledge, 2015).
Noll, G., ed., *Proof, Evidentiary Assessment and Credibility in Asylum Procedures*(Martinus Nijhoff Publishers, 2005).
Nowak, M., *UN Covenant on Civil and Political Rights: CCPR Commentary* (2nd rev. edn., N. P. Engel, 2005).
Oberoi, P., *Exile and Belonging: Refugees and State Policy in South Asia* (Oxford University Press, 2006).
O'Connell, D. P., *The International Law of the Sea*, 2 vols. (Shearer, I., ed., Clarendon Press, 1982, 1984).
O'Connell, D. P., *International Law*, 2 vols. (2nd edn., Stevens & Sons, 1970).
O'Connell, D. P., *State Succession in Municipal Law and International Law*, 2 vols.(Cambridge University Press, 1967).
O'Connor, J. F., *Good Faith in International Law*(Dartmouth Publishing Company, 1991).
O'Sullivan, M., *Refugee Law and Durability of Protection: Temporary Residence and Cessation of Status*(Routledge, 2019).
Orakhelashvili, A., *Peremptory Norms in International Law*(Oxford University Press, 2008).
Organisation Suisse d'aide aux réfugiés (OSAR), *Manuel de la procédure d'asile et du renvoi*(2nd edn., OSAR, 2016).
Organization for Security and Co-operation in Europe & UNHCR, *Handbook on Statelessness in the OSCE Area: International Standards and Good Practices*(OSCE, 2017).
Papastavridis, E., *The Interception of Vessels on the High Seas*(Hart Publishing, 2013).
Parekh, S., *No Refuge: Ethics and the Global Refugee Crisis*(Oxford University Press, 2020).
Parry, C., ed., *British Digest of International Law*(Stevens, 1965).

Peers, S., Moreno-Lax, V., Garlick, M., & Guild, E., eds., *EU Immigration and Asylum Law (Text and Commentary)*(2nd edn., Brill Nijhoff, 2015).

Pentassuglia, G., *Minorities in International Law*(ECMI Handbook Series, 2002).

Phuong, C., *The International Protection of Internally Displaced Persons* (Cambridge University Press, 2005).

Pobjoy, J. M., *The Child in International Refugee Law*(Cambridge University Press, 2017).

Price, M., *Rethinking Asylum: History, Purpose, and Limits*(Cambridge University Press, 2010).

Qafisheh, M. M., ed., *Palestine Membership in the United Nations: Legal and Practical Implications*(Cambridge Scholars Publishing, 2013).

Qafisheh, M. M., *The International Law Foundations of Palestinian Nationality: A Legal Examination of Nationality in Palestine under Britain's Rule*(Martinus Nijhoff, 2008).

Ragheboom, H., *The International Legal Status and Protection of Environmentally-Displaced Persons: A European Perspective*(Brill Nijhoff, 2017).

Ramji-Nogales, J., Schoenholtz, A. I., & Schrag, P. G., *Refugee Roulette: Disparities in Asylum Adjudication and Proposals for Reform*(New York University Press, 2009).

Reiterer, M., *The Protection of Refugees by Their State of Asylum*(Wilhelm Braumüller, 1984).

Ressler, E., Boothby, N., & Steinbock, D., *Unaccompanied Children: Care and Protection in Wars, Natural Disasters and Refugee Movements* (Oxford University Press, 1988).

Rikhof, J., *The Criminal Refugee: The Treatment of Asylum Seekers with a Criminal Background in International and Domestic Law*(Republic of Letters Publishing, 2012).

Roberts, A. & Guelff, R., *Documents on the Laws of War*(3rd edn., Oxford University Press, 2000).

Robinson, N., *The 1951 Convention relating to the Status of Refugees: A Commentary*(Institute of Jewish Affairs, 1953).
Robinson, N., *Convention relating to the Status of Stateless Persons. Its History and Interpretation. A Commentary*(Institute of Jewish Affairs, 1955).
Rogan, E. & Shlaim, A., eds., *The War for Palestine: Rewriting the History of 1948*(2nd edn., Cambridge University Press, 2008).
Ronning, C. N., *Diplomatic Asylum: Legal Norms and Political Reality in Latin American Relations*(Martinus Nijhoff Publishers, 1965).
Rosenne, S., *Provisional Measures in International Law: The International Court of Justice and the International Tribunal for the Law of the Sea*(Oxford University Press, 2004).
Rosenne, S., *Developments in the Law of Treaties 1945-1986*(Cambridge University Press, 1989).
Rosenne, S., ed., *League of Nations Conference for the Codification of International Law (1930)*(Oceana Publications, 1975).
Ruthström-Ruin, C., *Beyond Europe: The Globalization of Refugee Aid*(Lund University Press, 1993).
Rutledge, P. J., *The Vietnamese Experience in America*(Indiana University Press, 1992).
Ryan, B. & Mitsilegas, V., eds., *Extraterritorial Immigration Control: Legal Challenges*(Martinus Nijhoff Publishers, 2010).
Rystad, G., ed., *The Uprooted: Forced Migration as an International Problem in the Post-War Era*(Lund University Press, 1990).
Salomon, K., *Refugees in the Cold War: Toward a New International Refugee Regime in the Early Postwar Era*(Lund University Press, 1991).
Sampson, R., Chew, V., Mitchell, G., & Bowring, L., *There Are Alternatives: A Handbook for Preventing Unnecessary Immigration Detention* (Melbourne: International Detention Coalition, rev. edn. 2015). Saul, B., *Defining Terrorism in International Law*(Oxford University Press, 2006).

Sawyer C. & Blitz, B. K., eds., *Statelessness in the European Union: Displaced, Undocumented, Unwanted*(Cambridge University Press, 2011).

Schabas, W., *The International Criminal Court: A Commentary on the Rome Statute*(Oxford University Press, 2016).

Schiedermair, R., *Handbuch des Ausländerrechts der Bundesrepublik Deutschland*(A. Metzner, 1968).

Shachar, A., *The Birthright Lottery: Citizenship and Global Inequality*(Harvard University Press, 2009).

Shlaim, A., *The Iron Wall: Israel and the Arab World*(Penguin, 2014).

Shlaim, A., *Israel and Palestine: Reappraisals, Revisions, Refutations*(Verso, 2009).

Schoenholtz, A. I., Ramji-Nogales, J., & Schrag, P. G., *The End of Asylum* (Georgetown University Press, 2021).

Schoenholtz, A. I., Schrag, P. G., & Ramji-Nogales, J., *Lives in the Balance: Asylum Adjudication by the Department of Homeland Security*(New York University Press, 2014).

Schultz, J., *The Internal Protection Alternative in Refugee Law: Treaty Basis and Scope of Application under the 1951 Convention relating to the Status of Refugees and its 1967 Protocol*(Brill Nijhoff, 2019).

Schwarzenberger, G., *Power Politics: A Study of International Society*(2nd rev. edn., Praeger, 1951).

Schwarzenberger, G. & Brown, E., *A Manual of International Law*(6th edn., Professional Books, 1976).

Scott, M., *Climate Change, Disasters and the Refugee Convention*(Cambridge University Press, 2020).

Scott, M. & Salamanca, A., eds., *Climate Change, Disasters, and Internal Displacement in Asia and the Pacific: A Human Rights-Based Approach*(Routledge, 2021).

Sharpe, M., *The Regional Law of Refugee Protection in Africa*(Oxford University Press, 2018).

Shaw, C., *Britannia's Embrace: Modern Humanitarianism and the Imperial Origins of Refugee Relief*(Oxford University Press, 2015).
Shearer, I. A., *Extradition in InternationalLaw* (Manchester University Press, 1971).
Sherman, A. J., *Island Refuge: Britain and Refugees from the Third Reich 1933-1939*(2nd edn., Frank Cass, 1994).
Simeon, J. C., ed., *Critical Issues in International Refugee Law: Strategies toward Interpretative Harmony*(Cambridge University Press, 2010).
Simma, B., Khan, D.-E., Nolte, G., & Paulus, A., *The United Nations Charter: A Commentary*(3rd edn., Oxford University Press, 2013).
Simpson, J. H., *The Refugee Problem: Report of a Survey*(Oxford University Press, 1939).
Simpson, J. H., *Refugees: A Preliminary Report of a Survey*(Royal Institute of International Affairs, 1938).
Singer, S., *Terrorism and Exclusion from Refugee Status in the UK: Asylum Seekers Suspected of Serious Criminality*(Brill Nijhoff, 2015).
Sinha, S. P., *Asylum and International Law*(Martinus Nijhoff Publishers, 1971).
Sjöberg, T., *The Powers and the Persecuted: The Refugee Problem and the Intergovernmental Committee on Refugees (IGCR) 1938-1947*(Lund University Press, 1991).
Skran, C. M., *Refugees in Inter-War Europe: The Emergence of a Regime* (Clarendon Press, 1995).
Smyth, C., *European Asylum Law and the Rights of the Child*(Taylor & Francis, 2014).
Spijkerboer, T., ed., *Fleeing Homophobia: Sexual Orientation, Gender Identity and Asylum*(Routledge, 2013).
Stenberg, G., *Non-Expulsion and Non-Refoulement: The Prohibition against Removal of Refugees with Special References to Articles 32 and 33 of the 1951 Convention relating to the Status of Refugees*(Iustus Förlag, 1989).

Stevens, D., *UK Asylum Law and Policy: Historical and Contemporary Perspectives*(Sweet & Maxwell, 2004).
Stevens, D. E. & O'Sullivan, M., eds., *States, the Law and Access to Refugee Protection: Fortresses and Fairness*(Hart Publishing, 2017).
Strachan, H. & Scheipers, S., eds., *The Changing Character of War*(Oxford University Press, 2011).
Takkenberg, L. & Tahbaz, C. C., *The Collected Travaux Préparatoires of the 1951 Convention relating to the Status of Refugees*, 3 vols. (Dutch Refugee Council/European Legal Network on Asylum, 1988).
Temperman, J., Jeremy Gunn, T., & Evans, M., eds., *The European Court of Human Rights and the Freedom of Religion or Belief: The 25 Years since Kokkinakis*(Brill Nijhoff, 2019).
Thomas, R., *Administrative Justice and Asylum Appeals. A Study of Tribunal Adjudication*(Hart Publishing, 2011).
Thornton, F., *Climate Change and People on the Move: International Law and Justice*(Oxford University Press, 2018).
Tiberghien, F., *La protection des réfugiés en France*(2nd edn., Economica, 1988).
Tolstoy, N., *Victims of Yalta*(Hodder & Stoughton, 1977; Corgi, rev. edn., 1979).
Torpey, J., *The Invention of the Passport: Surveillance, Citizenship and the State*(Cambridge University Press, 2000).
Trenholme, N. M., *The Right of Sanctuary in England: A Study of Institutional History*(University of Missouri, 1903).
Turack, D., *The Passport in International Law*(D. C. Heath & Company, 1972).
van Waas, L., *Nationality Matters: Statelessness under International Law* (Intersentia, 2008).
Vattel, E., *The Law of Nations*(Chitty, J., ed., T. & J. W. Johnson & Co., 1834).
Velluti, S., *Reforming the Common European Asylum System: Legislative Developments and Judicial Activism of the European Courts*(Springer, 2014).

Verdirame, G., *The UN and Human Rights: Who Guards the Guardians?* (Cambridge University Press, 2011).

Verdirame, G. & Harrell-Bond, B., *Rights in Exile: Janus-Faced Humanitarianism* (Berghahn Books, 2005).

Vernant, J., *The Refugee in the Post-War World*(Yale University Press, 1953).

Veuthey, M., *Guérilla et droit humanitaire*(Comité International de la Croix Rouge, 1983).

Vierdag, E. W., *The Concept of Discrimination in International Law*(Martinus Nijhoff Publishers, 1973).

von Sternberg, M. R., *The Grounds of Refugee Protection in the Context of International Human Rights and Humanitarian Law*(Martinus Nijhoff Publishers, 2002).

von Wolff, C., *Jus Gentium Methodo Scientifica Pertractatum*, 2 vols. (Clarendon Press, 1764).

Weis, P., *Nationality and Statelessness in International Law*(1st edn., Stevens & Sons, Ltd, 1956; 2nd edn., Sijthoff & Noordhoff, 1979).

Werle, G. & Jeßberger, F., *Principles of International Criminal Law*(3rd edn., Oxford University Press, 2014).

Whiteman, M., *Digest of International Law*, 15 vols. (Government Printing Office, Washington D.C., 1962-73).

Wilde, R., *International Territorial Administration: How Trusteeship and the Civilizing Mission Never Went Away*(Oxford University Press, 2008).

Wisner, B., Blaikie, P., Cannon, T., & Davis, I., *At Risk: Natural Hazards, People's Vulnerability and Disasters*(2nd edn., Routledge, 2004).

Woodbridge, G., *UNRRA: The History of the United Nations Relief and Rehabilitation Administration*, 3 vols. (Columbia University Press, 1950).

Wouters, K., *International Legal Standards for the Protection from Refoulement*(Intersentia, 2009).

Yao Li, *Exclusion from Protection as a Refugee: An Approach to a Harmonizing Interpretation in International Law*(Brill Nijhoff, 2017).

Zimmermann, A., ed., *The 1951 Convention relating to the Status of Refugees and its 1967 Protocol: A Commentary*(Oxford University Press, 2011).

Zwaan, K., ed., *The Procedures Directive: Central Themes, Problem Issues and Implementation in Selected Member States*(Wolf Legal Publishers, 2008).

논문, 소논문, 보고서, 기사 및 연구 보고서

'1948 Refugees: Proceedings of an International Workshop', Hebrew University of Jerusalem Faculty of Law (14-15 Dec. 2016) (2018) 51 *Israel Law Review*47.

Ablard, T. & Novak, A., 'L'évolution du droit d'asile en Allemagne jusqu'à la réforme de 1993' (1995) 7 *IJRL*260.

Abubakar, I. and others, 'The UCL-*Lancet*Commission on Migration and Health: The Health of a World on the Move' (2018) 392 *The Lancet Commission*2606.

Achiume, E. T., 'Race, Refugees, and International Law' in Costello, C., Foster, M., & McAdam, J., eds., *The Oxford Handbook of International Refugee Law*(Oxford University Press, 2021).

Action Aid, 'The Evolving UN Cluster Approach in the Aftermath of the Pakistan Earthquake: an NGO perspective' (24 Apr. 2006).

Adelman, H., 'Humanitarian Intervention: The Case of the Kurds' (1992) 4 *IJRL*4.

Adeola, R. & Viljoen, F., 'The Right Not to Be Arbitrarily Displaced in Africa' (2017) 25 *African Journal of International and Comparative Law*459.

Adger, W. N. & Pulhin, J. M., 'Human Security', in Intergovernmental Panel on Climate Change, *Climate Change 2014: Impacts, Adaptation, and Vulnerability. Part A: Global and Sectoral Aspects. Contribution of Working Group II to the Fifth Assessment Report of the*

Intergovernmental Panel on Climate Change(Cambridge University Press, 2014).

Aga Khan, S., 'Legal Problems Relating to Refugees and Displaced Persons' (1976-I) *Hague Recueil*287.

Akande, D., 'Recent Developments with Regard to ICJ Provisional Measures' *EJIL-Talk!*(21 Jul. 2011).

Akhavan, P., 'Punishing War Crimes in the Former Yugoslavia: A Critical Juncture for the New World Order' (1993) 15 *HRQ*262.

Akram, S. M., 'UNHCR and Palestine Refugees' in Costello, C., Foster, M., & McAdam, J., eds., *The Oxford Handbook of International Refugee Law*(Oxford University Press, 2021).

Akram, S. M., 'UNRWA and Palestinian Refugees', in Fiddian-Qasmiyeh, E., Loescher, G., Long, K., & Sigona, N., eds., *The Oxford Handbook of Refugee and Forced Migration Studies*(Oxford University Press, 2014).

Akram, S. M., 'Orientalism Revisited in Asylum and Refugee Claims' (2000) 12 *IJRL*7.

Akram, S. M. & Goodwin-Gill, G. S., '*Amicus*Brief on the Status of Palestinian Refugees under International Refugee Law' (2000-2001) 11 *Palestine Yearbook of International Law*185.

Al Husseini, J. & Bocco, R., 'The Status of the Palestinian Refugees in the Near East: The Right of Return and UNRWA in Perspective' (2009) 28(2-3) *RSQ*260.

Albert, M., 'Governance and *Prima Facie*Refugee Status Determination: Clarifying the Boundaries of Temporary Protection, Group Determination, and Mass Influx' (2010) 29(1) *RSQ*61.

Albert, M., 'Prima Facie Determination of Refugee Status: An Overview and its Legal Foundation', *Refugee Studies Centre*, Working Paper Series No. 55 (2010).

Aleinikoff, T. A., 'The Unfinished Work of the Global Compact on Refugees' (2018) 30 *IJRL*611.

Aleinikoff, T. A., 'Protected characteristics and social perceptions: An analysis of the meaning of "membership of a particular social group" ', in Feller, E., Türk, V., & Nicholson, F., eds., *Refugee Protection in International Law: UNHCR's Global Consultations on International Protection*(Cambridge University Press, 2003).

Alexander H. & Simon, J., ' "Unable to Return" in the 1951 Refugee Convention: Stateless Refugees and Climate Change' (2014) 26 *Florida Journal of International Law*531.

Alexander, M., 'Refugee Status Determination Conducted by UNHCR' (1999) 11 *IJRL*251.

Allain, J., 'The *Jus Cogens*Nature of *Non-Refoulement*' (2002) 13 *IJRL*533.

Alleweldt, R., 'Protection against Expulsion under Article 3 of the European Convention on Human Rights' (1993) 4 *EJIL*360.

Alvarez, L. & Loucky, J., 'Inquiry and Advocacy: Attorney-Expert Collaboration in the Political Asylum Process' (1992) 11 *NAPA Bulletin*43 (American Anthropological Association).

American Civil Liberties Union (ACLU), 'Grace v. Whitaker—USCIS Guidance re Grace Injunction', ttps://www.aclu.org/legal-document/grace-v-whitaker-uscis-guidance-re-grace-injunction.

Amnesty International, 'International Law Commission: The Problematic Formulation of Persecution under the Draft Convention on Crimes Against Humanity' (Oct. 2018).

Amnesty International, 'EU Court Ruling a Setback for Refugees' Press Release (7 Nov. 2013).

Amnesty International, 'Still Human, Still Here: Why so many initial asylum decisions are overturned on appeal in the UK' (Apr. 2013).

Amnesty International & International Commission of Jurists, 'Observations on the Case, issued following the written procedure, and hearings on 11 April and 11 July 2013' (2 Oct. 2013).

Anderson, A. & Foster, M., 'A Feminist Appraisal of International Refugee Law', in Costello, C., Foster, M., & McAdam, J., eds., *The Oxford*

Handbook of International Refugee Law(Oxford University Press, 2021).

Anderson, A., Foster, M., Lambert, H., & McAdam, J., 'A Well-Founded Fear of Being Persecuted ... But When?' (2020) 42 *SydLR*155.

Anderson, A., Foster, M., Lambert, H., & McAdam, J., 'Imminence in Refugee and Human Rights Law: A Misplaced Notion for International Protection' (2019) 68 *ICLQ*111.

Anderson, B. & Conlan, S., 'Providing Protection: Access to Early Legal Advice for Asylum Seekers', (European Programme for Integration and Migration and Irish Refugee Council, 2014).

Andrysek, O., 'Gaps in International Protection and the Potential for Redress through Individual Complaints Procedures' (1997) 9 *IJRL*392.

Anker, D., 'Regional Refugee Regimes: North America', in Costello, C., Foster, M., & McAdam, J., eds., *The Oxford Handbook of International Refugee Law*(Oxford University Press, 2021).

Anker, D. E., 'Refugee Law, Gender, and the Human Rights Paradigm' (2002) 15 *Harvard Human Rights Journal*133.

Anker, D. E., 'Rape in the Community as a Basis for Asylum: The Treatment of Women Refugees' Claims to Protection in Canada and the United States', 2 *Bender's Immigration Bulletin*, No. 12 (15 Jun. 1997) Part I— Canada, 476-84; No. 15 (1 Aug. 1997) Part II—The United States, 608-22.

Anker, D. E., Blum, C. P., & Johnson, K. R., '*INS*v. *Zacarias:*Is There Anyone Out There?' (1992) 4 *IJRL*266.

Anker, D. E., Fitzpatrick, J., & Shacknove, A., 'Crisis and Cure: A Reply to Hathaway/Neve and Schuck' (1998) 11 *Harvard Human Rights Journal*295.

Anker, D. E., Gilbert, L., & Kelly, N., 'Women Whose Governments are Unable or Unwilling to Provide Reasonable Protection from Domestic Violence May Qualify as Refugees Under United States Asylum Law' (1997) 11 *Georgetown Immigration Law Journal*709.

Apap, J., Carrera, S., & Kirişci, K., 'Turkey in the European Area of Freedom, Security and Justice' *CEPS EU-Turkey*Working Papers No. 3 (Centre for European Policy Studies, 2004).

Apuzzo, M., 'How Strongmen Turned Interpol Into Their Personal Weapon' *The New York Times*(22 Mar. 2019).

Arbel, E., 'Shifting Borders and the Boundaries of Rights: Examining the Safe Third Country Agreement between Canada and the United States' (2013) 25 *IJRL*65.

Arbel, E. & Brenner, A., *Bordering on Failure: Canada-U.S. Border Policy and the Politics of Exclusion*(Harvard Immigration and Refugee Law Clinic, 2013).

Arboleda, E., 'The Cartagena Declaration of 1984 and its Similarities to the 1969 OAU Convention—A Comparative Perspective' (1995) 7 *IJRL Special Issue*87.

Arboleda, E., 'Refugee Definition in Africa and Latin America: The Lessons of Pragmatism' (1991) 3 *IJRL*185.

Arboleda, E. & Hoy, I., 'The Convention Refugee Definition in the West: Disharmony of Interpretation and Application' (1993) 5 *IJRL*66.

Aronsson-Storrier, M. & da Costa, K., 'Regulating Disasters? The Role of International Law in Disaster Prevention and Management' (2017) 26 *Disaster Prevention and Management*502.

Arsanjani, M. H., 'Introductory Note: Convention on the Safety of United Nations and Associated Personnel 1994 and Optional Protocol 2005' UN Audio-Visual Library of International Law, https://legal.un.org/avl/ha/csunap/csunap.html.

Ashutosh, I. & Mountz, A., 'Migration Management for the Benefit of Whom? Interrogating the Work of the International Organization for Migration' (2011) 15 *Citizenship Studies*21.

Asian Development Bank, *Addressing Climate Change and Migration in Asia and the Pacific: Final Report*(Asian Development Bank, 2012).

Aspden, J., *Evaluation of the Solihull Pilot for the United Kingdom Border Agency and the Legal Services Commission*(Solihull Evaluation Report, Oct. 2008).

Asylum Information Database (AIDA), 'Country Report: Germany', 2017 Update (Mar. 2018).

Asylum Information Database (AIDA), 'Unravelling Travelling: Travel Documents for Beneficiaries of International Protection' (Oct. 2016).

Atak, I. & Crépeau, F., 'Refugees as Migrants', in Costello, C., Foster, M., & McAdam, J., eds., *The Oxford Handbook of International Refugee Law*(Oxford University Press, 2021).

Briddick, C. & Stoyanova, V., 'Human Trafficking and Refugees', in Costello, C., Foster, M., & McAdam, J., eds., *The Oxford Handbook of International Refugee Law*(Oxford University Press, 2021).

Aubin, L., Eyster, E., & MacGuire, D., 'People-Centred Principles: The Participation of IDPs and the Guiding Principles' (2018) 30 *IJRL*287.

Australia, Administrative Appeals Tribunal, Migration and Refugee Division Legal Services, *A Guide to Refugee Law in Australia*(2019).

Australia, Administrative Appeals Tribunal, Migration and Refugee Division, *Guidelines on the Assessment of Credibility*(2015).

Australia, Department of Foreign Affairs and Trade, Country Information Reports, https://www.dfat.gov.au/about-us/publications/Pages/country-information-reports.

Avery, C., 'Refugee Status Decision-making: The Systems of Ten Countries' (1983) 19 *Stanford Journal of International Law*235.

Bach, R. L., 'Third Country Resettlement', in Loescher, G. & Monahan, L., eds., *Refugees and International Relations*(Oxford University Press, 1989).

Bagambiire, D., 'Terrorism and Convention Refugee Status in Canadian Immigration Law: The Social Group Category according to *Ward*v. *Canada*' (1993) 5 *IJRL*183.

Bahá'í International Community, *The Bahá'ís in Iran*(Baha'i International Community, 1981 and updates).

Bakwesegha, C. J., 'The Role of the Organization of African Unity in Conflict Prevention, Management and Resolution' (1995) 7 *IJRL Special Issue*207.

Bamberg, K., 'The EU Resettlement Framework: From a Humanitarian Pathway to a Migration Management Tool?' (*European Migration and Diversity Programme*, Discussion Paper, 26 Jun. 2018).

Bank, R., 'Introduction to Article 11: Refugees at Sea', in Zimmermann, A., ed., *The 1951 Convention relating to the Status of Refugees and its 1967 Protocol: A Commentary*(Oxford University Press, 2011).

Bank, R., 'Article 11 1951 Convention', in Zimmermann, A., ed., *The 1951 Convention relating to the Status of Refugees and its 1967 Protocol: A Commentary*(Oxford University Press, 2011).

Barak, A., 'A Judge on Judging: The Role of a Supreme Court in a Democracy' (2002) 116 *Harvard Law Review*16.

Barichello, S., 'The Evolving System of Refugees' Protection in Latin America', in Gauchi, J., Giuffré, M., & Tsourdi, E., eds., *Exploring the Boundaries of Refugee Law*(Brill Nijhoff, 2015).

Barnes, J., 'Expert Evidence: The Judicial Perception in Asylum and Human Rights Appeals' (2004) 16 *IJRL*349.

Barnes, R., 'The International Law of the Sea and Migration Control', in Ryan, B. & Mitsilegas, V., eds., *Extraterritorial Immigration Control: Legal Challenges*(Martinus Nijhoff Publishers, 2010).

Barnidge, Jr., R. P., 'The Due Diligence Principle under International Law' (2006) 8 *International Community Law Review*81.

Barsh, R. L., 'Measuring Human Rights: Problems of Methodology and Purpose' (1993) 15 *HRQ*87.

Bartholomeusz, L., 'The Mandate of UNRWA at Sixty' (2009) 28(2-3) *RSQ*452.

Bartolini, G., 'A Universal Treaty for Disasters? Remarks on the International Law Commission's Draft Articles on the Protection of Persons in the Event of Disasters' (2017) 99 *International Review of the Red Cross*1103.

Bartolomei, L., Eckert, R., & Pittaway, E., ' "What Happens There ... Follows Us Here": Resettled but Still at Risk: Refugee Women and Girls in Australia' (2014) 30(2) *Refuge*45.

Barutciski, M., 'Involuntary Repatriation When Refugee Protection is No Longer Necessary: Moving Forward after the 48th Session of the Executive Committee' (1998) 10 *IJRL*236.

Barutciski, M. & Suhrke, A., 'Lessons from the Kosovo Refugee Crisis: Innovations in Protection and Burden-Sharing' (2001) 14 *JRS*95.

Bashford, A. & McAdam, J., 'The Right to Asylum: Britain's 1905 *Aliens Act*and the Evolution of Refugee Law' (2014) 32 *Law and History Review*309.

Batchelor, C., 'Statelessness and the Problem of Resolving Nationality Status' (1998) 10 *IJRL*156.

Batchelor, C., 'Stateless Persons: Some Gaps in International Protection' (1995) 7 *IJRL*232.

Batchelor, C. & Edwards, A., 'Introductory Note to UNHCR's Guidelines on International Protection on Prima Facie Recognition of Refugee Status' (2016) 28 *IJRL*318.

Battjes, H., 'The *Soering*Threshold: Why Only Fundamental Values Prohibit *Refoulement*in ECHR Case Law' (2009) 11 *EJML*205.

Bauer, J., 'Multiple Nationality and Refugees' (2014) 47 *Vanderbilt Journal of Transnational Law*905.

Bauloz, C., 'The Definition of Internal Armed Conflict in Asylum Law: The 2014 *Diakité*Judgment of the EU Court of Justice' (2014) 12 *Journal of International Criminal Justice*835.

Bauloz, C., 'The (Mis)Use of International Humanitarian Law under Article 15(c) of the EU Qualification Directive', in Cantor, D. J. & Durieux, J.-F., eds., *Refuge from Inhumanity? War Refugees and International Humanitarian Law*(Brill Nijhoff, 2014).

Beck, R. J., 'Britain and the 1933 Refugee Convention: National or State Sovereignty?' (1999) 11 *IJRL*597.

Bedford, R. & Bedford, C., 'International Migration and Climate Change: A Post-Copenhagen Perspective on Options for Kiribati and Tuvalu', in Burson, B., ed., *Climate Change and Migration: South Pacific Perspectives*(Wellington Institute of Policy Studies, 2010).

Bedford, C. & Gibbs, G., *Labour Mobility in the Pacific Region*, (Report prepared for the Pacific Immigration Directors' Conference, 16 Oct. 2017).

Beirens, H., *Chasing Efficiency: Can operational changes fix European asylum systems?*(Migration Policy Institute Europe, Mar. 2020).

Belton, K. A., 'Heeding the Clarion Call in the Americas: The Quest to End Statelessness' (2017) 31 *Ethics and International Affairs*17.

Belton, K. A., 'Ending Statelessness Through Belonging: A Transformative Agenda?' (2016) 30 *Ethics and International Affairs*419.

Bentwich, N., 'Palestine nationality and the mandate' (1939) 21 *Journal of Comparative Legislation and International Law*230.

Berlit, U., Dörig, H., & Storey, H., 'Credibility Assessment in Claims Based on Persecution for Reasons of Religious Conversion and Homosexuality: A Practitioners Approach' (2015) 27 *IJRL*649.

Besson, S., 'Sources of International Human Rights Law: How General is General International Law', in d'Aspremont, J. & Besson, S., eds., *The Oxford Handbook of the Sources of International Law*(Oxford University Press, 2017).

Betts, A., 'Development Assistance and Refugees: Towards a North–South Grand Bargain?' *Refugee Studies Centre*(Forced Migration Policy Briefing No. 2, Jun. 2009).

Betts, A., 'The Post-Nansen Agenda: Governing Human Mobility in the context of Natural Disasters and Climate Change' *Refugee Studies Centre*, Occasional Policy Paper (Feb. 2015).

Betts, A., Chaara, I., Omata, N., & Sterck, O., 'Refugee Economies in Uganda: What Difference Does the Self-Reliance Model Make?' *Refugee Studies Centre*(Jan. 2019).

Betts, A., Pincock, K., & Easton-Calabria, E., 'Refugees as Providers of Protection and Assistance' *Refugee Studies Centre*, Research in Brief 10 (Dec. 2018).

Beyer, G. A., 'Human Rights Monitoring and the Failure of Early Warning: A Practitioner's View' (1990) 2 *IJRL*56.

Beyer, G. A., 'Monitoring Root Causes of Refugee Flows and Early Warning: The Need for Substance' (1990) 2 *IJRL Special Issue*71.

Bhabha, J., 'Demography and Rights: Women, Children and Access to Asylum' (2004) 16 *IJRL*227.

Bhabha, J. & Dottridge, M., 'Recommended Principles to Guide Actions concerning Children on the Move and Other Children affected by Migration' (Jun. 2016).

Bhabha, J. & Young, W., 'Not Adults in Miniature: Unaccompanied Child Asylum Seekers and The New U.S. Guidelines' (1999) 11 *IJRL*84.

Bierwirth, C., 'The Protection of Refugee and Asylum-Seeking Children, the Convention on the Rights of the Child and the Work of the Committee on the Rights of the Child' (2005) 24(2) *RSQ*98.

Billing, F., 'The ECtHR on Disembarkation of Rescued Refugees and Migrants at Greek Hotspots' *EJIL Talk!*(25 Oct. 2019).

Bisschop, W. R., Henriques, H. S. Q., Shuster, E. J., Maeterlinck, A., & Piggott, F. T., 'Report of the Committee on Nationality and Registration' (1918) 4 *Transactions of the Grotius Society*li.

Blackmun, H.A., 'The Supreme Court and the Law of Nations: Owing a Decent Respect to the Opinions of Mankind' (1995) 88 *Proceedings of the ASIL Annual Meeting*383.

Blay, S., 'Regional Developments: Asia', in Zimmermann, A., ed., *The 1951 Convention relating to the Status of Refugees and its 1967 Protocol: A Commentary*(Oxford University Press, 2011).

Blay, S. K. N. & Tsamenyi, B. M., 'Reservations and Declarations under the 1951 Convention and the 1967 Protocol relating to the Status of Refugees' (1990) 2 *IJRL*527.

Blay, S. & Zimmermann, A., 'Recent Changes in German Refugee Law: A Critical Assessment' (1994) 88 *AJIL*361.
Bliss, M., ' "Serious Reasons for Considering": Minimum Standards of Procedural Fairness in the Application of the Article 1F Exclusion Clauses' (2000) 12 *IJRL—Special Supplementary Issue*92.
Bocco, R., 'UNRWA and the Palestinian Refugees: A History within History' (2009) 28(2-3) *RSQ*229.
Bodart, S., 'Les Réfugiés Apolitiques: Guerre Civile et Persécution de Groupe au Regard de la Convention de Genève' (1995) 7 *IJRL*39.
Bolhuis, M., 'The Issue of Non-Removable Migrants Suspected or Convicted of Serious Crimes in the Netherlands', Paper Presented at Preliminary Workshop, 'Undesirable and Unreturnable? Policy Challenges around Excluded Asylum-Seekers and Other Migrants Suspected of Serious Criminality but Who Cannot Be Removed', Vrije University Amsterdam (Mar. 2015).
Bolhuis, M. P. & Van Wijk, J., 'Alleged Terrorists and Other Perpetrators of Serious Non-Political Crimes: The Application of Article 1F(b) of the Refugee Convention in the Netherlands' (2016) 29 *JRS*19.
Bolhuis, M. P., Middelkoop, L. P., & van Wijk, J., 'Refugee Exclusion and Extradition in the Netherlands: Rwanda as Precedent?' (2014) 12 *Journal of International Criminal Justice*1115.
Bolt, D., *An Inspection of the Home Office's Production and Use of Country of Origin Information. April-August 2017*(Jan. 2018).
Bond, J., 'The Defence of Duress in Canadian Refugee Law' (2016) 41 *Queen's Law Journal*409.
Bond, J., 'Unwanted but Unremovable: Canada's Treatment of "Criminal" Migrants who Cannot be Removed' (2017) 36(1) *RSQ*168.
Bond, J., Benson, N., & Porter, J., 'Guilt by Association: Ezokola's Unfinished Business in Canadian Refugee Law' (2020) 39 *RSQ*1.
Bond, J. & Krech, M., 'Excluding the most vulnerable: application of Article 1F(a) of the Refugee Convention to child soldiers' (2016) 20 *International Journal of Human Rights*567.

Boon, K., 'New Directions in Responsibility: Assessing the International Law Commission's Draft Articles on the Responsibility of International Organizations' (2011) 37 *Yale Journal of International Law Online*1.
Borgen, J., & Rasmusson, E. K., 'Institutional Arrangements for Internally Displaced Persons: The Ground Level Experience' (Norwegian Refugee Council, 1995).
Bourloyannis-Vrailas, M. C., 'The Convention on the Safety of United Nations and Associated Personnel' (1995) 44 *ICLQ*560.
Bouteillet-Paquet, D., 'Subsidiary Protection: Progress or Set-Back of Asylum Law in Europe? A Critical Analysis of the Legislation of the Member States of the European Union', in Bouteillet-Paquet, D., ed., *Subsidiary Protection of Refugees in the European Union: Complementing the Geneva Convention?*(Bruylant, 2002).
Bowett, D., 'The Impact of Security Council Decisions on Dispute Settlement Procedures' (1994) 5 *EJIL*89.
Bradley, M., 'Durable Solutions and the Right of Return for IDPs: Evolving Interpretations' (2018) 30 *IJRL*218.
Bradley, M., 'Forced Migration in Central America and the Caribbean', in Fiddian-Qasmiyeh, E., Loescher, G., Long, K., & Sigona, N., eds., *The Oxford Handbook of Refugee and Forced Migration Studies*(Oxford University Press, 2014).
Bradley, M., 'The International Organization for Migration (IOM): Gaining Power in the Forced Migration Regime' (2017) 33(1) *Refuge*97.
Bradley, M., 'Is Return the Preferred Solution to Refugee Crises?', in Miller, D. & Straehle, C., eds., *The Political Philosophy of Refuge* (Cambridge University Press, 2019).
Bradley, M. & McAdam, J., 'Rethinking Durable Solutions to Displacement in the Context of Climate Change' (The Brookings Institution, 2012).
Bribosia, E. & Weyembergh, A., 'Extradition et Asile: Vers un Espace Judiciaire Européen?' (1997) *Revue belge de droit international*69.

Bronen, R., 'Climate-Induced Community Relocations: Creating an Adaptive Governance Framework Based in Human Rights Doctrine' (2011) 35 *NYU Review of Law & Social Change*357.

Bronen, R., 'Climate-Induced Displacement of Alaska Native Communities' (Brookings–LSE Project on Internal Displacement, Brief, 30 Jan. 2013).

Bronen, R., 'Community Relocations: The Arctic and South Pacific', in Martin, S. F., Weerasinghe, S., & Taylor, A., eds., *Humanitarian Crises and Migration: Causes, Consequences and Responses* (Routledge, 2014).

Bronen, R. & Chapin, F. S., 'Adaptive Governance and Institutional Strategies for Climate-Induced Community Relocations in Alaska' (2013) 110 *Proceedings of the National Academy of Sciences*9320.

Brookings, Georgetown University, & UNHCR, 'Guidance on Protecting People from Disasters and Environmental Change through Planned Relocation' (7 Oct. 2015).

Brownlie, I., 'The Relations of Nationality in Public International Law' (1963) 39 *BYIL*284.

Bruin, R. & Wouters, K., 'Terrorism and the Non-Derogability of *Non-Refoulement*' (2003) 15 *IJRL*5.

Brynen, R., 'Compensation for Palestinian Refugees: Law, Politics and Praxis' (2018) 51 *Israel Law Review*29.

Brynen, R., 'Imagining a Solution: Final Status Arrangements and Palestinian Refugees in Lebanon' (1997) 26 *Journal of Palestine Studies*42.

Burkett, M., 'The Nation *Ex-Situ*: On Climate Change, Deterritorialized Nationhood and the Post-Climate Era' (2011) 2 *Climate Law*345.

Burson, B., 'Refugee Status Determination', in Costello, C., Foster, M., & McAdam, J., eds., *The Oxford Handbook of International Refugee Law*(Oxford University Press, 2021).

Burson, B. & Bedford, R., 'Clusters and Hubs: Toward a Regional Architecture for Voluntary Adaptive Migration in the Pacific'

(Discussion Paper, Nansen Initiative on Disaster-Induced Cross-Border Displacement, 9 Dec. 2013).

Burson, B., Kälin, W., McAdam, J., & Weerasinghe, S., 'The Duty to Move People Out of Harm's Way in the Context of Climate Change and Disasters' (2018) 37 *RSQ*379.

Buscher, D., 'New Approaches to Urban Refugee Livelihoods' (2011) 28(2) *Refuge*17.

Buzan, B., 'Negotiating by Consensus: Developments in Techniques at the United Nations Conference on the Law of the Sea' (1981) 75 *AJIL*324.

Bychawska-Siniarska, D., 'Protecting the Right to Freedom of Expression under the European Convention on Human Rights: A Handbook for Legal Practitioners' (Council of Europe, 2017).

Byers, M., 'Abuse of Rights: An Old Principle, A New Principle, A New Age' (2002) 47 *McGill Law Journal*389.

Byrne, R., 'Assessing Testimonial Evidence in Asylum Proceedings: Guiding Standards from the International Criminal Tribunals' (2007) 19 *IJRL*609.

Byrne, R., Noll, G., & Vedsted-Hansen, J., 'Understanding Refugee Law in an Enlarged European Union' (2004) 15 *EJIL*355.

Calegari, M. & Baeninger, R., 'From Syria to Brazil' (2016) 51 *FMR*96.

Çali, B., Costello, C., & Cunningham, S., 'Hard Protection through Soft Courts? *Non-Refoulement*before the United Nations Treaty Bodies' (2020) 21 *German Law Journal*355.

Campbell, J. R., 'Examining Procedural Unfairness and Credibility Findings in the UK Asylum System' (2020) 39 *RSQ*56.

Cannon, A. J., 'Effective Fact Finding' (2006) 25 *Civil Justice Quarterly*327.

Cantor, D. J., 'Environment, Mobility, and International Law: A New Approach in the Americas' (2021) 21 *Chicago Journal of International Law*263.

Cantor, D. J., 'Cross-Border Displacement, Climate Change and Disasters: Latin America and the Caribbean' (Platform on Disaster Displacement and UNHCR, 2018).

Cantor, D. J., ' "The IDP in International Law"? Developments, Debates, Prospects' (2018) 30 *IJRL*191.
Cantor, D. J., 'Law, Policy, and Practice Concerning the Humanitarian Protection of Aliens on a Temporary Basis in the Context of Disasters, States of the Regional Conference on Migration and Others in the Americas' (Background Study for the Regional Workshop on Temporary Protection Status and/or Humanitarian Visas in Situations of Disasters, San José, 10–11 February 2015).
Cantor, D. J., 'The Laws of War and the Protection of "War Refugees": Reflection on the Debate and its Future Directions' (2014) 12 *International Journal of Criminal Justice*931.
Cantor, D. J., 'Restitution, Compensation, Satisfaction: Transnational Reparations and Colombia's Victims' Law' UNHCR *New Issues in Refugee Research*, Research Paper No. 215 (2011).
Cantor, D. J., van Wijk, J., Singer, S., & Bolhuis, M. P., 'The Emperor's New Clothing: National Responses to "Undesirable and Unreturnable" Aliens under Asylum and Immigration Law' (2017) 36(1) *RSQ*1.
Cantor, D. J. & Barichello, S. E., 'The Inter-American Human Rights System: A New Model for Integrating Refugee and Complementary Protection?' (2013) 17 *International Journal of Human Rights*689.
Cantor, D. J. and Chikwanha, F., 'Reconsidering African Refugee Law' (2019) 31 *IJRL*182.
Carlier, J.-Y., 'Droit d'asile et des Réfugiés: de la Protection aux Droits' (2008) *Hague Recueil*90.
Carr, S., 'From Theory to Practice: National and Regional Application of the Guiding Principles' (2009) 21 *IJRL*34.
Castel, J. R., 'Rape, Sexual Assault and the Meaning of Persecution' (1992) 4 *IJRL*39.
Cerqueira, D., 'The Solitude of the Dominican Republic' (14 Nov. 2014), https://www.americasquarterly.org/content/solitude-dominican-republic.
Chan, J. M. M., 'The Right to a Nationality as a Human Right—The Current Trend towards Recognition' (1991) 12 *HRLJ*1.

Chan E. & Schloenhardt, A., 'North Korean Refugees and International Refugee Law' (2007) 19 *IJRL*215.

Chang-Muy, F., Zeiler, J., & Kawi, Z., 'Case Abstract No. *IJRL/0114*' (1992) 4 *IJRL*263.

Charlesworth, H., 'The Declaration on the Elimination of All Forms of Violence against Women' (1994) *ASIL Insight*, No. 3.

Chen, G., 'A Global Campaign to End Refugee Warehousing' *World Refugee Survey*2004 21.

Chetail, V., 'Moving Towards an Integrated Approach of Refugee Law and Human Rights Law', in Costello, C., Foster, M., & McAdam, J., eds., *The Oxford Handbook of International Refugee Law*(Oxford University Press, 2021).

Chetail, V., 'Are Refugee Rights Human Rights? An Unorthodox Questioning of the Relations between Refugee Law and Human Rights Law', in Rubio-Marín, R., ed., *Human Rights and Immigration*(Oxford University Press, 2014).

Chetail, V., 'Freedom of Movement and Transnational Migrations: A Human Rights Perspective', in Aleinikoff, T. A. & Chetail, V., eds., *Migration and International Legal Norms*(TMC Asser Press, 2003).

Chetail, V., 'Looking Beyond the Rhetoric of the Refugee Crisis: The Failed Reform of the Common European Asylum System' (2016) 28 *European Journal of Human Rights*583.

Chetail, V., 'The Transnational Movement of Persons under General International Law: Mapping the Customary Law Foundations of International Migration Law', in Chetail, V. & Bauloz, C., eds., *Research Handbook on International Law and Migration*(Edward Elgar Publishing, 2014).

Chetail, V., 'Voluntary Repatriation in Public International Law: Concepts and Contents' (2004) 23(3) *RSQ*1.

Chia, J., McAdam, J., & Purcell, K., 'Asylum in Australia: "Operation Sovereign Borders" and International Law' (2014) 34 *AustYBIL*33.

Chimni, B. S., 'Global Compact on Refugees: One Step Forward, Two Steps Back' (2018) 30 *IJRL*630.

Chimni, B. S., 'From Resettlement to Involuntary Repatriation: Towards a Critical History of Durable Solutions to Refugee Problems' (2004) 23(3) *RSQ*55.

Chimni, B. S., 'The Meaning of Words and the Role of the UNHCR in Voluntary Repatriation' (1993) 5 *IJRL*442.

Chimni, B. S., 'Perspectives on Voluntary Repatriation: A Critical Note' (1991) 3 *IJRL*541.

Chisholm, J. T., 'Chen Guangcheng and Julian Assange: The Normative Impact of International Incidents on Diplomatic Asylum Law' (2014) 82 *George Washington Law Review*528.

Christiansen, M. & Einarsen, T., 'The Situation in Norway', Paper Presented at Preliminary Workshop, 'Undesirable and Unreturnable? Policy Challenges around Excluded Asylum-Seekers and Other Migrants Suspected of Serious Criminality but Who Cannot Be Removed' Vrije University Amsterdam (27 Mar. 2015).

Clapham, A., 'Human Rights Obligations of Non-State Actors in Conflict Situations' (2006) 88 *International Review of the Red Cross*491.

Clapham, A., 'Creating the High Commissioner for Human Rights: The Outside Story' (1994) 5 *EJIL*556.

Clark, T., 'Human Rights and Expulsion: Giving Content to the Concept of Asylum' (1992) 4 *IJRL*189.

Clayton, G., 'The UK and Extraterritorial Immigration Control: Entry Clearance and Juxtaposed Control', in Ryan, B. & Mitsilegas, V., eds., *Extraterritorial Immigration Control: Legal Challenges*(Martinus Nijhoff Publishers, 2010).

Coghlan, T., 'The Taliban in Helmand: An Oral History', in Giustozzi, A., ed., *Decoding the New Taliban: Insights from the Afghan Field*(Oxford University Press, 2009).

Cohen, C. P., 'The Rights of the Child: Implications for Change in the Care and Protection of Refugee Children' (1991) 3 *IJRL*675.

Cohen, J., 'Questions of Credibility: Omissions, Discrepancies and Errors of Recall in the Testimony of Asylum Seekers' (2001) 13 *IJRL*293.

Cohen, R. & Deng, F. M., 'Developing the Normative Framework for IDPs' (2018) 30 *IJRL*310.

Cohn, I., 'The Convention on the Rights of the Child: What it Means for Children in War' (1991) 3 *IJRL*291.

Cole, C. V., 'Is There Safe Refuge in Canadian Missions Abroad?' (1997) 9 *IJRL*654.

Coleman, N., '*Non-Refoulement*Revised: Renewed Review of the Status of the Principle of *Non-Refoulement*as Customary International Law' (2003) 5 *EJML*23.

Colloquium on Challenges in International Refugee Law, 'The Michigan Guidelines on Refugee Freedom of Movement' (2018) 39 *Michigan Journal of International Law*5.

Colloquium on Challenges in International Refugee Law, 'The Michigan Guidelines on Risk for Reasons of Political Opinion' (2015) 37 *Michigan Journal of International Law*234.

Committee on Migration, Refugees and Displaced Persons, 'Refugees and the Right to Work', Report, Doc. 13462 (24 Mar. 2014).

Conlan, S., Waters, S., & Berg, K., *Difficult to Believe. The Assessment of Asylum Claims in Ireland*(Irish Refugee Council, 2012).

Connelly, A., 'Ireland and the Political Offence: Exception to Extradition' (1985) 12 *Journal of Law and Society*153.

Cook, B., 'Method in Its Madness: The Endowment Effect in an Analysis of Refugee Burden-Sharing and a Proposed Refugee Market' (2004) 19 *Georgetown Immigration Law Journal*333.

Cooper, J. B., 'Environmental Refugees: Meeting the Requirements of the Refugee Definition' (1998) 6 *NYU Environmental Law Journal*480.

Cooper, M. D., 'Migration and Disaster-Induced Displacement: European Policy, Practice and Perspective' *Center for Global Development*, Working Paper 308 (Oct. 2012).

Corey, J. M., 'INS v Doherty: The Politics of Extradition, Deportation and Asylum' (1992) 16 *Maryland Journal of International Law & Trade*83.

Corliss, S., 'Asylum State Responsibility for the Hostile Acts of Foreign Exiles' (1990) 2 *IJRL*181.

Cornelisse, G., 'Territory, Procedures and Rights: Border Procedures in European Asylum Law' (2016) 35(1) *RSQ*74.

Costello, C., 'The Asylum Procedures Directive and the Proliferation of Safe Country Practices: Deterrence, Deflection and the Dismantling of International Protection?' (2005) 7 *EJML*35.

Costello, C., 'The *Bosphorus*Ruling of the European Court of Human Rights: Fundamental Rights and Blurred Boundaries in Europe' (2006) 6 *Human Rights Law Review*87.

Costello, C., 'It Need Not Be Like This' (2016) 51 *FMR*12.

Costello, C., 'Safe Country? Says Who?' (2016) 28 *IJRL*601.

Costello, C., 'The Search for the Outer Edges of *Non-Refoulement*in Europe: Exceptionality and Flagrant Breaches', in Burson, B. & Cantor, D. J., eds., *Human Rights and the Refugee Definition: Comparative Legal Practice and Theory*(Brill Nijhoff, 2016).

Costello, C. & Foster, M., 'Non-Refoulement as Custom and *Jus Cogens*? Putting the Prohibition to the Test', in den Heijer, M. & van der Wilt, H., eds., *Netherlands Yearbook of International Law 2015: Jus Cogens: Quo Vadis?*(TMC Asser Press, 2016).

Costello, C., Foster, M., & McAdam J., eds., *The Oxford Handbook of International Refugee Law*(Oxford University Press, 2021).

Costello, C., Groenendijk, K., & Storgaard, L. H., 'Realising the Right to Family Reunification of Refugees in Europe' *Council of Europe Commissioner for Human Rights*, Issue Paper (Jun. 2017).

Costello, C. & Hancox, E., 'The Recast Asylum Procedures Directive 2013/32/EU: Caught between the Stereotypes of the Abusive Asylum Seeker and the Vulnerable Refugee', in Chetail, V., De Bruycker, P.,

& Maiani, F., eds., *Reforming the Common European Asylum System: The New European Refugee Law*(Brill Nijhoff, 2016).

Costello, C. & Ioffe, Y. 'Non-penalization and Non-criminalization', in Costello, C., Foster, M., & McAdam, J., eds., *The Oxford Handbook of International Refugee Law*(Oxford University Press, 2021).

Costello, C., Ioffe, Y., & Büchsel, T., 'Article 31 of the 1951 Convention relating to the Status of Refugees' UNHCR Legal and Protection Policy Research Series, PPLA/2017/01 (Jul. 2017).

Costello C. & Kaytaz, E., 'Building Empirical Research into Alternatives to Detention: Perceptions of Asylum-Seekers and Refugees in Toronto and Geneva' UNHCR Legal and Protection Policy Research Series, PPLA/2013/02.REV.1 (Jun. 2013).

Costello, C. & Mouzourakis, M., 'The Common European Asylum System: Where Did It All Go Wrong?', in Fletcher, M., Herlin-Karnell, E., & Matera, C., eds., *The European Union as an Area of Freedom, Security and Justice*(Routledge, 2016).

Couldrey, M. & Herson, M., eds., 'Sexual orientation and gender identity and the protection of forced migrants', 42 *FMR*(Apr. 2013), https://www.fmreview.org/sogi.

Council of Europe, 'Conscientious Objection to Military Service, Explanatory Report', CE Doc. 88.C55 (1988).

Council of Europe, 'Explanatory Report to the Council of Europe Convention on the Prevention of Terrorism', 16.V.2005 CETS No. 196 (16 May 2005).

Council of Europe, 'European Qualifications Passport for Refugees', https://www.coe.int/en/web/education/recognition-of-refugees-qualifications.

Cour National du Droit d'Asile, *Recueils annuels de la jurisprudence de la CNDA,http://www.cnda.fr/Ressources-juridiques-et-geopolitiques/Recueils-de-jurisprudence.*

Cour National du Droit d'Asile, *Les grandes décisions du Conseil d'Etat et de la Cour nationale du droit d'asile sur l'asile*(Apr. 2009).

Craig, P., 'Judicial Review and Anxious Scrutiny: Foundations, Evolution and Application' [2015] *Public Law*60.
Crawford, J. & Hyndman, P., 'Three Heresies in the Application of the Refugee Convention' (1989) 1 *IJRL*155.
Crawley, H., '[En]gendering International Refugee Protection: Are We There Yet?', in Burson, B. & Cantor, D. J., eds., *Human Rights and the Refugee Definition: Comparative Legal Practice and Theory*(Brill Nijhoff, 2016).
Crépeau, F., 'Anti-Terrorism Measures and Refugee Law Challenges in Canada' (2010) 29(4) *RSQ*31.
Crisp, J., 'Finding Space for Protection: An Inside Account of the Evolution of UNHCR's Urban Refugee Policy' (2017) 33(1) *Refuge*87.
Crisp, J., 'Mind the Gap! UNHCR, Humanitarian Assistance and the Development Process' UNHCR *New Issues in Refugee Research*, Working Paper No. 43 (2001).
Crisp, J., Morris, T., & Refstie, H., 'Displacement in Urban Areas: New Challenges, New Partnerships' (2012) 36(1) *Disasters*S23.
Crock, M. E., 'Protecting Refugees with Disabilities', in Costello, C., Foster, M., & McAdam, J., eds., *The Oxford Handbook of International Refugee Law*(Oxford University Press, 2021).
Crock, M. E., 'Justice for the Migrant Child: The Protective Force of the Convention on the Rights of the Child', in Mahmoudi, S., Leviner, P., Kaldal, A., & Lainpelto, K., eds., *Child-Friendly Justice: A Quarter of a Century of the UN Convention on the Rights of the Child*(Brill Nijhoff, 2015).
Crock, M. E., 'Of Relative Rights and Putative Children: Rethinking the Critical Framework for the Protection of Refugee Children and Youth' (2013) 20 *Australian International Law Journal*20.
Crock, M. E., 'In the Wake of the *Tampa*: Conflicting Visions of International Refugee Law in the Management of Refugee Flows' (2003) 12 *Pacific Rim and Policy Journal*49.

Crock, M. E., Ernst, C., & McCallum, R., 'Where Disability and Displacement Intersect: Asylum Seekers and Refugees with Disabilities' (2013) 24 *IJRL*735.

Crock, M. E. & Smith-Khan, L., 'Swift and Systematic? Identifying and Recording Disability in Forced Migration', in Altman, B. M., ed., *International Measurement of Disability: Purpose, Method and Application*(Springer, 2016).

Crock, M. E. & Yule, P., 'Children and the Convention relating to the Status of Refugees', in Crock, M. E., & Benson, L.B., eds., *Protecting Migrant Children: In Search of Best Practice*(Edward Elgar Publishing, 2018).

Cuellar, R., García-Sayán, D., Montaño, J., Diegues, M., & Valladares Lanza, L., 'Refugee and Related Developments in Latin America: The Challenges Ahead' (1991) 3 *IJRL*482.

Cullen, M., 'The IOM's New Status and its Role under the Global Compact for Safe, Orderly and Regular Migration: Pause for Thought' *EJIL-Talk!*(29 Mar. 2019).

Curtain, R., Dornan, M., Doyle, J., & Howes, S., 'Pacific Possible: Labour Mobility: The Ten Billion Dollar Prize' (Pacific Possible, ANU, & the World Bank, 2016).

D'Alotto, A. & Garretón, R., 'Developments in Latin America: Some Further Thoughts' (1991) 3 *IJRL*499.

D'Amato, A., 'On Consensus' (1970) 8 *CanYIL*104.

da Costa, R., 'The Administration of Justice in Refugee Camps: A Study of Practice' UNHCR Legal and Protection Policy Research Series, PPLA/2006/01 (Mar. 2006).

Daley, K. & Kelley, N., 'Particular Social Group: A Human Rights Based Approach in Canadian Jurisprudence' (2000) 12 *IJRL*148.

Darling, K., 'Protection of Stateless Persons in International Asylum and Refugee Law' (2009) 1 *IJRL*742.

Dastyari, A. & Ghezelbash, D., 'Asylum at Sea: The Legality of Shipboard Refugee Status Determination Procedures' (2020) 32 *IJRL*1.

Dastyari, A., 'Refugees on Guantanamo Bay: A Blue Print for Australia's "Pacific Solution"?' (2007) 79 *Australian Quarterly*4.

Dastyari, A. & Effeney, L., 'Immigration Detention in Guantánamo Bay: (Not Going Anywhere Anytime Soon)' (2012) 6(2) *Shima: The International Journal of Research into Island Cultures*49.

Dauvergne, C., 'Women in Refugee Jurisprudence', in Costello, C., Foster, M., & McAdam, J., eds., *The Oxford Handbook of International Refugee Law*(Oxford University Press, 2021).

Dauvergne, C., 'Chinese Fleeing Sterilisation: Australia's Response against a Canadian Background' (1998) 10 *IJRL*77.

Dauvergne, C. & Kaushal, A., 'The Growing Culture of Exclusion: Trends in Canadian Refugee Exclusions' (2011) 23 *IJRL*54.

Dauvergne, C. & Lindy, H., 'Excluding Women' (2019) 31 *IJRL*1.

Davies, K., 'Continuity, change and contest. Meanings of "humanitarian" from the "Religion of Humanity" to the Kosovo war' Humanitarian Policy Group, Working Paper, Overseas Development Institute (Aug. 2012).

Davy, U., 'Article 32 (Expulsion)', in Zimmermann, A., ed., *The 1951 Convention relating to the Status of Refugees and its 1967 Protocol: A Commentary*(Oxford University Press, 2011).

Dawson, J. & Gerber, P., 'Assessing the Refugee Claims of LGBTI People: Is the DSSH Model Useful for Determining Claims by Women for Asylum based on Sexual Orientation?' (2017) 29 *IJRL*292.

De Bruycker, P. & Tsourdi, E., 'The Challenge of Asylum Detention to Refugee Protection' (2016) 35(1) *RSQ*1.

de Wet, E., 'The Prohibition of Torture as an International Norm of *Jus Cogens*and Its Implications for National and Customary Law' (2004) 15 *EJIL*97.

de Wet, E., 'Jus Cogens and Obligations Erga Omnes', in Shelton, D., ed., *The Oxford Handbook of International Human Rights Law*(Oxford University Press, 2013).

Dechent, S., Tania, S., & Mapulanga-Hulston, J., 'Asylum Seeker Children in Nauru: Australia's International Human Rights Obligations and Operational Realities' (2019) 31 *IJRL* 83.

den Heijer, M., 'Article 18', in Peers, S., Hervey, T., Kenner, J. & Ward, A., eds., *EU Charter of Fundamental Rights: A Commentary*(Hart Publishing, 2014).

den Heijer, M., 'Reflections on *Refoulement*and Collective Expulsion in the *Hirsi*Case' (2013) 25 *IJRL* 265.

den Heijer, M., 'Issues of Shared Responsibility before the European Court of Human Rights' ACIL Research Paper No. 1012-04 (2012).

den Heijer, M., 'Whose Rights and Which Rights? The Continuing Story of *Non-Refoulement*under the European Convention on Human Rights' (2008) 10 *EJML* 277.

Deng, F. M., 'Introductory Note by the Representative of the Secretary-General on Internally Displaced Persons Mr. Francis M. Deng', in OCHA, *Guiding Principles on Internal Displacement*(2nd edn., OCHA, 2004).

Deng, F. M., 'The International Protection of the Internally Displaced' (1995) 7 *IJRL Special Issue* 74.

Denis-Linton, M., Malvasio, F., & Logeais, E., *Trente ans de jurisprudence de la Cour nationale du droit d'asile et du Conseil d'État sur l'asile: Principales décisions de 1982 au 31 décembre 2011*(CNDA, Mar. 2012).

Denza, E., 'Nationality and Diplomatic Protection' (2018) 65 *Netherlands International Law Review* 463.

Denza, E., 'Diplomatic Asylum', in Zimmermann, A., ed., *The 1951 Convention relating to the Status of Refugees and its 1967 Protocol: A Commentary*(Oxford University Press, 2011).

Deschamp, B., Azorbo, M., & Lohse, S., 'Earth, Wind and Fire: A Review of UNHCR's Role in Recent Natural Disasters' UNHCR Policy Development and Evaluation Service, PDES/2010/06 (Jun. 2010).

Deschamp, B. & Dowd, R., 'Review of the Use of Executive Committee Conclusions on International Protection' UNHCR Policy Development and Evaluation Service, PDES/2008/03 (Apr. 2008).
Dimitrichev, T. F., 'Conceptual Approaches to Early Warning: Mechanisms and Methods—A View from the United Nations' (1991) 3 IJRL264.
Displacement Solutions, 'Peninsula Principles on Climate Displacement within States' (19 Aug. 2013), https://displacementsolutions.org/peninsula-principles/.
Djordjevic, N., 'Exclusion under Article 1F(b) of the Refugee Convention: The Uncertain Concept of Internationally Serious Common Crimes' (2014) 12 Journal of International Criminal Justice1057.
Donnelly, J. & Howard, R. E., 'Assessing Nations Human Rights Performance: A Theoretical Framework' (1988) 10 HRQ214.
Dowd, R., 'Dissecting Discrimination in Refugee Law: An Analysis of its Meaning and its Cumulative Effect' (2011) 23 IJRL28.
Dowd, R., Hunter, J., Liddell, B., McAdam, J., Nickerson, A., & Bryant, R., 'Filling Gaps and Verifying Facts: Assumptions and Credibility Assessments in the Australian Refugee Review Tribunal' (2018) 30 IJRL71.
Dowd, R. & McAdam, J., 'International Cooperation and Responsibility-Sharing to Protect Refugees: What, Why, and How?' (2017) 66 ICLQ863.
Dufour, L., 'The 1951 Geneva Convention and Subsidiary Protection: Uncertain Boundaries', in International Association of Refugee Law Judges, ed., *Forced Migration and the Advancement of International Protection*, Proceedings of the 7th World Conference (2006), http://www.iarlj.org/general/working-parties/154-wp-papers-7th-world-conference.
Dugard, J., 'Diplomatic Protection', in *Max Planck Encyclopedia of Public International Law*(2009), https://opil.ouplaw.com/view/10.1093/law:epil/9780199231690/law-9780199231690-e1028?rskey=jwFCqc&result=7&prd=OPIL.
Dun, O. & Klocker, N., 'The Migration of Horticultural Knowledge: Pacific Island Seasonal Workers in Rural Australia—A Missed Opportunity?' (2017) 48 Australian Geographer27.

Dunlop, E., 'The Administration of Justice in Protracted Refugee Situations: A Study of UNHCR's International Obligations' (MSt thesis, University of Oxford, 2012).

Dunstan, R., 'United Kingdom: Breaches of Article 31 of the 1951 Refugee Convention' (1998) 10 *IJRL*205.

du Parc, E. & Bolo Spieth, N., 'Tropical Cyclone Harold and COVID-19: A Double Blow to the Pacific Islands' (Apr. 2020), https://www.internal-displacement.org/expert-opinion/tropical-cyclone-harold-and-covid-19-a-double-blow-to-the-pacific-islands.

Dupuy, P.-M., 'Reviewing the difficulties of codification: On Ago's classification of obligations of means and obligations of result in relation to State responsibility' (1999) 10 *EJIL*371.

Durieux, J.-F., 'Temporary Protection and Temporary Refuge', in Costello, C., Foster, M., & McAdam, J., eds., *The Oxford Handbook of International Refugee Law*(Oxford University Press, 2021).

Durieux, J.-F., 'The Duty to Rescue Refugees' (2016) 28 *IJRL*637.

Durieux, J.-F., 'Temporary Protection: Hovering at the Edges of Refugee Law', in Ambrus, M. & Wessel, R., eds., *Netherlands Yearbook of International Law*(TMC Asser, 2014).

Durieux, J.-F., 'Three Asylum Paradigms' (2013) 20 *International Journal on Minority and Group Rights*147.

Durieux, J.-F., 'The Vanishing Refugee: How EU Asylum Law Blurs the Specificity of Refugee Protection', in Lambert, H., McAdam, J., & Fullerton, M., eds., *The Global Reach of European Refugee Law*(Cambridge University Press, 2013).

Durieux, J.-F., 'Of War, Flows, Laws and Flaws: A Reply to Hugo Storey' (2012) 31(3) *RSQ*161.

Durieux, J.-F., 'The Many Faces of "Prima Facie": Group-Based Evidence in Refugee Status Determination' (2008) 25(2) *Refuge*151.

Durieux, J.-F. & Cantor, D. J., 'Refuge from Inhumanity? Canvassing the Issues', in Cantor, D. J. & Durieux, J.-F., eds., *Refuge from Inhumanity? War Refugees and International Humanitarian Law*(Brill Nijhoff, 2014).

Durieux, J.-F. & Hurwitz, A., 'How Many is Too Many? African and European Legal Responses to Mass Influxes of Refugees' (2005) 47 *German Yearbook of International Law*105.

Durieux, J.-F. & McAdam, J., '*Non-Refoulement*through Time: The Case for a Derogation Clause to the Refugee Convention in Mass Influx Emergencies' (2004) 16 *IJRL*4.

Eaton, J., 'The Internal Protection Alternative Under European Union Law: Examining the Recast Qualification Directive' (2012) 24 *IJRL*765.

Edwards, A., 'From Routine to Exceptional: Introduction to UNHCR's Global Strategy—Beyond Detention 2014-2019. Supporting Governments to End the Detention of Asylum-Seekers' (2016) 35(1) *RSQ*128.

Edwards, A., 'Temporary Protection, Derogation and the *1951 Refugee Convention*' (2012) 13 *Melbourne Journal of International Law*595.

Edwards, A., 'Article 17 1951 Convention', in Zimmermann, A., ed., *The 1951 Convention Relating to the Status of Refugees and its 1967 Protocol: A Commentary*(Oxford University Press, 2011).

Edwards, A., 'Back to Basics: The Right to Liberty and Security of Person and "Alternatives to Detention" of Refugees, Asylum-Seekers, Stateless Persons and Other Migrants' UNHCR Legal and Protection Policy Research Series, PPLA/2011/01.Rev.1 (Apr. 2011).

Edwards, A., 'Transitioning Gender: Feminist Engagement with International Refugee Law and Policy 1950-2010' (2010) 29(2) *RSQ*21.

Edwards, A., 'Refugee Status Determination in Africa' (2006) 14 *African Journal of International and Comparative Law*204.

Edwards, A., 'Human Rights, Refugees, and the Right "to Enjoy" Asylum' (2005) 17 *IJRL*293.

Edwards, A., 'Tampering with Refugee Protection: The Case of Australia' (2003) 15 *IJRL*192.

Eggleston, Sir R., 'What is Wrong with the Adversary System?' (1975) 49 *Australian Law Journal*428.

Einarsen, T., 'Drafting History of the 1951 Convention and the 1967 Protocol', in Zimmermann, A., ed., *The 1951 Convention Relating to* the Status of Refugees and its 1967 Protocol: A Commentary(Oxford University Press, 2011).

Einarsen, T., 'The European Convention on Human Rights and the Notion of an Implied Right to de factoAsylum' (1990) 2 IJRL361.

Elie, J., 'The Historical Roots of Cooperation Between the UN High Commissioner for Refugees and the International Organization for Migration' (2010) 16 Global Governance345.

Engelmann, C., 'Convergence against the Odds: The Development of Safe Country of Origin Policies in EU Member States (1990-2013)' (2014) 16 EJML277.

Entwisle, H., 'The World Turned Upside Down: A Review of Protection Risks and UNHCR's Role in Natural Disasters' UNHCR Policy Development and Evaluation Service, PDES/2013/03 (Mar. 2013).

Epps, V., 'The Validity of the Political Offence Exception in Extradition Treaties in Anglo-American Jurisprudence' (1979) 20 HarvILJ61.

Erauw, G., 'Compatibility of the 1954 Convention relating to the Status of Stateless Persons with Canada's Legal Framework and its International Human Rights Obligations' (UNHCR, 2015).

Errera, R., 'Cessation and Assessment of New Circumstances: a Comment on Abdulla, CJEU, 2 March 2010' (2011) 23 IJRL521.

Errera, R., 'The CJEU and Subsidiary Protection: Reflections on Elgafaji—and After' (2011) 23 IJRL93.

European Asylum Support Office Country of Origin Information (EASO COI) Portal, https://coi.easo.europa.eu/.

European Commission, 'Communication from the Commission to the European Parliament, the Council, the European Economic and Social Committee and the Committee of the Regions on a New Pact on Migration and Asylum', COM(2020) 609 final (23 Sep. 2020).

European Commission, 'Evaluation of the application of the recast Qualification Directive (2011/95/EU): Final Report' (2019).

European Commission, 'Proposal for a Council Directive laying down minimum standards for the qualification and status of third country nationals and stateless persons as refugees, in accordance with the 1951 Convention', Explanatory Memorandum, Comments to Draft Article 13, COM(2001) 510 (12 Sep. 2001).

European Council on Refugees and Exiles (ECRE), 'Comments on the Commission Proposal for an Asylum Procedures Regulation' COM (2016) 467 (Nov. 2016).

European Council on Refugees and Exiles (ECRE), 'Information Note on Directive 2013/32/EU' (Dec. 2014).

European Council on Refugees and Exiles (ECRE), 'ECRE Information Note on the Directive 2011/95/EU of the European Parliament and of the Council of 13 December 2011 on standards for the qualification of third-country nationals or stateless persons as beneficiaries of international protection, for a uniform status for refugees or for persons eligible for subsidiary protection, and for the content of the protection granted (recast)' (undated).

European Council on Refugees and Exiles (ECRE), 'Comments on the Amended Commission Proposal to recast the Asylum Procedures Directive' COM(2011) 319 final (Sep. 2011).

European Council on Refugees and Exiles (ECRE), 'Comments from the European Council on Refugees and Exiles on the European Commission Proposal to recast the Qualification Directive' (2 Mar. 2010).

European Council on Refugees and Exiles (ECRE) & Italian Council for Refugees, 'Exploring Avenues for Protected Entry in Europe' (Mar. 2012).

European Country of Origin Information Network, www.ecoi.net.

European Court of Human Rights, 'Guide on Article 9 of the European Convention on Human Rights: Freedom of thought, conscience and religion, (updated 31 Aug. 2019).

European Migration Network, 'Beneficiaries of International Protection travelling to their Country of Origin: Challenges, Policies and

Practices in EU Member States, Norway and Switzerland' (Nov. 2019), www.ec.europa.eu/emn.
European Network on Statelessness, 'Statelessness Determination and the Protection Status of Stateless Persons' (2013).
European Parliament, Committee Civil Liberties, Justice and Home Affairs, 'Report on the proposal for a directive of the European Parliament and of the Council on minimum standards for the qualification and status of third country nationals or stateless persons as beneficiaries of international protection and the content of the protection granted (recast)' COM(2009)0551—C7-0250/2009—2009/0164(COD) (14 Jul. 2011).
European Parliament, Economic and Social Committee, 'Opinion of the European Economic and Social Committee on the "Proposal for a Directive of the European Parliament and of the Council on minimum standards for the qualification and status of third country nationals or stateless persons as beneficiaries of international protection and the content of the protection granted" (recast) COM(2009) 551 final/2–2009/0164 (COD)', 2011/C 18/14 (19 Jan. 2011).
European Parliament, 'Misuse of Interpol's Red Notices and impact on human rights—Recent developments', Study requested by the Subcommittee on Human Rights (DROI), Policy Department for External Relations, Directorate General for External Policies of the Union PE 603.472 (Jan. 2019).
European Union Agency for Fundamental Rights, 'Legal Entry Channels to the EU for Persons in Need of International Protection: A Toolbox', FRA Focus Report (Feb. 2015).
Evans, A., 'Federal Republic of Germany Case Notes' (1979) 73 *AJIL* 305.
'Exclusion from Protection' (2000) 12 *IJRL—Special Supplementary Issue* 1.
Fair Trials, 'Strengthening respect for human rights, strengthening INTERPOL' (26 Nov. 2013).

Fantinato, M., 'EU Regional Disembarkation Arrangements in the Mediterranean: Between the Outsourcing of Search and Rescue Services and the Externalisation of Sea Border Management' (2019) 28 *Italian Yearbook of International Law*63.

Farbotko, C., 'Voluntary Immobility: Indigenous Voices in the Pacific' (2018) 57 *FMR*81.

Farmer, A., 'Non-Refoulement and *Jus Cogens*: Limiting Anti-Terror Measures that Threaten Refugee Protection' (2008) 23 *Georgetown Immigration Law Journal*1.

Farmer, A., 'Refugee Responses, State-Like Behavior, and Accountability for Human Rights Violations: A Case Study of Sexual Violence in Guinea's Refugee Camps' (2006) 9 *Yale Human Rights and Development Law Journal*44.

Federal Ministry of the Interior, 'Recent Developments in the German Law on Asylum and Aliens' (1994) 6 *IJRL*265.

Feldman, I., 'The Challenge of Categories: UNRWA and the Definition of a "Palestinian Refugee"' (2012) 25 *JRS*387.

Feller, E., 'Carrier Sanctions and International Law' (1989) 1 *IJRL*48.

Feller, E. & Klug, A., 'Refugees, United Nations High Commissioner for (UNHCR)', in *Max Planck Encyclopedia of Public International Law*(Jan. 2013), https://opil.ouplaw.com/.

Fernández-Sánchez, P. A., 'The Interplay Between International Humanitarian Law and Refugee Law' (2010) 1 *Journal of International Humanitarian Legal Studies*329.

Ferreira, N., 'An exercise in detachment: the Council of Europe and sexual minority asylum claims', in Mole, R. C. M., ed., *Queer Migration and Asylum in Europe*(UCL Press, 2021).

Ferreira, N., & Danisi, C, 'Queering International Refugee Law', in Costello, C., Foster, M., & McAdam, J., eds., *The Oxford Handbook of International Refugee Law*(Oxford University Press, 2021).

Ferris, E., 'In Search of Commitments: The 2016 Refugee Summits' *Kaldor Centre for International Refugee Law*, Policy Brief 3 (Nov. 2016).

Ferris, E., 'Protection and Planned Relocations in the Context of Climate Change' UNHCR Legal and Protection Policy Research Series, PPLA/2012/04 (Aug. 2012).

Ferris, E. & Bergmann, J., 'Soft Law, Migration and Climate Change Governance' (2017) 8 *Journal of Human Rights and the Environment*6.

Fiddian-Qasmiyeh, E., 'The Changing Faces of UNRWA' (2019) 1(1) *Journal of Humanitarian Affairs*28.

Fielden, A., 'Local Integration: An Under-reported Solution to Protracted Refugee Situations' UNHCR *New Issues in Refugee Research*, Research Paper No. 158 (2008).

Fiji, Republic of, 'Displacement Guidelines in the Context of Climate Change and Disasters' (Ministry of Economy, 2019).

Finlay, L., 'Explainer: what is an Interpol red notice and how does it work?' *The Conversation*(30 Jan. 2019).

Firth, G. & Mauthe, B., 'Refugee Law, Gender and the Concept of Personhood' (2013) 25 *IJRL*470.

Fischel de Andrade, J., 'Regional Refugee Regimes: Latin America', in Costello, C., Foster, M., & McAdam, J., eds., *The Oxford Handbook of International Refugee Law*(Oxford University Press, 2021).

Fischel de Andrade, J. H., 'The 1984 Cartagena Declaration: A Critical Review of Some Aspects of Its Emergence and Relevance' (2019) 38 *RSQ*341.

Fischel de Andrade, J. H., 'Forced Migration in South America', in Fiddian-Qasmiyeh, E., Loescher, G., Long, K., & Sigona, N., eds., *The Oxford Handbook of Refugee and Forced Migration Studies*(Oxford University Press, 2014).

Fischel de Andrade, J. H., 'Brazil and the International Refugee Organization (1946–1952)' (2011) 30(1) *RSQ*65.

Fischel de Andrade, J. H., 'Regional Policy Approaches and Harmonization: A Latin American Perspective' (1998) 10 *IJRL*389.

Fischer-Lescano, A., Löhr, T., & Tohidipur, T., 'Border Controls at Sea: Requirements under International Human Rights and Refugee Law' (2009) 21 *IJRL*256.

Fischer Williams, J., 'Denationalization' (1927) 8 *BYIL*45.

Fitzmaurice, G., 'The Law and Procedure of the International Court of Justice, 1951-54: General Principles and Sources of Law' (1950) 27 *BYIL*1.

Fitzpatrick, D. & Compton, C., 'Seeing Like a State: Land Law and Human Mobility after Natural Disasters' (2018) 50 *NYU Journal of International Law and Politics*719.

Fitzpatrick, J., 'Flight from Asylum: Trends toward Temporary "Refuge" and Local Responses to Forced Migrations' (2004) 35 *VirgJIL*13.

Fitzpatrick, J., 'Harmonized Subsidiary Protection in the European Union: A View from the United States', in Bouteillet-Paquet, D., ed., *Subsidiary Protection of Refugees in the European Union: Complementing the Geneva Convention?*(Bruylant, 2002).

Fitzpatrick, J., 'Human Rights and Forced Displacement: Converging Standards', in Bayefsky, A. F. & Fitzpatrick, J., eds., *Human Rights and Forced Displacement*(Brill, 2000).

Fitzpatrick, J., 'Temporary Protection of Refugees: Elements of a Formalized Regime' (2000) 94 *AJIL*270.

Fitzpatrick, J., 'The International Dimension of U.S. Refugee Law' (1997) 15 *Berkeley Journal of International Law*1.

Fitzpatrick, J., 'Revitalizing the 1951 Refugee Convention' (1996) 9 *Harvard Human Rights Journal*229.

Fitzpatrick, J. & Bonoan, R., 'Cessation of refugee protection', in Feller, E., Türk, V., & Nicholson, F., eds., *Refugee Protection in International Law: UNHCR's Global Consultations on International Protection* (Cambridge University Press, 2003).

Fong, C., 'Some Legal Aspects of the Search for Admission into other States of Persons leaving the Indo-Chinese Peninsular in Small Boats' (1982) 52 *BYIL*53.

Fonteyne, J.-P., 'Burden-Sharing: An Analysis of the Nature and Function of International Solidarity in Cases of Mass Influx of Refugees' (1983) 8 *AustYBIL*162.

Fortin, A., 'The Meaning of "Protection" in the Refugee Definition' (2001) 12 *IJRL*548.

Foster, M., 'The "Ground with the Least Clarity": A Comparative Study of Jurisprudential Developments relating to 'Membership of a Particular Social Group' UNHCR Legal and Protection Policy Research Series, PPLA/2012/02 (Aug. 2012).

Foster, M., 'The Implications of the Failed "Malaysia Solution": The Australian High Court and Refugee Responsibility Sharing' (2012) 13 *Melbourne Journal of International Law*395.

Foster, M., '*Non-Refoulement*on the Basis of Socio-Economic Deprivation: The Scope of Complementary Protection in International Human Rights Law' [2009] *New Zealand Law Review*257.

Foster, M., 'Responsibility Sharing or Shifting? "Safe" Third Countries and International Law' (2008) 25(2) *Refuge*64.

Foster, M., 'Protection Elsewhere: The Legal Implications of Requiring Refugees to Seek Protection in Another State' (2007) 28 *Michigan Journal of International Law*223.

Foster, M. & Lambert, H., 'Statelessness as a Human Rights Issue: A Concept whose Time has Come' (2016) 28 *IJRL*564.

Foster, M. & McAdam, J., 'Migration and Maritime Powers Legislation Amendment (Resolving the Asylum Legacy Caseload) Bill 2014, Submission 167' (31 Oct. 2014).

Foster, M. & Pobjoy, J., 'A Failed Case of Legal Exceptionalism? Refugee Status Determination in Australia's "Excised" Territory' (2011) 23 *IJRL*583.

Frances, A. J., 'Removing Barriers to Protection at the Exported Border: Visas, Carrier Sanctions, and International Obligation', in Farrall, J. & Rubenstein, K., eds., *Sanctions, Accountability and Governance in a Globalised World*(Cambridge University Press, 2009).

Francis, A., 'Free Movement Agreements and Climate-Induced Migration: A Caribbean Case Study' Sabin Center for Climate Change Law, Columbia University (Sep. 2019).

Fratzke, S., 'International Experience Suggests Safe Third-Country Agreement Would Not Solve the US-Mexico Border Crisis' MPI Commentaries (Jun. 2019).

Freier, L. F., Karageorgiou, E., & Ogg, K., 'The Evolution of Safe Third Country Law and Practice', in Costello, C., Foster, M., & McAdam, J., eds., *The Oxford Handbook of International Refugee Law*(Oxford University Press, 2021).

Frelick, B., 'What's Wrong with Temporary Protected Status and How to Fix It: Exploring a Complementary Protection Regime' (2020) 8 *JMHS*42.

Frelick, B., Kysel, I. M., & Podkul, J., 'The Impact of Externalization of Migration Controls on the Rights of Asylum Seekers and Other Migrants' (2016) 4 *JMHS*190.

Fresia, M., 'Building Consensus within UNHCR's Executive Committee: Global Refugee Norms in the Making' (2014) 27 *JRS*514.

Fripp, E., 'International Humanitarian Law and the Interpretation of "Persecution" in Article 1A(2) CSR51' (2014) 26 *IJRL*382.

Fullerton, M., 'Terrorism, Torture, and Refugee Protection in the United States' (2010) 29(4) *RSQ*4.

Fundamental Rights Agency, *Manuel de droit Suisse des migrations*(European Union, 2015).

Gallagher, M. S., 'Soldier Boy Bad: Child Soldiers, Culture and Bars to Asylum' (2001) 13 *IJRL*310.

Gammeltoft-Hansen, T., 'International Cooperation on Migration Control: Towards a Research Agenda for Refugee Law' (2018) 20 *EJML*373.

Gammeltoft-Hansen, T. & Gammeltoft-Hansen, H., 'The Right to Seek—Revisited. On the UN Human Rights Declaration Article 14 and Access to Asylum Procedures in the EU' (2008) 10 *EJML*439.

Gammeltoft-Hansen, T. & Hathaway, J. C., 'Non-Refoulement in a World of Cooperative Deterrence' (2015) 53 *Columbia Journal of Transnational Law* 235.
Gammeltoft-Hansen, T. & Tan, N. F., 'Extraterritorial Migration Control and Deterrence', in Costello, C., Foster, M., & McAdam, J., eds., *The Oxford Handbook of International Refugee Law* (Oxford University Press, 2021).
Garcia Marquez, G., 'The Vietnam Wars' *Rolling Stone* (May 1980).
Garlick, M., 'The Sharing of Responsibilities for the International Protection of Refugees', in Costello, C., Foster, M., & McAdam, J., eds., *The Oxford Handbook of International Refugee Law* (Oxford University Press, 2021).
Garlick, M., 'Asylum Procedures', in Peers, S., Moreno-Lax, V., Garlick, M., & Guild, E., eds., *EU Immigration and Asylum Law (Text and Commentary)* (Brill Nijhoff, 2015).
Garlick, M., 'Protection in the European Union for People Fleeing Indiscriminate Violence in Armed Conflict: Article 15(c) of the EU Qualification Directive', in Türk, V., Edwards, A., & Wouters, C., eds., *In Flight from Conflict and Violence: UNHCR's Consultations on Refugee Status and Other Forms of International Protection* (Cambridge University Press, 2017).
Garlick, M. & Inder, C., 'Protection of Refugees and Migrants in the Era of the Global Compacts: Ensuring Support and Avoiding Gaps' (2021) 23 *Interventions: International Journal of Postcolonial Studies* 207.
Garlock, R., Barutciski, M., Sandison, P., & Suhrke, A., 'The Kosovo Refugee Crisis—An Independent Evaluation of UNHCR's Emergency Preparedness and Response' (2000), https://www.alnap.org/help-library/the-kosovo-refugee-crisis-an-independent-evaluation-of-unhcrs-emergency-preparedness.
Garner, A., 'Arrested Development? UNHCR, ILO, and the Refugees' Right to Work' (2014) 30(2) *Refuge* 15.

Garry, H. R., 'The Right to Compensation and Refugee Flows: A "Preventative Mechanism" in International Law?' (1998) 10 *IJRL*97.

Gasser, H.-P., 'Internationalized non-international armed conflicts: Case studies of Afghanistan, Kampuchea, and Lebanon' (1983) 33 *American University Law Review*145.

Gauci, J.-P. & Mallia, P., 'The Migrant Smuggling Protocol and the Need for a Multi-Faceted Approach: Inter-Sectionality and Multi-Actor Cooperation', in Moreno-Lax, V. & Papastavridis, E., eds., *'Boat Refugees' and Migrants at Sea: A Comprehensive Approach: Integrating Maritime Security with Human Rights*(Brill Nijhoff, 2017).

Geiger, M., 'Ideal partnership or marriage of convenience? Canada's ambivalent relationship with the International Organization for Migration' (2018) 44 *Journal of Ethnic and Migration Studies— Special Issue: Researching the International Organization for Migration*1639.

Geiß, R. & Siegrist, M., 'Has the armed conflict in Afghanistan affected the rules on the conduct of hostilities?' (2011) 93 *International Review of the Red Cross*11.

Genç. H. D. & Şirin Öner, N. A., 'Why Not Activated? The Temporary Protection Directive and the Mystery of Temporary Protection in the European Union' (2019) 7 *International Journal of Political Science & Urban Studies*1.

Georgetown University, UNHCR, & IOM, 'A Toolbox: Planning Relocations to Protect People from Disasters and Environmental Change' (Georgetown University, UNHCR, & IOM, 2017), http://www.unhcr.org/596f1bb47.pdf.

Ghezelbash, D., Moreno-Lax, V., Klein, N., & Opeskin, B., 'Securitization of Search and Rescue at Sea: The Response to Boat Migration in the Mediterranean and Australia' (2018) 67 *ICLQ*315.

Gibney, M., 'A "Well-founded Fear" of Persecution' (1988) 10 *HRQ*109.

Gibney, M. J., 'Should citizenship be conditional? The ethics of denationalization' (2013) 75(3) *The Journal of Politics*646.

Gibney, M. J., ' "A Very Transcendental Power": Denaturalisation and the Liberalisation of Citizenship in the United Kingdom' (2013) 61(3) *Political Studies*637.

Gil-Bazo, M.-T., 'Asylum as a General Principle of International Law' (2015) 27 *IJRL*3.

Gil-Bazo, M.-T., 'Refugee Protection under International Human Rights Law: From *Non-Refoulement*to Residence and Citizenship' (2015) 34 *RSQ*11.

Gil-Bazo, M.-T., 'The Safe Third Country Concept in International Agreements on Refugee Protection: Assessing State Practice' (2015) 33 *NethQHR*42.

Gil-Bazo, M.-T., 'The Charter of Fundamental Rights of the European Union and the Right to be Granted Asylum in the Union's Law' (2008) 27(3) *RSQ*33.

Gil-Bazo, M.-T., 'The Practice of Mediterranean States in the Context of the European Union's Justice and Home Affairs External Dimension: The Safe Third Country Concept Revisited' (2006) 18 *IJRL*571.

Gil-Bazo, M.-T., 'Refugee Status, Subsidiary Protection and the Right to be granted Asylum under EC Law' UNHCR *New Issues in Refugee Research*, Research Paper No. 136 (2006).

Gil-Bazo, M.-T. & Guild, E., 'The Right to Asylum', in Costello, C., Foster, M., & McAdam, J., eds., *The Oxford Handbook of International Refugee Law*(Oxford University Press, 2021).

Gil-Bazo, M.-T. & Nogueira, M. B. B., 'Asylum in the Practice of Latin American and African States' UNHCR *New Issues in Refugee Research*, Research Paper No. 249 (2013).

Gilbert, G., 'Undesirable but Unreturnable—Extradition and other Forms of Rendition' (2017) 15(1) *Journal of International Criminal Justice*57.

Gilbert, G., 'Terrorism and International Refugee Law', in Saul, B., ed., *Research Handbook on International Law and Terrorism*(Edward Elgar Publishing, 2014).

Gilbert, G., 'Running Scared Since 9/11: Refugees, UNHCR and the Purposive Approach to Treaty Interpretation', in Simeon, J. C., ed., *Critical Issues in International Refugee Law: Strategies Toward Interpretive Harmony*(Cambridge University Press, 2010).

Gilbert, G., 'The Role, Rights and Responsibilities of UNHCR in Situations of Acute Crisis', in Dolgopol, U. & Gardam, J. G., eds., *The Challenge of Conflict: International Law Responds*(Martinus Nijhoff, 2006).

Gilbert, G., 'Is Europe Living Up to its Obligations to Refugees?' (2004) 15 *EJIL*963.

Gilbert, G., 'Current issues in the application of the exclusion clauses', in Feller, E., Türk, V., & Nicholson, F., eds., *Refugee Protection in International Law: UNHCR's Global Consultations on International Protection*(Cambridge University Press, 2003).

Gilbert, G. & Bentajou, A. M., 'Exclusion', in Costello, C., Foster, M., & McAdam, J., eds., *The Oxford Handbook of International Refugee Law*(Oxford University Press, 2021).

Gilbert, G. & Rüsch, A. M., 'Creating Safe Zones and Safe Corridors in Conflict' *Kaldor Centre for International Refugee Law*, Policy Brief 5 (Jun. 2017).

Gilbert, G. & Rüsch, A. M., 'Jurisdictional Competence through Protection: To What Extent Can States Prosecute the Prior Crimes of Those to Whom They Have Extended Refuge?' (2014) 12 *Journal of International Criminal Justice*1093.

Ginnetti, J., 'Disaster-Related Displacement Risk: Measuring the Risk and Addressing Its Drivers' (Internal Displacement Monitoring Centre, 2015).

Giuffré, M., 'Access to Asylum at Sea? *Non-Refoulement*and a Comprehensive Approach to Extraterritorial Human Rights Obligations', in Moreno-Lax, V. & Papastavridis, E., eds., *'Boat Refugees' and Migrants at Sea: A Comprehensive Approach: Integrating Maritime Security with Human Rights*(Brill Nijhoff, 2017).

Giuffré, M., 'Readmission Agreements and Refugee Rights: From a Critique to a Proposal' (2013) 32(3) *RSQ*79.
Giuffré, M., 'An Appraisal of Diplomatic Assurances One Year after *Othman (Abu Qatada)*v *United Kingdom*(2012)' (2013) 2 *International Human Rights Law Review*266.
Giuffré, M., 'State Responsibility beyond Borders: What Legal Basis for Italy's Push-backs to Libya?' (2012) 24 *IJRL*692.
Giuffré, M., 'Watered-Down Rights on the High Seas: *Hirsi Jamaa and Others v Italy*(2012)' (2012) 61 *ICLQ*728.
Gleeson, M., 'Protection Deficit: The Failure of Australia's Offshore Processing Arrangements to Guarantee "Protection Elsewhere" in the Pacific' (2019) 31 *IJRL*415.
Gleeson, M., 'The Australia–Cambodia Refugee Deal' *Kaldor Centre for International Refugee Law*, Research Brief (Oct. 2019).
Gleeson, M., 'Australia's Responsibility for Offshore Processing on Nauru and Manus Island' *Kaldor Centre for International Refugee Law*, Research Brief (Oct. 2018).
Global Protection Cluster, *Centrality of Protection in Humanitarian Action 2018 Review*(Apr. 2019).
Global Protection Cluster, *Handbook for the Protection of Internally Displaced Persons*(Mar. 2010).
Gluns, D. & Wessels, J., 'Waste of Paper or Useful Tool? The Potential of the Temporary Protection Directive in the Current "Refugee Crisis"' (2017) 36(2) *RSQ*57.
Goddard, B., 'UNHCR and the International Protection of Palestinian Refugees' (2009) 28(2–3) *RSQ*475.
Gold, M. E., 'Non-extradition for political offences: The Communist perspective' (1970) 11 *HarvILJ*191.
Good, A., 'Persecution for Reasons of Religion under the 1951 Refugee Convention: An Anthropological Approach', *Refugee Studies Centre*, Elizabeth Colson Lecture (10 May 2006).

Good, A., 'Expert Evidence in Asylum and Human Rights Appeals: An Expert's View' (2004) 16 *IJRL*358.
Goodwin-Gill, G. S., 'The Office of the United Nations High Commissioner for Refugees and the Sources of International Refugee Law' (2020) 69 *ICLQ*1.
Goodwin-Gill, G. S., 'United Nations Treaty-Making: Refugees and Stateless Persons', in Chesterman, S., Malone, D., & Villalpando, S., eds., *Oxford Handbook of United Nations Treaties*(Oxford University Press, 2019).
Goodwin-Gill, G. S., 'Statelessness is back (not that it ever went away)' (Sep. 2019), https://www.ejiltalk.org/statelessness-is-back-not-that-it-ever-went-away/.
Goodwin-Gill, G. S., 'A Brief and Somewhat Sceptical Perspective on the International Organization for Migration' *Refugee Studies Centre*, Oxford (Feb. 2019).
Goodwin-Gill, G. S., 'The Global Compacts and the Future of Refugee and Migrant Protection in the Asia Pacific Region' (2018) 30 *IJRL*674.
Goodwin-Gill, G. S., '*Asylum (Colombia v. Peru)*, 1949 and Request for Interpretation of the Judgment of 20 November 1950 in the *Asylum Case (Colombia v. Peru)*, 1950', in Wojcikiewicz Almeida, P. & Sorel, J.-M., eds., *Latin America and the International Court of Justice: Contributions to International Law*(Routledge, 2017).
Goodwin-Gill, G. S., 'Setting the Scene: Refugees, Asylum Seekers, and Migrants at Sea—The Need for a Long-Term, Protection-Centred Vision', in Moreno-Lax, V. & Papastavridis, E., eds., *'Boat Refugees' and Migrants at Sea: A Comprehensive Approach: Integrating Maritime Security with Human Rights*(Brill Nijhoff, 2017).
Goodwin-Gill, G. S., 'The Mediterranean Papers: Athens, Naples, and Istanbul' (2016) 28 *IJRL*276.
Goodwin-Gill, G. S., 'The Movements of People between States in the 21st Century: An Agenda for Urgent Institutional Change' (2016) 28 *IJRL*679.

Goodwin-Gill, G. S., 'Current Challenges in Refugee Law', in Gauci, J.-P., Giuffré, M., & Tsourdi, E., eds., *Exploring the Boundaries of Refugee Law: Current Protection Challenges*(Brill Nijhoff, 2015).

Goodwin-Gill, G. S., '*Non-Refoulement*, Temporary Refuge, and the "New" Asylum Seekers', in Cantor, D. J. & Durieux, J.-F., eds., *Refuge from Inhumanity? War Refugees and International Humanitarian Law*(Brill Nijhoff, 2014).

Goodwin-Gill, G. S., 'The Dynamic of International Refugee Law' (2014) 25 *IJRL*651.

Goodwin-Gill, G. S., 'YSL Sale Symposium: The Globalization of High Seas Interdiction–Sale's Legacy and Beyond' *Opinio Juris*(2014), http://opiniojuris.org/2014/03/16/yale-sale-symposium-globalization-high-seas-interdiction-sales-legacy-beyond/& http://opiniojuris.org/2014/03/16/yale-sale-symposium-sales-legacy-beyond-part-ii/.

Goodwin-Gill, G. S., 'Expert Roundtable Discussion on "The United Nations Convention on the Rights of the Child and Its Application to Child Refugee Status Determination and Asylum Processes": Introduction' (2012) 26 *Journal of Immigration, Asylum and Nationality Law*226.

Goodwin-Gill, G. S., 'The Kosovo Refugee Crisis: An Independent Evaluation of UNHCR's Emergency Preparedness and Response' *Humanitarian Practice Network*, Issue 16 (5 Dec. 2012).

Goodwin-Gill, G. S., 'The Challenge of the Child Soldier', in Strachan, H. & Scheipers, S., eds., *The Changing Character of War*(Oxford University Press, 2011).

Goodwin-Gill, G. S., 'The Right to Seek Asylum: Interception at Sea and the Principle of *Non-Refoulement*' (2011) 23 *IJRL*443.

Goodwin-Gill, G. S., 'Introduction to the 1961 Convention on the Reduction of Statelessness' UN Audio-Visual Library of International Law, Historic Archives (2011), https://legal.un.org/avl/ha/crs/crs.html.

Goodwin-Gill, G. S., 'The Search for the One, True Meaning …', in Goodwin-Gill, G. S. & Lambert, H., eds., *The Limits of*

Transnational Law: Refugee Law, Policy Harmonization and Judicial Dialogue in the European Union(Cambridge University Press, 2010).

Goodwin-Gill, G. S., 'The Extra-Territorial Reach of Human Rights Obligations: A Brief Perspective on the Link to Jurisdiction', in Boisson de Chazournes, L. & Kohen, M. G., eds., *International Law and the Quest for Its Implementation*(Martinus Nijhoff, 2010).

Goodwin-Gill, G. S., 'Introduction to the 1951 Convention/1967 Protocol relating to the Status of Refugees' UN Audio-Visual Library of International Law, Historic Archives (2009), https://legal.un.org/avl/ha/prsr/prsr.html.

Goodwin-Gill, G. S., 'The Politics of Refugee Protection' (2008) 27(1) *RSQ*8.

Goodwin-Gill, G. S., 'The Extraterritorial Processing of Claims to Asylum or Protection: The Legal Responsibilities of States and International Organisations' (2007) 9 *UTS Law Review*26.

Goodwin-Gill, G. S., 'Migrant Rights and "Managed Migration" ', in Chetail, V., ed., *Mondialisation, migration et droits de l'homme: le droit international en question/Globalization, Migration and Human Rights: International Law under Review*(Bruylant, 2007).

Goodwin-Gill, G. S., 'International Protection and Assistance for Refugees and the Displaced: Institutional Challenges and United Nations Reform' Refugee Studies Centre (May 2006).

Goodwin-Gill, G. S. & Husain, R., 'Diplomatic Assurances and Deportation' Paper Presented at the 'JUSTICE/Sweet & Maxwell Conference on Counter-Terrorism and Human Rights' (28 Jun. 2005).

Goodwin-Gill, G. S., 'State Responsibility and the "Good Faith" Obligation in International Law', in Fitzmaurice, M. & Sarooshi, D., eds., *Issues of State Responsibility before International Judicial Institutions*(Hart Publishing, 2004).

Goodwin-Gill, G. S., 'Article 31 of the 1951 Convention Relating to the Status of Refugees: Non-Penalization, Detention, and Protection', in Feller, E., Türk, V., & Nicholson, F, eds., *Refugee Protection in*

International Law: UNHCR's Global Consultations on International Protection(Cambridge University Press, 2003).

Goodwin-Gill, G. S., 'Refugees and Responsibility in the Twenty-First Century: More Lessons from the South Pacific' (2003) 12 *Pacific Rim Law & Policy Journal*23.

Goodwin-Gill, G. S., 'The Individual Refugee, the 1951 Convention and the Treaty of Amsterdam', in Guild, E. & Harlow, C., eds., *Implementing Amsterdam: Immigration and Asylum Rights in EC Law*(Hart Publishing, 2001).

Goodwin-Gill, G. S., 'Note on paragraph 20 of General Assembly resolution 55/74' (2001) 13 *IJRL*255.

Goodwin-Gill, G. S., 'Comment: Refugee Status and "Good Faith" ' (2000) 12 *IJRL*663.

Goodwin-Gill, G. S., 'UNHCR and Internal Displacement: Stepping into a Legal and Political Minefield' *World Refugee Survey*2000 26.

Goodwin-Gill, G. S., 'Crimes in International Law: Obligations *Erga Omnes*and the Duty to Prosecute', in Goodwin-Gill, G. S. & Talmon, S., eds., *The Reality of International Law: Essays in Honour of Ian Brownlie*(Oxford University Press, 1999).

Goodwin-Gill, G. S., 'Judicial Reasoning and "Social Group" after *Islam*and *Shah*' (1999) 11 *IJRL*537.

Goodwin-Gill, G. S., 'Refugee Identity and Protection's Fading Prospect', in Nicholson, F. & Twomey, P., eds., *Refugee Rights and Realities: Evolving International Concepts and Regimes*(Transaction Books, 1999).

Goodwin-Gill, G. S., 'Who to Protect, How, ... and the Future?' (1997) 9 *IJRL*1.

Goodwin-Gill, G. S., 'Book Review: *Beyond Europe: The Globalization of Refugee Aid*' (1995) 7 *IJRL*168.

Goodwin-Gill, G. S., 'Editorial. Asylum: The Law and Politics of Change' (1995) 7 *IJRL*1.

Goodwin-Gill, G. S., 'The Right to Leave, the Right to Return and the Question of the Right to Remain', in Gowlland-Debbas, V., ed., *The Problem of Refugees in the Light of Contemporary International Law Issues*(Martinus Nijhoff, 1995).

Goodwin-Gill, G. S., 'Unaccompanied Refugee Minors: The Role and Place of International Law in the Pursuit of Durable Solutions' (1995) 3 *International Journal of Children's Rights*405.

Goodwin-Gill, G. S., 'The Haitian *Refoulement*Case: A Comment' (1994) 6 *IJRL*103.

Goodwin-Gill, G. S. 'Book Review: *The Powers and the Persecuted: The Refugee Problem and the Intergovernmental Committee on Refugees (IGCR)*' (1994) 6 *IJRL*311.

Goodwin-Gill, G. S., 'Different Types of Forced Migration Movements as an International and National Problem', in Rystad, G., ed., *The Uprooted: Forced Migration as an International Problem in the Post-War Era*(Lund University Press, 1990).

Goodwin-Gill, G. S., 'Comment' (1990) 2 *IJRL*461.

Goodwin-Gill, G. S., 'Voluntary Repatriation: Legal and Policy Issues', in Loescher, G. & Monahan, L., eds., *Refugees in International Relations* (Oxford University Press, 1989).

Goodwin-Gill, G. S., 'The Language of Protection' (1989) 1 *IJRL*6.

Goodwin-Gill, G. S., '*Non-Refoulement*and the New Asylum Seekers' (1986) 26 *VirgJIL*897.

Goodwin-Gill, G. S., 'International law and the detention of refugees and asylum-seekers' (1986) 20 *IMR*193.

Goodwin-Gill, G. S., 'The detention of non-nationals, with particular reference to refugees and asylum-seekers' (1986) 9 *In Defense of the Alien*138.

Goodwin-Gill, G. S. & Can Sazak, S., 'Footing the Bill: Refugee-Creating States' Responsibility to Pay' *Foreign Affairs*(29 Jul. 2015).

Goodwin-Gill, G. S. & Kumin, J., *Refugees in Limbo and Canada's International Obligations*(Caledon Institute of Social Policy, 2000).

Goodwin-Gill, G. S. & McAdam, J., 'UNHCR and Climate Change, Disasters, and Displacement' UNHCR (May 2017).

Gorman, R. F., 'Poets, Playwrights, and the Politics of Exile and Asylum in Ancient Greece and Rome' (1994) 6 *IJRL*402.

Gorman, R. F., 'Revenge and Reconciliation: Shakespearean Models of Exile and Banishment' (1990) 2 *IJRL*21.

Gottardo, C. & Cyment, P., 'The Global Compact for Migration: What Could It Mean for Women and Gender Relations?' (2019) 27 *Gender and Development*67.

Gottwald, M., 'Burden Sharing and Refugee Protection', in Fiddian-Qasmiyeh, E., Loescher, G., Long, K., & Sigona, N., eds., *The Oxford Handbook of Refugee and Forced Migration Studies*(Oxford University Press, 2014).

Gottwald, M., 'Asylum Claims and Drug Offences: The Seriousness Threshold of Article 1F(b) of the 1951 Convention relating to the Status of Refugees and the UN Drug Conventions' (2006) 18 *IJRL*81.

Grahl-Madsen, A., 'The European Tradition of Asylum and the Development of Refugee Law', in Macalister-Smith, P. & Alfredsson, G., eds., *The Land Beyond: Collected Essays on Refugee Law and Policy by Atle Grahl-Madsen*(Brill Nijhoff, 2001).

Grahl-Madsen, A., 'Protection of Refugees by their Country of Origin' (1986) 11 *Yale JIL*362.

Granhag, P. A., 'Granting asylum or not? Migration board personnel's beliefs about deception' (2005) 31 *JEMS*29.

Grant, S., 'Protection Mechanisms and the Yugoslav Crisis' (1994) 8 *Interights Bulletin*1.

Green, L. C., 'Trends in the Law concerning Diplomats' (1981) 19 *CanYBIL*132

Greenman, K., 'A Castle Built on Sand? Article 3 ECHR and the Source of Risk in *Non-Refoulement*Obligations in International Law' (2015) 27 *IJRL*264.

Grief, N., 'British Quakers, the Peace Tax and International Law', in Janis, M. W. & Evans, C., eds., *Religion and International Law*(Martinus Nijhoff Publishers, 1999).

Griek, I., 'Traditional Systems of Justice in Refugee Camps: The Need for Alternatives' (2006) 27(2) *Refugee Reports*1.

Gros Espiell, H., Picado, S., & Valladares Lanza, L., 'Principles and Criteria for the Protection of and Assistance to Central American Refugees, Returnees and Displaced Persons in Central America' (1990) 2 *IJRL*83.

Grote Stoutenburg, J., 'When Do States Disappear?: Thresholds of Effective Statehood and the Continued Recognition of "Deterritorialized" Island States', in Gerrard, M. B. & Wannier, G. E., eds., *Threatened Island Nations: Legal Implications of Rising Seas and a Changing Climate*(Cambridge University Press, 2013).

Groth, L., 'Engendering Protection: An Analysis of the 2009 Kampala Convention and Its Provisions for Internally Displaced Women' (2011) 23 *IJRL*221.

Grotius Society, 'Nationality in International Law' Discussion of the Report of the Committee on the Status of Stateless Persons (1942) 28 *Transactions of the Grotius Society*151.

Groves, M., 'Treaties and Legitimate Expectations: The Rise and Fall of *Teoh*in Australia' (2010) 15 *Judicial Review*323.

Guest, I., 'The United Nations, the UNHCR, and Refugee Protection—A Non-Specialist Analysis' (1991) 3 *IJRL*585.

Guild, E., 'The Complex Relationship of Asylum and Border Controls in the European Union', in Chetail, V., De Bruycker, P., & Maiani, F., eds., *Reforming the Common European Asylum System*(Brill Nijhoff, 2016).

Guild, E., 'Seeking Asylum: Storm Clouds between International Commitments and EU Legislative Measures' (2004) 29 *European Law Review*198.

Guild, E., Costello, C., & Moreno-Lax, V., 'Implementation of the 2015 Council Decisions Establishing Provisional Measures in the Area of

International Protection for the Benefit of Italy and of Greece': Study, European Parliament's Policy Department for Citizens' Rights and Constitutional Affairs (European Union, 2017).

Guild, E., Costello, C., Garlick, M., & Moreno-Lax, V., 'The 2015 Refugee Crisis in the European Union' *CEPS*, Policy Brief No. 332 (Sep. 2015).

Guild, E., Costello, C., Garlick, M., Moreno-Lax, V., & Mouzourakis, M., 'New Approaches, Alternative Avenues and Means of Access to Asylum Procedures for Persons Seeking International Protection': Study for the LIBE Committee (European Parliament, 2014).

Guild E. & Garlick, M., 'Refugee Protection, Counter-terrorism, and Exclusion in the European Union' (2011) 29(4) *RSQ*63.

Guild, E. & Zwaan, K., 'Does Europe Still Create Refugees?' (2014) 40 *Queens Law Journal*141.

Guiraudon, V., 'Before the EU Border: Remote Control of the "Huddled Masses"', in Groenendijk, C. A., Guild, E., & Minderhoud, P. E., eds., *In Search of Europe's Borders*(Kluwer, 2003).

Gunneflo, M., 'Book Review: Noura Erakat, *Justice for Some: Law and the Question of Palestine*' (2019) 24 *Journal of Conflict & Security Law*631.

Guterres, A., 'Protection Challenges for Persons of Concern in Urban Settings' (2010) 34 *FMR*8.

Gyulai, G., 'The Determination of Statelessness and the Establishment of Statelessness-Specific Determination Regimes', in Edwards, A. & van Waas, L., eds., *Nationality and Statelessness under International Law*(Cambridge University Press, 2014).

Gyulai, G., Singer, D., Chelvan, S., & Given-Wilson, Z., *Credibility Assessment in Asylum Procedures—A Multidisciplinary Training Manual*, Vol. 2 (Hungarian Helsinki Committee, 2015).

Gyulai, G., Kagan, M., Herlihy, J., Turner, S., Hárdi, L., & Udvarhelyi, E. T., *Credibility Assessment in Asylum Procedures—A Multidisciplinary Training Manual*, Vol. 1 (Hungarian Helsinki Committee, 2013).

Hagedorn, C., 'Passports' *Max Planck Encyclopedia of Public International Law*(2008), https://opil.ouplaw.com/.
Hague Conference on Private International Law, *Special Commission on the Implementation of the Convention of 29 May 1993, 17-21 Oct. 1994*, Working Doc. No. 39 (21 Oct. 1994).
Hailbronner, K., 'Comments on the Right to Leave, the Right to Return and the Question of a Right to Remain', in Gowlland-Debbas, V., ed., *The Problem of Refugees in the Light of Contemporary International Law Issues*(Martinus Nijhoff, 1995).
Hailbronner, K., 'Rechtsfragen der Aufnahme von "Gewaltflüchtlingen" in Westeuropa—am Beispiel Jugoslawien' (1993) *Asyl*517.
Hailbronner, K., 'The Right to Asylum and the Future of Asylum Procedures in the European Community' (1990) 2 *IJRL*341.
Hailbronner, K., '*Non-Refoulement*and "Humanitarian" Refugees: Customary International Law or Wishful Legal Thinking?' (1986) 26 *VirgJIL*857.
Hailbronner, K. & Gogolin, J., 'Asylum, Territorial', in *Max Planck Encyclopedia of Public International Law*(Sep. 2013) https://opil.ouplaw.com/.
Haines, R., 'Gender-related persecution', in Feller, E., Türk, V., & Nicholson, F., eds., *Refugee Protection in International Law: UNHCR's Global Consultations on International Protection*(Cambridge University Press, 2003).
Hale, Lady, President of the Supreme Court, 'Religious Dress' Woolf Institute, Cambridge University (28 Feb. 2019).
Hall, A., 'US troops "tricked into killing Afghan drug clan's rival"' *Daily Telegraph*(30 Mar. 2009).
Hall, N., 'A Catalyst for Cooperation: The Inter-Agency Standing Committee and the Humanitarian Response to Climate Change' (2016) 22 *Global Governance*369.
Hall, N., 'Moving beyond its Mandate? UNHCR and Climate Change Displacement' (2013) 4 *Journal of International Organization Studies*91.

Hamerslag, R.J., 'The Schiphol Refugee Centre Case' (1989) 1 *IJRL*395.

Hansen, R., 'The Poverty of Post-Nationalism: Citizenship, Immigration, and the New Europe' (2008) 38 *Theory and Society*1.

Happold, M., 'Excluding Children from Refugee Status: Child Soldiers and Article 1F of the Refugee Convention' (2002) 17 *American University International Law Review*1131.

Harley, T., 'Refugee Participation Revisited: The Contributions of Refugees to Early International Refugee Law and Policy' (2021) 40 *RSQ*58.

Harley, T. & Hobbs, H., 'The Meaningful Participation of Refugees in Decision-Making Processes: Questions of Law and Policy' (2020) 31 *IJRL*200.

Hart, N., 'Complementary Protection and Transjudicial Dialogue: Global Best Practice or Race to the Bottom?' (2016) 28 *IJRL*171.

Hart, N., Crock, M., McCallum, R., & Saul, B., 'Making Every Life Count: Ensuring Equality and Protection for Persons with Disabilities in Armed Conflicts' (2014) 40 *Monash University Law Review*148.

Hartmann, B., 'Population, Environment and Security: A New Trinity' (1998) 10 *Environment and Urbanization*113.

Harvey, A., 'The UK's New Statelessness Determination Procedure in Context' (2013) 27 *Journal of Immigration and Nationality Law*294.

Hassan, P., 'The word "arbitrary" as used in the Universal Declaration of Human Rights: "Illegal or Unjust"?' (1969) 10 *HarvILJ*225.

Hathaway, J. C., 'The Global Cop-Out on Refugees' (2018) 30 *IJRL*591.

Hathaway, J. C., 'Food Deprivation: A Basis for Refugee Status?' (2014) 81 *Social Research*327.

Hathaway, J. C., 'Leveraging Asylum' (2010) 45 *Texas International Law Journal*503.

Hathaway, J. C., 'The Meaning of Voluntary Repatriation' (1997) 9 *IJRL*551.

Hathaway, J. C., 'A Reconsideration of the Underlying Premise of Refugee Law' (1990) 31 *HarvILJ*129.

Hathaway, J. C., 'The Evolution of Refugee Status in International Law: 1920–1950' (1984) 33 *ICLQ*348.

Hathaway, J. C. & Harvey, C., 'Framing Refugee Protection in the New World Disorder' (2001) 43 *Cornell International Law Journal*288.

Hathaway, J. C. & Hicks, W. S., 'Is there a Subjective Element in the Refugee Convention's Requirement of "Well-founded Fear"?' (2005) 26 *Michigan Journal of International Law*505.

Hathaway, J. C. & Neve, R. A., 'Making International Refugee Law Relevant Again: A Proposal for Collectivized and Solution-Oriented Protection' (1997) 10 *Harvard Human Rights Journal*115.

Hathaway, J. C. & Neve, R. A., 'Fundamental Justice and the Deflection of Refugees from Canada' (1996) 34 *Osgoode Hall Law Journal*213.

Hathaway J. C. & Pobjoy, J., 'Queer Cases Make Bad Law' (2012) 44 *NYU Journal of International Law and Politics*315.

Hathaway, J. C. & Storey, H., 'What Is the Meaning of State Protection in Refugee Law? A Debate' (2016) 28 *IJRL*480.

Hathaway, O., Francis, A., Haviland, A., Kethireddy, S. R., & Yamamoto, A. T., 'Aiding and Abetting in International Criminal Law' (2019) 104 *Cornell Law Review*1593.

Heijer, M., 'Diplomatic Asylum and the Assange Case' (2013) 26 *Leiden Journal of International Law*399.

Heller, K. J., 'Specially-Affected States and the Formation of Custom' (2018) 112 *AJIL*191.

Helton, A. C., 'Persecution on Account of Membership in a Social Group as a Basis for Refugee Status' (1983) 15 *Columbia Human Rights Law Review*39.

Helton, A. C. & Münker, J., 'Religion and Persecution: Should the United States Provide Refuge to German Scientologists?' (1999) 11 *IJRL*310.

Hely, B., 'A lack of good faith: Australia's approach to bootstrap refugee claims' (2008) 4 *Journal of Migration and Refugee Issues*66.

Henckaerts, J.-M. & Wiesener, C., 'Human Rights Obligations of Non-State Armed Groups: An Assessment Based on Recent Practice', in Heffes, E., Kotlik, M. D., & Ventura, M. J., eds., *International Humanitarian Law and Non-State Actors*(TMC Asser Press, 2020).

Henderson, H., Moffatt, R., & Pickup, A., *Best Practice Guide to Asylum and Human Rights Appeals*(Electronic Immigration Network, 2020).
Herlihy, J. & Turner, S., 'Memory and seeking asylum' (2007) 9 *European Journal of Psychotherapy & Counselling*267.
Herlihy, J. & Turner, S., 'What Do We Know So Far about Emotion and Refugee Law?' (2013) 64 *Northern Ireland Legal Quarterly*47.
Herlihy, J., Gleeson, K., & Turner, S., 'What Assumptions about Human Behaviour Underlie Asylum Judgments?' (2009) 22 *IJRL*351.
Herlihy, J., Jobson, L., & Turner, S., 'Just tell us what happened to you: autobiographical memory and seeking asylum' (2012) 26 *Applied Cognitive Psychology*661.
Heyman, M. G., 'Domestic Violence and Asylum: Toward a Working Model of Affirmative State Obligations' (2005) 17 *IJRL*729.
Higgins, C., 'Protected Entry Procedures' *Kaldor Centre for International Refugee Law*, Research Brief (2019).
Higgins, C., 'Safe Journeys and Sound Policy: Expanding protected entry for refugees' *Kaldor Centre for International Refugee Law*, Policy Brief 8 (Nov. 2019).
Higgins, C., 'In-Country Processing and Other Protected Entry Procedures' *Kaldor Centre for International Refugee Law*, Factsheet (14 Apr. 2016).
Higgins, R., 'Derogations under Human Rights Treaties' (1976) 48 *BYIL*281.
Higgins, R., 'The United Nations and Former Yugoslavia' (1993) 69 *International Affairs*3.
Hilal, L., 'Peace Prospects and Implications for UNRWA's Future: An International Law Perspective' (2009) 28(2-3) *RSQ*607.
Hilpold, P., 'Quotas as an Instrument of Burden-Sharing in International Refugee Law: The Many Facets of an Instrument Still in the Making' (2017) 15 *International Journal of Constitutional Law*1188.
Hirsch, A. L., 'The Borders Beyond the Border: Australia's Extraterritorial Migration Controls' (2017) 36(3) *RSQ*48.

Hirsch, A. L. & Doig, C., 'Outsourcing Control: The International Organization for Migration in Indonesia' (2018) 22 *International Journal of Human Rights*681.

Hofmann, R., 'Denaturalization and Forced Exile', *Max Planck Encyclopedia of Public International Law*(2013), https://opil.ouplaw.com/.

Hofmann, R., 'Voluntary Repatriation and UNHCR' (1984) 44 *ZaöRV*327.

Hofmann, R. & Löhr, T., 'Introduction to Chapter V: Requirements for Refugee Determination Procedures', in Zimmermann, A., ed., *The 1951 Convention Relating to the Status of Refugees and its 1967 Protocol: A Commentary*(Oxford University Press, 2011).

Holborn, L. W., 'The League of Nations and the Refugee Problem' (1939) 203 *Annals of the American Academy of Political and Social Science*124.

Holborn, L.W., 'The Legal Status of Political Refugees, 1920-1938' (1938) 32 *AJIL*680.

Holiday, Y., Guild, E., & Mitsilegas, V., *The Court of Appeal and the Criminalisation of Refugees*, Criminal Cases Review Commission, Queen Mary University of London (Oct. 2018).

Holvoet, M., 'Harmonizing Exclusion under the Refugee Convention by Reference to the Evidentiary Standards of International Criminal Law' (2014) 12 *Journal of International Criminal Justice*1039.

Holzer, V., 'The 1951 Refugee Convention and the Protection of People Fleeing Armed Conflict and Other Situations of Violence', in Türk, V., Edwards, A., & Wouters, C., eds., *In Flight from Conflict and Violence: UNHCR's Consultations on Refugee Status and Other Forms of International Protection*(Cambridge University Press, 2017).

Houle, F., 'Le fonctionnement du régime de preuve libre dans un système non-expert: le traitement symptomatique des preuves par la Section de la protection des réfugiés' (2004) 38(2) *Revue juridique thémis*263.

Houle, F., 'The Credibility and Authoritativeness of Documentary Information in Determining Refugee Status: The Canadian Experience' (1994) 6 *IJRL*6.

Hovell, D., 'Due Process in the United Nations' (2016) 110 *AJIL*1.

Hovil, L., 'Local Integration', in Fiddian-Qasmiyeh, E., Loescher, G., Long, K., & Sigona, N., eds., *The Oxford Handbook of Refugee and Forced Migration Studies*(Oxford University Press, 2014).

Hovil, L. & Okello, M. P., 'Only Peace Can Restore the Confidence of the Displaced' *Refugee Law Project*, Internal Displacement Monitoring Centre (2nd edn., Norwegian Refugee Council, 2006).

Huber, D. G. & Gulledge, J., *Extreme Weather and Climate Change: Understanding the Link and Managing the Risk*(Center for Climate and Energy Solutions, 2011).

Hugo, G., 'Migration and Development in Low-Income Countries: A Role for Destination Country Policy?' (2012) 1 *Migration and Development*24.

Hugo, G., 'Environmental Concerns and International Migration' (1996) 30 *IMR*105.

Human Rights Watch, 'Deportation with a Layover: Failure of Protection under the US-Guatemala Asylum Cooperative Agreement' (19 May 2020).

Human Rights Watch, *Stemming the Flow: Abuses against Migrants, Asylum Seekers and Refugees*, HRW Index No. E1805 (Sep. 2006).

Humphreys, S., 'Introduction: Human Rights and Climate Change', in Humphreys, S., ed., *Human Rights and Climate Change*(Cambridge University Press, 2010).

Hunt, M., 'The Safe Country of Origin Concept in European Asylum Law: Past, Present and Future' (2014) 26 *IJRL*500.

Hush, E., 'Developing a European Model of International Protection for Environmentally-Displaced Persons: Lessons from Finland and Sweden' *Columbia Journal of European Law*, Preliminary Reference Blog (7 Sep. 2017) http://blogs2.law.columbia.edu/cjel/preliminary-reference/.

Hyndman, J. & Nylund, B. V., 'UNHCR and the Status of Prima Facie Refugees in Kenya' (1998) 10 *IJRL*21.
Iben Jensen, U., 'Humanitarian Visas: Option or Obligation?' Study for the LIBE Committee (European Parliament Directorate General for Internal Policies, 2014).
Immigration and Refugee Board Canada, *Policy on the Use of Jurisprudential Guides*(Dec. 2019).
Immigration and Refugee Board Canada, *Policy on National Documentation Packages in Refugee Determination Proceedings*(Jun. 2019).
Immigration and Refugee Board Canada, Legal Services, *Interpretation of the Convention Refugee Definition in the Case Law*(Mar. 2019).
Immigration and Refugee Board Canada, *Interpreter Handbook*(Oct. 2017).
Immigration and Refugee Board Canada, *Assessment of Credibility in Claims for Refugee Protection*(Jan. 2004).
Immigration and Refugee Board Canada, 'Guidelines Issued by the Chairperson Pursuant to Section 65(3) of the Immigration Act: Women Refugee Claimants Fearing Gender-Related Persecution' (1993) 5 *IJRL*278.
Inder, C., 'The Origins of "Burden Sharing" in the Contemporary Refugee Protection Regime' (2017) 29 *IJRL*523.
Institut de Droit International, *Annuaire*, Session de Bruxelles, *Statut juridique des apatrides et des réfugiés*, vols. 1 & 2 (avril 1936).
Institute on Statelessness and Inclusion, 'Citizenship and Statelessness: (in)equality and (non)discrimination' (2018), https://www.institutesi.org/.
Inter-Agency Standing Committee, *IASC Framework on Durable Solutions for Internally Displaced Persons*, The Brookings Institution—University of Bern Project on Internal Displacement (Apr. 2010).
Inter-Agency Standing Committee, *Human Rights and Natural Disasters: Operational Guidelines and Field Manual on Human Rights Protection in Situations of Natural Disaster*, The Brookings Institution—University of Bern Project on Internal Displacement (Mar. 2008).

Inter-Agency Standing Committee, *Guidance Note on Using the Cluster Approach to Strengthen Humanitarian Response*(24 Nov. 2006).

Inter-American Commission on Human Rights, 'Report on the Situation of Human Rights of Asylum Seekers within the Canadian Refugee Determination System', OEA/Ser.L/V/II.106, Doc. 40 rev. (28 Feb. 2000).

Inter-Parliamentary Union & UNHCR, *A guide to international refugee protection and building state asylum systems*, Handbook for Parliamentarians, No. 27 (2017).Internal Displacement Monitoring Centre, *GRID 2021: Global Report on Internal Displacement*(IDMC, 2021).

Internal Displacement Monitoring Centre, *GRID 2020: Global Report on Internal Displacement*(IDMC, 2020).

Internal Displacement Monitoring Centre, *GRID 2019: Global Report on Internal Displacement*(IDMC, 2019).

Internal Displacement Monitoring Centre, *GRID 2018: Global Report on Internal Displacement*(IDMC, 2018).

Internal Displacement Monitoring Centre, *Global Report on Internal Displacement 2017*(IDMC, 2017).

Internal Displacement Monitoring Centre, *Global Report on Internal Displacement 2016*(IDMC, 2016).

International Association of Refugee Law Judges, 'Judicial Criteria for Assessing Country of Origin Information (COI): A Checklist' (2009) 21 *IJRL*149.

International Association of Refugee Law Judges European Chapter, 'Qualification for International Protection (Directive 2011/95/EU): A Judicial Analysis' (European Asylum Support Office, 2016).

International Civil Aviation Organization & UNHCR, 'Guide for Issuing Machine Readable Convention Travel Documents for Refugees and Stateless Persons' (Feb. 2017).

International Commission of Jurists, 'X, Y and Z: a glass half full for "rainbow refugees"? The International Commission of Jurists' observations on the judgment of the Court of Justice of the European Union in *X, Y and Z v. Minister voor Immigratie en Asiel*' (3 Jun. 2014).

International Committee of the Red Cross, 'Protection Policy' (2008) 90 *International Review of the Red Cross*751.

International Committee of the Red Cross, *Position on Internally Displaced Persons (IDPs)*(May 2006).

International Committee of the Red Cross, 'Inter-Agency Guiding Principles on Unaccompanied and Separated Children' (Jan. 2004).

International Committee of the Red Cross, 'Internally Displaced Persons: The Mandate and Role of the International Committee of the Red Cross' (2000) 82 *International Review of the Red Cross*491.

International Committee of the Red Cross, *Restoring Family Links,https:// familylinks.icrc.org/en/Pages/home.aspx*.

International Federation of Red Cross & Red Crescent Societies, *Fourth Progress Report on the Implementation of the Guidelines*(2019).

International Federation of Red Cross & Red Crescent Societies, *The Fundamental Principles of the International Red Cross and Red Crescent Movement*(Nov. 2015).

International Federation of Red Cross & Red Crescent Societies, *Guidelines for the Domestic Facilitation and Regulation of International Disaster Relief and Initial Recovery Assistance*(Nov. 2007).

International Federation of Red Cross & Red Crescent Societies, Office for the Coordination of Humanitarian Affairs & Inter-Parliamentary Union, *Model Act for the Facilitation and Regulation of International Disaster Relief and Initial Recovery Assistance*(2013).

International Labour Conference, *Migrant Workers*, Report of the Committee of Experts, 66th Session (1980).

International Labour Organization, *Guiding Principles: Access of Refugees and Other Forcibly Displaced Persons to the Labour Market*(Jul. 2016).

International Labour Organization & UNHCR, 'ILO-UNHCR Partnership: Joint Action for Decent Work and Long-Term Solutions for Refugees and Other Forcibly Displaced Persons' (2020).
International Labour Organization & UNHCR, 'A Guide to Market-Based Livelihood Interventions for Refugees' (2017).
International Law Association, Committee on International Law and Sea Level Rise, *Interim Report*(2016).
International Law Association, Committee on Internally Displaced Persons, *Report and Draft Declaration for Consideration at the 2000 Conference*(2000).
International Law Association, *Declaration of International Law Principles on Internally Displaced Persons*(29 Jul. 2000).
International Organization for Migration, *Constitution and Basic Texts*(2nd edn., IOM, 2017).
International Organization for Migration, 'IOM Framework for Addressing Internal Displacement 2017' (2017), https://www.iom.int/internal-displacement.
INTERPOL, *INTERPOL's Rules on the Processing of Data*, doc. III/IRPD/GA/2011 (2019).
Ippolito, F. & Velluti, S., 'The Recast Process of the EU Asylum System: A Balancing Act between Efficiency and Fairness' (2011) 30(3) *RSQ*24.
Ireland: International Protection Office, Addendum 1 to Information Booklet for Applicants for International Protection (IPO 1), 'Access to the Labour Market', http://www.ipo.gov.ie/.
'Is Your Cross-Examination Really Necessary?' (1969) IX *Proceedings of the Medico-Legal Society of Victoria*84.
Jackson, I. C., 'The 1951 Convention relating to Status of Refugees: A Universal Basis for Protection' (1991) 3 *IJRL*403.
Jacobsen, J. L., 'Environmental Refugees: A Yardstick of Habitability' *Worldwatch Paper*86 (1988).
Jacobsen, K., 'The Forgotten Solution: Local Integration for Refugees in Developing Countries' UNHCR *New Issues in Refugee Research*, Working Paper No. 45 (2001).

Jaeger, G., 'Les Nations Unies et les réfugiés' (1989) 1 *Revue belge du droit international*18.

Jastram, K., 'Left out of Exclusion: International Criminal Law and the "Persecutor Bar" in US Refugee Law' (2014) 12 *Journal of International Criminal Justice*1183.

Jastram, K. & Maitra, S., 'Matter of A-B- One Year Later: Winning Back Gender-Based Asylum through Litigation and Legislation' (2020) 18 *Santa Clara Journal of International Law*48.

Jastram, K. & Newland, K., 'Family unity and Refugee Protection', in Feller, E., Türk, V., & Nicholson, F., eds., *Refugee Protection in International Law: UNHCR's Global Consultations on International Protection*(Cambridge University Press, 2003).

Jennings, R. Y., 'Some International Law Aspects of the Refugee Question' (1939) 20 *BYIL*98.

Johnson, D. H. N., 'Refugees, Departees and Illegal Migrants' (1980) 9 *SydLR*11.

Johnsson, A. B., 'The International Protection of Women Refugees' (1989) 1 *IJRL*221.

Jones, O., 'Customary *Non-refoulement*of Refugees and Automatic Incorporation into the Common Law: A Hong Kong Perspective' (2009) 58 *ICLQ*443.

Jubilut, L. L., 'Refugee Law and Protection in Brazil: A Model in South America?' (2006) 19 *JRS*22.

Jubilut, L. L., de Andrade, C. S. M., & de Lima Madureira, A., 'Humanitarian Visas: Building on Brazil's Experience' (2016) 53 *FMR*76.

Juss, S. S., 'Problematizing the Protection of "War Refugees": A Rejoinder to Hugo Storey and Jean-François Durieux' (2013) 32(1) *RSQ*122.

Juss, S. S., 'Terrorism and the Exclusion of Refugee Status in the UK' (2012) 17 *Journal of Conflict and Security Law*465.

Kagan, M., 'The Beleaguered Gatekeeper: Protection Challenges Posed by UNHCR Refugee Status Determination' (2006) 18 *IJRL*1.

Kagan, M., 'Is there Really a Protection Gap? UNRWA's Role vis-à-vis Palestinian Refugees' (2009) 28(2-3) *RSQ*511.
Kagan, M., 'Is Truth in the Eye of the Beholder? Objective Credibility Assessment in Refugee Status Determinations' (2003) 17 *Georgetown Law Journal*367.
Kagan, M. & Johnson, W. P., 'Persecution in the Fog of War: The House of Lords' Decision in *Adan*' (2002) 23 *Michigan Journal of International Law*247.
Kälin, W., 'Consolidating the Normative Framework for IDPs' (2018) 30 *IJRL*314.
Kälin, W., 'The Human Rights Dimension of Natural or Human-Made Disasters' (2012) 55 *German Yearbook of International Law*119.
Kälin, W., 'Conceptualising Climate-Induced Displacement', in McAdam, J., ed., *Climate Change and Displacement: Multidisciplinary Perspectives* (Hart Publishing, 2010).
Kälin, W., 'Supervising the 1951 Convention Relating to the Status of Refugees: Article 35 and beyond', in Feller, E., Türk, V., & Nicholson, F., eds., *Refugee Protection in International Law: UNHCR's Global Consultations on International Protection*(Cambridge University Press, 2003).
Kälin, W., 'Non-State Agents of Persecution and the Inability of the State to Protect' (2001) 15 *Georgetown Immigration Law Journal*415.
Kälin, W., 'Temporary Protection in the EC: Refugee Law, Human Rights and the Temptations of Pragmatism' (2001) 44 *German Yearbook of International Law*202.
Kälin, W., 'Flight in times of war' (2001) 83 *International Review of the Red Cross*629.
Kälin, W., 'The Guiding Principles on Internal Displacement: Introduction' (1998) 10 *IJRL*557.
Kälin, W., 'Refugees and Civil Wars: Only a Matter of Interpretation?' (1991) 3 *IJRL*435.

Kälin, W., 'Comment on Bundesverfassungsgericht (BRD) v. 10.7.1989—2 BvR 502/86 u.a. (EuGRZ 1989, S.444-455)' *Asyl*, 1990/4, 13.
Kälin, W., 'Troubled Communication: Cross-Cultural Misunderstandings in the Asylum Hearing' (1986) 20 *IMR*230.
Kälin, W., Caroni, M., & Heim, L., 'Article 33, para. 1', in Zimmermann, A., ed., *The 1951 Convention relating to the Status of Refugees and its 1967 Protocol: A Commentary*(Oxford University Press, 2011).
Kälin, W. & Entwisle Chapuisat, H., 'Guiding Principle 28: The Unfulfilled Promise to End Protracted Internal Displacement' (2018) 30 *IJRL*243.
Kälin, W. & Entwisle Chapuisat, H., 'Breaking the Impasse: Reducing Protracted Internal Displacement as a Collective Outcome' (UN Office for the Coordination of Humanitarian Affairs, 2017).
Kälin, W. & Haenni Dale, C., 'Disaster Risk Mitigation: Why Human Rights Matter' (2008) 31 *FMR*38.
Kälin, W. & Künzli, J., 'Article 1F(b): Freedom Fighters, Terrorists, and the Notion of Serious Non-Political Crimes' (2000) 12 *IJRL—Special Supplementary Issue*46.
Kälin W. & Schrepfer, N., *Internal Displacement and the Kampala Convention: An Opportunity for Development Actors*(Internal Displacement Monitoring Centre, 2013).
Kälin, W. & Schrepfer, N., 'Protecting People Crossing Borders in the Context of Climate Change: Normative Gaps and Possible Approaches' UNHCR Legal and Protection Policy Research Series, PPLA/2012/01 (Feb. 2012).
Kapferer, S., 'Article 14(2) of the Universal Declaration of Human Rights and Exclusion from International Refugee Protection' (2008) 27(3) *RSQ*53.
Kapferer, S., 'The Interface between Extradition and Asylum' UNHCR Legal and Protection Policy Research Series, PPLA/2003/05 (Nov. 2003).
Kapferer, S., 'Exclusion Clauses in Europe: A Comparative Overview of State Practice in France, Belgium and the United Kingdom' (2000) 12 *IJRL—Special Supplementary Issue*207.

Karavias, M., 'Non-State Actors in Control of Territory as "Actors of Protection" in International Refugee Law' (2014) XLVII *Revue belge de droit international*489.

Karlsen, E., 'Australia's Offshore Processing of Asylum Seekers in Nauru and PNG: A Quick Guide to Statistics and Resources', Parliament of Australia, Parliamentary Library Quick Guide (19 Dec. 2016).

Kattan, V., 'The Nationality of Denationalized Palestinians' (2005) 74 *Nordic Journal of International Law*67.

Kaushal, A. & Dauvergne, C., 'The Growing Culture of Exclusion: Trends in Canadian Refugee Exclusions' (2011) 23 *IJRL*54.

Kellenberger, J., 'The ICRC's Response to Internal Displacement: Strengths, Challenges and Constraints' (2009) 91 *International Review of the Red Cross*475.

Kelley, N., 'Internal Flight/Relocation/Protection Alternative: Is it Reasonable?' (2002) 14 *IJRL*4.

Kelley, N., 'The Convention Refugee Definition and Gender-Based Persecution: A Decade's Progress' (2001) 13 *IJRL*559.

Kelley, N., 'Guidelines for Women's Asylum Claims' (1994) 6 *IJRL*517.

Kelley, N., 'Report on the International Consultation on Refugee Women, held in Geneva, 15–19 November 1988' (1989) 1 *IJRL*233.

Kelman, I., 'Imaginary Numbers of Climate Change Migrants?' (2019) 8 *Social Sciences*131.

Kenny, M. A. & Procter, N., 'The Fast Track Refugee Assessment Process and the Mental Health of Vulnerable Asylum Seekers' (2016) 23 *Psychiatry, Psychology and Law*62.

Kerber, K., 'Temporary Protection: An Assessment of the Harmonisation Policies of European Union Member States' (1997) 9 *IJRL*453.

Kesby, A., 'The Shifting and Multiple Border and International Law' (2007) 27 *OJLS*101.

Khan, D.-E., 'The General Assembly, Procedure, Article 22', in Simma, B., Khan, D.-E., Nolte, G., & Paulus, A., eds., *The Charter of the United Nations: A Commentary*(Oxford University Press, 2012).

Khan, F. & Ziegler, R., 'Refugee Naturalization and Integration', in Costello, C., Foster, M., & McAdam, J., eds., *The Oxford Handbook of International Refugee Law*(Oxford University Press, 2021).

Khoday, A., 'Resisting Criminal Organizations: Reconceptualizing the "Political" in International Refugee Law' (2016) 61 *McGill Law Journal*461.

Khouri, R. G., 'Sixty Years of UNRWA: From Service Provision to Refugee Protection' (2009) 28(2-3) *RSQ*438.

Kibreab, G., 'Environmental Causes and Impact of Refugee Movements: A Critique of the Current Debate' (1997) 21 *Disaster*s 20.

Kidane, W., 'Managing Forced Displacement by Law in Africa: The Role of the New African Union IDPs Convention' (2011) 44 *Vanderbilt Journal of Transnational Law*1.

Kielsgard, M., 'The Political Offense Exception: Punishing Whistleblowers Abroad' *EJIL Talk!*(14 Nov. 2013).

Kim, J. H., (Justice), 'The Judicial Responsibility to Guarantee Fundamental Rights: Reviewing the Decision of the Supreme Court of Korea on Conscientious Objection to Military Service' (2020) 22 *Asia-Pacific Law & Policy Journal*1.

Kim, S., 'Lack of State Protection or Fear of Persecution? Determining the Refugee Status of North Koreans in Canada' (2016) 28 *IJRL*85.

Kinchin, N., 'The Implied Human Rights Obligations of UNHCR' (2016) 28 *IJRL*251.

Kingston, L. N., 'Bringing Rwandan Refugees "Home": The Cessation Clause, Statelessness, and Forced Repatriation' (2017) 29 *IJRL*417.

Kirisçi, K., 'Asylum Seekers and Human Rights in Turkey' (1992) 10 *NethQHR*447.

Kirk, L., 'Accelerated Asylum Procedures in the United Kingdom and Australia: "Fast Track" to *Refoulement*?', in Stevens, D. & O'Sullivan, M., eds., *States, the Law and Access to Refugee Protection: Fortresses and Fairness*(Hart Publishing, 2017).

Kjaerum, M., 'Temporary Protection in Europe in the 1990s' (1994) 6 *IJRL*444.
Kjaerum, M., 'The Concept of First Country of Asylum' (1992) 4 *IJRL*514.
Kjær, K. U., 'The Abolition of the Danish *de facto*Concept' (2003) 15 *IJRL*254.
Klabbers, J., 'The Accountability of International Organizations in Refugee and Migration Law', in Costello, C., Foster, M., & McAdam J., eds., *The Oxford Handbook of International Refugee Law*(Oxford University Press, 2021).
Klepp, S., 'A Double Bind: Malta and the Rescue of Unwanted Migrants at Sea, a Legal Anthropological Perspective on the Humanitarian Law of the Sea' (2011) 23 *IJRL*538.
Klug, A., 'Strengthening the Protection of Migrants and Refugees in Distress at Sea' (2014) 26 *IJRL*48.
Klug, A., 'Regional Developments: Europe', in Zimmermann, A., ed., *The 1951 Convention relating to the Status of Refugees and its 1967 Protocol: A Commentary*(Oxford University Press, 2011).
Klug, A., 'Harmonization of Asylum in the European Union—Emergence of an EU Refugee System?' (2004) 47 *German Yearbook of International Law*594.
Klug, A. & Howe, T., 'The Concept of State Jurisdiction and the Applicability of the *Non-refoulement*Principle to Extraterritorial Interception Measures', in Ryan, B. & Mitsilegas, V., eds., *Extraterritorial Immigration Control: Legal Challenges*(Martinus Nijhoff Publishers, 2010).
Kneebone, S., 'Women within the Refugee Construct: "Exclusionary Inclusion" in Policy and Practice—the Australian Experience' (2005) 17 *IJRL*7.
Kneebone, S. & Macklin, A., 'Resettlement', in Costello, C., Foster, M., & McAdam, J., eds., *The Oxford Handbook of International Refugee Law*(Oxford University Press, 2021).
Kochhar-George, C. S., 'Recent Developments in Hong Kong's Torture Screening Process' (2012) 42 *Hong Kong Law Journal*385.

Koh, H. H., 'The "Haiti Paradigm" in United States Human Rights Policy' (1994) 103 *Yale Law Journal*2391.

Kolmannskog, V., ' "We Are in Between": Case Studies on the Protection of Somalis Displaced to Kenya and Egypt during the 2011 and 2012 Drought' (2014) 2 *International Journal of Social Science Studies*83.

Kolmannskog, V. & Myrstad, F., 'Environmental Displacement in European Asylum Law' (2009) 11 *EJML*313.

Komp, L.-M., 'The Duty to Assist Persons in Distress: An Alternative Source of Protection against the Return of Migrants and Asylum Seekers to the High Seas?', in Moreno-Lax, V. & Papastavridis, E., eds., *'Boat Refugees' and Migrants at Sea: A Comprehensive Approach: Integrating Maritime Security with Human Rights*(Brill Nijhoff, 2017).

Kosar, D., 'Inclusion before Exclusion or Vice Versa: What the Qualification Directive and the Court of Justice Do (Not) Say' (2013) 25 *IJRL*87.

Koskenniemi, M., 'The Wonderful Artificiality of States' (1994) 88 *Proceedings of the American Society of International Law*22.

Kraehenmann, S., *Foreign Fighters under International Law*(Geneva Academy, 2014).

Kritzman-Amir, T., 'Privatization and Delegation of State Authority in Asylum Systems' (2011) 5 *Law and Ethics of Human Rights*195.

Kritzman-Amir, T., 'Not in My Backyard: On the Morality of Responsibility Sharing in Refugee Law' (2009) 34 *Brooklyn Journal of International Law*355.

Ktistakis, Y., 'Protecting Migrants under the European Convention on Human Rights and the European Social Charter: A Handbook for Legal Practitioners' (Council of Europe, 2013).

Labman, S. & Pearlman, M., 'Blending, Bargaining, and Burden-Sharing: Canada's Resettlement Programs' (2018) 19 *Journal of International Migration and Integration*439.

Lambert, H., 'Customary Refugee Law', in Costello, C., Foster, M., & McAdam, J., eds., *The Oxford Handbook of International Refugee Law*(Oxford University Press, 2021).

Lambert, H., 'Comparative Perspectives on Arbitrary Deprivation of Nationality and Refugee Status' (2015) 64 *ICLQ*1.

Lambert, H., 'The Next Frontier: Expanding Protection in Europe for Victims of Armed Conflict and Indiscriminate Violence' (2013) 25 *IJRL*207.

Lambert, H., 'The EU Asylum Qualification Directive, Its Impact on the Jurisprudence of the United Kingdom and International Law' (2006) 55 *ICLQ*161.

Lambert, H. & Farrell, T., 'The Changing Character of Armed Conflict and the Implications for Refugee Protection Jurisprudence' (2010) 22 *IJRL*237.

Landgren, K., 'Safety Zones and International Protection: A Dark Grey Area' (1995) 7 *IJRL*436.

Lane, M., Murray, D., Lakshman, R., Devine C., & Zurawan, A., *Evaluation of the Early Legal Advice Project—Final Report*, Home Office Research Report 70 (May 2013).

Lauta, K. & Rytter, J., 'A Landslide on a Mudslide? Natural Hazards and the Right to Life under the European Convention on Human Rights' (2013) 7 *Journal of Human Rights and the Environment*113.

Lauterpacht, H., 'The Universal Declaration of Human Rights' (1948) 25 *BYIL*354.

Lauterpacht, H., 'The Law of Nations and the Punishment of War Crimes' (1944) 21 *BYIL*58.

Lauterpacht, E. & Bethlehem, D., 'The Scope and Content of the Principle of *Non-Refoulement*: Opinion', in Feller, E., Türk, V., & Nicholson, F., eds., *Refugee Protection in International Law: UNHCR's Global Consultations on International Protection*(Cambridge University Press, 2003).

Lautze, S., Jones, B., & Duffield, M., *Strategic Humanitarian Co-ordination in the Great Lakes Region, 1996–1997: An Independent Study for the Inter-Agency Standing Committee*(Mar. 1998).

LaViolette, N., 'Gender-Related Refugee Claims: Expanding the Scope of the Canadian Guidelines' (2007) 19 *IJRL*169.

Lawand, K., 'The Right to Return of Palestinians in International Law' (1996) 8 *IJRL*532.
Laws, Lord Justice, 'Asylum—a Branch of Human Rights Law?', Paper Presented at the 'Asylum and Immigration Tribunal Conference' (Jun. 2006).
League of Nations, 'The Epidemic of Typhus in Central Europe' (1920) 1 League of Nations *Official Journal*255.
League of Nations, 'Minutes of the Meeting of the Advisory Board of the League of Nations Epidemic Commission, held in Warsaw, 15 April 1921': LoN doc. C.91.M.50.1921.IV (6 Jun. 1921).
League of Nations, 'Epidemic Commission of the League, Second Annual Report of the Commission, 1 Aug. 1922': LoN doc. C.563.M.421.1 922.III (24 Aug. 1922).
League of Nations, 'Report on the Health Situation in Eastern Europe in January 1922': LoN doc. C.99.M.54.1922.III.
League of Nations, 'Report on Economic Conditions in Russia with Special Reference to the Famine of 1921-1922 and the State of Agriculture': LoN doc. C.705.M.451.1922.II.
Lee, L. T., 'The Declaration of Principles of International Law on Compensation to Refugees: Its Significance and Implications' (1993) 6 *JRS*65.
Lee, L. T., 'The Right to Compensation: Refugees and Countries of Asylum' (1986) 80 *AJIL*532.
Legomsky, S. H., 'The USA and the Caribbean Interdiction Program' (2006) 18 *IJRL*677.
Legomsky, S. H., 'Secondary Refugee Movements and the Return of Asylum Seekers to Third Countries: The Meaning of Effective Protection' (2003) 15 *IJRL*567.
Legomsky, S. H., 'Political Asylum and the Theory of Judicial Review' (1989) 73 *Minnesota Law Reports*1205.
Lehmann, J. M., 'Availability of Protection in the Country of Origin: An Analysis under the EU Qualification Directive', in Bauloz, C.,

Ineli-Ciger, M., Singer, S., & Stoyanova, V., eds., *Seeking Asylum in the European Union: Selected Protection Issues Raised by the Second Phase of the Common European Asylum System*(Brill Nijhoff, 2015).

Lehmann, J. M., 'Persecution, Concealment and the Limits of a Human Rights Approach in (European) Asylum Law—The Case of *Germany v. Y and Z*in the Court of Justice of the European Union' (2014) 26 *IJRL*65.

Lelliott, J., 'Smuggled and Trafficked Unaccompanied Minors: Towards a Coherent, Protection-Based Approach in International Law' (2017) 29 *IJRL*238.

Léonard, S. & Kaunert, C., 'The Extra-Territorial Processing of Asylum Claims' (2016) 51 *FMR*49.

Lester, E., 'Article 23 1951 Convention', in Zimmermann, A., ed., *The 1951 Convention relating to the Status of Refugees and its 1967 Protocol: A Commentary*(Oxford University Press, 2011).

Lewis, C., 'UNHCR's Contribution to the Development of International Refugee Law: Its Foundations and Evolution' (2005) 17 *IJRL*67.

Liew, J., Zambelli, P., Thériault, P.-A., & Silcoff, M., 'Not Just the Luck of the Draw? Exploring Competency of Counsel in Federal Court Refugee Leave Determinations, (2005-2010)' (8 Nov. 2019), https://ssrn.com/abstract=3483299.

Lillich, R., 'Civil Rights', in Meron, T., ed., *Human Rights in International Law*(Clarendon Press, 1984).

Lindsay, J. G., 'Fixing UNRWA: Repairing the UN's Troubled System of Aid to Palestinian Refugees', *Washington Institute for Near East Policy*, Focus #91 (Jan. 2009).

Loescher, G., 'UNHCR and Forced Migration', in Fiddian-Qasmiyeh, E., Loescher, G., Long, K., & Sigona, N., eds., *The Oxford Handbook of Refugee and Forced Migration Studies*(Oxford University Press, 2014).

Loewenfeld, E., 'Status of Stateless Persons' (1941) 27 *Transactions of the Grotius Society*59.

Lonergan, S., 'The Role of Environmental Degradation in Population Displacement' (1998) 4 *Environmental Change and Security Project Report*5.
Long, K., 'Onward Migration', in Costello, C., Foster, M., & McAdam, J., eds., *The Oxford Handbook of International Refugee Law*(Oxford University Press, 2021).
Long, K., 'From Refugee to Migrant? Labor Mobility's Protection Potential' (Migration Policy Institute, 2015).
Long, K., 'In Search of Sanctuary: Border Closures, "Safe" Zones and Refugee Protection' (2014) 26 *JRS*458.
Long, K., 'Rethinking "Durable" Solutions', in Fiddian-Qasmiyeh, E., Loescher, G., Long, K., & Sigona, N., eds., *The Oxford Handbook of Refugee and Forced Migration Studies*(Oxford University Press, 2014).
Long, K., 'Extending Protection? Labour Migration and Durable Solutions for Refugees' UNHCR *New Issues in Refugee Research*, Research Paper No. 176 (2009).
Long, K. & Crisp, J., 'Migration, Mobility and Solutions: An Evolving Perspective' (2010) 35 *FMR*56.
Loper, K., 'Human Rights, *Non-refoulement*and the Protection of Refugees in Hong Kong' (2010) 22 *IJRL*404.
Loucaides, L. G., 'Environmental Protection through the Jurisprudence of the European Convention on Human Rights', in Loucaides, L. G., ed., *The European Convention on Human Rights: Collected Essays* (Martinus Nijhoff Publishers, 2007).
Lowe, A. V., 'The Development of the Contiguous Zone' (1981) 52 *BYIL*109.
Lübbe, A., ' "Systemic Flaws" and Dublin Transfers: Incompatible Tests before the CJEU and the ECtHR?' (2015) 27 *IJRL*135.
Luca, D., 'Questioning Temporary Protection, together with a Selected Bibliography on Temporary Refuge/Temporary Protection' (1994) 6 *IJRL*535.
Luca, D., 'La notion de "solution" au problème des réfugiés' (1987) 65 *Revue de droit international*1.

Lukashuk, I. I., 'The Principle *pacta sunt servanda*and the Nature of Obligation under International Law' (1989) 83 *AJIL*513.

Luker, T., 'Decision Making Conditioned by Radical Uncertainty: Credibility Assessment at the Australian Refugee Tribunal' (2012) 25 *IJRL*502.

Lundberg, A., 'The Best Interests of the Child Principle in Swedish Asylum Cases: The Marginalization of Children's Rights' (2011) 3 *Journal of Human Rights Practice*49.

Macklin, A., 'Disappearing Refugees: Reflections on the Canada-U.S. Safe Third Country Agreement' (2005) 36 *Columbia Human Rights Law Review*365.

Macklin, A., '*Canada (Attorney-General)*v. *Ward*: A Review Essay' (1994) 6 *IJRL*362.

Magnusson, J., 'A Question of Definition: The Concept of Internal Armed Conflict in the Swedish Aliens Act' (2008) 10 *EJML*381.

Maiani, F., 'The Dublin III Regulation: A New Legal Framework for a More Humane System?', in Chetail, V., De Bruycker, P., &. Maiani, F., eds., *Reforming the Common European Asylum System: The New European Refugee Law*(Brill Nijhoff, 2016).

Maiani, F., 'The Concept of "Persecution" in Refugee Law: Indeterminacy, Context-sensitivity, and the Quest for a Principled Approach' *Les Dossiers du Grihl: Les dossiers de Jean-Pierre Cavaillé, De la persécution*(Feb. 2010).

Malgina, M., Schwitters, H., & Skjerven S. A., 'Preparing for recognition of refugees' qualifications' *University World News*(11 Jan. 2020).

Mallia, P., 'Case of *M.S.S. v. Belgium and Greece*: A Catalyst in the Re-Thinking of the Dublin II Regulation' (2011) 30(3) *RSQ*107.

Malongo, L., 'Implementation of the cessation clause: a useless mechanism, a motive of insecurity' *Lamenparle*(Feb. 2018).

Manly, M., 'UNHCR's Mandate and Activities', in Edwards, A. & van Waas, L., eds., *Nationality and Statelessness under International Law*(Cambridge University Press, 2014).

Mann, I., 'Border Crimes as Crimes against Humanity', in Costello, C., Foster, M., & McAdam, J., eds., *The Oxford Handbook of International Refugee Law*(Oxford University Press, 2021).
Mantouvalou, V., 'Work and Private Life: *Sidabras and Dziautas v Lithuania*' (2005) 30 *European Law Review*573.
Marjanac, S. & Patton, L., 'Extreme Weather Event Attribution Science and Climate Change Litigation: An Essential Step in the Causal Chain?' (2018) 36 *Journal of Energy and Natural Resources Law*265.
Markard, N., 'A Hole of Unclear Dimensions: Reading ND and NT v. Spain' *EU Immigration and Asylum Law and Policy*(1 Apr. 2020).
Marsteintredet, L., 'Mobilisation against International Human Rights: Re-Domesticating the Dominican Citizenship Regime' (2014) 44 *Iberoamericana. Nordic Journal of Latin American and Caribbean Studies*73.
Martin, D. A., 'Reforming Asylum Adjudication: On Navigating the Coast of Bohemia' (1990) 138 *University of Pennsylvania Law Review*1247.
Martin, D. A., 'Effects of International Law on Migration Policy and Practice' (1989) 23 *IMR*547.
Marx, R., 'Article 1 E 1951 Convention', in Zimmermann, A., ed., *The 1951 Convention relating to the Status of Refugees and its 1967 Protocol: A Commentary*(Oxford University Press, 2011).
Marx, R., 'The Criteria of Applying the "Internal Flight Alternative" Test in National Refugee Status Determination Procedures' (2002)14 *IJRL*179.
Marx, R., *Temporary Protection—Refugees from Former Yugoslavia: International Protection or Solution Orientated Approach?*(ECRE, 1994).
Massey, H., 'UNHCR and *de facto*Statelessness' UNHCR Legal and Protection Policy Research Series, LPPR/2010/01 (2010).
Mathew, P., '*Non-refoulement*', in Costello, C., Foster, M., & McAdam, J., eds., *The Oxford Handbook of International Refugee Law*(Oxford University Press, 2021).

Mathew, P., 'Draft dodger/deserter or dissenter? Conscientious Objection as grounds for refugee status', in Juss, S. S. & Harvey, C., eds., *Contemporary Issues in Refugee Law*(Edward Elgar Publishing, 2013).

Mathew, P., 'The Shifting Boundaries and Content of Protection: The Internal Protection Alternative Revisited', in Juss, S. S., ed., *The Ashgate Research Companion to Migration Law, Theory and Policy*(Routledge, 2013).

Mathew, P., 'Limiting Good Faith: "Bootstrapping" asylum seekers and exclusion from refugee protection' (2010) 29 *AustYBIL*13.

Mathew, P., 'International Association of Refugee Law Judges Conference: Address: Legal Issues concerning Interception' (2002) 17 *Georgetown Immigration Law Journal*221.

Mawani, N., 'Introduction to the Immigration and Refugee Board of Canada Guidelines on Gender-Related Persecution' (1993) 5 *IJRL*240.

McAdam, J., 'Displacing Evacuations: A Blind Spot in Disaster Displacement Research' (2020) 39 *RSQ*583.

McAdam, J., 'Protecting People Displaced by the Impacts of Climate Change: The UN Human Rights Committee and the Principle of Non-Refoulement' (2020) 114 *AJIL*708.

McAdam, J., 'The High Price of Resettlement: When Nauru Almost Moved to Australia' (2017) 48 *Australian Geographer*7.

McAdam, J., 'Self-Determination and Self-Governance for Communities Relocated across International Borders: The Quest for Banaban Independence' (2017) 24 *International Journal on Minority and Group Rights*428.

McAdam, J., 'Building International Approaches to Climate Change, Disasters and Displacement' (2016) 33 *Windsor Yearbook of Access to Justice*1.

McAdam, J., ' "Under Two Jurisdictions": Immigration, Citizenship and Self-Governance in Cross-Border Community Relocations' (2016) 34 *Law and History Review*281.

McAdam, J., 'From the Nansen Initiative to the Platform on Disaster Displacement: Shaping International Approaches to Climate Change, Disasters and Displacement' (2016) 39 *UNSW Law Journal*1518.

McAdam, J., 'The Emerging New Zealand Jurisprudence on Climate Change, Disasters and Displacement' (2015) 3 *Migration Studies*131.

McAdam, J., 'Extraterritorial Processing in Europe: Is "Regional Protection" the Answer, and If Not, What Is?' *Kaldor Centre for International Refugee Law*, Policy Brief 1 (May 2015).

McAdam, J., 'Creating New Norms on Climate Change, Natural Disasters and Displacement: International Developments 2010–2013' (2014) 29(2) *Refuge*11.

McAdam, J., 'Historical Cross-Border Relocations in the Pacific: Lessons for Planned Relocations in the Context of Climate Change' (2014) 49 *The Journal of Pacific History*301.

McAdam, J., 'Rethinking the Origins of "Persecution" in Refugee Law' (2013) 25 *IJRL*667.

McAdam, J., 'Australian Complementary Protection: A Step-by-Step Approach' (2011) 33 *SydLR*687.

McAdam, J., 'From Humanitarian Discretion to Complementary Protection: Reflections on the Emergence of Human Rights-Based Refugee Protection in Australia' (2011) 18 *Australian International Law Journal*53.

McAdam, J., 'Swimming against the Tide: Why a Climate Change Displacement Treaty is *Not*the Answer' (2011) 23 *IJRL*1.

McAdam, J., 'The Right to Leave Any Country: An Intellectual History of Freedom of Movement in International Law' (2011) 12 *Melbourne Journal of International Law*27.

McAdam, J., 'Interpretation of the 1951 Convention', in Zimmermann, A., ed., *The 1951 Convention relating to the Status of Refugees and its 1967 Protocol: A Commentary*(Oxford University Press, 2011).

McAdam, J., 'Individual Risk, Armed Conflict and the Standard of Proof in Complementary Protection Claims: The European Union and Canada

Compared', in Simeon, J. C., ed., *Critical Issues in International Refugee Law: Strategies toward Interpretative Harmony*(Cambridge University Press, 2010).

McAdam, J., 'Status Anxiety: The New Zealand Immigration Bill and the Rights of Non-Convention Refugees' [2009] *New Zealand Law Review*239.

McAdam, J., 'Seeking Asylum under the Convention on the Rights of the Child: A Case for Complementary Protection' (2006) 14 *International Journal of Children's Rights*251.

McAdam, J., 'The European Union Qualification Directive: The Creation of a Subsidiary Protection Regime' (2005) 17 *IJRL*461.

McAdam, J., Burson, B., Kälin, W., & Weerasinghe, S., *International Law and Sea-Level Rise: Forced Migration and Human Rights*, Fridtjof Nansen Institute and Kaldor Centre for International Refugee Law, FNI Report 1/2016 (Jan. 2016).

McAdam, J. & Chong, F., 'Complementary Protection in Australia Two Years On: A Developing Human Rights Jurisprudence' (2014) 42 *Federal Law Review*441.

McAdam, J. & Ferris, E., 'Planned Relocations in the Context of Climate Change: Unpacking the Legal and Conceptual Issues' (2015) 4 *Cambridge Journal of International and Comparative Law*137.

McAdam, J. & Pryke, J., 'Climate Change, Disasters and Mobility: A Roadmap for Australian Action' (Kaldor Centre for International Refugee Law Policy Brief 10 (Oct. 2020).

McAdam, J. & Purcell, K., 'Refugee Protection in the Howard Years: Obstructing the Right to Seek Asylum' (2008) 27 *AusYBIL*87.

McAdam, J. & Wood, T., 'The Concept of "International Protection" in the Global Compacts on Refugees and Migration' (2021) 23 *Interventions: International Journal of Postcolonial Studies*191.

McAllister, D. M., 'Refugees and Public Access to Immigration Hearings in Canada: A Clash of Constitutional Values' (1990) 2 *IJRL*562.

McCallin, M., 'Living in Detention: A review of the psychological well-being of Vietnamese children in the Hong Kong detention centres', International Catholic Child Bureau (1992).

McCallin, M., 'The Convention on the Rights of the Child: An Instrument to Address the Psychosocial Needs of Refugee Children' (1990) 2 *IJRL Special Issue*82.

McCue, G. S., 'Environmental Refugees: Applying International Environmental Law to Involuntary Migration' (1993) 6 *Georgetown International Environmental Law Review*151.

McGowan, M., 'Emails show Border Force considered cancelling refugee footballer Hakeem al-Araibi's visa' *Guardian*(11 Oct. 2019).

McKean, W. A., 'The Meaning of Discrimination in International and Municipal Law' (1970) 44 *BYIL*177.

McKeever, D., 'Evolving Interpretation of Multilateral Treaties: "Acts Contrary to the Purposes and Principles of the United Nations" in the Refugee Convention' (2015) 64 *ICLQ*405.

McLeod, M., 'Legal Protection of Refugee Children separated from their Parents: Selected Issues' (1989) 27 *International Migration*295.

McMillan, K. E., 'Uganda's Invocation of Cessation Regarding its Rwandan Refugee Caseload: Lessons for International Protection' (2012) 24 *IJRL*231.

McNair, A., 'Extradition and Exterritorial Asylum' (1951) 28 *BYIL*172.

McNamara, K. E. & Jacot Des Combes, H., 'Planning for Community Relocations due to Climate Change in Fiji' (2015) 6 *International Journal of Disaster Risk Science*315.

Meindersma, C., 'Population Exchanges: International Law and State Practice-Part 1' (1997) 9 *IJRL*335.

Meindersma, C., 'Population Exchanges: International Law and State Practice-Part 2' (1997) 9 *IJRL*613.

Melander, G., 'Refugee Policy Options—Protection or Assistance', in Rystad, G., ed., *The Uprooted: Forced Migration as an International Problem in the Post-War Era*(Lund University Press, 1990).

Melander, G., 'The Two Refugee Definitions' *Raoul Wallenberg Institute of Human Rights and Humanitarian Law*, Report No. 4 (Lund University Press, 1987).

Mendelson, M., 'The Formation of Customary International Law' (1998) 273 *Hague Recueil*155.

Mendiluce, J. M., 'War and disaster in the former Yugoslavia: The limits of humanitarian action' *World Refugee Survey*1994.

Meron, T., 'Extraterritoriality of Human Rights Treaties' (1995) 89 *AJIL*78.

Meron, T., 'On a Hierarchy of International Human Rights' (1987) 80 *AJIL*1.

Merrills, J. G., 'Interim Measures of Protection in the Recent Jurisprudence of the International Court of Justice' (1995) 44 *ICLQ*90.

Messineo, F., '*Non-Refoulement*Obligations in Public International Law: Towards a New Protection Status?', in Juss, S. S., ed., *The Ashgate Research Companion to Migration Law, Theory and Policy*(Routledge, 2013).

Middleburg, A., & Balta, A., 'Female Genital Mutilation/Cutting as a Ground for Asylum in Europe' (2016) 28 *IJRL*416.

Migreurop, 'L'OIM, Une Organisation au Service des Frontières ... fermées' *Les notes de migreurop*No. 9 (May 2019).

Milanovic, M., '*Al-Skeini*and *Al-Jedda*in Strasbourg' (2012) 23 *EJIL*121.

Milanovic, M., 'From Compromise to Principle: Clarifying the Concept of State Jurisdiction in Human Rights Treaties' (2008) 8 *HRLR*411.

Millbank, J., 'Sexual Orientation and Gender Identity in Refugee Claims', in Costello, C., Foster, M., & McAdam, J., eds., *The Oxford Handbook of International Refugee Law*(Oxford University Press, 2021).

Millbank, J., 'From discretion to disbelief: recent trends in refugee determinations on the basis of sexual orientation in Australia and the United Kingdom' (2009) 13 *International Journal of Human Rights*391.

Miller, B. P., Keith, L. C., & Holmes, J. S., 'Beyond Grant or Deny: A More Nuanced Ordering of US Asylum Outcomes' (2013) 97 *Judicature*172.

Milner, D., 'Exemption from Cessation of Refugee Status in the Second Sentence of Article 1C(5)/(6) of the 1951 Refugee Convention' (2004) 16 *IJRL*91.
Minority Rights Group, *The Baha'is of Iran*, Minority Rights Group, Report No. 51 (1985).
Minority Rights Group, *The Kurds*, Minority Rights Group, Report No. 23 (rev. edn., 1981).
Minority Rights Group, *The Crimean Tatars, Volga Germans and Meskhetians*, Minority Rights Group, Report No. 6 (rev. edn., 1980).
Minority Rights Group, *The Palestinians*, Minority Rights Group, Report No. 24 (rev. edn., 1979).
Minority Rights Group, *The Two Irelands—the Double Minority*, Minority Rights Group, Report No. 2 (rev. edn., 1979).
Minority Rights Group, *Problems of a Displaced Minority: The New Position of East Africa's Asians*, Minority Rights Group, Report No. 16 (rev. edn., 1978).
Minority Rights Group, *The Namibians of South West Africa*, Minority Rights Group, Report No. 19 (rev. edn., 1978).
Minority Rights Group (Palley, C.), *Constitutional Law and Minorities*, Minority Rights Group, Report No. 36 (1978).
Minority Rights Group, *Religious Minorities in the Soviet Union*, Minority Rights Group, Report No. 1 (rev. edn., 1977).
Minority Rights Group, *What Future for the Amerindians of South America?*, Minority Rights Group, Report No. 15 (rev. edn., 1977).
Minority Rights Group, *Jehovah's Witnesses in Central Africa*, Minority Rights Group, Report No. 29 (1976).
Minority Rights Group, *Selective Genocide in Burundi*, Minority Rights Group, Report No. 20 (1974).
Minority Rights Group, *The Asian Minorities of East and Central Africa*, Minority Rights Group, Report No. 4 (1971).
Mirdal, G. M., 'The Interpreter in Cross-Cultural Therapy' (1988) 26 *International Migration*327.

Mirza, M., 'Disability and Forced Migration', in Fiddian-Qasmiyeh, E., Loescher, G., Long, K., & Sigona, N., eds., *The Oxford Handbook of Refugee and Forced Migration Studies*(Oxford University Press, 2014).
Mirza, M., 'Resettlement for Disabled Refugees' (2010) 35 *FMR*30.
Mooney, E. D., 'Presence, *ergo*, Protection? UNPROFOR, UNHCR and the ICRC in Croatia and Bosnia and Herzegovina' (1995) 7 *IJRL*407.
Monson, R. & Fitzpatrick, D., 'Negotiating Relocation in a Weak State: Land Tenure and Adaptation to Sea-Level Rise in Solomon Islands', in Price, S. & Singer, J., eds., *Global Implications of Development, Disasters and Climate Change: Responses to Displacement from Asia Pacific*(Routledge, 2015).
Moore, J., 'From Nation State to Failed State: International Protection from Human Rights Abuses by Non-State Agents' (1999) 31 *Columbia Human Rights Law Review*81.
Moran, C. F., 'A Perspective on the Rome Statute's Defence of Duress: The Role of Imminence' (2018) 18 *International Criminal Law Review*154.
Moran, C. F., 'A Comparative Exploration of the Defence of Duress' (2017) 6 *Global Journal of Comparative Law*51.
Morand, M., Mahoney, K., Bellour, S., & Rabkin, J., 'The Implementation of UNHCR's Policy on Refugee Protection and Solutions in Urban Areas: Global Survey—2012' (UNHCR Policy Development and Evaluation Service, 2012).
Moreno-Lax, V., 'Protection at Sea and the Denial of Asylum', in Costello, C., Foster, M., & McAdam, J., eds., *The Oxford Handbook of International Refugee Law*(Oxford University Press, 2021).
Moreno-Lax, V., 'The Legality of the "Safe Third Country" Notion Contested: Insights from the Law of Treaties', in Goodwin-Gill, G. S. & Weckel, P., eds., *Migration and Refugee Protection in the 21st Century: International Legal Aspects*(Brill Nijhoff, 2015).

Moreno-Lax, V., 'Of Autonomy, Autarky, Purposiveness and Fragmentation: The Relationship between EU Asylum Law and International Humanitarian Law', in Cantor, D. J. & Durieux, J.-F., eds., *Refuge from Inhumanity? War Refugees and International Humanitarian Law*(Brill Nijhoff, 2014).

Moreno-Lax, V., 'Systematising Systemic Integration: "War Refugees", Regime Relations, and a Proposal for a Cumulative Approach to International Commitments' (2014) 12 *Journal of International Criminal Justice*907.

Moreno-Lax, V., 'Dismantling the Dublin System: *M.S.S. v. Belgium and Greece*' (2012) 14 *EJML*1.

Moreno-Lax, V., '(Extraterritorial) Entry Controls and (Extraterritorial) Non-Refoulement in EU Law', in Maes, M., Foblets, M.-C., & De Bruycker, P., eds., *The External Dimensions of EU Asylum and Immigration Policy*(Bruylant, 2011).

Moreno-Lax, V., 'Seeking Asylum in the Mediterranean: Against a Fragmentary Reading of EU Member States' Obligations Accruing at Sea' (2011) 23 *IJRL*174.

Moreno-Lax, V., 'Must EU Borders Have Doors for Refugees? On the Compatibility of Schengen Visas and Carriers' Sanctions with EU Member States' Obligations to Provide International Protection to Refugees' (2008) 10 *EJML*315.

Morgenstern, F., 'The Right of Asylum' (1949) 26 *BYIL*327.

Morin, J.-Y., 'La zone de pêche exclusive du Canada' (1964) 2 *CanYBIL*77.

Morris, N., 'Refugees: Facing Crisis in the 1990s—A Personal View from within UNHCR' (1990) 2 *IJRL Special Issue*38.

Morrison, J. & Crosland, B., 'The Trafficking and Smuggling of Refugees: The End Game in European Asylum Policy' UNHCR *New Issues in Refugee Research*, Working Paper No. 39 (2001).

Mouzourakis, M., *Refugee Rights Subsiding? Europe's Two-Tier Protection Regime and Its Effect on the Rights of Beneficiaries*(AIDA & ECRE, 2016).

Mouzourakis, M., 'We Need to Talk about Dublin: Responsibility under the Dublin System as a Blockage to Asylum Burden-Sharing in the European Union' *Refugee Studies Centre*, Working Paper Series No. 105 (Dec. 2014).

Mtango, E.-E., 'Military and Armed Attacks on Refugee Camps', in Loescher, G. & Monahan, L., eds., *Refugees and International Relations*(Oxford University Press, 1989).

Mangala Munuma, J., 'Le partage de la charge des réfugiés quand l'urgence s'impose' (2001) 113 *RDDE*183.Muntarbhorn, V., 'Regional Refugee Regimes: Southeast Asia', in Costello, C., Foster, M., & McAdam, J., eds., The Oxford Handbook of International Refugee Law (Oxford University Press, 2021).

Murphy, C. & Ryan, D., 'Work, dignity and non-citizens: reflections from the Irish constitutional order' [2020] *Public Law*30.

Musalo, K., 'Personal Violence, Public Matter: Evolving Standards in Gender-Based Asylum Law' (2014-15) 36 *Harvard International Review*45.

Musalo, K., 'Claims for Protection based on Religion or Belief' (2004) 16 *IJRL*165.

Musalo, K., 'Revisiting Social Group and Nexus in Gender Asylum Claims: A Unifying Rationale for Evolving Jurisprudence' (2003) 52 *De Paul Law Review*777.

Musalo, K., 'Irreconcilable Differences? Divorcing Refugee Protections from Human Rights Norms' (1994) 15 *Michigan Journal of International Law*1179.

Mushkat, R., 'Hong Kong and Succession of Treaties' (1997) 46 *ICLQ*181.

Mushkat, R., 'Hong Kong as a country of temporary refuge: an interim analysis' (1982) 12 *Hong Kong Law Journal*157.

Myers, N., 'Environmental Refugees in a Globally Warmed World' (1993) 43 *BioScience*752.

Mysen Consulting, 'The Concept of Safe Third Countries—Legislation and National Practices' Study commissioned by the Norwegian Ministry of Justice and Public Security (2017).
Nansen Initiative, 'Protection for Persons Moving across Borders in the Context of Disasters: A Guide to Effective Practices for RCM Member Countries' (2016).
Nansen Initiative on Disaster-Induced Cross-Border Displacement, 'Agenda for the Protection of Cross-Border Displaced Persons in the context of Disasters and Climate Change', vols. 1 & 2 (Oct. 2015).
Nansen Initiative on Disaster-Induced Cross-Border Displacement, 'Towards a Protection Agenda for People Displaced across Borders in the Context of Disasters and the Effects of Climate Change' Information Note (Jan. 2015).
Narbutas, N., 'The Ring of Truth: Demeanor and Due Process in U.S. Asylum Law' (2018) 50 *Columbia Human Rights Law Review*348.
Nemets, Y. L., 'INTERPOLs New Policy on Refugees: Is Everything Settled?' (26 Aug. 2016), https://ssrn.com/abstract=2843205.
Neri, K., 'The Missing Obligation to Disembark Persons Rescued at Sea' (2019) 28 *Italian Yearbook of International Law*47.
Ní Ghráinne, B., 'Complementary Protection and Encampment' (2021) 21 *Human Rights Law Review*54.
Ní Ghráinne, B., 'The Internal Protection Alternative Inquiry and Human Rights Considerations—Irrelevant or Indispensable?' (2015) 27 *IJRL*29.
Nicholson, F., 'Implementation of the Immigration (Carriers' Liability) Act 1987: Privatising Immigration Functions at the Expense of International Obligations?' (1997) 46 *ICLQ*586.
Niland, N., 'Impunity and insurgency: A deadly combination in Afghanistan' (2010) 92 *International Review of the Red Cross*931.
NOKUT (Norwegian Agency for Quality Assurance in Education), *Toolkit for Recognition of Refugees' Qualifications*, https://www.nokut.no/en/.
Nolan, R., 'Language Barrier' *The New Yorker*(6 Jan. 2020).

Noll, G., 'Article 31 1951 Convention', in Zimmermann, A., ed., *The 1951 Convention relating to the Status of Refugees and its 1967 Protocol: A Commentary*(Oxford University Press, 2011).
Noll, G., 'Seeking Asylum at Embassies: A Right to Entry under International Law?' (2005) 17 *IJRL*542.
Noll, G., 'Visions of the Exceptional: Legal and Theoretical Issues Raised by Transit Processing Centres and Protection Zones' (2003) 5 *EJML*303.
Noll, G., 'From "Protective Passports" to Protected Entry Procedures? The Legacy of Raoul Wallenberg in the Contemporary Asylum Debate' UNHCR *New Issues in Refugee Research*, Working Paper No. 99 (2003).
Noll, G., 'Prisoners' Dilemma in Fortress Europe: On the Prospects for Equitable Burden-Sharing in the European Union' (1997) 40 *German Yearbook of International Law*405.
Noll, G., Fagerlund, J., & Liebaut, F., 'Study on the Feasibility of Processing Asylum Claims outside the EU against the Background of the Common European Asylum System and the Goal of a Common Asylum Procedure' (The Danish Centre for Human Rights & European Commission, 2003).
Noll, G. & Gammeltoft-Hansen, T., 'Humanitarian Visas Key to Improving Europe's Migration Crisis' (Raoul Wallenberg Institute, Apr. 2016).
Nollkaemper, A., & Jacobs, D., 'Shared Responsibility in International Law: A Conceptual Framework' (2013) 34 *Michigan Journal of International Law*359.
Norwegian Refugee Council & Refugee Policy Group, 'Roundtable Discussion on United Nations Human Rights Protection for Internally Displaced Persons', Nyon, Switzerland (Feb. 1993).
Note, 'Recent Adjudication' (2018) 132 *Harvard Law Review*803.
Nowak M., 'Enforced Disappearance in Kosovo. Human Rights: Advisory Panel Holds UNMIK Accountable' (2013) 18 *European Human Rights Law Review*275.

Nowicki, M., Chinkin, C., & Tulkens, F., 'Final Report of the Human Rights Advisory Panel' (2017) 28 *Criminal Law Forum*77.
Nuremburg International Military Tribunal (Judgment, 1946)(1947) 41 *AJIL*172.
OAU/UNHCR, 'The Addis Ababa Symposium 1994' (1995) 7 *IJRL Special Issue*.
Office français de protection des réfugiés et apatrides, 'Histoire de l'apatridie', http://archive.is/xbc8.
O'Donnell, D., 'International Treaties against Terrorism and the Use of Terrorism during Armed Conflict and by Armed Forces' (2006) 88 *International Review of the Red Cross*853.
O'Donnell, D., 'Resettlement or Repatriation: Screened-out Vietnamese Child Asylum Seekers and the Convention on the Rights of the Child' (1994) 6 *IJRL*382.
Ogg, K., 'Protection Closer to Home? A Legal Case for Claiming Asylum at Embassies and Consulates' (2014) 33(4) *RSQ*81.
Okoth-Obbo, G., 'Thirty Years On: A Legal Review of the 1969 OAU Convention Governing the Specific Aspects of Refugee Problems in Africa' (2001) 20(1) *RSQ*79.
Oliver, P., 'The French Constitution and the Treaty of Maastricht' (1994) 43 *ICLQ*1.
Oosterveld, V. L., 'The Canadian Guidelines on Gender-Related Persecution: An Evaluation' (1996) 8 *IJRL*569.
Opsahl, T. & de Zayas, A., 'The Uncertain Scope of Article 15(1) of the International Covenant on Civil and Political Rights' (1983) *Canadian Human Rights Yearbook*237.
Orchard, C. & Miller, A., 'Protection in Europe for Refugees from Syria' *Refugee Studies Centre*, Forced Migration Policy Briefing 10 (Sep. 2014).
Orchard, P., 'The Contested Origins of Internal Displacement' (2016) 28 *IJRL*210.

Osborne, M., 'The Indochinese Refugees: Causes and Effects' (1980) 56 *International Affairs*37.

O'Sullivan, M, 'Interdiction and Screening of Asylum Seekers at Sea: Implications for Asylum Justice', in O'Sullivan, M. & Stevens, D., eds., *States, the Law and Access to Refugee Protection*(Hart Publishing, 2017).

O'Sullivan, M., 'Acting the Part: Can Non-State Entities Provide Protection Under International Refugee Law?' (2012) 24 *IJRL*85.

O'Sullivan, M., 'Withdrawing protection under Article 1C(5) of the 1951 Convention: Lessons from Australia' (2008) 20 *IJRL*596.

Pallis, M., 'The Operation of UNHCR's Accountability Mechanisms' (2005) 37 *NYU Journal of International Law and Politics*869.

Pallis, M., 'Obligations of States towards Asylum Seekers at Sea: Interactions and Conflicts between Legal Regimes' (2002) 14 *IJRL*329.

Panizzon, M., 'Readmission Agreements of EU Member States: A Case for EU Subsidiarity or Dualism?' (2012) 31(4) *RSQ*101.

Papageorgopoulos, S., 'N.D. and N.T. v. Spain: do hot returns require cold decision-making?' *European Database of Asylum Law*(28 Feb. 2020).

Parekh, S., 'Justice for migrants and refugees: A discussion of Gillian Brock's *Justice for People on the Move*by the author of *No Refuge*' (2020) 16 *Journal of Global Ethics*139.

Park, S., 'Climate Change and the Risk of Statelessness: The Situation of Low-Lying Island States' UNHCR Legal and Protection Policy Research Series, PPLA/2011/04 (May 2011).

Parker, J. L., 'Victims of Natural Disasters in US Refugee Law and Policy' (1982) 3 *Michigan Journal of International Law*137.

Parliamentary Assembly of the Council of Europe, 'Extradition of refugees and the obligation of "non-refoulement" of member states of the Council of Europe' Written Question No. 510 to the Committee of Ministers and Reply, doc. 11192 (23 Feb. 2007).

Pastorino, A. M. & Ippoliti, M. R., 'A propósito del Asilo Diplomático' (2019) 47 *Revista de la Facultad de Derecho*1.

Pedozo, R., 'Duty to Render Assistance to Mariners in Distress during Armed Conflict at Sea' (2018) 94 *International Law Studies*102.

Peers, S., 'The Dublin III Regulation', in Peers, S., Moreno-Lax, V., Garlick, M., & Guild, E., eds., *EU Immigration and Asylum Law (Text and Commentary)*(Brill Nijhoff, 2015).

Peers, S., 'What if a refugee allegedly supports terrorism? The CJEU judgment in T' *EU Law Analysis*(24 Jun. 2015), http://eulawanalysis. blogspot.com/2015/06/what-if-refugee-allegedly-supports.html.

Peers, S., 'The Second Phase of the Common European Asylum System: A Brave New World—or Lipstick on a Pig?' *Statewatch*(8 Apr. 2013).

Peers, S., 'Legislative Update 2011, EU Immigration and Asylum Law: The Recast Qualification Directive' (2012) 14 *EJML*199.

Pejic, J., 'Armed Conflict and Terrorism: There is a (Big) Difference', in Salinas de Frías, A. M., Samuel, K. L. H., & White, N. D., eds., *Counter-Terrorism: International Law and Practice*(Oxford University Press, 2012).

Pejic, J., 'The protective scope of Common Article 3: more than meets the eye' (2011) 93 *International Review of the Red Cross*189.

Pejic, J., 'Minority Rights in International Law' (1997) 19 *HRQ*666.

Perluss, D. & Hartman, J. F., 'Temporary Refuge: Emergence of a Customary Norm' (1986) 26 *VirgJIL*551.

Peters, A., 'Extraterritorial Naturalizations: Between the Human Right to Nationality, State Sovereignty and Fair Principles of Jurisdiction' (2010) 53 *German Yearbook of International Law*623.

Peters, J. & Gal, O., 'Israel, UNRWA, and the Palestinian Refugee Issue' (2009) 28(2-3) *RSQ*588.

Petrasek, D., 'New Standards for the Protection of Internally Displaced Persons: A Proposal for a Comprehensive Approach' (1995) 14(1-2) *RSQ*285.

Pettitt, J., Townhead, L., & Huber, S., 'The Use of COI in the Refugee Status Determination Process in the UK: Looking Back, Reaching Forward' (2008) 25(2) *Refuge*182.

Pichl, M. & Schmalz, D., ' "Unlawful" may not mean rightless: The shocking ECtHR Grand Chamber judgment in case N.D. and N.T.' *Verfassungsblog on Matters Constitutional*(14 Feb. 2020).

Pierce, S., 'Obscure but Powerful: Shaping U.S. Immigration Policy through Attorney General Referral and Review' (Migration Policy Institute, 2021).

Piggott-McKellar, A., McNamara, K., Nunn, P., & Sekinini, S., 'Moving People in a Changing Climate: Lessons from Two Case Studies in Fiji' (2019) 8 *Social Sciences*133.

Piotrowicz R. & van Eck, C., 'Subsidiary Protection and Primary Rights' (2004) 53 *ICLQ*107.

Piovesan, F. & Jubilut, L. L., 'Regional Developments: Americas', in Zimmermann, A., ed., *The 1951 Convention relating to the Status of Refugees and its 1967 Protocol: A Commentary*(Oxford University Press, 2011).

Platform on Disaster Displacement, 'State-Led, Regional, Consultative Processes: Opportunities to Develop Legal Frameworks on Disaster Displacement', in Behrman, S. & Kent, A., eds., *Climate Refugees: Beyond the Legal Impasse*(Routledge, 2018).

Plender, R., 'The Legal Basis of International Jurisdiction to Act with Regard to the Internally Displaced' (1994) 6 *IJRL*345.

Pobjoy, J., 'Refugee Children', in Costello, C., Foster, M., & McAdam, J., eds., *The Oxford Handbook of International Refugee Law*(Oxford University Press, 2021).

Pobjoy, J., 'The Best Interests of the Child Principle as an Independent Source of International Protection' (2015) 64 *ICLQ*327.

Pobjoy, J., 'Treating Like Alike: The Principle of Non-Discrimination as a Tool to Mandate the Equal Protection of Refugees and Beneficiaries of Complementary Protection' (2010) 34 *Melbourne University Law Review*181.

Ponserre, S. & Ginnetti, J., 'Disaster Displacement: A Global Review, 2008-2018' (Internal Displacement Monitoring Centre, 2019).

Porcino, P., 'Toward Codification of Diplomatic Asylum' (1976) 8 *NYU Journal of International Law and Politics*435.
Power, S., 'Introduction', in Hannah Arendt, *The Origins of Totalitarianism* (Schocken Books, 2004 [1951]).
'Presidency Conclusions, Tampere European Council 15 and 16 October 1999' (Tampere Conclusions), text in (1999) 11 *IJRL*738.
Prunier, G., 'La crise rwandaise: structures et déroulement' (1994) 13(2-3) *RSQ*13.
Pugash, J. Z., 'The Dilemma of the Sea Refugee: Rescue without Refuge' (1977) 18 *HarvILJ*577.
Qafisheh, M. M. & Azarov, V., 'Article 1 D 1951 Convention', in Zimmermann, A., ed., *The 1951 Convention relating to the Status of Refugees and its 1967 Protocol: A Commentary*(Oxford University Press, 2011).
Quénivet, N., 'Does and Should International Law Prohibit the Prosecution of Children for War Crimes?' (2017) 28 *EJIL*433.
Ramcharan, B. G., 'Early Warning at the United Nations: The First Experiment' (1989) 1 IJRL 379.Rankin, M. B., 'Extending the Limits or Narrowing the Scope? Deconstructing the OAU Refugee Definition Thirty Years On' (2005) 21 *South African Journal on Human Rights*406.
Rasulov, A., 'Criminals as Refugees: The "Balancing Exercise" and Article 1F(b) of the Refugee Convention' (2002) 16 *Georgetown Immigration Law Journal*815.
Rayfuse, R., 'International Law and Disappearing States: Maritime Zones and the Criteria for Statehood' (2011) 41(6) *Environmental Policy and Law*281.
Rayfuse, R., 'W(h)ither Tuvalu? International Law and Disappearing States' University of New South Wales Faculty of Law Research Series, Working Paper No. 9 (2009).
Reale, E., 'Le droit d'asile' (1938-I) *Hague Recueil*473.

Reekie, J. & Layden-Stevenson, C., 'Complementary Refugee Protection in Canada: The History and Application of Section 97 of the Immigration and Refugee Protection Act (IRPA)', in International Association of Refugee Law Judges, ed., *Forced Migration and the Advancement of International Protection*, Proceedings of the 7th World Conference (2006).

Refugee Policy Group, 'Human Rights Protection for Internally Displaced Persons' *Report of an International Conference*(24-25 Jun. 1991).

Rehaag, S., 'Judicial Review of Refugee Determinations (II): Revisiting the Luck of the Draw' (2019) 45 *Queen's Law Journal*1.

Rehaag, S., 'I Simply Do Not Believe: A Case Study of Credibility Determinations in Canadian Refugee Adjudication' (2017) 38 *Windsor Review of Legal and Social Studies*38.

Rehaag, S., 'Judicial Review of Refugee Determinations: The Luck of the Draw?' (2012) 38 *Queen's Law Journal*1.

Reijven, J. & van Wijk, J., 'Caught in Limbo: How Alleged Perpetrators of International Crimes who Applied for Asylum in the Netherlands are Affected by a Fundamental System Error in International Law' (2014) 26 *IJRL*248.

Reneman, M., 'Speedy Asylum Procedures in the EU: Striking a Fair Balance Between the Need to Process Asylum Cases Efficiently and the Asylum Applicant's EU Right to an Effective Remedy' (2013) 25 *IJRL*717.

Reville, A., *'L'abjuratio regni*: histoire d'une institution anglaise' (1892) *Revue historique*1.

Rhys Jones, D. & Verity Smith, S., 'Medical Evidence in Asylum and Human Rights Appeals' (2004) 16 *IJRL*381.

Rigaud, K., de Sherbinin, A., Jones, B., & Bergmann, J., eds., 'Groundswell: Preparing for Internal Climate Migration' (World Bank, 2018).

Rikhof, J., 'War Crimes, Crimes against Humanity and Immigration Law' (1993) 19 *Immigration Law Reporter (2d)*18.

Rivas, L. & Bull, M., 'Gender and Risk: An Empirical Examination of the Experiences of Women Held in Long-Term Immigration Detention in Australia' (2018) 37 *RSQ*307.

Riveles, S., 'Diplomatic Asylum as a Human Right: The Case of the Durban Six' (1989) 11 *HRQ*139.

Roberts, A., 'Traditional and Modern Approaches to Customary International Law' (2001) 95 *AJIL*757.

Rodenhäuser, T., 'Another Brick in the Wall: Carrier Sanctions and the Privatization of Immigration Control' (2014) 26 *IJRL*223.

Rogers, N., 'Minimum Standards for Reception' (2002) 4 *EJML*215.

Rogers, H., Fox, S., & Herlihy, J., 'The importance of looking credible: the impact of the behavioural sequelae of post-traumatic stress disorder on the credibility of asylum seeker' (2015) 21 *Psychology, Crime & Law*139.

Romanow, D., 'Recalibrating the Scales: Balancing the Persecutor Bar' (2020) 61 *Boston College Law Review*385.

Røsæg, E., 'Refugees as Rescuees: The Tampa Problem' [2002] *Scandinavian Institute of Maritime Law Yearbook*43.

Rosenfeld, M., 'From Emergency Relief Assistance to Human Development and Back: UNRWA and the Palestinian Refugees, 1950–2009' (2009) 28(2–3) *RSQ*286.

Ruiz, H. A., 'Early Warning Is Not Enough: The Failure to Prevent Starvation in Ethiopia, 1990' (1990) 2 IJRL Special Issue 83.Russell, S., 'The Operational Relevance of the Guiding Principles on Internal Displacement' (2018) 30 *IJRL*307.

Russell, S., 'Unaccompanied Refugee Children in the United Kingdom' (1999) 11 *IJRL*126.

Rusu, S., 'The Role of the Collector in Early Warning' (1990) 2 IJRL Special Issue 65.Rusu, S., 'The Development of Canada's Immigration and Refugee Board Documentation Centre' (1989) 1 *IJRL*319.

Rutinwa, B., 'The End of Asylum? The Changing Nature of Refugee Policies in Africa' (2002) 21(1-2) *RSQ*12.

Rutinwa, B., 'Prima Facie Status and Refugee Protection' UNHCR *New Issues in Refugee Research*, Working Paper No. 69 (Oct. 2002).

Ryngaert C., 'The Accountability of International Organizations for Human Rights Violations: The Cases of the UN Mission in Kosovo (UNMIK) and the UN "Terrorism Blacklists" ', in Fitzmaurice, M. & Markouris, P., eds., *The Interpretation and Application of the European Convention on Human Rights: Legal and Practical Implications*(Martinus Nijhoff, 2012).

Rwelamira, M., '1989—An Anniversary Year: The 1969 OAU Convention on the Specific Aspects of Refugee Problems in Africa' (1989) 1 *IJRL*557.

Saul, B., 'Expert Declaration (18 Aug. 2014)' *Wong Ho Wing v Peru*, Merits, Case 12.794, Report No. 78/13, Inter-American Court of Human Rights (30 Jun. 2015).

Saul, B., 'Protecting Refugees in the Global "War on Terror" ', in Hathaway, J. C., ed., *Human Rights and Refugee Law*(Edward Elgar Publishing, 2013).

Saul, B., ' "Fair Shake of the Sauce Bottle": Fairer ASIO Security Assessments of Refugees' (2012) 37 *Alternative Law Journal*221.

Schabas, W. A., 'Canada and the Adoption of the Universal Declaration of Human Rights' (1998) 43 *McGill Law Journal*403.

Schachter, O., 'State Succession: The Once and Future Law' (1993) 33 *VirgJIL*253.

Schaffer, R. P., 'The Singular Plight of Sea-Borne Refugees' (1978-80) 8 *AustYBIL*213.

Schiratzki, J., 'The Best Interests of the Child in the Swedish Aliens Act' (2000) 14 *International Journal of Law, Policy and the Family*206.

Schittenhelm, K., 'Implementing and Rethinking the European Union's Asylum Legislation: The Asylum Procedures Directive' (2019) 57 *International Migration*229.

Schloenhardt, A., 'Smuggling of Migrants and Refugees', in Costello, C., Foster, M., & McAdam, J., eds., *The Oxford Handbook of International Refugee Law*(Oxford University Press, 2021).

Schloenhardt, A. & Craig, C., ' "Turning Back the Boats": Australia's Interdiction of Irregular Migrants at Sea' (2015) 27 *IJRL*536.

Schnyder, F., 'Les aspects juridiques actuels du problème des réfugiés' (1965-I) 114 *Hague Recueil*339.

Scholten, S. & Minderhoud, P., 'Regulating Immigration Control: Carrier Sanctions in the Netherlands' (2008) 10 *EJML*123.

Schuck, P.H., 'Refugee Burden-Sharing: A Modest Proposal' (1997) 22 *Yale Journal of International Law*243.

Schultz, J., 'The end of protection? Cessation and the "return turn" in refugee law' *EU Immigration and Asylum Law and Policy*(31 Jan. 2020).

Schultz, J. & Einarsen, T., 'The Right to Refugee Status and the Internal Protection Alternative: What Does the Law Say?', in Burson, B. & Cantor, D. J., eds., *Human Rights and the Refugee Definition: Comparative Legal Practice and Theory*(Brill Nijhoff, 2016).

Scott, M., 'Migration/Refugee Law (2019)', 2 *Yearbook of International Disaster Law*519.

Scott, M., 'Finding Agency in Adversity: Applying the Refugee Convention in the Context of Disasters and Climate Change' (2016) 35(4) *RSQ*26.

Seet, M., 'The Origins of UNHCR's Global Mandate on Statelessness' (2016) 28 *IJRL*7.

Semmelman, J. & Spencer Munson, E., 'INTERPOL Red Notices and Diffusions: Powerful—And Dangerous—Tools of Global Law Enforcement' *The Champion*(May 2014).

Sengupta, K., 'Taliban factions may be using British forces to assassinate rival commanders' *The Independent*(25 Jul. 2008).

Settlage, R. G., 'Indirect Refoulement: Challenging Canada's Participation in the Canada-United States Safe Third Country Agreement' (2012) 30 *Wisconsin International Law Journal*142.

Shah, P., 'Rewriting the Refugee Convention: The *Adan*Case in the House of Lords' (1998) 12 *Immigration & Nationality Law & Practice*100.

Sharpe, M., 'Regional Refugee Regimes: Africa', in Costello, C., Foster, M., & McAdam, J., eds., *The Oxford Handbook of International Refugee Law*(Oxford University Press, 2021).

Sharpe, M., 'The Impact of European Refugee Law on the Regional, Sub-Regional and National Planes in Africa', in Lambert, H., McAdam, J., & Fullerton, M., eds., *The Global Reach of European Refugee Law*(Cambridge University Press, 2013).

Sharpe, M., 'The 1969 African Refugee Convention: Innovations, Misconceptions, and Omissions' (2012) 58 *McGill Law Journal*95.

Shaw, L., Edwards, M., & Rimon, A., 'Kiribati-Australia Nursing Initiative Independent Review: Review Report' (Department of Foreign Affairs and Trade, 2014).

Shearer, I., 'Problems of Jurisdiction and Law Enforcement Against Delinquent Vessels' (1986) 35 *ICLQ*320.

Shoyele, O., 'Armed Conflicts and Canadian Refugee Law and Policy' (2004) 16 *IJRL*547.

Shraga, D. & Zacklin, R., 'The International Criminal Tribunal for the Former Yugoslavia' (1994) 5 *EJIL*360.

Sianni, A., 'Interception Practices in Europe and Their Implications' (2003) 21(4) *Refuge*25.

Siddiqui, Y, 'Reviewing the application of the Cessation Clause of the 1951 Convention relating to the status of refugees in Africa' *Refugee Studies Centre*, Working Paper Series No. 76 (Aug. 2011).

Simentić, J., 'To exclude or not to exclude, that is the question. Developments regarding bases for exclusion from refugee status in the EU' (2019) 20 *German Law Journal*111.

Simeon, J. C., 'The Application and Interpretation of International Humanitarian Law and International Criminal Law in the Exclusion of those Refugee Claimants who have Committed War Crimes and/or Crimes Against Humanity in Canada' (2015) 27 *IJRL*75.

Simma, B. & Alston, P., 'The Sources of Human Rights Law: Custom, *Jus Cogens*, and General Principles' (1988) 12 *AustYBIL*82.
Singer, S., 'Terrorism and Article 1F(c) of the Refugee Convention: Exclusion from Refugee Status in the United Kingdom' (2014) 12 *Journal of International Criminal Justice*1075.
Singer, S., ' "Undesirable and Unreturnable" in the United Kingdom' (2017) 36(1) *RSQ*9.
Sitaropoulos, N., 'Refugee: A legal definition in search of a principled interpretation by domestic fora' (1999) 52 *Revue hellénique de droit international*151.
Sivakumaran, S., 'Exclusion from Refugee Status: The Purposes and Principles of the United Nations and Article 1F(c) of the Refugee Convention' (2014) 26 *IJRL*350.
Slaughter, A. & Crisp, J., 'A Surrogate State? The Role of UNHCR in Protracted Refugee Situations' UNHCR *New Issues in Refugee Research*, Research Paper No. 168 (2009).
Smith, M., 'Warehousing Refugees: A Denial of Rights, A Waste of Humanity' US Committee for Refugees *World Refugee Survey*2004.
Smith-Khan, L., 'Different in the same way? Language, diversity, and refugee credibility' (2017) 29 *IJRL*389.
Sniderman, A. S., 'Explaining Delayed Cessation: A Case Study of Rwandan Refugees in Zimbabwe' (2015) 27 *IJRL*607.
South American Conference on Migration, 'Regional Guidelines on Protection and Assistance for Persons Displaced across Borders and Migrants in Countries affected by Disasters of Natural Origin' (2018).
Spijkerboer, T., 'Foreword', in Güler, A., Shevtsova, M., & Venturi, D., eds., *LGBTI Asylum Seekers and Refugees from a Legal and Political Perspective: Persecution, Asylum and Integration*(Springer International Publishing, 2019).
Spijkerboer, T., 'Gender, Sexuality, Asylum and European Human Rights' (2018) 29 *Law Critique*221.

Spijkerboer, T., 'Sexual identity, normativity and asylum', in Spijkerboer, T., ed., *Fleeing Homophobia: Sexual Orientation, Gender Identity and Asylum*(Routledge, 2013).
Stahn, C., 'International Territorial Administration in the former Yugoslavia: Origins, Development and Challenges Ahead' (2001) 61 *ZaöRV*107.
Stavropoulou, M., 'Bosnia and Herzegovina and the Right to Return in International Law', in O'Flaherty, M. & Gisvold, G., eds., *Post-War Protection of Human Rights in Bosnia and Herzegovina*(Kluwer Law International, 1998).
Steinbock, D. J., 'The refugee definition as law: issues of interpretation', in Nicholson, F. & Twomey, P., eds., *Refugee Rights and Realities: Evolving International Concepts and Regimes*(Transaction Books, 1999).
Stevens, D. E. & Dimitriadi, A., 'Crossing the Eastern Mediterranean Sea in Search of "Protection"' (2019) 17 *Journal of Immigrant and Refugee Studies*261.
Storey, H., 'Persecution: Towards a working definition', in Chetail, V. & Bauloz, C., eds., *Research Handbook on International Law and Migration*(Edward Elgar Publishing, 2014).
Storey, H., 'The War Flaw and Why it Matters', in Cantor, D. J. & Durieux, J.-F., eds., *Refuge from Inhumanity? War Refugees and International Humanitarian Law*(Brill Nijhoff, 2014).
Storey, H., 'What Constitutes Persecution? Towards a Working Definition' (2014) 26 *IJRL*272.
Storey, H., 'Armed Conflict in Asylum Law: The "War-Flaw", ' (2012) 31(2) *RSQ*1.
Storey, H., 'The Internal Flight Alternative Test: The Jurisprudence Re-examined' (1998) 10 *IJRL*499.
Stott, P. A., 'Attribution of Extreme Weather and Climate-Related Events' (2016) 7 *WIREs Climate Change*23.Ramasubramanyam, J., 'Regional Refugee Regimes: South Asia', in Costello, C., Foster, M., &

McAdam, J., eds., The Oxford Handbook of International Refugee Law (Oxford University Press, 2021).

Suhrke, A., 'Environmental Degradation and Population Flows' (1994) 47 *Journal of International Affairs*473.

Suhrke, A., Barutciski, M., Sandison, P., & Garlock, R., 'The Kosovo Refugee Crisis: An Independent Evaluation of UNHCR's Emergency Preparedness and Response' UNHCR Evaluation and Policy Analysis Unit, EPAU/2000/001 (Feb. 2000).

Suhrke, A. & Visentin, A., 'The Environmental Refugee: A New Approach' [1991] *Ecodecision*73.

Sumption, J., 'Anxious Scrutiny' *ALBA Lecture*(4 Nov. 2014).

Sweeney, J. A., 'Credibility, Proof and Refugee Law' (2009) 21 *IJRL*700.

Swiss Re Institute, *Natural Catastrophes and Man-Made Disasters in 2016: A Year of Widespread Damages*, Sigma Report No. 2/2017 (2017).

Syring, T., 'Protecting the Protectors or Victimizing the Victims Anew? "Material Support of Terrorism" and Exclusion from Refugee Status in U.S. and European Courts' (2012) 18 ILSA *Journal of International and Comparative Law*597.

Sztucki, J., 'Who is a refugee? The Convention definition: universal or obsolete?', in Nicholson, F. & Twomey, P., eds., *Refugee Rights and Realities: Evolving International Concepts and Regimes*(Transaction Books, 1999).

Sztucki, J., 'The Conclusions on the International Protection of Refugees adopted by the Executive Committee of the UNHCR Programme' (1989) 1 *IJRL*285.

Takkenberg, L., 'The Protection of Palestine Refugees in the Territories Occupied by Israel' (1991) 3 *IJRL*414.

Tang Lay Lee, 'Stateless Persons and the Comprehensive Plan of Action-Part 1: Chinese Nationality and the Republic of China (Taiwan)' (1995) 7 *IJRL*201.

Taylor, S., 'Offshore Barriers to Asylum Seeker Movement: The Exercise of Power without Responsibility?', in McAdam, J., ed., *Forced Migration, Human Rights and Security*(Hart Publishing, 2008).

Taylor, S., 'Protection Elsewhere/Nowhere' (2006) 18 *IJRL*283.

Taylor, S. & Boyd, J., 'The Temporary Refuge Initiative: A Close Look at Australia's Attempt to Reshape International Refugee Law' (2020) 42 *SydLR*251.

Taylor, S. & Neumann, K., 'Australia and the 1967 Declaration on Territorial Asylum: A Case Study of the Making of International Refugee and Human Rights Law' (2018) 30 *IJRL*8.

Tazfil, R., 'HIV-Based Claims for Protection in the U.S. and U.K.' (2010) 33 *Hastings International and Comparative Law Review*501.

Thomas, A. R., 'Post-Disaster Resettlement in the Philippines: A Risky Strategy' (2015) 49 *FMR*52.

Thomas, D. Q. & Beasley, M. E., 'Domestic Violence as a Human Rights Issue' (1993) 15 *HRQ*36.

Thomas, R., 'Assessing the Credibility of Asylum Claims: EU and UK Approaches Examined' (2006) 8 *EJML*79.

Thorburn, J., 'Transcending Boundaries: Temporary Protection and Burden-Sharing in Europe' (1995) 7 *IJRL*459.

Thürer, D., 'The "Failed State" and International Law' (1999) 81 *International Review of the Red Cross*731.

Tiberghien, F., 'La crise yougoslave devant la Commission des recours', *Doc. réf.*, no. 223 (17/30 août 1993).

Tiberghien, F., 'Les situations de guerre civile et la reconnaissance de la qualité de réfugié', *Doc. réf.* no. 181 (21/30 avril 1992).

Tiberghien, F., 'Le lieu d'exercice des persecutions', *Doc. réf.* no. 67 (6/15 mars 1989).

Tiedemann, P., 'Subsidiary Protection and the Function of Article 15(c) of the Qualification Directive' (2012) 31(1) *RSQ*123.

Tomuschat, C., 'A Right to Asylum in Europe' (1992) 13 *HRLJ*257.

Touzenis, K., 'Unaccompanied Minors: Rights and Protection' (2006) 20 *JRS*147.
Trevisanut, S., 'The Principle of *Non-Refoulement*and the De-Territorialization of Border Control at Sea' (2014) 27 *Leiden Journal of International Law*661.
Triggs, G. D. & Wall, P., ' "The Makings of a Success": The Global Compact on Refugees and the Inaugural Global Refugee Forum' (2020) 32 *IJRL*283.
Troeller, G. G., 'UNHCR Resettlement as an Instrument of International Protection' (1991) 3 *IJRL*564.
Tsangarides, N., 'The Refugee Roulette: The Role of Country Information in Refugee Status Determination' (Immigration Advisory Service, 2010).
Tsourdi, E., 'Regional Refugee Regimes: Europe', in Costello, C., Foster, M., & McAdam, J., eds., *The Oxford Handbook of International Refugee Law*(Oxford University Press, 2021).
Tsourdi, E., 'What Protection for Persons Fleeing Indiscriminate Violence? The Impact of the European Courts on the EU Subsidiary Protection Regime', in Cantor, D. J. & Durieux, J.-F., eds., *Refuge from Inhumanity? War Refugees and International Humanitarian Law*(Brill Nijhoff, 2014).
Tuitt, P., 'Rethinking the refugee concept', in Nicholson, F. & Twomey, P., eds., *Refugee Rights and Realities: Evolving International Concepts and Regimes*(Transaction Books, 1999).
Türk, V., 'The Promise and Potential of the Global Compact on Refugees' (2018) 30 *IJRL*575.
Türk, V., 'Prospects for Responsibility Sharing in the Refugee Context' (2016) 4 *Journal on Migration and Human Security*45.
Türk, V., 'A Minor Miracle: A New Global Compact on Refugees', Launch Address, 'Grand Challenge on Refugees & Migrants', UNSW Sydney (18 Nov. 2016).

Türk, V., 'Keynote Address', The Nansen Initiative on Disaster-Induced Cross-Border Displacement, Global Consultation Conference Report: Geneva, 12-13 October 2015 (Dec. 2015).
Türk, V., 'Opinion: Ensuring Protection to LGBTI Persons of Concern' (2013) 25 *IJRL*120.
Türk, V., 'Restructuring Refuge and Settlement: Responding to the Global Dynamics of Displacement' (2011) 28(2) *Refuge*117.
Türk, V., 'Forced Migration and Security' (2003) 15 *IJRL*113.
Türk, V., 'Non-State Agents of Persecution', in Chetail, V. & Gowlland-Debbas, V., eds., *Switzerland and the International Protection of Refugees*(Springer, 2002).
Türk, V. & Eyster, E., 'Strengthening Accountability in UNHCR' (2010) 22 *IJRL*159.
Türk, V. & Garlick, M., 'Addressing Displacement in the context of Disasters and the Adverse Effects of Climate Change: Elements and Opportunities in the Global Compact on Refugees' (2019) 31 *IJRL*389.
Türk, V. & Garlick, M., 'From Burdens and Responsibilities to Opportunities: The Comprehensive Refugee Response Framework and a Global Compact on Refugees' (2016) 28 *IJRL*656.
Turrini, P., 'Between a "Go Back!" and a Hard (to Find) Place (of Safety): On the Rules and Standards of Disembarkation of People Rescued at Sea' (2019) 28 *Italian Yearbook of International Law*29.
UNHCR, 'Operational Review of UNHCR's Engagement in Situations of Internal Displacement: Final Report (Sep. 2017)' (2018) 30 *IJRL*373.
UNHCR, 'Key Legal Considerations on the Standards of Treatment of Refugees Recognized under the 1969 OAU Convention Governing the Specific Aspects of Refugee Problems in Africa' (2018) 30 *IJRL*166.
UNHCR, 'Written Submissions on Behalf of the Office of the United Nations High Commissioner for Refugees, *The Queen (Al-Rawi and others) v Secretary of State for Foreign and Commonwealth Affairs and*

another (United Nations High Commissioner for Refugees intervening)' (2008) 20 *IJRL*675.

UNHCR, 'The Refugee Situation in Latin America: Protection and Solutions Based on the Pragmatic Approach of the Cartagena Declaration of Refugees of 1984' (2006) 18 *IJRL*252.

UNHCR, 'Towards a Common European Asylum System', in Urbano de Sousa, C. D. & De Bruycker, P., eds., *The Emergence of a European Asylum Policy*(Bruylant, 2004).

UNHCR's Global Consultations on International Protection, 'Summary Conclusions: Supervisory Responsibility', in Feller, E., Türk, V., & Nicholson, F., eds. *Refugee Protection in International Law: UNHCR'S Global Consultations on International Protection*(Cambridge University Press, 2003).

United Kingdom, Crown Prosecution Service, *Policy on the prosecution of immigration offences*(19 Jun. 2018), https://www.cps.gov.uk/legal-guidance/immigration.

United Kingdom, Government Office for Science, 'Foresight: Migration and Global Environmental Change: Future Challenges and Opportunities' (Government Office for Science, 2011).

United Kingdom, Home Office, *Report of a Home Office Fact-Finding Mission. Occupied Palestinian Territories: Freedom of movement, security and human rights situation*(Mar. 2020).

United Kingdom, Home Office, *Asylum Policy Instruction. Revocation of refugee status*, version 4.0 (19 Jan. 2016).

United Kingdom, Home Office, *Section 31 Immigration and Asylum Act 1999: defence against prosecution*(21 May 2015).

United Kingdom, Home Office, *Asylum Policy Instruction. Assessing credibility and refugee status*, version 9.0 (6 Jan. 2015).

United Kingdom Home Office, *Country policy and information notes*, https://www.gov.uk/government/collections/country-policy-and-information-notes.

United Kingdom, House of Lords/House of Commons Joint Committee on Human Rights, *The Nationality, Immigration and Asylum Act 2002 (Specification of Particularly Serious Crimes) Order 2004*, HL Paper 190/HC1212 (Nov. 2004).

United Kingdom, Ministry of Defence, *The Manual of the Law of Armed Conflict*(2005) (for amendments to 2013, see https://www.gov.uk/government/publications/the-manual-of-the-law-of-armed-conflict-amendments-to-the-text).

United States Committee for Refugees, 'Transition in Burundi: The Context for a Homecoming' (Sep. 1993).

United States of America, Committee on Foreign Relations of the US Senate, Staff Report, 'Cruelty, Coercion, and Legal Contortions: The Trump Administration's Unsafe Asylum Cooperative Agreements with Guatemala, Honduras, and El Salvador' (18 Jan. 2021).

United States of America, Department of State, Reports on Human Rights Practices, http://www.state.gov/g/drl/rls/hrrpt/.

United States of America, Executive Order on Creating a Comprehensive Regional Framework to Address the Causes of Migration, to Manage Migration Throughout North and Central America, and to Provide Safe and Orderly Processing of Asylum Seekers at the United States Border (2 Feb. 2021).

Valid International, 'Meeting the Rights and Protection Needs of Refugee Children: An Independent Evaluation of the Impact of UNHCR's Activities' UNHCR Evaluation and Policy Analysis Unit, EPAU/2002/02 (May 2002).

van der Wilt, H., 'On the Hierarchy between Extradition and Human Rights', in De Wet, E. & Vidmar, J., eds., *Hierarchy in International Law: The Place of Human Rights*(Oxford University Press, 2012).

van Garderen, J. & Ebenstein, J., 'Regional Developments: Africa', in Zimmermann, A., ed., *The 1951 Convention relating to the Status of Refugees and its 1967 Protocol: A Commentary*(Oxford University Press, 2011).

van Selm, J., 'Refugee Resettlement', in Fiddian-Qasmiyeh, E., Loescher, G., Long, K., & Sigona, N., eds., *The Oxford Handbook of Refugee and Forced Migration Studies*(Oxford University Press, 2014).

van Selm, J., *Access to Procedures: 'Safe Third Countries', 'Safe Countries of Origin' and 'Time Limits'*, Background Paper for Third Track of Global Consultations (UNHCR & Carnegie Endowment for International Peace, 2001).

van Veldhuizen, T., Maas, R., Horselenberg, R., & van Koppen, P., 'Establishing Origin: Analysing the Questions Asked in Asylum Interviews' (2018) 25 *Psychiatry, Psychology and Law*283.

van Waas, L., 'Article 15: The right to a nationality', in Ferstman, C., Goldberg, A., Gray, T., Ison, L., Nathan, R., & Newman, M., eds., *Contemporary Human Rights Challenges: The Universal Declaration of Human Rights and its Continuing Relevance*(Routledge, 2018).

van Waas, L., 'Stateless children', in Bhabha, J., Kanics, J., & Senovilla Hernández, D., eds., *Research Handbook on Child Migration*(Edward Elgar Publishing, 2018).

van Waas, L., 'The UN Statelessness Conventions', in Edwards, A. & van Waas, L., eds., *Nationality and Statelessness under International Law*(Cambridge University Press, 2014).

van Wijk, J., 'Undesirable but Unreturnable: Removal, Voluntary Return and Relocation: A Case Study of 1F Excluded Individuals in the Netherlands', Paper Presented at Refugee Law Initiative Conference 'Undesirable and Unreturnable? Policy Challenges around Excluded Asylum Seekers and Other Migrants Suspected of Serious Criminality but Who Cannot Be Removed', London (25-26 Jan. 2016).

Vedsted-Hansen, J., 'Article 27 1951 Convention', in Zimmermann, A., ed., *The 1951 Convention relating to the Status of Refugees and its 1967 Protocol: A Commentary*(Oxford University Press, 2011).

Vedsted-Hansen, J., 'Article 28/Schedule', in Zimmermann, A., ed., *The 1951 Convention relating to the Status of Refugees and its 1967 Protocol: A Commentary*(Oxford University Press, 2011).

Vedsted-Hansen, J., 'Non-Admission Policies and the Right to Protection: Refugees' Choice versus States' Exclusion?', in Nicholson, F. & Twomey, P., eds., *Refugee Rights and Realities: Evolving International Concepts and Regimes*(Transaction Books, 1999).

Ventura, M. J., 'Aiding and Abetting', in de Hemptinne, J., Roth, R., & van Sliedregt, E., eds., *Modes of Liability in International Criminal Law*(Cambridge University Press, 2019).

Verdirame, G., 'The Genocide Definition in the Jurisprudence of the *Ad Hoc Tribunals*' (2000) 49 *ICLQ*578.

Verdirame, G. & Pobjoy, J. M., 'The End of Refugee Camps', in Juss, S. S., ed., *The Ashgate Research Companion to Migration Law, Theory and Policy*(Routledge, 2013).

Vidal, M., ' "Membership of a particular social group" and the effect of *Islam*and *Shah*' (1999) 11 *IJRL*528.

Vogelaar, F., 'The Eligibility Guidelines Examined: The Use of Country of Origin Information by UNHCR' (2017) 29 *IJRL*617.

Vogelaar, F., 'Principles Corroborated by Practice? The Use of Country of Origin Information by the European Court of Human Rights in the Assessment of a Real Risk of a Violation of the Prohibition of Torture, Inhuman and Degrading Treatment' (2016) 18 *EJML*302.

von Sternberg, M. R., 'Political Asylum and the Law of Internal Armed Conflict: Refugee Status, Human Rights and Humanitarian Law Concerns' (1993) 5 *IJRL*153.

von Sternberg, M. R., 'Emerging Bases of "Persecution" in American Refugee Law: Political Opinion and the Dilemma of Neutrality' (1989) 13 *Suffolk Transnational Law Journal*1.

Waldron, J., 'How Law Protects Dignity' (2012) 71 *Cambridge Law Journal*200.

Wall, P., 'A New Link in the Chain: Could a Framework Convention for Refugee Responsibility Sharing Fulfil the Promise of the 1967 Protocol?' (2017) 29 *IJRL*201.

Ward, K., 'Navigation Guide: Regional Protection Zones and Transit Processing Centres' (Information Centre about Asylum and Refugees in the UK, 2004).

Weerasinghe, S., 'Refugee Law in a Time of Climate Change, Disaster and Conflict', UNHCR Legal and Protection Policy Research Series PPLA/2020/01 (Jan. 2020).

Weerasinghe, S., 'In Harm's Way: International Protection in the context of Nexus Dynamics between Conflict or Violence and Disaster or Climate Change' UNHCR Legal and Protection Policy Research Series, PPLA/2018/05 (Dec. 2018).

Weil, P., 'From conditional to secured and sovereign: The new strategic link between the citizen and the nation-state in a globalized world' (2011) 9 *International Journal of Constitutional Law*615.

Weil, P., 'Towards Relative Normativity in International Law?' (1985) 77 *AJIL*413.

Weil, P. & Handler, N., 'Revocation of Citizenship and Rule of Law: How Judicial Review Defeated Britain's First Denationalization Regime' (2018) 36 *Law and History Review*295.

Weis, P., 'The Draft Convention on Territorial Asylum' (1979) 50 *BYIL*176.

Weis, P., 'Convention Refugees and De Facto Refugees', in Melander, G. & Nobel, P., eds., *African Refugees and the Law*(Scandinavian Institute of African Studies, 1978).

Weis, P., 'The Legal Aspects of the Problems of *de facto*Refugees', in International University Exchange Fund, *Problems of Refugees and Exiles in Europe*(1974).

Weis, P., 'Human Rights and Refugees' (1974) 1 *Israel Yearbook on Human Rights*35.

Weis, P., 'The United Nations Declaration on Territorial Asylum' (1969) 7 *CanYIL*92.

Weis, P., 'The 1967 Protocol relating to the Status of Refugees and some Questions of the Law of Treaties' (1967) 42 *BYIL*39.

Weis, P., 'Territorial Asylum' (1966) 6 *Indian Journal of International Law*173.
Weis, P., 'The United Nations Convention on the Reduction of Statelessness' (1962) 11 *ICLQ*1073.
Weis, P., 'Staatsangehörigkeit und Staatenlosigkeit im gegenwärtigen Völkerrecht': Vortrag gehalten vor der Berliner Juristischen Gesellschaft, 29. Juni 1962, Berlin: W. de Gruyter, *Schriftenreihe der juristischen Gesellschaft zu Berlin*9.
Weis, P., 'The Convention relating to the Status of Stateless Persons' (1961) 10 *ICLQ*255.
Weis, P., 'The Concept of the Refugee in International Law' (1960) *Journal du droit international*1.
Weis, P., 'The International Protection of Refugees' (1954) 48 *AJIL*193.
Weis, P., 'Legal Aspects of the Convention of 28 July 1951 relating to the Status of Refugees' (1953) 30 *BYIL*478.
Weisman, N., 'Article 1F(a) of the 1951 Convention relating to the Status of Refugees' (1996) 8 *IJRL*111.
Werthern, M., Robjant, K., Chui, Z., Schon, R., Ottisova, L., Mason, C., & Katona, C., 'The impact of immigration detention on mental health: a systematic review' (2018) 18 *BMC Psychiatry*382.
Westerveen, G., 'Case Abstract No. *IJRL/0099*' (1992) 3 *IJRL*95.
Westerveen, G. & Koisser, W., 'Case Abstract No. *IJRL/0084*' (1991) 3 *IJRL*343.
Wewerinke-Singh, M. & van Geelen, T., 'Protection of Climate Displaced Persons under International Law: A Case Study from Mataso Island, Vanuatu' (2018) 19 *Melbourne Journal of International Law*666.
White, N. D., 'Lawmaking', in Cogan, J. K., Hurd, I., & Johnstone, I., *The Oxford Handbook of International Organizations*(Oxford University Press, 2016).
Wilde, R., 'Representing International Territorial Administration: A Critique of Some Approaches' (2004) 15 *EJIL*71.

Wilde, R., 'The Complex Role of the Legal Adviser When International Organizations Administer Territory' (2001) 95 *American Society of International Law Proceedings*251.

Wilde, R., 'From Danzig to East Timor and Beyond: The Role of International Territorial Administration' (2001) 95 *AJIL*583.

Wilde, R., '*Quis custodiet ipsos custodes?*: Why and How UNHCR Governance of "Development" Refugee Camps Should Be Subject to International Human Rights Law' (1998) 1 *Yale Human Rights and Development Law Journal*107.

Wilding, J., 'Unaccompanied Children Seeking Asylum in the UK: From Centres of Concentration to a Better Holding Environment' (2017) 29 *IJRL*270.

Wilsher, D., 'Non-State Actors and the Definition of a Refugee in the United Kingdom: Protection, Accountability or Culpability?' (2003) 15 *IJRL*68.

Wissing, R., 'Push backs of "badly behaving" migrants at Spanish border are not collective expulsions (but might still be illegal refoulements)' *Strasbourg Observers*(25 Feb. 2020).

Wolman, A., 'Chinese Pressure to Repatriate Asylum Seekers: An International Law Analysis' (2017) 29 *IJRL*82.

Wolman, A., 'North Korean Asylum Seekers and Dual Nationality' (2013) 24 *IJRL*93.

Wolman, A. & Li, G., 'Saeteomin Asylum Seekers: The Law and Policy Response' (2015) 27 *IJRL*327.

Wood, M. C., 'The Interpretation of Security Council Resolutions, Revisited' (2017) 20 *Max Planck Yearbook of United Nations Law Online*1.

Wood, M. C., 'The Interpretation of Security Council Resolutions' (1998) 2 *Max Planck Yearbook of United Nations Law*73.

Wood, M. C., 'The Convention on the Prevention and Punishment of Crimes against Internationally Protected Persons, including Diplomatic Agents' (1974) 23 *ICLQ*791.

Wood, T., 'The International and Regional Refugee Definitions Compared', in Costello, C., Foster, M., & McAdam, J., eds., *The Oxford Handbook of International Refugee Law*(Oxford University Press, 2021).

Wood, T., 'The Role of 'Complementary Pathways', in Refugee Protection' Kaldor Centre for International Refugee Law (Nov. 2020).

Wood, T., *The Role of Free Movement of Persons Agreements in Addressing Disaster Displacement: A Study of Africa*, Platform on Disaster Displacement (May 2018).

Wood, T., 'The African War Refugee: Using IHL to Interpret the 1969 African Refugee Convention's Expanded Refugee Definition', in Cantor, D. J. & Durieux, J.-F., eds., *Refuge from Inhumanity? War Refugees and International Humanitarian Law*(Brill Nijhoff, 2014).

Wood, T., 'Expanding Protection in Africa? Case Studies of the Implementation of the 1969 African Refugee Convention's Expanded Refugee Definition' (2014) 26 *IJRL*555.

Wood, T., 'Protection and Disasters in the Horn of Africa: Norms and Practice for Addressing Cross-Border Displacement in Disaster Contexts' (Nansen Initiative on Disaster-Induced Cross-Border Displacement, Technical Paper, 2013).

Wood, T. & Higgins, C., 'Special Humanitarian Intakes: Enhancing Protection through Targeted Refugee Resettlement' *Kaldor Centre for International Refugee Law*, Policy Brief 7 (Dec. 2018).

Wood, T. & McAdam, J., 'Australian Asylum Policy All at Sea: Shifting Boats, Rights and Responsibility' (2012) 61 *ICLQ 274*.

World Bank, 'Forcibly Displaced: Toward a Development Approach Supporting Refugees, the Internally Displaced, and Their Hosts' (World Bank, 2017).

World Bank, 'Pacific Possible: Long-Term Economic Opportunities and Challenges for Pacific Island Countries: Discussion Draft' (World Bank, 2017).

Worster, W. T., 'The Contemporary International Law Status of the Right to Receive Asylum' (2014) 26 *IJRL*477.

Wouters, C., 'Conflict Refugees', in Costello, C., Foster, M., & McAdam, J., eds., *The Oxford Handbook of International Refugee Law*(Oxford University Press, 2021).

Wuerth, I. B. & Ryngaert, C., 'Sources of International Law in Domestic Law: Domestic Constitutional Structures and the Sources of International Law', in d'Aspremont, J. & Besson, S., eds., *The Oxford Handbook of the Sources of International Law*(Oxford University Press, 2017).

Yabasun, D. & Holvoet, M., 'Seeking Asylum before the International Criminal Court: Another Challenge for a Court in Need of Credibility' (2013) 13 *International Criminal Law Review*725.

Yeo, C., 'Agents of the State: When is an Official of the State an Agent of the State?' (2002) 14 *IJRL*509.

Zagor, M., 'Elementary Considerations of Humanity', in Bannelier, K., Kristakis, T., & Heathcote, S., eds., *The ICJ and the Evolution of International Law: The Enduring Impact of the Corfu Channel Case*(Routledge, 2012).

Zambelli, P., 'Problematic Trends in the Analysis of State Protection and Article 1F(a) Exclusion in Canadian Refugee Law' (2011) 23 *IJRL*252.

Zambelli, P., 'Procedural Aspects of Cessation and Exclusion: The Canadian Experience' (1996) 8 *IJRL*144.

Zederman, V., 'The French Reading of Subsidiary Protection', in International Association of Refugee Law Judges, ed., *Forced Migration and the Advancement of International Protection*, Proceedings of the 7th World Conference (2006).

Zetter, R. & Ruaudel, H., *Refugees' Right to Work and Access to Labor Markets—An Assessment*, Parts 1 & 2 (Knomad, 2016).

Ziebritzki, C., 'Implementation of the EU-Turkey Statement: EU Hotspots and restriction of asylum seekers' freedom of movement' *EU Immigration and Asylum Law and Policy*(22 Jun 2018).

Zieck, M., 'Reimagining Voluntary Repatriation', in Costello, C., Foster, M., & McAdam, J., eds., *The Oxford Handbook of International Refugee Law*(Oxford University Press, 2021).

Zieck, M., 'Voluntary Repatriation: Paradigm, Pitfalls, Progress' (2004) 23(3) *RSQ*33.

Zimmermann, A. & Mahler, C., 'Article 1 A, para. 2', in Zimmermann, A., ed., *The 1951 Convention relating to the Status of Refugees and its 1967 Protocol: A Commentary*(Oxford University Press, 2011).

Zimmermann, A. & Wennholz, P., 'Article 1 F 1951 Convention', in Zimmermann, A., ed., *The 1951 Convention relating to the Status of Refugees and its 1967 Protocol: A Commentary*(Oxford University Press, 2011).

Zimmermann, A. & Wennholz, P., 'Article 33, para. 2', in Zimmermann, A., ed., *The 1951 Convention relating to the Status of Refugees and its 1967 Protocol: A Commentary*(Oxford University Press, 2011).

Selected UN and related documents

African Group & the Latin American Group, 'Persons Covered by the OAU Convention Governing the Specific Aspects of Refugee Problems in Africa and by the Cartagena Declaration on Refugees': EC/SCP/1992/CRP.6 (1992).

Boutkevitch, V., 'Working Paper on the Right to Freedom of Movement and Related Issues': UN doc. E/CN.4/Sub.2/1997/22 (19 Jul. 1997).

Capotorti, F., 'Study on the Rights of Persons belonging to Ethnic, Religious and Linguistic Minorities': UN doc. E/CN/4/Sub.2/384/Rev. 1 (1978).

Committee against Torture, 'General Comment No. 4 (2017) on the Implementation of Article 3 of the Convention in the Context of Article 22': UN doc. CAT/C/GC/4 (6 Dec. 2017).

Committee on Economic, Social and Cultural Rights, 'General Comment No. 18 on the right to work': UN doc. E/C.12/GC/18 (6 Feb. 2006).

Committee on Economic, Social and Cultural Rights, 'Duties of States towards refugees and migrants under the International Covenant on Economic, Social and Cultural Rights': UN doc. E/C.12/2017/1 (13 Mar. 2017).

Committee on the Elimination of Racial Discrimination, 'General Recommendation 30: Discrimination against Non-Citizens': UN doc. HRI/GEN/1/Rev.7/Add.1 (4 May 2005).

Committee on the Protection of the Rights of All Migrant Workers and Members of Their Families, 'Joint General Comment No. 3 (2017) of the Committee on the Protection of the Rights of All Migrant Workers and Members of Their Families and No. 22 (2017) of the Committee on the Rights of the Child on the General Principles regarding the Human Rights of Children in the context of International Migration': UN doc. CMW/C/GC/3-CRC/C/GC/22 (16 Nov. 2017).

Committee on the Protection of the Rights of All Migrant Workers and Members of Their Families, 'Joint General Comment No. 4 (2017) of the Committee on the Protection of the Rights of All Migrant Workers and Members of Their Families and No. 23 (2017) of the Committee on the Rights of the Child on State Obligations regarding the Human Rights of Children in the context of International Migration in Countries of Origin, Transit, Destination and Return': UN doc. CMW/C/GC/4-CRC/C/GC/23 (16 Nov. 2017).

Committee on the Rights of the Child, 'General Comment No. 14 (2013) on the Right of the Child to Have His or Her Best Interests Taken as a Primary Consideration (Art. 3, Para. 1)': UN doc. CRC/C/GC/14 (29 May 2013).

Committee on the Rights of the Child, 'General Comment No. 12 (2009): The Right of the Child to be Heard': UN doc. CRC/C/GC/12 (20 Jul. 2009).

Committee on the Rights of the Child, 'General Comment No. 6 (2005): Treatment of Unaccompanied and Separated Children outside their

Country of Origin': UN doc. CRC/GC/2005/6 (adopted at 39th sess., 17 May–3 Jun. 2005).

Conference of the Parties to the United Nations Convention against Transnational Organized Crime, 'Report on the Meeting of the Working Group on International Cooperation held in Vienna on 16 Oct. 2018': UN doc. CTOC/COP/WG.3/2018/6 (30 Oct. 2018).

Conference of the Parties to the United Nations Convention against Transnational Organized Crime, Background Paper Prepared by the Secretariat, 'Challenges faced in expediting the extradition process, including addressing health and safety and other human rights issues, as well as litigation strategies utilized by defendants to delay the resolution of an extradition request': UN doc. CTOC/COP/WG.3/2018/5 (14 Aug. 2018).

Daes, E.-I., 'Study of the Individual's Duties to the Community and the Limitations of Human Rights and Freedoms under Article 29 of the Universal Declaration of Human Rights': UN doc. E/CN.4/Sub.2/432/Rev.1 (1980).

Deng, F., Compilation and Analysis of Legal Norms, Part II: Legal Aspects relating to the Protection against Arbitrary Displacement: UN doc. E/CN.4/1998/53/Add.1 (1998).

Deng, F., Internally Displaced Persons: Compilation and Analysis of Legal Norms. Report of the Representative of the Secretary-General: UN doc. E/CN.4/1996/52/Add.2 (1995).

Deng, F., Internally Displaced Persons. Report of the Representative of the Secretary-General: UN doc. E/CN.4/1994/44 (1994).

Deng, F., Comprehensive Study on the Human Rights Issues relating to Internally Displaced Persons: UN doc. E/CN.4/1993/35 (1993).

Eide, A. & Mubanga-Chipoya, C., 'Conscientious Objection to Military Service': UN doc. E/CN.4/Sub.2/1983/30/Rev.1 (1985).

Elles, Baroness Diana, 'International Provisions Protecting the Human Rights of Non-Citizens': UN doc. E/CN.4/Sub.2/392/Rev.1 (1980).

Human Rights Committee, 'General Comment No. 34, Article 19: Freedoms of opinion and expression': UN doc. CCPR/C/GC/34 (12 Sep. 2011).
Human Rights Committee, 'General Comment No. 27 on freedom of movement (art. 12)': UN doc. CCPR/C/21/Rev.1/Add.9 (1 Nov. 1999).
Human Rights Committee, 'General Comment No. 25': UN doc. CCPR/C/21/Rev.1/Add.7 (27 Aug. 1996).
Human Rights Committee, 'General Comment No. 22 (48): (art. 18)': UN doc. CCPR/C/21/Rev.1/Add.4 (20 Jul. 1993).
Human Rights Council, 'Report of the independent international fact-finding mission on Myanmar': UN doc. A/HRC/42/50 (8 Aug. 2019).
Human Rights Council, 'Approaches and challenges with regard to application procedures for obtaining the status of conscientious objector to military service in accordance with human rights standards: Report of the Office of the United Nations High Commissioner for Human Rights': UN doc. A/HRC/41/23 (24 May 2019).
Human Rights Council, 'Conscientious objection to military service: Analytical report of the Office of the United Nations High Commissioner for Human Rights': UN doc. A/HRC/35/4, 1 May 2017).
Human Rights Council, 'Report of the Special Rapporteur on the Human Rights of Internally Displaced Persons, Chaloka Beyani': UN doc. A/HRC/26/33/Add.2 (4 Apr. 2014).
Human Rights Council, 'Report of the Secretary-General: Human rights and arbitrary deprivation of nationality': UN doc. A/HRC/25/28 (19 Dec. 2013).
Human Rights Council, 'Report of the Representative of the Secretary-General on the Human Rights of Internally Displaced Persons': UN doc. A/HRC/13/21 (5 Jan. 2010).
Human Rights Council, 'Report of the Office of the United Nations High Commissioner for Human Rights on the Relationship between Climate Change and Human Rights': UN doc. A/HRC/10/61 (15 Jan. 2009).

Human Rights Council, 'Report of the Special Rapporteur on torture and other cruel, inhuman or degrading treatment or punishment, Manfred Nowak': UN doc. A/HRC/7/3 (15 Jan. 2008).

International Criminal Court, *Elements of Crimes*(2013), https://www.icc-cpi.int/.

International Law Commission, 'Crimes against humanity', *Report of the International Law Commission*(2019) Ch. IV (A/74/10).

International Law Commission, 'Draft Articles on the Protection of Persons in the Event of Disasters', *Report of the International Law Commission*, (2016) Ch. IV (A/71/10).

International Law Commission, 'Expulsion of aliens', *Report of the International Law Commission*, (2014) UN doc. A/69/10 (2014) Ch. IV.

International Law Commission, 'Diplomatic protection', *Report of the International Law Commission*, (2006) UN doc. A/61/10 (2006) Ch. IV.

International Law Commission, 'Memorandum by the Secretariat, Expulsion of aliens', UN doc. A/CN.4/565 (10 Jul. 2006).

International Law Commission, 'Articles on the Responsibility of States for Internationally Wrongful Acts', annexed to UNGA res. 56/83 (12 Dec. 2001), corrected by document A/56/49(Vol. I)/Corr.4.

International Law Commission, Dugard, J., 'First Report on Diplomatic Protection': UN doc. A/CN.4/506 (7 Mar. 2000).

International Law Commission, Crawford, J., 'Second Report on State Responsibility': UN doc. A/CN.4/498 (17 Mar. 1999).

International Law Commission, 'Draft Articles on Nationality of Natural Persons in relation to the Succession of States', *Yearbook of the International Law Commission 1999*, vol. II, Part 2.

International Law Commission, *Yearbook of the International Law Commission 1977*: UN doc. A/CN.4/SER.A/1977/Add.1, 2 vols. (1978).

International Law Commission, *Yearbook of the International Law Commission 1954*, vols. I, II.

International Law Commission, *Yearbook of the International Law Commission 1953*, vol. I, Summary records; vol. II, Roberto Córdova, Special Rapporteur.

International Law Commission, *Yearbook of the International Law Commission 1952*, vol. I, Summary records; vol. II, Manley O. Hudson, Special Rapporteur.

International Law Commission, *Yearbook of the International Law Commission 1951*, vol. I.

International Refugee Organization, *Manual for Eligibility Officers*(1950).

Jahangir, A., 'Interim Report of the Special Rapporteur on freedom of religion or belief': UN doc. A/64/159 (17 Jul. 2009).

Kälin, W., 'Report of the Representative of the Secretary-General on the Human Rights of Internally Displaced Persons': UN doc. A/HRC/13/21 (5 Jan. 2010).

Krishnaswami, A., 'Study of Discrimination in the Matter of Religious Rights and Practices': UN doc. E/CN.4/Sub.2/200/rev.1 (1960).

Martinez Cobo, J. R., 'Study of the Problem of Discrimination against Indigenous Populations': UN doc. E/CN.4/Sub. 2/L.707 (1979).

Mazowiecki, T., Special Rapporteur on former Yugoslavia of the UN Commission on Human Rights: UN docs. E/CN.4/1992/S-1/9 (28 Aug. 1992); E/CN.4/1992/S-1/10 (27 Oct. 1992).

McDougall, G., 'Report of the Independent Expert on Minority Issues': UN doc. E/CN.4/2006/74 (6 Jan. 2006).

Office for the Coordination of Humanitarian Affairs (OCHA), 'Reducing Protracted Internal Displacement: A Snapshot of Successful Humanitarian-Development Initiatives' (Jun. 2019).

Office for the Coordination of Humanitarian Affairs (OCHA), 'Breaking the Impasse: Reducing Protracted Internal Displacement as a Collective Outcome' (2017).

Office for the Coordination of Humanitarian Affairs (OCHA), 'Humanitarian Response Review: An Independent Report Commissioned by the United Nations Emergency Relief Coordinator and

Under-Secretary-General for Humanitarian Affairs, Office for the Coordination of Humanitarian Affairs' (Aug. 2005).

Office of the Special Representative of the Secretary-General for Children and Armed Conflict, https://childrenandarmedconflict.un.org.

OHCHR, 'Report of Mission to Austria Focusing on the Human Rights of Migrants, Particularly in the Context of Return (15-18 Oct. 2018)', https://www.ohchr.org/EN/Issues/Migration/Pages/StudiesAndReports.aspx

OHCHR, 'Principles and practical guidance on the protection of the human rights of migrants in vulnerable situations': UN doc. A/HRC/37/34 (3 Jan. 2018) and UN doc. A/HRC/37/34/Add.1 (7 Feb. 2018).

OHCHR, 'Analytical Study on the Relationship between Climate Change and the Full and Effective Enjoyment of the Rights of the Child': UN doc. A/HRC/35/13 (4 May 2017).

OHCHR, 'In Search of Dignity: Report on the Human Rights of Migrants at Europe's Borders' (2017).

OHCHR, 'Analytical Study on the Relationship between Climate Change and the Full and Effective Enjoyment of the Rights of the Child': UN doc. A/HRC/35/13 (4 May 2017).

OHCHR, 'Discussion Paper: The Rights of Those Disproportionately Impacted by Climate Change', Expert Meeting on Climate Change and Human Rights (6–7 Oct. 2016).

OHCHR, 'Report on the Promotion and Protection of the Human Rights of Migrants in the Context of Large Movements': UN doc. A/HRC/33/67 (13 Sep. 2016).

OHCHR, 'Situation of Migrants in Transit': UN doc. A/HRC/31/35 (27 Jan. 2016).

OHCHR, 'Recommended Principles and Guidelines on Human Rights at International Borders' (2014).

OHCHR, International Labour Organization & Inter-Parliamentary Union, *Migration, Human Rights and Governance: Handbook for Parliamentarians*, No. 24 (16 Oct. 2015).

Pompe, C. A., 'The Convention of 28 July 1951 and the International Protection of Refugees': HCR/INF/42 (May 1958).

Report of the Fifth Committee, Financial and Budgetary Questions Relating to the International Refugee Organization: UN doc. A/275 (13 Dec. 1946).

Report of the Policy Working Group on the United Nations and Terrorism: UN doc. A/57/273, S/2002/875 (6 Aug. 2002).

Report of the Secretary-General. Diplomatic protection. Comments and information received from Governments: UN doc. A/74/143 (11 Jul. 2019).

Report of the Secretary-General. Promotion and Protection of Human Rights, Including Ways and Means to Promote the Human Rights of Migrants: UN doc. A/69/277 (7 Aug. 2014).

Report of the Secretary-General. Strengthening of the coordination of emergency humanitarian assistance of the United Nations: UN doc. A/60/87 (23 Jun. 2005).

Report of the Secretary-General. In Larger Freedom: Towards Development, Security and Human Rights for All: UN doc. A/59/2005 (21 Mar. 2005).

Report of the Secretary-General on the establishment of a Special Court for Sierra Leone: UN doc. S/2000/915 (4 Oct. 2000).

Report of the Secretary-General. Rights of Persons Belonging to National or Ethnic, Religious and Linguistic Minorities: UN doc. E/CN.4/1994/72 (13 Dec. 1993).

Report of the Secretary-General pursuant to paragraph 2 of Security Council resolution 808 (1993): UN doc. S/25704 (3 May 1993).

Report of the Secretary-General. Analytical Report of the Secretary-General on Internally Displaced Persons: UN doc. E/CN.4/1992/23 (14 Feb. 1992).

Report of the Secretary-General on the review of the capacity, experience and coordination arrangements in the United Nations system for humanitarian assistance: UN doc. A/46/568 (17 Oct. 1991).

Report of the Secretary-General, Meeting on Refugees and Displaced Persons in South-East Asia, Convened by the Secretary-General of the United Nations at Geneva, on 20 and 21 July 1979, and Subsequent Developments: UN doc. A/34/627 (7 Nov. 1979).

Report of the Sixth Committee, 'Oral report by the Chair of the working group on measures to eliminate international terrorism': UN doc. A/C.6/74/SR.34 (29 Nov. 2019).

Report of the Third Committee, Draft resolution I, Promotion of international cooperation in the humanitarian field: UN doc. A/45/751 (21 Nov. 1990).

Report of the United Nations Conference on Territorial Asylum: UN doc. A/CONF.78/12 (21 Apr. 1977).

Ruhashyankiko, N., 'Study of the Question of the Prevention and Punishment of the Crime of Genocide': UN doc. E/CN.4/Sub.2/416 (1978).

Shaheed, A., 'Report of the Special Rapporteur on freedom of religion or belief': UN doc. A/HRC/40/58 (5 Mar. 2019).

Shaheed, A., 'Report of the Special Rapporteur on freedom of religion or belief': UN doc. A/HRC/37/49 (28 Feb. 2018).

Shaheed, A., 'Report of the Special Rapporteur on freedom of religion and belief': UN doc. A/HRC/34/50 (17 Jan. 2017).

Sutherland, P., 'Report of the Special Representative of the Secretary-General on Migration': UN doc. A/71/728 (3 Feb. 2017).

UNESCO, 'What you need to know about the UNESCO Qualifications Passport for Refugees and Vulnerable Migrants' (15 Nov. 2019), https://en.unesco.org/news/what-you-need-know-about-unesco-qualifications-passport-refugees-and-vulnerable-migrants.

UNESCO, *Migration, Displacement and Education: Building Bridges not Walls: Global Education Monitoring Report*(2nd edn., UNESCO, 2018).

UNHCR, *Refworld*(Online Database), http://www.refworld.org.

UNHCR, Global Trends: Forced Displacement in 2019 (2020).

UNHCR, 'Legal considerations regarding claims for international protection made in the context of the adverse effects of climate change and disasters' (1 Oct. 2020), https://www.refworld.org/docid/5f75f2734.html.

UNHCR, *Handbook on Procedures and Criteria for Determining Refugee Status and Guidelines on International Protection under the 1951 Convention and the 1967 Protocol relating to the Status of Refugees*(UNHCR, 1979, reissued with Guidelines, 2019).

UNHCR, 'Compliance Update: Machine-Readable Convention Travel Documents for Refugees and Stateless Persons' (2019).

UNHCR, *Working with Persons with Disabilities in Forced Displacement*, Need to Know Guidance 1 (2019).

UNHCR, 'Policy on UNHCR's Engagement in Situations of Internal Displacement': UNHCR/HCP/2019/1 (Sep. 2019).

UNHCR, *Turn the Tide: Refugee Education in Crisis*(2018), https://www.unhcr.org/turnthetide/.

UNHCR, 'Guidelines on Assessing and Determining the Best Interests of the Child' (Nov. 2018).

UNHCR, 'Eligibility Guidelines for Assessing the International Protection Needs of Asylum-Seekers from Afghanistan': HCR/EG/AFG/18/02 (30 Aug. 2018).

UNHCR, 'Fair and Fast: UNHCR Discussion Paper on Accelerated and Simplified Procedures in the European Union' (Jul. 2018).

UNHCR, 'UNHCR comments on the European Commission Proposal for a Qualification Regulation—COM (2016) 466' (Feb. 2018).

UNHCR, 'Comments on the European Commission Proposal for a Qualification Regulation—COM (2016) 466' (Feb. 2018).

UNHCR, *UNHCR Policy on Age, Gender and Diversity*(2018), https://www.refworld.org/docid/5bb628ea4.html.

UNHCR, 'Conclusions on International Protection Adopted by the Executive Committee of the UNHCR Programme 1975-2017 (Conclusion No. 1—114)': HCR/IP/3/Eng/REV.2017 (Oct. 2017).

UNHCR, *Operational Review of UNHCR's Engagement in Situations of Internal Displacement: Final Report*(Sep. 2017).

UNHCR, 'Climate Change and Disaster Displacement: An Overview of UNHCR's Role', Geneva (2017).

UNHCR, *Left Behind: Refugee Education in Crisis*(2017), https://www.unhcr.org/left-behind/.

UNHCR, 'Machine-readable travel documents': EC/SC/CRP.15 (7 Jun. 2017).

UNHCR, 'Eligibility Guidelines for Assessing the International Protection Needs of Members of Religious Minorities from Pakistan' (Jan. 2017).

UNHCR, *UNHCR's Strategic Directions 2017-2021*, Geneva (16 Jan. 2017).

UNHCR, 'Children on the Move: Background Paper', High Commissioner's Dialogue on Protection Challenges (Nov. 2016).

UNHCR, *RSD Procedural Standards for Refugee Status Determination Under UNHCR's Mandate*, Geneva (2016).

UNHCR, 'Refugee Status Determination': EC/67/SC/CRP.12 (31 May 2016).

UNHCR, 'Guidance Note on Refugee Claims Relating to Crimes of *Lèse Majesté*and Similar Criminal Offences' (Sep. 2015). UNHCR, *Emergency Handbook*(4th edn., UNHCR, 2015).

UNHCR, *Handbook on Protection of Stateless Persons under the 1954 Convention relating to the Status of Stateless Persons*(UNHCR, 2014).

UNHCR, *A Thematic Compilation of Executive Committee Conclusions*(7th edn., UNHCR, 2014).

UNHCR, *Global Action Plan to End Statelessness, 2014-24*(2014).

UNHCR, *Handbook on the Protection of Stateless Persons*, Geneva (2014).

UNHCR, 'The Heart of the Matter—Assessing Credibility when Children Apply for Asylum in the European Union' (Dec. 2014).UNHCR, 'Guidelines on Temporary Protection or Stay Arrangements' (Feb. 2014).

UNHCR, 'Note on the Mandate of the High Commissioner for Refugees and his Office' (Dec. 2013).

UNHCR, 'Note on Statelessness': UN doc. A/AC.96/1123 (4 Jul. 2013).
UNHCR, 'CREDO—Credibility Assessment Checklists' (May 2013).
UNHCR, 'Beyond Proof. Credibility Assessment in EU Asylum Systems', Brussels (May 2013).
UNHCR, 'International case law relating to statelessness' (Mar. 2012), https://www.unhcr.org/en-au/protection/statelessness/45179cbd4.
UNHCR, *Education Strategy, 2012-2016*, Geneva (2012).
UNHCR, 'Guidelines on the Applicable Criteria and Standards relating to the Detention of Asylum-Seekers and Alternatives to Detention' (2012).
UNHCR, *Pledges 2011: Ministerial Intergovernmental Event on Refugees and Stateless Persons*, Geneva (7-8 Dec. 2011) (2012).
UNHCR Bureau for Europe, 'UNHCR comments on the European Commission's Amended Proposal for a Directive of the European Parliament and of the Council on common procedures for granting and withdrawing international protection status (Recast) COM(2011) 319 final' (Jan. 2012).
UNHCR, 'Guidelines on Exception Provisions in respect of Cessation Declarations' (Dec. 2011).
UNHCR, 'Summary of Deliberations on Climate Change and Displacement' (UNHCR Expert Roundtable on Climate Change and Displacement, Bellagio (22-25 Feb. 2011) (Apr. 2011).
UNHCR, 'Comments on the European Commission's proposal for a Directive of the European Parliament and of the Council on minimum standards for the qualification and status of third country nationals or stateless persons as beneficiaries of international protection and the content of the protection granted (COM(2009)551, 21 October 2009)' (Jul. 2010).
UNHCR, 'Guidance Note on Refugee Claims relating to Victims of Organized Gangs' (Mar. 2010).
UNHCR, 'Improving Asylum Procedures: Comparative Analysis and Recommendations for Law and Practice. Detailed Research on Key Asylum Procedures Directive Provisions' (Mar. 2010).

UNHCR, 'Guidance Note on Refugee Claims relating to Female Genital Mutilation' (May 2009).
UNHCR, 'Comments to the Council of Europe's Committee of Experts on the Operation of European Conventions on Co-operation in Criminal Matters (PC-OC). On the Replies to the Questionnaire on the relationship between asylum procedures and extradition procedures' (Apr. 2009).
UNHCR, 'Statement on the "ceased circumstances" clause of the EU Qualification Directive' (Aug. 2008).
UNHCR, 'Guidance Note on Extradition and International Refugee Protection' (Apr. 2008).
UNHCR, *Handbook for the Protection of Women and Girls*, Geneva (2008).
UNHCR, 'Asylum in the European Union, A study on the implementation of the Qualification Directive', Brussels (Nov. 2007).
UNHCR, 'UNHCR's Role in Support of an Enhanced Humanitarian Response to Situations of Internal Displacement: Policy Framework and Implementation Strategy': UN doc. EC/58/SC/CRP.18 (4 Jun. 2007).
UNHCR, *Operational Protection in Camps and Settlements: A Reference Guide of Good Practices in the Protection of Refugees and Other Persons of Concern*(UNHCR, 2006).
UNHCR, 'Summary of UNHCR's Provisional Observations on the Proposal for a Council Directive on Minimum Standards on Procedures in Member States for Granting and Withdrawing Refugee Status' (2005).
UNHCR, 'Annotated Comments on the EC Council Directive 2004/83/EC of 29 April 2004 (the Qualification Directive)', Brussels (Jan. 2005).
UNHCR, 'Background Note on the Application of the Exclusion Clauses: Article 1F of the 1951 Convention relating to the Status of Refugees', Geneva (4 Sep. 2003).
UNHCR, 'Procedural Standards for Refugee Status Determination under UNHCR's Mandate' (2003).
UNHCR, 'Internally Displaced Persons: The Role of the High Commissioner for Refugees': E/50/SC/INF.2 (20 Jun. 2000).

UNHCR, *International Legal Standards applicable to the Protection of Internally Displaced Persons: A Reference Manual for UNHCR Staff*, Geneva (1996).
UNHCR, 'Report of the Sub-Committee on International Protection': UN doc. A/AC.96/858 (17 Oct. 1995).
UNHCR, 'Note on Current UNHCR Activities on Behalf of Stateless Persons': EC/1995/SCP/CRP.6.
UNHCR, 'Conclusion on the Situation of Refugees, Returnees and Displaced Persons in Africa': UN doc. A/AC.96/839 (11 Oct. 1994).
UNHCR, 'Report of the 18-19 May 1994 Meeting of the Sub-Committee of the Whole on International Protection': EC/SCP/89 (29 Sep. 1994).
UNHCR, 'Report of the Working Group on Refugee Women and Refugee Children': EC/SCP/85 (5 Jul. 1994).
UNHCR, 'Note on the Protection Aspects of UNHCR Activities on behalf of Internally Displaced Persons': EC/1994/SCP/CRP.2 (4 May 1994).
UNHCR, 'Note on Certain Aspects of Sexual Violence Against Refugee Women': UN doc. A/AC.96/822 (12 Oct. 1993).
UNHCR, 'Programming for the Benefit of Refugee Children': EC/1993/SC.2/CRP.15 (25 Aug. 1993).
UNHCR, 'UNHCR Policy on Refugee Children': EC/SCP/82 (6 Aug. 1993).
UNHCR, 'UNHCR's Role with Internally Displaced Persons', IOM/33/93-FOM/33/93 (28 Apr. 1993).
UNHCR, 'Report of the Standing Committee on International Protection': EC/SCP/70 (7 Jul. 1992).
UNHCR, 'Protection of Persons of Concern to UNHCR who fall outside the 1951 Convention: A Discussion Note': EC/SCP/1992/CRP.5 (2 Apr. 1992).
UNHCR, 'Stateless Persons: A Discussion Note': EC/SCP/1992/CRP.4 (1 Apr. 1992).
UNHCR, 'Discussion Note on the Application of the "ceased circumstances" Cessation Clause in the 1951 Convention': EC/SCP/1992/CRP.1 (20 Dec. 1991).

UNHCR, 'Report of the Working Group on Solutions and Protection', EC/SCP/64 (12 Aug. 1991).
UNHCR, 'UNHCR's Position on Certain Types of Draft Evasion' (22 Jan. 1991), https://www.refworld.org/docid/4a54bc1f0.html.
UNHCR, 'Note on Refugee Women and International Protection': EC/SCP/59 (28 Aug. 1990).
UNHCR, 'Note on Procedures for the Determination of Refugee Status under International Instruments': UN doc. A/AC.96/INF.152/Rev.8 (12 Sep. 1989).
UNHCR, 'Note on International Protection': UN doc. A/AC.96/713 (15 Aug. 1988).
UNHCR, 'Note on Consultations on the Arrivals of Asylum-seekers and Refugees in Europe': UN doc. A/AC.96/ INF.174, Annex V (Jul. 1985).
UNHCR, 'Identity Documents for Refugees': EC/SCP/33 (Jul. 1984).
UNHCR, 'Report of the Conference on the Situation of Refugees in Africa': UN doc. A/AC.96/INF.158 (7 Sep. 1979).
UNHCR, 'Note on the Extraterritorial Effect of the Determination of Refugee Status under the 1951 Convention and the 1967 Protocol relating to the Status of Refugees': EC/SCP/9 (24 Aug. 1978).
UNHCR, 'Note on Travel Documents for Refugees': EC/SCP/10 (1978).
UNHCR Executive Committee, 'Report of the 46th Session of the Executive Committee of the High Commissioner's Programme': UN doc. A/AC.96/860 (1995).
UNHCR Executive Committee, 'Report of the 45th Session of the Executive Committee of the High Commissioner's Programme': UN doc. A/AC.96/839 (1994).
UNHCR Executive Committee, 'Report of the 43rd Session of the Executive Committee of the High Commissioner's Programme': UN doc. A/AC.96/804 (1992).

UNHCR Executive Committee, 'Report of the 39th Session of the Executive Committee of the High Commissioner's Programme': UN doc. A/AC.96/721 (1988).
UNHCR Executive Committee, 'Report on the 36th Session of the Executive Committee of the High Commissioner's Programme': UN doc. A/AC.96/673 (1985).
UNHCR Executive Committee, 'Report on the 33rd Session of the Executive Committee of the High Commissioner's Programme': UN doc. A/AC.96/614 (1982).
UNHCR Executive Committee, 'Report of the 31st Session of the Executive Committee of the High Commissioner's Programme': UN doc. A/AC.96/588 (1980).
UNHCR Executive Committee, 'Report of the 27th Session of the Executive Committee of the High Commissioner's Programme': UN doc. A/AC.96/534 (1976).
UNHCR Executive Committee, 'Report of the 26th Session of the Executive Committee of the High Commissioner's Programme': UN doc. A/AC.96/521 (1975).
UNHCR Executive Committee, 'Report of the 29th Meeting of the Standing Committee': UN doc. A/AC.96/988 (2004).
UNHCR Executive Committee, 'Report of the 20th Meeting of the Standing Committee': UN doc. A/AC.96/945 (2001).
UNHCR Guidelines, 'Guidelines on International Protection No. 13: Applicability of Article 1D of the 1951 Convention relating to the Status of Refugees to Palestinian Refugees': HCR/GIP/17, Geneva (13 Dec. 2017).
UNHCR Guidelines, 'Guidelines on International Protection No. 12: Claims for refugee status related to situations of armed conflict and violence under Article 1A(2) of the 1951 Convention and/or 1967 Protocol relating to the Status of Refugees and the regional refugee definitions': HCR/GIP/16/12, Geneva (2 Dec. 2016).

UNHCR Guidelines, 'Guidelines on International Protection No. 11: Prima Facie Recognition of Refugee Status': HCR/GIP/15/11, Geneva (24 Jun. 2015).
UNHCR Guidelines, 'Guidelines on International Protection No. 10: Claims to Refugee Status related to Military Service within the context of Article 1A (2) of the 1951 Convention and/or the 1967 Protocol relating to the Status of Refugees': HCR/GIP/13/10/Corr.1, Geneva (12 Nov. 2014).
UNHCR Guidelines, 'Guidelines on International Protection No. 9: Claims to Refugee Status based on Sexual Orientation and/or Gender Identity within the context of Article 1A(2) of the 1951 Convention and/or its 1967 Protocol relating to the Status of Refugees': HCR/GIP/12/09, Geneva (23 Oct. 2012).
UNHCR Guidelines, 'Guidelines on International Protection No. 8: Child Asylum Claims under Articles 1(A)2 and 1(F) of the 1951 Convention and/or 1967 Protocol relating to the Status of Refugees': HCR/GIP/09/08, Geneva (22 Dec. 2009).
UNHCR Guidelines, 'Guidelines on International Protection No. 7: The application of Article 1A(2) of the 1951 Convention/1967 Protocol relating to the Status of Refugees to victims of trafficking and persons at risk of being trafficked': HCR/GIP/06/07, Geneva (7 Apr. 2006).
UNHCR Guidelines, 'Guidelines on International Protection No. 6: Religion-Based Refugee Claims under Article 1A(2) of the 1951 Convention and/or the 1967 Protocol relating to the Status of Refugees': HCR/GIP/04/06, Geneva (28 Apr. 2004).
UNHCR Guidelines, 'Guidelines on International Protection No. 5: Application of the Exclusion Clauses: Article 1F of the 1951 Convention relating to the Status of Refugees': HCR/GIP/03/05, Geneva (4 Sep. 2003).
UNHCR Guidelines, 'Guidelines on International Protection No. 4: "Internal Flight or Relocation Alternative" within the Context of Article 1A(2)

of the 1951 Convention and/or 1967 Protocol relating to the Status of Refugees': HCR/GIP/03/04, Geneva (23 Jul. 2003).
UNHCR Guidelines, 'Guidelines on International Protection No. 3: Cessation of Refugee Status under Article 1C(5) and (6) of the 1951 Convention relating to the Status of Refugees': HCR/GIP/03/03, Geneva (10 Feb. 2003).
UNHCR Guidelines, 'Guidelines on International Protection No. 2: "Membership of a Particular Social Group" within the Context of Article 1A(2) of the 1951 Convention and/or its 1967 Protocol Relating to the Status of Refugees': HCR/GIP/02/02, Geneva (7 May 2002).
UNHCR Guidelines, 'Guidelines on International Protection No. 1: Gender-Related Persecution within the Context of Article 1A(2) of the 1951 Convention and/or its 1967 Protocol Relating to the Status of Refugees': HCR/GIP/02/01, Geneva (7 May 2002).
UNICEF, *The State of the World's Children 2019*, https://www.unicef.org/reports/state-of-worlds-children-2019.
United Nations, *A Study of Statelessness*: UN doc. E/1112 and Add. 1 (1949).
United Nations, 'Policy Brief: COVID-19 and People on the Move' (Jun. 2020).
United Nations, 'Report of the Policy Working Group on the United Nations and Terrorism': UN doc. A/57/273, S/2002/875 (Aug. 2002).
United Nations, 'Study of Discrimination in the Matter of Religious Rights and Practices': UN doc. E/CN.4/Sub.2/300/Rev.1 (1960).
United Nations, 'The Question of Palestine', https://www.un.org/unispal/.
United Nations General Assembly, 'Palestine Refugee Agency Faces Greatest Financial Crisis in Its History Following 2018 Funding Cuts, Commissioner General Tells Fourth Committee': UN doc. GA/SPD/684 (9 Nov. 2018).
United Nations & OHCHR, *Conscientious Objection to Military Service*: UN doc. HR/PUB/12/1, New York & Geneva (2012).

United Nations Office for Disaster Risk Reduction (UNISDR), 'Words into Action Guidelines: Man-made and Technological Hazards' (2018).

United Nations Secretariat, Secretary-General's Bulletin, 'Observance by United Nations Forces of International Humanitarian Law': UN doc. ST/SGB/1999/13 (6 Aug. 1999).

United Nations Secretary-General, 'Guidance note of the Secretary-General. The United Nations and Statelessness' (Nov. 2018), https://www.refworld.org/docid/5c580e507.html.

United Nations Secretary-General, 'In Safety and Dignity: Addressing Large Movements of Refugees and Migrants. Report of the Secretary-General': UN doc. A/70/59 (21 Apr. 2016).

United Nations Secretary-General, 'One Humanity: Shared Responsibility. Report of the Secretary-General for the World Humanitarian Summit': UN doc. A/70/709 (2 Feb. 2016).

United Nations Secretary-General, 'International Co-operation to Avert New Flows of Refugees, Note by the Secretary General': UN doc. A/41/324 (13 May 1986).

United Nations Secretary-General, 'Elimination of All Forms of Religious Intolerance, Note by the Secretary-General': UN doc. A/8330 (6 Jul. 1971).

United Nations Secretary-General, 'Note by the Secretary-General with Annex containing observations by Governments on deprivation of nationality': UN doc. A/CONF.9/10 (9 Jun. 1961), Add. 1-3 (5 Jul. 1961).

United Nations Security Council, Counter-Terrorism Committee, 'Madrid Guiding Principles on Foreign Terrorist Fighters': UN doc. S/2015/939 (23 Dec. 2015).

United Nations Security Council, Counter-Terrorism Committee Executive Directorate (CTED), 'Implementation of Security Council resolution 2178 (2014) by States affected by foreign terrorist fighters' (2015): UN doc. S/2015/338 (14 May 2015).

United Nations Sub-Commission on the Promotion and Protection of Human Rights, 'Terrorism and human rights: Progress report prepared by Ms. Kalliopi K. Koufa, Special Rapporteur': UN doc. E/CN.4/Sub.2/2001 (27 Jun. 2001).

UNRWA, 'Letter to UNHCR explaining UNRWA's Role and Responsibility vis-à-vis Palestine Refugees in Syria' (6 Nov. 2019).

UNRWA, 'Written Contribution of the United Nations Relief and Works Agency for Palestine Refugees in the Near East on the Global Compact on Refugees' (Feb. 2018).

UNRWA, *Protecting Palestine Refugees*(2015).

UNRWA, *Consolidated Registration Instructions*(1 Jan. 2009), http://www.unrwa.org/sites/default/files/2010011995652.pdf.

색인 INDEX

1943년 버뮤다 회의 Bermuda Conference 116, 991
1951년 전권회의 Conference of Plenipotentiaries 1951 158, 229, 281 각주, 382-383, 403 각주, 413, 424, 454, 534, 539, 847, 962, 1069 각주, 1154-1155, 1184, 1383
1954년 무국적자의 지위에 관한 회의 Conference on Stateless Persons 1954 643
1977년 영토적 비호에 관한 회의 Conference on Territorial Asylum 1977 167 각주, 418, 601 각주, 746 각주, 839 각주, 851
1979년 아루샤 컨퍼런스 Arusha Conference 536 각주, 1114 각주
1986년 정부 전문가 그룹 Group of Governmental Experts 1986 134, 849, 1025
1989년 포괄적 행동계획 Comprehensive Plan of Action 1989 (CPA) 630, 727, 1140

| ㄱ |

가나 Ghana 932, 1156
가자 Gaza 437, 438, 1015
가정폭력 domestic violence 291-292, 304, 778 특정사회집단 구성원, 여성 부분도 함께 보라
가족생활 family life 214-215, 280, 554, 797, 801-813, 1072, 1353
    가족결합 family unity 93, 395, 396, 633, 822, 832, 1046, 1050, 1155
    사회집단 social group 273-278 아동, 추적 부분도 함께 보라
    정지 cessation 389-394
감멜토프트-한센 Gammeltoft-Hansen, T. 542, 658, 875
강간 rape 217, 218, 286, 460, 471, 475, 483, 584, 1049, 1064, 1228, 1256 성별, 여성 부분도 함께 보라
강제노동 forced labour 117, 376, 779, 977 각주, 1048
강제송환 refoulement 강제송환금지 부분도 보라
강제송환금지 및 인권보호 non-refoulement and human rights protection 164-166, 765-832 및 여러곳
    1950년 유럽인권협약 제3조 ECHR 50 article 3 749, 775

색인 INDEX 1557

　　　고문 torture 739, 816
　　　고문방지위원회 Committee against Torture 762-763, 765-780
　　　구제책 remedies 794-795
　　　그 밖의 보호되는 권리들 other protected rights 795-803
　　　배제 exclusion 827-832
　　　범위 scope 737-743, 761-789
　　　보충적 보호 complementary protection 737-763
　　　생명권 right to life 790-794
　　　아동의 최선의 이익 best interests of the child 803-810
　　　유럽연합 자격지침 EU Qualification Directive 782-784, 810-819
　　　유럽연합법 하에서의 보완적 보호 subsidiary protection under EU law 822-827
　　　유럽연합법 하에서의 심각한 위해 serious harm under EU law 814-819
　　　유럽연합법 하에서의 지위 status under EU law 815-819
　　　유럽인권재판소 European Court of Human Rights 763-765
　　　유엔난민기구의 임무 UNHCR mandate 753-756
　　　입증정도 standard of proof 785-790, 798, 802-803
　　　자유권규약위원회 Human Rights Committee 761-766
　　　절대적 성격 absolute character 590, 610-612, 643, 764 각주, 739. 762, 764-769
　　　지위 status 737-738, 819-832
　　　집행위원회 Executive Committee 755, 758
강제송환금지 *non-refoulement* 529-653(5장), 656-736(6장), 737-832(7장), 833-983 (8장)
　　　1951년 난민협약 1951 Convention 537-538, 575-591
　　　1951년 네덜란드의 입장 Dutch view (1951) 539
　　　1951년 덴마크의 입장 Danish view (1951) 539
　　　1951년 스위스의 입장 Swiss view (1951) 539
　　　강행규범 *jus cogens* 651-652
　　　고문 torture 602-611
　　　국가의 견해와 실행 State views and practice 534-537, 557-574
　　　국경에서의 거부금지 non-rejection at the frontier 180, 233 각주, 531, 544, 553, 563, 656, 851, 860
　　　국내실향민 internally displaced 145-147

국제관습법 customary international law 640-653
난센 Nansen 531
대규모 유입 mass influx 554-555, 557-558, 615-626
박해를 받을 충분한 근거가 있는 두려움 well-founded fear of being persecuted, and 536-537, 576-578
범죄인 인도 extradition 601-612
불법 입국 illegal entry 534, 592-600
비상사태 contingency 557-558
비호신청자 asylum seekers 573, 595-600
비호와의 관련성 link to asylum 639-640
상위규범적 / 근본적 성격 high normative character 533, 553-555, 638-640
선언 및 결의들 declarations and resolutions 546-552
시간의 경과 through time 637-640
안보 security 564, 576-591
연쇄적 강제송환 chain refoulement 535, 695-696, 771-772, 900-901
예외 exceptions 578-591
원칙의 진화 evolution 529-543
위배 violations 562-563, 571-574
위험 risk 576-578
인권 human rights, in 589-591
인적 범위 personal scope 536, 575-576
일반 국제법 general international law 537-543
임시보호와 피난처 temporary protection and refuge 626-637
입국거부 denial of admission 562, 656
절차 및 영역에 대한 접근 access to procedure and territory 654-666, 666-676
집행위원회 Executive Committee 553-557, 614
추방 expulsion 611-615
학자들의 견해 commentators' views 540-542
협약과 협정 conventions and agreements 543-546
강제송환금지와 그 적용 *non-refoulement* and its application
    공동 및 연대 책임 responsibility, joint and several 695-696

색인 INDEX 1559

  공해 high seas 655, 661, 670-676, 707-711
  관할권 jurisdiction 655-656, 666-669
  관할권과 차단 jurisdiction and interception 670-675
  관할권과 통제 jurisdiction and control 670-675
  국가책임 State responsibility 666-669
  국제구역 international zones 676-694
  내수 및 영해 internal waters and territorial sea 717-720
  밀항자 stowaways 697-699
  역외 적용 extraterritorial application 655-675
  영역의 국경 frontiers of territories 684-694
  외교적 비호 diplomatic asylum 684-694
  접속수역 contiguous zone 712-716
  지중해 Mediterranean 728-736
  해상구조 rescue at sea 721-727
  해상피난 flight by sea 696-736
강제징집 forced recruitment 1049
강제퇴거 deportation 추방부분을 보라
강행규범 *jus cogens* 549, 554, 590 각주, 650-653, 1098
개연성의 교량 balance of probabilities 난민지위결정, 입증 부분을 보라
개인의 안전 personal security 464, 487 각주, 1046 각주
개인적 편의 personal convenience 114, 179, 231, 1185 각주
거주지 residence 1203-1208
  상거소 / 상주 / 상시적 habitual 117, 120, 140, 165, 250-252, 256, 355, 378 각주, 423, 661 각주, 813, 882, 910, 928, 1079, 1202-1204
  임시 거주 temporary 579 각주, 831-832, 838, 858, 978, 1109, 1134, 1163, 1203
  종전 거주지 former 359
  합법적 거주 lawful 1201-1202, 1206-1207
게오르그 슈바르젠베르거 Schwarzenberger, G. 711 각주, 1007 각주, 1140 각주
결정의 이유 reasons for decisions 328, 1219, 1263, 절차, 난민지위결정 부분도 함께 보라
경제사회이사회 ECOSOC 140, 229, 997, 1000, 1042, 1379 유엔부분도 함께 보라

경제적 난민 economic refugee 111
고문 torture 215-216, 765-772 및 여러곳
고문방지위원회 Committee against Torture 210 각주, 563 각주, 602 각주, 611-612, 658, 757, 762, 767, 774 각주, 779, 785, 786, 790, 794 각주, 1237 각주, 1304 각주
고용 employment 201, 213, 216, 368, 600, 606, 821, 824, 1016, 1031, 1044, 1107, 1136, 1159, 1162, 1191
 동등한 처우 equal treatment 1159-1168
고프 경 Goff, Lord 196 각주, 578 각주
고홍주 Koh, H. 664
곤경 distress 112, 155 각주, 174, 300 각주, 843-849, 895, 980, 1049, 1106, 1109, 1153, 1382
공공질서 ordre public 204, 323, 471, 580, 617, 717, 889, 964, 1011, 1012, 1166, 1175, 1200
공공질서 public order 공공질서(ordre public) 부분도 함께 보라
공해 high seas 670-675
과테말라 Guatemala 461 각주, 857, 920, 986, 1146, 1259, 1260
교육 education 107-108, 253, 268, 272, 328, 368, 417, 918-919, 923, 960, 997, 1015, 1029, 1045, 1046, 1064, 1066, 1072, 1077, 1078, 1082, 1107-1128, 1147, 1148, 1158, 1191, 1203, 1328, 1337
구 유고슬라비아 former Yugoslavia 유고슬라비아 부분을 보라
구글리엘모 베르디라메 Verdirame, G. 258
 구금 detention 596-599, 869-886, 961-977 및 여러곳
 구금의 환경 conditions 678-679, 689-690, 967-977
 대규모 유입 mass influx 976-977
 무기한 indefinite 588 각주, 732, 801, 963, 966, 1373, 1400 각주
 자의적 구금 arbitrary 597-598, 964-966
 집행위원회 Executive Committee 970-973, 975
구스타프 아도르 Ador G. 987
구유고슬라비아 국제형사재판소(ICTY) International Criminal Tribunal for former Yugoslavia 216-218, 271 각주, 482 각주, 649 각주

구제책 remedies 673-674, 795, 828, 881, 932, 1098, 1231-1271
구호 활동가 relief workers 인도주의 활동가 부분을 보라
국가 States 여러곳
    공동, 연대책임 responsibility, joint and several 696-697, 704
    보호 protection 119-123, 133-134, 224 각주, 1014, 1341-1342
    사인의 행위에 대한 책임 responsibility for private actors 225-228, 878-887
    신청을 심사할 책임 responsibility to determine claims 902 -907, 및 여러곳 국제협력, 역외성, 글로벌이주콤팩트, 글로벌난민콤팩트, 책임분담 부분도 함께 보라
    책임 responsibility 225-228, 657, 680, 1007-1013
국가안보 national security 안보 부분을 보라
국경없는 의사회 Médecins sans frontières 1042
국내실향민 internally displaced persons (IDPs) 132, 138-155, 175, 177, 1279, 1283-1286, 1308, 1366
    국내실향민의 보호 protection of 133, 139-155
    비호를 구할 권리 right to seek asylum 148-149
    유엔난민기구 UNHCR and 147-155
    이익충돌 conflict of interest 138-139
    정의 description 137
    지도원칙 Guiding Principles 142-155
국내적 구제 수단 local remedies 1057
    국외도피죄 *Republikflucht* 316
국적 nationality 242-252, 266-268, 1341-1405
    새로운 국적의 취득 acquisition of new 245, 249 각주, 1341
    국적권 right to 1368 각주
    국적의 상실 loss of 256, 1356-1358, 1388-1392
    국제관계에서의 역할 role in international relations 1339-1348
    권리를 가질 권리 right to have rights 254, 1339, 1344
    권리와 의무 rights and obligations 442-443
    법적인/사실상의 *de jure/de facto* 1372, 1380
    사기 fraud 475, 1361
    사회적 애착 social fact of attachment 1346, 1350-1352 무국적자, 외교적 보호

부분도 함께 보라
　　선박의 국적 ships 709-714
　　속지주의/속인주의 jus soli/jus sanguinis 1372, 1388-1391
　　이중 또는 복수 국적 dual or multiple 1386
　　재취득 re-acquisition 248-249, 1164 각주
　　전속관할 reserved domain 315
　　충성 loyalty and allegiance 1341, 1360 각주, 1373, 1388
국적박탈 denationalization 253-256, 1359-1389 국적의 박탈 부분도 함께 보라
국적의 박탈 nationality, deprivation of 252-253, 1354-1370
　　1961년 협약 1961 Convention, and 1391-1392
　　국가의 의무 State obligations 1359-1362
　　국제적 함의 international implications 1368-1371
　　사유 grounds 1354
　　영국의 실행 UK practice 1365-1368 무국적, 외교적 보호 부분도 함께 보라
　　영국의 입장 UK position 1362-1364
　　장래의 위험 future risk 1367
국제관습법 customary international law 640-654 및 여러곳
국제구역 international zones 661 각주, 670, 676
국제군사재판소 International Military Tribunal (IMT) 216, 453-459, 467
국제난민기구 International Refugee Organization (IRO) 117-118, 129, 157, 229, 341, 380, 396, 408, 452-453, 471-474, 493, 990, 992-995, 1114, 1173-1176, 1356, 1379
국제노동기구 International Labour Organization (ILO) 959, 977, 1021, 1031, 1037, 1049, 1054, 1138, 1383, 1384
국제민간항공기구 International Civil Aviation Organization (ICAO) 949 각주, 1182
국제법위원회 International Law Commission (ILC) 606, 793, 837, 848, 893, 1096, 1312, 1341, 1378, 1389
국제법학자위원회 International Commission of Jurists 1042
국제법학회 Institut de droit international 1375, 1387
국제법협회 International Law Association (ILA) 845 각주, 850 각주
국제안보지원군 International Security Assistance Force (ISAF) 514

색인 INDEX 1563

국제앰네스티 Amnesty International 220 각주, 404, 571 각주, 947-948, 1042, 1237 각주
국제연맹 League of Nations 115, 122, 419, 744, 984-986, 988, 990, 991, 1159, 1173, 1344, 1345, 1373, 1386
    국제연맹 규약 League Covenant 984 난민최고대표, 프리드리요프 난센 부분도 함께 보라
    전염병과 보건 epidemics and health 889 각주, 986-988
국제이주기구 International Organization for Migration (IOM) 95, 153, 552, 1028, 1033-1036
국제인도법 international humanitarian law 142, 179, 215, 220, 226, 519, 520, 521, 525, 560, 754, 896, 1072
국제자원봉사기구 위원회 International Council of Voluntary Agencies (ICVA) 1043 각주
국제적 보호대상자 internationally protected persons 201, 500 각주 보호대상자 부분도 함께 보라
국제적 의무 obligations, international 1045-1047
    대세적 *erga omnes* 214, 1010 각주, 1048
    수단의 선택 choice of means 682-684, 1055-1060
    신의성실 good faith 1061-1063 조약, 이행 부분도 함께 보라
    실효성 effectiveness 1055, 1057-1058, 1213-1214, 1263-1265
    역외적용 extraterritorial application 951-958
    행위 및 결과 conduct and result 1053-1057
국제적십자위원회 및 적신월사연맹 International Federation of Red Cross and Red Crescent Societies 1027-1028, 1038-1040
국제적십자위원회 International Committee of the Red Cross (ICRC) 153, 557, 987, 1028, 1038, 1042, 1075
재난 구호 disaster relief 1040
국제해사기구 International Maritime Organization (IMO) 699, 711
    밀항자에 관한 지침 Guidelines on stowaways 699
    해상 구조에 관한 지침 Guidelines on rescue at sea 725
국제협력 cooperation, international 134, 379, 540 각주, 558-559, 620, 621, 728-736,

741, 1089-1152, 1272, 1369, 1387

　　국제협력의 원칙 principle of 92, 902, 1139

국제형사재판소 International Criminal Court 207 각주, 216, 217, 218, 376, 458-470, 516, 517, 523, 649, 886

　　로마규정 Statute 207 각주, 220, 448 각주, 452-518

군사적 공격 military attacks 무력 공격 부분을 보라

굴욕적인 대우 degrading treatment 776-780, 1306-1315 및 여러 곳 비인도적인 또는 굴욕적인 대우 부분도 함께 보라

권리 남용 abuse of rights 91, 503, 875, 899

귀화 naturalization 402, 441, 755, 1046, 1109, 1167, 1188-1190, 1377-1388

귀환권 return, right to 134, 254, 1111 각주, 1176, 1181

　　팔레스타인 난민 Palestine refugees 441, 1019-1020 자발적 본국귀환도 함께 보라

그랄-마드센 Grahl-Madsen, A. 224, 238, 390, 474, 580, 584

그레고르 놀 Noll, G. 542 각주, 592 각주, 686 각주, 795 각주, 954 각주, 958 각주

그리스 Greece 129, 260, 304 각주, 624, 698, 842, 905, 909, 925, 941, 950, 951, 989

그린 핵워스 Hackworth, G. 835

글로벌이주콤팩트 Global Compact on Migration 178, 739 각주, 1023, 1084, 1144, 1149-1152, 1327-1328

　　강제송환금지 non-refoulement 1149

　　국경관리 border management 1149-1150

　　국제 이주 검토포럼 International Migration Review Forum 1151

　　의제 Agenda 1151-1152

　　이주와 개발에 관한 글로벌 플랫폼 Global Platform on Migration and Development 1151

글로벌난민콤팩트 Global Compact on Refugees 178, 186 각주, 546, 616, 618-619, 1068, 1073 각주, 1078, 1084, 1092, 1103, 1109-1113, 1146-1148, 1327-1328

　　글로벌 난민 기금 Global Refugee Fund 1113

　　포괄적 난민 대응 프레임워크 Comprehensive Refugee Response Framework (CRRF) 95, 1107, 1137, 1146

금지 prohibition 714-715

기관간 상임위원회 Inter-Agency Standing Committee 151, 1027-1028, 1030

기국 flag States 667, 707, 715, 721, 722, 727 해상구조, 재정착 부분도 함께 보라
기근 famine 105. 112, 987-988, 1295
기니 Guinea 858, 1099
기득권, 이미 취득한 권리 acquired rights 411, 1273
기소 prosecution 98, 210, 224, 263, 290, 297, 316-318, 332-334, 339, 352, 368, 407, 462, 471-473, 477, 481, 509-511, 604-607, 614, 715, 719, 722, 799, 830, 845, 930, 1066, 1186, 1187, 1189-1190, 1369 박해, 일반적으로 적용되는 법 부분도 함께 보라
기후변화 climate change 재난 및 기후변화 부분을 보라
길-바조 Gil-Bazo, M.-T. 416 각주, 763 각주, 859

| ㄴ |

나우루 Nauru 359 각주, 681, 683, 933, 956
나이지리아 Nigeria 237, 302, 309, 566, 1135
난민 및 비호신청자 refugees and asylum seekers
    경제적 economic 111
    그리스 Greeks 114
    독일 German 113, 442-445, 532, 747
    동티모르 East Timorese 952
    러시아 Russian 105, 113, 114, 531, 611, 744, 987, 988-990, 1031, 1159, 1168, 1238, 1270, 1345
    로힝야 Rohingya 216, 1112, 1118
    루마니아 Romanian 114, 421, 819
    루테니아 Ruthenes 114
    르완다 Rwandan 565, 1100, 1146, 1166
    몬테네그로 Montenegrin 114, 319, 759, 1397
    무슬림 Muslims 261, 314, 683
    미얀마 Myanmar 178, 548, 642, 1014, 1112, 1116, 1118
    바하교 Baha'is 375
    베트남 Vietnamese 129-131, 135, 260, 277

불가리아 Bulgarian 135
사흐라위 Sahrawi 136
수단 Sudanese 1217, 1274, 1297, 1337
스리랑카 Sri Lankan 317, 355, 463, 702, 781
스페인 Spanish 115, 744-745
시리아 Syrians 178, 394, 427, 466-467, 569, 617, 622-623, 631, 642, 687, 744, 826, 876-877, 904, 906, 928, 1014-1016, 1126, 1132-1134, 1144
아르메니아 Armenian 113-114, 261, 990
아시리아, 아시리아-칼데아인 Assyrians, Assyro-Chaldeans 113-114, 745
아이티 Haitian 663-664, 887-888, 952, 1289
아프가니스탄 Afghan 135
아흐마디 Ahmadis 261
알바니아 Albanian 405
앙골라 Angolan 125 각주
엘살바도르 Salvadoran 191, 857, 921, 1046, 1156, 1283, 1387
여호와의 증인 Jehovah's Witnesses 261
오스트리아 Austrian 614, 892, 1130
우간다 Ugandan 259, 535
우크라이나 Ukrainian 136 각주, 759, 994
위그노 Huguenots 261
유대인 Jewish 114, 117, 251, 261, 530
이라크 Iraqi 136
이탈리아 Italian 115
인도차이나 Indo-Chinese 128, 156-157, 629-630, 701, 727, 1050, 1124
일제리 Algerian 125
중국 Chinese 124, 125, 154, 275, 276, 315, 552, 558, 566, 642
칠레 Chilean 134, 392
캄보디아 Cambodian 548
코소보 Kosovar 405, 517, 621
쿠르드 Kurdish 168, 393, 560, 565
쿠바 Cuban 316 각주, 483

크림 타타르 Crimean Tatars 137 각주
타밀 Tamils 368, 404
터키 Turkish 114, 388, 744, 989
팔레스타인 Palestinians 136, 289, 419-442, 995, 1014-1020, 1133
헝가리 Hungarian 114, 124-126
난민신청에서의 추론 inference in refugee claims 188, 193, 225, 447, 1251-1260
난민에 관한 임시위원회 Ad hoc Committee on refugees 156, 229, 453-454, 583 각주, 1171-1176, 1180 각주, 1202, 1382-1385
난민위원회 refugee councils 947, 991
난민지위 refugee status 182-379 및 여러곳
 대항력 opposability 1267-1273
 분석과 적용 analysis and application 182-379
 선언적/창설적 declaratory/constitutive 182-183
 유럽연합 자격지침 EU Qualification Directive 197-206, 235-241, 352-380
 철회 revocation 381-389 비호, 난민지위의 정지, 역외 부분도 함께 보라
 체재 중 난민의 적용 applications sur place 203, 212, 236, 238 각주, 241 각주, 264 각주, 309-310
난민지위심사 refugee status determination 97-101, 182-379, 1208-1273 및 여러 곳
 객관적 요소 objective factors 187, 275, 1204, 1210
 구술 증거 evidence, oral 1218, 1234-1235
 국가에 의한 난민지위심사 States, by 187-206
 난민신청에서의 추론 inference in refugee claims 193, 231, 1251-1254"
 대항력 opposability 1267-1273
 두려움 fear 228-232, 1243-1246
 반대신문 cross-examination 1219, 1259 각주
 변호인의 조력을 받을 권리 counsel, right to 1217-1218
 비밀 confidentiality 1218
 사유 reasons 257-352
 서증 evidence, documentary 1240, 1247-1251
 선상 난민지위심사 on board ships 673-675
 선의의 타당성 good faith, relevance of 235-241

신빙성 credibility 187, 195-196, 234-236, 264, 295, 309-311, 333, 895, 952, 1169, 1251-1261
심문 hearing 1216-1221, 1240-1243
예측적인 성격 predictive 1236
유럽연합 절차지침 EU Procedures Directive 1214-1220, 1221-1234
유엔난민기구의 난민지위심사 UNHCR, by 183-186
유엔난민기구의 참여 UNHCR participation 1216-1217
의사결정자의 의무 decision-makers, duty of 1216-1220, 1221-1225
이의제기 또는 재검토 appeal or review 1261-1265
일관성 consistency 1251-1261
일반적인 기준 general standards 1214-1216
일응의 prima facie 185-186, 377-378, 608, 627, 628, 680, 1016, 1181, 1269"
입증정도 proof, standard 187-196, 582-588, 1239-1241
입증책임 proof, onus/burden 250, 275, 314, 356 각주, 403-408, 489, 915, 1234, 1241, 1264, 1361
적법절차 due process 1216-1221, 1234-1274
절차 procedures 108, 123, 1208-1233
정보 information 1243-1246, 1247-1251
존중 deference 1262-1263
주관적 요소들 subjective factors 188, 192-193, 229-230, 275, 1210, 1234"
지침 guidelines 1251-1254
집행위원회 결정 Executive Committee conclusions 284-286, 1214-1216, 1216-1221
충분한 근거 있는 두려움 well-founded fear of being persecuted 103, 120-126, 159-170, 179, 185, 190-200, 212, 220, 229-257 339-340, 362-381, 403, 406, 413, 428, 433, 437, 482, 489, 499, 538, 541, 575-579, 646, 743, 789, 798, 809, 864, 978, 1065, 1152, 1203, 1214, 1220, 1235, 1252, 1289 접근, 절차, 적법절차, 명백히 이유없는, 박해, 가능성 부분도 함께 보라
통역인 interpreters 731, 1214, 1240, 1259-1260
난민지위의 정지 cessation of refugee status 380-414, 558, 608, 611 각주, 617
거울상 mirror image 405

색인 INDEX 1569

　　　　사정변경 change of circumstances 394-402
　　　　유럽연합 자격지침 382 각주, 387 각주, 407 각주, 437 각주, 442 각주
　　　　입증책임 burden of proof 403-408
　　　　자발적 귀환 voluntary repatriation 401, 857 난민지위 부분도 함께 보라
　　　　자발적인 행위 voluntary acts 389-393
　　　　정지 선언 Ddeclarations 401-402
　　　　지위의 지속 continuing status 408-414
　　　　집행위원회 Executive Committee 386, 397-399, 410-418
　　　　철회, 정지 및 배제 revocation, cessation and exclusion 381-388
난민최고대표 High Commissioner for Refugees (League of Nations) 987-1014
　　　　보호 protection 985-1000
난민캠프 refugee camps 975, 1015, 1046 각주, 1050 각주, 1064, 1079, 1090-1104
　　　　국가의 책임 responsibilities of the State 1090-1104
　　　　유엔난민기구의 책임 responsibilities of UNHCR 1093-1104
남아프리카공화국 South Africa 566, 821 각주, 1387
납치 abduction 346, 350, 475, 505, 1043, 1049, 1075, 1245
납치 kidnapping 346, 350, 475, 505, 1043, 1049, 1075, 1245
낭트 칙령 Edict of Nantes 261
내수 internal waters 717-720
내전 civil war 89, 111, 129-130, 138, 178, 362-366, 378, 628-637, 740-741, 745, 755, 778
네덜란드 Netherlands, The 249, 539, 540, 566-567, 624, 832, 841, 925, 1054, 1113, 1130, 1158, 1166, 1266, 1304, 1353, 1397
노르웨이 Norway 176, 178, 552, 562, 566, 570, 625, 759, 936, 949, 1158, 1188, 1244, 1323, 1378, 1397
노예 slavery 214-215, 458, 707, 708, 797, 1048
뉴질랜드 New Zealand 174, 208, 236, 240, 252, 333, 432, 448, 478, 480, 567, 585, 613, 738, 743, 760, 780, 787, 788, 790, 822, 827, 910, 965, 966, 985, 1054, 1129, 1159, 1288, 1290, 1291, 1297, 1301, 1302, 1303, 1314, 1334
느헤미야 로빈슨 Robinson, N. 455 각주, 540 각주, 1173 각주
니카라과 Nicaragua 760

닐스 콜만 Coleman, N. 560 각주, 618각주, 621 각주, 876 각주

| ㄷ |

다니엘 오도넬 O'Donnell, J. 1161
다니엘 패트릭 오코넬 O'Connell, D.P. 713
대규모 피난/유입 mass exodus/influx 118, 133-134, 143 각주, 155, 162-164, 176, 181, 367, 401, 426, 530, 539-540, 615-625, 976-977, 1101, 1107, 1111, 1114, 1124, 1145, 1152
대만 Taiwan 392 각주
대안적 국내피신 internal flight alternative 120 각주, 355-356, 560, 904 각주, 915 각주, 1249 각주, 1315-1316
　　　합리성 및 인권 reasonableness and human rights 355-356, 1315-1316
대체성 이론 surrogacy, theory of 101-104, 247
대한민국 Korea, Republic of 248-249, 321, 567, 760
더호수 지역 Great Lakes region 146 각주, 569, 572, 1285-1286 각주
더글라스 길포일 Guilfoyle, D. 709
더블린 협약 Dublin Convention 유럽연합 부분을 보라
데이비드 마틴 Martin, D.A. 646 각주
덴마크 Denmark 173, 197 각주, 308, 535 각주, 539, 546 각주, 567, 625, 1054, 1130, 1158 각주, 1177, 1221
도미니카 공화국 Dominican Republic 857, 1278 각주, 1347
도시 난민 urban refugees 1092-1093
도착차단 정책 non-arrival policies 841, 865, 872-886, 900
독립국가연합 Commonwealth of Independent States 261
독일(1949년 이전) Germany (pre-1949) 113-115, 250 각주, 990-991
　　　소수민족 구성원 ethnic minorities 442-445
독일민주공화국 German Democratic Republic 443 각주, 601 각주
독일연방공화국 Germany, Federal Republic 167, 251, 255, 332, 344, 443, 454, 1203, 1266
　　　기본법 Grundgesetz 1949 (Constitution) 167-168, 443

동남아국가연합 Association of South East Asian Nations (ASEAN) 548, 1085 각주
동남아시아 South East Asia 116, 260, 629, 1140
동성애자 homosexuals 294, 296, 304, 젠더, LGBTI, 성별 부분도 함께 보라.
동티모르 East Timor 952, 1159 Timor-Leste 부분도 함께 보라
듀리외 Durieux, J.-F. 366-367, 633
듀푸이 Dupuy, P.-M. 1052
드보라 앤커 Anker, D. 169 각주, 183 각주, 222 각주, 230 각주, 317 각주, 920 각주, 1104 각주
드보라 퍼루스 Perluss, D. 634 각주, 643 각주, 646 각주, 741 각주
디플록 경 Diplock, Lord 188

| ㄹ |

라 포레스트 판사 La Forest, J 102 각주
라오스 Laos 130, 548
라이베리아 Liberia 363, 731, 1135
라틴아메리카 Latin America 161, 162, 550, 686, 688, 751
    외교적 비호 diplomatic asylum 684-693, 836, 837, 848, 855
랄프 빌데 Wilde, R. 1095 각주, 1098 각주
러시아 Russia 105, 113-114, 250, 261, 531, 611 각주, 744, 987, 988-990, 1031, 1159, 1168, 1238, 1270, 1345, 1374-1376
    1917년 혁명 revolution (1917) 250, 986 기근 부분도 함께 보라
레바논 Lebanon 296 각주, 362 각주, 424, 427, 565-568, 623, 687, 841, 844, 1014-1016, 1133-1134
레소토 Lesotho 567, 1285 각주, 1297 각주
로버트 제닝스 Jennings, R. 90, 1105
로베르타 코헨 Cohen, R. 143
로베르토 아고 Ago R. 1052
로스 판사 Laws, LJ 378 각주
로이드 경 Lloyd, Lord 348-349, 364-365
로저 경 Rodger, Lord 266 각주, 278 각주, 287 각주, 296 각주

로체포트 Rochefort, R. 281 각주, 410 각주, 425-426 각주, 1154 각주
루마니아 Romania 114, 421 각주, 819
루스트룀-뤼 Ruthström-Ruin, C. 125 각주
루이스 헨킨 Henkin, L. 1160, 1172
루카스 하임 Heim, L. 661
룩셈부르크 Luxembourg 623, 1054, 1158
르네 카상 Cassin, R. 1379
르완다 국제형사재판소 International Criminal Tribunal for Rwanda 217, 459
르완다 Rwanda 133, 217, 218, 458, 459, 460, 463, 464, 565, 567, 572, 649, 800, 854, 1100, 1146, 1166
리드 판사 Read, J 687 각주, 692 각주, 1343
리비아 Libya 500, 506, 669, 703, 731, 732, 733, 955, 1132
리퍼트 Ripert, G. 1376
리히텐슈타인 Liechtenstein 936, 1054
린든 판사 Linden, JA 355

| ㅁ |

마르졸라이네 지크 Zieck, M. 1111 각주
마르코 밀라노비치 Milanovic, M. 667
마약거래 drugs traffic 483, 501
마카오 Macau 1165
만프레드 노박 Nowak, M. 228 각주, 312, 775 각주
말레이시아 Malaysia 548, 552, 642 각주, 921, 1124
말리 Mali 858
맥라클린 판사 McLachlin, J 498 각주
맥휴 판사 McHugh, J 265 각주, 272-275, 280-281. 290 각주, 304 각주, 311 각주, 964 각주
맨리 허드슨 Hudson, M. O.1387-1389
머스틸 경 Mustill, Lord 348-349
메델린 갈릭 Garlick, M. 361 각주, 367 각주, 926-935, 1144

멕시코 Mexico 550, 566-567, 747, 841, 910, 1146, 1158, 1166, 1293, 1296, 1323, 1334, 1389
    2004년 멕시코 선언 Declaration (2004) 550
명백히 이유없음 manifestly unfounded 1214 각주, 1224 각주, 1231 각주
모나코 Monaco 1156, 1158, 1159
모독죄 lèse majesté 317-318
모든 이주노동자와 그 가족 구성원의 권리 보호에 관한 위원회 Committee on the Protection of the Rights of All Migrant Workers 374 각주, 973 각주, 1070 각주, 1083 각주
모레노 락스 Moreno-Lax, V. 164 각주, 416 각주, 447 각주, 456 각주, 660 각주, 703 각주, 860, 879
모로코 Morocco 703, 955, 1133, 1192
모잠비크 Mozambique 1158, 1166-1167 각주
몬테네그로 Montenegro 319, 759, 1397
몰타 Malta 500, 925, 1054, 1158
무국적 statelessness 241-256, 1339-1406 및 여러곳
    1961년 협약 1961 Convention 1391-1402
    국가승계 State succession 419 각주, 1342, 1396
    국제법과 실행 international law and practice 1371-1373
    국제연맹 League of Nations 1373-1379
    무국적자에 대한 연구 Study of Statelessness 120, 1379-1383
    불이익 disadvantages 1373
    원인 causes 1379-1383, 1386-1395
    출생등록 birth registration 1350-1351
무국적자 apatride 1371, 1376-1377
무국적자 stateless persons 1339-1406 및 여러곳
    #IBelong 1395
    1954 협약 1954 Convention 1383-1386, 1397-1398
    거주권의 부여 entitlement to residence 1398-1399
    관련성 있는 유대 relevant link 1403
    귀환가능성 returnability 250 각주, 1405

난민 refugees 242, 1397-1398
무국적자의 보호 protecting the stateless 1379, 1386-1387, 1393-1406
　배제 exclusion 1405
　선언적 declaratory 1401
　아동 children 1398-1402
　애착의 정도 degree of attachment 1399-1400
　유엔난민기구 편람 UNHCR Handbook 1402-1403 국적의 박탈 부분도 함께 보라
　입증정도에 대한 논쟁 standard of proof disputed 1402-1406
　절차 procedure 1400-1401, 1404-1406
　증거와 입증 evidence and proof 1402
　지위결정 determination of status 1398-1406
　집행위원회 Executive Committee 1350-1354, 1394-1395
　철폐 및 감소 eliminating and reducing 1387-1393
　출생국 State of birth 1348
무력 공격 armed attacks 515, 711
무력 충돌 armed conflict 361-366, 818 및 여러곳
　테러리즘 Terrorism 204, 349-350, 581, 603-605 각주, 1365-1366 각주
무력사용 force, use of 580-581
무방가-치포야 Mubanga-Chipoya, C. 336 각주
무솔리니 Mussolini, B. 115
무슬림 Muslims 261, 314 각주, 683
무해통항 innocent passage 717
미국 난민 및 이민 위원회 United States Committee for Refugees and Immigrants (USCRI) 571
미국 United States of America 99, 118, 157, 169, 230, 290, 414, 442, 483, 493, 561, 567-569, 663-665, 679, 710, 715, 801, 822, 827-828, 841, 847, 856, 869, 878, 885, 910, 913, 919, 920, 945, 947, 948, 952-965, 995, 1033, 1036, 1056, 1062, 1156, 1160, 1173, 1180, 1183, 1200, 1276, 1297, 1335, 1340, 1382, 1387나우루, 파푸아뉴기니에서의 재정착 resettlement from Nauru and Papua New Guinea 682-683 아이티, 아이티 차단 부분도 함께 보라
　여성의 비호신청 asylum claims by women 290-293

색인 INDEX 1575

미셸 포스터 Foster, M. 207, 233 각주, 354, 800, 1290
미얀마 Myanmar 178, 548, 642, 1014, 1112, 1116, 1118 각주
미주기구 Organization of American States (OAS) 161-162, 856
민족독일인 *Volksdeutsche* 443
밀렛 판사 Millett, LJ 290 각주
밀입국 smuggling 79, 501, 598, 703 각주, 710-711, 715, 720, 729, 868, 870, 876, 879, 881, 1122, 1132, 1149, 1210, 1257 인신매매 부분도 함께 보라
밀항자 stowaways 676, 697

| ㅂ |

박해 또는 위해의 위험 risk of persecution or harm 205, 744, 761, 781-785, 887
    예측가능성 foreseeability 742
    유럽연합 임시보호 지침 EU Temporary Protection Directive 816-819
    유럽연합 자격지침 제3조(c) EU Qualification Directive article 3(c) 781-793
    입증정도 standard of proof 187-206 박해, 강제송환금지 부분도 함께 보라
박해 사유 reasons for persecution 박해 부분도 보라
박해 persecution 97-100, 119-138, 206-228, 313-374 및 여러곳
    가능성 likelihood 187-196, 209-213, 368-369
    개인 및 집단 individual and group 367-368
    경제적 박해 economic 214-216, 764-765
    과거의 박해 past 229-231, 394, 405 각주
    구별될 것 singling out 367-368
    국내피신 internal flight 199-200
    국제법상 범죄로서의 박해 crime in international law 216-221
    내전 civil war 361-368
    박해 사유 reasons for 257-312
    박해의 위험 risk of 352-368
    박해의 행위자 agents of persecution 222-227
    보호되는 이익 protected interests 213-214, 232
    보호의 부족 lack of protection 120, 133-134, 157, 251, 256, 375-378, 998, 1024,

1373
    사적/공적 박해 private/public 279-301
    심각한 위해 serious harm 206-212
    유럽연합 자격지침 EU Qualification Directive 197-206, 287-288, 297-298, 303 각주
    의도 intention 228-232
    인도에 반하는 죄 crimes against humanity 220-222
    일반적으로 적용되는 법 laws of general application 263, 290 각주, 313-340, 368-369
    차별 discrimination, and 210-212
    출국 후 사정 post-departure 308-309
    행위 acts of 206-215
박해에 대한 충분한 근거 있는 두려움 well-founded fear of being persecuted, 난민지위심사 부분을 보라
박해의 주체 actors of persecution 199 각주, 306 각주, 876
박해의 행위자 agents of persecution 박해 부분을 보라
반 호벤 괴드하르트 van Heuven Goedhart, G. (HCR) 416, 1185
반대신문 cross-examination 난민지위결정 부분을 보라
방글라데시 Bangladesh 154 각주, 314 각주, 642 각주, 1138, 1306
방콕 원칙 Bangkok Principles 163, 547
배리 판사 Barry J 488 각주
배제 exclusion 445-528, 827-832
    무죄추정 presumption of innocence 448-449
    배제대상으로의 추정 presumptive exclusion 483-489
    상당한 이유 serious reasons 445-450, 456, 465-468, 482, 488, 523, 579, 582
        인도에 반하는 죄, 평화에 반하는 죄, 안보 부분도 함께 보라
    유엔의 목적과 원칙 purposes and principles of the United Nations 493, 496-497, 510, 513, 523, 1089
    재판으로부터의 도피자 fugitives from justice 111, 189-190, 476, 479, 690
버마 미얀마 부분을 보라
버쳇 판사 Burchett J 584 각주

색인 INDEX   1577

번튼 판사 Burnton, LJ 246-247
범죄인 인도 extradition 161 각주, 341-349, 452-486, 535 각주, 544, 563, 573, 601-608, 643, 661, 692, 741, 773 각주, 837-842, 966, 1210, 1224, 1267, 1272, 1369 및 여러곳
    인터폴 적색수배 INTERPOL Red Notice 601 각주, 1269-1272
    재판에서의 손해 prejudice at trial 189 각주, 487 배제, 범죄인 인도불허, 난민지위 심사 부분도 함께 보라
    정치적 범죄 political offences 343-352, 479, 855, 856
베냉 Benin 858
베네수엘라 Venezuela 178, 566, 580, 842, 843, 1174
베들레헴 Bethlehem, D. 582-583, 588, 647-648, 662, 684
베르나도트 백작 Bernadotte, Count 1018 각주
베트남 Vietnam 129, 135, 260, 277, 338, 374, 391, 393, 548, 702, 1112, 1266, 1365
벨기에 Belgium 176, 308, 383, 414, 540 각주, 557, 561, 566, 568, 580, 586, 687 각주, 745 각주, 807 각주, 821, 841, 925, 929, 985, 990, 1054, 1104, 1134, 1158, 1171, 1173, 1184, 1185, 1235, 1387, 1399
벨리즈 Belize 173, 1146
변호인의 조력을 받을 권리 counsel, right to 1217-1218
보넬로 판사 Bonello, J 669
보상 compensation 89, 368, 426, 670 각주, 1017-1018, 1096 각주, 1105, 1122
보스니아 헤르체고비나 Bosnia and Herzegovina 164, 875 각주, 998 각주
보완적 보호 subsidiary protection 보충적 보호 부분을 보라
보충적 (수용)경로 complementary pathways 1128-1135, 1104 각주, 1125 각주, 1147
    보호 입국절차 protected entry 1130 영구적 해결, 재정착 부분도 보라
    집행위원회 Executive Committee 1128-1129
    캐나다 지역사회 스폰서쉽 Canada sponsorship 1128-1130
보충적 보호 complementary protection 114, 355 각주, 359 각주, 635, 737, 738-830, 881, 918 각주
보츠와나 Botswana 172, 888 각주, 1156, 1178
보트 피플 boatpeople 131 각주, 181
보호 protection 101-104, 105-108, 121 각주, 985 -1088 및 여러곳

국제법 international law 1047-1062
국제협약에 의한 보호 international institutions, by 121 각주, 985-1088
내부적/국내적 보호 internal 122, 199, 203, 353-360, 910
다른 기관들 other agencies 1033-1044
대체적 보호 surrogate 101-102, 434, 1098 각주
법적 보호 legal 114, 122 각주, 138-139, 146, 169, 204, 398, 640, 951, 988-991, 1022, 1023 각주, 1070, 1158, 1287. 1343
보호를 다시 받음 / 보호의 재이용 re-availment 389-394
보호의 부족 lack of 120, 134, 157, 212, 251, 256, 375-379, 988, 1024, 1373
보호의 주체 actors of protection 198-227, 438, 440
신의성실 good faith 1060-1062
실효적 보호 effective 284, 354, 408, 595, 709, 902, 913-917, 927"
아동의 보호 children 1069-1085
여성 women 1064-1069 국내실향민, 팔레스타인 난민, 보호를 다시 받음, 임시보호/임시 피난처 부분도 함께 보라
영사보호 consular 121, 359
외교적 보호 diplomatic 103, 135, 420, 1008, 1105, 1179-1180, 1341, 1358, 1376-1377
외부적 보호 external 1090
유엔 팔레스타인 난민구호기구 UNRWA 1014-1020
유엔난민기구의 보호 UNHCR 995-1000
유엔인권최고대표 OHCHR 1020-1024
장애를 가진 난민 refugees with disabilities 1085-1088
조약 treaties 1051-1063
해결책 solutions, and 1089-1153
보호대상자 protected persons 114, 126, 145137, 169, 177, 201, 426, 543, 606, 623, 633, 745, 759, 789, 811, 812, 819, 823-826, 827, 993, 1039, 1311, 국제적 보호대상자 부분도 함께 보라
보호를 다시 받음 re-availment of protection 389-394 난민지위결정 부분도 함께 보라
보호입국 절차 protected entry procedures 232 각주, 876 각주, 1130-1134
볼리비아 Bolivia 173, 841, 857, 985

부룬디 Burundi 259 각주, 760 각주, 858, 1158, 1166
부탄 Bhutan 642 각주
북마케도니아 Macedonia (North) 552, 565 각주, 568-569 각주, 620-621
북미 North America 877
북아프리카 North Africa 954
북한 North Korea 247-249
불가리아 Bulgaria 437, 567, 819 각주, 925, 989, 1164, 1269 각주
불간섭 non-intervention 115 각주, 138, 1140
  비정치적 범죄 non-political crimes 범죄인 불인도 부분을 함께 보라
불법 입국 illegal entry 592-599, 896, 901, 961, 1167, 1185-1187, 1189, 1199
  구금 detention 597-599, 1186-1192
  상당한 이유 good cause 594-595, 1184-1188
  지원 assistance with 596, 1184
  형벌 penalties 596-599, 1184-1188
브라운 경 Brown, Lord 104, 348, 448-451, 493, 872
브라운 윌킨슨 경 Browne Wilkinson, Lord 348
브라운리 Brownlie, I. 457
브라질 Brazil 122 각주, 550, 558, 566, 567, 623, 841, 844, 857, 985, 1133 각주, 1293, 1381, 1387
  브라질 선언 Brazil Declaration 550 각주, 1293
블랙먼 판사 Blackmun J 664-665 각주
비국가 행위자 non-State actors 104, 142, 198-199, 211 각주, 223-227, 291, 300, 311, 362, 729, 767, 774, 1290
  박해의 행위자 agents of persecution 222-227
비례성 proportionality 341, 347, 348, 354, 445, 484, 486, 489, 491, 587, 806, 890, 900, 964, 1063, 1242, 1365-1367 형량 부분도 함께 보라
비인도적인 또는 굴욕적인 대우 inhuman or degrading treatment -7 762-821, 945, 1298, 1306, 1315 및 여러곳
비정규적 이주/이동 irregular movements 555, 565 각주, 864 각주, 877, 881, 895, 902, 905, 937, 1107, 1122, 1132, 1186-1191
비정부기구 non-governmental organizations (NGOs) 93, 261 각주, 759 각주, 851, 871,

885, 918, 998 각주, 1026, 1042-1043
비정치적 범죄 non-political crimes 346 각주, 347, 453 각주, 469-490, 500-501, 601, 828 각주, 846, 996 각주
비호 asylum 106, 833-984 및 여러곳
    구금 detention 961-976
    국가의 권리 right of state 843
    국제 협약 international instruments 840-853
    대규모 난민 유입 mass influx 976-977
    비호를 구할 권리 right to seek 94, 697, 840-841, 866, 893
    비호의 방해 obstructing access 863-886
    선택할 권리 right to choose 559 각주, 912 각주
    시간의 경과와 강제송환금지 non-refoulement through time 979-980
    실효적인 보호 effective protection 408, 902, 913-914, 956-927
    아동 children 972-977
    영토적 비호 territorial 158, 418, 553, 561, 656, 685, 691, 747, 839
    외교적 비호 diplomatic 160, 684-693, 836-837, 848 각주, 855 각주
    의무 obligation and 839, 850, 853, 855, 870, 875, 885
    의미 meaning 833-843
    접근 access to 863-866
    지역 협정들 regional agreements 854-862
    집행위원회 Executive Committee 959-960
    차단 interception 872-886
    처우의 기준 standards of treatment 638, 887-896
    평화적이고 인도주의적인 행위 peaceful and humanitarian act 858
    해결책 solutions, 연결고리 link to 861-862, 901, 981-986
비호신청자 asylum seekers 강제송환금지에 관한 장 및 여러곳을 보라
빙엄 경 Bingham, Lord 303 각주, 321, 331, 356, 358, 883, 887

| ㅅ |

사다코 오가타 Ogata, S. (HCR) 621 각주, 1000 각주

색인 INDEX   1581

사만다 벨루티 Velluti, S. 1222
사우디 아라비아 Saudi Arabia 843 각주
사이먼 브라운 판사 Simon Brown, LJ 592 각주, 594 각주
사전 입국심사 pre-entry clearance 865 각주, 887 사증 부분도 함께 보라
사증 visas 181, 866, 872-877, 887"
     보호입국 protected entry 876, 1130-1132
사형 death penalty 165, 190, 193, 207, 475 각주, 543, 602-609, 740, 742, 761, 770,
     779, 792, 814
사회복귀 rehabilitation 490-492
사회집단 social group, 특정 사회집단 부분을 보라
산데쉬 시바쿠마란 Sivakumaran, S. 499 각주, 1040 각주
살인부대 death squads 1049
상당주의의무 due diligence 225, 730
새로운 난민 발생 new flows of refugees 645 각주, 1000 각주, 1104-1105, 1140
샤론 루수 Rusu, S. 1025 각주
샤프스톤 법무담당관 Sharpston, AG 298 각주, 432 각주, 434 각주, 436 각주
서안 West Bank 427 각주, 438 각주, 441, 1015 팔레스타인, 팔레스타인 난민 부분도
     함께 보라
선서 진술서 *affidavits* 1171
선언적/창설적 declaratory/constitutive 182, 381, 386, 654, 1401
성별 sex 270-272, 292-301, 776, 1142 젠더, 동성애자, LGBTI, 여성 부분도 함께 보라
성소수자 LGBTI:
     성소수자의 신청 claims to asylum by 292-301
세계 난민의 날 World Refugee Year 862 각주
세계보건기구 World Health Organization (WHO) 153, 1032
세계식량계획 World Food Programme (WFP) 153, 1032
세계은행 World Bank 624, 1138-1139
세계화 globalization 95, 1277
세네갈 Senegal 703, 955
세들리 경 Sedley, LJ 449
세르비아 Serbia 444 각주, 552, 565, 573, 759, 974

선 머피 Murphy, S. 461
솅겐 국경법 Schengen Borders Code 730, 880
솅겐 원칙 Schengen acquis 924 각주
소련 Soviet Union USSR 부분도 함께 보라
소련공화국 Union of Soviet Socialist Republics (USSR) 269 각주, 375 각주, 442, 601, 841 각주, 844-847, 986, 994 각주, 1057 각주 러시아 부분도 함께 보라
소말리아 Somalia 363-364, 1146, 1165, 1309, 1337
소수자 minorities 134 각주, 154 각주, 181, 267, 319 각주, 530, 843, 884, 895, 969, 991 각주, 1070 각주, 1346, 1351
수단 Sudan 128, 129, 139, 154
스리랑카 Sri Lanka 317, 355, 463, 702, 781
스웨덴 Sweden 176, 269, 317, 540, 561, 566, 570, 612, 807, 1026, 1054, 1158, 1159, 1165, 1169, 1334
스위스 Switzerland 172, 176, 177, 178, 196, 300, 309, 399, 400, 539, 540, 552, 557, 560, 567, 570, 581, 608, 744, 936, 949, 1001, 1054, 1130, 1134, 1158, 1203, 1323, 1398
스테인 Steyn, Lord 279, 287, 299, 791, 884-885
스테판 레곰스키 Legomsky, S. 169, 696, 885, 913-914, 918, 926, 927
스티븐스 판사 Stevens, J 194
스페인 Spain 105, 115 각주, 196 각주, 206 각주, 223 각주, 415, 532, 562, 567, 732, 744-745, 834, 1130, 1158, 1165, 1194, 1195
슬로베니아 Slovenia 876, 1346
슬린 Slynn, Lord 348
시리아 Syria 178, 394, 427, 466-467, 569, 617, 622-623, 631, 642, 687, 744, 826, 876- 877, 904-906, 928, 1014-1016, 1126, 1132, 1133, 1134, 1144
시몬 호어, Hoare, S. 386-387, 410, 1185
시민 citizens 국적자 부분을 보라
시에라리온 Sierra Leone 469, 518, 1135, 1158
    특별재판소 Special Court 469-470. 518
식량농업기구 Food and Agriculture Organization (FAO) 1031
식민주의 colonialism 134

색인 INDEX   1583

식민지 조항 colonial clause 1206-1207
신분증명서 identity documents 113, 416, 1168, 1172, 1173, 1175, 1374, 1377 각주
신속절차 accelerated procedures 907, 908, 931, 1213, 1214, 1227, 1228, 1230
신의성실, 선의 good faith 98, 310, 536, 734, 883, 896-901, 1060-1063, 1267, 1341
　　　난민신청에서의 선의 in refugee applications 235-240
실종 disappearances 543, 723, 779
실향민 displaced persons 국내실향민 부분을 보라
심슨 Simpson, Sir J.H. 117, 745 각주, 985 각주
싱가포르 Singapore 548, 605, 642
싸이멘트 Cyment, P. 1068

| ㅇ |

아그네스 허비츠 Hurwitz, A. 695 각주
아동 children 202, 233, 369-374, 469, 475, 483, 501, 633, 700, 735, 779, 804-809, 871, 945, 957, 960, 969, 972-977, 1031, 1037, 1066, 1069-1085, 1147, 1212, 1248, 1274, 1314-1315
　　　강제송환 refoulment 1069-1088
　　　구금 detention 972-974
　　　난민신청 refugee claims by 369-374, 1069-1078
　　　유니세프 UNICEF 1031-1037
　　　유엔난민기구 지침 268, 369-374, 1074-1075
　　　입양 adoption 1076-1079
　　　전쟁범죄 war crimes by 468-469
　　　주관적 요소 subjective element 372-373
　　　집행위원회 Executive Committee 1073-1088
　　　징집 military recruitment 466 각주, 501 각주, 779, 803, 1049, 1072, 1075, 1090
　　　최선의 이익 best interests 373-374, 700, 803-809, 1073-1085, 1228, 1314-1315
　　　출생등록 birth registration 1082, 1147, 1350
　　　충분한 근거가 있는 공포 well-founded fear 370-374 국적, 무국적, 무국적자 부분도 함께 보라

특별한 보호 special protection 373, 969, 1069-1085
아동권리위원회 Committee on the Rights of the Child 374 각주, 543, 762 각주, 795, 804-805, 821, 973, 1069 각주, 1073 각주, 1083 각주, 1299
아르메니아 Armenia 113-114 각주, 261, 531, 611, 744, 990, 1159, 1168
아르헨티나 Argentina 561, 562, 566, 607, 986, 1133, 1134, 1334
아벨라 판사 Abella, J. 491
아스비욘 아이데 Eide, A. 336
아시아-아프리카 법률자문위원회 Asian-African Legal Consultative Committee 163, 547
아실라도 *asilado* 160
아이슬란드 Iceland 936, 949 각주, 1054 각주
아이티 Haiti, 506, 567, 641, 656, 663, 710, 715, 842, 884, 885, 952, 1131 각주, 1289, 1347
아이티 차단 Haitian interdiction 567, 641 각주, 710
아일랜드 Ireland 275, 304, 347, 569-570, 624-625, 822, 925, 1054, 1158, 1161, 1167, 1169, 1219, 1252, 1262
아파르트헤이트 apartheid 74, 134, 260, 287, 376, 460, 649, 888
아프가니스탄 Afghanistan 135, 239, 515, 571, 689, 904, 998, 1146, 1298, 1309
아프리카 단결기구 Organization of African Unity (OAU) 353, 548, 649, 752, 754, 759, 761, 817, 827, 857, 858, 1109, 1113, 1166, 1183, 1294 아프리카 연합 부분도 함께 보라
아프리카 연합 African Union 544 각주, 606 각주
아프리카 Africa 752-753, 761, 827, 854-862
안다만 해 Andaman Sea 552
안도라 Andorra 1133
안보 security 204, 502-514, 579, 580-591, 615-627, 711, 850, 851, 913, 966, 970, 976, 1018, 1112, 1124, 1136, 1147, 1154, 1173-1174, 1192-1193, 1201, 1215, 1230, 1286, 1365
안자 클러그 Klug, A. 166 각주, 202 각주, 631 각주, 659-660
안전한 국가 safe country 177, 595 각주, 666 각주, 907-913
  더블린 체계 Dublin scheme 935-946
  미국-캐나다 협정 US - Canada agreement 945-949 최초 비호국 원칙, 실효적 보호

부분도 함께 보라
　　　유럽연합 절차 지침 EU Procedures Directive 924-928
　　　유럽연합-터키의 거래 EU‐Turkey 'Deal' 904-905
　　　유럽연합의 실행 EU practice 924-944
　　　유럽의 안전한 국가 European safe country 934-935
　　　유로닥 Eurodac 938
　　　이주 보호 의정서 (미국) Migration Protection Protocols (US) 910 각주, 920 각주
　　　제3국 third country 181, 924, 932-936
　　　책임의 회피 avoidance of responsibility 902-906
　　　출신국 country of origin 928, 929
안전한 귀환 safe return 89, 1119-1121 자발적인 본국귀환 부분도 함께 보라
안전한 장소 place of safety 722-728
안전한 지역 security zone 353, 360 각주, 559 각주, 572, 839, 912
안전한 피난처 또는 안전한 구역 safe haven or zone 559 각주, 900
알바니아 Albania 405, 444, 560, 759
알제리 Algeria 125, 126-127, 296, 999
암본인 Ambionese 1164
앙골라 Angola 858, 1158, 1166
애널리사 멜로니 Meloni, A. 1357
앤 갤러거 Gallagher, A. 879
앤드류 클래펌 Clapham, A. 104-105, 1094
앨리스 에드워즈 Edwards, A. 286, 1065
앨리스 파머 Farmer, A. 1099-1100
앨리슨 케스비 Kessby, A. 253
양심적 병역거부자 conscientious objectors 319-341
　　　개인과 국가간 individual and State 334-339
　　　국제사회가 비난하는 internationally condemned conflicts 330-334
　　　대체복무 alternative service 320-324, 338
　　　양심적 병역거부권 rights to 320-330
　　　영국의 실행 329-330
　　　유럽연합 자격지침 EU Qualification Directive 332-333

　　　　Sepet & Bulbul 사건 321, 329, 331, 338
에드워드 스노든 Snowden, E. 351 각주
에리카 펠러 Feller, E. 268 각주, 380 각주, 625 각주, 732 각주
에리트리아 Eritrea 246, 613
에릭 프리프 Fripp, E. 256 각주
에밀리 핸콕스 Hancox, E. 931, 1226
에비앙 Evian 115, 116, 991
에콰도르 Ecuador 689 각주, 857
에티오피아 Ethiopia 246, 566, 623, 1133, 1146, 1158, 1165, 1166 각주, 1337
엘리노어 루즈벨트 Roosevelt, E. 139 각주, 993 각주
엘리아스 판사 Elias, LJ 246
엘리후 라우터파흐트 Lauterpacht, E. 541 각주, 660 각주, 786 각주, 1003 각주
엘살바도르 El Salvador 191, 857, 921, 1046, 1156, 1283 각주, 1387
엘스페스 길드 Guild, E. 879 각주, 908 각주
여권 passports 121, 317, 390, 391, 392, 420, 598, 895, 1130, 1183, 1253, 1357, 1358,
　　　1369, 1377 협약상 여행증명서, 여행증명서, 사증 부분도 함께 보라
여성 women 1064-1069
유엔난민기구 정책과 지침 UNHCR policy and guidelines 1066-1071
　　　폭행 violence and 1067-1071 가정폭력, 젠더, 특정사회집단, 강간, 성별 부분도
　　　함께 보라
여행증명서 travel documents 201, 417, 840, 1059, 1167, 1173-1178, 1179, 1202,
　　　1268-1269
　　　귀환권 right of return 1176-1177 협약상 여행증명서, 난센증명서/여권 부분도
　　　함께 보라
　　　기계 판독이 가능한 mahine-readable 1182
　　　재입국 readmission 1176-1177
　　　집행위원회 Executive Committee 1173-1182
여호와의 증인 Jehovah's Witnesses 261, 322
역외성 extraterritoriality 655-675, 686 각주, 693 각주, 732-733, 836 각주, 871, 889,
　　　879, 951-958, 1134, 1268-1269
　　　대항력 opposability 1267-1270 국제적 의무, 난민지위 부분도 함께 보라

색인 INDEX 1587

연구와 정보수집사무소 Office for Research and Collection of Information (ORCI) 1025
영구적 해결책 durable solutions 119, 137, 168, 416-417, 441, 542, 629, 636, 638, 685, 699, 722, 820, 839, 871, 903, 917-918, 928, 953, 957, 980, 999, 1046-1050, 1074, 1089, 1104-1109, 1113, 1126, 1129, 1135, 1140, 1146, 1182, 1286, 1329-1337

 국제사회의 책임 responsibility of international community 980, 994, 1048-1049, 1345

 안전하고 합법적인 경로 safe and legal pathways 91, 108, 1135 지역사회통합, 자발적 본국귀환, 재정착 부분도 함께 보라

 영구적 해결책을 위한 기금 fund for 1113

영국 United Kingdom 176-177, 229, 442-444, 448, 485-490, 561-562, 689, 745, 787, 821, 841-843, 843, 881-883, 887, 932, 1169, 1171, 1177, 1184-1189, 1207, 1254, 1257, 1261, 1270, 1303, 1305, 1310-1312, 1316, 1340, 1355, 1356, 1357, 1361-1366, 1368-1369, 1381, 1382, 1387, 1400-1405 및 여러곳 국적의 박탈, 양심적 병역거부 부분도 함께 보라

영연방 시민 Commonwealth citizens 439-440
영해수역 territorial sea 552, 717-721, 871, 893, 1223
오스만 제국 Ottoman Empire 261, 420, 530, 532, 1371
오스트리아 Austria 114-116, 552, 604 각주, 614 각주, 625, 628 각주, 925, 1130, 1158, 1244, 1371, 1396

 적십자사 Red Cross 1244

온두라스 Honduras 857, 920, 1046 각주, 1146, 1158 각주, 1167, 1283
외교공관 diplomatic premises 661 각주, 685-693, 836 각주, 1130
외교관 대상범죄 diplomats, offences against 350-351, 480, 505 국제적으로 보호되는자 부분도 함께 보라
외교적 보장 diplomatic assurances 611-612, 792, 832
외교적 보호 diplomatic protection 103, 135, 420, 1008, 1105. 1179-1180. 1340-1341, 1358, 1377
외교적 비호 diplomatic asylum 160, 684-693, 836, 837, 848, 855
외부화 externalization 329, 1037, 1069

 가상 국경 virtual frontier 882

국제이주기구 IOM 1033-1036
  원해 처리 offshore processing 952-953, 1037
요르단 Jordan 427, 565, 623, 642, 1015, 1016
우간다 Uganda 259, 535 각주, 1105, 1138, 1146, 1158, 1166-1167, 1169, 1285, 1294
우루과이 Uruguay 845, 1350
우리에 판사 Urie, JA 212 각주
우즈베키스탄 Uzbekistan 571
우크라이나 Ukraine 759, 994
운수업자 제재 carrier sanctions 181, 872, 873, 878, 879, 880
울프 판사 Woolf, LJ 355
월터 케일린 Kälin, W. 141, 153
유고슬라비아/구유고슬라비아 Yugoslavia/former Yugoslavia 133, 154, 216, 220, 319, 375, 458-463
유니세프 UN Childrens Fund (UNICEF) 806 각주, 1031-1032, 1075-1076
유럽 이주를 위한 정부간 위원회(ICEM) Intergovernmental Committee on European Migration (ICEM) 995 국제이주기구 부분도 함께 보라
유럽 Europe 여러 곳
  동유럽 Eastern 342, 442, 992, 994, 995
  서유럽 Western 342, 1154
유럽공동체 European Community 유럽연합부분을 보라
유럽난민및망명자위원회 European Council on Refugees and Exiles (ECRE) 211, 332, 354 각주, 823 각주, 915 각주, 925, 1043
유럽로마족권리센터 European Roma Rights Centre 882
유럽비호지원사무소 European Asylum Support Office 783 각주, 929
유럽안보협력기구 Organization for Security and Cooperation in Europe (OSCE) 1042 각주
유럽연합 선택 위원회 Select Committee on the European Union (House of Lords) 569 각주, 807 각주, 826-827, 883 각주, 911 각주
유럽연합 European Union 163-175 및 여러곳
  기본권기구 Fundamental Rights Agency 1041
  더블린 규약 Dublin scheme 926-938

색인 INDEX 1589

    비호 및 이주 관리 규정 Regulation on Asylum and Managed Migration 623-624, 936-941

    스페인 의정서 Spanish Protocol 206 각주

    시리아 난민 Syrian refugees 622-624, 904, 928, 1131-1144

    연대 solidarity 623-624, 638, 936, 980, 1049

    위기와 불가항력 crisis and force majeure 622-632

    유럽공동비호체계 Common European Asylum System 203, 622, 852, 924, 942, 1012, 1247

    유럽연합 기본권헌장 Charter 602 각주, 648 각주, 793 각주, 858, 940

    유럽연합사법재판소 Court of Justice 163, 227, 264, 294, 297-298, 332-333, 387-389, 406, 430, 434-438, 451, 489, 783-788, 815, 816-819, 859, 928, 936, 941-944, 975 1307, 1310

    이주와 비호에 관한 신협약 New Pact on Migration and Asylum 622-624, 624-626, 728 각주, 1233 각주

    임시보호 temporary protection 626-636 안전한 국가 부분을 함께 보라

    제4차 로메협약 Lomé IV 1141

    코토누 협정 Cotonou Agreement 1141-1143

    프론텍스 Frontex 704, 728

유럽연합사법재판소 European Court of Justice 유럽연합을 보라

유럽인권위원회 European Commission on Human Rights 260 각주, 322, 749, 1368 각주

유럽인권재판소 European Court of Human Rights 174, 200, 260 각주, 262 각주, 295, 299, 320-339, 355, 609, 651, 664, 668, 671, 687, 728, 758, 761, 764, 775, 787, 969, 977, 1134, 1196, 1235, 1301, 1303

유럽평의회 Council of Europe 157 각주, 164, 171, 335, 350, 507 각주, 551, 604 각주, 609 각주, 620 각주, 749, 757, 929, 1041, 1356

유럽평의회 의회 Parliamentary Assembly 749, 757

유로닥 Eurodac 938

유엔 개발계획 UN Development Programme (UNDP) 141, 1032, 1138

유엔 구호및재건기구 UN Relief and Rehabilitation Administration (UNRRA) 116 각주, 992-993

유엔 시에라리온 평화유지군 UN Assistance Mission to Sierra Leone (UNAMSIL) 518-520
유엔 아프가니스탄 지원임무단 UN Assistance Mission to Afghanistan (UNAMA) 519-523
유엔 인도주의 업무조정 사무소 UN Office for the Coordination of Humanitarian Affairs (OCHA) 1025-1031
    긴급구호조정관 Emergency Relief Coordinator 1027-1029
유엔 재난 구호 조정관 UN Disaster Relief Coordinator (UNDRO) 1027
유엔 팔레스타인 난민구호기구 UN Relief and Works Agency (UNRWA) 289 각주, 419 각주, 424 각주, 427-445, 1014-1020
    보호 및 원조 protection and assistance 1014-1020
유엔 팔레스타인 조정위원회 UN Conciliation Commission for Palestine (UNCCP) 424 각주, 427 각주, 432, 1015
유엔 한국재건단 UN Korean Reconstruction Agency (UNKRA) 995 각주
유엔 United Nations 89, 119-155 및 여러곳
    헌장 Charter 493, 505, 507, 522-523, 1060 및 여러곳
    목적과 원칙 purposes and principles, 98, 204, 580 각주, 845, 1037
    안전보장이사회 Security Council 95-96, 505-514 및 여러곳 영토적 비호에 관한 컨퍼런스, 배제, 유엔의 목적과 원칙, 유엔 인도주의 업무조정 사무소 부분도 함께 보라
유엔난민기구 UN High Commissioner for Refugees (UNHCR) 90, 95, 117, 169-183, 551, 997, 998-1005, 1017 및 여러곳
    개별 사건 individual cases 186, 214, 998
    규정 Statute 117, 119-122, 123-138, 156-158, 423-429 및 여러곳
    글로벌 컨설테이션 Global Consultations 95, 413 각주, 917-918
    기능적 책임 functional responsibilities 137, 175-176, 179. 537-538, 629 각주, 744-748, 980, 1001
    난민법의 발전 development of refugee law 123-124, 626-636, 977-981, 995-1001, 1005-1014
    법정조언자 및 개입 amicus curiae and interventions 190, 192, 408 각주, 673 각주, 1215

보호 protection by 119-122, 175-178, 700-701, 999-1000, 1007, 1047 및 여러곳
비정치적 활동 non-political work 120, 149, 996 각주
유엔총회와의 관계 relation with UN General Assembly 1001-1003, 1005-1006
인권 의무 human rights obligations 1039-1040, 1095-1103
임무 mandate 116-132, 149, 153, 175-179, 419, 430, 431, 494, 514-520, 536, 751, 998, 1000, 1006, 1011, 1015, 1037, 1080, 1095, 1100-1116 및 여러곳
절차에 관여 participation in procedures 1215-1216
조약의 감독 supervising treaties 121, 995-1001, 1008-1011 영구적 해결책, 집행위원회, 주선, 국내실향민, 팔레스타인 난민, 재정착, 자발적 본국귀환 부분도 함께 보라
주도적 기구 lead agency 1028, 1030
지원과 개발 assistance and development 1136-1139
지위의 결정 determination of status by 185-187
지침 Guidelines 183 각주, 184-186 각주, 281, 1215-1216 및 여러곳
최고대표의 선출 election of High Commissioner 1000 각주
추가적 활동 additional activities 139 각주, 1001, 1106-1107
캠프와 정착지 camps and settlements 1066-88, 1080-1081, 1090-1103
유엔인권최고대표사무소 UN High Commissioner for Human Rights (OHCHR) 515, 723 각주, 1020-1025, 1281
의정서 Protocol, 1154-1157 및 여러곳
이동의 자유 movement, freedom of 145, 164, 253, 824, 865, 892, 893, 898 각주, 924 각주, 961, 975, 976, 1117, 1138 각주, 1166, 1191, 1199, 1373 출국권, 떠날 권리 부분도 함께 보라
이라크 Iraq 136 각주, 332, 394, 424-425, 428, 510, 559, 609, 620, 742, 819, 899, 904, 998, 1131, 1364, 1366
이란 Iran 136 각주, 259, 278, 357, 451 각주, 623, 664, 1013, 1050, 1124, 1130, 1158, 1159
이보르 잭슨 Jackson, I. 746
이스라엘 Israel 229, 243, 244, 410, 420-422, 440, 453, 455, 534, 552, 567, 580, 1015, 1018, 1165, 1205, 1383
이의/항소 및 검토 appeal and review 적법절차, 난민지위결정 부분을 보라

이주 migration 여러곳
이집트 Egypt 424, 425, 428, 858, 1104
이탈리아 Italy 115, 304 각주, 540 각주, 560, 562, 628, 668, 669, 698, 894, 986, 987, 989, 1133, 1377, 1402
이탈할 수 없는 권리 non-derogable rights 214, 763, 790
인간으로 인정받을 권리 recognition as person, right to 183 각주, 214, 1048, 1351, 1375
인권 human rights, 여러곳, 이탈 불가 권리, 보충적 보호, 굴욕적인 대우, 비인도적이거나 굴욕적인 대우, 강제송환금지, 고문 부분도 함께 보라
인권위원회 Commission on Human Rights 141, 263, 845, 848, 967 각주, 1021-1022, 1043, 1379
인권이사회 Human Rights Council 154 각주, 320, 329 각주, 1021, 1022 각주, 1042, 1350-1352
인권합동위원회(영국) Joint Committee on Human Rights (UK) 486 각주, 586 각주, 590
인도 아니면 소추 aut dedere aut jidicare 480, 605
인도 India 118 각주, 138, 154 각주, 566-567
인도네시아 Indonesia 548 각주, 552, 702, 720, 1124 각주, 1164
인도에 반하는 죄 crimes against humanity 207 각주, 215, 217, 218 각주, 219, 386 각주, 447 각주, 452, 459-461, 606, 690-691, 779, 1098 배제, 범죄인 인도 부분도 함께 보라
인도적 접근 humanitarian access 1327-1328
인도적 지원 humanitarian assistance 112 각주, 130, 146, 151-154, 176 각주, 369 각주, 514-516, 754, 864, 918, 990, 1016, 1026, 1028, 1045, 1106, 1286
인도주의 대피, 이송 humanitarian evacuation, transfer 620-621
인도주의 통로 humanitarian corridors 877 각주, 1128
인도주의 활동가들 humanitarian workers 1043
인도차이나 Indo-China 128, 131, 135, 629, 630, 701, 727, 1050, 1124
    1979년 인도차이나 난민에 관한 컨퍼런스 Conference on (1979) 727 각주, 1977년 포괄적 행동계획 부분을 함께 보라
인신매매 trafficking 551-553, 598, 711-735, 779, 868-876, 881, 896-897, 970, 1034,

1132, 1149
인신보호 habeas corpus 188, 679 각주
인종 race 112-118, 229-230, 256-260, 777-778, 882-973, 1198-1201 및 여러곳
인종청소 ethnic cleansing 220, 375 각주
인질납치 hostage-taking 350 각주, 480, 481, 605, 1369
인터폴 INTERPOL 601, 1269-1272
    적색수배 Red Notices 1269-1272
인티파다 intifada 1019
일본 Japan 740, 985
임시 보호 /임시 피난처 temporary protection/temporary refuge 164, 543-559, 626- 637
    유럽연합 지침 EU Directive 630-632
    유엔난민기구 지침 UNHCR Guidelines 632-634 피난처 원칙 부분도 함께 보라
    집행위원회 Executive Committee 629, 633, 1045-1049
임시조치 interim measures 796 각주, 1073
입국차단 정책 non-admission policies 415 각주, 840, 902-955
입증 책임 burden of proof 난민지위결정 부분을 보라

| ㅈ |

자국민을 입국시킬 의무 nationals, duty to admit 92, 950, 1343, 1358
    귀환가능성 returnability 1357
    근거로서의 여권 passport as evidence 1357-1358
    자국에 입국할 권리 right to enter own State 267, 443, 1356 각주
자발적 본국귀환 voluntary repatriation 127, 630, 1089, 1104-1110, 1137
    실현 및 촉진 facilitation and promotion 1115-1121
    아프가니스탄 Afghanistan 1117-1118
    자발성 voluntariness 1117-1118 안전한 귀환 부분도 함께 보라
    전쟁범죄 war crimes 96, 220, 333, 458-459, 493-495, 518
    집행위원회 Executive Committee 1114
자본가 capitalists 269, 277
자연적 정의 natural justice 적법절차, 난민지위심사 부분을 보라

자위 self-defence 580 711 각주
자유권규약위원회 Human Rights Committee 262 각주, 312 각주, 320-322, 657-658, 740, 762, 774, 787 및 여러곳
자이르 Zaire 149 각주, 565 콩고민주공화국 부분도 함께 보라
잠비아 Zambia 605, 1146, 1158, 1166, 1178
장애인 난민 refugees with disabilities 1085-1089
 구체적 보호 specific protection 1089
 박해 persecution 1085
 집행위원회 Executive Committee 1087-1088
장피에르 호케 Hocké, J.-P. (HCR) 903 각주
재난 및 국제적 프로세스 disasters and international process 1322-1338
 난민과 이주민을 위한 뉴욕선언 New York Declaration on Refugees and Migrants 1327
 난민글로벌콤팩트 Global Compact on Refugees 1327-1329
 난센 이니셔티브 Nansen Initiative 1323-1326, 1329
 보호 의제 Protection Agenda 1286, 1324-1325, 1329
 세계은행 World Bank 1277
 이주글로벌콤팩트 Global Compact on Migration 1279, 1327-1328
 인류애를 위한 의제 Agenda for Humanity 1326
 재난실향에 대한 플랫폼 Platform on Disaster Displacement 1323-1326
 재난위험경감을 위한 센다이 프레임워크 Sendai Framework on Disaster Risk Reduction 1326
 지속가능개발을 위한 의제 Agenda for Sustainable Development 1326
 칸쿤 적응 프레임워크 Cancun Adaptation Framework 1322
 파리협정 Paris Outcome 1326
재난 및 기후변화 disasters and climate change 1274-1338
 갑작스럽게 발생한 sudden-onset 1274-1278, 1328
 강제송환 non-refoulement 1297-1298, 1302-1304, 1312
 국가책임 State responsibility 1281
 국내실향모니터링센터 Internal Displacement Monitoring Centre (IDMC) 1275-1283

색인 INDEX 1595

국내실향민 internally displaced persons (IDPs) 1283-1286
국제난민법 international refugee law 1287-1295
국제인권법 international human rights law 1296-1316
기후 난민 climate refugee 111
기후 적응 climate adaptation 1275-1278, 1311, 1325-1328
기후변화에 관한 정부 간 협의체 Intergovernmental Panel on Climate Change (IPCC) 1274-1275
난민 이동에 영향을 미치는 요소 factor in refugee movements 1281-1282
노르웨이 Norway 1323-1324
뉴질랜드 New Zealand 1288-1292, 1301-1303, 1311-1314
대안적 국내피신 internal flight alternative 1315-1316
대피시킬 의무 duty to evacuate 1280, 1284, 1331-1332
독일 Germany 1298 각주, 1310 각주
멕시코 Mexico 1295 각주, 1324
무국적자 statelessness 1317-1321
바누아투 Vanuatu 1275, 1284 국제법위원회 부분도 함께 보라
보충적 수용경로 complementary pathways 1128-1135
보호 protection 1287-1316, 1322-1329
비인도적인 또는 굴욕적인 대우 inhuman and degrading treatment 1303-1316
소말리아 Somalia 1309, 1337
스위스 Switzerland 1323-1324
실질적인 위험에 노출 real risk, exposure to 1298-1315
아동 children 1314-1315
아이티 Haiti 1289
영향과 식별된 원인 impact and causes distinguished 1274, 1281-1282
예방 및 해결책 prevention and solutions 1284-1286
예방조치 precautionary measures 1300
용어 terminology 1279-1282
우간다 Uganda 1285 각주, 1294
위협의 배가 threat multiplier 1278
임시 체류 temporary stay 1330, 1336-1338

　　　　자유권규약위원회 Human Rights Committee 1288 각주, 1293 각주, 1302-1303
　　　　자의적인 생명박탈 arbitrary deprivation of life 1299-1313
　　　　적응의 형식으로의 이주 migration as adaptation 1330
　　　　코스타리카 Costa Rica 1323
　　　　키리바시 Kiribati 1291, 1302, 1312-1323
　　　　투발루 Tuvalu 1291, 1301-1302
　　　　피지 Fiji 1284
　　　　해수면 상승 sea-level rise 1274, 1280, 1283 각주, 1302, 1318
　　　　호주 Australia 1296-1304
재난 disasters 1268-1282
　　　　인위재난 man-made 128, 134 각주, 177 각주, 999, 1142, 1312
　　　　재난시 인명 보호 protection in 97, 155 각주
　　　　재난위험 감소 disaster risk reduction 108, 1039, 1150, 1286, 1311, 1325, 1328
재입국 협정 re-admission agreements 950-952 안전한 국가 부분도 함께 보라
재정착 resettlement 987-995, 1107, 1121-1128
　　　　보호 protection 1125-1126
　　　　유럽연합 집행위원회 EU Commission 1127-1128
　　　　이익 benefits 1122-1125
　　　　정치적 선택지 policy options 1123-1124
　　　　집행위원회 Executive Committee 1122, 1125
　　　　할당 allocation 93 각주, 989
적격성 admissibility 674, 1096, 1213, 1224
적법절차 due process 186, 396, 500, 523, 586, 588, 609, 648, 801, 914, 1053, 1149,
　　　　1192-1193, 1211, 1216- 1217
전염병 epidemics 889, 986, 988 각주, 1139
전쟁범죄 war crimes 96, 220, 333, 458-459, 493-495, 518
　　　　강박 duress 465-467
　　　　개인책임 individual responsibility 462-470
　　　　공범 complicity 467
　　　　상급자의 명령 superior orders 463-464 인도에 반하는죄, 평화에 반하는죄, 배제
부분도 함께 보라

아동 children, by 468-470
접근 access 97, 108, 863-867 및 여러곳
    유엔난민기구 UNHCR 860, 956. 또한 난민지위결정에 관한 부분도 보라
    절차 procedures 840, 864-865, 902-905, 910, 1022
접속수역 contiguous zone 706, 708-716"
접수시설 reception facilities 106-108, 968-969, 975 각주
정규적 출국 orderly departures 1140
정부간 난민위원회 Intergovernmental Committee on Refugees (IGCR) 114 각주, 991-992
정치범 불인도 non-extradition 161 각주, 189, 342-344, 488, 530
정치적 범죄 political offences 161, 343, 348, 352, 479, 855, 856
    미국의 실행 US practice 346-348 형량, 범죄인인도, 불인도, 난민지위결정, 중대한 범죄부분도 함께 보라
정치적 의견 political opinion 157, 170, 209, 213, 265, 275, 305-314, 462, 543, 605, 679, 682
    전가된 정치적 의견 imputed 307-308
    정치적 행위 political act 305-308
    출국 후 post-departure 308-313 정치적 범죄 부분도 함께 보라
제4차 로메협약 Lomé IV 유럽연합 부분을 보라
제노사이드 genocide 96, 214, 220, 226, 260, 344, 455 각주, 460, 572, 648, 649, 651, 779, 1014
제럴드 피츠마우리스 Fitzmaurice, G. 687 각주, 886 각주, 1061 각주
제이슨 포브조이 Pobjoy, J. 1070-1071
제임스 맥도널드 McDonald, J.G. (HCR) 991 각주
제임스 해써웨이 Hathaway, J. 207, 208-209, 233 각주, 238, 354 각주, 431, 580 각주, 582-583. 587, 620 각주, 650 각주, 953, 1108 각주, 1110-1111, 1122 각주, 1128
젠더 gender 200, 210, 219, 257, 271, 276-293, 378 각주, 462, 739 각주, 779, 1065-1069, 1228, 1248, 1289 특정사회집단, 성별, 여성부분도 함께 보라
조기경보 early-warning 938, 1026-1028, 1147
조난 선박 ships in distress 734-736
조안 피츠패트릭 Fitzpatrick, J. 639-640

조앤 하트만 Hartman, J. 조앤 피츠패트릭 부분을 보라
조약, treaties, 여러곳
  국내법 반영 implementation 1054-1063, 1153-1273
  국내법 municipal law and 1051-1060, 1266-1274
  논쟁 disputes 1008-1014
  다자간 multilateral 1008-1014
  당사국들의 조약상 의무 obligations inter partes 1008-1016
  목적과 취지 object and purpose 98, 102, 227, 273 각주, 317, 382, 383 각주, 413, 431, 439, 464, 478, 489, 491-492, 595, 602, 616, 636, 657, 681, 769, 897-901, 963 각주, 1059, 1169, 1181, 1399-1400
  살아있는 문서 living instrument 122, 510, 776
  수단의 선택 choice of means 1055-1057, 1058-1060, 1208-1209, 1216-1217
  신의성실 good faith 897-901, 1061-1064
  유보 reservations 1156-1157, 1163-1202 준비문서, 조약을 감독하는 유엔난민기구 부분을 함께 보라
  해석 interpretation 426-427, 584-591, 1056-1058
조지아 Georgia 964, 965
존 듀가드 Dugard, J. 1179-1180, 1378
존 무어 Moore, J.B. 835
종교 religion 213-215, 261-267, 318-341 및 여러곳
주권 sovereign, sovereignty 여러곳, 국가부분도 함께 보라
주선 good offices 125-131, 754, 998 각주, 1017
주소지 domicile 1167, 1204, 1377
준비문서 travaux préparatoires 99-101, 223, 231, 269, 317, 384, 403 각주, 409, 425, 439, 471, 473-477, 498, 534 각주, 577, 578, 658 각주, 664, 1169, 1172, 1184, 1200-1202
줄리안 어산지 Assange, J. 351 각주, 689 각주, 691 각주
중국 China, People's Republic 124, 125, 154, 275, 276 각주, 315, 552, 558, 566, 642, 862, 885, 1156, 1158, 1165, 1353
  한 자녀 정책 one-child policy 274, 314
중대한 범죄 serious crime 471-492, 578-591

기준 criteria 481-482
비정치적 non-political 479-482
사회복귀 rehabilitation 388 각주, 490 인도에 반하는 죄, 평화에 반하는 죄, 유엔의 목적과 원칙, 배제, 범죄인인도, 불인도, 난민지위결정 부분도 함께 보라
피난국 밖 outside country of refuge 470-472
중대한 위해 serious harm 810-819, 및 여러곳, 박해, 보충적 보호 부분도 함께 보라
중동 Middle East 169 각주, 573 각주, 956
중앙아메리카 Central America 161-162, 166, 173, 852, 1293
중앙아메리카를 위해 시행된 포괄적 프로그램 CIREFCA 132 각주, 852
중재 arbitration 1012
지부티 Djibouti 1124, 1138, 1146, 1337
지브롤터 Gibraltar 415
지역기구 regional organizations 1041-1042
지역사회 통합 local integration 389, 981, 1107-1111
주권적 결정 sovereign decision 1107-1111
지중해 Mediterranean 178, 624, 702, 705
짐머만 Zimmermann, A. 160 각주, 200 각주, 311 각주, 366 등 여러곳
짐바브웨 Zimbabwe 154, 172, 802-804, 1158, 1169
집단의 이동 population transfers 118
집행위원회 Executive Committee 124, 177, 398, 555-558, 568-571, 655-673, 738-809, 903, 1001, 1050, 1058, 1107, 1108-1128 및 여러곳
국제적 보호에 관한 결정 Conclusions on International Protection 553-556 및 여러곳
징집기피자 draft evaders 양심적 병역거부자 부분을 보라

| ㅊ |

차단 interdiction 537, 567, 572-576, 641, 656, 658-672, 697, 701-720, 730-736, 863-872, 881, 894, 898, 1007, 1271
차드 Chad 858, 1138 각주, 1146
차별 discrimination 134, 150, 190-193, 210-219, 258-263, 281, 286, 300, 318, 320,

1600   국제난민법

494 및 여러곳, 차별금지 부분도 함께 보라
차별금지 non-discrimination 281, 303, 338, 554, 573, 591, 871, 885, 891, 898, 901, 929, 959, 968, 1046-1050, 1089, 1156, 1326, 1352, 1396 차별 부분도 함께 보라
채택 adoption 1001-1004
책임 분담 burden-sharing 618 각주, 619, 627 각주, 726, 940, 1109, 1121, 1126, 1144, 1145, 1188 국제 협력 부분도 보라
책임 분담 responsibility-sharing 622-624, 725-726, 735, 939-940, 981, 1144 각주, 1145, 1188, 1375 난민글로벌콤팩트 부분도 함께 보라
책임 이전 transfer of responsibility 1178-1179
처우의 기준 treatment, standards of 958-961, 1157-1163
    단순한 현존 simple presence 1198-1199
    동등한 대우 equality of treatment 1159-1164
    불법 입국 illegal entry 1183-1192
    상시적 거주 habitual residence 1203-1206
    신분증명서 identity documents 1172-1173
    여행증명서 travel documents 1173-1182
    유대의 정도 degrees of attachment 1199-1208
    유럽 접수 조건 지침 EU Reception Conditions Directive 960, 972"
    지역적 적용 범위 territorial scope 1206-1208
    추방 expulsion 1192-1196
    합법적 거주 lawful residence 1201-1203
    합법적 현존 lawful presence 1199-1201
    행정적 원조 administrative assistance 1168-1172
    협약의 기준 treaty standards 1157-1201 구금, 난민지위결정 부분을 함께 보라
체코 Czech Republic 819 각주, 881, 882, 884, 1128 각주
체코슬로바키아 Czechoslovakia 848 각주, 986, 1345 각주
체테일 Chetail, V. 590, 764
최선의 이익 best interests 아동 부분을 보라
최초 비호국 country of first asylum 최초 비호국 원칙, 안전한 국가 부분을 보라
최초 비호국원칙 first asylum, principle of 415-418, 532, 557, 619-620, 625, 906-906, 924-927

최혜국 most favoured nation 1054, 1157-1159
추방 expulsion 98, 185-193, 392, 529-656, 760-807, 1192-1200, 1273, 1346, 1368-1369, 1377, 1398
    국제법위원회 초안 ILC draft articles 1101-1102
    대규모 유입 mass influx 1192-1196
    집행위원회 Executive Committee 611-615
추적 tracing 868 각주, 1050, 1070, 1075, 1080 아동, 가족생활 부분도 함께 보라
출국권 leave, right to 865-866, 888, 891
    출국권의 제한 restrictions on 893-894
출신국에 다시 정착함 re-establishment in country of origin 389-394 난민지위결정 부분도 함께 보라
칠레 Chile 346, 392, 566, 689 각주, 845, 986, 998 각주, 1112 각주

| ㅋ |

카네기 국제평화기금 Carnegie Endowment for International Peace 849
카로니 Caroni, M. 661
카보베르데 Cape Verde 703, 858, 955, 1156 각주, 1158 각주
카스웰 경 Carswell, Lord 103 각주, 883 각주, 884 각주, 896 각주
카츠 판사 Katz, J 252 각주
캄보디아 Cambodia 149 각주, 548 각주, 682, 684 각주, 1043
캄푸치아 Kampuchea 캄보디아 부분을 보라
캐나다 교회협의회 Canadian Council of Churches 947-948
캐나다 난민위원회 Canadian Council for Refugees 947
캐나다 Canada 170, 178, 189, 195, 196, 208, 212, 220, 230, 244, 251, 257, 274, 275, 290, 306-307, 314-317, 331, 335-337, 338, 357, 362, 384, 400, 405, 411-414, 447-456, 463, 468, 474, 478-479, 484, 491, 493-495, 498-499, 502, 564, 567, 569, 581-586, 597-599, 608, 679, 688, 712, 743, 760, 766, 776-781, 787-790, 807, 822, 827, 868, 873, 875, 878, 883, 909-910, 923, 931, 945-948, 985, 1130, 1159-1161, 1204-1205, 1217, 1243, 1246, 1249, 1297, 1334"
    문서센터 Documentation Centre 1243

이민난민위원회 Immigration and Refugee Board 405 각주, 789 각주, 1243, 1246 각주, 1248 각주, 1249 각주
  지침 Guidelines 1248, 1249-1254
캐롤리나 고타도 Gottardo, C. 1068 각주
캐서린 푸엉 Phuong, C. 143-144
캐스린 코스텔로 Costello, C. 198, 593, 595, 799, 859, 879, 931, 942, 950, 1226, 1308
컨센서스 방식 consensus decision-making 618, 645, 851, 1003
케냐 Kenya 260 각주, 587, 642 각주, 1124, 1146 각주
케이 헤일브로너 Hailbronner, K. 364 각주, 635 각주, 639 각주, 646 각주, 859 각주
케이스 경 Keith, Lord 196 각주
케이트 야스트람 Jastram, K. 290 각주, 292 각주, 466 각주
코로나19 Covid-19 105-106, 1310
코소보 Kosovo 405, 517, 621, 1096
코스타 리카 Costa Rica 759, 1146, 1323
코토누 협정 Cotonou Agreement 유럽연합 부분을 보라
코트디부아르 Côte d'Ivoire 573 각주, 858
콜롬비아 Colombia 161-162, 466 각주, 470 각주, 567, 847 각주, 857
콩고 Congo 125 각주, 1156 각주
콩고민주공화국 Congo, Democratic Republic of the 506, 566-569, 858, 1294
  자이르 Zaire에 대한 부분도 보라
쿠르드 Kurds 168 각주, 393, 559, 565, 620, 744
쿠바 Cuba 316 각주, 483, 857, 885, 952, 1334
쿠퍼 판사 Cooper, J 251
크로아티아 Croatia 319 각주, 497 각주, 552, 560 각주, 565 각주, 876
크로포드 Crawford, J. 1052, 1319
크롬웰 판사 Cromwell, J 491
크리스티안 볼프 Wolff, C. 835 각주
클라우스 헐만 Hullman, K. 309 각주
클러스터 clusters 150-152, 1028-1030
키프로스 Cyprus 128 각주, 260 각주, 925, 1206-1207

| ㅌ |

탄자니아 Tanzania 572, 1156
탈레반 Taliban 399-400, 519, 524
탈영병 deserters 양심적 병역거부자 부분을 보라
태국 Thailand 548, 552, 568, 1123
탬파호 Tampa, MV 571, 718-722, 735 각주
터키 Turkey 132, 136, 260, 388, 420, 552, 558-567, 617, 621, 623, 744, 759-760, 904-906, 909, 918, 950, 989, 998, 1156, 1159, 1174, 1207
터키-유럽연합 '협상' Turkey‐EU 'deal' 904-905
테러리즘 terrorism 205, 349-352, 502-528, 581, 1365, 1366 및 여러곳
 9/11 514
 무력충돌과 유엔 armed conflict and the UN 514-525
 반대하는 수단의 국제법 준수 conformity of measures with international law 515
 외국인 테러리스트 전사 foreign terrorist fighters 509-511
 유엔의 목적과 원칙에 반함 contrary to UN purposes and principles 505-507
 자금조달 financing 510-512
 테러범죄 terrorist offences 505-507 배제 부분도 함께 보라
테일러 판사 Taylor, J 367 각주
토미 훼베리 Sjöberg, T. 114-115 각주, 984 각주
통역인 interpreters 673, 731 각주, 860, 1213, 1240, 1259-1260
튀니지 Tunisia 125
트렌스젠더 transsexuals 젠더, LGBTI, 성별부분을 보라
특정사회집단 particular social group 268-304
 개념의 발전 concept develops 273-275
 미국의 관점 US view 290-292
 사회적 관점 social view 301-304
 성적 지향 및 젠더 정체성 sexual orientation and gender identity (LGBTI) 292-301
 위험 risk 298-301
 일반적인 피해자 common victimization 279-280
 젠더에 기초한 gender-based 281-292

특성 characteristics 268-272, 292-300, 301-304
특정사회집단에 대한 태도 attitude towards 268-272
팀 호우 Howe, T. 659 각주, 667 각주

| ㅍ |

파라과이 Paraguay 857, 986
파키스탄 Pakistan 118, 129, 135, 139, 289, 623, 642, 693, 837, 841, 844, 1117, 1138, 1387
파트리샤 힌드맨 Hyndman, P. 367 각주, 696 각주
파파스타브리디스 Papastavridis, E. 680 각주, 707 각주, 709-710 각주
파푸아뉴기니 Papua New Guinea 681, 683, 908, 1158, 1168
판단여지 margin of appreciation 210, 323, 582, 712, 1267 형량, 비례성 부분도 함께 보라
팔레스타인 난민 Palestine refugees 419-442
 국적 nationality 420-421
 보호 또는 원조 protection or assistance 423-438
 역사적 배경 historical background 419-424
 유럽연합 자격지침 EU Qualification Directive 434-438
 유엔 팔레스타인 난민구호기구 UNRWA 419-422, 1015-1020
 유엔난민기구 UNHCR 423-429
 팔레스타인인 및 난민 Palestinian people and Palestine refugees 419
 협약상 권리의 자동적 부여 automatic entitlement to Convention rights 426-428
팔레스타인 해방기구 Palestine Liberation Organization (PLO) 423
팔레스타인 Palestine 136, 289 각주, 419-442, 995, 1014-1020, 1133
페루 Peru 838, 857, 986, 1334
펠리스 모르겐스턴 Morgenstern, F. 835 각주
평화에 반하는 죄 crimes against peace 452-469 배제, 범죄인 인도 부분도 함께 보라
포르투갈 Portugal 243, 244, 764, 1036, 1158
포츠담 협정 Potsdam Agreement 1933 442
폴 바이스 Weis, P. 1169, 1384

폴란드 Poland 562, 605, 986, 994
표현의 자유 expression, freedom of 305, 312-318, 341, 351, 376, 893
프란시스 덩 Deng, F. 142-143
프랑스 호울 Houle, F. 1245-1246
프랑스 France 114-127, 157 각주, 168, 225, 308, 344, 383-395, 404-414, 447- 453, 497, 500, 561, 778, 844-848, 10641062, 1130-1131, 1133, 1159-1160, 1176-1177, 1184-1185, 1192, 1202, 1261, 1266, 1270, 1374, 1382
    국가비호법원 Cour national du droit d'asile (CNDA) 345, 390, 393
    난민 및 무국적자 보호사무소 Office français de protection des réfugiés et apatrides(OFPRA) 168-169, 344, 400 각주, 990 각주
    난민항소위원회 Commission des recours 267 각주, 389 각주, 1261 각주
    헌법 Constitution 168-170, 1266 각주
프론텍스 Frontex 유럽연합 부분을 보라
프리덤하우스 Freedom House 404
프리드쇼프 난센 Nansen, F. (HCR) 531, 987-988, 1031, 1159
    난센 증명서 / 여권 certificate/passport 250 각주, 1172
    사무소 International Office 990
    심포지엄 Symposium 851
피난처 원칙 refuge, principle of 634-640, 758
피오나 데이비드 David, F. 879 각주
피지 Fiji 1165-1167
핀토 드 알부커크 Pinto de Albuquerque, J 664-670
필립 벤홀즈 Wennholz, P. 445 각주, 580 각주, 583-584 각주
필요성이란 개념 necessity, concept 589, 727

| ㅎ |

하버드 국제법 연구소 Harvard Research in International Law, 1387
하선 disembarkation 575, 666 각주, 700-704, 717-735, 880 각주, 936
    안전한 장소 place of safety 722-728
한나 아렌트 Arendt, H. 253, 1344-1345, 1375 각주

합리성 reasonableness, 비례성 부분도 함께 보라
항공기 납치 hijacking 161
항공사 연락관 airline liaison officers 867 각주
해결책 solutions, 영구적 해결책 부분을 보라
해니 로페즈 Haney-Lopez, I. 258
해상에서의 구조 rescue at sea 700-707, 721-727
 구조의무 duty to 723
 안전한 장소 place of safety 724-725 재정착 부분도 함께 보라
 집행위원회 Executive Committee 727
 하선 disembarkation 721-727
해적행위 piracy 707-709, 1049
행정적 원조 administrative assistance 1168-1172, 1377
허쉬 라우터파흐트 Lauterpacht, H. 691 각주, 841 각주, 845 각주, 1056 각주, 1357 각주
허튼 경 Hutton, Lord 289
헝가리 Hungary 124 각주, 126, 136, 538 각주, 552, 562, 567, 573 각주, 604, 925, 1128, 1371, 1396
헬레네 램버트 Lambert, H. 166 각주, 202 각주, 250 각주, 542 각주, 557 각주, 782 각주, 818 각주
협약상 난민 Convention refugees 난민지위결정, 난민과 비호신청자 부분을 보라
협약상 여행증명서 Convention travel document (CTD) 391, 416, 1173-1182, 1268, 1269
 귀환조항 return clause 250 각주, 1167 각주, 1171, 1177, 1178-1179 난센 증명서/여권, 여행증명서 부분도 함께 보라
형량 balancing 190 각주, 485, 487, 488, 586-587, 802, 832
 개별화된 평가 individualized determination 942-943
 상황, 비례성 context and proportionality 484-491
호건 Hogan, AG 406
호주 Australia 196, 208, 211-215, 238, 239, 359-360, 470, 566, 586, 672, 675, 680-682, 689- 690, 760, 772, 790, 843, 878, 921-922, 1166, 1290, 1291
 나우루와 파푸아뉴기니 Nauru and Papua New Guinea 681-683, 908 각주, 933